AMANTES

ELIZABETH ABBOTT

AMANTES

uma história da **outra**

Tradução de
CLÓVIS MARQUES

1ª edição

EDITORA RECORD
RIO DE JANEIRO • SÃO PAULO
2016

CIP-BRASIL. CATALOGAÇÃO NA PUBLICAÇÃO
SINDICATO NACIONAL DOS EDITORES DE LIVROS, RJ

A115a Abbott, Elizabeth
Amantes: uma história da outra / Elizabeth Abbott; tradução de
Clóvis Marques. – 1ª ed. – Record, 2016.

Tradução de: A history of mistresses
ISBN 978-85-01-40429-9

1. Relação amorosa. 2. Traição. 3. Amantes. I. Marques, Clóvis.

CDD: 306.7
15-27966   CDU: 392.6

Título original em inglês:
A history of mistresses

Copyright © Elizabeth Abbott, 2003, 2010

Texto revisado segundo o novo Acordo Ortográfico da Língua Portuguesa.

Todos os direitos reservados. Proibida a reprodução, armazenamento ou transmissão de
partes deste livro, através de quaisquer meios, sem prévia autorização por escrito.

Direitos exclusivos de publicação em língua portuguesa para o Brasil adquiridos pela
EDITORA RECORD LTDA.
Rua Argentina, 171 – 20921-380 – Rio de Janeiro, RJ – Tel.: (21) 2585-2000,
que se reserva a propriedade literária desta tradução.

Impresso no Brasil

ISBN 978-85-01-40429-9

Seja um leitor preferencial Record.
Cadastre-se e receba informações sobre
nossos lançamentos e nossas promoções.

Atendimento e venda direta ao leitor:
mdireto@record.com.br ou (21) 2585-2002.

*À memória de minha tia
Margaret Abbott Cameron, a primeira mulher
piloto de corrida do Canadá.*

Sumário

Nota da autora   11

INTRODUÇÃO
Conhecendo as amantes   13

CAPÍTULO 1
O amor extraconjugal na Antiguidade   29

Agar 30 • Aspásia 33
Corina 41 • Dolorosa 53

CAPÍTULO 2
Concubinas e haréns no Oriente   61

AS CONCUBINAS NA CHINA 61 • Yu-fang 66 • May-ying 68
AS CONCUBINAS NO JAPÃO 73 • Lady Nijo 76
AS AMANTES GUEIXAS 79
AS CONCUBINAS NO HARÉM 84 • Roxelane 85 • Tzu-hsi 92

CAPÍTULO 3

Puta de quem? As amantes reais da Europa 109

Nell Gwynne 111 • Jeanne-Antoinette de Pompadour 117
Jeanne du Barry 125 • Lola Montez 130 • Katharina Schratt 135
Alice Keppel 140 • Elena Lupescu 144
Camilla Shand Parker-Bowles 153

CAPÍTULO 4

Arranjos matrimoniais em círculos aristocráticos 167

Lady Bess Foster e Georgiana, duquesa de Devonshire 167
Lady Caroline Lamb 177 • Claire Clairmont 186
Condessa Teresa Guiccioli 192

CAPÍTULO 5

As consortes clandestinas de padres (nada) celibatários 205

A "GOVERNANTA" DO PADRE 208
AMANTES PAPAIS 217 • Teodora e Marósia Teofilato 217
Vanozza d'Arignano e Júlia Farnese 221
A MODERNA AMANTE CLERICAL 226
Annie Murphy 230• Louise Iushewitz 237
Pamela Shoop 240

CAPÍTULO 6

Os conquistadores e suas amantes 245

OS CONQUISTADORES ESPANHÓIS E AS NATIVAS 245 • Malinche 245
AS "ESPOSAS NATIVAS" NA AMÉRICA COLONIAL 253
Sally Fidler, Betsey Sinclair e Margaret Taylor 258
AMANTES NA ÁSIA CONQUISTADA 262
Le Ly Hayslip e Dao Thi Mui 263

CAPÍTULO 7

Uniões sexuais inter-raciais no contexto da "instituição peculiar" 269

Phibbah 272 • Julia Chinn 278 • Sally Hemings 280
Julia Frances Lewis Dickson 285
Harriet Jacobs 294

CAPÍTULO 8

As uniões sexuais e a questão judaica 307

A VIDA NO CAMPO DE CONCENTRAÇÃO ANTES DA MORTE 310
Eleonore Hodys 319
OS CAMPOS DE "PARTISANS" NA FLORESTA 321
EVA BRAUN: AMANTE DO RESPONSÁVEL PELA SHOÁ 324
JUDEUS E GENTIOS FORA DOS CAMPOS 338
Hannah Arendt 338

CAPÍTULO 9

As amantes como musas 349

Heloísa 350 • Émilie du Châtelet 356 • Jeanne Hébuterne 365
George Eliot 370 • Lillian Hellman 381 • Catherine Walston 393
Joyce Maynard 408

CAPÍTULO 10

Amantes de homens acima da lei 419

GAROTAS DE MAFIOSOS 419 • Virginia Hill 419 • Arlyne
Brickman 428
Sandy Sadowsky, Georgia Durante e Shirley Ryce 432
GAROTAS DO KREMLIN 435
AS CAMARADAS DE FIDEL 437
Naty Revuelta 438 • Celia Sánchez 451

CAPÍTULO 11

Amantes como troféus 457

Marion Davies 457 • Gloria Swanson 476 • Maria Callas 485
Marilyn Monroe 499 • Judith Campbell 512 • Vicki Morgan 519

CAPÍTULO 12

Decaídas: As amantes na literatura 529

Jane Eyre 530 • Hester Prynne 533 • Emma Bovary 537
Anna Karenina 543 • Mildred Rogers 547 • Ellen Olenska 552
Lara 556 • Sarah Miles 561 • Merrion Palmer 564

CAPÍTULO 13

A década de 1960 transforma o casamento e a condição de amante 569

Pamela Digby Churchill Hayward Harriman 571 • Lillian Ross 576
Simone de Beauvoir 581 • Paula 589 • Rachel 593 • Michaela 597

CONCLUSÃO

Conhecidas as amantes 603

Notas   613
Agradecimentos 651
Índice 653

NOTA DA AUTORA

Em minha Introdução, menciono Kati e Ghislaine, duas amantes que conheci pessoalmente. Para evitar-lhes possíveis motivos de embaraço, mudei seus nomes e os dos parceiros. Esses pseudônimos, contudo, não comprometem a autenticidade de suas histórias.

Nos capítulos 3, 8 e 13, usei a palavra *Shoá* em vez de *Holocausto*. O termo *Shoá* é preferido por muitos estudiosos judeus, pois refere-se especificamente à experiência judaica durante a Segunda Guerra Mundial, ao passo que *holocausto* é uma palavra mais genérica, remetendo a qualquer "grande destruição ou perda de vida".

Arrolo no fim do livro notas em estilo bibliográfico abarcando as principais fontes de cada capítulo. Depois delas, são incluídos nas referências apenas citações e conceitos diretos. Esse tipo de notas no fim do volume elimina a necessidade de uma bibliografia formal, facilitando muito a localização de fontes por temas.

INTRODUÇÃO

Conhecendo as amantes

Cresci ouvindo falar de amantes porque meu bisavô Stephen Adelbert Griggs, abastado fabricante de cerveja e político municipal de Detroit, mantinha um "ninho de amor", na desdenhosa expressão de minha mãe, ocupado por uma série de mulheres "de vida airada". Minha bisavó Minnie Langley tinha de tolerar a situação, mas cobrava um preço: a cada diamante que Stephen comprava para a amante do momento, devia comprar um para ela também. Assim foi que o ninho de amor acabou incubando um rico pé-de-meia de anéis, brincos, broches e até pedras brutas, legado por Minnie às descendentes.

O bisavô Stephen percorria um caminho já bem trilhado. Dei-me conta disso ao crescer e conhecer amantes de verdade. A primeira delas, que conheci nas férias de verão no meu primeiro ano na universidade, era uma jovem que compartilhava comigo suas experiências às vezes arrebatadoras, mas quase sempre infelizes. Katerina era uma alemã oriental exótica, de olhos puxados, que fugiu para Berlim Ocidental semanas antes de concluir o colegial, abrindo mão do diploma em troca da liberdade. Kati era governanta — na verdade, uma babá de luxo — na mesma família que me empregava nas férias de verão em seu hotel de veraneio em Eastern Townships, Quebec. Apesar das objeções de meus pais (ou talvez por causa delas), desenvolveu-se entre nós duas uma curiosa intimidade.

O que os fazia torcer o nariz, por considerarem leviano e vulgar, eu admirava como sinais de sofisticação: o corpo esbelto e bronzeado e os seios pequenos de Kati, ostentados com orgulho nos tops sem alça que eram o seu toque pessoal; os cabelos pintados com hena que quase lhe chegavam aos joelhos; o sotaque acentuado e meio gutural que transformava meu nome em "Elisabess", ou "Bess", para encurtar.

Naquele primeiro verão, Kati ainda não era uma amante. Na verdade, ansiava por se casar e de fato estava noiva de Charles, oficial da Real Polícia Montada Canadense que chegava em um longo Cadillac conversível branco. Depois que Charles desmanchou abruptamente o noivado, contudo, a vida de Kati, que nunca fora exatamente das mais estáveis, desmoronou de uma hora para outra. Não muito depois, voltei para Montreal para o meu segundo ano na universidade.

Alguns meses depois, Kati ressurgiu na minha vida com um telefonema no qual praticamente implorava que eu lhe levasse uma provisão de gêneros alimentícios. Ela tinha dinheiro, explicou, mas estava temporariamente acamada e não podia sair para fazer compras. Kati tornara-se a concubina manteúda de um advogado casado que relutantemente sublocava para ela um quarto apertado no decadente apartamento de um sujeito nada amistoso. Inesperadamente, ela engravidara.

Comprei os alimentos que Kati pedia. Minha modesta contribuição revelou-se tudo de que ela dispunha para se alimentar depois do aborto. Ela enfrentara sozinha um aborto ilegal, pois o médico prudentemente proibia a entrada na clínica de qualquer pessoa que não fosse uma "cliente". Tentei ampará-la na fase de grande depressão que se seguiu; pouco depois, voltamos cada uma a nossas vidas tão diferentes.

Com o passar dos anos, passei a me encontrar cada vez menos com Kati. A última vez foi num lago das montanhas Laurentides, em Quebec. Ela estava na proa de uma lancha, com a magnífica cabeleira solta ao vento. Chamei-a, acenando, e o homem no leme da lancha diminuiu a velocidade, direcionando-a para a minha embarcação, menor. Kati pareceu espantada de me ver, e imediatamente levou o indicador aos lábios, como para impedir-me de embaraçá-la na frente de seus glamourosos acompanhantes. Eu entendi, cumprimentei-a sem me deter muito e me despedi

INTRODUÇÃO: CONHECENDO AS AMANTES

com um sorriso. Nunca mais voltei a vê-la, mas fiquei sabendo que se havia casado e divorciado. Durante muito tempo, sempre que alguém falava de amantes, vinha-me espontaneamente a imagem de Kati.

Eu vivia no Haiti quando conheci Ghislaine Jeudi, amante de um homem que para lá retornara depois de passar décadas nos Estados Unidos. Em Nova York, Jerome Constant fizera uma fortuna em apostas clandestinas. Em Port-au-Prince, reinventou-se como empresário respeitável. Constant tinha armários cheios de ternos de linho branco e um baú fechado a cadeado cheio de joias de ouro, mas sua melhor aquisição, aquela que o fazia mais feliz, era Ghislaine, sua amante de meia-idade, alourada e audaciosa. Ghislaine certamente era uma mulher atraente, e num país devastado pela fome sua cintura avantajada parecia provocante e sexy. Convertera-se recentemente ao cristianismo evangélico e costumava declamar aforismos das escrituras a qualquer pretexto, menos, é claro, quando confrontada a respeito da moralidade de sua condição de amante de um homem casado.

O fato era que Jerome Constant não tinha a menor intenção de se divorciar, por mais que a amante o ameaçasse com represálias. A situação de Ghislaine só se sustentaria enquanto durasse o amor dele por ela. Sabedora disso, ela se certificava de que o investimento que ele fizesse nela a compensasse pela insegurança. Além de lhe proporcionar roupas, joias e viagens ao exterior, Constant construiu uma casa para ela, ajudou muito na construção de outra para sua filha adulta e lhe dava muito dinheiro. Apesar de se queixar do quanto ela custava, a verdade é que adorava Ghislaine e se orgulhava imensamente dela.

Um de seus principais atrativos era sua muito comentada história sexual. No início dos anos 1960, Ghislaine fora uma das primeiras mulatas das classes privilegiadas a se ligarem a um dos famosos Tontons Macoutes do ditador "Papa Doc" Duvalier, capatazes armados que constituíam uma milícia civil criada pelo governante para se proteger do próprio exército e de outros possíveis inimigos. Ghislaine não se envergonhava disso e nunca sentiu necessidade de se desculpar por essa ligação com os selvagens que perseguiam outros mulatos (ou quaisquer pessoas que suspeitassem contrárias ao seu líder vitalício). Por mais que os outros a desprezassem, contudo, Constant a admirava por sua audácia, sua notoriedade, sua beleza e sua constante lealdade, ainda que não propriamente desinteressada. Mesmo quando a saúde começou a declinar e ele ficou impotente, sua união com Ghislaine era por demais preciosa para que lhe pusesse termo. "Seus sentidos fluem com os meus", explicava ele, referindo-se ao vínculo com a amante.

Nunca tive maior proximidade com Ghislaine, mas mesmo depois de retornar à América do Norte eu pensava eventualmente nela, lembrando da maneira astuciosa como traduzia sua ascendência emocional sobre o amante em tangíveis vantagens colaterais. Mas o fato é que não foram Ghislaine nem minha amiga de outros tempos, Kati, que me inspiraram a escrever sobre amantes. Foi ao escrever meu livro *A History of Celibacy* [Uma história do celibato] que me dei conta de que a condição de amante, como o celibato, representa uma lente privilegiada para explorar a maneira como as mulheres se relacionam com os homens fora do casamento; na verdade, a condição de amante é uma instituição paralela e complementar ao casamento. Antes mesmo de concluir a redação da história do celibato, eu já iniciava as pesquisas para uma história das amantes.

As fontes disponíveis eram abundantes, inclusive na imprensa diária; as amantes pareciam estar em toda parte. Em 1997, por exemplo, quando o reputado jornalista Charles Kuralt morreu, Patricia Shannon, sua amante durante 29 anos, reivindicou e obteve parte do espólio. Em 2000, Grace Louie, ex-amante do prefeito de Toronto Mel Lastman, anunciou que era ele o pai de seus filhos Kim e Todd (parecidos com Mel). Em 2001, a amante do reverendo Jesse Jackson, a advogada Karin Stanford, entrou com um processo de pensão alimentícia para a filha de ambos, Ashley, de dois anos, que já estava em seu útero quando Jackson aconselhava o presidente Bill Clinton e por ele rezava durante a crise gerada por seu relacionamento com a estagiária Monica Lewinsky. (Ao mesmo tempo em que atacava Clinton, o santarrão Newt Gingrich mantinha uma relação amorosa secreta com Callista Bisek, com quem veio a se casar depois de se divorciar de sua mulher, Marianne.) Comecei a fazer listas e a tomar notas, tentando entender a natureza desse tipo de relacionamento, tanto modernamente quanto em épocas históricas.

INTRODUÇÃO: CONHECENDO AS AMANTES

Como no passado, os príncipes e presidentes de hoje também sucumbem ao desejo e têm amantes, igualmente expostos ao risco de escândalos nos tabloides e na imprensa em geral (a menos que, como o presidente francês François Mitterrand, estejam acima de críticas, tendo a vida facilitada por uma imprensa dócil; Mitterrand vivia com sua principal amante, a museóloga Anne Pingeot e a filha de ambos, Mazarine, enquanto sua mulher, Danielle, ficava em casa. No funeral de Mitterrand em 1996, as três mulheres pareciam unidas no luto, como teria ele desejado.) O presidente Dwight D. Eisenhower tinha uma "amiga" muito especial, a inglesa Kay Sommersby. John Fitzgerald Kennedy divertia-se com muitas mulheres, entre elas a estrela cinematográfica Marilyn Monroe. Apesar da séria concorrência do caso do presidente Bill Clinton com a inesquecível estagiária da Casa Branca, Monica Lewinsky, o escândalo mais prolongado é sem dúvida o do príncipe Charles da Inglaterra. Quando comecei a escrever o livro, Charles estava desacreditado. Anos depois, viúvo e tendo afinal casado com a amante de tantos anos, Camilla Parker-Bowles, ele teve sua imagem em grande medida reabilitada — e o mesmo aconteceu com a dela.

Uma infinidade de outras uniões polêmicas substitui a de Charles e Camilla nos holofotes. Entre as infindáveis parceiras sexuais do campeão de golfe Tiger Woods havia apenas uma, Rachel Uchitel, que ele tratava como amante, e não como apenas um caso passageiro. Mas as mulheres de políticos em situação de constante adultério e com amantes fixas muitas vezes ficam sabendo de sua traição pelos "furos" da imprensa.

O ex-senador democrata americano John Edwards, na época candidato à indicação do partido para as eleições presidenciais, ignorou seu próprio temor de que "apaixonar-me por você poderia acabar de vez com meus planos para a Casa Branca" e capitulou à paixão por Rielle Hunter, que a comparou a uma "força magnética". Edwards sabia do que estava falando: o caso acabou com sua carreira e abalou profundamente o casamento com Elizabeth Edwards, acometida de câncer. Gerou também uma filha, Quinn.

O mesmo aconteceu no caso envolvendo o deputado nova-iorquino Vito Fossella Jr. e Laura Fay, tenente-coronel reformada da Força Aérea; Natalie tinha três anos de idade quando Fossella foi detido por dirigir embriagado quando ia visitar a amante e a filha.

O deputado Mark Souder, cristão evangélico, renunciou em 2010, arrependido (segundo declarou) por ter "pecado contra Deus, minha mulher e minha família ao entrar num relacionamento com uma integrante em tempo parcial da minha equipe". Ironicamente, ele e sua amante casada, Tracy Meadows Jackson, gravaram para a internet um vídeo exortando os jovens a se absterem de relações sexuais "até entrarem num relacionamento de fiel compromisso".

O governador Mark Sanford, pego em adultério, confessou ter traído sua mulher, Jenny, com a amante argentina e "alma gêmea" Maria Belen Chapur. Mas não conseguia abrir mão dela. O escândalo se agravou, ele renunciou e Jenny pediu divórcio. Posteriormente, Sanford levaria adiante seu relacionamento com Chapur.

O deputado estadual californiano Mike Duvall, ganhador do prêmio Ética na América, revelou-se um amante mais descuidado e foi obrigado a renunciar ao ser inadvertidamente captado num microfone aberto afirmando: "Eu dei para espancá-la ultimamente [uma de suas duas amantes] e estou gostando."

O breve caso amoroso do apresentador britânico de rádio e televisão Jonathan Dimbleby com sua amante, então à beira da morte, foi o mais dramático e obsessivo, destruindo um casamento até então feliz, iniciado 35 anos antes. Em maio de 2003, Dimbleby entrevistou a grande soprano Susan Chilcott, achou-a irresistível e começou a dormir com ela. Dias mais tarde, Susan recebeu um diagnóstico de câncer de mama em estágio terminal, com metástase. Apesar dos torturados pedidos da cantora para que o novo amante levasse em conta o próprio bem-estar e não arruinasse sua vida, Dimbleby comprometeu-se a cuidar dela até a morte, mudando-se e passando a viver com ela e seu filho pequeno. "Até hoje não entendo muito bem a intensidade dessa paixão e compaixão que moveu minha decisão", declararia ele mais tarde.

> Parecia uma força incontrolável. Eu sabia o que estava fazendo, mas não sabia qual seria o resultado. Era estranho, mas eu também não queria ficar longe de Bel — estava completamente dividido. Mas também me sentia extasiado; e é claro que não sabíamos quanto ela poderia durar

— poderiam ser algumas semanas ou alguns meses, ou quem sabe até alguns anos. Foi uma experiência muito forte e arrebatadora, e também uma espécie de teste.

Desse teste fez parte assistir à última apresentação pública de Susan, interpretando Desdêmona e cantando em tom lamentoso, numa túnica de linho branco, a voz num crescendo: "Ch'io viva ancor, ch'io viva ancor!" (Que eu continue vivendo, que eu continue vivendo!)

Menos de três meses depois, Susan morreu e Bel Mooney, a mulher de Jonathan, esperou que o marido voltasse para casa e dissesse: "Essa loucura terminou, vamos juntar os cacos e recomeçar nossa vida." Mas não foi o que ele fez. Bel saiu de casa e tocou sua vida, e o casamento desfeito terminaria em divórcio. O caso de amor entre Susan Chilcott e Jonatan Dimbleby foi passageiro e estimulado tanto pela paixão quanto pela iminência da morte. Se o transportarmos a um século anterior ou o situarmos num cenário de tragédia romântica, ele vai-se parecer exatamente como foi na Inglaterra cosmopolita do fim do século XX.

Depois de anos de pesquisas, o que me interessava eram a estrutura e os denominadores comuns das relações entre os homens e suas amantes, especialmente a maneira como a condição de amante reflete a natureza do casamento e das relações entre homens e mulheres em diferentes épocas e culturas. Depois de muito pensar, decidi contextualizar minha exploração da condição de amante pela perspectiva de amantes cujas experiências contam a história das relações entre os homens e as mulheres em suas respectivas sociedades. Agrupando essas mulheres em categorias que refletem diferentes culturas e períodos históricos, eu poderia apresentar suas circunstâncias pessoais intransferíveis e ao mesmo tempo tirar conclusões sobre a maneira como essas sociedades encaravam a amante e como homens e mulheres conviviam. O resultado dessa abordagem do material à minha disposição foi ter adotado para o livro o título de *Amantes*.

Desde o início, enquanto pesquisava, refletia e contemplava a melhor maneira de interpretar o material, eu enfrentava a questão da definição. As definições clássicas dos dicionários ajudavam apenas até certo ponto, especialmente à medida que ficava claro para mim que as concubinas orientais teriam tanto lugar no livro quanto as amantes ocidentais. No *New Shorter Oxford English Dictionary*, uma amante é "uma mulher que não a esposa com a qual um homem tem um relacionamento sexual de longa duração", ao passo que uma concubina é "uma mulher que coabita com um homem sem ser sua esposa". São definições por demais vagas para ter alguma utilidade, e a segunda não distingue entre uma concubina e uma companheira em união estável, como tampouco se refere à concubina oriental, que não raro, embora nem sempre, vive com o amante-senhor e sua família. Outro problema é que, no mundo ocidental, as palavras amante e concubina muitas vezes são sinônimas. Em *Amantes*, decidi adotar uma definição prática de amante, como uma mulher envolvida num relacionamento sexual por período relativamente longo, voluntariamente ou pela força, com um homem que geralmente é casado com outra mulher. Essa definição também se aplica às concubinas, cujas particularidades são aprofundadas nos capítulos dedicados a suas culturas.

A condição de amante é indissociável do casamento, a principal instituição da sociedade humana, e quase automaticamente implica infidelidade conjugal, às vezes por parte do marido, às vezes, da mulher. De fato, o casamento é um elemento-chave para determinar quem é amante e quem não é. Embora muitos partam do princípio de que o adultério mina o casamento, muitos outros acreditam que, paradoxalmente, lhe serve na verdade de esteio. Os franceses, por exemplo, são capazes de justificar o *cinq à sept*, o encontro de um homem com sua amante depois do final do expediente, com uma citação famosa do escritor Alexandre Dumas: "As correntes do casamento são tão pesadas que muitas vezes são necessárias duas pessoas para carregá-las, às vezes três."

Essa associação entre o casamento e a existência de amantes, assim como o concubinato oriental, atravessa o tempo e o espaço, estando profundamente enraizada em quase todas as grandes culturas. O multibilionário britânico Sir Jimmy Goldsmith, que morreu cercado da mulher, das ex-mulheres e de amantes, ficou famoso por um comentário: "Quando um homem se casa com a amante, está automaticamente criando uma vaga." Não surpreende, assim, que os modelos ocidentais sejam mais conhecidos

dos norte-americanos que os do mundo oriental, com suas variações diferentes e mais complexas, especialmente o concubinato institucionalizado e os haréns.

Em todas as sociedades, em todos os tempos, o hábito do casamento arranjado tendia a gerar amantes e concubinato, pois os pais e outros parentes escolhiam os cônjuges dos filhos por motivos econômicos ou para consolidar a família, os negócios ou alianças políticas, geralmente considerando o amor romântico um elemento irrelevante, egoísta e às vezes até traiçoeiro num relacionamento conjugal. Esperava-se que maridos e esposas coabitassem e funcionassem como uma unidade econômica, gerando e criando filhos. Não vinha ao caso que tremessem de emoção ao toque um do outro, se adorassem ou preenchessem reciprocamente suas necessidades emocionais.

Às vezes o amor romântico podia até acontecer com o tempo, mas na maioria das vezes a consideração, a tolerância e a resignação eram o máximo que se podia esperar, e muitos casamentos se revelavam terrivelmente infelizes. Praticamente todas as sociedades, à parte as mais puritanas, permitiam que os homens que não se dispusessem a reprimir ou sublimar seus impulsos românticos e libidinosos os satisfizessem fora do casamento, com amantes ou concubinas. Já as mulheres quase sempre eram desencorajadas desse tipo de desvio, sendo punidas severamente quando apanhadas. Muitas, no entanto, iam em frente, assumindo o risco.

O abismo intransponível das diferenças de classe e casta também gerou amantes que em outras condições poderiam ter sido esposas. Santo Agostinho, bispo de Hipona no século IV, aceitava a proibição da sociedade norte-africana de sua época contra o casamento com pessoas de classe inferior, e assim vivia com a mulher que amava, de uma classe mais baixa, como concubina. Ao decidir casar-se, sua mãe encontrou para ele uma jovem bem-nascida.

As castas determinadas por nacionalidade, raça ou religião também podem relegar as mulheres à condição inferior de amante. Com sua xenofobia, a Grécia Antiga, por exemplo, proibia que os cidadãos casassem com estrangeiros, e por isso o líder ateniense Péricles não pôde casar-se com Aspásia, sua amada concubina de Mileto, mãe do seu filho.

Em muitas culturas orientais, o concubinato era uma condição integrante do casamento, e não periférica ou paralela, sendo os direitos e deveres das concubinas previstos na legislação ou nos costumes. Muitas vezes as concubinas viviam na casa do seu senhor, sob o mesmo teto que a esposa e outras concubinas. Nas residências mais modestas, uma ou duas concubinas auxiliavam a esposa nas tarefas domésticas. As concubinas tinham obrigações sexuais equivalentes às da esposa, entre elas a fidelidade, estando confinadas à mesma esfera doméstica. E para isso havia excelentes motivos. Em forte contraste com as amantes ocidentais, um dos principais deveres da maioria das concubinas orientais era trazer ao mundo os herdeiros do seu senhor.

Em alguns países, especialmente a China imperial e a Turquia, alguns membros da realeza, aristocratas e homens privilegiados ostentavam sua riqueza e poder mantendo haréns de concubinas, não raro capturadas à força. Administrados por eunucos, esses abarrotados haréns eram turbulentas comunidades em que a intriga, a competição e o conflito — para não falar dos filhos — proliferavam. As concubinas mais velhas e menos favorecidas desses haréns eram na verdade servas confinadas ao trabalho doméstico. Suas colegas mais jovens, ainda cheias de esperanças, ocupavam seus dias com cuidados de beleza e maquinações, com e contra eunucos, esposas, parentes, filhos, criados e umas contra as outras. Seu objetivo era passar uma noite com o dono do harém e, se tivessem muita sorte, conceber o filho que tiraria a mãe da obscuridade para levá-la a uma vida de privilégios e talvez até de poder.

Em acentuado contraste, as leis das sociedades ocidentais quase sempre reforçaram a primazia do casamento, considerando bastardos os filhos de amantes, fosse a mais humilde escrava ou a mais bem posicionada duquesa. Em termos jurídicos e culturais, os pais não tinham qualquer obrigação de aceitar a responsabilidade pelos filhos naturais, podendo condená-los à ignomínia e à ilegitimidade. Na verdade, as leis muitas vezes dificultavam o reconhecimento e o provimento dos filhos "de fora", mesmo quando os homens se mostrassem inclinados nessa direção.

Mas houve homens que desafiaram as restrições impostas por suas sociedades ao amparo dos filhos ilegítimos. Membros da realeza como

Carlos II, da Inglaterra — que elevou tantos filhos de amantes à condição de duques que cinco dos 26 duques atuais são seus descendentes —, partiam do princípio de que sua linhagem era suficientemente ilustre para ignorar detalhes como legitimidade. E plebeus movidos pela paixão também ignoraram os valores de sua sociedade. Alguns donos de escravos, por exemplo, incorreram no risco de graves represálias de seus compatriotas, profundamente racistas, ao reconhecer a paternidade de filhos de uma amante escrava. No mundo ocidental, contudo, o reconhecimento de bastardos tem sido sempre a exceção.

A amante de hoje em dia com razão espera melhor tratamento de qualquer filho que venha a ter com um amante. Como suas precursoras, ela é aquela que abre caminho e reflete a tendência nas relações entre homens e mulheres, e seu status dá conta da maneira como essas relações vieram a se desenvolver. A melhoria da condição das mulheres, a liberalização das leis do direito de família e dos relacionamentos pessoais e a crescente aceitação dos testes de DNA aumentaram muito a probabilidade de que o amante reconheça um filho, ou pelo menos contribua para seu sustento. (John Edwards é um chocante exemplo nesse sentido. Depois de solicitar a um assessor que subtraísse uma fralda de Frances Quinn para um teste de DNA a ser feito secretamente, para determinar se de fato era ou não o pai, ele sistematicamente negou que fosse ou pudesse ser o pai, até que, com sua imagem irreparavelmente comprometida por uma série de mentiras desmascaradas em público, reconheceu a paternidade e pediu perdão, especialmente a Elizabeth, sua indignada mulher.) Ao mesmo tempo, o advento de formas acessíveis e confiáveis de controle da natalidade e da legalização do aborto diminuiu consideravelmente o número de filhos que uma amante pode vir a ter.

E, no entanto, como aconteceu com Rielle Hunter, as amantes de fato têm filhos. Algumas, como Karin Sanford, precisam recorrer à justiça para impor os direitos dos filhos. Outros, como François Mitterrand e Vito Fossella Jr., oferecem secretamente apoio financeiro. Mas nem mesmo esses pais dispostos a colaborar podem certificar-se de que os filhos legítimos acolham de braços abertos os irmãos "de fora". A mãe de Ashley Stanford-Jackson queixa-se publicamente de que os irmãos da filha não se interessam por ela. E o filho de Mitterrand, Jean-Christophe, esnobou Mazarine no hospital onde ambos visitavam o pai. "Enquanto meu pai não falar dessa moça, para mim ela não existe", disse ele a amigos. Aos 34 anos, Mazarine adotou legalmente o sobrenome Pingeot-Mitterrand, explicando: "Durante dezenove anos eu não era a filha de ninguém, mas finalmente decidi adotar o nome do meu pai nos meus documentos."

Um caso ainda mais extraordinário foi o da afro-americana Essie Mae Washington-Williams, filha da empregada doméstica Carrie Butler, que ao dá-la à luz tinha dezesseis anos, e do filho de seu patrão, Strom Thurmond, então com 22 anos, político que morreu ainda em função aos cem anos de idade, e que ganhou notoriedade por sua incansável defesa da segregação racial. "Não serão suficientes as tropas do exército para obrigar o povo do sul a acabar com a segregação e admitir a raça negra em nossos teatros, nossas piscinas, nossas casas e nossas igrejas", esbravejava ele. "Ele se tornou um racista declarado, impregnado da antiga doutrina dos direitos dos estados", recordaria Essie Mae. Ele parecia "o fantasma de Adolf Hitler".

Na vida privada, contudo, Thurmond deu apoio financeiro à sua filha mestiça, mostrando vivo interesse e orgulho por ela. Os dois se encontraram pela primeira vez quando Essie Mae estava na adolescência, durante visita que fez ao seu gabinete, acompanhada da mãe. "Ele não chamava minha mãe pelo nome. Não reconheceu verbalmente que eu era sua filha. Não perguntou quando eu iria embora nem me convidou a voltar. Foi como uma audiência com um homem importante, uma entrevista de emprego, mas não um reencontro com um pai", escreveu Williams. E, no entanto, ela se despediu convencida de que ainda havia um relacionamento entre sua mãe e Thurmond e de que eles gostavam um do outro.

Por recomendação de Thurmond, Essie Mae frequentou uma faculdade exclusivamente para negros hoje conhecida como Universidade do Estado da Carolina do Sul. Financiou seus estudos ali e providenciou encontros ocasionais na privacidade do gabinete do reitor, que deve ter imaginado ou conhecido a natureza de sua relação. O mesmo fazia a irmã de Thurmond, Mary Tompkins, a quem incumbiu pelo menos uma vez de levar dinheiro a Essie Mae.

INTRODUÇÃO: CONHECENDO AS AMANTES 25

Mas Essie Mae nunca revelou a identidade do pai. "Não que Strom Thurmond jamais me tivesse feito jurar segredo. Ele nunca me fez jurar nada. Ele confiava em mim, eu o respeitava, e com toda a nossa repressão nós nos amávamos, era esse o nosso contrato social", escreveu ela.

Thurmond morreu em 2003, e só então, em *Dear Senator: A Memoir by the Daughter of Strom Thurmond* [Caro senador: Memórias da filha de Strom Thurmond], Essie Mae finalmente revelou o que os colegas e amigos de Thurmond há muito suspeitavam. A família Thurmond confirmou publicamente a paternidade, falando do seu direito de ser informada sobre a herança. (Ajudou sem dúvida o fato de ela não ter manifestado interesse em mover ação por sua parte no espólio do pai — o que era seu direito moral e legal.) Seu meio-irmão, Strom Thurmond Jr., declarou que estava ansioso por conhecê-la. Em 2004, o governador da Carolina do Sul, Mark Sanford, acrescentou seu nome à lista de crianças mencionadas no monumento em homenagem a Thurmond. Os tempos mudavam, até na Carolina do Sul.

Nas sociedades em que o tempo para, contudo, as amantes e concubinas ainda hoje vivem uma condição semelhante à de suas antecessoras. Um desses contextos é a Igreja Católica Romana, que persiste em sua arraigada desconfiança em relação às mulheres, notadamente na recusa de ordená-las, recusando-se a abolir o celibato compulsório que representa um obstáculo insuperável ao casamento clerical. As mulheres que hoje mantêm relações íntimas com padres devem trilhar o mesmo caminho que seria o seu séculos atrás: são apresentadas como governantas e obrigadas a esconder sua verdadeira relação por trás de aventais e esfregões. A Igreja continua vendo essas mulheres como tentadoras e veículos do pecado, e, tal como acontece na questão do abuso sexual de crianças por parte de seus religiosos, preocupa-se acima de tudo com os cuidados de imagem e em ocultar a situação do mundo exterior.

O feminismo, a expansão dos direitos da mulher e o acesso a eficazes meios de controle da natalidade alteraram a condição da amante, seus parâmetros e possibilidades. À medida que os costumes em torno do sexo antes do casamento se liberalizam e as acomodações do direito consuetudinário tornam-se cada vez mais a regra, a linha divisória entre amante e namorada se dissolve. Em muitos casos, hoje em dia, a resposta deve estar na percepção dos parceiros a respeito do próprio estatuto e, em certa medida, na percepção da sociedade. As amantes modernas têm menos probabilidade de ser casadas ou depender financeiramente dos amantes. As amantes de hoje se apaixonam, geralmente por homens casados que não querem divorciar-se e regularizar o relacionamento. A única alternativa ao rompimento é acomodar-se numa relação ilícita. Mas muitas vezes essas amantes se mostram relutantes em aceitar o status quo, na esperança de que algum dia, de alguma forma, essa ligação seja legitimada pelo casamento, como aconteceu com Camilla Parker-Bowles.

Da mesma forma, é o próprio caso de amor — o romance e a paixão, a onda de desejo e sua arrebatadora satisfação — que importa. Embora a culpa conviva com a excitação da aventura sexual e o desafio de enfrentar as normas sociais, nem por isso é negada a força da ligação que se estabelece através do segredo compartilhado e da confiança mútua que o embasa. A dimensão proibida da relação também afeta seu equilíbrio de poder, em parte controlado pela contenção e discrição da amante. Embora ela se veja forçada a longos períodos de tempo livre, especialmente durante os feriados tradicionais, a situação também a libera das habituais atividades domésticas da esposa, facultando-lhe a posição e a mística de poder mostrar apenas sua melhor face e seu melhor comportamento. A relação também pode dar a impressão de ser ou realmente ser igualitária, permitindo a ambos os parceiros contribuir com o que têm para dar e extrair dela o que quiserem.

Tantas amantes e concubinas, com tantas histórias! Lentamente, escolhi em cada categoria aquelas mulheres que melhor ilustrariam os diversos temas e subtextos que começara a identificar na massa do material pesquisado. A triagem foi difícil, à medida que eu ia eliminando uma após outra, inicialmente com toda cautela, e depois mais implacavelmente. Aos poucos, toda uma estante era preenchida com rejeitadas não raro fascinantes — Lady Emma Hamilton! Diana de Poitiers! George Sand! Coco Chanel! —, vítimas da redundância e do espaço, e também da minha decisão de centrar a atenção em casos individuais. Mas que elenco de sobreviventes, cada uma com uma história única que ao mesmo tempo a vincula a tantas outras mulheres. Elas vêm de todos os lugares e tempos, de todas as classes, castas, cores e condições. São aristocratas e escravas, esposas, mães e solteironas, habitam cabanas e haréns, casas e mansões. Algumas são famosas, geralmente por causa de suas relações, ao passo que outras só podem ser trazidas de volta à vida pelas reminiscências dos amantes e outras pessoas ou através de documentos oficiais. O que todas essas mulheres têm em comum é o fato de terem sido amantes ou concubinas. Esta obra trata de suas experiências e suas histórias especiais. O que torna importante cada mulher deste livro é a maneira única como sua história de vida reflete e explica a multifacetada instituição da amante.

CAPÍTULO 1

O amor extraconjugal na Antiguidade[1]

Desde sua origem, a instituição do casamento foi associada a diferentes formas de concubinato, sistemas que permitiam e em certa medida definiam relações paralelas íntimas entre homens e mulheres que não fossem suas esposas. A Bíblia, que está na base de boa parte da cultura e da literatura ocidentais, fala-nos de grande número de concubinas. O rei Salomão tinha trezentas, além de suas setecentas esposas, e outros reis e patriarcas bíblicos desfrutavam do privilégio de dezenas ou centenas de concubinas. Uma concubina era usada para fins sexuais e para aquilo a que os japoneses se referiam como "úteros de aluguel". Se uma esposa fosse estéril e ele precisasse de herdeiros, podia engravidar uma concubina, vindo a reconhecer e criar o filho. As concubinas desfrutavam da condição de esposas secundárias, sem a segurança ou os direitos da esposa. Muitas vezes eram escravas. A lei estabelecia que, ainda que uma escrava da esposa fosse escolhida como concubina do marido, continuaria sendo propriedade dela.

Ao longo dos séculos, o concubinato veio a ser alterado pelas diferentes circunstâncias e costumes. No fim da Antiguidade, o direito romano estendia certa proteção às concubinas, especialmente dando aos filhos pequena participação no espólio do pai natural, reivindicação fortalecida ainda mais se ele morresse intestado ou sem herdeiros legítimos. No início do século IV, o imperador cristão Constantino, que morreu em 337, tentou desestimular o concubinato, conferindo aos homens o direito de casar com as concubinas e, portanto, legitimar os filhos. Mas nenhuma lei seria capaz de erradicar o concubinato, pois a cultura greco-romana em geral aceitava a infidelidade masculina no casamento. Santo Agostinho, que viveu durante mais de uma década com sua amada concubina e o filho de ambos, explicava que os homens justificavam o concubinato alegando que de outra forma seriam compelidos a seduzir as esposas de outros homens ou recorrer a prostitutas. O concomitante da noção de que os homens seriam por natureza incapazes da monogamia era que o concubinato constituía um acessório essencial do casamento.

Agar

A primeira concubina registrada na história escrita pode ser Agar, escrava egípcia que talvez fosse negra. Ela era a escrava da matriarca Sara, mulher do patriarca Abraão (c. 2000-1900 a.C.). Nada sabemos das circunstâncias da vida de Agar, nem quando ou de que maneira se tornou propriedade de Sara. Seu biógrafo bíblico, que com toda evidência a considerava um personagem secundário e certamente ficaria perplexo com o fascínio que ela continua causando quatro milênios depois, introduziu-a como um subtexto na tragédia da infertilidade de Sara, dedicando-lhe apenas sete minúsculos capítulos bíblicos.

Sara e Abraão tiveram muitas aventuras, entre elas uma perigosa visita ao Egito, onde a adorável Sara involuntariamente atraiu a atenção do faraó, que queria incluí-la em seu harém. Abraão salvou a situação apresentando-a como sua "irmã", e com isso o faraó os encheu de presentes, ovelhas, bovinos, burros, camelos e escravos, homens e mulheres, e provavelmente negros.

Ao ser informado de que Abraão e Sara o haviam enganado, o faraó ordenou que Abraão deixasse o Egito com a mulher. Mas permitiu que ficassem com o gado e os escravos presenteados.

Abraão tornara-se um homem rico em tudo, exceto a progenitura, pois Sara era estéril. Não havia perspectiva de que isso mudasse, pois a essa altura ela tinha 76 anos (ou pelo menos é o que informa o autor do Gênesis). Não surpreende, assim, que Abraão se desesperasse e orasse por não ter filhos. Sara sentia-se culpada pela esterilidade, que no mundo antigo era considerada uma maldição de tal ordem que justificava até o divórcio. Mas sua sociedade tinha uma solução para a infertilidade: uma concubina fértil.

É é aí que vamos encontrar Agar. "Eis que o Senhor me impediu de ter filhos", disse Sara ao marido. "Rogo-te que tomes a minha escrava, para ver se, ao menos por ela, eu venha a ter filhos."

Abraão concordou, e Agar não tinha voz na questão. Não demorou e, apesar de estar com 86 anos, Abraão conseguiu engravidá-la. Mas Agar foi-se transformando com o crescimento da barriga. Para surpresa de Sara, sua escrava sociável e amiga metamorfoseou-se numa mulher cheia de autoconfiança e até arrogante, olhando para ela com "desprezo". E por que não? Agar podia ser uma escrava, mas seu útero era perfeitamente bom para dar ao marido da sua senhora um herdeiro legítimo.

Sara ficou confusa e indignada com a atitude de Agar. Queixou-se amargamente a Abraão, mas ele limitou-se a lembrar-lhe que, como legítima senhora de Agar, poderia castigar sua escrava como bem quisesse. Não sabemos o que Sara fez — um dos castigos habituais da insolência era esfregar na boca do infrator um punhado de sal —, mas sua reação foi tão violenta que Agar decidiu fugir.

Felizmente, um anjo do Senhor encontrou-a vagando pelo deserto: "Agar, escrava de Sarai ["Sara" é uma variante de "Sarai"], de onde vens e para onde vais?" Agar explicou sua situação. "Volta para tua senhora e submete-te a ela", ordenou o anjo, não sem abrandar a advertência prometendo que teria filhos por demais numerosos para serem contados. "Agora concebeste e terás um filho; vais chamá-lo Ismael [que significa 'Deus está ouvindo'], porque o Senhor ouviu tua aflição."

Depois desse encontro, Agar retornou e deu à luz o filho de Abraão, que de fato foi batizado Ismael. É provável que o tenha parido agachada entre as pernas de Sara, com a ajuda de uma parteira, segundo o costume de "dar à luz de joelhos" uma criança destinada a se tornar herdeira da mãe "social", e não da mãe de sangue.

Agar permaneceu com Abraão e Sara por mais treze anos, amamentando e cuidando de Ismael. Ocorreu então um milagre. Deus fez com Abraão um complicado acordo pelo qual chegava ao fim a infertilidade de Sara. Inicialmente, Sara achou graça de uma ideia tão absurda. Estava muito velha. Como poderia fazer sexo, e ainda mais ter um filho? Mas o Senhor censurou-a por rir, perguntando-lhe: "Acaso existe alguma coisa difícil demais para o Senhor?"

Aparentemente nada o era, e Sara teve seu filho, Isaac. Tinha a essa altura noventa anos, e Abraão, cem. "Quem poderia dizer a Abraão que Sara viria a amamentar um filho? E, no entanto, dei-lhe um filho na velhice", rejubilava-se Sara.

Isaac tornou-se uma criança robusta e Sara o desmamou. Certo dia, porém, vendo-o brincar com o meio-irmão mais velho, Ismael, ela foi tomada de profundo ressentimento. Como filho primogênito de Abraão, Ismael receberia a herança do pai. "Expulsa esta escrava com teu filho!", disse Sara a Abraão, "pois o filho de uma escrava não herdará junto com meu filho Isaac."

Abraão ficou profundamente abalado, mas exclusivamente por Ismael, e não por Agar. Orou pedindo ajuda, e Deus o instruiu a fazer como Sara pedia, pois Isaac e Ismael haveriam de fundar grandes nações. Na manhã seguinte, Abraão levantou-se cedo, apanhou um pedaço de pão e um recipiente de água feito de couro de cabra e chamou Agar. E então aquele homem excepcionalmente rico entregou-lhe essas magras provisões e lhe disse que partisse com Ismael, o filho adolescente de ambos.

Desnorteados, Agar e Ismael perambularam pelo deserto. Não se passou muito tempo, e já haviam comido e bebido sua escassa ração. Desesperada, Agar conduziu Ismael a uma moita e se afastou, tombando. "Não me deixe assistir à morte do meu filho", chorava.

Mas Deus a observava e mais uma vez enviou um anjo. "Deus não permitirá que Ismael morra", disse o anjo, "pois pretende construir uma grande nação com seus descendentes". Agar abriu os olhos, espantada, e viu que Deus havia providenciado um poço. Encheu o couro de cabra e deu de beber ao filho sedento.

Durante anos, Agar e Ismael viveram no deserto. Tinham contato com outras pessoas e os recursos financeiros eram suficientes para que Agar arranjasse o casamento de Ismael com uma jovem egípcia. Embora tivesse sido escravizada pelos hebreus, Agar continuava apegada à sua ascendência egípcia.

É o fim da história de Agar, embora presumivelmente não o fim de sua vida. As referências bíblicas a Ismael contam que Deus cumpriu a promessa feita a Agar, pois Ismael teve doze filhos, os nobres fundadores das tribos ismaelitas. O próprio Ismael viveu até os 137 anos de idade, uma vida longa como a do pai. (Abraão morreu aos 175 anos de idade, tendo sido enterrado por Ismael e Isaac na caverna de Machpelah.)

A vida de Agar como concubina foi breve, mas seu drama ecoa pelos tempos afora, em ampla e sempre crescente literatura. Milênios após sua morte, tendo sua existência registrada em apenas umas poucas e breves frases, Agar tornou-se um símbolo dos despossuídos e perseguidos, uma mulher explorada sexual e economicamente, destituída de direitos, abandonada sem qualquer ajuda. Ao contrário de outras mulheres às quais igualmente aconteceram coisas tão terríveis, contudo, Agar foi salva da miséria e da fatalidade pelo próprio Deus.

Aspásia[2]

Em meados do século V a.C., a cidade-Estado de Atenas eclipsou o resto da Grécia; seu regime democrático resumia o melhor das conquistas da Grécia Antiga. Mas a época de ouro de Atenas não chegou às mulheres atenienses, que passavam a maior parte da vida confinadas em seus aposentos. As estrangeiras eram duplamente amaldiçoadas, por conta do gênero e da casta. Uma delas, Aspásia, imigrante de Mileto, na Ásia Menor, tentou transcender sua situação de desvantagem através da relação com o principal estadista de Atenas, Péricles.

Aspásia chegou a Atenas depois das arrasadoras Guerras Persas, tendo a Trégua de Cinco Anos, firmada em 451, posto fim às hostilidades entre os Estados gregos. Ela chegou com os parentes, obrigados a deixar Mileto por circunstâncias que não são do nosso conhecimento. Apesar da presença de membros de sua família, de suas origens aristocráticas e dos bons contatos, ela não dispunha de recursos financeiros e foi obrigada a buscar trabalho remunerado.

Infelizmente para Aspásia, sua chegada a Atenas coincidiu com uma onda de imigração naquele pós-guerra, o que levara Péricles a impor medidas draconianas para garantir a superioridade social da cidadania ateniense. Ele restringiu o direito de cidadania aos atenienses com dois pais atenienses, limitando drasticamente os direitos dos *metics*, estrangeiros como Aspásia e sua família. Quem quer que fosse apanhado fazendo-se passar por cidadão ateniense poderia ser escravizado. Graças às leis promulgadas por Péricles, Aspásia não podia casar-se com um ateniense nem gozar dos parcos direitos das mulheres atenienses.

Eram poucos esses direitos. Ao contrário dos seus irmãos do sexo masculino, as mulheres atenienses não podiam ir para a guerra, e assim muitas vezes as meninas eram abandonadas nas montanhas ao nascer, para serem devoradas pelos animais. As que conseguiam sobreviver eram educadas de qualquer jeito, mantidas enclausuradas em casa, e aprendiam apenas habilidades domésticas. No início da maturação sexual, geralmente em torno dos quatorze anos, os pais as casavam com homens muito mais velhos que tivessem concluído suas obrigações militares e finalmente estivessem livres para o matrimônio.

A vida de casada não era nenhuma liberação para as mulheres gregas, confinadas em seus novos lares. As residências atenienses, como as da Grécia em geral, refletiam a condição de superioridade dos homens. Eram pequenas, pois os homens passavam a maior parte do dia fora de casa, na companhia de outros homens. A maioria dos aposentos dava para um pátio central. A sala de jantar, ou *andron*, era o aposento maior e mais bem mobiliado da casa, pois nele os homens recebiam. Mas as esposas, filhas e outras dependentes do sexo feminino eram excluídas desses momentos. Os homens muitas vezes convidavam *hetaerae* — cortesãs de luxo — ou, quando mais pobres, prostitutas para entretê-los.

As mulheres de Atenas na Antiguidade tinham direitos mínimos e só podiam divorciar-se com o consentimento do marido. Sua única proteção financeira era o dote. Numa sociedade que valorizava a dona de casa decente, submissa e trabalhadeira, o máximo a que uma mulher podia aspirar era uma boa reputação.

Que poderia então a jovem *metic* de Mileto fazer nessa cidade machista? Aspásia não era apenas bela. Era excepcionalmente inteligente e, ao contrário da maioria das mulheres atenienses, conseguira educar-se, embora nunca revelasse como. Começou a ensinar retórica e filosofia, e logo havia conquistado tal reputação que o próprio Sócrates a tinha na conta de uma mestra, ou pelo menos é o que nos conta Platão em seu *Menexenus*.[3]

Muito provavelmente Aspásia sustentou-se inicialmente entrando para o mundo nebuloso das *hetaerae*, as mulheres de origem estrangeira que trocavam sexo, companhia e amizade por dinheiro e presentes caros. Ao contrário das prostitutas (e da maioria das esposas), as *hetaerae* eram educadas e cultas, elegantes e sofisticadas. Distinguiam-se das outras mulheres gregas pela inteligência, conhecimento e facilidade de expressão, conversando e debatendo em condições de igualdade intelectual com seus companheiros do sexo masculino. Nas pinturas dos vasos de cerâmica, elas aparecem esbeltas, com seios pequenos e vestidas com requinte, sendo facilmente diferenciadas das matronas gregas mais pesadas e sem ornamentos.

Aspásia tinha cerca de 25 anos ao conhecer Péricles, inspirando-lhe o amor apaixonado que duraria até o fim de sua vida. Mas as leis sobre a cidadania promulgadas pelo próprio Péricles a condenavam a viver como concubina, e jamais sua esposa. Incapaz de viver sem ela, Péricles levou Aspásia para sua casa. Quando ela deu à luz um filho seu, a condição de *metic* e a ilegitimidade do pequeno Péricles não incomodaram o pai, que já tinha dois filhos legítimos.

Péricles nem de longe era o único admirador da intensa presença intelectual e erótica de Aspásia. Quando ela passou a manter um salão, os mais destacados intelectuais, eruditos e estadistas de Atenas acorriam para debater política e filosofia, cultivando seus laços sociais e políticos.

Aspásia não se limitava a analisar questões de Estado. Aplicou o rigoroso raciocínio socrático igualmente à questão das relações conjugais, tema que deve ter sido levada a contemplar precisamente por sua condição pessoal. Mais tarde, autores como Cícero e Quintiliano reproduziriam um diálogo testemunhado pelo filósofo Xenofonte, entre Aspásia e a mulher deste.

— Diga-me — perguntou Aspásia —, se as joias de ouro da sua vizinha fossem mais belas que as suas, você preferiria ficar com as suas ou as dela?

— As dela.

— E se os vestidos e acessórios dela fossem mais caros que os seus, quais você preferiria?

— Os dela, naturalmente.

— Então, se o marido dela fosse melhor que o seu, você preferiria o dela ou o seu?[4]

A mulher de Xenofonte enrubesceu. Aspásia rompeu o silêncio embaraçado. "Para atender ao desejo de excelência num parceiro", disse, "é forçosamente necessário *ser* o melhor parceiro". Embora o erotismo seja a dimensão pela qual homens e mulheres expressam sua devoção recíproca, o elemento-chave na atração é a virtude.

Inventado ou real, o argumento parece indicar-nos o ponto de vista de Aspásia sobre as relações entre homens e mulheres: eles as abordam em termos iguais e devem estar igualmente comprometidos na busca do caminho da virtude. Em outras palavras, a amante de Péricles parece ter sido defensora de uma igualdade inacreditavelmente em choque com a rígida estratificação e a desigualdade codificada da época e do lugar em que vivia.

Enquanto isso, Péricles passava boa parte do tempo em casa, para estar com Aspásia, mas ainda assim se dedicava às questões de governo e à direção da restauração dos templos atenienses danificados ou destruídos durante as Guerras Persas. Os atenienses de modo geral apoiavam as orientações políticas de Péricles, mas o mesmo não se poderia dizer de sua vida nem tão privada assim. Os cidadãos o acusavam de ter expulsado a esposa de casa para instalar Aspásia em seu lugar, ignorando que eles haviam se divorciado mais de uma década antes de ele conhecer Aspásia. Queixavam-se também de que ele deveria manter a concubina discretamente nos bastidores, como faziam outros homens — recomendação que Péricles ignorava. Cresceu então uma onda de oposição a Aspásia, e ela própria, e não Péricles, é que sofreu as consequências. Ela foi impiedosamente difamada em foros públicos e panfletos políticos. Poetas satíricos rivalizavam em ataques pérfidos contra ela, comparada a Targélia, a poderosa cortesã jônica e esposa — de quatorze maridos! — que se valera de sua enorme influência para ajudar o inimigo nas Guerras Persas.

Em 440 a.C., depois que a importante cidade-Estado de Samos se rebelou contra Atenas, essa campanha contra Aspásia intensificou-se. Embora Péricles acabasse por reprimir a revolta, seus adversários, cheios de desdém, acusavam sua prostituta Aspásia de tê-lo convencido a entrar em seguida na Guerra de Samos, por motivos pessoais ligados a suas origens em Mileto. Em *Cheirones*, o escritor satírico Crátinos ridicularizava ao mesmo tempo Péricles e Aspásia, xingando-a de a "concubina de olhos de cadela".

O apelido colou, e cada vez mais os atenienses condenavam Aspásia como uma meretriz imunda e desprezível. Sua reputação de *hetaera* evocava outras imagens, as imagens explicitamente sexuais dos vasos e canecas gregos mostrando *hetaerae* nuas ou levantando as túnicas para mostrar a genitália a possíveis clientes. Essas *hetaerae* de argila fazem sexo grupal, experimentam as mais variadas posições e até se debruçam, apoiando as mãos no chão para permitir relações anais. Às vezes são espancadas nas nádegas nuas pelos clientes, com um sapato ou qualquer outro objeto, sendo assim obrigadas a se submeter a atos sexuais indesejados ou dolorosos. A comparação de Aspásia a essas mulheres caricaturais foi o nível mais baixo a que chegou a campanha contra ela, intelectual refinada, mãe dedicada e amada companheira de Péricles.

O verdadeiro motivo dessa avalanche de amargura e ódio contra Aspásia era o fato de ela representar um risco para a constituição social de Atenas, baseada na escravidão e no domínio masculino, uma sociedade que esperava que suas mulheres vivessem como animais domésticos, ou então, caso fossem *metics*, as obrigava a suportar uma existência ainda mais sombria. Aspásia, mulher e estrangeira, tinha de suportar o fardo obrigatório de sua dupla deficiência. Mas ela conseguira sobreviver, de alguma forma ludibriando o velho e tolo líder dos atenienses de maneira a não levar em conta seu gênero nem sua condição. Com toda evidência, Aspásia representava um risco para a ordem estabelecida, uma revolucionária disfarçada de sedutora.

Ao longo de uma década após a debacle de Samos, a vida de Aspásia continuou sendo harmoniosa no nível doméstico e intelectualmente enriquecedora, mas um verdadeiro pesadelo na esfera pública. Em 431 a.C., no início da Guerra do Peloponeso, os ataques verbais se intensificaram. O poeta satírico Hermipo lançou um novo ataque, acusando-a de comportamento herético e de intermediar mulheres atenienses nascidas livres para satisfazer os desejos de Péricles. Conseguiu provocar tamanha indignação pública que foram formalizadas acusações de imoralidade e traição contra Aspásia. Apesar da influência de Péricles, a vontade popular acabaria por prevalecer.

Na condição de estrangeira, Aspásia não podia comparecer a um tribunal para se defender. Péricles então assumiu a sua defesa. Chorando enquanto falava, a voz embargada de emoção, ele se comunicou com tanta eloquência e convicção que o júri aceitou seu argumento de que Aspásia fora difamada, inocentando-a de todas as acusações.

Essa vitória contra a maldade e a calúnia uniu ainda mais Aspásia e Péricles. Pouco depois, ela foi publicamente reconhecida como companheira de Péricles. Mas o amoroso casal não estava destinado a desfrutar junto de uma velhice confortável. A estratégia militar adotada por Péricles, para defender o império ateniense salvaguardando seus cidadãos e seu exército no interior das muralhas da cidade, levou a uma grave crise de superpopulação e a uma onda de doenças. Em 430 a.C., uma terrível epidemia matou um terço dos soldados e um quarto dos civis.

O próprio Péricles perdeu os dois filhos mais velhos, a irmã e a maioria dos parentes e amigos. Mas grande parte dos atenienses também sofreu perdas terríveis, tentando encontrar culpados nesse frenesi de dor. Péricles era o bode expiatório mais óbvio, e foi destituído do cargo, acusado e condenado pela aceitação de suborno.

Desonrado e desacreditado, Péricles não tinha herdeiros. Por terrível que fosse a situação, ela representava um inesperado benefício para Aspásia: de uma hora para outra melhorava a situação de seu filho, o jovem Péricles. Desesperado por um herdeiro, Péricles precisou implorar às autoridades atenienses para que Péricles filho, transformado num bastardo em consequência da legislação xenófoba por ele mesmo aprovada, fosse legitimado. Os atenienses finalmente se apiedaram do velho estadista arruinado, conferindo a cidadania ao jovem Péricles — mas não a Aspásia. De qualquer maneira, o êxito do filho deve ter dado grande satisfação a Aspásia.

Péricles e Aspásia ficaram por breve período livres de perseguições, sendo ele reabilitado e reassumindo o cargo. Mas a peste continuava causando devastação em Atenas, e logo também ele seria levado, deixando a concubina sozinha e desprotegida na cidade hostil e mergulhada na calamidade.

Sem Péricles — ou deveríamos dizer depois de Péricles? —, Aspásia voltou-se para outro homem, um comerciante de ovelhas que também era um general em ascensão. A pressa com que ela estabeleceu essa nova relação pode aparentemente depor contra a sinceridade de seu afeto por Péricles. Ela provavelmente não passava necessidade; seu filho herdara a propriedade de Péricles. Talvez julgasse precisar de proteção contra o ódio dos cidadãos. E talvez também se sentisse atraída por Lísicles, que era dinâmico, ambicioso, rico e muito mais próximo de sua idade do que Péricles. E afinal de contas, deve ter concluído, como a lei ateniense a estigmatizava como estrangeira e os cidadãos atenienses a perseguiam, o mais hábil seria reproduzir o relacionamento com Péricles e tornar-se concubina de outro homem poderoso, capaz de enfrentar legiões de inimigos.

É quase certo que Aspásia tenha conhecido Lísicles por intermédio de Péricles. Talvez Lísicles estivesse entre os que se impressionavam com sua inteligência e beleza. Sua posição de concubina de Péricles também pode tê-lo interessado; afinal, Péricles desafiara seu próprio povo para viver com aquela mulher e honrá-la.

Qualquer que fosse a motivação, a união de Aspásia com Lísicles não durou muito. Ela acabara de lhe dar um filho quando Lísicles morreu em combate, e ela mais uma vez se via sozinha diante do mundo, dessa vez com um filho ilegítimo.

Mas os atenienses não a deixavam em paz. Quando Aspásia tinha 45 anos, Aristófanes lançou um novo e impressionante ataque. Em sua peça *Acarnenses*, ele a acusava de nada menos que ter provocado a Guerra do Peloponeso. O personagem Diceópolis relata os que provocaram a guerra. Segundo a história, jovens bêbados se infiltraram em Mégara e raptaram uma prostituta chamada Simaita. Furiosos, os habitantes retaliaram, raptando duas prostitutas de Aspásia e chamando-a de cafetina. Indignada com o rapto de suas prostitutas, Aspásia instigou Péricles a iniciar a Guerra do Peloponeso.

Não sabemos o que aconteceu a Aspásia após a morte de Lísicles, embora até hoje sua história dê origem a debates e análises entre estudiosos. O certo é que ela era suficientemente arguta para ter perfeita consciência de sua situação pessoal na meia-idade, exatamente como fora capaz na juventude. Envelhecendo, desprotegida, ela era uma estrangeira numa sociedade que a temia e desprezava. Tinha lá seus trunfos: uma beleza que começava a se esvanecer, a fama de inteligência brilhante e uma formidável capacidade de raciocínio, além de um filho que era legítimo herdeiro de Péricles. E também tinha reputação como prostituta, o que certamente despertava interesse em certos homens.

O provável é que Aspásia tenha buscado refúgio na proteção de outro homem, exatamente como havia feito logo depois da morte de Péricles. Uma hipótese menos provável é que o filho mais velho, Péricles, tenha assumido esse papel de protetor. Se isso de fato tivesse acontecido, caberia esperar algum tipo de alusão literária, sardônica ou não, à relação entre mãe e filho. Mas os dramaturgos perseguidores de Aspásia calaram-se, e podemos presumir que ela se tenha aliado a um homem por demais insignificante para ser mencionado, mudado para outra cidade ou morrido no esquecimento.

A julgar pelo que chegou até nós de seus ensinamentos e convicções, Aspásia era a defensora da justiça e da vida virtuosa, assim como do equilíbrio, num mundo desequilibrado. Entretanto, considerada uma estrangeira e submetida aos duros costumes e leis atenienses, precisou apoiar-se na relação com Péricles para alcançar algum poder e segurança financeira.

Corina[5]

Uma das amantes mais enigmáticas e sensacionais foi "Corina", celebrada e imortalizada pelo grande poeta Ovídio em sua coletânea de poemas *Amores*, embora ele nunca tivesse divulgado sua verdadeira identidade. Corina e Ovídio tiveram seu tumultuado relacionamento numa Roma cuja decadência era objeto de leis imperiais de reforma moral que os cidadãos hedonistas cuidavam sobretudo de desrespeitar.

Duas décadas antes da ascensão do cristianismo, a Roma de Ovídio e Corina era uma cidade ao mesmo tempo esplendorosa e terrível, cheia de belas mansões e promíscuos cortiços, poderosos aquedutos e banhos públicos. Oferecia teatros sofisticados mas ao mesmo tempo cultivava circos nos quais os cidadãos aclamavam ou vaiavam leões que evisceravam criminosos acorrentados (e mais tarde cristãos), arqueiros que abatiam elefantes e panteras apavorados. Os mercados romanos eram empórios de produtos provenientes de todo o império, oferecendo em abundância alimentos, sedas e lãs, vinhos e molho de peixe fermentado.

Do alto do monte Palatino, o requintado e autocrático gênio César Augusto supervisionava o império, desalentado com o que via. Antes do fim de seu reinado em 14 d.C., ele remodelaria sua amada e decadente Roma com palácios de mármore — o Teatro Marcellus, o Circus Maximus e oitenta templos — tão duradouros quanto sua Pax Romana. Tentaria igualmente reformar a desgastada moral dos cidadãos com as Leges Juliae, leis governando o casamento, as relações sexuais e a herança.

Décadas de anarquia, insurreição e campanhas militares haviam corroído os valores sociais romanos. Augusto, saudoso dos velhos tempos, preocupava-se em particular com o fato de as mulheres romanas não serem mais como suas virtuosas antepassadas, trabalhadoras modestas e dedicadas. Mas por que haveriam de sê-lo? Ao mobilizar os homens, a guerra também havia transformado as mulheres.

Quando os maridos estavam ausentes na guerra, a maioria das esposas administrava a casa por conta própria, chegando as mais ricas inclusive a administrar grandes propriedades. Com o contato com o mundo exterior e o sentimento de merecimento que isso acarretava, inevitavelmente certas mulheres tomavam amantes.

Ao retornarem os tempos de paz, os romanos não retomaram os costumes de épocas passadas. Adiavam o casamento, mas não o sexo, e os homens em posição social mais elevada tinham concubinas que repudiavam quando chegava o momento de escolher uma noiva condigna. Muitas mulheres casadouras perdiam qualquer expectativa de ter sua mão pedida por um pretendente à altura. Nesse estado de incerteza, algumas experimentavam prazeres eróticos proibidos.

A autoindulgência coletiva de Roma nessa época nunca foi equiparada. Os cidadãos eram obcecados com divertimentos, demandando constantemente festas, teatros, eventos esportivos e circos. Os romanos ricos se empanturravam e vomitavam, numa espécie de bulimia socialmente aprovada. Quando as mulheres respeitáveis se retiravam, à noite, os maridos muitas vezes farreavam com cortesãs ou prostitutas. Até o virtuoso Augusto, que reverenciava sua mulher, Lívia Drusilla, de maneira ostensiva, tinha justificada fama de namorador.

Na Roma de Augusto, coexistiam dois padrões, o legal e o factual. Como a Grécia, Roma era uma democracia escravagista cujos homens livres — e ninguém mais — desfrutavam de direitos e poder. As mulheres livres ou libertadas tinham uma condição consideravelmente melhor que a dos escravos, mas nenhuma mulher, por mais rica e poderosa que fosse sua família, dispunha de uma fração sequer dos direitos que seu irmão podia esperar ou que seu pai já detinha.

O *paterfamilias* era um regime jurídico impressionante na maneira como subjugava as mulheres. A autoridade legal do pai — *patria potestas* — originava-se em seus próprios interesses, e não nos da mulher ou dos filhos, mesmo quando estes eram adultos. Ela começava quando o recém-nascido era depositado aos seus pés para que ele exercesse o direito de triagem mortal. Se o pai apanhasse o menino que choramingava ou ordenasse que a menina fosse alimentada, estava concedendo a vida. Caso contrário, o bebê era asfixiado, morria de fome ou era abandonado nas colinas ou à beira dos rios para ser morto por animais selvagens. Como se poderia esperar, era muito menor o número de meninos que tinham esse destino do que o de meninas.

A maioria das meninas entregues à própria sorte morria. Algumas eram salvas por almas bondosas. Outras eram buscadas e encontradas, e, depois de uma infância miserável na servidão doméstica, eram vendidas como escravas ou — o que era muito mais frequente — criadas para se tornarem prostitutas.

Nem mesmo as crianças que não eram condenadas ao nascer estavam propriamente em segurança. A qualquer momento, o pai podia vendê-las para algum tipo de servidão, *causa mancipii* — a escravidão com outro nome. Irritar o papai era correr risco de vida, e muitos pais não se eximiam de eliminar rebentos incômodos.

O casamento tampouco representava alívio para uma filha. O marido, escolhido para ela, substituía o pai, não raro quando ela ainda era criança. Se ela ousasse cometer adultério, o marido podia matá-la. Também podia espancá-la, inclusive até matar, por beber vinho. O teste do vinho (não exatamente a degustação) transformou-se numa investigação osculatória, o *ius osculi*, praticada pelos homens quando suspeitassem que as mulheres da família estariam ingerindo qualquer bebida alcoólica. Era essa a condição das mulheres livres, e as libertadas ou escravas viviam uma situação ainda mais degradante.

Uma concubina romana tinha um status ainda inferior ao da esposa. Era uma mulher livre ou libertada que coabitava com um homem que não era seu marido. Os homens não podiam ter esposa e concubina, pelo menos não simultaneamente. Era, portanto, conveniente para eles ter uma concubina de posição social inferior. Dessa maneira, podiam expulsá-la se tivesse um filho ilegítimo ou se decidissem que estava na hora de casar.

Os viúvos também preferiam ter uma concubina a casar novamente. Não havia compromisso nem qualquer ameaça à herança dos descendentes legítimos caso a concubina gerasse um bastardo. Muito convenientemente, nem ela nem seu filho teriam qualquer direito legal sobre o amante ou, após sua morte, suas propriedades.

O concubinato tinha algumas vantagens. Era uma prática legal, e as concubinas não podiam ser processadas por adultério, embora não ficassem isentas da acusação de fornicação. Eventualmente, um amante conseguia contornar a opressiva legislação romana e adotar legalmente o filho da concubina. Com frequência ainda menor, chegava a casar-se com ela.

Mas os romanos privilegiados agiam como se nenhuma dessas leis implacáveis existisse. Ao contrário de Lívia Drusilla, a mulher de Augusto, que usava deliberadamente trajes simples e sem adornos, a nova mulher romana não era despretensiosa nem voltada exclusivamente para os filhos. Na verdade, a taxa de natalidade havia caído consideravelmente por causa do envenenamento por chumbo contido na água transportada pelos magníficos aquedutos, e também em consequência dos métodos primitivos de controle da natalidade e aborto.

As mulheres privilegiadas de boas famílias não mais começavam o dia com orações, para em seguida entregar-se a massacrantes tarefas domésticas. Agora, uma mulher privilegiada acordava com o rosto rígido e fantasmagórico por baixo da máscara de leite com farinha que aplicara antes de se deitar. Tendo a jovem escrava trazido água, ela tirava esse grude e entrava no banho, até que o massagista, ou *unctor*, chegasse com seus unguentos para flexibilizar membros da cliente recém-acordada. Imaculada e perfumada com a fragrância desses óleos, a dama vestia-se e tinha seus cabelos penteados, presos, alisados ou apanhados numa guirlanda de cachos ou em belas e longas tranças. Vinha então a hora de empoar o rosto, corar as bochechas, avermelhar os lábios e escurecer as pálpebras com delineador de cinzas ou *kohol*. O toque final ficava por conta das joias, pedras preciosas provenientes dos mais variados recantos do vasto império, montadas em peças de prata ou ouro e transformadas em anéis, braceletes, colares, broches e tornozeleiras.

Para as mulheres que se sentiam atraídas pela indulgência desse novo estilo de vida, as exigências da rotina de beleza eram um prelúdio da aventura sexual. Certas mulheres chegavam inclusive a tomar como modelo as *hetaerae* gregas. Augusto, horrorizado e indignado com o fato de as mulheres se mostrarem tão interessadas quanto ele em aventuras extraconjugais, tratou de agir decisivamente contra elas.

Foi esse o pano de fundo das suas Leges Juliae (18-17 a.C.), famosas pela repressão do adultério, transformado em crime e punido com severidade.

Mas o adultério aplicava-se apenas a esposas que enganassem os maridos e aos homens que dormissem com esposas de outros homens, mas não aos maridos que buscassem o prazer com mulheres não casadas. As viúvas e mulheres livres que ousassem a atividade sexual corriam o risco de ser acusadas do crime não tão grave de fornicação. Essas novas leis destinavam-se a obrigar as mulheres — especialmente as da elite — a se casar ou casar de novo, mantendo-se virtuosas, submissas e na esfera do lar.

Entretanto, como costuma acontecer quando as penalidades são por demais severas — as adúlteras condenadas perdiam metade do dote e um terço de seus bens, os adúlteros, metade das propriedades, e todos eram exilados em ilhas distantes onde a fiscalização do cumprimento da lei era praticamente impossível —, as leis tornaram-se praticamente sem sentido. Mas Augusto de fato obteve uma espetacular vitória: o julgamento de sua própria filha, Júlia, uma das mais notórias adúlteras de Roma.

O grande poeta romano Ovídio, jovem aristocrático, rico e extraordinariamente talentoso, obcecado por mulheres, amor e sexo, adequava-se perfeitamente a esse mundo permissivo. Aos dezesseis anos, Ovídio casou-se com a primeira de suas três esposas, uma adolescente que sistematicamente menosprezava. Aos 23, em seus *Amores*, apresentou Corina, sua amante voluntariosa, sensual e infiel. Os romanos reagiram com enorme entusiasmo, e alguns admiradores mais ardorosos escreveram seus versos em muros da cidade. É muito possível que o conteúdo e o grande sucesso de *Amores* tenham contribuído para levar Augusto a promulgar sua legislação puritana.

Até hoje estudiosos especulam sobre a identidade da mulher por trás do pseudônimo de Corina. A hipótese mais tentadora é que fosse na verdade Júlia, a desafiadora filha de Augusto, mas as provas nesse sentido não são muito sólidas. Quem quer que fosse, o fato é que Corina se destaca facilmente na provocante poesia de Ovídio. Com alguma imaginação, empatia e argúcia, podemos vir a conhecê-la.

Alguns fatos facilmente extrapolados de *Amores*: Corina era um pouco mais velha que Ovídio e se casou com um homem muito mais velho (um velho senil, nas palavras nada lisonjeiras de Ovídio), e enganava a ambos.

Antes de completar vinte anos, tornou-se amante de um homem com o qual tivera seu primeiro orgasmo. Mais tarde, costumava fazer beicinho e reclamar quando um amante não a fazia contorcer-se de prazer durante o sexo.

Corina era tão fútil quanto adorável, e adepta dos cosméticos. Tempestuosa e apaixonada, era também uma mulher de sangue-frio. Gostava de provocar Ovídio e despertar ciúmes nele.

Corina também se acostumara a uma vida de conforto e luxo. Evitava homens que não tivessem condições de ajudá-la, e esperava sempre presentes caros. A pretexto de gostar de corridas de cavalos, flertava com jóqueis. Gostava de se arriscar, e se valia da ajuda dos criados, especialmente a camareira Nape, em suas intrigas amorosas. Amava seu poético jovem amante, e ele a amava ainda mais.

Ou talvez Ovídio estivesse apaixonado na verdade pelo amor, pois, ao mesmo tempo em que implorava a Corina que o amasse para sempre, reconhecia que

> Entrega-te a mim como venturosa matéria de um poema.
> Minha arte despertará o tema
> E *tu* serás imortalizada. (...)
> Nós também seremos cantados por todo o orbe,
> E nossos nomes para sempre estarão ligados aos deuses.[6]

Ovídio estava certo. O longo caso de amor entre os dois forneceu-lhe material abundante, uma verdadeira novela de sofrimento, êxtase, falta de comunicação, intriga, perigo, ameaças, mentiras e surpresas cômicas. *Amores* é um brilhante retrato da intimidade de um relacionamento na elite romana.

Tente visualizar esta dura troca de farpas entre os amantes discutindo a ida a um banquete. Ovídio tem fantasias sobre o quanto vão-se divertir juntos, até que Corina adverte: não vou sozinha. Meu marido também irá. Ovídio, que não o esperava, reage com enfurecido mau humor: "Espero que ele caia morto antes da sobremesa!"[7]

Ovídio passa então a sugerir um código gestual entre os dois: "Finja-se de Esposa Respeitável", propõe a Corina, "mas cutuque o meu pé ao passar". Nas conversas de socialização, mandaria a ela sinais secretos, levantando as sobrancelhas ou pontuando suas palavras com o vinho. Corina deveria tocar no próprio rosto sempre que pensasse na última vez em que haviam feito amor ou levar a mão ao lóbulo da orelha quando ficasse zangada com ele. Em outras festas, lembrava-lhe, havia introduzido a mão por baixo de suas vestes, masturbando-a até o clímax, sem que fossem percebidos!

As reflexões de Ovídio provocam uma onda de ciúme: não beba vinho numa taça que tenha sido tocada pelos lábios de seu marido; evite suas abordagens, especialmente os dedos que se introduzem por baixo do seu vestido para apertar e acariciar "esses mamilos sensíveis".

> (...) Acima de tudo, não queiras lhe dar beijo algum.
> Se lhe deres beijos, haverei de me declarar teu amante,
> Acariciá-la, reclamar como meus esses beijos (...).

Ovídio não suporta a ideia de que o marido possa fazer amor com Corina. "Finja-se de frígida! Faça do sexo um tema morto", ordena-lhe, implorando entre parênteses à deusa Vênus que nem a amante nem o marido sintam prazer ao fazer sexo, "*sobretudo ela!*".

Ovídio deleitava-se com a beleza física de Corina, não hesitando em descrever detalhes da sua intimidade: seus longos e reluzentes cabelos castanhos, delicados como uma teia de aranha, o suave e alvo pescoço, a maneira sugestiva de se vestir, lembrando (a ele) uma rainha oriental ou uma cortesã da mais alta estirpe. Ao despi-la desses trajes reluzentes, revelando-se Corina completamente diante dele, Ovídio enumerava as maravilhas de sua nudez: os ombros macios, os mamilos sedutores convidando às carícias, o ventre rijo debaixo de seios magníficos, o traseiro suavemente curvilíneo e as coxas longas, e então... Nos genitais, até o desinibido Ovídio interrompia seu recital, limitando-se a relatar sua rendição diante da sensual perfeição da amante.

Quando os amantes brigavam, contudo, Ovídio podia mostrar-se cruel em sua zombaria, valendo-se de sua arguta inteligência e do olhar crítico para detalhar os defeitos de Corina. Certa vez, ela exagerou no tingimento dos cabelos com uma mistura agressiva de sanguessugas e vinagre, recorrendo também ao ferro quente para cacheá-los. Os cabelos começaram então a cair em chumaços, e ela chorava, contemplando-se no espelho. Até que eles voltassem a crescer, ela teria de se contentar com a falsa glória de uma peruca confeccionada com cabelos de donzelas de populações alemãs conquistadas. Ovídio censurou-a: "O dano é culpa tua!"

Ovídio também registrou suas reações quando Corina engravidou e, sem nada dizer-lhe, fez um aborto que quase resultou em sua morte. "Eu deveria ter ficado furioso mas estou apenas assustado", observava ele, em seu autocentrado moralismo. "Por favor, nunca mais", concluía.

Ovídio sentia-se terrivelmente irritado quando Corina o importunava pedindo presentes. Já não eram seus brilhantes versos a mais esplêndida oferenda que qualquer mulher poderia desejar? Mas quando Corina, que adorava vestidos de seda e joias de ouro, esperava sinais mais tangíveis desse amor, Ovídio achava a coisa revoltante. Pare com suas exigências, advertia, friamente. Eu darei, mas só quando tiver vontade.

Quando contrariado, o impetuoso Ovídio tinha acessos de raiva tão furiosos que reconhecia poderiam levá-lo a açoitar o próprio pai ou até os deuses. Certa vez, puxou com força os cabelos de Corina e arranhou-lhe o rosto com as unhas, para em seguida, transtornado, vê-la recuar aterrorizada diante dele. Mas suas autorrecriminações duravam apenas alguns segundos, e ele não conseguia eximir-se de repreendê-la: "Pelo menos remova os indícios do meu mau comportamento / Simplesmente volte a arranjar os cabelos como estavam antes!"[8]

A mecânica do relacionamento também preocupava Ovídio. Os dois eram excelentes estrategistas, mas de nada eram capazes sem a ajuda de Nape, a criada pessoal de Corina. Nape era a eterna mensageira, levando bilhetes e promovendo encontros, não raro tendo de convencer uma relutante Corina a escapulir até a casa de Ovídio.

Apesar de toda essa paixão, Corina e Ovídio traíam um ao outro com diferentes amantes. Houve uma noite terrível em que Corina impediu Ovídio de entrar em sua casa, para em seguida fazer amor em seu quarto enquanto ele rondava a casa como um fantasma. Ao sair, exausto, na manhã seguinte, o rival apanhou Ovídio na humilhante posição do amante relegado. Sempre que havia brigas e separação, Corina sentava-se no colo de Ovídio, acariciando-o e tentando convencê-lo com voz suave a aceitá-la de volta, e era tão bela que Ovídio se derretia. "Por favor", implorava ele em seus poemas, "não ande por aí ostentando sua infidelidade. Você é adorável demais para ser virtuosa, pois a beleza e a virtude são incompatíveis. Mas pelo menos oculte os sinais, penteie o cabelo e arrume a cama antes de me receber."

Depois de vários anos como amante de Ovídio, Corina pôs fim à relação. Por quê? *Amores* dá a entender que ela o deixou por um soldado, um brutamontes viril com recursos financeiros obtidos ilicitamente. Teria ela apanhado Ovídio em flagrante com sua própria cabeleireira, por ele seduzida, ou alguma outra esposa insatisfeita? Ou terá sido porque Ovídio, apesar de se vangloriar de que ela o havia certa noite levado a nove orgasmos, sofria de períodos de impotência nem tão ocasionais assim, causados provavelmente pelo chumbo que envenenava a água transportada nos famosos aquedutos de Roma? Confessaria ele nestes versos de uma amarga ironia em *Amores*:

> Ao abraçá-la eu estava frouxo como alface da véspera,
> Fardo ocioso numa cama inútil.
> Embora quisesse fazê-lo, e ela estivesse mais que disposta,
> não conseguia pôr minha parte do prazer para funcionar.
> ... Que noite terrível!
> Lá estava eu como lenho podre, um peso morto.
> Achei até que poderia ser um fantasma.[9]

Quaisquer que fossem os motivos, Corina desapareceu para sempre da vida de Ovídio, mas não das especulações dos historiadores, que apesar de tentarem não conseguiram identificá-la. Qual terá sido sua experiência como amante de Ovídio? Como se terá sentido ao ler a nova obra do ex-amante, *Ars Amatoria* [A arte de amar] — poema didático oferecendo conselhos específicos sobre casos de amor?

Imaginemos uma Corina já na meia-idade, viúva ainda encantadora cujo idoso e adoentado marido acaba de falecer. *Ars Amatoria* é a sensação da temporada literária. Seus amigos estão comentando exaltados a obra, e os mais íntimos sabem o quanto ela deve aos tumultuados anos que Corina passou como amante de Ovídio. Ela certamente ficou impressionada com o cinismo de Ovídio, a descarada insolência de sua abordagem estudada e analítica da condição da amante, quando ao mesmo tempo falava com tão sentida convicção de amá-la para sempre! Pois agora caíra mesmo muito baixo e escrevera o que redundava num autêntico manual, servindo o Livro I para recomendar maneiras de encontrar e conquistar o coração de uma amante, o Livro II, para ensinar a cultivar e preservar o seu afeto, e o Livro III, para mostrar às amantes como fazer o mesmo com os homens.

Como teria reagido uma Corina já um pouco cansada? Não com indignação ou sequer surpresa, pois sempre soubera que a arte de Ovídio refletia sua vida, e que a cada beijo, a cada sentimento lírico, a cada toque provocador e a cada orgasmo vulcânico, ele tomava notas mentalmente. E Corina havia assumido o papel da amante conhecendo pelo menos as linhas gerais do jogo. Esposa muito mais jovem de um homem cujos pais provavelmente a haviam pressionado a aceitá-lo como marido, ela não tinha o menor interesse pelos antigos valores romanos de fidelidade conjugal e criação de filhos. Pelo contrário, optara por dissipar as longas horas de seus dias de mulher casada sem filhos em frenéticas sucessões de festas e entretenimentos, especialmente na pista de corridas, onde os cavaleiros eram tão elegantes e atléticos quanto os cavalos.

Ars Amatoria deve ter dado uma sensação de *déjà vu*, um repeteco dos seus primeiros anos como amante de Ovídio. A técnica é tudo, começava Ovídio, e Corina deve ter assentido com a cabeça, sabendo perfeitamente do que ele falava. Primeiro, onde procurar uma amante? Nos teatros, nas pistas de corrida, nos circos, nos banquetes, até os templos oferecem excelentes possibilidades. (Conhecemo-nos num jantar. Eu usava meu vestido de seda púrpura, e meus cabelos estavam recolhidos num coque no alto da cabeça. Tu te sentaste perto e não paravas de me olhar.) E vale lembrar que as mulheres são mais lascivas que os homens e não resistem a um cortejador hábil e persistente. (Como soa verdadeiro, especialmente no quesito lascívia. Mas a habilidade e a persistência surtem efeito apenas até certo ponto, e, como tu mesmo descobriste comigo, podem tornar-se uma chateação.)

Conquiste a confiança e suborne a criada dela para funcionar como mensageira e espiã. (Ah, Nape, lembra-te daquela época?) Faça promessas extravagantes, mas gaste pouco dinheiro. Seduza-a com palavras eloquentes e escreva quilômetros de cartas. (Como sempre querendo que saia barato, não? Aceito de bom grado ouro e esmeraldas bem sólidos a qualquer momento.) Vista-se impecavelmente, esteja sempre limpo e em forma. Finja-se de embriagado e declare amor eterno. (Então eu tinha razão de chamá-lo de mentiroso! Mas não percebi que não estava realmente bêbado.) Cubra-a de lisonjas, derrame lágrimas de súplica. Se ela trancar a porta, escale até o telhado e se introduza por uma claraboia ou janela. E se ela ainda assim hesitar, tome-a à força, pois as mulheres adoram um tratamento bruto e ficam decepcionadas se você permitir que elas o enfrentem. (Quer dizer então que no fim das contas tu não aprendeste nada. Desprezavas os soldados, mas me atacaste com tanta violência que eu fiquei aterrorizada demais para sequer conseguir dizer que te retirasses.)

Se não conseguir evitar uma briga, resolva tudo na cama. (Passávamos o tempo fazendo as duas coisas.) Se preciso, beije-lhe os pés. Fazendo amor, é essencial que ela também chegue ao orgasmo — ou o simule espetacularmente. (Ora, então tu só gostas quando os dois chegam ao clímax? Que dizer então de todas aquelas noites em que, por mais que eu tentasse, tu continuavas mole como alface da véspera?)

O Livro III deve ter deixado perfeitamente claro como a visão que Ovídio tinha das mulheres devia ter sido sempre arrogante e condescendente. Nunca deixe de cuidar da aparência, pois poucas mulheres são realmente belezas naturais. (Mas *eu* era, e ainda hoje tenho lá os meus encantos.) O cabelo é particularmente importante. Trate de cortá-lo e penteá-lo com elegância, descarte os grisalhos com tinta ou perucas. (Eu preciso recorrer a uma peruca: meus cabelos, tão delicados, não suportam a agressão da tintura.) Tome cuidado com axilas malcheirosas e depile as pernas. Use cosméticos: ruge, pó de arroz, delineador de pálpebras. Tenha os dentes sempre brancos e o hálito puro, caso contrário pode perder um amante por causa de uma risada. Aprenda música, poesia, dança e jogos. Jogue com vontade de ganhar, mas não exagere. Durante o ato de amor, adote uma posição sensual, sussurre palavras proibidas, gema num delírio de prazer e não abra as janelas — seu corpo nu sempre terá a lucrar com a semiobscuridade. (Mas não o meu, ó Poeta — o meu era a própria perfeição.)

Mesmo quando a paixão estava no auge da agitação, Ovídio não se preocupara com as possíveis reações de Corina à sua poesia. Temera, contudo, um crítico muito mais ameaçador: o próprio Augusto. Em 2 a.C., depois de acusar a própria filha, Júlia, de adultério, mandando-a para o exílio, e uma década depois de banir igualmente a filha de Júlia, Vipsânia Júlia, Augusto voltou-se para Ovídio. Acusou o grande poeta de estimular o adultério e exilou-o numa distante cidade portuária no território hoje ocupado pela Romênia. Ovídio passou os dez últimos anos da vida implorando, pressionando e se humilhando para conseguir voltar, mas Augusto manteve-se inflexível, e ele morreria infeliz no exílio.

Se ainda estivesse viva, Corina teria ficado chocada. Como a maioria das pessoas de seu círculo social, ela tinha a mesma culpa. Ovídio, contudo, chamara a atenção ao se tornar, no mundo latino, o supremo cronista do amor ilícito, o reino das amantes. Ela, Corina, meramente o havia acompanhado.

Ao optar pelos prazeres da vida de amante sem filhos, Corina rebelou-se contra o casamento arranjado e organizou a vida que melhor lhe convinha. Fez suas escolhas: rejeitar a velha Roma em benefício da nova, estar constantemente em busca do prazer, colher preciosos tributos aos seus encantos, abrir mão da maternidade. Com sua ousadia e sua altiva indiferença aos rituais do passado, Corina honrara e dera sentido a sua condição feminina, ainda que apenas aos seus próprios olhos.

O AMOR EXTRACONJUGAL NA ANTIGUIDADE

Dolorosa[10]

Nos registros históricos, Dolorosa — meu nome imaginário para esta triste concubina — é a que se sai pior, pois apesar de suas *Confissões*[11] o homem que haveria de se tornar Santo Agostinho nem uma só vez identificou essa mulher que compartilhou sua vida durante quinze anos e lhe deu seu único filho, Adeodato.

Essa omissão não é um sinal da indiferença de Agostinho. Na verdade, ele menciona Mônica, sua amada mãe, apenas uma vez em seus escritos, embora seus melhores amigos, Alípio e Nebrídio, apareçam com frequência, assim como outros homens. Na sociedade de Agostinho, os homens eram importantes, mas as mulheres, sob todos os aspectos seres inferiores e subordinados, não. Seja como for, Agostinho compartilhou a primeira metade de sua vida com Mônica e Dolorosa, sendo a profundidade e o fervor do seu apego a elas cruciais no seu desenvolvimento como cristão, professor e teólogo e no de sua carreira.

Da infância e adolescência de Dolorosa nada sabemos. Sua existência documentada começa no ano de 370, em Cartago, onde conheceu o estudante Agostinho, então com dezoito anos, que viria a amá-la profundamente por muito mais tempo que os quinze anos que viveram juntos. Infelizmente, podemos apenas depreender da infância de Agostinho algo do que Dolorosa vivenciou também.

O pai de Agostinho, Patrício, era um membro pagão da aristocracia de Tagaste, em território do que hoje se chama Tunísia. Tinha uma posição de prestígio, mas com poucos recursos, de modo que ele e Mônica estavam sempre preocupados com o financiamento da educação do filho Agostinho, uma estrela acadêmica na escola de sua aldeia, muito mais inteligente que Navígio, seu irmão, ou Perpétua, sua irmã.

Em 371, depois de passar um ano numa universidade provincial e mais outro na angustiada expectativa de que Patrício economizasse mais dinheiro, Agostinho chegou a Cartago para concluir sua educação. Para o jovem estudante e seus colegas que convergiam para a grande cidade provenientes de toda a África, Cartago era um caldeirão fervilhante de cosmopolitismo, licenciosidade, perigo e liberdade. Agostinho entrou para uma chamada fraternidade demoníaca, a dos Eversores, que atormentavam novatos e professores pregando-lhes trotes cruéis. Ele vivia nos teatros, em busca de tragédias que lhe permitissem expressar e exorcizar em lágrimas sua tristeza pessoal.

Agostinho também era atormentado pela luxúria, pois aos dezessete anos estava "apaixonado pelo amor", sentindo-se movido por "uma fome oculta". Buscava aventuras sexuais, e mais tarde recordaria que tinha "mergulhado de cabeça no amor, louco para ser tragado".[12] Era também ciumento, desconfiado e medroso, o que levava a explosões de ira e brigas entre Agostinho e seus companheiros. Meses depois de ter iniciado sua vida de libertinagem, contudo, ele conheceu a jovem e submissa Dolorosa.

Mais ou menos na mesma época, Patrício morreu, e Mônica teve de financiar sozinha a educação do filho. Agostinho já era então reconhecidamente o melhor aluno de retórica, e, como outras estrelas acadêmicas de origem pobre, começou a voltar sua atenção para uma carreira — em seu caso, uma lucrativa posição na administração jurídica imperial — e o cultivo de talentos e relações sociais que pudessem torná-la uma realidade.

Dolorosa encaixava-se perfeitamente nesse contexto. Mesmo no ambiente de cristianização do século IV, os estudantes tinham concubinas que vinham a abandonar quando encontravam a mulher certa para casar. Nem o passar dos séculos nem o cristianismo haviam mudado essa instituição. O concubinato era uma união de longo prazo, monógama para a mulher. As concubinas eram escravas ou mulheres socialmente inferiores com as quais os amantes não desejariam casar-se, uma perspectiva elitista que era corroborada pelos líderes da Igreja cristã. Na verdade, esses homens ensinavam que mandar embora uma concubina (e seus filhos) constituía um aperfeiçoamento moral.

Mas as concubinas mereciam o título honorífico de "matronas", e, apesar de destituídas de real poder nos relacionamentos, não eram de modo algum párias. Dolorosa era tão devota e correta que a viúva Mônica não hesitou em morar com ela e Agostinho.

Mais tarde, Agostinho relataria seus anos com Dolorosa: "Naqueles anos, eu tinha uma mulher. Ela não era minha parceira no que se poderia chamar de casamento legítimo. Eu a havia encontrado no meu estado de desejo errante e falta de prudência."[13] Dolorosa entendia e aceitava sua situação, tendo-se comprometido com Agostinho pelo resto da vida.

Agostinho e Dolorosa tinham seus atritos. Apesar de fortemente espiritualizados, tinham cruciais divergências religiosas. Como Mônica, Dolorosa era uma cristã ortodoxa, e a conversão de Agostinho ao maniqueísmo, uma seita que a Igreja viria a declarar herética, deve tê-la perturbado profundamente. Não menos séria era a perene luta de Agostinho com a convicção de que sua sensualidade era pecaminosa, e de que cada entrega a esses impulsos dava testemunho da avassaladora sedução sexual de sua companheira, numa espécie de traição de sua pureza moral.

Depois do coito, Agostinho se repreendia por essa insaciável sensualidade, a "doença da carne" que o afligia. A constante verbalização de sua angústia devia magoar e assustar Dolorosa, que acreditava que a sexualidade monogâmica podia ser desfrutada como um dom de Deus. Agostinho insistia em que o concubinato era um pacto de entrega à luxúria física, e portanto não deveria levar à geração de filhos, ao passo que Dolorosa desaprovava o controle da natalidade e pelo menos no início aparentemente resistia a qualquer iniciativa nesse sentido. Em consequência, quando Agostinho tinha dezenove anos, Dolorosa deu à luz um filho, Adeodato — "Dado por Deus", nome muito usado entre os cristãos de Cartago. Adeodato não fora planejado nem desejado (diria mais tarde Agostinho), mas ao nascer foi um menino muito amado.

Durante treze anos, Agostinho, Dolorosa e Adeodato viveram felizes. Ao contrário de Patrício, que não escondia seus casos extraconjugais, Agostinho era monógamo, um feito considerável numa época de flagrante infidelidade masculina. Ele dizia ter-se aproximado de Dolorosa numa época de emoções fortes e descontrolado apetite sexual, mas "ela era a única, e sempre fui fiel a ela".

Como Mônica, Dolorosa provavelmente era uma mulher sem educação formal mas inteligente, e que tinha muitos fatores adversos a enfrentar: o brilhante intelecto de Agostinho; as intensas amizades masculinas, a que dava mais valor que à união com ela; suas queixas de que a sexualidade dela atrapalhava suas tentativas de se centrar no estudo da filosofia;

seu maniqueísmo; a turbulência interna em meio à qual ele encarava o futuro; a criação do pequeno Adeodato; e a notícia de que Mônica vinha instalar-se com eles.

Ao mesmo tempo, muitas outras coisas na situação de Dolorosa eram positivas. Excelente professor de retórica, Agostinho ganhava bem a vida para os dois, embora se queixasse do desregramento dos estudantes cartagineses. Ele nunca a traiu com outras mulheres, e era louco por Adeodato, filho talentoso e obediente. Ao chegar, Mônica revelou-se extremamente amistosa, compartilhando as convicções religiosas de Dolorosa e seu mal-estar com os pontos de vista equivocados de Agostinho. Acima de tudo, Mônica adorava o brilhante neto.

Apesar disso, a vida de Dolorosa com Agostinho e sua mãe muitas vezes era complicada. Segundo a doutrina maniqueísta, o concubinato sem filhos era o menos pecaminoso, e, após o nascimento de Adeodato, Agostinho insistiu em adotar medidas de contracepção. E, embora amasse o filho, era atormentado pela culpa de estar criando Adeodato no pecado — convicção que manifestava aberta e reiteradamente. Nunca se referia a Dolorosa como mãe, apenas como concubina. E também costumava debater com amigos e a mãe, às vezes, presumivelmente, na presença de Dolorosa, a conveniência do casamento — não com Dolorosa especificamente — do ponto de vista de uma carreira profissional.

O amor de Mônica era obsessivo — mãe extremamente religiosa, ela perseguia o filho mundo afora para poder viver com ele, recordaria Agostinho —, e também se tornou uma espécie de fardo. Embora racionalizasse e tentasse aceitar, ele também buscava independência, ou pelo menos um breve descanso da presença assoberbante da mãe. Em 383, mais de uma década depois de iniciada sua união com Dolorosa, Agostinho tomou providências. Fugiu durante a noite com Dolorosa e Adeodato, embarcando para Roma. Para Dolorosa, sua cúmplice, essa fuga devia parecer carregada de conotações, muitas desagradáveis.

Roma seria uma decepção. Agostinho atraía muitos seguidores, mas logo descobriu que os estudantes romanos também estavam longe de ser exatamente anjos: aprendiam o máximo que podiam de um professor para em seguida se passarem em massa para outro.

Frustrado e em dificuldades financeiras, Agostinho conseguiu que seus contatos maniqueístas romanos obtivessem para ele a posição de orador público em Milão, cidade que já visitara e onde ouvira o grande Ambrósio (que viria a se tornar santo Ambrósio). Ambrósio não havia encorajado o jovem retórico de estranho sotaque africano; mas sua impressionante arte retórica convencera Agostinho de que seu futuro estava em Milão. Não demorou e Agostinho se convertia do maniqueísmo para o cristianismo. Foi então que Mônica chegou de Cartago para se instalar em sua nova casa. Dolorosa certamente rejubilou-se com Mônica pela mudança nas convicções religiosas de Agostinho, que constituíam a base de sua própria espiritualidade, mas a próxima etapa no desenvolvimento pessoal do companheiro não podia deixar de ser causa de aflição para ela.

Vieram inicialmente as constantes discussões sobre o resultado que um casamento com uma herdeira representaria para Agostinho, talentoso mas sem fortuna, no sentido de fazê-lo deslanchar numa esplêndida carreira. Agostinho hesitava, dividido entre o argumento de seu melhor amigo, Alípio — de que o casamento poria a perder o projeto de formar uma comunidade monástica dedicada à busca da sabedoria —, e sua própria convicção de que o casamento era precisamente o que poderia desencadear o seu sucesso profissional. Mônica afirmava que o casamento abriria caminho para o batismo capaz de lavar seus pecados, e se lançou no projeto de encontrar uma candidata.

Teria Dolorosa feito objeções, ou será que concordou com Mônica, de coração na mão? Agostinho viria mais tarde a descrevê-la como uma mulher que se submetia à sua vontade, aceitando suas decisões sem objeção. Mas ela deve ter sofrido; passados quinze anos juntos e com um filho, ela deve ter lamentado e pranteado, ainda que em silêncio, o desmoronamento de sua vida.

Agostinho e Monica, enquanto isso, buscavam ativamente uma noiva. Encontraram uma jovem, ainda uma criança, de que Agostinho "gostou o suficiente" para propor casamento. Os pais concordaram e o noivado se fez, embora a idade da noiva determinasse uma espera de quase dois anos. Mas a constante presença de Dolorosa sob o teto de Agostinho, em sua cama — e, na verdade, indelevelmente presente em seu coração —, inquietava os futuros sogros. De uma hora para outra, Dolorosa transformava-se na proverbial desmancha-prazeres, e precisava ser descartada. A terrível notícia foi dada por Agostinho, ou talvez por Mônica.

Com docilidade, sem fazer cenas, Dolorosa disse que compreendia. Em nome do bem-estar material e espiritual de Agostinho, ela voluntariamente se retiraria, já que não era mais bem-vinda. Que mais estaria sentindo, além daquela torturante mágoa, ao se despedir do amado Agostinho e do único filho? Ao contrário de quase todos os outros homens que mandavam embora as concubinas, Agostinho decidira manter consigo o filho (ilegítimo). Que palavras de conforto terá Dolorosa arrancado ao próprio coração mortificado para dizer a Adeodato, enquanto arrumava suas coisas para ir embora?

Dolorosa voltou a suas terras africanas, sozinha, jurando nunca mais entregar-se a um homem. Sua partida deixou Agostinho de coração partido, transformando-o (no seu próprio dizer) num ensanguentado órgão de dor, e, embora a força de sua luxúria o levasse a tomar outra concubina enquanto esperava o sexo conjugal com a noiva adolescente, ele jamais se recuperaria do golpe da perda de Dolorosa. Foi então que Deus falou a ele, ordenando que se abstivesse de relações sexuais com uma concubina e repensasse seus planos de casamento. Agostinho reagiu sem hesitação, abraçando o celibato.

Podemos imaginar que o rompimento do caso amoroso foi pelo menos tão sofrido para Dolorosa quanto para Agostinho, que nunca se recuperou realmente. Ele cancelou o noivado e se dedicou à Igreja, onde se tornava uma figura de destaque. Mas continuou a prantear a perda da amada. O relacionamento poderia ter perdurado pelo resto da vida se as dificuldades de Agostinho com sua forte sexualidade, reforçadas pela ambição pessoal, não o tivessem levado a renunciar à concubina de casta inferior.

Dolorosa continuou levando sua vida solitária, pois se tivesse morrido, Agostinho certamente teria sabido. Mas ele só escrevia sobre sua própria agonia, seus remorsos, seu sofrimento. Se jamais chegou a perguntar por ela, enviar dinheiro ou dar-lhe a notícia da morte de Adeodato aos dezesseis anos, não o mencionou em seus escritos. Mas

O AMOR EXTRACONJUGAL NA ANTIGUIDADE

ela deve ter sido informada de que, em 389, Agostinho retornou à África, de que dois anos depois foi ordenado padre e de que em 396 tornou-se bispo de Hipona. Deve ter sentido enorme satisfação pela sua ordenação na forma de cristianismo por ela abraçada e por sua ascensão na hierarquia da Igreja.

Séculos depois, a conversão de Agostinho ao cristianismo ortodoxo continua sendo indevidamente creditada a Ambrósio, e não à mulher que durante quinze anos o exortara a fazê-lo. Em vez de receber o devido reconhecimento por sua enorme contribuição para o desenvolvimento espiritual do amante, Dolorosa entrou para a história sem nome e esquecida, à parte sua condição jurídica e sexual de concubina de Agostinho.

CAPÍTULO 2

Concubinas e haréns no Oriente

No mundo oriental, o concubinato era um acessório do casamento, reconhecido pela lei e aceito pela sociedade. Surgiu em consequência do fato de os homens não aceitarem apenas uma parceira sexual, atendendo ao seu desejo de ostentar a virilidade e ressaltar sua riqueza pela posse de mulheres que não fossem as esposas. Essa institucionalização da infidelidade só poderia funcionar em sociedades profundamente dominadas pelos homens. Mesmo assim, para que funcionasse em caráter individual, com a introdução de outras mulheres no casamento, era preciso alguma acomodação às necessidades tanto da esposa quanto da concubina. Especificamente, as leis do concubinato tentavam proteger as esposas do abandono emocional dos maridos, e as concubinas, da retaliação dessas mesmas esposas inseguras. A diferença mais marcante entre a situação da concubina e a da amante era que as leis reconheciam como legítimos os filhos da concubina.

AS CONCUBINAS NA CHINA[1]

"Amargo é ser mulher! O que de menos valor existe sobre a Terra", lamentava no século III o poeta chinês Fu Xuan.[2]

Na China antiga, um sistema de arrogante patriarcado determinava os mais ínfimos detalhes da vida de uma mulher, desestimulando o individualismo e vedando toda escolha. Da Antiguidade aos tempos modernos, a subjugação das mulheres foi uma característica invariável, dinastia após dinastia. A condição das mulheres chinesas só passaria por mudanças drásticas quando a velha ordem desintegrou-se com o advento dos movimentos revolucionários do século XX.

O confucionismo, a visão de mundo legada pelo filósofo Confúcio (551-479 a.C.), dominou o pensamento e a estrutura política do povo chinês por mais de dois milênios. Na dinastia Han (206 a.C.-220 d.C.), foi adotado como ideologia oficial. O confucionismo ensinava que a família era a base da sociedade, desdenhando as mulheres como seres intelectualmente carentes. As leis influenciadas pelo confucionismo estabeleciam que as esposas deviam submeter-se aos maridos, as filhas, aos pais, as viúvas, aos filhos, e as mulheres em geral, aos homens.

O budismo, tendo-se originado na Índia no século VI a.C., chegou à China, onde enfrentou o confucionismo. O budismo não conseguiu ocupar o lugar do tradicional estilo de vida confuciano, mas pela altura do século IV coexistia com ele e o influenciava. O budismo chinês também denegria as mulheres, apresentando-as como mais lascivas e menos dotadas de força de vontade que os homens. Os princípios do confucionismo e do budismo reforçavam um estilo de vida que subjugava as mulheres, reprimindo seu temperamento voluntarioso.

Como os gregos e os romanos, os chineses encaravam o nascimento de filhas sem alegria, não raro com contrariedade. Uma menina era mais uma boca a alimentar da qual a família nunca tiraria proveito. Haveria de se tornar uma esposa trabalhando para o marido ou de ser vendida como concubina ou *mui tung*, uma escrava, provavelmente permitindo apurar uma soma menor que os gastos incorridos pelos pais na sua criação. Por que então deveria continuar vivendo, com a perspectiva de perdas já a partir do momento em que saía do corpo da mãe? E se sobrevivesse a essa triagem neonatal, por que se dar ao trabalho de lhe dar um nome, quando não passava de um membro temporário da família, destinado a viver em outro lugar, sob o teto de outro homem? Desse modo, durante séculos, muitas meninas recebiam números, em vez de nomes: Filha Número 1,

Filha Número 2. Sabemos pela observação psicológica de presos que um tal sistema é humilhante. Na China, esse supremo desdém pela individualidade estendia-se também às mulheres que recebiam um nome, sob muitos outros aspectos compartilhando a condição de suas irmãs numeradas.

O concubinato na China integrava-se à estrutura familiar, elemento central da vida social. As concubinas tinham um papel e deveres claramente definidos. Complementavam as esposas e desfrutavam de um certo status, inferior mas bem-definido. Estavam menos sujeitas a ser desprezadas como prostitutas que a cultivada Aspásia, a devota Dolorosa ou suas congêneres gregas e romanas, embora os homens chineses muitas vezes recrutassem suas concubinas nos bordéis.

Algumas concubinas de mais sorte eram mantidas em residências separadas, mas em sua maioria elas compartilhavam a morada do seu senhor com a esposa, os filhos, os criados e não raro outras concubinas. Isso conferia certa segurança, mas também levava a relações complexas e difíceis no interior da casa. O bem-estar e a felicidade de uma concubina em geral dependiam do seu talento para a intriga doméstica e a política sexual.

Ter concubinas era algo de enorme prestígio para um homem. Quanto mais acumulasse, melhor. Concubinas eram dadas como presentes a autoridades ou noivos. Ao mesmo tempo, todos sabiam que uma mulher decente não se tornava uma concubina, "casada na vergonha, sem bodas nem cerimônia".[3]

Uma concubina acompanhava seu senhor nas viagens de negócios quando a esposa não pudesse desvencilhar-se das responsabilidades domésticas. Mais importante ainda era o fato de proporcionar herdeiros quando a esposa não o pudesse. A geração de um filho conferia certa estabilidade até mesmo à mais humilde das concubinas. Se fosse escrava, não corria mais o risco de ser vendida ao menor capricho de qualquer membro da família.

Embora a concubina chinesa desfrutasse de um estatuto jurídico, tinha poucos direitos e muitas obrigações. Se dormisse com outro homem, era considerada adúltera, e se fosse apanhada no ato por seu senhor, ele poderia matá-la e ao amante. Outras formas de punição eram a aplicação de 77 e 87 golpes de bambu, respectivamente, e o afogamento conjunto no tipo de cesto usado para transportar porcos ao mercado. Em flagrante contraste com as consequências do assassinato de uma esposa, a morte de uma concubina gerava uma punição leve.

Os senhores podiam desfazer-se das concubinas numa espécie de divórcio, e pelo menos teoricamente as concubinas também podiam livrar-se dos senhores. O senhor podia invocar sete "saídas" tradicionais, ou motivos para sua decisão, entre elas comportamento devasso e tagarelice. A concubina podia invocar apenas três, entre elas o fato de não ter para onde ir, muitas vezes um eufemismo para se referir à pobreza do senhor.

As concubinas tinham origens tão diversas quanto os senhores. Algumas vinham de famílias respeitáveis cujos pais tinham a ganhar com o arranjo. Muitas haviam sido *mooi-jais*, escravas abandonadas ou vendidas por pais necessitados e muitas vezes recrutadas para bordéis ou a prostituição de rua antes de serem treinadas e vendidas como concubinas (com a obtenção de lucros consideráveis e mesmo extorsivos).[4]

Os critérios de escolha de uma esposa e uma concubina eram muito diferentes. Ao contrário do que acontecia com a esposa, a condição social e o comportamento da concubina não tinham grande peso, mas ela precisava ter habilidade ou potencial nas artes eróticas e — se a escolha fosse feita por um homem — encantos físicos. Quando a decisão era tomada com a participação de uma esposa ciumenta ou cautelosa ou de uma concubina influente, a preferência ia para uma *mooi-jai* simples e sem encantos que não ameaçasse sua posição.

As *mooi-jais* vendidas como concubinas eram exibidas como mercadorias, segundo o ritual do *shou-ma*. A mocinha devia exibir-se diante dos possíveis compradores, falar ou mostrar o rosto, as mãos e os braços, e sobretudo os pés desatados. Num país obcecado com os pés, como a China, essa parte do corpo de uma mulher era muito importante, especialmente o tamanho. O cheiro da moça também era explorado, nos dentes e no hálito, depois nas axilas e às vezes também no odor vaginal. Uma tâmara podia ser introduzida na vagina, para em seguida ser cheirada ou lambida pelos clientes.

A fragrância, por sinal, transformou uma concubina em heroína lendária. Até hoje, Xiang Fei, a "concubina perfumada" da dinastia Manchu

(Qing) no século XVIII, é a venerada heroína de romances e óperas chinesas. Sua famosa fragrância emanava de sua própria essência, e ela não precisava de perfumes nem pó de arroz. O imperador manchu ficou tão intrigado que a fez raptar na casa do marido para ser levada ao seu palácio real. Durante a viagem, ele providenciou massagens diárias com manteiga e banhos de leite de camelo para preservar seu doce perfume.

Xiang Fei não correspondeu à adoração do imperador. Trazia nas enormes mangas flutuantes minúsculos punhais, tendo confidenciado às amas que a atendiam que pretendia usá-los para se vingar do rapto, que a havia afastado do amado marido e de seu país.

A mãe do imperador, temendo pela segurança do filho, interveio, concedendo a Xiang Fei "o favor da morte" por estrangulamento. O imperador, fulminado de dor, abraçou-se a seu corpo inerte. Mas um perfume de grande pureza continuava envolvendo o cadáver.

Para as mulheres reais (e de cheiros mais comuns), o concubinato não era tragicamente romântico nem heroico. Normalmente, a vida de uma concubina equivalia a uma forma de prisão domiciliar, em confinamento com rivais de toda espécie: uma esposa, outras concubinas, até as criadas, todas envolvidas nas infindáveis disputas e intrigas de uma residência familiar da época. O principal problema era a segurança — ou, antes, a sua falta. Como tudo dependia do marido ou senhor, todas essas mulheres tentavam atrair sua atenção e seus favores, numa cruel disputa de posições em que cada uma tentava passar a perna nas concorrentes. Para uma concubina, a melhor forma de vencê-las era dar à luz um menino.

Numa casa mais modesta, a concubina podia passar os dias executando tarefas domésticas, tornadas ainda mais penosas pela fiscalização de uma esposa ciumenta ou de concubinas rivais. Numa residência mais abastada, os dias podiam parecer-lhe intermináveis, arrastando-se em meio a obrigações domésticas, cuidados de beleza, fofocas e intermináveis partidas de majongue. Para vencer o tédio, as concubinas muitas vezes fumavam ópio. Seus parceiros estimulavam a prática, pois as mulheres viciadas em ópio mostravam-se menos insatisfeitas e mais dóceis.

Pelos séculos de prática do concubinato na China desfilaram milhões de concubinas, mas, como costuma acontecer com as pessoas comuns, ficaram registros da vida de muito poucas delas. Algumas, como a "concubina perfumada" do século XVIII, entraram para a lenda. Outras, do século XIX e do início do século XX, sobrevivem na lembrança dos filhos e netos. Dentre estes, alguns poucos transmitiram a pesquisadores e escritores o que conseguiram documentar e lembrar. Duas dessas concubinas ainda hoje lembradas são Yu-fang, que viveu na China, e May-ying, que começou a vida de concubina na China mas logo emigraria para o Canadá.

Yu-fang

Yu-fang nasceu no quinto dia da quinta lua do início do verão de 1909, no turbulento sudoeste da Manchúria, 400 quilômetros a nordeste de Beijing. Era uma linda menina de rosto oval e pele radiosa que realçava as faces rosadas. Os reluzentes cabelos negros eram apanhados numa espessa trança, tão longa que lhe chegava à cintura.

Yu-fang também tinha os pés atados, sinal de nobreza, garantia de subserviência e marca de beleza. Além de tudo isso, era discreta e comportada. Como concubina, valia dinheiro suficiente para que o pai realizasse sua velha ambição de adquirir concubinas para si mesmo. Ele negociou com o general Xue, senhor da guerra e chefe de polícia, e logo Yu-fang seria entregue aos cuidados do militar.

Yu-fang teve a sorte de não ser instalada pelo general Xue na casa que ocupava com a esposa e outras concubinas. Talvez por ser tão jovem e adorável, ele a acomodou em uma outra casa, com criados e um fiel gato. O general a visitava e fazia amor com ela, fornecendo-lhe uma pensão. Convidava-a a fumar ópio, mas sem forçá-la. Sozinha, Yu-fang passava o tempo lendo romances e poesia, cuidando das rosas e do jardim e brincando com o gato. O general Xue permitia-lhe frequentar a ópera e, com relutância, visitar os pais. Quando ela derramava seu rosário de queixas quanto à precária ascendência que tinha sobre o amante, o pai não mostrava qualquer empatia.

Certo dia, os temores de Yu-fang concretizaram-se: o general Xue deixou de visitá-la. Durante seis anos, Yu-fang viveu sozinha. Às vezes ele escrevia, e sempre mandava dinheiro, mas Yu-fang sentia-se inquieta e infeliz. Não se conformava com seu inexplicável afastamento e constantemente rememorava os tempos que haviam passado juntos, tentando entender. Certo dia, ele reapareceu e fez amor com el· , como se não estivesse ausente há seis anos.

Um mês depois, Yu-fang ficou exultante ao descobrir que estava grávida. Ao nascer a filha, o general instruiu-a a dar-lhe o nome de Bao Qin. Um ano depois, convocou as duas à mansão em que vivia com a esposa e outras concubinas. Mortificada, Yu-fang obedeceu.

Na nova casa, seus piores temores se concretizaram. Ao chegar, uma criada tomou Bao Qin de seus braços e a entregou a Madame Xue, que decidira criá-la como sua própria filha. Bao Qin não mais chamaria Yu-fang de "Mamãe", reservando a forma de tratamento carinhosa a Madame Xue. Além disso, Yu-fang teria de prostrar-se em reverência a Bao Qin, exatamente como fazia diante de Madame Xue.

Da noite para o dia, Yu-fang tornou-se uma concubina secundária, com posição equivalente à de uma criada. Madame Xue alimentava profundo ressentimento em relação a ela. Mais perturbadora ainda era a constatação de que o general Xue, já muito idoso, estava morrendo. Agora Yu-fang entendia perfeitamente os motivos por trás do súbito ressurgimento do general Xue em sua vida. Sem filhos e com a saúde abalada, ele e a esposa tinham decidido que o útero de Yu-fang seria o veículo para dar vida a seu último filho.

Logo o destino de Yu-fang estaria nas mãos nada acolhedoras de Madame Xue. Para livrar-se da mãe natural de Bao Qin, Madame Xue provavelmente venderia Yu-fang, talvez a um homem rico, ou mesmo a um bordel.

O general Xue salvou Yu-fang. Antes de dar o último suspiro, implorou à esposa que libertasse a concubina. Madame Xue cumpriu seu desejo e Yu-fang foi para a casa dos pais, onde entrou num verdadeiro campo minado. Sua mãe perdera a luta pelo poder com as duas concubinas compradas com o dinheiro do general Xue, de longe preferidas a ela pelo marido. As concubinas agiam de comum acordo, aterrorizando todos na casa, inclusive Yu-fang. Mas a história de Yu-fang tem excepcionalmente um final feliz. Um amigo liberal da família ficou estonteado com sua beleza e casou-se com ela, libertando-a assim daquela vida de desolação.

May-ying[5]

Em 1907, dois anos antes do nascimento de Yu-fang, Leong May-ying nasceu no sul da China, na província de Guangdong, e morreria quase sessenta anos depois na província canadense da Colúmbia Britânica. Graças à sua neta Denise Chong, autora do comovente e meticuloso livro de memórias *The Concubine's Children: The Story of a Chinese Family Living on Two Sides of the Globe* [Os filhos da concubina: A história de uma família chinesa vivendo nos dois lados do planeta], a triste história de May-ying não se perdeu.

A família de May-ying não era tão pobre que fosse levada a afogar ou de alguma outra forma livrar-se do rebento que infelizmente nascia do sexo feminino. Aos quatro anos, ela já se revelava tão obstinada que resistia às tentativas da mãe de atar-lhe os pés, costume que poderia representar para ela o acesso à condição de noiva ainda na infância. Em vez disso, foi vendida como criada. Quando tinha dezessete anos, seu dono vendeu-a como concubina a Chan Sam, camponês casado que queria uma companheira no Canadá, onde trabalhava para melhorar a vida da esposa e da filha na China.

May-ying ficou horrorizada. Achava que nenhuma moça decente podia tornar-se concubina, mas sua única alternativa seria o suicídio. Ela optou pela vida, e foi apresentada a Chan Sam no cais de Vancouver. Depois de um almoço de boas-vindas, ele lhe disse que teria de trabalhar como garçonete numa casa de chá durante dois anos para pagar o dinheiro que ele havia tomado emprestado para sua passagem. May-ying ficou chocada e indignada; na cultura chinesa, as garçonetes eram vistas como quase prostitutas. Seu novo relacionamento já começava mal.

Mas May-ying fez sucesso como garçonete, ganhando boas gorjetas. Parecia uma bonequinha, com aproximadamente um metro e meio de altura, esguia como um bambu, com sua pele empoada, as sobrancelhas raspadas, os traços delicados e a espessa cabeleira sempre muito bem arrumada.

Quando estava com dezenove anos, o casal teve uma filha, Ping, seguida um ano depois por Nan, cujo sexo contrariou May-ying exatamente como sua chegada havia contrariado sua mãe. Pouco depois, a pequena família

CONCUBINAS E HARÉNS NO ORIENTE 69

voltou à China para uma longa visita, pois Chan Sam queria tranquilizar a esposa, Huangbo, que vinha de saber que ele tinha uma concubina, assegurando-lhe que todos viveriam felizes debaixo do mesmo teto.

Imediatamente as duas mulheres entraram em conflito, e a dominadora May-ying ameaçava Huangbo, mais dócil, recusando-se a cumprir sua parte nas tarefas domésticas. Para preservar a paz, Chan Sam mandou May-ying para a escola, decidindo tomar uma segunda concubina para ajudar na manutenção da casa. Ao saber disso, May-ying e Huangbo protestaram, forçando Chan Sam a cancelar seus planos. Embora costumasse dormir com Huangbo, ele também engravidou May-ying, que o havia convencido de que seu primeiro filho deveria nascer no Canadá, para se beneficiar das vantagens da cidadania canadense. Ele concordou, mas Ping e Nan ficaram na China com Huangbo. Como esposa de Chan Sam, ela era considerada mãe das crianças.

De volta ao Canadá, May-ying ficou arrasada com o nascimento de mais uma filha, a mãe de Denise Chong, Hing, mais tarde conhecida como Winnie. O relacionamento entre os pais de Hing logo se deteriorou. A Grande Depressão castigara duramente a economia da Colúmbia Britânica, onde os bairros chineses foram ainda mais atingidos. Enquanto May-ying trabalhava como garçonete para sustentar os ramos canadense e chinês da família, Chan Sam em vão procurava trabalho. Certo dia, May-ying simplesmente fugiu, sem dizer uma palavra, deixando-o sozinho com o bebê.

May-ying não foi muito longe. Chan Sam localizou-a numa casa de chá e lembrou-a de suas obrigações, e May-ying voltou para casa. Mas ela não aceitava sua condição de concubina, que exigia muito, mas a recompensava com tão pouco, e começou a beber e a jogar com clientes da casa de chá. Em certa medida para se libertar da vigilância de Chan Sam e de suas constantes lições de moral, May-ying estimulou-o a visitar a China, na esperança de que ele tivesse o filho que todos tanto desejavam. Ele concordou, e ela comprou sua passagem com um adiantamento de seu salário.

De volta à aldeia, Chan Sam e Huangbo começaram a construir uma casa com as remessas de dinheiro de May-ying, que atendia a seus constantes pedidos tomando empréstimos com o patrão e vendendo bilhetes de loteria à base de comissão. Ninguém lhe agradecia: tais sacrifícios eram esperados.

Mas May-ying não era do tipo que faz sacrifícios, sobretudo estando o tedioso Chan Sam a segura distância na China. Ela começou a gastar mais dinheiro emprestado, comprando belas roupas, jogando e fazendo breves viagens a Victoria.

O jogo, contudo, tornou-se mais que um passatempo eventual, e logo May-ying estava viciada, mergulhando numa espiral de apostas em que muitas vezes acabava perdendo futuros salários. Finalmente, muito endividada, começou a oferecer favores sexuais a clientes da casa de chá que lhe pagassem dívidas de jogo ou lhe dessem dinheiro.

Mas o pior ainda viria. Em 1937, Chan Sam decidiu voltar ao Canadá, deixando Huangbo, Ping, Nan e seu novo filho, Yuen, na China. A família antes se afligira que comemorara o nascimento desse filho tão esperado, pois os pés do pequeno Yuen tinham uma deformação grotesca, apontando para trás, como se seu tronco caminhasse para a frente e os pés, para trás. (No Canadá, May-ying desejava tanto um filho que tentou transformar Hing, vestindo-a com calças e cortando curto o seu cabelo.)

Apesar das dificuldades financeiras e da descida ao inferno do vício do jogo e do sexo remunerado, May-ying apreciara muito sua liberdade pessoal durante a longa permanência de Chan Sam na China. O reencontro rapidamente degenerou em amargura. Ele a criticava por causa do jogo, do cigarro, do excesso de bebida e do comportamento perdulário, tendo "em conta cada vez mais alta sua própria autoridade moral sobre ela".

May-ying desprezava nele a frugalidade (uma refeição de arroz com ketchup ou geleia, por exemplo), e ficava furiosa com seu autoritarismo, os provérbios confucianos que gostava de repetir e as tentativas de controlá-la.

No dia em que Chan Sam encontrou May-ying na casa de outro homem, ela o deixou para sempre, e, levando Hing, transferiu-s. para Nanaimo, na Colúmbia Britânica. Chan Sam encarou a situaçã filosoficamente: "Ela ainda era sua concubina; a única diferença é que estavam vivendo separados." Seu coração, unido em amor ao de Huangbo, não foi tocado pelo abandono de May-ying. Além disso, ele sabia que ela continuaria mandando dinheiro para a família na China.

May-ying servia refeições, jogava e se entregava a tais excessos de alcoolismo com frequência. Descontava sua raiva pelo rumo que sua vida havia tomado espancando sistematicamente Hing e atormentando-a de todas as maneiras. "Por que não morre simplesmente?", perguntava à filha.

No fim, May-ying acabou encontrando um homem que a respeitava. Chou Guen era um homem inteligente, que não fora atingido pela Depressão, e teve início entre eles um relacionamento que durou anos. Com mulher e filhos na China, Guen não sustentava May-ying, mantendo estrita contabilidade do dinheiro que lhe emprestava. Mas a ajudou a conseguir o que mais queria, um filho que pudesse cuidar dela na velhice. Os meninos chineses que pudessem ser adotados eram verdadeiras joias raras, valendo dez vezes mais que o preço de uma menina, e May-ying teve de pagar 300 dólares pelo bebê Gok-leng, que mais tarde viria a chamar-se Leonard.

As novas circunstâncias de vida de May-ying — salários mais baixos no período da Depressão, dois filhos, Guen — aumentaram ao mesmo tempo seu ressentimento em relação a Chan Sam e seu sentimento de independência. Se cruzasse com ele na rua, fingia não o ver, proibindo Hing de chamá-lo de *Baba*, pois "ele não é seu pai". Não lhe dava mais dinheiro, e Chan Sam era quem financiava os estudos de Hing.

Em 1939, May-ying mudou-se para Vancouver, onde morava Guen, deixou Gok-leng aos cuidados de um casal de idosos e foi viver num quarto com Hing. Guen era seu amante, mas estabeleceu as condições do relacionamento: ela devia alugar sua própria moradia e pagar as próprias despesas.

Chan Sam, com saudades de Huangbo e sentindo-se humilhado pela má reputação de May-ying na comunidade chinesa, chegou à conclusão de que, por respeito próprio, teria de se "divorciar" dela. "Fui eu que a trouxe da China. E o certo é que [Chow Guen] me peça permissão para se envolver com você."

May-ying ficou furiosa. "Não tenho nenhum anel de casada no dedo", retrucou. Mas Chan Sam tinha, pois, ao contrário da concubina, era casado. Ele estava decidido a vender sua concubina desobediente e de má reputação. Chow Guen, disse a May-ying, teria de pagar-lhe 3 mil dólares para ter direito a ela.

"Não estou à venda", rebateu ela. Chow Guen jamais pagaria um centavo sequer a Chan Sam, e ela faria exatamente o que quisesse da própria vida. E o que fez foi continuar bebendo e jogando, empenhando suas joias para depois recuperá-las, maltratando a filha, cujo maior pecado fora ter nascido mulher, e amando Guen.

Certo dia, Chan Sam deu a May-ying a terrível notícia de que Nan, a filha de ambos, tinha morrido. May-ying enviou condolências a Huangbo e também escreveu a Ping, a filha mais velha: "Não me escreva mais. Meu coração se partiu." Desse modo ela cortava seus vínculos com a família chinesa que a havia unido por tantos anos a Chan Sam.

A vida de May-ying foi desenvolvendo um certo padrão. Ela mudava de um quarto para outro, sempre atrás de aluguéis mais baratos. Acomodava os filhos em outros lugares e depois os trazia de volta. Certa vez, tentou arrumar uma casa para eles. Comprou móveis, inclusive uma poltrona usada para Hing. Mais tarde, Chan Sam voltou a aparecer na vida deles como um simples conhecido, pois a passagem do tempo dissipara a animosidade entre ele e a concubina.

Hing, contudo, não se conformava com a vida de dívidas e instabilidade da mãe como amante que Guen se recusava a sustentar. May-ying gostava tanto de Guen que sacrificava Hing para ir atrás dele, às vezes de uma cidade a outra. E tarde da noite ainda tinha de voltar para casa. E Hing se perguntava onde ficava a honra da mãe em tudo aquilo. Finalmente, para aliviar a perene pobreza da pequena família, Hing entrou para uma escola de enfermagem, suportando todas as ofensas e a discriminação de que era alvo como asiática. Todo mês enviava a May-ying seu contracheque de 105 dólares. May-ying mandava-lhe de volta 5 dólares para suas despesas.

Quando Hing, que agora se chamava Winnie, ficou noiva, May-ying exigiu pagamento de 500 dólares e a promessa de que Winnie criaria Gok-leng, agora chamado Leonard, em troca de sua bênção materna. Ela recebeu o dinheiro, mas o noivo de Winnie recusou-se a ficar com Leonard. May-ying aceitou e deu a Winnie o tradicional presente de noivado: uma colcha de plumas e dois travesseiros, além de um baú de cedro que comprou a prestação.

May-ying continuou a beber, a envolver-se em brigas e a maltratar a si mesma, ao filho, a sua casa e até a seu amado Guen. Só entrava novamente em contato com Winnie em desespero de causa. Guen a abandonou, dizendo que ainda que ela estivesse sem um tostão ele não lhe daria um centavo.

CONCUBINAS E HARÉNS NO ORIENTE 73

May-ying foi morar com Winnie, mas sua insaciável necessidade de álcool e de dinheiro para poder comprá-lo gerou uma tensão insustentável. Certa vez, como dissesse que a filha devia morrer, Winnie retrucou, amarga: "Você quase me espancou até morrer; por que não me amarrou a um poste de telefone e me açoitou até a morte? Eu então não estaria passando por essa desgraça toda!"

Como May-ying se recusasse a ir embora, o marido de Winnie levou-a até seu carro e a conduziu até o quarto de Chan Sam em Chinatown. Numa rara trégua, ela e Chan Sam uniram-se contra Winnie. E voltaram a viver cada um para seu lado; ele morreria de câncer em 1957.

A vida de May-ying era uma espiral descendente no álcool, em pensões fétidas e trabalhos temporários colhendo frutas e legumes. Ela e Winnie tiveram breves períodos de reconciliação até 1967, quando May-ying morreu num acidente de automóvel.

O relatório do médico-legista informava que ao morrer May-ying tinha 1,45 metro de altura e pesava cerca de 40 quilos. Seus bens eram igualmente minúsculos: 40,94 dólares, um recibo da loja de penhores por suas joias de jade, garrafas de ervas secas e um suéter de caxemira presenteado por Winnie. Guen, sem derramar uma lágrima, deu 50 dólares para o funeral, mas não compareceu. May-ying, amaldiçoada desde o nascimento pela pobreza e o sexo, foi enterrada a várias alas de distância de Chan Sam, separada dele tanto na morte como na vida.

AS CONCUBINAS NO JAPÃO[6]

Ao contrário da China, o antigo Japão agrário valorizava as mulheres, embora não chegasse a conferir-lhes igualdade de condições com os homens. As deusas do panteão de sua religião animista, o xintoísmo, eram reverenciadas, e quando a deusa do sol, Amaterasu Omikami, a "grande divindade que ilumina o céu", mandou o neto para governar o Japão, estava fundando a família imperial japonesa.

O povo japonês também cultuava deusas xintoístas que apareciam na tradição oral brincando livremente e tendo casos amorosos um atrás do outro.[7] Essas deusas lascivas eram a prova divina de que o sexo era uma atividade alegre e prazerosa e de que os seres femininos podiam tomar a iniciativa e desfrutar dele tanto quanto os masculinos. O resultado disso era que no Japão xintoísta tanto as mulheres quanto os homens podiam expressar livremente sua sexualidade. Só a classe dos guerreiros samurais era sexualmente reservada. Ainda hoje, a reverência dos japoneses pelo sexo está no cerne da cultura nacional.

Nesse acolhimento às mulheres nos primórdios da cultura japonesa, também havia espaço para mulheres governantes. Desde tempos lendários até o século XII, as mulheres ocuparam posições de autoridade e poder. O período de 522 até 784 de nossa era tornou-se memorável porque as rainhas governavam com tanta frequência quanto os reis. Ironicamente, foram algumas dessas mulheres extremamente influentes que introduziram no Japão sistemas estrangeiros de crença que influenciariam profundamente o xintoísmo e não raro o substituiriam. A imperatriz Suiko (592-628) conseguiu implantar no Japão o budismo coreano, que fora introduzido no país pelo menos cinquenta anos antes, e patrocinava as artes budistas. Duas outras grandes imperatrizes, Komyo (729-49) e sua filha e sucessora Koken (749-58), também eram budistas devotas e prosélitas.

Com o tempo, a misoginia que está no cerne do budismo veio a permear a sociedade japonesa. Surgiram novos códigos de conduta baseados em duplicidade de padrões. Os direitos da mulher recuaram em todas as frentes. A imperatriz Jito (687-97) supervisionou a codificação das leis básicas do Japão no Código Taiho, em 701. O Código Taiho reformulava leis fundiárias e fiscais, especificando que as mulheres só podiam receber dois terços do que era atribuído aos homens nas distribuições de terras. No século XV, os chamados latifundiários deram origem a "leis domésticas" que codificavam a inferioridade jurídica e social das mulheres. Outros códigos jurídicos e sociais de comportamento exigiam virgindade nas noivas, mas experiência sexual nos noivos.

Um influente manual do século XVII sobre o papel das mulheres exortava as jovens a serem virtuosas, castas, obedientes e caladas. Uma mulher "deve considerar o marido como seu senhor, servindo-o com toda devoção e reverência, sem desprezá-lo nem pensar levianamente a seu respeito. O grande dever de toda a vida de uma mulher é a obediência".[8]

Mas as esposas não eram obrigadas a amar e adorar os maridos providenciados pelos pais. Séculos mais tarde, o casamento no Japão ainda se caracteriza por considerações de ordem pragmática, o que torna os casos extraconjugais muito mais palatáveis do que em sociedades nas quais se espera que os cônjuges se amem.

As esposas dóceis mas destituídas de envolvimento emocional das famílias prósperas muitas vezes tinham de compartilhar a casa, ou pelo menos o marido, com uma ou mais concubinas. Por volta do século XVII, o concubinato inspirado nos sistemas que vigoravam na China e na Coreia budistas estava bem desenvolvido no Japão, sendo enquadrado em normas perfeitamente abrangentes.

As esposas e concubinas não estavam necessariamente em posição antagônica. O concubinato era algo comum, e muitas esposas haviam sido criadas em famílias que integravam concubinas. As próprias concubinas muitas vezes eram filhas de concubinas. Tanto a esposa quanto a concubina conheciam as regras e as consequências de qualquer ato de desobediência.

As concubinas tinham status de criadas e jamais podiam se equiparar à condição da esposa. Nem mesmo viúvos ou solteiros que quisessem casar-se com uma delas podiam fazê-lo. Se a concubina fosse instalada na residência do seu senhor, ficava sujeita à autoridade da esposa, jamais podendo desrespeitar sua posição. Teoricamente, as esposas aprovavam as concubinas escolhidas pelos maridos. As esposas com personalidade suficientemente forte para impor a própria autoridade conviviam em harmonia com as concubinas. Não obstante as garantias da situação conjugal, as mulheres mais fracas muitas vezes se viam envolvidas numa luta interna com concubinas autoritárias ou desdenhosas.

Os homens tinham concubinas por uma infinidade de razões: prestígio, sexo, amor romântico e sobretudo para a geração de um herdeiro num casamento até então sem filhos. Quando uma esposa não gerava filhos, o marido tinha o direito legal de se divorciar, mas ela podia salvar-se dessa solução extrema se o objetivo fosse alcançado pela concubina. Por esse motivo, muitas esposas de bom grado recebiam concubinas férteis em sua casa.

Uma das palavras de uso mais frequente para designar uma concubina, *mekake*, significa "útero de aluguel". O filho de uma *mekake* com o seu senhor não era realmente seu filho. A esposa criava a criança na qualidade de mãe oficial, e o pai o reconhecia como herdeiro. A mãe concubina era criada do casal e também do próprio filho. Após o parto, só era autorizada a ver o bebê pela primeira vez no décimo terceiro dia, quando acompanhava os outros criados numa visita formal para prestar homenagem ao novo senhorzinho.

Muitos chefes de família tomavam concubinas por motivos estritamente eróticos. Um homem podia até apaixonar-se por uma jovem adorável e mantê-la em acomodações separadas para poupá-la da rígida disciplina imposta pela esposa ou evitar as desagradáveis rivalidades com outras concubinas já instaladas. Mas havia outro motivo. Se a esposa o acusasse de favorecer a concubina em seu detrimento, a família podia intervir e exigir a devolução do dote. A separação das possíveis rivais era benéfica do ponto de vista econômico. Na maioria dos lares, contudo, o senhor partia do princípio de que as regras do concubinato eram suficientes para assegurar uma coexistência harmoniosa que valorizasse sua autoridade e lhe facilitasse a vida.

Lady Nijo[9]

Como tantas vezes acontece, a maioria das concubinas japonesas viveu e morreu sem deixar rastros. Mas uma mulher excepcional deixou abundante registro de sua experiência como concubina na corte japonesa. Lady Nijo não fala por milhões de mulheres menos favorecidas na mesma condição, mas seu livro autobiográfico, *As confissões de Lady Nijo*, é interessante porque ela se revela tão obediente e transparente e, ao mesmo tempo, tão voltada sobre si mesma que suas memórias acabam contendo elementos involuntários de sátira.

Lady Nijo entrou para a corte do imperador Go-Fukakusa no século XIII quando tinha quatro anos de idade, pouco depois da morte de sua mãe adolescente, Sukedai. Go-Fukakusa, jovem frágil e tímido que sofria de uma deformação no quadril e ofuscado pelo belo e carismático irmão menor, Kameyama, tivera a certa altura verdadeira adoração por Sukedai. Viria a transferir esse amor não correspondido para sua bela e

CONCUBINAS E HARÉNS NO ORIENTE

alegre filhinha, e em 1271, com o consentimento do pai, tomou-a como concubina. Lady Nijo tinha então doze ou treze anos, idade em que as donzelas costumavam entrar para o mundo adulto do casamento e do concubinato. Go-Fukakusa era treze anos mais velho.

Lady Nijo não manifestou grande pesar pela morte da mãe, nem qualquer ressentimento pelo fato de sua infância ser abruptamente interrompida. Seu real interesse estava voltado para as roupas, fossem suas ou dos outros. Apesar dessa obsessão, Lady Nijo era uma mulher cultivada, lida, musical, artística e que se orgulhava sem o menor pudor de sua poesia (quase sempre medíocre).

Como concubina de Go-Fukakusa, Lady Nijo revelou-se muito hábil numa corte extremamente competitiva e voltada para o saquê, o amor, a música e a poesia. Talentosa e sempre animada, deu a Go-Fukakusa um filho por ele formalmente reconhecido, apesar de saber que ela tinha vários outros amantes. Ele até estimulou Lady Nijo a seduzir o sumo sacerdote Ariake, apesar do seu juramento de celibato — ou talvez por causa disso.

Mas a jovem concubina sofreu vários reveses que contrabalançavam seus sucessos. Após a morte do pai, sem um defensor ou conselheiro, ela não foi feita concubina oficial por Go-Fukakusa.

Lady Nijo também superestimava o caráter supostamente irresistível de seus atrativos. Como Go-Fukakusa tolerava seus outros casos amorosos, ela, imprudente, tentou fazer passar por seus os três filhos que concebera com outros homens. (Um dos amantes a havia seduzido com "palavras [que] teriam reduzido um tigre coreano às lágrimas", recordaria ela com ternura.) Ao mesmo tempo, Lady Nijo com toda a evidência não se interessava por Go-Fukakusa. E as coisas ainda seriam agravadas porque o filho dos dois morreu e sua arrogância provocou a hostilidade de Higashi-Nijo, a imperatriz de Go-Fukakusa. A própria Lady Nijo, em seu egocentrismo, foi capaz de se dar conta de que Higashi-Nijo já não parecia tão amistosa.

O erro final de Lady Nijo foi seu envolvimento romântico com Kameyama, o irmão menor que tanta inveja despertava em Go-Fukakusa. Depois de doze anos, Go-Fukakusa de repente expulsou a concubina. No último e amargo encontro, Lady Nijo usava um delicado e reluzente vestido de seda com capuz vermelho e motivos de araruta e grama-dos-pampas bordados em azul. Depois de dispensá-la, Go-Fukakusa saiu cantarolando: "Como eu detesto araruta!"

Lady Nijo acabou reconhecendo que perdera o afeto e o respeito de seu amor imperial. "Como ele pôde ser tão insensível?", perguntava-se. Apesar do longo período que ela havia passado como sua (infiel) concubina, Go-Fukakusa cortou seu apoio financeiro. Lady Nijo conseguiu escapar da miséria — por pouco — recitando sua poesia, dando conselhos sobre decoração de interiores e se safando de uma maneira ou de outra. Fez também votos de monja budista, mas uma monja diferente, viajando muito e conhecendo pessoas de todas as camadas sociais.

Depois de oito anos na estrada, Lady Nijo encontrou inesperadamente Go-Fukakusa num santuário. (A essa altura, também ele havia feito votos sacerdotais.) Com os cabelos desgrenhados, ela usava uma túnica encardida e amassada, e viajava acompanhada de um anão corcunda. Mas Go-Fukakusa a reconheceu, e eles passaram a noite inteira rememorando o passado. "Hoje em dia os casos de amor não têm o encanto de outros tempos", suspirava ele — ou pelo menos assim Lady Nijo recordaria seus sentimentos.

Apesar da pobreza dos últimos anos de vida, Lady Nijo, que nunca fora modesta, considerou que eram suficientemente interessantes para que os registrasse. E eram. Suas memórias são um dos raros testemunhos dos amores, ideias e maneiras de pensar das concubinas, assim como dos ambientes onde ela mesma viveu, inicialmente na corte real do século XIII e mais tarde na confusa agitação da vida cotidiana japonesa.

Lady Nijo era um reflexo da sexualidade libertina, do franco materialismo, do esnobismo social e dos complexos rituais da aristocracia japonesa. Compartilhava a visão convencional do amor como um jogo íntimo escorado no romance e na poesia, mas não na fidelidade. Fosse na corte imperial ou na residência de um comerciante próspero, as concubinas não tinham a segurança e o status das esposas, mas muitas vezes provocavam intenso amor emocional e erótico. Quanto ao amor materno, Lady Nijo era uma típica mãe concubina da corte, afastada dos filhos, que eram criados pelos servos e controlados pelo pai.

CONCUBINAS E HARÉNS NO ORIENTE

Mas Lady Nijo também se destacava de outras maneiras, especialmente pelo próprio fato de ter deixado longas memórias de autoexaltação e pela extraordinária resistência diante da adversidade. Surpreendentemente, a transição do concubinato para a mendicância foi feita sem autocomiseração nem desespero. O que certamente decorria de sua admirável capacidade de adaptação. Mas também é possível que Lady Nijo tenha ficado aliviada por finalmente livrar-se das obrigações e do artificialismo da vida como concubina da corte, não precisando mais fingir amor por um soberano nada atraente e mesmo repulsivo.

AS AMANTES GUEIXAS

O concubinato e a estrutura familiar que o escorava não eram a única manifestação da duplicidade de padrões que prevalecia na sociedade japonesa. Como em tantas outras sociedades, essa duplicidade de padrões também se manifestava na generalizada prática da prostituição. As prostitutas eram meninas pobres, geralmente vendidas pelos próprios pais. O xogunato de Kamakura (1185-1333) tomou a si a tarefa de supervisão das prostitutas, e o xogunato de Ashikaga (1338-1573) montou um Departamento de Meretrizes para cobrar-lhes impostos. O xogunato de Tokugawa (século XVII ao século XIX) foi ainda mais longe, criando os famosos Bairros do Prazer, guetos oficializados para as prostitutas, semelhantes a zoológicos, que tanto chocaram — e atraíram — hordas de visitantes estrangeiros.

Mas muitos homens japoneses do século XIX vivendo em casamentos arranjados e estéreis queriam muito menos que a responsabilidade permanente por uma concubina e muito mais que a atenção passageira de uma prostituta. Queriam uma típica amante ocidental, só que ao estilo japonês.

Um dos lugares onde podiam encontrar amantes era a casa de chá onde gravitavam as gueixas. As primeiras gueixas (a palavra significa "pessoa que vive das artes") eram homens, mas por volta de 1800 a maioria eram mulheres. Em sua aparência, uma típica gueixa se distinguia das outras mulheres. O rosto de um branco imaculado oferecia um contraste aos olhos de contornos negros e aos lábios em forma de botão de rosa, e o pescoço igualmente embranquecido sustentava uma pesada e compacta cabeleira negra. Em seu magnífico quimono incrivelmente caro, com um *obi* cingindo-lhe a cintura fina, a gueixa não era exatamente uma mulher, mas uma criatura etérea com um enorme apelo erótico. No século XIX, a palavra gueixa remetia a *iki*, que poderia ser traduzido como "refinamento".

As gueixas vinham geralmente das classes mais pobres, e entravam na profissão como aprendizes por volta dos dez ou doze anos de idade. Tornar-se uma gueixa era de longe a melhor maneira para que uma menina em condições desvantajosas pudesse subir na escala social. Ela receberia uma educação. Poderia ajudar os pais, que recebiam dinheiro ao assinar contrato comprometendo a aprendiz de gueixa a prestar serviços.

O programa de treinamento da gueixa era rigoroso e longo. Comportava canto e música, conhecimento da cerimônia do chá em toda a sua enorme complexidade e arranjos florais. As elegantes danças rituais constituíam o nível mais elevado de desempenho, e o mais essencial para conseguir um protetor rico, ou *danna-san*. Tempo e dinheiro sem conta eram gastos na maquiagem e na indumentária. Preparar a máscara branca da gueixa e o elaborado penteado de cabelos untados (e malcheirosos, cheios de caspa) eram tarefas cotidianas que consumiam longas e tediosas horas em frente ao espelho.

A gueixa trabalhava demais, alimentava-se mal e não era devidamente valorizada — em outras palavras, era submetida ao característico tratamento frio e duro considerado adequado para as meninas. Na escola de gueixas, a etiqueta determinava que as novatas fossem apresentadas como "meninas de muito pouco talento", embora fossem na verdade excepcionais pelo simples fato de terem conseguido entrar para a instituição.

As gueixas também eram sexualmente iniciadas num ritual antigo, o *mizu-age*. Um homem mais velho e experiente passava sete noites com a gueixa virgem, massageando a parte interna de suas coxas com clara de ovo e subindo mais um pouco a cada noite, até aquela em que penetrava seu órgão genital com os dedos exploratórios.[10]

As gueixas aprendiam a observar a mais estrita discrição pessoal, para que os protetores pudessem estar absolutamente certos de que, o que quer que ouvissem, elas prefeririam ter a língua cortada a ser obrigadas a revelar.

CONCUBINAS E HARÉNS NO ORIENTE

No século XIX, os samurais conspiravam nas casas de chá para derrubar o governo xogum, e as gueixas nada diziam. Os políticos japoneses tratavam de questões altamente confidenciais nas *zashikis* (salas de estar) das casas de chá, acompanhados de suas gueixas favoritas.

Uma aprendiz de gueixa tornava-se "irmã mais nova" de uma gueixa mais experiente, ou "irmã mais velha", que a instruía nas mais diferentes matérias, dos mistérios dos ingredientes de maquiagem aos estratagemas para seduzir clientes na conversa. A recompensa da irmã mais velha era uma participação nas comissões que a irmã mais nova bem-sucedida viesse a ganhar. Para a irmã mais nova, o grande objetivo era tornar-se amante de um homem rico.

A aprendiz só se tornava plenamente gueixa depois de passar por um exame aplicado pela madame de sua casa de chá, pelas professoras e funcionários do centro de operações das gueixas. Depois disso, trabalhava durante dois ou três anos para atender às despesas de cama, mesa e vestuário, sendo as desse último as mais onerosas. Mais tarde, embolsava as gorjetas enquanto a casa de chá ficava com as altas comissões que cobrava pelos seus serviços. Na verdade, a gueixa vivia em situação de servidão financeira à casa de chá, e só as que dispunham de um protetor, ou *danna-san*, podiam resgatar a enorme dívida. Geralmente, a gueixa tornava-se amante do seu *danna-san*.

O *danna-san* em potencial de uma gueixa se apresentava ao proprietário da casa de chá, que então o investigava minuciosamente, sobretudo no terreno das finanças, para só então decidir. Sendo aceito, ele assinava um contrato para ajudar a pagar as dívidas da gueixa, sustentá-la e talvez responder por suas despesas médicas, além de remunerá-la pelas horas que passasse em sua companhia. Algumas gueixas mais importantes tinham apenas um ou dois *danna-sans* ao longo da vida, mas as outras podiam contar que o *danna-san* enjoaria delas depois de seis meses ou um ano.

A gueixa não tinha a expectativa de vir a amar o seu *danna-san*, mas era treinada para lisonjear, seduzir e obedecer como se o amasse. Seu relacionamento era um acordo perfeitamente controlado e ritualizado. Ela era uma perita na arte do amor, ele, um cliente reconhecido. Se se apaixonassem, como podia acontecer, seria um bônus. E se ela se apaixonasse por outro homem, como também podia acontecer, corria o risco de perder o *danna-san*, enfurecendo o dono da casa de chá e arruinando a própria reputação.

Havia certas vantagens na vida de gueixa no Japão, onde ainda hoje as mulheres que se queixam de assédio sexual são marginalizadas e só as mais corajosas feministas ousam desafiar o status quo e exigir igualdade entre os gêneros. As gueixas geralmente eram lindas menininhas descobertas em bairros extremamente pobres, elevadas no novo meio a uma condição inimaginável e inalcançável para aqueles que deixavam para trás. As gueixas recebiam uma educação completa e eram treinadas nas artes. Ficavam isentas da maior parte das tarefas domésticas, e na verdade não tinham tempo nem muita inclinação para isso. Integrando um mundo complexo e confortável do qual faziam parte o tradicionalismo, o elitismo e o erotismo, elas eram projetadas para as esferas mais altas da sociedade.

Como qualquer amante, uma gueixa tinha pouca segurança e nenhuma estabilidade. Tendo cumprido suas obrigações iniciais, os *danna-sans* podiam descartar a gueixa, e era o que fazia a maioria, trocando o antigo modelo por um novo. Entretanto, a possibilidade de voltar a ser aceita na casa de chá tornava menos dolorosa a rejeição pelo *danna-san*, embora também significasse que a gueixa teria de retomar a massacrante rotina diária de buscar clientes e entretê-los. Algumas gueixas conseguiam separar dinheiro para essa eventualidade, mas em sua maioria elas ficavam em situação financeira precária quando o *danna-san* deixava de ajudá-las.

Em geral, podia-se dizer que uma gueixa tinha melhorado de vida só na medida em que as mulheres eram membros tão desvalorizados da sociedade japonesa, e ainda mais as moças pobres. Mas o custo dessa melhoria era alto; um preço era cobrado por cada benefício concedido à gueixa: educação, treinamento, introdução na alta sociedade, recompensas financeiras. Ela estava presa por um contrato aos seus protetores e contraía enormes dívidas, que passava o resto da vida pagando. Mas o maior preço era o aprisionamento no requintado e reificado exotismo do próprio corpo. Sem a máscara, o penteado, o quimono, o *obi* e uma infinidade de outros acessórios, a gueixa não passava de uma mulher comum, com o escasso valor de uma mulher comum.

Hoje ainda existe um pequeno número de gueixas. Ao contrário de 98% das mulheres japonesas, uma gueixa nunca se casa, vivendo em comunidades femininas chamadas *hana-machi*. Apesar de solteiras, muitas vezes têm filhos, com um *danna-san* que não as force a abortar, ou então com um amante secreto que lhes dê esse filho capaz de trazer tanta alegria para uma vida solitária de gueixa. Só nessas *hana-machi* e nas casas de chá administradas por gueixas o nascimento de uma menina é comemorado com mais alegria que o de um menino. Em muitos aspectos, as gueixas são profundamente tradicionais, mas em outros evidenciam uma sensibilidade surpreendentemente feminista.

Hoje, as amantes gueixas ainda têm *danna-sans* que proporcionam uma renda constante e companhia. Ainda assim, a maioria das gueixas continua trabalhando. Levam uma vida de luxo e precisam do dinheiro. As que deixam a casa de chá quando um protetor as estabelece independentemente sempre são bem-vindas de volta ao trabalho, no caso de um *danna-san* abandonar sua gueixa ou morrer sem contemplá-la no testamento.

Segundo as gueixas, contudo, o aspecto mais penoso de seu trabalho é a angústia de saber que um amado *danna-san* — pois certas gueixas realmente amam seus protetores — volta à noite ao encontro da esposa em casa. (É menos provável que uma esposa se preocupe com a gueixa, que não representa grande ameaça de destruir seu casamento com um divórcio.)

Outra queixa habitual das amantes em todo o mundo é sua condição de confinamento num espaço marginal — os amantes raramente as reconhecem abertamente. O *danna-san* de determinada gueixa era uma importante personalidade política que a mantinha oculta da esposa e do público, mas não da secretária e dos amigos. Quando ele morreu, poucas horas depois de falar com ela ao telefone, ninguém lhe deu a notícia, e ela ficou sabendo de sua morte pelo noticiário na televisão. Pediu autorização para comparecer ao funeral, e a secretária e os amigos concordaram, com a condição de que ela trajasse discretas roupas "civis", em vez do chamativo quimono tradicional. "Entendo", disse a gueixa, e realmente entendia. Mas refletiu melhor e mudou de ideia, vestindo seu quimono para se despedir do amante.

Pouco depois, sua pensão mensal foi cortada. Ela achou que teria sido por ter usado o quimono. Na verdade, o *danna-san* não lhe havia legado nada em caso de morte. Felizmente, ela era uma mulher financeiramente independente, que mantinha uma casa de chá, e portanto não ficou arruinada com a morte do seu *danna-san*.

Amantes gueixas escandalizaram recentemente o Japão, depois que os meios de comunicação abandonaram sua tradicional política de preservar a privacidade de personalidades públicas. Em 1989, o primeiro-ministro Sosuke Uno foi um dos primeiros políticos importantes a serem denunciados, e renunciou. Na verdade, seus pecados só eram pecaminosos retroativamente: gerações de políticos, inclusive entre seus adversários, também faziam política nas casas de chá entre suas amantes gueixas, e todo mundo no Japão sabia. Até que duas gueixas que se haviam envolvido anteriormente com Uno quebraram a tradição e abriram a boca. "Você comprava meu corpo com 300 mil ienes por mês", enfureceu-se Mitsuko Nakanishi, a ex-amante gueixa de Uno. Os jornalistas a quem se dirigiam essas mulheres indignadas decidiram publicar, em vez de omitir suas histórias.

Em seguida, a deputada Manae Kubota também resolveu ignorar o tradicional véu de silêncio sobre as questões pessoais no parlamento. Interpelou o primeiro-ministro, dizendo-se indignada com o fato de ele ter "tratado as mulheres como mercadoria". Acrescentava Mitsuko Nakanishi: "Uma pessoa como ele, que trata mal as mulheres, não devia ser primeiro-ministro."

O principal responsável pela queda de Uno foi a desigualdade entre homens e mulheres no Japão. Numa época em que pequenas fissuras apareciam no muro dos privilégios masculinos, uma testemunha até então calada fez algo inédito, embora não necessariamente impensável: contou ao mundo o que o mundo secretamente já sabia.

AS CONCUBINAS NO HARÉM

Os antigos haréns imperiais evocam imagens de sensuais concubinas à mercê de rancorosos e afeminados eunucos e de imperadores e príncipes sexualmente insaciáveis. Mas a realidade dos haréns imperiais otomanos e chineses tinha menos a ver com sexo e mais com poder.

CONCUBINAS E HARÉNS NO ORIENTE

A palavra árabe *haram* ("harém") designa uma condição de vida isolada do mundo exterior, referindo-se contraditoriamente a um santuário de mulheres que também as aprisiona por trás de muralhas intransponíveis. Os últimos haréns chegaram ao fim na Turquia em 1909. Dentre as dezenas de milhares de concubinas que tragaram ao longo dos séculos, a mais famosa — os turcos talvez preferissem dizer "infame" — foi, no século XVI, uma mulher conhecida como Roxelane, "a Russa".

Roxelane[11]

Roxelane era uma beldade inteligente e ambiciosa, delicada e vigorosa, de narizinho arrebitado e olhos chamejantes. Uma lenda polonesa a identifica como Alexandra Lisowska, filha de um sacerdote ortodoxo pobre de Rohatyn, na Rutênia, na cordilheira dos Cárpatos. Segundo esse relato, ela foi raptada por guerreiros tártaros e vendida ao grão-vizir Ibrahim Paxá, que a entregou a Solimão, provavelmente o maior sultão do Império Otomano turco. Nada mais sabemos de suas origens, sua família, sua infância ou sua educação. A vida de Roxelane como personagem histórico teve início apenas em 1526, quando ela saiu machucada e ensanguentada de uma luta corporal com a principal concubina de Solimão.

O fato de ter saído derrotada — de propósito — dessa luta foi uma das mais brilhantes estratégias de Roxelane. Ela já era a segunda *qadin*, ou concubina real, mas a mulher tártara Gulbahar, primeira *qadin* e mãe do príncipe Mustafá, herdeiro do trono, representava um obstáculo insuperável no seu caminho para se tornar a principal concubina de Solimão. Durante uma briga, Roxelane provocou Gulbahar a atacar. Gulbahar caiu na armadilha. Puxou os cabelos de Roxelane e arranhou seu rosto com as unhas, desfigurando temporariamente seus lindos traços.

Mas Gulbahar tinha ali uma vitória de Pirro. Apesar de ter provocado o ataque, Roxelane sabia que o rígido protocolo do harém a proibia de contra-atacar, o que poderia levar a sua expulsão. De modo que, enquanto a adversária investia enfurecida, Roxelane simplesmente absorvia os golpes.

Sua vingança viria em seguida. Quatro dias depois, ela deixou de atender a uma convocação de Solimão, alegando que estava mutilada. Solimão ficou táo chocado e indignado que expulsou Gulbahar. Quase imediatamente, Roxelane tomou seu lugar como primeira *qadin*.

Apesar de sua grande beleza, a rápida ascensão de Roxelane à posição principal do harém de Solimão não deixava de surpreender, confirmando sua inteligência, seu empenho e sua forte presença. O harém contava trezentas mulheres, e portanto a competição era feroz. As concubinas de modo algum desfrutavam de uma condição igualitária. Em sua maioria, levavam uma vida terrível, esfregando o piso e desempenhando outras tarefas subalternas. As negras enfrentavam a pior situação; as tarefas mais pesadas e sujas eram reservadas a elas. Mulheres brancas como Roxelane desempenhavam toda uma série de outras tarefas, variando da contabilidade ao preparo do café.

Situado no velho palácio, o harém tinha uma hierarquia rígida e um protocolo complexo. Na posição mais alta, refletindo a visão tipicamente turca de que as esposas eram descartáveis, mas as mães, permanentes, estava a mãe do sultão, Hafsa Hatun, a sultana ou "rainha-mãe". Em matéria de poder imperial, só ficava a dever ao filho, e no velho palácio reinava suprema. Mas sua relação com as concubinas dos filhos não era confortável nem íntima. Ela se comunicava com essas mulheres, que a invejavam, ressentiam-se dela e conspiravam contra ela, por intermédio de seu lugar-tenente, o *kizlar agha*, que significava "general das meninas", o chefe dos eunucos negros. Juntos, a mulher mais velha e o núbio emasculado governavam as mulheres do harém.

Mas o *kizlar agha* estava por demais envolvido na administração imperial para dedicar muito tempo às questões do harém, que delegava a outros eunucos. Esses homens trabalhavam com as concubinas que atuavam como verdadeiras supervisoras do harém. A inspetora, a tesoureira, a guardiã das joias e a leitora do Corão eram em geral ambiciosas mulheres mais velhas com pouca ou nenhuma chance de atrair o sultão, e que assim aproveitavam de bom grado a oportunidade de exercer o poder e acumular riqueza através dessas posições.

O harém era uma sociedade complexa, perigosa e fechada, isolada da realidade do mundo lá fora e até mesmo do sultão e seu círculo, que viviam à parte, no grande serralho. As mulheres e eunucos que viviam no harém tinham diferentes origens étnicas e raciais: russos, circassianos, tártaros, gregos, sérvios, italianos, núbios e etíopes. Muitos eram cristãos. Não havia muçulmanos, pois a lei proibia sua escravização. Todos eram cativos da enredada instituição que, a um custo humano e monetário enorme, destinava-se a atender às necessidades da libido e do orgulho do sultão, e todos aprendiam rapidamente os papéis que deviam desempenhar.

Isto, no entanto, não era suficiente para que as concubinas aceitassem sua condição. Elas brigavam horrivelmente e disputavam a atenção das autoridades do harém, o *kizlar agha*, a sultana e os chefes de cada departamento. As concubinas haviam sido arrancadas do convívio de suas famílias, sempre muito numerosas, e das pobres aldeias agrícolas de onde se originavam. Nelas, teriam encontrado marido e criado filhos. No harém, cercadas de mulheres e eunucos, sua única possibilidade de atividade sexual era o sultão. Mas ele só se interessava pelas mais belas, de modo que a tensão sexual era sempre aguda e presente. As concubinas deviam reprimir ou sublimar o desejo até que ele as convocasse.

Era exatamente o que faziam algumas dessas mulheres aprisionadas. Outras voltavam-se para as companheiras em busca de gratificação sexual, intencionalmente ou não, na forma de massagens com óleos perfumados, cuidados com os cabelos e uma série de outros tratamentos de beleza.

As concubinas que não conseguiam suportar a ausência de homens às vezes arriscavam a vida, e, podendo, subornavam os eunucos para que introduzissem homens não castrados em seus aposentos. E tampouco era impossível que os próprios eunucos tentassem satisfazê-las. Apesar de castrados, continuavam sentindo impulso sexual. Com essas mulheres já conhecidas, as únicas no mundo que não zombariam deles, alguns eunucos entregavam-se à atividade sexual da melhor maneira que podiam, amantes desesperados fazendo um amor desesperado.

Além da frustração sexual, um importante subproduto da vida no harém era o sofrimento menstrual coletivo das concubinas. Durante uma semana no mês, seus feromônios reagiam e se comunicavam de uma a outra, estabelecendo um ciclo compartilhado. E o harém fervilhava com centenas de mulheres mais tristes e enfurecidas que de hábito.

Mas as concubinas rejeitadas não temiam apenas o celibato. Elas contavam sempre histórias das mulheres que o *kizlar agha* e seus asseclas conduziam secretamente ao Bósforo sob o manto da noite, metiam em sacos com pedras e atiravam ao mar. Numa das versões mais apavorantes, um mergulhador em busca de tesouros num navio afundado deparou-se com dezenas de sacos ondeando ritmados, mortalhas de mulheres presas ao fundo pelas pedras.

Os eunucos dos haréns também podiam ser perigosos se uma concubina os irritasse, insultasse ou desobedecesse. Raptados na infância e mutilados antes da puberdade, esses homens haviam sofrido terríveis traumas, inclusive a brutal cirurgia que causava a morte de mais de 90% dos que eram submetidos a ela. Embora o treinamento intensivo para desempenhar as tarefas do harém acabasse por amortecer as lembranças da família e da cultura entre os eunucos, o fato é que eles se mostravam na melhor das hipóteses ambivalentes quanto a sua situação. Por um lado, suas perspectivas de progresso e bem-estar material eram boas. Por outro, ficavam amargurados com a mutilação e o fato de serem temidos e mantidos a distância pela sociedade por serem *mujbubs*, homens sem pênis, além de desprezados como negros.

Para as concubinas mais sedutoras e suscetíveis de interessar o sultão, a estratégia mais óbvia consistia em atrair sua atenção. Quando uma delas tinha êxito na tentativa, ele lhe atirava um lenço ricamente bordado, sinal de preferência que podia mudar sua vida.

Quando isso acontecia, a afortunada era separada das outras concubinas, instalada num apartamento próprio e dotada de escravas pessoais. Passava então a ser banhada, massageada, untada, perfumada e depilada por várias atendentes do harém. Elas lhe penteavam o cabelo e pintavam suas unhas. Trajavam-na em requintadas lingeries e vestidos maravilhosos. Vinha então a espera. Seria convidada para o quarto do sultão? Se ele o fizesse, seria ela capaz de exercer toda a magia necessária para conquistá-lo? Para derreter seu coração e tornar-se sua favorita? Ou, melhor ainda, conceber um filho que haveria um dia de conduzi-la à posição mais alta, a de sultana?

CONCUBINAS E HARÉNS NO ORIENTE

Às vezes o sultão simplesmente esquecia que a havia visto. A mulher esquecida seria então despida de todo o aparato, expulsa dos aposentos particulares e reintegrada ao cubículo apinhado que havia deixado triunfalmente. À medida que envelhecia e as esperanças se esvaíam, ela só tinha uma nova ambição: ser transferida para o velho serralho, onde poderia ser autorizada a casar e a partir.

Mas algumas poucas concubinas triunfavam: o sultão lembrava-se delas e as desejava. Cada uma vivenciava uma variação em torno deste tema: à noite, um eunuco negro a acompanhava até a câmara real na área reservada às mulheres, um quarto sempre pronto para os encontros amorosos do sultão. Nele, imperava o silêncio. Ninguém devia conhecer a identidade da mulher escolhida ou quando havia sido seduzida pelo sultão (ou, se ela tivesse aprendido bem a lição, quando ela o seduzira).

A concubina aproximava-se do sultão pelo pé da cama, onde ele se deitava para esperá-la. A cada demonstração de submissão, ela levantava a ponta da colcha. Em seguida, obedecendo ao costume tradicional, insinuava-se pela cama, rastejando lentamente até o sultão, de traseiro para cima, e se apoiando nos joelhos e cotovelos para avançar.

Mas nem nesse momento a concubina e o sultão estavam sozinhos ou no escuro; duas mulheres mais velhas se alternavam na porta, montando guarda e mantendo acesas duas tochas. Em sua presença, passava-se uma noite inteira de amor, desdobrando-se a concubina novata para dar o melhor de si e conquistar seu senhor. Geralmente ela era uma virgem, mas as companheiras do harém e os eunucos que delas cuidavam a haviam treinado nas artes eróticas. Acima de tudo, ela era preparada para agradar. Na manhã seguinte, o sultão manifestava seu nível de agrado com o desempenho deixando-lhe suas roupas com dinheiro nos bolsos. Mais tarde, podia mandar outros presentes para manifestar seu apreço.

Caso sobreviesse uma gravidez, a mulher transformava-se numa sultana, e tinha seu futuro garantido. Se a criança fosse designada como herdeira do trono, ela passava a sonhar com o dia em que exerceria o poder.

Era esse o mundo curioso e desafiador em que a alegre Roxelane foi vendida. Ao contrário de muitas outras concubinas, ela não ficou deprimida com seu destino. No serralho, era conhecida como Hurrem, a mulher que ri, cujas sonoras gargalhadas ecoavam até mesmo na presença do sultão. Rapidamente ela avaliou as condições no serralho e no harém. Desde o início, deixou deslumbrado o jovem Solimão, mas não o suficiente para desalojar Gulbahar, sua primeira *qadin* e mãe do herdeiro, o príncipe Mustafá.

Solimão estava com trinta anos e Roxelane era muito mais jovem quando saiu vitoriosa da disputa com Gulbahar, banida do harém por Solimão. Ao mesmo tempo, ele se voltou exclusivamente para Roxelane, decisão até então inédita para um imperador com centenas de mulheres sexualmente ao seu dispor. Ele chegou ao ponto de providenciar casamento para as mulheres mais belas do harém, para afastar qualquer tentação e aplacar os ciúmes de Roxelane. Anos mais tarde, um observador estrangeiro manifestaria seu espanto com o fato de "ele amá-la tanto e ter tanta confiança nela que os súditos (...) afirmam que ela o enfeitiçou, chamando-a de (...) feiticeira".[12] De fato, a fidelidade de Solimão a uma só mulher era um caso único entre os imperadores otomanos.

Roxelane ignorou o crescente ressentimento contra ela. Milhões de turcos podiam odiá-la, mas o único que importava, o sultão Solimão, a adorava. Mas um fato Roxelane não podia modificar: Mustafá, o filho da concubina relegada, Gulbahar, continuava sendo o herdeiro de Solimão.

O que apavorava Roxelane era que, pela legislação vigente, Mustafá, ao se tornar sultão, teria de matar os três meios-irmãos, filhos dela. Essa "lei do fratricídio" decorria de uma interpretação distorcida de um versículo do Corão — "Que é a morte de um príncipe comparada com a perda de uma província?" —, e se destinava a impedir paralisantes disputas pelo poder real. A chegada de Mustafá ao poder seria a sentença de morte de Cihangir, Selim e Bayezid, os filhos de Roxelane. Como se Mustafá se aproximasse da maioridade, Roxelane entrou em desespero e convenceu Solimão a transferi-lo para lugares remotos. Gulbahar, que desde a expulsão vivia com Mustafá, costumava acompanhá-lo nessas aldeias perdidas, o que afastava mais uma possível ameaça. Na pior das hipóteses, Roxelane conseguira diminuir a ascendência de Mustafá sobre o pai.

O alvo seguinte de Roxelane foi o pomposo e arrogante grão-vizir Ibrahim Paxá, administrador e cunhado de Solimão, além de confidente merecedor de toda a sua confiança.[13] Solimão e Paxá eram inseparáveis,

CONCUBINAS E HARÉNS NO ORIENTE 91

chegando a dormir em quartos adjacentes. Paxá mostrava-se tão leal a Solimão quanto Solimão a Roxelane, e também era protegido por Hafsa Hatun, a sultana. Mas em 1535, a morte de Hafsa Hatun, Ibrahim perdeu sua maior aliada. Roxelane entrou em implacável campanha para intrigar o velho amigo junto a Solimão.

Seu êxito foi letal. Na noite de 14 de março de 1536, o sultão convocou os capangas do serralho, mudos que jamais poderiam traí-lo, e ordenou que estrangulassem Ibrahim. O grão-vizir lutou pela vida no confronto com seus assassinos silenciosos. No dia seguinte, o corpo foi encontrado pelos criados. Suas roupas haviam sido rasgadas, e as paredes do quarto estavam manchadas de sangue. E, embora Paxá fosse cristão, Solimão mandou enterrá-lo num cemitério daroês sem lápide, como um mendigo, e não o segundo homem mais poderoso do Império Otomano. Muito tempo antes, Roxelane havia eliminado suas rivais sexuais. Agora, em consequência do mesmo ciúme cego, conseguira eliminar o mais confiável, leal e capaz confidente de Solimão.

Anos depois, em 1540, o palácio foi devastado por um incêndio, deixando sem teto centenas de concubinas, eunucos e escravos. Imediatamente Roxelane convenceu Solimão a instalá-la no grande serralho, embora não funcionasse como residência de mulheres. Lá, ela passou a viver no coração do poder e da política imperiais. Uma década mais tarde, concluída a construção do novo palácio, Roxelane simplesmente permaneceu onde estava. A essa altura, tornara-se uma presença tão forte no governo que os historiadores lhe atribuem o início do Reinado Feminino do Império Otomano, que só teria fim em 1687.

Pouco depois de juntar-se a Solimão no grande serralho, Roxelane pode tê-lo convencido a casar-se com ela, embora não tenhamos como confirmá-lo. Os turcos negavam em sua maioria que Solimão pudesse ter se casado com uma cristã (apesar de convertida à força ao islamismo), além disso estrangeira e concubina. Mas uma semana de festividades públicas então promovidas foi interpretada por diplomatas estrangeiros e visitantes como uma comemoração de gala das núpcias de Solimão com Roxelane. Neste caso, Roxelane conseguira trocar o concubinato pelo matrimônio.

Na qualidade de imperatriz ou primeira concubina, Roxelane era a confidente e conselheira de Solimão, mas seu principal objetivo era salvar os filhos com o príncipe Mustafá, que seria obrigado a matá-los após a morte do próprio pai. Em 1553, ela se valeu de uma carta forjada para implicar Mustafá numa insurreição contra o pai. Ignorando seu malévolo envolvimento no caso, Solimão teria hesitado sobre a melhor maneira de reagir, entre a clemência e a retaliação. Mas Roxelane o exortou a condenar Mustafá à tradicional execução por estrangulamento.

Solimão finalmente tomou uma decisão, convocando Mustafá à sua presença. Prevenido, o príncipe foi corajosamente ao pai, declarando com orgulho que se tivesse de morrer morreria feliz nas mãos do homem que lhe dera a vida. Como o grão-vizir Paxá, ele foi estrangulado por capangas mudos do serralho.

Roxelane triunfara. Seu filho Selim sucederia ao pai. Quanto à lei do fratricídio, ela acreditava — corretamente, como se revelou — que o príncipe designado jamais haveria de se livrar dos irmãos. (Mas ela não foi capaz de prever que seu cruel filho Bayezid conspiraria para derrubar o pai, e que Solimão acabaria por executá-lo.) Roxelane morreu sem ter visto a chegada do filho ao poder. Cinco anos depois do assassinato de Mustafá, ela morreu, pranteada por Solimão, mas por muito poucos outros súditos.

Roxelane foi uma das mais poderosas concubinas dos haréns imperiais. Veio a ser criticada por seu comportamento cruel e egoísta, demonizada por sua influência em políticas que contribuíram para a decadência e queda do Império Otomano. Ainda que tudo isso seja verdade, que mais se poderia esperar de uma mulher confinada em haréns cheios de mulheres degradadas e humilhadas? Ignorando seus desejos e necessidades básicos, a cultura do harém gerava uma política perniciosa.

Tzu-hsi[14]

A Cidade Proibida da China era um vasto complexo de palácios de paredes cor-de-rosa e telhados laranja, assim como construções mais simples, que abrigavam toda a corte imperial, inclusive as concubinas do imperador. A corte foi a sede do poder imperial chinês durante as dinastias Ming e

Qing, entre 1368 e 1911. Em suas instalações físicas, era um labirinto fortificado — paredes por dentro de paredes por dentro de outras paredes. A Grande Muralha da China mantinha os estrangeiros longe, com seus muros de doze ou quinze metros de largura protegendo a cidade de Beijing, abrindo-se as imponentes muralhas de cor púrpura ao redor da Cidade Proibida apenas para admitir a entrada de aliados e colaboradores da corte.

Lá dentro, o Filho do Céu — designação que refletia as origens supostamente divinas do imperador — vivia e governava com seu enorme círculo de consortes, chegando a três esposas, nove esposas secundárias, 27 esposas de menor graduação e 81 concubinas: total que podia alcançar 121 mulheres para um só homem. Além disso, centenas de crianças e milhares de parentes, eunucos, criados, burocratas, astrólogos e outros funcionários coabitavam com a vasta família imperial, trabalhando junto a ela.

As concubinas imperiais, como as que pertenciam a senhores de escalão inferior, eram membros permanentes da casa imperial. Tinham de ser manchus ou mongóis, ter os pés desatados e fazer parte de um clã. Uma vez escolhidas, eram forçadas a uma intensa competição para atrair os favores do imperador ou da imperatriz ou, no caso do imperador Hsien-feng, da imperatriz-mãe, sua madrasta. As poucas que tinham êxito eram recompensadas com uma vida de luxo, livre de qualquer tarefa doméstica, e a esperança de conceber o filho do imperador. Gerar um filho imperial podia até promover a mãe concubina ao status de uma das esposas de pleno direito do imperador.

Um milênio antes, duas concubinas imperiais tinham acumulado enorme poder. A requintada Yang Kuei-fei valeu-se da paixão do imperador Hsuan Tsung por ela para enriquecer os parentes, e foi morta por estrangulamento numa subsequente rebelião. A imperatriz Wu começou como concubina do imperador Taizong, e após sua morte fascinou seu filho, o imperador Gaozong, de tal maneira que ele a fez sua principal concubina. Após sua morte, ela conseguiu ser feita imperatriz, tendo governado até sua deposição, aos oitenta anos.

No milênio seguinte, a mais memorável concubina da corte foi uma jovem manchu, Lady Yehenara, nascida a 29 de novembro de 1835 numa família mandarim chefiada por Kuei Hsiang, sobre quem quase nada se sabe. Ao contrário do que acontece no que diz respeito a milhares de outras concubinas aprisionadas na corte imperial, dispomos de abundantes informações sobre Lady Yehenara, que passou à história com o nome de Tzu-hsi, Imperatriz do Ocidente, seja de fontes chinesas ou estrangeiras. Infelizmente, boa parte dessa informação foi inventada por expatriados na China e pelos inimigos políticos da imperatriz-mãe. Uma fonte digna de crédito é Sir Robert Hart, o estrangeiro que foi capaz de superar o ódio de Tzu-hsi aos "demônios estrangeiros", tendo sido nomeado inspetor alfandegário geral da China. (Durante dez anos ele também teve uma concubina, Ayaou, com quem teve três filhos, por ele reconhecidos e sustentados, mas que nunca viria a encontrar na idade adulta.) Outras fontes são mulheres estrangeiras que conheceram Tzu-hsi; médicos que a examinaram; cortesãos chineses e uma dama de companhia, a princesa Derling; além de diplomatas estrangeiros empenhados em transmitir informações acuradas a seus governos.

Tzu-hsi tinha um metro e meio de altura, era esguia e apresentava uma bela constituição. Com mãos delicadas e graciosas, exibia no dedo médio e no mínimo unhas de dez centímetros de comprimento, orladas de jade. Tinha olhos grandes e brilhantes, nariz e maçãs do rosto pronunciados, lábios bem-delineados e um queixo arredondado. Seu sorriso é encantador. Como a maioria das jovens manchus, tinha os pés desatados, que aparecem nas fotos em minúsculos chinelos.

Em vista de seu destino de esposa ou concubina, Tzu-hsi tratava da pele pálida para que ficasse sempre macia e perfumada, com cremes, unguentos e óleos. Usava a maquiagem manchu tradicional: o rosto clareado com pó de chumbo, as bochechas ostentando duas rodelas de ruge, a palidez do lábio inferior quebrada por uma chamativa mancha vermelha em forma de cereja. Seus lustrosos cabelos negros, jamais cortados, eram penteados para trás e apanhados num complexo penteado com hastes incrustadas de joias, alfinetes em forma de insetos e flores e borlas peroladas. "Muita gente tinha inveja de mim, pois na época eu era considerada uma mulher linda", recordaria ela.[15]

O temperamento de Tzu-hsi, no entanto, estava longe de poder ser considerado tradicional. Os conhecidos comentavam seu jeito sério e pensativo, uma jovem calada e taciturna que guardava seus pensamentos para si mesma, embora mais tarde expressasse ressentimento de uma vida inteira pelo fato de os pais terem sempre favorecido seus irmãos. Era praticamente analfabeta, como todas as moças, mas falava um pouco de chinês, além da língua manchu da mãe, e era habilidosa na pintura.

Em 1851, quando tinha dezesseis anos, o imperador chinês, Wen Tsung, morreu e Hsien-feng, seu herdeiro, então com dezenove anos, sucedeu-o no trono do Filho do Céu. Agora, como o pai pertencia ao clã, Tzu-hsi e as irmãs podiam submeter-se a testes para o harém imperial. Muitas famílias manchus nas mesmas condições relutavam em submeter uma filha à competição. Uma vez tendo entrado para o harém, a filha estaria perdida para a família. Se fosse ignorada pelo imperador, mesmo que ele morresse, ela não poderia voltar ao seio da família para se casar com um pretendente adequado. Ficaria para sempre na desolação da Sala das Favoritas Esquecidas, um cubículo dando para velhos pinheiros. Em sua solidão e frustração, poderia entrar num apaixonado caso de amor com outra concubina relegada. Mas a família de Tzu-hsi, enfrentando dificuldades, não tinha tais pruridos, e tratou ansiosamente de prepará-la e à irmã para a triste provação.

Teve início o processo de seleção. Já acompanhada de eunucos do palácio, Tzu-hsi chegou à segunda etapa, intensa e invasiva. As moças eram examinadas em busca de manchas, doenças e virgindade. As importantes referências do horóscopo eram analisadas. Elas também eram submetidas a testes das mais variadas habilidades, do trato social ao entendimento das línguas manchu e chinesa — moças manchus como Tzu-hsi com frequência não falavam muito bem chinês. Muito poucas chegavam à terceira etapa, que consistia em tomar chá com a imperatriz-mãe, madrasta de Hsien-feng. Tzu-hsi saiu-se bem, e foi uma das pouquíssimas selecionadas para treinamento como concubinas.

Enquanto Tzu-hsi era preparada para sua vida como concubina imperial, o imperador Hsien-feng casou-se com a irmã de sua falecida primeira esposa. A nova imperatriz entrou para seu harém juntamente com as concubinas recém-formadas, entre elas Tzu-hsi, agora tendo chegado à quarta graduação.

O harém do imperador Hsien-feng era modesto. Era formado por uma imperatriz, duas consortes e apenas onze concubinas: quatorze mulheres formando um contingente cujo acanhamento refletia questões de renda, e não algum puritanismo. (A China era assolada por uma liderança corrupta e incompetente, guerras, enchentes, colheitas perdidas e fome.) Teoricamente, todas elas estavam sexualmente disponíveis. Na verdade, algumas jamais chegaram a encontrar-se com o imperador, não passando de criadas da imperatriz-mãe. Tzu-hsi estava decidida a não ser uma dessas.

Seus aposentos no esplêndido palácio de piso de mármore eram particulares, apesar de próximos das outras concubinas, e suficientemente espaçosos para que os eunucos e as criadas cuidassem devidamente dela. O imperador deu-lhe joias e vestidos, vestimentas para uso na corte e sapatos, e seu pai fizera ainda melhor, recebendo partidas de seda da mais cara, ouro e prata, cavalos, selas e rédeas, além de um elegante aparelho de chá.

Compenetrada e observadora, Tzu-hsi logo se deu conta do funcionamento do palácio. Os eunucos eram os verdadeiros agentes do poder. Era de boa política fazer amizade com eles e perigoso desafiá-los. Eram também a única companhia masculina das concubinas, de modo que suas lisonjas eram bem recebidas, sua conversa, instrutiva, e suas fofocas, úteis. Tzu-hsi estabeleceu com os eunucos uma amizade profunda e duradoura. Também se aproximou de Niuhuru, a imperatriz, desenvolvendo com ela uma complicada relação que durou mais de duas décadas. Em seu isolamento no harém, Tzu-hsi cercava-se também de cães, pequineses criados exclusivamente no palácio e para ele. Tzu-hsi permaneceria sempre uma concubina casta, e os cãezinhos reais eram seus *enfants manqués*.

A falta de contato com o imperador incomodava muito Tzu-hsi. Entretanto, na frenética busca de experiências sexuais, o Filho do Céu preferia gastar suas energias em bordéis, ignorando suas ansiosas concubinas. Para corrigir essa situação, a madrasta de Hsien-feng e os funcionários palacianos pressionaram-no para que se voltasse para seu harém, em vez dos bordéis de sua preferência. Foi o que ele fez, e acabou engravidando uma das concubinas, a delicada e adorável Li Fei.

A gravidez de Li Fei representava a grande oportunidade de Tzu-hsi. O protocolo obrigava as concubinas grávidas a total abstinência sexual, e nem mesmo o Filho do Céu podia contrariar essa regra. Por isso é que, movido pelo desejo, certo dia de 1855, Hsien-feng inscreveu o nome da virginal Tzu-hsi na tradicional tabuleta de jade que dava notícia de suas pretensões para a noite, entregando-a ao chefe dos eunucos.

Tzu-hsi esperava por esse momento. Ao chegar aos seus aposentos, o chefe dos eunucos despiu-a, envolveu-a num tapete vermelho e levou-a nas costas ao quarto do imperador. (Essa tradição tinha origem na época da dinastia Ming, cujas concubinas tinham os pés atados e não podiam caminhar.) Depositou-a então ao pé da cama e retirou o tapete. Certamente trêmula e temerosa, Tzu-hsi ainda assim sabia o que fazer. Submissa, arrastou-se até o ponto onde o imperador estava deitado, observando-a. Entregou seu corpinho cheia de confiança e expectativa, permitindo que o excitado mas inexperiente jovem imperador percebesse apenas seu recato, e não seu temor.

O encontro foi bem-sucedido. Nove meses depois, no pavilhão chamado Biblioteca da Árvore Topázio Wu-t'ung, no majestoso Palácio de Verão do Brilhante Jardim Redondo, Tzu-hsi deu à luz Tung Chih, o tão esperado filho imperial. O que era particularmente gratificante, pois Li Fei trouxera ao mundo anteriormente a princesa Jung Na, sem valor do ponto de vista da sucessão dinástica. Tzu-hsi havia assegurado a associação imperial, e, como veículo daquela semente, foi promovida a concubina de primeiro grau, ou consorte, status só superado pelo da imperatriz.

Seria difícil imaginar que Tzu-hsi, Li Fei ou mesmo a imperatriz sentissem algum amor romântico pelo homem rude e dissoluto a que pertenciam. Por outro lado, só tinham intimidade com os eunucos, e raramente ficavam sozinhas com outros cortesãos, como os invejosos meios-irmãos do imperador. Assim, o desejo de Tzu-hsi de merecer o amor do Filho do Céu era uma inteligente estratégia, talvez envolta em orgulho. Mais tarde, ela evocaria com saudade o breve período em que "o falecido imperador tornou-se muito apegado a mim e praticamente não olhava para qualquer das outras damas".[16]

Mas o imperador não tinha grande inclinação por essa concubina cujas tentativas de imitar a atitude tranquila do Buda acabaram por lhe render o apelido de "Pequeno Buda". Noite após noite, ele inscrevia o nome da deliciosa e nada séria Li Fei na tabuleta de jade. Ao mesmo tempo, contudo, Hsien-feng começou a reagir positivamente aos entusiásticos comentários e perguntas de Tzu-hsi sobre os acontecimentos do momento, a cujo respeito estava mergulhada em profunda ignorância, e as questões palacianas, sobre as quais se mostrava bem-informada e arguta. Em consequência, ele lhe deu acesso a alguns de seus documentos, assim permitindo tacitamente que adentrasse os sombrios corredores do poder. Mas não raro ela chorava, desesperada, porque ele não a amava.

Até 1860, foi assim a vida de Tzu-hsi. Obcecada com a aparência, ela jamais esmorecia nos prolongados rituais diários das abluções, dos cuidados de beleza e penteados, perfumando-se com almíscar. (Os eunucos ajudavam as concubinas nesses rituais.) Caminhava compulsivamente, mesmo na chuva, para irritação das damas da corte, que tinham de acompanhá-la. Comia pouco, fazendo sua seleção entre 150 minúsculos pratos de iguarias deliciosas, em muitos casos doces ou frutas açucaradas. Raramente via seu filho imperial, que foi amamentado por amas de leite e entregue aos cuidados dos eunucos, embora ela e a imperatriz muitas vezes discutissem sua educação.

A mãe do príncipe passava as horas lendo e estudando, agora que os tutores palacianos lhe haviam ensinado a ler e escrever. Confeccionava coelhos e pássaros de origami. Brincava com seus pequineses pretos, acomodados em seu próprio pavilhão. E como seu amor às flores era insaciável, decorava cada um de seus aposentos com buquês florais, ornamentava os cabelos com flores e até as enroscava nos pelos de Shadza ("Bobo"), na época seu cão favorito. À noite, dormia sobre uma pequena almofada estofada com folhas de chá, o que era considerado bom para os olhos.

A vida de Tzu-hsi como concubina e mãe respeitada do futuro imperador era tão preenchida quanto permitiam sua grande força de vontade, sua energia e seus recursos. No entanto, apesar do seu domínio da vida palaciana, ela e a maioria das pessoas do seu círculo nada sabiam do que ia pelo mundo enlouquecido fora das muralhas da Cidade Proibida. Esse mundo, a China real, estava mergulhado em turbulência, mal-administrado, drenado pela corrupção, atacado por cidadãos dissidentes e assediado por países europeus gananciosos e manipuladores, os "demônios estrangeiros" de que Tzu-hsi tão justificadamente desconfiava.

O direito de derramar enormes quantidades de ópio indiano na China — posição imoral assumida pela Grã-Bretanha e seus aliados — configurou o contexto imediato de uma grande investida estrangeira. Desesperado por controlar o vício, o governo manchu havia estabelecido um monopólio cobrando impostos tão pesados sobre a droga que só os ricos poderiam pagar por ela. Comerciantes britânicos, todavia, contrabandeavam ópio para a China, gerando generalizada dependência à droga, desintegração da vida familiar e grande empobrecimento.

Dez anos depois da primeira Guerra do Ópio, a Grã-Bretanha acossou o Filho do Céu com novas exigências, entre elas a legalização do comércio do ópio. Depois de novos atos de intimidação, os britânicos invadiram Guangzhou (Cantão). Em 1860, atacaram Beijing e, com uma ferocidade bárbara, saquearam o Palácio de Verão. Hsien-feng, a imperatriz, Tzu-hsi e a maioria dos membros da corte imperial, entre eles 3 mil eunucos, já haviam fugido numa procissão absurdamente imponente de liteiras e carroças puxadas a mula, que se estendia por oito quilômetros.

Depois de um ano num exílio de luxo, na segurança de um pavilhão de caça imperial a 180 quilômetros de Beijing, o imperador, então com 29 anos, caiu doente e morreu, angustiado com o caos e humilhado pela derrota. À medida que se enfraquecia, os funcionários da corte deram-se conta de que ele não havia designado um sucessor. Tzu-hsi entrou em ação. "Como sempre acontece nas emergências", recordaria ela, "mostrei-me à altura da ocasião, e disse-lhe: 'Aqui está seu filho', e ao ouvi-lo ele imediatamente abriu os olhos e respondeu: 'É claro que ele será o sucessor no trono.'"[17] Minutos depois, Hsien-feng morreu.

Foi essa a primeira intervenção política de Tzu-hsi, que determinou os rumos futuros de sua vida e da própria China. Com apenas 25 anos, ela se tornava senhora do próprio nariz. E não tinha a menor intenção de se recolher a uma obediente viuvez. Pelo contrário, conseguiu ser reconhecida como imperatriz-mãe e corregente com Niuhuru, em nome do filho, Tung Chih. Foi nomeada Concubina de Virtude Feminina, e daí por diante ficaria conhecida como a imperatriz-mãe Tzu-hsi, imperatriz do Palácio Ocidental. (Niuhuru tornou-se Tzu-an, imperatriz do Palácio Oriental.) Tzu-hsi imediatamente aliou-se ao cunhado, o príncipe Kung, e à imperatriz-mãe, e os três tornaram-se os efetivos governantes da China. Sua primeira preocupação foi consolidar a própria posição, eliminando o chamado Bando dos Oito, que conspirava contra eles. O líder do bando foi decapitado, dois outros puderam cometer suicídio e os demais foram exilados.

Tzu-hsi gostava do poder, mas tomava o cuidado de não se mostrar inteligente demais, e, na avaliação de seu biógrafo Sterling Seagrave, "entendia que sua função na corte era ser mediadora e árbitro em todas as questões. (...) Nos primeiros anos, ela evitava impor seus pontos de vista. (...) Representava o ponto de estabilidade pelo qual devia ser pautada toda a política de Estado".[18]

Em 1864, o governo pôs fim à prolongada Rebelião de Taiping, no sul, e em 1868, à Rebelião de Nien, no norte. No período de paz que se seguiu, o governo de Tzu-hsi e Tzu-an promoveu promissoras reformas, centrando-se na eliminação da corrupção e na busca de homens capazes para o governo da China.

As duas imperatrizes estavam na casa dos vinte, inexperientes, ignorantes do protocolo administrativo e só razoavelmente alfabetizadas. Nunca tinham visto estrangeiros nem haviam sido vistas por estrangeiros. Sentavam-se por trás de telas ao se consultarem com seus assessores do sexo masculino. A posterior fama de Tzu-hsi como uma tirana perversa e arrogante não podia ser menos merecida.

Infelizmente, as duas imperatrizes, as duas mães do Filho do Céu, não se saíram muito bem na missão de criar o filho. Tung Chih era um garoto problemático, preguiçoso, cruel e, na adolescência, obcecado por sexo. Fugia da Cidade Proibida para se entregar a prazeres proibidos em bordéis, e também teve experiências com seus eunucos. "Mulheres, meninas, homens e meninos — o mais rápido que pudesse, um depois do outro", observaria Robert Hart em seu diário.[19] Quando Tung Chih tinha quatorze anos, seus médicos já o tratavam de sífilis.

Tzu-hsi e Tzu-an reagiram encontrando uma noiva e algumas concubinas para Tung Chih, para incentivá-lo a buscar seu prazer em casa

CONCUBINAS E HARÉNS NO ORIENTE 101

mesmo. Seis meses depois do casamento, Tung Chih retomou suas investidas sexuais em Beijing. Também negligenciava seus deveres, atrapalhava o trabalho de seus funcionários, rebaixava graduados administradores e demitia ministros do gabinete. A máquina governamental ficou parada.

As duas imperatrizes intervieram, reintegrando os funcionários a seus cargos. O governo voltou a funcionar. A China mal ou bem foi em frente. Três meses depois, foi diagnosticada em Tung Chih a varíola que devastava Beijing. No leito, ele baixou decreto transferindo seus poderes às imperatrizes, até se recuperar. Em janeiro de 1875, Robert Hart registrava em seu diário que um médico estrangeiro "afirma que é de sífilis, e não de varíola, que o imperador sofre".[20]

Qualquer que fosse a doença, o fato é que matou Tung Chih a 12 de janeiro. Tzu-hsi pranteou o filho que a havia feito imperatriz, mas que se havia transformado num ogre, um menino incrivelmente arrogante e perverso que para muitos só se redimira por morrer antes de destruir completamente o governo. Muitos outros intrigavam que teria sido um assassinato.

Tung Chih não designara um sucessor, e as imperatrizes continuaram a governar, até que alguém fosse encontrado. A Cidade Proibida tornou-se realmente proibitiva com as pressões e manobras de partidários e parentes dos diferentes príncipes candidatos. Mas os príncipes eram impetuosos demais ou comprometidos com aventuras sexuais em bordéis, e Tzu-hsi encontrou um príncipe mais conveniente, seu sobrinho de três anos, filho de sua irmã, escolha aprovada por Tzu-an. Tal como fizera na sucessão de Tung Chih, Tzu-hsi fez um anúncio de surpresa à corte. "Vou adotar uma criança, o filho do Sétimo Príncipe", declarou. Pouco depois de partir, ela retornou com seu novo "filho" e declarou: "Este é o vosso imperador!"[21]

O bebê imperador, rebatizado de Kuang Hsu, "Sucessão Gloriosa", não era uma criança feliz. A tia imperatriz não o estava apenas usando para manter a China fora do controle de príncipes com seu filho morto: ela também o tirava do ambiente de abusos de sua própria casa. A mãe neurótica e o pai bêbado abusavam do menino e dos irmãos, praticamente deixando-os passar fome, e alguns deles haviam morrido.

Dois meses depois, a esposa grávida de Tung Chih, Alute, morreu. Apesar das versões oficiais sobre um suicídio, ela provavelmente foi assassinada para impedir a chegada de um bebê rival, que passaria a ser visto como o verdadeiro herdeiro de Tung Chih. Tzu-hsi estava entre as suspeitas, e sua reputação ficaria comprometida com essas dúvidas a respeito da morte de Alute.

Sterling Seagrave arrola indícios que exoneram Tzu-hsi. Ela havia escolhido Alute como nora e nunca demonstrara arrependimento. Nada tinha a temer do bebê de Alute, o qual, como seu neto, garantiria sua própria posição. Finalmente, a própria Tzu-hsi seria envenenada no momento da morte de Alute. Tzu-hsi ficou tão mal com a doença hepática então diagnosticada que até 1883 permaneceria cronicamente nessa condição. Ausentava-se com frequência da corte, e várias vezes teria estado à beira da morte.

Robert Hart considerava que, das duas imperatrizes, Tzu-hsi era a mais influente e inteligente, e Tzu-an, a boazinha. Tzu-hsi, escreveu em seu diário, "tem temperamento, mas também capacidade".[22] Essa capacidade, no entanto, muitas vezes se viu comprometida por sua necessidade de afeto, que a acompanhou a vida inteira, e sua suscetibilidade à lisonja. "Nosso Hart", o apelido que Tzu-hsi deu a seu dedicado e competente funcionário estrangeiro, seria nos 29 anos subsequentes o único expatriado que sempre a apresentava "como uma mulher, e não um monstro".[23]

O imperador da China era agora uma criança traumatizada e que gaguejava, e por sua vez sua tia materna estava doente demais para assumir um papel de liderança na sua criação. Apesar da infância conturbada e do ambiente equivocadamente severo imposto no palácio por eunucos instruídos a não o mimar — como fora Tung Chih — Kuang Hsu seria um imperador dedicado, não obstante o temperamento melancólico e solitário.

Em 1881, Tzu-an caiu doente e morreu, deixando a enferma Tzu-hsi como governante de fato da China. Em 1887, por iniciativa de vários funcionários da corte, sua regência foi estendida por mais dois anos, embora Kuang Hsu, então com quinze anos, supostamente já tivesse idade para assumir o poder. A extensão do prazo deu a Tzu-hsi tempo para escolher uma esposa e duas concubinas para o filho adotivo.

A nova imperatriz era Lung Yu, sobrinha de Tzu-hsi, menina magra e dentuça de que ela gostava muito. As concubinas eram sedutoras irmãs

CONCUBINAS E HARENS NO ORIENTE

recomendadas por um influente eunuco. Tzu-hsi esperava que Kuang Hsu gerasse herdeiros e assumisse plenamente seu papel de imperador. Ela poderia então deixar a agitação da Cidade Proibida e recolher-se ao esplendor do Palácio de Verão, que fora reconstruído.

Mas Kuang Hsu sofria de problemas de saúde que o levavam à ejaculação involuntária e, com as mulheres, à impotência. Para agravar as coisas, Lung Yu era uma noiva relutante, forçada pelos pais a entrar nesse casamento. De qualquer maneira, os contrariados adolescentes se casaram, e Tzu-hsi, já agora com 54 anos, pôde recolher-se e descansar. A legação estrangeira estava otimista a respeito de Kuang Hsu, e Charles Denby, o diplomata americano, previu que "ferrovias, a luz elétrica, a ciência médica, uma nova marinha, um exército aperfeiçoado, um sistema bancário, uma casa da moeda, coisas ainda em botão, logo florescerão".[24]

Em vez disso, o motivado mas indeciso Kuang Hsu teve de enfrentar a devastadora Guerra Sino-Japonesa de 1894-5. Modernizado e belicoso, o Japão queria conter a expansão russa para a Coreia e o norte da China. A China e a Coreia queriam preservar uma relação em que aquela protegia esta, sua dependente. Mas a opinião pública coreana estava dividida, e em 1894 sobreveio uma rebelião. A China mandou tropas para apoiar o governo coreano, enquanto o Japão enviava soldados em apoio à oposição, que ocupou o palácio de governo. Violentos combates antecederam a declaração oficial de guerra em 1º de agosto de 1894.

A Guerra Sino-Japonesa foi sob muitos aspectos o início do fim da China dinástica. Os japoneses derrotaram os chineses com facilidade em terra e no mar, destruindo a armada chinesa. Avançaram na direção da Manchúria, e a China viu-se forçada a pedir a paz. O Tratado de Shimonoseki humilhou e canibalizou a China, que perdeu o controle da Coreia e teve de ceder Formosa e dois outros territórios, abrir quatro portos ao comércio exterior e pagar a enorme soma de 200 milhões de taéis como tributo. A Rússia, a França e a Alemanha intervieram, forçando o Japão a devolver um dos territórios à China, mas a China devia pagar mais 30 milhões de taéis. (Na moeda chinesa, um tael geralmente representava quarenta gramas de prata.)

A esmagadora derrota da China na Guerra Sino-Japonesa era a prova viva de que a ineficaz dinastia Qing estava em processo de degeneração. Indignados, os reformistas, dando-se conta de que a modernização havia fortalecido o Japão, intensificaram sua campanha para modernizar a China, e o interior do país começou a pulsar com ímpetos revolucionários. Os críticos e rivais de Tzu-hsi aproveitaram-se da derrocada militar da China para acusá-la de apropriação indébita de fundos destinados à marinha para embelezar o Palácio de Verão. Era uma acusação sem fundamento. Ela não dirigiu o projeto de restauração, embora apreciasse os resultados, e não teria como desviar dinheiro da marinha, algo que só estaria ao alcance do Comitê do Almirantado.

A tensão e premência da política imperial dispararam. Tzu-hsi foi tomada de medo quando agentes japoneses orquestraram um golpe na Coreia contra a rainha Min, apunhalada várias vezes e queimada viva. Enquanto isso, Kuang Hsu decidia demitir todo aquele que tivesse questionado suas decisões — era a sua versão do reformismo. Os conservadores, perplexos com seu arrogante desprezo pelas tradições manchus e sua pretensão de introduzir um estadista japonês em posição de destaque no governo da China, exortaram Tzu-hsi a voltar à cena política. Depois de ouvir um relato dos passos em falso do sobrinho, ela acabou concordando, com relutância. Reassumiu então sua posição de governante, trabalhando com Kuang Hsu a seu lado.

Algumas das reformas iniciadas por Kuang Hsu foram mantidas. Mas certos reformistas considerados traidores foram punidos ou executados. Apesar da evidente harmonia que reinava entre o imperador e a velha tia, circularam boatos de que ele era mantido em prisão domiciliar no palácio por ela e outros conspiradores. Um indivíduo forçado a fugir da China pôs em circulação histórias sobre a mulher perversa no comando do país. Uma de suas invenções mais distorcidas era que Tzu-hsi, então com 63 anos, introduzia falsos eunucos no palácio para fazer sexo com eles. Esse mesmo exilado conspirou também para assassinar Tzu-hsi.

Sob certos aspectos, Roxelane teria entendido a corte imperial. Por exemplo, Tzu-hsi foi obrigada a conceder a dois príncipes as espadas de Shangfang, e com elas o direito de literalmente decapitar quem quer que

CONCUBINAS E HARÉNS NO ORIENTE

quisessem. Seus assessores mais moderados tinham agora motivos para prestar muita atenção no que diziam e faziam.

Em 1898, numa tentativa de conter a campanha de difamação dos inimigos, Tzu-hsi, rompendo com a tradição, convidou esposas de diplomatas estrangeiros a tomar chá no palácio. As convidadas depararam-se com uma Tzu-hsi amistosa e curiosa, sem qualquer impressão da natureza cruel de que tinham ouvido falar. Para sua surpresa, o imperador também estava presente, embora parecesse indiferente e se limitasse a fumar um cigarro atrás do outro.

Nesse mesmo ano, o movimento dos boxers, nacionalistas contrários à presença e domínio de estrangeiros, começou a se disseminar pela China. A perseguição a missionários cristãos e convertidos chineses muitas vezes arrogantes evoluiu para uma declarada campanha de terror. Até que, como se um jovem inglês assassinasse a tiros um chinês que gritara com ele, uma multidão enfurecida incendiou a Pista de Corridas de Beijing, muito popular entre os estrangeiros. Igrejas e residências de estrangeiros também foram destruídas.

No palácio, Tzu-hsi hesitava entre o apoio e a repressão aos boxers. Recordaria mais tarde que o decreto governamental determinando a morte de todos os estrangeiros tinha sido baixado contra sua vontade por ministros favoráveis aos boxers. Na época, os estrangeiros a acusavam de estimular os boxers e enviar tropas para conter tentativas militares estrangeiras de derrotá-los.

Entre 13 e 16 de junho de 1900, os boxers e seus adeptos destruíram e saquearam bairros de estrangeiros. Tinham como alvo preferencial comerciantes chineses que também vendiam a estrangeiros. Os cristãos estrangeiros e chineses buscaram refúgio nas catedrais. Empregados chineses fugiam de seus empregadores estrangeiros. No interior, os boxers massacraram milhares de cristãos chineses.

Nesse clima de tensão, o embaixador alemão na China, Clemens Freiherr, barão Von Ketteler, provocou os fuzileiros navais alemães a atirar e matar um grupo de boxers. Tzu-hsi e Kuang Hsu baixaram decretos contra os boxers, contra o assassinato de estrangeiros, contra a incitação a matar estrangeiros. Mas ainda assim estrangeiros começaram a morrer.

Num dos massacres, 45 missionários, inclusive mulheres e crianças, foram decapitados. Durante dias, várias cabeças foram exibidas em gaiolas no alto de um muro.

No dia 14 de agosto de 1900, um exército de soldados internacionais chegou a Beijing, resgatou os estrangeiros, saqueou a cidade e começou uma lenta e selvagem marcha pelo interior até o Palácio de Verão, para onde haviam fugido Tzu-hsi, o imperador e a corte. Esses soldados mataram dezenas de milhares de chineses, destruíram e saquearam milhares de casas e devastaram o Palácio de Verão, assim como templos e estátuas budistas.

No novo palácio onde se refugiou, Tzu-hsi ordenou a punição de funcionários e nobres que tivessem instigado os boxers. Dois foram executados. Ela, o imperador e a corte retornaram então à Cidade Proibida. Os europeus exigiram indenização e impuseram um tratado de paz. Tzu-hsi voltou ao poder e retomou as rédeas do governo, tendo ao lado o sobrinho imperador. Retomou também seus encontros com mulheres estrangeiras para tomar chá.

Aos setenta anos, Tzu-hsi sofreu um derrame, mas ainda conseguia trabalhar. No dia 14 de novembro de 1908, o imperador Kuang Hsu, sempre adoentado, morreu. No dia seguinte, morria também Tzu-hsi, assoberbada, estafada e gripada. A dinastia manchu sobreviveria apenas três anos.

A história julgou Tzu-hsi com severidade, e muitos de seus contemporâneos a consideravam uma déspota assassina. Na verdade, como imperatriz, Tzu-hsi foi vítima de sua inadequação pessoal — da falta de educação e de exata compreensão do protocolo e dos procedimentos administrativos. Foi vítima também de um sistema que a aprisionava na Cidade Proibida, em perfeita ignorância das condições catastróficas do mundo lá fora. Tinha também qualidades pessoais que sabotavam sua capacidade de governar com sabedoria e eficiência. Sua constante necessidade de ser amada a deixava à mercê de lisonjeadores. Às vezes ela se mostrava temerosa e indecisa.

Mas Tzu-hsi merece crédito por algumas realizações impressionantes. Da perspectiva de sua vida inicialmente muito limitada, sua decidida ascensão ao poder foi realmente notável. Na perigosa e corrupta corte imperial da China, ela se valeu de sua inteligência e de sua firme ambição para galgar uma posição de enorme poder. Para uma concubina não propriamente sedutora, ela foi um modelo de sucesso

Nem Tzu-hsi nem Roxelane podem ser avaliadas fora do seu contexto. Uma perspectiva histórica equilibrada a seu respeito não pode deixar de reconhecer como essas duas mulheres souberam adaptar-se extraordinariamente ao concubinato e dominar as regras, a etiqueta e as tradições do harém, estabelecendo relações que as projetaram no mundo do poder, mantendo-as nessa posição durante décadas. Elas transformaram o concubinato forçado em poder supremo, e conseguiram até morrer de morte natural em seus leitos.

CAPÍTULO 3

Puta de quem? As amantes reais da Europa

"Os reis muito apropriadamente são chamados de deuses", escreveu o rei Jaime I em 1609, e "exercem um tipo (...) de poder divino na Terra." Tal como Deus, "os reis têm poder de (...) vida e morte (...) sobre os súditos (...) mas só prestam contas a Deus. (...) Os reis também são comparados aos pais de família: pois um rei é verdadeiramente *parens patriae*, o pai político de seu povo."[1]

O conceito do direito divino dos reis estava no cerne da monarquia; legitimava o poder dos governantes reais da Europa. Esses governantes tinham amplos poderes e, até as reformas iniciadas no século XVIII, muito pouca obrigação de prestar contas. Suas cortes eram modelos de extravagância e protocolo. Eram também viveiros de intriga e perigo, pois os cortesãos competiam pelos favores do monarca e para influenciar suas decisões.

Os casamentos reais estavam bem perto do topo da lista de decisões importantes. Seu objetivo era perpetuar a linhagem divina do monarca e fortalecer o país com relações econômicas estratégicas e alianças militares. Os casamentos reais eram questão de alta diplomacia, envolvendo funcionários e cortesãos experientes na busca do futuro cônjuge mais adequado ao soberano ou soberana. Como na maioria dos casamentos arranjados, o amor romântico não desempenhava realmente um papel, embora pudesse às vezes manifestar-se. O que importava era que o casal real gerasse filhos legítimos — um herdeiro e um reserva, além de outros pequenos nobres para servirem como peões e futuros reis e rainhas no eterno jogo de xadrez matrimonial da Europa.

A inevitável consequência desses casamentos, assim como do inevitável sentimento de direitos adquiridos que um rei era levado a cultivar, eram os casos extraconjugais movidos pelo desejo, pelo amor romântico, o orgulho da posse e a conveniência. Como resultado disso, as amantes reais eram algo comum na maioria das cortes europeias.

Muitas amantes reais vinham da nobreza ou da aristocracia, mas outras, como as atrizes vistas em montagens teatrais, introduziam um elemento plebeu na atmosfera rarefeita da corte. Muitas vezes o rei eliminava o tipo de embaraço social gerado por isso tornando nobre uma amante favorita.

Fosse ou não da nobreza, nem mesmo a mais poderosa amante real podia livrar-se da ignomínia de sua condição: a prostituta do rei. Uma ex-amante de Jaime II, a condessa de Dorchester, resumiu bem a coisa ao se encontrar inesperadamente com a duquesa de Portsmouth e a condessa de Orkney, amantes de Carlos II e Guilherme III respectivamente, e falou sem qualquer embaraço de "nós, as três putas". Essa deselegante etiqueta se aplicava na Europa não só a prostitutas como também às chamadas "manteúdas", cuja circunscrição eram os homens de sangue azul revirando-se em lençóis desalinhados.

A disputa pela atenção de um rei de direito divino podia ser cruel. Nell Gwynne, amante de Carlos II, rei da Inglaterra de 1660 a 1685, convidou certa vez sua rival Moll Davis a saborear um prato de iguarias que havia embebido de laxativo. Naquela noite, enquanto Moll se contorcia no amplexo amoroso de Carlos II, a natureza impôs seus direitos — de maneira repentina e imperiosa. Pobre Moll! Pobre Nell, também, sentindo-se numa posição tão precária que precisava recorrer a táticas tão baixas. A condição de amante real podia projetar as mulheres em invejável destaque social, mas era na melhor das hipóteses uma empreitada arriscada.

Nell Gwynne[2]

Nell Gwynne foi a mais insolente e atrevida das amantes reais, mocinha travessa de nariz arrebitado, reluzentes cabelos castanhos, olhos de amêndoa que encaravam com toda a retidão e franqueza que a fizeram famosa e seios firmes e fartos. Nell era tão deliciosa que Carlos encomendou uma série de retratos seus nua e aparecia para vê-la posar e ficar olhando para ela diretamente.

Mas foi o temperamento desinibido e generoso de Nell que conquistou Carlos; ele não resistia ao seu bom humor e à inteligência viva que a faziam parecer "um bobo da corte autorizado a comandar suas festas exclusivamente para homens".[3] E, como acabaria constatando com o passar do tempo, Nell era extremamente amorosa e também — não obstante a incontrolável tendência dele à infidelidade — fiel a ele. Era igualmente uma mulher despretensiosa que mal conseguia rabiscar as próprias iniciais, sempre cheia de energia e capaz de saudar o alvorecer, depois de uma noite inteira de festa, com o mesmo entusiasmo com que havia começado a noitada.

Nell conheceu o rei quando tinha dezessete anos, sendo ele vinte anos mais velho. Corria o ano de 1667, dezoito anos depois da execução de seu pai, Carlos I, e sete anos desde que fora reconduzido ao trono depois de um período de exílio resultante da derrota da monarquia na Guerra Civil inglesa. Os ingleses, desiludidos depois de décadas de austeridade do regime cromwelliano, haviam saudado com entusiasmo a chegada de Carlos, embora a nação que voltava a governar estivesse profundamente dividida, em termos políticos, sociais e religiosos.

O exílio europeu marcara Carlos profundamente. Por um lado, ele se mostrava tão fortemente favorável ao fim da severa discriminação imposta na Inglaterra aos católicos romanos que o povo suspeitava que ele fosse secretamente católico. Além disso, ele estava chocado com a desalentadora situação do teatro na Inglaterra. Apressou-se a reanimá-lo e a dar às mulheres o direito de subir ao palco, para conferir profundidade e acuidade às representações dramáticas. Não por coincidência, tinha excelente faro para as atrizes, e não foi por acaso que lhe chamaram a atenção as estrelas Moll Davis e Nell Gwynne.

Pouco antes de conhecer Nell, Carlos enfrentara três graves crises: a peste bubônica de 1664-6, que matou cerca de 100 mil londrinos; o Grande Incêndio de Londres em 1665, que destruiu 13 mil casas, 97 igrejas e a magnífica Catedral de Saint Paul; e a segunda Guerra Anglo-Holandesa de 1665-7, provocada pela Inglaterra e por ela perdida depois de uma série de humilhantes derrotas.

Mas nem essas calamidades nem a esposa, Catarina de Bragança, impediam que Carlos fosse ao teatro e se entregasse a aventuras eróticas. "Deus jamais condenará um homem por se conceder um pouco de prazer", gostava de gracejar, ao passo que os inimigos o chamavam de "grande inimigo da castidade e do casamento". De sua parte, a adolescente Nell havia superado suas origens humildes como filha de um soldado que morreu numa prisão para devedores em Oxford e de uma mãe que vendia cerveja num bordel perto de Drury Lane e se afogou num canal depois de desmaiar numa bebedeira. Nell evoluíra de vendedora de ostras a vendedora de laranjas no King's Theatre, e aos quatorze anos estreara no palco, tornando-se amante do sobrinho-neto de Shakespeare, Charles Hart. Quando o rei Carlos a conheceu em 1667, Nell tinha um novo amante e era uma atriz consagrada, rival no palco daquela que era então sua amante favorita, Moll Davis.

Carlos vira Nell atuando muitas vezes, mas ao conhecê-la pessoalmente no teatro foi fisgado por sua graça maliciosa e sua simplicidade. Não se curvou para o rei, nem se sentiu na obrigação de conter seu humor desbocado. Na primeira vez em que saíram juntos, num restaurante, estava presente o amante dela, e o encontro terminou numa comédia de equívocos. Carlos meteu a mão no bolso para pagar pelo jantar e viu que não tinha o suficiente, e, enquanto Nell zombava de sua pobreza temporária, o amante viu-se na contingência de pagar a conta pelos três.

Pouco depois, Nell tornou-se uma das amantes de Carlos. De certa maneira, era um caso de amor, embora fossem ambos mais pragmáticos que românticos. Não se entregavam a explosões apaixonadas nem a trocas frenéticas de cartas de amor. Carlos simplesmente incluiu-a em seu plantel de amantes, enquanto ela optava pela fidelidade, explicando: "Sou a puta de um homem só." Ela queria que ele seguisse seu exemplo: "Uma puta de cada vez é o suficiente, meu senhor", dizia, recusando-se a convidar uma rival à festa de aniversário dele.[4]

Nell e Carlos concordavam de maneira geral sobre o que acarretava a posição de amante. Uma casa, ajuda para a subsistência e presentes generosos eram obrigatórios. Carlos costumava dar às amantes títulos, e aos filhos "de fora" do casamento, ducados, e ela esperava o mesmo. Em 1670, Nell deu à luz Carlos Stuart e, um ano mais tarde, no Natal, Jaime. Como a esposa do rei, a rainha Catarina, tivesse sofrido abortos e não pudesse dar ao rei herdeiros legítimos, Nell e as outras amantes de Carlos esperavam que ele se mostrasse generoso com os filhos ilegítimos. E de fato ele era, sendo cinco dos 26 duques de hoje seus descendentes.

Quando Carlos tentou economizar, propondo uma casa alugada, Nell não só recusou como protestou retomando sua carreira de atriz. Assim como lhe dera seu coração, e não alugara, dizia, ela devia dispor de acomodações de plena propriedade, e não alugadas. Devidamente arrependido, Carlos instalou-a então numa excelente residência em Pall Mall, cujo jardim dava para o seu próprio, de maneira que pudessem conversar em relativa privacidade no conforto de suas casas.

Essas conversas significavam muito para Nell, que confiava em Carlos como um amigo mais sábio e experiente, e também como amante. "Ele era meu amigo, ouvia-me contar minhas mágoas e me aconselhava como amigo, dizendo quem era realmente meu amigo e quem não era", recordaria pesarosa, após a morte do rei.[5]

Os amantes também discutiam com frequência sobre questões de dinheiro. Exatamente como Moll Davis, mas, ao contrário das outras amantes de Carlos, Nell parecia ser uma mulher que queria apenas o que lhe era devido, e solicitou uma modesta pensão anual de 500 libras. Embora ele não a atendesse, Nell conseguiu num período de quatro anos arrancar 60 mil libras a mais do caixa real. E ela precisava! De que outra maneira poderia pagar por sua elegante carruagem puxada por seis cavalos, seus oito criados, os remédios da mãe, as doações de caridade e o estrado de prata da cama, entalhado com requinte? Às vezes Nell mandava suas contas (pela compra de artigos como anáguas de cetim branco, vestidos de baile de cetim vermelho e sapatos de cetim púrpura bordados em prata) ao Tesouro Real, o departamento financeiro do governo real — que as pagava —, provavelmente como adiantamento por dinheiro que segundo ela lhe era devido pelo rei.

Por extravagantes que parecessem tais despesas, eram uma bagatela em comparação com os valores recebidos por algumas das outras amantes de Carlos. Barbara Palmer, mais tarde feita Lady Castlemaine, desfrutava de 19.600 libras anuais dos cofres reais e enormes somas de outras fontes. Louise de Kéroualle, a sofisticada rival francesa de Nell, tinha anualmente como renda básica 10 mil libras dos rendimentos das licenças de fabricação de vinhos ingleses, e num só ano foi contemplada com mais 136.668 libras para a construção de seu novo palácio. Registros do ano de 1676 dão conta da posição dominante de Louise junto a Carlos: ela recebeu 36.073 libras, contra apenas 7.938 de Nell.

A questão dos títulos irritava Nell muito mais que a do dinheiro. Carlos concedia ducados a suas outras amantes importantes, mas se recusava a fazer o mesmo com Nell, evidentemente por sua origem humilde. Compreensivelmente, ela se ressentia disso. Quando Carlos a viu trajando um novo vestido e exclamou que ela estava bela como uma rainha, Nell retrucou, sarcástica: "E puta como uma duquesa!"[6] Embora sem título algum, Nell estava decidida a fazer com que Carlos enobrecesse seus filhos, e para deixar bem clara a urgência da questão chamava-os de "bastardinhos". Como Carlos a recriminasse por isso, Nell retrucava que não tinha outra maneira de chamá-los. A estratégia deu certo. Carlos cedeu um pouco e conferiu-lhes o título aristocrático (mas não ducal) de *beauclerk* ou *beauclaire*. Quatro anos depois da morte do filho menor do casal, em 1680, uma perda terrível para Nell, Carlos conferiu um ducado ao outro filho, Carlos, feito duque de St. Albans.

Ao longo dos dezessete anos de seu relacionamento com o rei, Nell nunca foi a única amante de Carlos. Facilmente deixou na sombra sua rival nos palcos, Moll Davis, mas no confronto com aristocratas como Louise de Kéroualle as origens de Nell revelavam-se um obstáculo difícil de superar. Louise era o oposto de Nell, menos na beleza. Aristocrática, educada, cultivada, esnobe e ambiciosa, Louise estava disposta a conquistar o coração de Carlos. Pela altura de 1671, passava tantas noites com ele quanto Nell. Não perdia uma oportunidade de falar mal da analfabeta Nell, insistindo em que a rival continuava tão plebeia e vulgar quanto na juventude de vendedora de laranjas.

Nell retaliava de todas as formas ao seu alcance. Provocava, zombava, insultava e botava a língua para Louise. Chamava-a de "Squintabella", pois Louise era ligeiramente vesga (*squint*) num dos olhos. E perguntava por que haveria alguém que se jactava o tempo todo da própria ascendência nobre rebaixar-se como mera amante? Quando Louise aparecia de luto pela morte de nobres estrangeiros de que alegava ser parente, Nell esperava a morte de um rei estrangeiro e se vestia em trajes igualmente dramáticos. "Vamos dividir o mundo", propôs sardonicamente a Louise. "Você fica com os reis do norte, mas me deixa os reis do sul."[7] Quando uma encantadora italiana, Hortense Mancini, duquesa de Mazarin, tomou o lugar de Louise na preferência de Carlos, Nell ficou aliviada por ter de enfrentar uma rival mais maleável.

A decisão de Nell de não se envolver na política também foi uma estratégia inteligente. Embora entendesse as questões cruciais da época, ela nunca tentou influenciar os acontecimentos, as diretrizes políticas ou os políticos. Carlos apreciava muito essa discrição, assim como a opinião pública, na qual circulava esta cantiga popular: "Ela sabe alisar a espada, / mas não bota a mão no cetro."

A única incursão de Nell na política ocorreu no auge da crise parlamentar de março de 1681, na qual Carlos enfrentou o Parlamento nas questões interligadas da sucessão real e da legitimidade da Igreja Católica na Inglaterra. As emoções andavam exaltadas, e bandos anticatólicos aterrorizavam as ruas, gritando "Abaixo o papado! Abaixo a escravidão!" O próprio Carlos, visto por alguns como secretamente católico, estava sob suspeita, e o povo manifestava sua indignação com sua arrogante amante católica, Louise de Kéroualle. Certa tarde, os arruaceiros viram uma carruagem rumando para o palácio do rei. "A amante católica do rei!", clamaram, interceptando o caminho para investir contra ela. Mas foi Nell Gwynne, e não Louise, que se debruçou na janela, gritando: "Por favor, meus amigos, sejam gentis. Eu sou a puta *protestante*."[8] O gracejo desarmou a multidão, e desde então ficaram registradas na história a audácia, a perspicácia e a franqueza de Nell. Carlos também deve tê-la cumprimentado pela sagacidade. O incidente serviu igualmente para mostrar de que maneira Nell era vista por seus inquietos súditos: no fundo, ela era um deles, e eles a amavam por isso.

Nell conseguiu ainda cair nas boas graças da rainha Catarina. Como as amantes reais eram uma prerrogativa do rei, Catarina não tinha muita escolha senão tolerá-las. Entretanto, não era obrigada a gostar delas, e não hesitava em mostrar seu desagrado. Mas gostava muito de Nell, que nunca tentou fazer-lhe sombra. O próprio lado simples de Nell e seu humor espalhafatoso certamente confirmavam para Catarina que ela não passava de uma meretriz destituída da pretensão das outras amantes do promíscuo rei. (Outra rainha inglesa, Carolina, a esposa do rei Jorge II, detestava Lady Henrietta Suffolk, amante de seu marido durante vinte anos, mas protestou quando ele a descartou com "um animal velho, aborrecido, surdo e rabugento". Carolina intercedeu, temendo o advento de rivais mais jovens e ameaçadoras.)

Em 1685, no aniversário de Nell, Carlos teve um derrame; morreria dias depois. Nell lhe dera dezessete anos da sua vida e dois filhos, tendo abandonado uma brilhante carreira de atriz para tornar-se sua amante. Apesar disso, o único legado de Carlos para seu futuro foi um vacilante pedido no leito de morte: "Não deixem a pobre Nell na miséria." Apesar da atitude cavalheiresca de Carlos em relação ao seu bem-estar, Nell morreu em situação confortável, mas exclusivamente por ter sobrevivido ao rei por apenas dois anos. Se tivesse chegado aos 55, como ele, certamente teria morrido na penúria.

A morte de Carlos também evidenciou que os dezessete anos como sua amante não lhe haviam conferido qualquer status na corte ou, apesar dos dois filhos, em sua família. Mas Nell amara o rei, e queria pranteá-lo. Mandou cobrir sua casa e sua carruagem com panos pretos e preparou uma cerimônia religiosa. Um funcionário da corte interveio, proibindo-a de usurpar rituais de uso restrito à família real, embora ela quisesse muito dar essa demonstração da própria dor e também da sua ligação íntima com o amante. A relação dera prazer a esse amante, e sua morte representava para ela um desmoronamento.

Jeanne-Antoinette de Pompadour[9]

Vive la différence! A realeza francesa também tinha amantes. Afinal, os casamentos reais sempre eram questões de Estado, arranjados por motivos diplomáticos ou políticos. Mas o coração dos governantes — e seus genitais — também exigia reconhecimento. Na verdade, os reis franceses se vangloriavam das conquistas sexuais extraconjugais, e na residência real de Fontainebleau as lembranças dos reis e suas amantes eram talhadas na pedra: Henrique II (1519-59) e Diana de Poitiers, Henrique IV (1553-1610) e Gabrielle d'Estrées.

Até que, em 1643, Luís XIV subiu ao trono, um homem belo e vigoroso que ficaria conhecido como Rei Sol, simbolizando o poder absoluto em seu domínio da Europa e da França unificada. Entre suas realizações, Luís submeteu sua inquieta nobreza, envolvendo-a em complexas cerimônias na corte, e alterou a etiqueta convencional, adaptando-a à sua intrincada vida amorosa.

Considerando-se sua posição e sua época, Luís permaneceu virgem até bem tarde, quando já tinha dezoito anos e Madame de Beauvais, uma das damas de companhia de sua mãe, seduziu-o quando ele voltava do banho. A partir dali, Luís trataria Madame de Beauvais com o maior respeito. Adquiriu um gosto propriamente real pelo sexo, e, embora amasse sua dedicada esposa, Maria Teresa, exercia sua prerrogativa real e teve uma série de amantes, escolhidas entre as mais belas jovens da corte.

Luís promoveu, contudo, uma mudança importante. Legitimou suas favoritas como *maîtresses en titre*, amantes oficiais, instalando-as em aposentos do palácio e reconhecendo os filhos que lhe davam. Isso conferia a essas amantes um poder muito maior que o de suas congêneres em outras cortes, pois as mulheres de Luís eram membros de pleno direito da corte, não raro a serviço da rainha. As amantes do rei ceavam com ele, tinham acesso aos homens que tomavam as decisões no país e a diplomatas estrangeiros e, se quisessem, podiam também manusear as rédeas do poder.

Mas era necessário todo um ritual formal para fazer a transição de simples amante para *maîtresse en titre*. A *maîtresse en titre* em potencial devia ser apresentada ou patrocinada por uma dama da corte. Louise de la Vallière, a primeira candidata de Luís à posição, já era sua amante há muito tempo, mas os dois filhos que haviam tido eram bastardos oficialmente. Luís, partindo para o campo de batalha e sabedor de que talvez não sobrevivesse, reavaliou sua vida e promoveu certas mudanças. Fez Louise duquesa de Vaujours e reconheceu a filha que havia sobrevivido, Marie-Anne de Bourbon. Marie-Anne foi então criada como membro da família real, embora não tivesse, como os dois irmãos que nasceram depois dela, qualquer direito de sucessão ao trono.

Não muito depois de lhe conceder a posição de *maîtresse en titre*, Luís teve sua atenção desviada de Louise para uma amiga dela, Athénaïs, madame de Montespan. Louise não podia sequer sofrer com privacidade. Teve de continuar vivendo na corte, triste testemunha da crescente paixão de seu amado Luís por Athénaïs. Sua devoção religiosa aumentou. Ela jejuava, colocava uma camisa de cilício sob seus belos vestidos de cortesã e dormia no chão. Duas vezes fugiu para um convento, mas Luís foi buscá-la de volta. Em 1674, implorou para que ele a deixasse ir, pois queria fazer votos religiosos. Sua melancolia e seu aspecto abatido o comoveram profundamente, e ele acabou concordando. Louise jogou-se no chão diante da rainha e se arrependeu publicamente pelo relacionamento adúltero. Pouco depois, despediu-se dos filhos. E então, como irmã Louise de la Miséricorde, desapareceu para sempre no convento carmelita de Paris.

Athénaïs de Montespan, a nova *maîtresse en titre* de Luís, introduziu uma nova dimensão na função: sua condição de mulher casada. Não só Luís cometia adultério com ela, mas também ela cometia adultério com Luís. Só a rainha de Luís sofria com seu adultério: ele lhe prometera abrir mão das amantes quando completasse trinta anos, mas o aniversário veio, passou e as amantes continuavam. O adultério de Athénaïs era outra história. Até o Rei Sol tinha dificuldade de refutar críticas dos que se mostravam indignados com o fato de uma mulher cometer adultério, que era ao mesmo tempo um pecado e um crime. Com toda evidência era necessário providenciar a separação legal de Athénaïs, o que o parlamento francês concedeu com relutância depois de cinco anos de insistência de Luís.

O marido de Athénaïs seria responsável por um toque esdrúxulo nesse processo. Embora Monsieur de Montespan não gostasse muito da mulher, ficou insultado ao vê-la simplesmente tomada pelo rei. Mostrava sua indignação em Paris e provocava cenas. Entrava ostensivamente pela porta principal de seu castelo porque, ele dizia em tom de lamento: "Meus chifres são grandes demais para passar por uma porta pequena."[10] A certa altura, Luís mandou-o para a prisão. Montespan não se deixou intimidar. Ao ser libertado, encenou um falso funeral para a esposa, declarando-a vítima de sua própria promiscuidade e ambição. Felizmente para Luís, o inconveniente marido da amante logo se cansaria da brincadeira. Mas Montespan tinha a seu favor todo o peso da religião e da moral. Os reis podiam ser a lei, mas suas amantes, não. Os casamentos podiam ser contratados contra a vontade, mas apesar de tudo eram sagrados.

Apesar de Montespan, era evidente que, no cômputo geral, as amantes casadas eram mais facilmente integradas à vida da corte que as donzelas sem vínculos, que podiam comprometer a dignidade da posição da rainha de uma forma que não aconteceria com uma mulher casada. O casamento de uma amante podia ser uma farsa cínica, mas, do ponto de vista da rainha traída, servia para salvar a dignidade, compensação insignificante em meio à exposição implacável no palácio e às fofocas que corriam soltas. A pobre cabeça coroada não passava um dia no palácio sem ver e ouvir a mais nova *maîtresse en titre*, cujos aposentos eram contíguos aos do rei, cuja barriga crescia com sua prole e cujos braços e dedos reluziam com joias pagas pelo tesouro real.

Luís XIV era um homem inteligente que havia pensado muito na incorporação das amantes em sua vida, e portanto na da França. Para a instrução de seu filho Luís, escreveu um ensaio sobre as amantes e as formas de evitar as armadilhas que lançavam.

Em primeiro lugar, advertia Luís, não negligencie as questões de Estado por causa de sua amante. Em segundo, o que é mais difícil, mesmo entregando-lhe o coração, trate de ser sempre o senhor de sua cabeça. Não permita que as mulheres tratem de questões sérias, pois elas se confundem em tramas e maquinações e provocam o caos na administração do país. Os exemplos históricos são muitos, lembrava ele ao filho: dinastias desapareceram, reis foram derrubados, províncias foram devastadas, impérios desmoronaram por causa das tramoias de mulheres intrigantes.

O bisneto de Luís, o ineficaz Luís XV, não levou muito em conta os conselhos do bisavô e permitiu que suas *maîtresses en titre* se tornassem influentes e poderosas figuras da corte. Também desrespeitou a tradição segundo a qual as amantes reais deviam ter origem nobre, instalando a plebeia Jeanne-Antoinette Poisson — mais tarde Madame de Pompadour — em seu coração e sua cama.

Jeanne-Antoinette tinha origens incomuns. Seu pai, intendente dos serviços financeiros públicos de Paris, fora injustamente acusado de desfalque e fugira para a Alemanha, a fim de escapar da prisão. Jeanne-Antoinette, apelidada de Reinette, ou "Pequena Rainha", e seu irmão, Abel, foram assim abandonados com a mãe. Para sustentá-los, Madame de Poisson tinha amantes ricos. E também deu à sua delicada filha uma excelente educação e bom treinamento nas habilidades necessárias para que uma mulher empenhada em ascender socialmente atraísse o marido ou amante capaz de conduzi-la nesse caminho.

Reinette sentia-se reconhecida pelo empenho da mãe, especialmente depois que uma vidente, olhando firme em seus olhos de menina de nove anos, profetizou: "Você será a amante do rei." Reinette tornou-se uma jovem culta e refinada, conhecida por seu temperamento generoso, seu talento para a representação e, apesar de constantes problemas de garganta e peito (ou por causa deles), uma voz sedutoramente rouca. Também tinha um sonho: tornar realidade a profecia da vidente.

Reinette tornou-se uma mulher fascinante, uma esguia e benfeita morena de rosto oval, com uma pele radiosa e aristocrática elegância. Quando estava para completar vinte anos, a mãe arranjou seu casamento com Charles-Guillaume Le Normant d'Étoiles, funcionário do governo. Reinette e Guillaume tiveram filhos, dos quais sobreviveu Alexandrine.

PUTA DE QUEM? AS AMANTES REAIS DA EUROPA

Inesperadamente, o noivo apaixonou-se profundamente pela noiva, que lhe assegurou, achando graça, que ficaria com ele para sempre, exceto, claro, se o rei a quisesse.

E foi o que aconteceu. Luís XV ouvira falar de Reinette, e não deixara de notar sua beleza quando seus caminhos se cruzaram. Ela se tornava uma figura cada vez mais conhecida na sociedade, e Voltaire e outros grandes intelectuais a admiravam, apreciando sua amizade. Mas a energia do rei era monopolizada por sua amante, Madame de Châteauroux, a terceira de um trio de irmãs pelo qual ele se havia apaixonado.

Em 1744, contudo, essa mulher obstinada, temendo perder de vista o rei, foi atrás dele em pleno campo de batalha durante a Guerra da Sucessão Austríaca. Esse desrespeito às conveniências saiu pela culatra quando Luís XV caiu gravemente doente, sendo convocado um bispo para lhe dar a extrema-unção. Mas o sacerdote recusou-se a absolvê-lo se Luís não se confessasse publicamente, arrependendo-se de seus pecados. Aterrorizado com o fogo do inferno, Luís confessou seu adultério com Madame de Châteauroux, jurou arrependimento e ordenou que a pecadora fosse afastada.

Mas a coisa não terminou por aí, pois a confissão foi amplamente divulgada. Luís foi perdoado, mas não sua amante. As pessoas atiravam pedras e jogavam o conteúdo de urinóis quando sua carruagem passava, zombando e humilhando-a. O horror daquela experiência foi tão debilitante que ela contraiu pneumonia. Enquanto isso, o rei se recuperava, e, não mais diante da morte, convocou-a novamente a Versalhes. Mas Madame de Châteauroux morreria pouco depois.

Dois meses depois, em 1745, na cerimônia de casamento de seu filho, o delfim, Luís, fantasiado de árvore, voltou sua atenção para Reinette, glamourosa e elegante como a deusa Diana, gravitando em torno dela a noite inteira. Pouco depois, ela se tornaria sua amante.

O advento de uma nova amante real causou sensação na corte francesa. Quanto tempo duraria?, perguntavam-se os cortesãos. Quem seriam seus aliados? Seus inimigos? Quais eram suas estratégias, suas preferências e aversões, seus objetivos? Num sistema hierárquico baseado nos conceitos de direito divino e sangue azul, a possibilidade de que uma nova amante viesse a influenciar as questões de Estado e, mais importante ainda, a casa real e sua legião de parasitas, era realmente aterradora. Pior, como poderia alguém imaginar como seria uma reles arrivista como Madame d'Étoiles, membro da odiada classe dos burgueses, íntima de ateus como Voltaire?

Mas Luís estava obcecado com sua nova mulher, mostrando-se visivelmente desagradável com qualquer um que deixasse transparecer o mais leve sinal de desaprovação. Reinette retribuía esse amor, com uma paixão inspirada pelas fantasias que a seu respeito nutria desde a infância. Apesar de sua sinceridade, a corte foi tomada por intrigas sobre ela, quase sempre mal-intencionadas.

Enquanto isso, Reinette e Luís estavam ocupados. Ela lhe pediu que esclarecesse o seu papel, o que ele não se eximiu de fazer — queria que ela fosse sua *maîtresse en titre*. Reinette concordou, de bom grado. Insistiu, contudo, em que Luís providenciasse o divórcio do seu marido. O dedicado Charles-Guillaume não recebeu bem a notícia, chorando e desmaiando. Só ao se dar conta de que a decisão era irrevogável aceitou o rompimento com sua amada esposa.

Apesar da paixão pelo rei, contudo, a condição de amante não era fácil para Reinette. Ela fora uma criança frágil, sempre com problemas de garganta e pulmões. Adulta, com o agravamento do problema, ela escondia a deterioração de sua saúde, exceto dos amigos mais próximos. Mas os cortesãos, sempre atentos, notando sua palidez e o aspecto cansado, assim como o sangue que cuspia ao tossir, começaram a espalhar notícias maldosas. Seu médico recomendou repouso, ar puro e exercícios. "Mas como vou conseguir?", queixava-se ela. A vida na corte era rigorosamente organizada e exaustiva, os complexos rituais da toalete e dos cuidados de beleza, intermináveis, e o ar superaquecido, sufocante. Quanto aos exercícios, estava por demais cansada para tentar.

A deterioração do estado de saúde também comprometia a relação amorosa de Reinette com o rei, deixando-a aterrorizada com a eventualidade de que um temperamento que ela própria, com amargura, dizia frígido acabasse levando Luís aos braços de outra mulher. Certa noite, dizendo que ela estava "fria como um peixe", ele deixou sua cama para dormir no sofá. Reinette tentou prendê-lo seguindo uma dieta para aquecer o sangue: chocolate quente e âmbar, trufas, sopa de aipo. Em outra ocasião, passou a beber leite de asna. "Eu seria capaz de sacrificar minha própria vida para agradar a ele", confidenciou a uma amiga.[11]

Apesar da fraqueza do corpo, Reinette ainda conseguia fazer-se indispensável ao rei. Em 1745, ele a fez marquesa de Pompadour, o que, como observou Voltaire, rimava com *l'amour* — o amor que Reinette tão abundantemente oferecia ao amante. Como *maîtresse en titre* de Luís, ela também conseguiu aplacar a rainha, embora Marie-Leczynska às vezes a humilhasse em público. Reinette dedicava-se completamente ao rei, compensando as carências do desempenho sexual com formas consagradas de sedução. Voltava-se entusiasticamente para os interesses dele. Participava com ele de jogos de carta, embora os detestasse. Caçava, embora o esporte contribuísse para minar as poucas forças que lhe restavam. Podava os relatos sórdidos e escandalosos semanalmente fornecidos pela rede de espiões de Luís. Tinha reuniões diárias com os ministros de Estado. Aconselhava o rei e se tornou, além de amante, sua melhor amiga.

Reinette também se insinuou nas questões de Estado, exatamente o contrário do que recomendava a dissertação de Luís XIV. Convenceu Luís a demitir e exilar seu ministro Maurepas, supostamente mentor de versinhos zombando de sua leucorreia, problema ginecológico caracterizado por um espesso corrimento branco da vagina. Deu um jeito de fazer com que seu irmão Abel fosse nomeado intendente-geral das Construções do Rei, cargo importante por ele desempenhado com honestidade e eficiência. Cuidava do apoio real à literatura e às artes, terreno em que se mostrava conhecedora e sensível. Participou da fundação da escola de treinamento de oficiais militares, assim como da hoje famosa fábrica de porcelana de Sèvres.

Em 1751, depois de muito pensar, Reinette abriu mão das relações sexuais com o rei, decisão que tratou de divulgar. Isso permitiu que ambos fizessem a comunhão católica, pois nenhum dos dois estavam mais cometendo adultério com o outro. Para Reinette, a renúncia apresentava dupla vantagem: aplacava sua consciência religiosa e a liberava de uma obrigação que simplesmente não podia desempenhar em boas condições. Entretanto, o grande perigo era que Luís a substituísse por uma nova amante. Em

1752, quando Luís a fez duquesa, os fofoqueiros interpretaram seu gesto como um prêmio de consolação para poder descartá-la.

Para manter sua ascendência sobre Luís, Reinette empenhava-se — ou pelo menos era o que diziam — em encontrar para ele mulheres jovens que não representassem ameaça. Os contemporâneos a acusaram de proxenetismo, de organizar o bordel que foi montado no Parc aux Cerfs ("Parque das Gazelas") do palácio. Nele, adolescentes recrutadas em famílias pobres de Paris eram alojadas e preparadas para o consumo erótico de Luís, não raro em grupos de duas ou três. Essas moças eram bem alimentadas e vestidas com apuro, aprendiam a etiqueta social e passavam por exames médicos. A rotatividade era grande, provavelmente porque as jovens "aposentadas" recebiam pensões e muitas vezes casavam-se com homens ricos ansiosos por tirar proveito do seu treinamento. Aquelas que traziam ao mundo bebês gerados por Luís eram informadas de que eles haviam morrido. Esses rebentos, *princes et princesses manqués*, recebiam então pensões anuais e eram adotados.

Dois anos depois da montagem do prostíbulo de Luís no Parc aux Cerfs, morreu aos dez anos Alexandrine, a filha de Reinette. Ela ficou inconsolável. "Para mim, toda a felicidade se foi com minha filha", disse a uma amiga.[12] Seus críticos, implacáveis, juravam que as lágrimas de Reinette eram derramadas por si mesma, pois agora Alexandrine não poderia substituí-la na cama de Luís.

Reinette juntou os cacos de sua vida. Durante mais uma década, mergulhou nas questões de Estado e na política interna da corte, apostando que seus aliados seriam fortes o suficiente para vencer o crescente número de inimigos, entre eles partidários de outras belas mulheres que queriam ver no seu lugar. Pressionava Luís a demitir ministros que não gostavam dela. Sobreviveu às lutas intestinas da corte, e sua nova condição de castidade a fez sentir-se tão virtuosa que passou a apoiar a Igreja em suas lutas contra o parlamento francês. Trabalhava em estreita colaboração com seu protegido, o duque de Choiseul, cujas iniciativas diplomáticas acabaram levando à Guerra dos Sete Anos, opondo a França, a Áustria, a Rússia, a Saxônia, a Suécia e a Espanha à Rússia, à Grã-Bretanha e a Hanover, uma catástrofe que quase levou a França à bancarrota. Gastava de maneira

PUTA DE QUEM? AS AMANTES REAIS DA EUROPA 125

extravagante recursos dos cofres de um país empobrecido, adquirindo magníficas obras de arte e arquitetura; o estilo que acabou impondo à França era tão brilhante que marcou época na estética. Mimava um rei indolente, enquanto lá fora o populacho, agitado, passava fome.

Pouco depois do fim da guerra, em 1763, com o Tratado de Paris, Reinette sucumbiu, provavelmente a um câncer de pulmão. Seu amigo Voltaire pranteou a perda de uma mulher sincera que amava o rei pelo que realmente era. Outra trova popular das mais sarcásticas expressou como era vista pela maioria dos seus contemporâneos: "Aqui jaz aquela que foi por vinte anos virgem / Por oito anos puta / E por dez anos cafetina."[13]

Jeanne du Barry[14]

A *maîtresse en titre* seguinte de Luís, Jeanne Bécu, mais tarde condessa Du Barry, tinha origem ainda mais humilde que Reinette de Pompadour. Jeanne era filha ilegítima de Anne Bécu, bela cozinheira cheia de iniciativa, e Frère Ange, um monge, que não podia casar-se com ela. Jeanne entrou para a vida de amante ainda na infância, quando Anne se empregou na casa de um funcionário parisiense e sua excitante amante italiana, Francesca, passando a morar em sua casa. Francesca tomou-se de amores pela adorável bebezinha loura, providenciando sua educação na escola de um convento. Lá, Jeanne estudou literatura e artes, desenvolvendo a paixão por Shakespeare e a refinada dicção que viriam mais tarde a encantar Luís XV. Ao se formar aos quinze anos, Jeanne era tão deslumbrante que Francesca de uma hora para outra passou a ver na antiga protegida uma rival no afeto de seu amante, deixando-a entregue à própria sorte.

Jeanne encontrou trabalho numa loja de perucas, e aos dezoito anos, por breve período, tornou-se amante do filho do patrão. Dali em diante, passou a combinar o trabalho com a carreira de amante, subindo social e financeiramente ao se associar a importantes funcionários e intelectuais. Sua fama se espalhou. Sua beleza chamava a atenção: alta e esguia, com bastos cabelos louros, grandes olhos azuis e um elegante nariz aquilino. Os belos seios, muitas vezes realçados em decotes, impressionavam até os observadores mais calejados, e ela ressaltava seus encantos naturais com discreta maquiagem e vestidos de um diáfano pastel que valorizava sua pálida perfeição.

Jeanne também era conhecida por sua habilidade no amor. Em contraste com a frágil e frígida Madame de Pompadour, Jeanne era uma mulher robusta e de alegre sensualidade, cujos parceiros sexuais se entusiasmavam com sua agilidade e repertório. Não era tímida nem reservada, e oferecia suas sessões eróticas em troca de grandes somas de dinheiro e joias. Seu principal amante, o conde Jean-Baptiste du Barry, também era seu agente ou cafetão, tendo conduzido sua carreira sem esmorecimento até que ela alcançasse a suprema conquista, Luís XV.

Uma história apócrifa descreve o primeiro encontro de Jeanne com Luís XV no Palácio de Versalhes. Ela fez três mesuras, como exigia o protocolo, deu alguns passos e o beijou na boca. Isso decerto jamais aconteceu, mas serve para dar ideia da visão que na época tinham da explosiva sexualidade de Jeanne. Na verdade, Du Barry provavelmente a empurrou para Luís, sabendo que o rei não deixaria passar uma mulher tão fascinante. E estava certo. Pela primeira vez desde sua grande paixão por Reinette, Luís entregou seu coração a uma mulher, a única, diria, capaz de fazê-lo sentir-se jovem de novo.

Mas os contatos de Du Barry na corte tinham mentido a Luís sobre os antecedentes de Jeanne, apresentada como uma respeitável mulher casada de origem aristocrática. Na verdade, Jeanne era uma cortesã ilegítima e solteira de origem camponesa, registrada nos arquivos da polícia como prostituta de Du Barry. Que fazer? Preocupados, os cortesãos de Luís tiveram de dizer-lhe a verdade. Luís estava por demais apaixonado para rejeitar a encantadora impostora. "Arranjem-lhe um casamento", ordenou.

O conde Du Barry ficou furioso. Em sua condição de nobre, de bom grado se teria casado com Jeanne para formalizar sua posição na corte. Infelizmente, já tinha uma esposa, mulher que não amara e que havia abandonado depois de dilapidar sua fortuna. Mas o conde tinha um irmão mais velho, tão pobre que jamais conseguira um casamento de prestígio. Por uma considerável remuneração, Guillaume du Barry concordou em se tornar o marido de Jeanne.

PUTA DE QUEM? AS AMANTES REAIS DA EUROPA

Mãos foram devidamente molhadas com dinheiro, e de repente Jeanne dispunha de uma certidão de nascimento "revista", elevando seus antepassados à condição de nobreza e subtraindo três anos de sua idade. Depois de uma breve cerimônia realizada às 5 horas da manhã para evitar olhares curiosos, Jeanne deixou a igreja de Saint-Laurent, em Paris, como condessa Du Barry. A boda, supostamente celebrada por Frère Ange, seu pai, foi a primeira e única vez em que viu o marido. O acerto convinha perfeitamente a ele, que passou a viver com a jovem amante com quem viria a se casar após a morte de Jeanne e foi para sempre feliz com sua nova pensão.

Jeanne era agora uma condessa casada, podendo ser apresentada à corte. Luís enfrentou a hostilidade de seus nobres a ela subornando uma condessa endividada para que a apoiasse. Jeanne chegou à corte tranquilamente atrasada e deslumbrante em seu vestido de noite cravejado de diamantes, comportando-se com dignidade e autodomínio durante a apresentação protocolar. Nesse dia, 22 de abril de 1769, tornou-se a *maîtresse en titre* de Luís.

Durante seis anos, Jeanne dominou a vida social e sexual de Luís. Já avançando na idade, o rei ficou exultante, pois, tal como Reinette de Pompadour, sua nova amante o amava por suas qualidades pessoais (tal como eram), tanto quanto por seu poder e riqueza. Embora Jeanne estivesse presente na maioria dos eventos e banquetes em que as questões de Estado eram debatidas, nunca interferiu ou sequer mostrou grande interesse. Seus grandes amores eram a literatura e as artes, além da expansão de sua enorme coleção de joias, que no fim das contas viriam a custar ao tesouro francês mais de 2,5 milhões de *livres*. Jeanne também gastava muito em vestidos da figurinista Rose Bertin, na reforma das casas com que Luís a presenteava, num séquito de criados e em milhares de livros com encadernações artesanais de couro.

Sua vida na corte girava em torno das obrigações da etiqueta, de complexos cuidados de beleza, do tratamento dos cabelos e das infindáveis mudanças de trajes; da participação em audiências, performances, banquetes, espetáculos musicais e outras reuniões; das cavalgadas e caçadas com o rei. Mais que ninguém, ela tinha de estar disponível para ele a qualquer momento, não podendo refugiar-se no repouso das férias. Lidava diariamente com pessoas decididas a puxar-lhe o tapete, entre elas Maria Antonieta, a endiabrada esposa adolescente do neto do rei (que viria a se tornar Luís XVI). Maria Antonieta considerava Jeanne burra e impertinente, e o fascínio de Luís por ela, digno de desprezo.

A etiqueta da corte também estabelecia que Jeanne não tivesse privacidade, do perfumado banho matinal às abluções da hora de deitar-se. As damas da corte estavam sempre presentes, e não raro alguns estranhos também: requerentes e peticionários em filas intermináveis, na esperança de que a mulher que atacavam em público pudesse resolver seus problemas pessoais. Pediam a Jeanne dinheiro e empregos. Insistiam para que intercedesse em seu favor junto a funcionários intransigentes, ajudasse seus filhos, contribuísse para suas obras de caridade. Jeanne só conseguia escapar dessa exposição pública quando estava fazendo amor com o rei.

Apesar dessas pressões, Jeanne era uma mulher alegre e incansável, bondosa e clemente. Foi atacada na França pré-revolucionária por suas extravagâncias e (ao contrário de Nell Gwynne na Inglaterra) condenada como traidora de suas origens modestas. Em vez de se voltar contra o velho rei, amado em outras épocas, o povo culpava "a puta real" por seus problemas — fome, escassez de pão, desemprego. Quando Jeanne se arriscava a sair, sua carruagem era atacada.

Em 1774, depois de seis anos de rejuvenescimento sexual e emocional com sua adorável *maîtresse en titre*, Luís foi acometido de uma forma letal de varíola. Percebeu que estava morrendo, e seus pensamentos se voltaram para o Juízo Final. Disse então a Jeanne que, em nome de sua salvação eterna, ela devia deixar a corte. "Devo isso a Deus e a meu povo", disse ele.[15] Jeanne desmaiou, mas, ao recobrar os sentidos, foi direto para sua carruagem e deixou o palácio. Sem lágrimas nem recriminações: ela também entendia. Representava uma espécie de poluição moral, um obstáculo insuperável para a redenção de Luís.

Luís derramou algumas lágrimas pela perda da constante companhia e atenção da amante, de suas palavras de desvelo e seu suave toque. Convocou então os padres para que o absolvessem de seus pecados, especialmente o relacionamento lascivo com ela. Beijou um crucifixo com os mesmos lábios

PUTA DE QUEM? AS AMANTES REAIS DA EUROPA 129

que tantas vezes haviam beijado Jeanne. Dias depois, sereno e tranquilo na convicção de que o arrependimento de última hora assegurava sua eterna salvação, Luís morreu.

Quase imediatamente, o novo rei, Luís XVI, e sua rainha, Maria Antonieta, exilaram Jeanne du Barry num convento, ordenando que fosse mantida em isolamento. Afastada do seu mundo e dos poucos amigos, mas perseguida por credores, Jeanne adaptou-se às privações do encarceramento com a mesma elegância com que se havia introduzido no esplendor da corte. Transformou a madre superiora, Madre Gabrielle de La Roche-Fontenille, numa firme aliada, que convenceu Luís e Maria Antonieta a lhe autorizar o consolo das visitas. Uma delas, o tabelião de Jeanne, providenciou a venda de algumas joias, para que ela pudesse pagar aos credores mais insistentes.

Onze meses depois, Luís e Maria Antonieta autorizaram a libertação de Jeanne, proibindo-a, no entanto, de circular a menos dez léguas de Paris e Versalhes. Durante dezesseis anos ela viveu discretamente, tendo amantes, fazendo amor, comendo muito, engordando e desfrutando da vida. Recebia também uma pensão de 2.812.500 *livres*, como prometera Luís antes de morrer.

A idílica vida de Jeanne chegou ao fim em 1791, quando seu castelo foi invadido por ladrões que roubaram milhões em joias. Um mês depois, ao ser informada de que a polícia londrina as havia recuperado, ela atravessou o canal da Mancha para resgatá-las. Mas não foi uma decisão sábia: o velho regime estava desmoronando, Luís XVI, em desespero de causa, acabava de propor uma aliança militar à Prússia, e Maria Antonieta secretamente pedia ao rei da Espanha que ajudasse a família real a fugir. Em vez de se recolher a uma vida de discreto anonimato e tratar de esconder seus bens, como faziam outros ricos e aristocratas, Jeanne chamava a atenção, com seus atos, para si mesma e suas propriedades. Em Londres, não conseguiu recuperar as joias junto às autoridades inglesas. Tampouco se deu conta de que era seguida por agentes policiais franceses enquanto se encontrava secretamente com contrarrevolucionários exilados.

Comprometida política e socialmente, atacada como realista e prostituta que havia roubado milhões da França, a antiga amante real foi novamente projetada na cena pública. Embora o próprio revolucionário Mirabeau

130 AMANTES — UMA HISTÓRIA DA OUTRA

observasse certa vez que seu único pecado era ter sido feita tão bela pelos deuses, o governo revolucionário a prendeu. A primeira acusação era de que, "mesmo depois de sua suposta queda em desgraça (...) ela era íntima das pessoas que são hoje nossos mais cruéis inimigos".[16] Jeanne também foi acusada de desvio de verbas públicas e comentários antirrevolucionários.

Na prisão, avaliando sua situação, Jeanne chegou à conclusão de que seria poupada. Nos meses que antecederam seu julgamento, desfrutou do companheirismo dos outros presos, uma mistura de aristocratas que conhecera e prostitutas. Ao ser condenada à morte, Jeanne gritou de horror. Mas ainda achava que poderia negociar com os tesouros que lhe restavam. Quando esse último recurso fracassou, ela ficou paralisada de medo e entendeu que seus dias chegavam ao fim. Na tarde terrivelmente fria de sua execução, teve de ser arrastada até a guilhotina. Em dado momento, tentou fugir, gritando: "Vocês vão me machucar, por favor, não me machuquem!" Impacientes, os carrascos a agarraram e a amarraram. A lâmina cortou fundo seu pescoço já agora carnudo, e ela gemeu de agonia. "Viva a República!", gritava a multidão sádica ao vê-la decapitada.[17]

Jeanne du Barry foi a última das *maîtresses en titre*, a própria encarnação da amante real. Desfrutou de muita riqueza material, pela qual Luís assaltou o tesouro da França: grandes quantias de dinheiro, numerosas e magníficas propriedades reais ricamente mobiliadas e decoradas, uma coleção de joias que ainda hoje deixa maravilhados os historiadores, um guarda-roupa requintado. Mas seu consumismo insaciável e seu gosto da ostentação deixavam indignada a opinião pública, e ela acabou sendo obrigada a pagar com a própria vida. Ironicamente, nem mesmo ao ser arrastada para a execução, Jeanne du Barry pôde dar-se conta de como aqueles seis anos como amante de Luís a haviam condenado à morte.

Lola Montez[18]

Meio século depois da morte de Jeanne du Barry, outra amante real deixou fascinado um rei, custando-lhe a coroa. Lola Montez, inspiradora da frase "O que Lola quer, Lola consegue", queria o que Jeanne du Barry tivera: fama, fortuna e a constante adoração de homens ricos e poderosos. O homem mais poderoso e rico por ela conquistado foi o rei Luís I da Baviera, que conheceu em 1846. Felizmente para ela, o casamento com reis era a essa altura algo muito mais seguro do que fora na França revolucionária.

Lola Montez, cujo verdadeiro nome era Eliza Gilbert, nasceu na Índia em 1820, fruto do casamento de um soldado inglês com uma menina de quatorze anos. Seu pai morreu, a mãe voltou a se casar, e Eliza foi mandada para a Inglaterra para estudar. Fugiu aos dezessete anos com Thomas James, um tenente treze anos mais velho, mas logo o deixaria. Depois do processo de divórcio iniciado pelo ressentido marido, Eliza fugiu para a Espanha, onde aprendeu a dançar. Começou nova vida e retornou à Inglaterra com o nome de Maria Dolores de Porris y Montez — "mas me chamem de Lola" —, dançarina filha de um nobre espanhol empobrecido. Começara também uma carreira de cortesã, com clientela sempre nova. Chegou a casar-se com um dos seus admiradores, apesar de não ser legalmente divorciada.

Com seus olhos azuis e cabelos negros, Lola, no dizer de um de seus biógrafos, era uma mulher de "olhar ardente (...) com um nariz perfeito (...) e sobrancelhas lindamente arqueadas".[19] "Sua beleza, de rara e voluptuosa plenitude, está acima de críticas. Mas sua dança não era dança propriamente dita, mas um convite físico (...) ela escreve as Memórias de Casanova com o corpo todo", observaria alguém.[20]

Lola contava com muito mais que apenas a beleza. Era inteligente e atirada, personalidade complexa e imprevisível que mentia cronicamente (ou patologicamente), mas às vezes tinha lampejos de nobre idealismo. Gastava o dinheiro de um homem e passava a conquistar outro, ainda mais abastado. Em suas frenéticas viagens pela Europa, tornou-se íntima do compositor Franz Liszt, do filho do estadista britânico Robert Peel e de uma série de outros admiradores, entre eles vários jornalistas. A maior cartada de Lola foi conquistar o coração do já idoso rei Luís da Baviera.

Em 1846, Luís I tinha sessenta anos e há 21 reinava na Baviera. Era um administrador disciplinado e severo que começava a trabalhar antes do alvorecer e havia transformado a Baviera numa história de sucesso financeiro, Munique, num centro das artes e da cultura, e sua universidade, numa referência do saber na Europa.

Mas Luís tinha lá suas pendências na vida pessoal. Sua dedicada esposa, Teresa, mãe dos seus oito filhos, tinha recentemente optado pelo celibato. Teresa sempre aceitara as aventuras extraconjugais de Luís como escoadouros necessários do seu desejo sexual. Mas de repente, no limiar da velhice, caseiro e cheio de marcas de varíola, o rei, que também era um poeta e intelectual, já não se satisfazia com encontros casuais e discretos com cortesãs. Desejava uma mulher que correspondesse a sua paixão e o amasse pelo que era.

Luís tinha outra paixão inesperada: pela Espanha e a língua espanhola, que havia aprendido sozinho. Entra em cena, então, a predatória e supostamente espanhola Lola Montez, trajando um vestido negro de arrebentar, no seu estilo mais sedutor. E o que Lola queria, Lola conseguia, de modo que, ao obter uma entrevista pessoal com Luís, ela se valeu daqueles poucos minutos para hipnotizar o rei surdo, desconfiado e colérico.

A partir desse dia, Luís, que tinha acessos de fúria quando se sentia insultado, traído ou enganado, acreditaria em todas as mentiras de Lola. Apesar das insinuações de outras pessoas em contrário, convenceu-se de que ela era uma aristocrata cuja família ainda não se recuperara da perda da riqueza dos antepassados. Lola também era uma divertida poliglota cujos belos lábios Luís lia com prazer quando conversavam na língua "nativa" dela, o espanhol. ("Yo te quiero con mi vida", arrebatava-se ele.) É verdade que Lola podia ser impulsiva e autoindulgente — recusava-se, por exemplo, a ir aonde quer que fosse sem o seu cãozinho de colo, Zampa —, mas Luís o atribuía ao temperamento feminino. Como uma dúzia de outros homens antes dele, Ludwig apaixonara-se perdidamente por ela.

"Eu sou como o Vesúvio, que parecia extinto, mas voltou a entrar em erupção", confidenciou ele a um velho amigo. "Estou apaixonado como nunca antes. (...) Sinto uma nova vitalidade, sinto-me jovem de novo, o mundo sorri para mim."[21]

Lola tornou-se amante oficial de Luís, com uma pensão anual de 10 mil florins, além de 20 mil outros para redecorar seu novo palacete. Embora os ministros do gabinete tivessem de se virar com 6 mil florins por ano, e as dançarinas, com apenas duzentos, a fortuna de Lola não bastava: ela precisava de baixelas de prata, cristais, joias, mobília luxuosa, dinheiro para

PUTA DE QUEM? AS AMANTES REAIS DA EUROPA

as despesas. Como nenhum administrador de finanças por ele designado conseguia conter seus gastos, Luís, em meio a muxoxos condescendentes, simplesmente dobrou sua pensão.

Luís ficava perplexo e magoado com o fato de um pequeno grupo de estudantes cheios de admiração estar sempre ao redor de sua Lola, mas não tirava conclusões apressadas sobre os amigos de que ela se cercava. Mesmo quando Lola escandalizou Munique batendo na porta do apartamento de um jovem tenente à noite, mais tarde exigindo que Luís o transferisse da cidade, para em seguida implorar que a ordem fosse revogada, Luís rechaçou firmemente os boatos de que ela o traía. "Lolita [assim a chamava] é terrivelmente difamada", queixou-se com um amigo.[22]

Não demorou, e a fama de Lola como caçadora de maridos ricos a deixou em risco de ser fisicamente agredida por cidadãos enfurecidos com a maneira como havia enfeitiçado seu rei. Lola reagiu com indignação e bravata, passeando pelas ruas hostis de Munique com Turco, um enorme cão negro. Uma nova ameaça surgiu quando certas informações foram publicadas identificando-a como Eliza Gilbert James. Na pele de Maria Dolores de Porris y Montez, Lola defendeu-se enfaticamente. Investiu também contra os jesuítas, que em sua opinião estavam por trás dessas tentativas de desmascará-la.

Luís, enquanto isso, tivera o privilégio de fazer amor com sua Lolita apenas duas vezes, embora com frequência ela permitisse que beijasse seus lábios entreabertos e chupasse os dedos de seu pezinho de dançarina. Extasiado, ele concordou em enobrecê-la. Em 1847, Lola foi feita condessa de Landsfeldt. "Eu posso viver sem o sol", confidenciou-lhe ele, "mas não sem Lolita brilhando em minh'alma."[23] Também garantia a seus confidentes que Lola estava profundamente apaixonada por ele.

Na qualidade de condessa de Landsfeldt, Lola tornou-se ainda mais rebelde e arrogante. Seus únicos amigos eram os estudantes alienados que apreciavam suas tiradas contra os jesuítas, mas entre os inimigos estava quase toda Munique, senão a Baviera. Ela era tão odiada que Luís, um rei até então amado, corria o risco de perder o trono. Logo Munique viria a se rebelar, atacando a casa de Lola e os prédios nos quais os inimigos suspeitavam pudesse estar escondida. Lola fugiu para Frankfurt, e Luís foi obrigado a cassar sua cidadania. "As pessoas vão matá-la se você voltar", escreveu-lhe. Por ela, acrescentava, contemplava a hipótese de abdicar ao trono.

A condessa Lola deu de ombros e mudou-se para a Suíça com um novo amante que sustentava com o dinheiro de Luís, mesmo depois de o rei abdicar em favor de seu filho Maximiliano e ter sua renda reduzida. Mas o antigo rei não podia juntar-se à sua amada Lola no exílio, pois na Baviera a permanente indignação da opinião pública contra ela levou a família a proibi-lo até mesmo de visitá-la. Até mesmo uma simples visita, diria o novo rei ao pai, poria em risco a própria instituição da monarquia.

Com novos amantes, Lola não pensava muito em Luís, mas suas raras cartas o derretiam com os velhos sentimentos, e ele atendia a seus insistentes pedidos de mais dinheiro e por reaver suas joias. Até que reapareceu um dos ex-maridos, e, para variar, Lola não foi capaz de se livrar da situação com sua conversa e refutar suas revelações. Perplexo e desesperado, Luís finalmente deu-se conta de que fora ludibriado. Foi o que Lola confirmou na prática ao chantageá-lo, ameaçando vender aos jornais suas cartas apaixonadas (e ridículas, como via ele agora).

Luís não podia dar-se ao luxo de repetir a famosa frase de lorde Nelson: "Publiquem, e que se danem!" Deu voltas e negociou até que, inesperadamente e sem a menor explicação, Lola devolveu todas as cartas. Luís enviou-lhe um derradeiro pagamento e se esgueirou para lamber as feridas.

Lola recordaria Luís com afeto, e publicamente, pois ele está muito presente em seu livro de memórias, publicado com enorme sucesso na América do Norte, onde ela trocou a dança pelas palestras. Em suas *Conferências de Lola Montez*, publicadas em 1858, ela se vangloriava de sua pensão anual, inflada no relato para 70 mil florins, e sua imensa influência na história europeia.

De maneira direta, Lola também justificava sua vida de amante, dizendo-se "uma mulher que busca independência e autoconfiança para afirmar sua individualidade e defender, com os meios que lhe dera Deus, seu direito a uma parcela justa dos privilégios da Terra" — inclusive, naturalmente, os de Luís. Sob muitos aspectos, as *Conferências* de Lola podem ser lidas como a reivindicação de uma amante pelos direitos da mulher:

O gênio não tem sexo! (...) Grandes homens saíram-se visivelmente ilesos porque, suponho, o mundo não tinha o direito de esperar qualquer moralidade na vida de um grande homem. Mas a mulher — ah! ela tem de ser uma santa (...) bem, assim devia ser, deixando ao homem o monopólio de todos os pecados do mundo![24]

Amadurecendo e perdendo o viço, Lola já não buscava fama e fortuna. Voltou-se para a religião e a caridade. Vivia com a simplicidade requerida por sua crescente pobreza. Aos quarenta anos, morreu de pneumonia e das complicações de um derrame no Brooklin, em Nova York. Foi sepultada como Eliza Gilbert, a plebeia que conquistou o coração de um rei, pôs fim a sua monarquia e ganhou a vida contando os detalhes — inventados e reais — de suas conquistas amorosas.

Katharina Schratt[25]

Duas décadas depois de uma multidão de bávaros afastar Lola Montez do seu rei, outro governante germânico conheceu uma atriz que viria a se tornar o grande amor de sua vida. Em 1873, o imperador austríaco Francisco José I tinha 43 anos quando viu pela primeira vez num palco Katharina Schratt, vinte anos, sensacional beldade loura interpretando *A megera domada*. Mas o imperador estava por demais preocupado com a recente quebra da bolsa austríaca para realmente notá-la. Na verdade, ele dedicava sua vida essencialmente ao cumprimento do dever, levantando-se antes das cinco da manhã e trabalhando até tarde da noite nas questões nacionais. Apesar de sucessivos fracassos internacionais, ele considerava a política externa seu terreno de eleição. Também se interessava profundamente pelo serviço público, que sob sua supervisão se tornou altamente eficiente.

A vida pessoal de Francisco José já não era tão bem-sucedida, se considerarmos felicidade e realização como medidas de sucesso. Em muitos aspectos, o imperador levava uma vida espartana em meio ao luxo que imperava em Viena. Dormia sobre um estrado de ferro e desprezava confortos materiais como um novo roupão de banho ou uma manta para aquecer os pés na cama nas manhãs de frio. Sua rígida autodisciplina e seu senso do dever dinástico estendiam-se à família, da qual esperava um comportamento de acordo com seus exigentes padrões pessoais. Obrigou seu instável filho, Rodolfo, a aceitar um casamento arranjado, ignorando seus pedidos de compreensão. Francisco José mostrava-se igualmente insensível às necessidades e desejos de outros parentes, humilhando friamente aqueles que o desafiavam.

O casamento de Francisco José com a glamourosa mas tristemente instável princesa Elisabeth da Baviera foi pontuado pelo sofrimento. O casal foi muito feliz por um breve período após o matrimônio em 1854. Até que Elisabeth achou que a monotonia e a opressão da vida na corte estavam torturando sua alma, e quis ser "livre como uma gaivota". Escapava através de viagens, e por volta de 1867 fugiu também do leito conjugal, para nunca mais permitir ao marido fazer amor com ela. Francisco José continuou a amá-la, atormentado por suas longas ausências e sua profunda infelicidade.

Katharina Schratt, ou Kathi, era sob muitos aspectos o contrário de Elisabeth. Atriz ambiciosa e realizada, vira-se obrigada a contar apenas consigo mesma a partir do momento em que o marido, coberto de enormes dívidas, covardemente a abandonou e ao filho. Ela conseguiu dar a volta por cima quando seus admiradores fizeram uma coleta em seu benefício. Apesar da insegurança financeira, Kathi era uma grande perdulária e gostava de jogar. À parte isso, era metódica e organizada, trabalhadeira e voltada para a vida doméstica, mãe afetuosa e excelente cozinheira, profundamente supersticiosa e não menos religiosa. Os amigos a achavam generosa e boa, fofoqueira e ousada, mas, como logo viria a descobrir Francisco José, ela detestava não conseguir o que queria e tinha uma inclinação crônica para se queixar.

Foi a imperatriz Elisabeth que deu origem ao famoso caso amoroso entre Kathi e Francisco José. Ela estava tão encantada com a jovem e loura atriz quanto o resto de Viena, e, em 1885, teve a ideia de apresentá-la ao marido, como uma forma de aliviar sua solidão.

O desejo de Elisabeth realizou-se. Em questão de meses, Kathi tornara-se a amante do imperador sob todos os aspectos, exceto sexualmente. Francisco José a cobria de esplêndidas joias e muito dinheiro. Em troca, ela lhe oferecia trevos de quatro folhas e outras ninharias, comparecendo

PUTA DE QUEM? AS AMANTES REAIS DA EUROPA

à missa da manhã para que ele pudesse vê-la na galeria, após o que fazia o desjejum com ele. Levava uma vida não propriamente de duplicidade, mas dupla, subindo ao palco duas vezes por dia e passando tempo com os amigos, mas reservando o resto do tempo para Francisco José no café da manhã, em longas caminhadas, idas ao teatro e lendo e escrevendo as cartas que trocavam quase diariamente.

Em 1888, uma das cartas de Kathi saiu da esfera das habituais banalidades, tocando o coração de Francisco José. Numa carta acompanhada de dinheiro, ele então pediu a ela que calculasse de quanto ainda precisaria para diversas despesas, entre elas vestidos de baile e para outras ocasiões. Essa carta causou tal impressão que Kathi respondeu com uma impulsiva "carta de pensamentos", na qual se oferecia como amante de Francisco José. (Podemos apenas imaginar o texto da carta a partir das respostas de Francisco José. Antes de morrer, ele destruiu essa famosa carta.)

O imperador releu essa carta inúmeras vezes. Respondeu gentilmente que Kathi não podia deixar de ter notado que ele a adorava — na verdade, a cultuava. Mas amava a esposa e jamais haveria de "abusar de sua confiança e amizade" por Kathi. Esperava que sempre houvesse um lugar para ele no coração de Kathi, embora seu relacionamento não pudesse ultrapassar o limite que já haviam estabelecido.

Kathi arrependeu-se, preocupada com a eventualidade de que o imperador a visse como "uma sedutora calculista". Mas não era o caso. Francisco José ficava emocionado com cada palavra sua, cada gesto, cada cuidado e até a sua "semana de recolhimento", a menstruação que a deixava acamada todo mês. Mas sua carta deixava claro que, se Elisabeth se voltasse contra Kathi, ele se sentiria, em princípio, obrigado a pôr fim à relação. Também mostrava sua convicção de que a consumação sexual de seu profundo amor por Kathi desonraria Elisabeth, traindo seus votos matrimoniais.

Ironicamente, o atraente imperador tivera muitas aventuras sexuais, mas até conhecer Kathi seu coração não se envolvera e, portanto, ele não sentia culpa. Como ele a amava, Kathi Schratt tinha de se conformar em ser uma amante sem obrigações sexuais. Devia prestar outros serviços, entre os quais a disponibilidade nas primeiras horas da manhã para o amante madrugador, uma tarefa pesada, considerando-se sua intensa ocupação à tarde e à noite como atriz profissional. Resumindo sua nova vida, Kathi a considerava "aparentemente não muito real". Ela era a companhia íntima do imperador. Tinha uma residência palaciana em Viena e uma ampla casa de veraneio. Era rica, influente e mimada no teatro. Suas preocupações eram triviais: um problema de peso a que se referia como "gordura galopante", o estresse de estar constantemente pressionando diretores relutantes a atribuir-lhe papéis de destaque. Recusava-se a encarar como um problema sua compulsão pelo jogo, desfrutando das vitórias e deixando que Francisco José cobrisse as perdas. Nunca se ressentiu da imperatriz Elisabeth, que a qualquer momento podia reduzir sua vida a pedacinhos, mas nunca o fez.

Kathi e Francisco José tinham momentos particularmente afetuosos durante as crises. A mais terrível foi a morte de Rodolfo em 1889, no cumprimento de um pacto de suicídio com uma mocinha de dezessete anos sem a qual ele julgava não ser capaz de viver. Francisco José ficou horrorizado e revoltado com o que lhe parecia uma lamentável indiferença do filho às obrigações decorrentes de sua posição. Mas Kathi conseguiu em dado momento levá-lo a alguma forma de empatia com a dor e o sofrimento de Rodolfo, e ele foi capaz afinal de lembrar-se do filho e falar dele com compaixão, e não vergonha.

Esses episódios da vida emocional aumentavam a confiança de Francisco José em Kathi. Mas também inflamavam seu ciúme latente — cada beijo no palco entre ela e algum ator era uma tortura para ele, fazendo-o ainda mais exigente. O cerne do problema (do seu ponto de vista) estava na atuação profissional de Kathi, na independência e na publicidade que representava para ela. Ele desejava muito que ela abreviasse ou pusesse fim à sua carreira. Mas Kathi estava decidida a preservar a independência de que ele tanto se ressentia, recusando-se terminantemente a deixar os palcos.

Apesar desse impasse, o caso entre os dois florescia, contido e circunspecto. Os dois se encontravam no café da manhã e às vezes Kathi o recebia na cama, de *négligé*. Em seguida, caminhavam pelo jardim real e pelo zoológico particular do palácio, alimentando os animais com restos de comida. Também brigavam e discutiam — porque ela insistia para que ele arrumasse um emprego bem-remunerado para o marido afastado; porque ela gostava de alpinismo, e certa vez fez um percurso de balão, o que ele considerou perigoso e frívolo; porque ela passava fome com suas dietas; porque ele ficava irritado e estressado —, e nada resolviam.

Na esfera do não dito, pois inconsciente, deve ter ficado a tremenda frustração de duas pessoas atraentes que manifestavam seu amor recíproco em todos os aspectos, exceto sexualmente. Anos depois de iniciada essa união, Francisco José relaxou um pouco em seu rígido senso das conveniências e convidou Kathi para jantar com ele, examinando satisfeito cada detalhe do cardápio. Se pudesse, a teria engolido inteira, tão possessivo se havia tornado.

Em 1897, aconteceu o impensável. Em Genebra, um jovem louco italiano assassinou a imperatriz Elisabeth. Francisco José se deixaria consumir de dor pelo resto da vida. Kathi também pranteou por Elisabeth, apesar da ambiguidade da relação entre as duas e de sua posição sempre precária.

Praticamente qualquer outra mulher se teria perguntado, pelo menos lá no fundo do coração, se a morte da mulher de seu amante poderia mudar ou mesmo legitimar sua posição. Se chegou a alimentar tais pensamentos, Kathi deve ter-se decepcionado amargamente. Francisco José, tendo proibido ao filho e outros membros da família que se casassem com pessoas de posição inferior, jamais teria contemplado a possibilidade de se casar com uma plebeia, nem mesmo sendo ela a mulher que amava.

Na verdade, a morte de Elisabeth antes afastou que aproximou os amantes. Kathi o reconfortou depois do choque inicial, mas logo sua filha, Marie Valerie, que nunca se acostumara com a presença de Kathi, voltou-se contra ela. Passado algum tempo, Kathi simplesmente se foi. O imperador ficou arrasado. Finalmente, amigos intervieram, e em 1902 Kathi retornou a Viena, impondo suas próprias condições. Para começo de conversa, acabavam-se aqueles terríveis desjejuns às sete horas da manhã — ela não se considerava uma pessoa civilizada antes das nove, dizia. Quando alguém descobriu que seu constante nervosismo decorria de dívidas assustadoras — do marido (do qual não se havia divorciado) e do filho —, o imperador apressou-se em saldá-las. Talvez sentindo a mesma sensação sufocante, Kathi seguiu o exemplo de Elisabeth e começou a viajar com frequência — para as ilhas Canárias, o Mediterrâneo, Malta,

140 AMANTES — UMA HISTÓRIA DA OUTRA

a Tunísia, Argélia e o Egito. Em Viena, passava o tempo na companhia do imperador e trabalhando como voluntária.

Após a morte do marido ausente, começaram a circular boatos de que ela e o imperador tinham contraído um casamento morganático (entre nobres e plebeus). Não existem indícios concretos nesse sentido, apenas fantasia, e o temperamento de Francisco José tenderia a indicar categoricamente que isso jamais aconteceu. Mas os dois podem ter dormido juntos. Por que não? Ambos eram viúvos, gostavam um do outro, ele dispunha dos meios necessários e podia contar com total discrição da parte dela. Apesar de uma década ou mais de celibato, havia entre os dois um amor erótico, e só um senso férreo do dever — da parte de Francisco José — os havia mantido castos.

Os últimos anos desse caso de amor chegaram ao fim com a morte de Francisco José em 21 de novembro de 1916. Ao contrário das outras amantes, Kathi foi levada à presença da família, e Marie Valerie, até então vingativa, chorou ao abraçá-la. A amante do imperador acomodou duas rosas brancas nas mãos enrijecidas de Francisco José e lhe deu o último adeus.

Como em todas as outras áreas de sua vida, Francisco José cumpriu suas obrigações e se mostrou generoso com Kathi Schratt. Ela sobreviveu a ele por quase 24 anos, e em 1929, com a quebra da bolsa e a falência dos bancos, ela e o filho, que recebera de Francisco José o título de barão Hirsch, continuaram vivendo bem.

Alice Keppel[26]

Em 1898, a inglesa Alice Keppel, casada, conheceu Alberto, o filho da rainha Vitória, e quase da noite para o dia tornou-se sua amante. Ao contrário de sua contemporânea austríaca Katharina Schratt, Alice não tinha outra profissão que não a de amante. Por este motivo talvez, desempenhava o papel de amante com confiança e dedicação.

Nascida Alice Edmonstone, ela era o nono e último dos filhos de um pequeno nobre escocês. Após uma infância idílica num castelo, Alice tornou-se uma jovem inteligente e generosa. Tinha uma beleza impressio-

PUTA DE QUEM? AS AMANTES REAIS DA EUROPA   141

nante, com cabelos castanho-avermelhados, olhos escuros brilhantes, traços fortes e bem-delineados e uma expressão radiosa que refletia serenidade interior. Rechonchuda e benfeita, orgulhava-se dos pés pequenos e das mãos delicadas que lhe rendiam muitos cumprimentos.

Seu casamento feliz com o alto e belo George Keppel, filho de um conde e tenente do regimento montanhês de Gordon, só tinha um problema: pouco dinheiro. Os Keppel tinham menos criados que os amigos, e se preocupavam com as aparências. Analisando a situação, Alice anunciou que teria de conseguir um amante rico, e seu cordato marido assentiu. Quando Alice veio a conhecer Alberto, o príncipe de Gales, depois Eduardo VII, já fora amante de dois homens, e seus casos não eram segredo para ninguém.

De sua parte, Alberto — "Bertie" para os íntimos — prestava serviço militar na Irlanda quando seus pais tomaram conhecimento de seu imprudente caso com uma atriz. Seu pai, o príncipe Alberto, foi à Irlanda para interferir, contraiu febre tifoide e veio a morrer. A rainha Vitória ficou arrasada, e sempre culparia o filho pela morte do marido. Aos vinte anos, Bertie perdera ao mesmo tempo o pai e o amor da mãe.

Ao conhecer Alice, Bertie tinha 56 anos e era um notório mulherengo que tivera como amantes mais conhecidas a atriz Lillie Langtry e a dama de sociedade Daisy Warwick. Era um homem cumpridor dos seus deveres e respeitoso das convenções. Na qualidade de príncipe de Gales, cumpria suas obrigações com zelo e inteligência. Com a crescente ameaça representada pela Alemanha, seu papel na criação da Entente Cordiale entre a França e Inglaterra rendeu-lhe o apelido de "Tio da Europa". Os europeus o aplaudiam, e na Inglaterra ele era imensamente popular.

Em termos pessoais, contudo, Bertie era incapaz de autodisciplina. Comia demais, consumindo cinco copiosas refeições por dia, rematadas com brândi e um charuto. (Outro apelido seu era "Tum-Tum" (barriga), pois sua cintura media 1,21 metro.) Bertie era um jogador fanático de bridge, que apostava alto e detestava perder. Tinha também um temperamento feroz que a todos intimidava em seu círculo mais próximo — exceto Alice.

Já no primeiro encontro, Alice o enfeitiçou. Pelo resto da vida, ele invariavelmente olhava fixamente para ela sempre que estavam juntos, ficando visivelmente nervoso quando ela se dirigia a qualquer outro homem. Apesar desse fascínio obsessivo por Alice, ele não lhe era fiel. Alice dava-se conta de que ameaças e ciumeira não viriam ao caso, e simplesmente ignorava sua promiscuidade. Entretanto, para prevenir a possibilidade de que Bertie a largasse, como fizera com Lillie e Daisy, tratou de estabelecer vínculos inextricáveis.

Nesse empreendimento, o marido de Alice, George, foi um aliado perfeito. Bertie conseguira para ele um excelente emprego na Lipton Tea. O que representou para George ao mesmo tempo uma fonte de renda e uma desculpa para se ausentar de casa antes que Bertie chegasse — às 12h15 em ponto — para sua longa visita diária.

Graças ao emprego de George e aos presentes de Bertie, Alice podia agora vestir-se e receber regiamente. Dedicava-se a agradar, acalmar, divertir e amar o amante. Era uma companhia entusiástica nas caçadas, nos eventos de gala em Londres e nos jantares íntimos arrematados pelo inevitável jogo de bridge. Apesar de inteligente, espirituosa e ousada, parecia incapaz de mesquinhez. "Ela nunca se valeu de seus conhecimentos em benefício próprio ou dos amigos", recordaria um conhecido, lorde Hardinge de Penshurst, "e eu nunca a ouvi dizer uma palavra desagradável sobre ninguém."[27] Sozinhos, Alice e Bertie faziam amor em seu luxuoso quarto, com pilhas de almofadas, cortinas de veludo e vasos de lírios. Lá embaixo, ela o recebia em seus salões de paredes cinzentas e opulentamente atapetados, que ganhavam vida com os armários vermelhos laqueados e os imponentes retratos a óleo.

Quando Bertie partia para suas férias anuais em Biarritz, Alice e as filhas Viola e Sonia — que Bertie adorava — juntavam-se a ele, embora ele se hospedasse num hotel e elas ficassem na mansão de um amigo. Durante o dia, o casal ficava junto o tempo todo, passeando à beira-mar e fazendo piqueniques ao estilo inglês, atendidos por criados.

A posição de Alice era oficial na medida em que Bertie a reconhecia como amante, e os aristocratas britânicos referiam-se a ela como La Favorita. Entretanto, quando sua mãe morreu em 1901 e ele subiu ao trono como Eduardo VII, Bertie não ofereceu a Alice uma renda patrocinada pelos cofres públicos, como fizeram Carlos II com Nell Gwynne e Luís XV com Madame de Pompadour e Madame Du Barry. E quando viajava

PUTA DE QUEM? AS AMANTES REAIS DA EUROPA

à Áustria em missão diplomática, Bertie deixava Alice para trás. Ele sabia que o imperador austríaco Francisco José sempre deixava sua amante, Kathi Schratt, nos bastidores, e entendia que a família imperial austríaca ficaria escandalizada se Alice aparecesse ao seu lado.

Do ponto de vista de Alice, o pior era que a esposa de Bertie, a rainha Alexandra, não gostava dela. Anos antes, Alexandra havia enfrentado Bertie por causa de Daisy Warwick, o que levara à assustadora perspectiva do divórcio. Depois disso, Alexandra entendeu que devia engolir o orgulho e a dor, tolerando as amantes do marido. Quando Bertie subiu ao trono, a nova rainha obrigou-se a tratar Alice com civilidade. Mas as crises de saúde de Bertie lembravam que ela, Alexandra, ainda era sua esposa, e Alice, apenas a amante. Assim, quando Bertie passou por uma crise de apendicite, Alice obteve dele uma carta, exortando a família a aceitá-la junto ao seu leito caso ele ficasse gravemente doente.

No dia 6 de maio de 1910, ao receber a terrível notícia de que Bertie estava no leito de morte, Alice apanhou sua preciosa carta e com ela se dirigiu ao palácio. Com majestosa relutância, Alexandra autorizou a entrada daquela histérica no quarto do doente, e ali recebeu de Bertie a instrução: "Quero que beije Alice." Alexandra aceitou o beijo de Alice e sussurrou ao médico que se livrasse da intrusa. Mas Alice já não se mostrava ponderada e afável. O sofrimento final do rei a transformara num personagem ensandecido cuja gritaria — "Eu nunca fiz mal algum, não havia nada de errado entre nós, que será de mim?" — podia ser ouvida horas a fio pelos corredores do palácio.[28] Ao se recompor, Alice descobriu que o novo rei, Jorge V, já tomara medidas para assegurar sua total exclusão da vida real. E Alexandra fez questão de lhe devolver a cigarreira Fabergé de Bertie, presente de Alice que ele guardava com grande desvelo. Ela foi convidada para o funeral de Bertie, sendo, no entanto, obrigada a entrar na igreja por uma porta lateral, o que causou embaraço a todos.

Alice recuperou-se rapidamente da perda, e com George retomou uma vida privilegiada e abastada de convívio em sociedade e viagens. O casal comprou uma mansão na França, transformando-a em sua residência principal. Em 1932, tendo Alice já mais de sessenta anos, Virginia Woolf almoçou com ela, considerando-a "uma velha ambiciosa (...) já meio alquebrada (...) com a superfície alegre e insolente da velha cortesã que perdeu o viço (...) sem mais suscetibilidades (...) ou orgulho".[29]

A avaliação pessoal de Alice sobre sua própria vida ia de encontro ao veredito de Woolf: ela lamentava apenas que seu caso amoroso com o rei não tivesse durado mais. Viveu ainda mais dez anos e morreu em Florença aos 78, uma velha senhora cheia de confiança que nunca pôs em dúvida o interesse de ter sido a última amante real oficial. Em 1936, quando Eduardo VIII abdicou para se casar com Wallis Simpson, Alice resmungou: "Na minha época as coisas eram mais benfeitas."[30]

Elena Lupescu[31]

Foi a Alemanha que provocou a Shoá, mas na década de 1920 o antissemitismo já reverberava pela Europa Oriental. Ele se mostrava particularmente virulento na Romênia, embora os judeus constituíssem menos de 5% da população do país e não tivessem muitos dos direitos ao alcance dos outros romenos. Alguns judeus mais ambiciosos trocavam sua filiação religiosa por uma conversão pública ao cristianismo, o que lhes permitia esquivar-se às limitações mais chocantes a que ficavam sujeitos os mais intransigentes. Nada que fizessem, contudo, poderia erradicar completamente a "memória" oficial de suas origens judaicas.

Um desses judeus convertidos era Nicolae Grünberg, que mudou seu nome para Wolff e depois para Lupescu, sua versão romenizada. Para ter direito à cidadania romena e progredir em seu negócio, Lupescu também entrou para a Igreja Ortodoxa romena. Sua mulher, Elizei, igualmente judia, converteu-se ao catolicismo romano. Em 1899, nasceu a filha do casal, Elena, sendo criada como cristã, assim como seu irmão, Costica. Na adolescência, Elena chegou a ser internada numa escola de aperfeiçoamento dirigida por freiras alemãs, na qual aprendeu etiqueta e rudimentos de francês e alemão.

A Elena "aperfeiçoada" era uma jovem encantadora, inteligente e coquete, de grande beleza, uma pele imaculada e olhos verdes que ressaltavam o ruivo dos cabelos. Tinha uma estampa sedutora, um andar insinuante e — apesar da criação num convento — fama de promiscuidade. Depois de um breve casamento com um oficial militar, que rapidamente tratou de se divorciar sob alegação de adultério, Elena retomou a vida de boemia de que tanto gostava.

Um amigo desesperado por se aproximar do príncipe herdeiro, julgando que estaria assim contribuindo para o avanço de sua carreira, providenciou o primeiro encontro de Elena com ele. O amigo apostava na probabilidade de que sua sensualidade atraísse o príncipe, que sabidamente enganava a esposa grega, a princesa Helena. E o estratagema funcionou. Carol, encantado com a beleza e a *joie de vivre* de Elena, logo estaria tão apaixonado por ela quanto estivera um dia pela plebeia Joana "Zizi" Lambrino, sua primeira esposa, de quem fora obrigado pela família a se divorciar para poder casar com Helena, de linhagem real.

Carol e Helena tiveram um casamento tenso e não raro rancoroso que em 1921 gerou Miguel (Mihai), seu único filho. Em 1924, quando Miguel tinha três anos, Carol e "Duduia", o apelido que deu a Elena, estavam profundamente envolvidos, tanto sexual quanto emocionalmente. Não demorou e Carol comprou para Elena uma casa que, por cautela e discrição, registrou em nome do irmão dela. Desse modo, o príncipe herdeiro podia encontrar-se com a amante em total segurança, em sua casa na rua Mihail Ghica, em Bucareste.

Era habitual que um príncipe herdeiro tivesse amantes, mas um príncipe herdeiro apaixonado como Carol — e ainda por cima por uma mulher não só judia como divorciada — era decididamente algo peculiar. O pai de Carol, o rei Ferdinando, ficou tão furioso com a obsessão do filho que chegou a contemplar a possibilidade de exilar Elena.

Em 1925, a situação adquiriu contornos de crise quando Carol viajou a Londres para representar a família no funeral de uma prima inglesa, a rainha Alexandra, viúva de Eduardo VII. Em seguida, partiu para Paris, onde Elena o esperava. Na tentativa de evitar a enorme publicidade de que fora cercada sua visita a Londres, ele e Elena dormiram (ou pelo menos se registraram) em quartos separados no hotel.

Mas os parisienses eram por demais curiosos, e Paris ficava muito perto de Londres. Os amantes fugiram de carro para a Itália, e de Veneza, num amargo bilhete à mãe, Carol queixou-se de que não suportava mais aquela vida e decidira, ainda que correndo o risco de causar "grande dor" à família, não retornar à Romênia. "Ainda sou jovem", explicava. "Nunca tive medo de trabalhar e vou conseguir ganhar a vida por mim mesmo."[32] Em outras palavras, o príncipe herdeiro preferia viver tranquilamente no exílio com a amante, em vez de enfrentar a família, a esposa (que viria a se divorciar dele mais tarde) e os inimigos políticos. Naturalmente, era de grande ajuda o fato de poder recorrer a substanciais fundos fiduciários para financiar seu confortável trem de vida, além de nunca ter levado sua impetuosa rebeldia a ponto de abdicar.

Depois da declaração de independência, Carol e sua amada Duduia voltaram à França. Em Neuilly, alugaram uma casa modesta, e Carol mergulhou nos carros, nas cartas, na música, em sua coleção de selos e em Elena. Ela, por sua vez, ocupava-se com os cuidados de beleza, em receber amigos, fazer amor com Carol — e impedi-lo de ficar sozinho com outras mulheres.

Para Elena, a dedicação ao homem que acabava de abrir mão do seu direito real de primogenitura em nome dela era um emprego de tempo integral. Um elemento essencial de sua estratégia consistia em assegurar-se de que Carol não se afastasse muito do poder sedutor do seu amor. Acima de tudo, ele não podia ser atraído de volta à órbita de sua venenosa família, especialmente da mãe, a rainha Maria, que detestava aquela mulher por ela descrita como "uma atraente judiazinha ruiva da mais escandalosa reputação".[33]

O feliz equilíbrio da vida de Carol e Elena foi rompido em menos de dois anos com a morte do rei Ferdinando. Em questão de dias, o filho de Carol e Helena, de seis anos, subiu ao trono. Antes de morrer, Ferdinando tomara providências para que a sucessão de Miguel ocorresse sem incidentes. "Que meu filho Carol respeite rigorosamente as condições jurídicas estabelecidas por sua renúncia ao trono e o direito sagrado de um filho romeno e de seu pai de respeitar a obrigação que ele assumiu por livre e espontânea vontade", advertia Ferdinando numa carta oficial.[34]

Carol, no entanto, já agora lamentando seu dramático sacrifício em nome do amor, começou a atacar os que lhe cobravam coerência, afirmando publicamente que fora forçado a abdicar. Na Romênia, mergulhada em instabilidade política, os líderes da oposição apoiavam sua restauração como monarca como uma forma de afastar os responsáveis pelo regime repressor que assumira em seu lugar. Mas até seus partidários exigiam que Carol "abrisse mão de um certo relacionamento" com a detestada Elena Lupescu.[35] Também espalharam por toda a Romênia panfletos negando que ele tivesse deixado a pátria por causa dela.

Carol tinha de escolher entre o reinado e a amante. Elena interferiu, afirmando que seria "a pessoa mais feliz do mundo" se Carol voltasse à Romênia como rei.[36] E assim, a 8 de junho de 1930, debaixo de coação e manipulações constitucionais, Carol prestou juramento real, destronando o filho.

Na França, Elena ficou arrasada. E se Carol sucumbisse aos pedidos da mãe para voltar a casar-se com Helena? E se as pressões políticas o obrigassem a abandonar sua amante judia divorciada? Ele continuaria a amá-la? Confusa e atormentada ante a perspectiva de perdê-lo, Elena emagreceu quase oito quilos, sofrendo de enxaquecas. Jurou que entraria para um convento. Ameaçou suicidar-se. "Se ainda me amasse, você não se comportaria dessa maneira. Seja bom. Não me engane!", pedia.[37]

Depois de dois meses de tortura, Elena deu um jeito de entrar de novo na Romênia. Carol não gostou — até voltar a vê-la e cair como sempre no seu feitiço. Inicialmente, manteve Elena num hotel, levando-a mais tarde para seu palácio em Bucareste. Em 1932, comprou para ela uma casa de dois andares na avenida Vulpache, num dos melhores bairros de Bucareste.

Curiosamente, embora Carol fosse louco por ela, a casa que lhe deu era, nas palavras de um observador implacável, sombria e "cheia de imóveis medíocres e bugigangas. (...) Provava apenas uma coisa: que o pecado não compensa. Madame Pompadour haveria de se revirar no túmulo se visse a condição a que fora reduzida sua profissão."[38] À parte um belo bidê de mármore verde, o banheiro poderia ter sido equipado pela Sears Roebuck and Company. Mas Carol pagava a conta das finas roupas de grifes parisienses, geralmente negras, que destacavam a pele de porcelana de Elena e seus cabelos avermelhados. Também se certificava de que ela estivesse sempre coberta de joias.

Além da respeitabilidade da casa, do fino guarda-roupa e das joias, Elena tinha em abundância o que mais queria: o amor e a dedicação de Carol, além da liberdade de influenciar romenos importantes que se reuniam em sua casa, onde também podiam encontrar o rei. Na verdade, o seu círculo governava a Romênia, exatamente como fizera a rainha Maria durante o reinado de Ferdinando. (O amante de Maria, o príncipe Barbu Stirbey, considerado por Carol o verdadeiro pai de sua irmã Ileana, dominava no fundo o círculo do rei Ferdinando.) A ascendência de Elena sobre Carol era de tal ordem que "a chave para entender (...) seu reinado é a relação com a amante", conclui um historiador.[39]

Elena também era uma perspicaz mulher de negócios, e desfrutando da liberdade de controlar cartéis, e até de lucrar com encomendas de armas romenas, construiu sua própria fortuna. A única coisa que Carol lhe recusou foi a segurança e o reconhecimento do casamento. "Um rei precisa ter uma vida dupla, uma real, a outra pessoal", dizia ele.[40] Seja como for, em vista da intensificação do antissemitismo institucionalizado na Romênia e na Alemanha nazista, a monarquia de Carol não teria sobrevivido a um casamento com sua amante judia.

Corneliu Zelea Codreanu, o jovem fanático que fundou a Guarda de Ferro, organização paramilitar virulentamente antissemita, estabeleceu importantes vínculos políticos, especialmente com o Ministério do Interior. Juntos, a Guarda e o ministério inspiraram pogroms, a destruição de sinagogas e uma onda de violência antissemita em todo o país.

Em 1933, Ion Duca, o primeiro-ministro cujo partido, o Liberal Nacional, contribuiu para a transformação da Romênia numa monarquia constitucional, proibiu a Guarda de Ferro. A Guarda prontamente retaliou: Codreanu ordenou o assassinato de Duca. Posteriormente, a Guarda voltaria à atividade com tanta força que Carol teve de interferir. Ele tentou minar a influência da organização apoiando outros grupos políticos, entre eles a Frente Romena, embora também ela atacasse o judaísmo internacional e a suposta judeização da imprensa e da literatura nacional.

Na verdade, os judeus eram alvo de ataque da maioria dos partidos políticos romenos, o que permitiu ao Parlamento persegui-los com leis repressivas. Os advogados judeus eram destituídos de seu registro profissional. Os estudantes judeus tinham de enfrentar cotas de matrícula — às vezes nulas — nas universidades. As empresas pertencentes a judeus eram privadas de cotas de importação de bens e matérias-primas. Os bancos recusavam-se a emprestar dinheiro a indústrias pertencentes a judeus. Ao mesmo tempo, essas indústrias eram submetidas a impostos escorchantes, para serem levadas à ruína.

À medida que o Golias alemão engolia os vizinhos europeus — a Anschluss da Áustria (1938), a anexação da Tchecoslováquia (1939), a ocupação do oeste da Polônia —, muitos políticos romenos agarravam a oportunidade de dirigir empresas germano-romenas, e esses acertos invariavelmente envolviam o afastamento de eventuais sócios judeus. Em 1940, quando a Romênia trocou sua autonomia pela relativa segurança de se tornar um satélite da Alemanha nazista, a situação de seus judeus agravou-se ainda mais. Entretanto, até sua fuga, no dia 6 de setembro de 1940, o líder dessa nação antissemita em processo de nazificação era o rei que tinha como amante e principal assessora uma judia.

Seria realmente inspirador se Carol e Elena fossem inimigos heroicos do antissemitismo. Mas a verdade era outra. Nenhum dos dois parecia profundamente incomodado com a erosão das liberdades e direitos dos judeus romenos, inclusive o direito de ganhar a vida. Do círculo íntimo de Elena fazia parte uma improvável mistura de judeus e antissemitas, que aparentemente se toleravam, ou pelo menos deixavam de lado sua animosidade na presença da mulher considerada por muitos historiadores "provavelmente a mais poderosa amante do século XX".[41] Só mesmo sua inexpugnável posição de amante de Carol a protegia dos horrores infligidos aos outros judeus.

Elena tinha perfeita consciência disso. Pronunciava-se indignada contra Hitler e conspirou contra Codreanu, ao mesmo tempo negando suas origens judaicas. Em depoimento publicado no *Sunday News* londrino, ela escreveu: "Meu pai era romeno. Minha mãe era russa. Não somos judeus, embora se tenha dito que somos. (...) Tenho alguns amigos judeus queridos e me orgulharia de me declarar judia se realmente fosse."[42] Em contextos mais seguros, contudo, ela admitia ter um décimo de sangue judeu, algo geneticamente impossível. Mas, apesar de toda a dissimulação, não faltavam romenos e pessoas em outros países, entre elas Hitler, que a identificassem como judia.

À frente da Guarda de Ferro, o carismático Corneliu Zelea Codreanu declarava que só não tinha matado Elena por temer que Carol tivesse um colapso sem ela. Ao finalmente dar-se conta do perigo representado pela Guarda, Carol mandou matar Codreanu. Não existem provas concretas implicando Elena no crime, mas sua enorme influência nos bastidores parece indicar que, no mínimo, ela deve ter exortado Carol a livrar a Romênia de um de seus mais populares e odiosos antissemitas.

Mas Codreanu era apenas um entre incontáveis inimigos, e outros antissemitas estavam atrás de Elena. Em comícios de estudantes universitários, sua morte era exigida. O motorista que a conduzia toda noite ao palácio para fazer sexo com o rei Carol foi demitido quando sua mulher deu com a língua nos dentes sobre seus comentários a respeito daquela "judia suja". O dr. Neubacher, que chefiava a comissão econômica alemã em Bucareste, disse a Elena que era muito difícil para a Alemanha aliar-se a um rei que tinha uma amante judia. Tentou convencê-la a deixar a Romênia e se estabelecer na Suíça, país neutro, mas Elena recusou-se.

A vida de mulher mais poderosa da Romênia não era fácil nem simples. Apesar de seu controle férreo sobre o grupo dirigente, Elena era *persona non grata* no palácio real. Os fofoqueiros de Bucareste sabiam que ela só era admitida à noite, e ficavam ao mesmo tempo excitados e horrorizados com incríveis histórias como a de que o jovem príncipe Miguel dera certa vez, ao acordar, com o pai correndo nu por um corredor do palácio, enquanto Elena, empunhando uma pistola e trajando apenas um fino penhoar, ia atrás dele. Outro boato chocante provavelmente tinha fundamento, associando Elena sexualmente ao seu novo motorista, que se tornou um confidente seu.

Se Elena eventualmente dormia com outros homens, seu interesse por eles era puramente erótico e passageiro. A ligação entre ela e Carol era de um profundo e vibrante amor. Ele resistiu ao teste do tempo, à prova de fogo das perfídias políticas e do antissemitismo romenos e, em última análise, à conflagração europeia. Uma linha telefônica exclusiva ligava o quarto de Elena ao palácio de Carol. "Ela me dá uma alegria perene", confidenciava Carol em seu diário. E mais: "Tenho uma necessidade absoluta dela. Ela é parte integrante do meu ser." E um ano depois: "Meu amor por ela continua profundo como sempre. Não posso imaginar a vida sem ela."[43]

PUTA DE QUEM? AS AMANTES REAIS DA EUROPA

Carol queria que Elena compartilhasse todos os aspectos de sua vida privada, inclusive o relacionamento com o filho. Profundamente preocupado com a possibilidade de que Helena voltasse Miguel contra Elena, ele se empenhou para que Helena praticamente fosse exilada. Ao mesmo tempo, estimulava Miguel a aceitar Elena. Elena fez o possível para exercer sobre o filho a mesma magia que dera certo com o pai, e se referia a ele e a Carol como "meus meninos".

À medida que Elena consolidava sua posição doméstica no palácio, seus piores inimigos também consolidavam a sua. Após o assassinato de seu líder, o apelo político da Guarda de Ferro aumentou, e depois de morto Codreanu ganhou imensamente na estima popular. Carol reagiu com algo que considerava uma revolução de cima para baixo. Proibiu os partidos políticos existentes, impôs a sua Frente do Renascimento Nacional e se declarou ditador. A Frente tão flagrantemente imitava o modelo Mussolini-Hitler que tinha também sua saudação fascista. Até os romenos antissemitas começaram a acusar Carol de conluio com Hitler, embora reconhecessem que, em vista de seu sangue judeu, Elena não estava envolvida nessa traição.

Na primavera de 1939, enquanto o rolo compressor nazista esmagava a Europa, a Rússia, aliada da Alemanha, atacou a Romênia, anexando a Bessarábia e a Bucovina. Carol voltou-se para os nazistas, para proteger a Romênia dos comunistas. Mas a Alemanha preferiu ajudar a Hungria a engolir a Transilvânia. Em desespero de causa, Carol tentou obter o apoio da Guarda de Ferro. Mas a Guarda deu um golpe, levando às ruas multidões que exigiam o sangue de Elena Lupescu. Elena fugiu para o palácio e começou a desmontá-lo. Encaixotou seus tesouros e destruiu documentos comprometedores numa fogueira que durou dois dias. Logo ela e Carol estavam prontos para fugir, mas para onde poderia ir semelhante casal? Carol ordenou a um colaborador de confiança que pedisse asilo a Hitler. "Posso aceitá-lo, mas não à mulher", retrucou o responsável pela Shoá.[44]

A 6 de setembro, Carol assinou relutante o que, no fundo, era um instrumento de abdicação, entregando o trono de um país desmembrado e em rebelião a seu filho Miguel, então com dezenove anos, embora Miguel chorasse, implorando para não ser obrigado a enfrentar responsabilidades tão hercúleas. Carol ignorou seus pedidos. Ele e Elena embarcaram no trem real que os esperava, com toneladas de seus pertences, inclusive carros, dois pequineses e três poodles.

Mas não era tão fácil assim fugir. Membros da Guarda de Ferro que queriam a cabeça de Elena haviam preparado um ataque mais adiante na linha férrea. Depois de uma paralisante indecisão, Carol aceitou a recomendação do motorista de Elena de que o trem simplesmente passasse a toda velocidade pela estação onde fora montada a emboscada. Enquanto os homens da Guarda, apanhados de surpresa, atiravam contra o trem, Elena deitava-se numa banheira, coberta por Carol com o próprio corpo.

Os fugitivos chegaram à Espanha, país neutro, mas a constante vigilância acabou por empurrá-los para Portugal. Carol acomodou-se como pôde na mala de um carro para atravessar a fronteira. A insegurança estava em toda parte na Europa. Eles decidiram atravessar o Atlântico, mas o país de sua preferência, os Estados Unidos, condenavam Carol por sua colaboração com os nazistas e pelo adultério com Elena. Menos crítica, Cuba os aceitou, mas Elena achou Havana quente demais. Os dois voltaram a fazer as malas, primeiro para o México, e em 1944 para o Brasil, onde permaneceram.

Em 1947, Elena ficou gravemente doente, com anemia. O médico disse a Carol que não havia cura e que Elena estava para morrer. "Doce e amável amiga", telegrafou-lhe sua amiga, a herdeira americana Barbara Hutton, "fiquei muito triste de saber da sua doença e quero que saiba que meu coração, meus pensamentos e minhas orações estão com você."[45]

Carol ficou arrasado. Julgando perdê-la para sempre, deu-lhe a única coisa que sempre lhe havia recusado: o casamento. No dia 5 de julho de 1947, num quarto de hotel, ele fez da sua amante Sua Alteza Real a Princesa Elena da Romênia.

Milagrosamente, Sua Alteza Real teve uma espetacular recuperação. Elena pode ter exagerado a gravidade da doença, na esperança de que Carol se casasse com ela. Da parte dele, a aversão nesse sentido talvez se originasse em suas convicções sobre a nobreza do seu sangue real e a infâmia do sangue dela.

Pouco depois do casamento, o casal real estabeleceu-se em Portugal, onde Carol voltou a se casar com sua esposa, então com quase cinquenta anos, numa cerimônia oficiada por um prelado da Igreja Ortodoxa romena. O casamento durou até 3 de abril de 1953, quando Carol sucumbiu a um câncer. Poucos membros de sua família compareceram ao pomposo funeral, no qual uma Elena transtornada chorava e murmurava com a voz alquebrada: "Quero morrer."

O espólio de Carol, ou sua aparente inexistência, despertou muito maior interesse entre os parentes, que entraram na justiça para obter alguma parte, sustentando que o ex-rei havia escondido uma fortuna. A versão muito diferente de Elena era de que Carol lhe deixara apenas 14 mil dólares, estando a casa do casal já registrada em seu nome. Qualquer que fosse a verdade, Elena veio a levar uma vida confortável de viúva, com criados aos seus cuidados e da casa. Na verdade, o dinheiro de que dispunha podia muito bem ser seu, acumulado na Romênia ao longo dos anos como a influente amante do rei.

Não mais tendo Carol a seu lado, Elena perdeu grande parte do elã e da respeitabilidade sociais. Talvez em reação a isso, desfiava o tempo todo reminiscências sobre os parentes reais, verdadeiros ou imaginários. Já não negava suas origens judaicas e inventava histórias sobre o muito que fizera para ajudar "seu povo" durante a Shoá. A essa altura, já tinha consciência do alcance da carnificina: 43% dos judeus da Romênia, ou 264.900 pessoas, haviam morrido em pogroms, assassinatos em massa, deportações e campos de extermínio, ou então vitimados por doenças, fome e exposição às intempéries.[46] Embora Elena provavelmente não pudesse ter aliviado o sofrimento dos judeus ainda que tivesse tentado, não deixou de se atribuir indevidamente algum crédito por atos imaginários de bondade. Ela morreu a 28 de junho de 1977, deixando como legado o fato de ter sido uma das mais poderosas amantes do mundo.

Camilla Shand Parker-Bowles[47]

Sem sombra de dúvida, Camilla Parker-Bowles é a mais famosa amante real deste século. Não obstante sua indiferença pelas convenções e a parafernália tradicionalmente associadas a esse tipo de mulher, Camilla conseguiu conquistar o coração do príncipe herdeiro da Grã-Bretanha, o príncipe Charles. Também transformou uma psique nacional que lhe fora hostil, e, com a aquiescência pública, senão o apoio, acabou por se casar com seu príncipe.

Alice Keppel, bisavó de Camilla e amante do tataravô de Charles, não teria necessariamente aprovado: ficou sabidamente indignada quando Eduardo VIII abdicou do trono para casar com Wallis Simpson. Na *sua* época, resmungava, as coisas eram mais benfeitas. Na sua época, os reis tinham esposas, os reis tinham amantes e ponto final. Agora, os tempos são outros, e as necessidades do príncipe Charles e sua maneira de fazer as coisas são muito diferentes da época de seu tataravô.

A história de Camilla e Charles é bem conhecida. Seu primeiro encontro, debaixo de chuva num campo de polo, nada teve de excepcional: ela ainda era Camilla Shand, jovem aristocrata que gostava de se divertir, e apesar de encharcada e usando trajes nada atraentes de montaria apresentou-se a Charles no momento em que ele acalmava seu pônei não menos encharcado. Os dois conversaram por mais de uma hora, e a certa altura Camilla lembrou que sua bisavó fora amante do tataravô dele.[48]

Corria o ano de 1970, Camilla tinha 23 anos, e Charles, 22. Embora não fosse incrivelmente rica, ela e a família estavam socialmente no mesmo patamar que Charles. Camilla fora criada e educada para se tornar esposa de um homem rico e importante. Sua escola, a Queen's Gate School em South Kensington, formava as futuras esposas de metade do corpo diplomático e de uma parte bem maior da nobreza. "Milla", como era conhecida então, era "simplesmente do tipo sólido e confiável, muito divertida e popular", recordaria uma colega. Outra comentaria que, apesar de não ser bela, "tinha uma certa aura. O que lhe faltava na aparência era compensado pela confiança". No dizer de Carolyn Benson, amiga de Camilla a vida inteira, ela era "divertida e radiante; os rapazes a adoravam (...) Ela sabia conversar com eles sobre assuntos que lhes interessavam. Sempre foi (...) uma queridinha dos rapazes".[49] Camilla nunca estava preocupada em se enfeitar para atrair os rapazes, ou mais tarde os homens: com roupas perfeitamente comuns, unhas roídas e sujas, cabelos desgrenhados e pouca ou nenhuma maquiagem, ainda assim não lhe faltava *sex appeal*, atraindo sempre a atenção masculina.

Ao conhecer o príncipe Charles, Camilla dividia um apartamento com uma amiga que tolerava o quarto sujo e cheio de roupas espalhadas porque "ela era um amor de pessoa, é impossível ficar aborrecida com ela. Era como um adorável e agitado animalzinho de estimação".[50] Camilla também estava seriamente envolvida com Andrew Parker-Bowles, oficial militar e amigo de Charles. Andrew era um homem encantador, sexualmente experiente e generoso, mas sua infidelidade magoava profundamente Camilla.

Inicialmente, Camilla encorajou Charles para vingar-se de Andrew. O príncipe ficou encantado por ela, e logo todo mundo no círculo de ambos ficou sabendo que estavam formando um casal. Charles gostava do humor cortante de Camilla, de seu temperamento afável e sua despretensão. Ambos gostavam muito de cavalos e da vida rural da classe alta inglesa. E, como os outros amantes de Camilla, Charles entregava-se completamente à sua sexualidade exuberante.

Charles não encontrou qualquer oposição oficial a seu caso com Camilla. Mas seu tio, lorde Louis Mountbatten, seu mentor e confidente, considerava que ela poderia ser sua amante, mas não sua esposa. Chegou a comentar, em sinal de aprovação, que a aparência física e os maneirismos de Camilla eram "extraordinariamente" semelhantes aos de Alice Keppel.[51] Mas ao contrário da antecessora, incrivelmente decidida, Camilla tinha seu coração tão dividido que perguntou a uma amiga se era possível amar dois homens ao mesmo tempo.

Em 1971, Charles entrou para o Colégio Naval de Dartmouth e partiu em viagem, deixando uma trilha de longas cartas românticas. Andrew ficou impressionado com o fato de Camilla ter-se envolvido com o príncipe de Gales, e demonstrou um novo interesse por ela. Não demorou e Camilla voltou a sucumbir à paixão por ele.

Mas ela não rompeu claramente com Charles, até que, durante uma visita, ele a pediu em casamento. Camilla recusou polidamente. Ela o amava, explicou, mas não podia casar-se com ele. Não muito depois, a bordo do *Minerva*, Charles ficou sabendo que Camilla e Andrew Parker-Bowles tinham ficado noivos. Recolheu-se sozinho à sua cabine. Mais tarde, os colegas da tripulação notaram que tinha os olhos vermelhos.

De volta à terra e recuperado da mágoa, Charles passou a sair com muitas jovens. Também reatou a amizade com Camilla e seu marido.

A essa altura, Camilla e Andrew tinham o que os amigos consideravam um casamento aberto. Camilla passava a semana sozinha em Bolehyde, a propriedade de campo do casal, enquanto Andrew vivia em Londres e voltava para casa sobretudo nos fins de semana. Camilla parecia feliz no interior, cuidando da casa, do jardim, cavalgando e criando os filhos e os cães. Ao nascer seu filho Thomas Henry Charles, seu ex-amante e querido amigo príncipe Charles foi o padrinho.

Em 1979, um ano depois do nascimento de outra filha de Camilla, Laura Rose, lorde Mountbatten foi morto por um assassino do IRA. Charles ficou arrasado e buscou consolo com Camilla. Não demorou e os dois se haviam tornado inseparáveis. No calor da emoção, Charles insistia em que Camilla se divorciasse de Andrew para casar com ele. Mais uma vez ela se esquivou, dessa vez preocupada com a eventualidade de que um ato tão imprudente acabasse com as chances de ele um dia subir ao trono. Charles aceitou sua decisão, mas não conseguia esconder a intensidade de seus sentimentos por ela. Num baile, como Charles passasse a noite dançando agarradinho a Camilla, sua acompanhante oficial acabou tomando emprestado o BMW do anfitrião e se foi, furiosa.

Mas o futuro rei continuava precisando de uma noiva, uma virgem que lhe desse herdeiros para a sucessão no trono. Confidente e amiga de confiança, Camilla começou a avaliar possíveis candidatas. Investigando separadamente, ela e a rainha-mãe acabaram convergindo para a figura "discreta como um ratinho" de Lady Diana Spencer, adolescente alta, de pernas longas, atraente e elegante, de família boa e ainda por cima com um passado conveniente — vale dizer, sem passado algum.

De acordo com certos relatos, o casamento de conto de fadas de Charles e Diana foi precedido de uma noite de amor pré-nupcial — entre Charles e Camilla,[52] numa triste e afetuosa despedida erótica. Diana entrava naquele casamento com maus pressentimentos a respeito de Camilla. "Perguntei a Charles se ele ainda estava apaixonado por Camilla Parker-Bowles, e ele não me deu uma resposta clara", confidenciaria ela a assessores de Charles. "Que devo fazer?"[53] Seus confidentes podiam mostrar empatia, mas não tranquilizá-la. Charles se casava "num estado de espírito confuso e angustiado", agravado pelo fato de continuar amando Camilla. Mas de alguma forma esperava que, casado com Diana, pudesse aprender a amá-la também.

Pouco antes do casamento, Diana descobriu um presente gravado com uma inscrição pessoal que havia sido encomendado por Charles para Camilla — "uma espécie de presente de despedida", disse ele. Mas Diana ficou enciumada e assustada. Não acreditou nas explicações de Charles, chorando e se mostrando indignada por considerar que ele continuava emocionalmente envolvido com a outra.

O casamento real estava condenado desde o início por um abismo de incompatibilidade, pela imaturidade e a instabilidade de Diana, o sarcasmo e a visão crítica gélida de Charles e o ensimesmamento e egocentrismo de ambos. A relação física também era comprometida pela aversão de Diana ao sexo e à terrível luta contra a bulimia que a preocupava e debilitava. Como se não bastassem todos esses fatores negativos, a desconfiança de Diana de que Charles dormia com Camilla envenenou ainda mais o relacionamento.

Inicialmente, Charles reagiu às crises de raiva e tristeza de Diana ensimesmando-se e confidenciando sua infelicidade aos amigos, especialmente Camilla, que considerava sua melhor amiga. Os aliados de Diana acreditam que Charles e Camilla mantiveram um relacionamento íntimo praticamente desde o início do casamento; os partidários de Charles e Camilla insistem em que durante anos a relação nada teve de sexual, apesar de amorosa, e em que Charles de fato investiu tempo e esforço em seu difícil e insatisfatório casamento. O que parece fora de dúvida é que, passados cinco anos, o casamento se desintegrara. Em *O príncipe de Gales*, a biografia definitiva examinada por Charles linha por linha antes da publicação, Jonathan Dimbleby escreve que o casamento não chegou ao fim por causa de um incidente específico, tendo "desmoronado gradualmente".[54] Enquanto isso acontecia, Camilla estava sempre pronta para ouvir de Charles sua versão das tribulações domésticas. Em 1986, ela e Charles voltaram a ter relações sexuais.

Ainda no início do casamento, Charles se apropriara de Highgrove, uma propriedade rural a cerca de dezoito quilômetros da casa de Camilla.

Bela mansão neoclássica num cenário rural idílico ocupando um terreno de 3,4 hectares, Highgrove convinha a Charles, mas decepcionou Diana. O príncipe Michael, primo de Charles, achava que Diana foi uma "catástrofe" de tal ordem que Charles precisou comprar Highgrove para ficar perto das antigas namoradas, especialmente Camilla.

Os crescentes problemas de Diana — entre eles a bulimia e a recorrente depressão — afastavam e indispunham Charles. Diana ficava desesperada por não conseguir comovê-lo, e até seu próprio biógrafo reconheceria que "o príncipe nem sempre se mostrava solícito".[55] Quando Charles confidenciava com Camilla, contudo, ou quando os amigos comuns relatavam a mais recente aventura de Diana, Camilla referia-se a ela como "aquela mulher ridícula", exonerando Charles de qualquer responsabilidade pela instabilidade da esposa.

Na verdade, os frenéticos esforços de Diana para recuperar o marido fortaleciam o vínculo entre Charles e Camilla. Um encontro de amor não servia apenas para atender a uma necessidade urgente: transformava-se numa vitória sobre Diana. Quanto mais se degradava o casamento real, mais Charles dependia do amor e do apoio de Camilla.

Camilla também estava infeliz no casamento. Durante anos havia tolerado o adultério e as prolongadas ausências de Andrew. Mas quando o bom e velho amigo Charles deixou claro que a amava com uma paixão ardente que nunca morreria, Camilla respondeu à altura. Os amigos mais solidários facilitaram as coisas. Emprestavam suas residências ao casal, convidavam-no para encontros em ambiente de segurança e legitimaram seu relacionamento, permitindo que florescesse em companhia discreta e acolhedora.

Quando Diana descobriu que supostos amigos ajudavam Charles e Camilla pelas suas costas, sentiu-se traída e impotente no confronto com a detestada rival. Uma das grandes frustrações de Diana era que, apesar de sua beleza e de seu requintado gosto, não tinha como competir com a amante mais velha, banal e menos elegante do marido. Não faltavam colunistas e comentaristas que compartilhassem essa impressão. Um constante clichê jornalístico consistia em cotejar fotos das duas: Diana produzida com elegância, Camilla quase desleixada. Os editores gostavam de escolher fotos mostrando Camilla fazendo caretas ou com o rosto franzido. Na vida real, Camilla era uma bela mulher, de boa forma física e dotada de uma cabeleira basta que penteou da mesma forma durante décadas.

Embora Diana tivesse uma estampa espetacular, Charles não se mostrava apenas imune aos seus encantos: ficava também chocado com sua extravagância. E, apesar dos crescentes indícios de que também ela era infiel, Charles parecia desinteressado, quase indiferente; os amigos mais próximos chegaram à conclusão de que qualquer coisa lhe interessava, até a infidelidade, para manter Diana distante. Tudo isso deve ter tranquilizado Camilla, que podia ver imagens de Diana ou ouvir histórias a seu respeito toda vez que pegasse um jornal ou ligasse a televisão.

Em 1986, Diana praticamente se havia mudado de Highgrove, referindo-se à mansão como uma "prisão", e Camilla praticamente tinha mudado para lá com Tosca e Freddy, seus cãezinhos da raça Jack Russell, e Molly, seu cavalo favorito, cuidado na cocheira de Charles. Camilla recebia os convidados de Charles e oferecia jantares. Em seguida, ela e Charles recolhiam-se juntos à cama.

Certa vez, Camilla encontrou-se com Diana, que apareceu para uma rara visita. Diana diria mais tarde a um amigo que havia gritado com Charles "por dormir com aquela mulher na minha cama (...) Eu ficava perguntando por que ele estava transando com ela. (...) Tinha certeza de que ele estava dormindo com aquela vaca. (...) Eu sabia que não havia a menor chance. Sabia que ele a amava, e não a mim — e sempre fora assim".[56] Na época a rainha da mídia, Diana fez questão de que o público detestasse Camilla tanto quanto ela.

À medida que aumentavam os ataques à sua amante, Charles a defendia, referindo-se a ela em conversas com os amigos como o único amor de sua vida. Camilla fazia o mesmo. Dos escombros de dois casamentos infelizes, surgira um grande caso de amor — ou pelo menos era o que Charles e Camilla davam a entender, talvez acabando por acreditar.

Se precisassem de justificativas morais e mesmo sociais para o adultério, tanto Camilla quanto Charles podiam invocar os casos extraconjugais dos cônjuges. "Aquela mulher ridícula", repetia Camilla. "O rottweiler", dizia Diana, por sua vez, em conversas com amigos, referindo-se à mulher que não largava do pé de seu marido.

Em 1988, embora Diana também já tivesse tido vários casos de amor, sua obsessão com Camilla intensificou-se. Ela falava a seu respeito com amigos e assessores, e no início de 1989 consultou sua astróloga Debbie Frank sobre a melhor maneira de lidar com "a presença de Camilla". Em fevereiro, na festa de aniversário de Annabel, irmã de Camilla, ela decidiu enfrentar diretamente a amante do marido.

Lá pelas tantas, Charles e Camilla afastaram-se juntos e Diana foi encontrá-los em conversa com outros convidados. Disse então que gostaria de conversar em particular com Camilla. Todos se afastaram, Charles relutantemente. Diana estava "calma, mortalmente calma", segundo recordaria. Numa das versões sobre o confronto, ela perguntou humildemente a Camilla: "O que eu estou fazendo de errado? O que há de errado comigo? O que o leva a querer estar com você, e não comigo?"[57] Em outra versão, ela teria dito a uma Camilla visivelmente constrangida: "Quero que saiba que eu sei exatamente o que está acontecendo entre você e Charles. Não nasci ontem." Nesse momento, outro convidado interveio, mas Diana prosseguiu: "Lamento se estou atrapalhando. É evidente que eu estou atrapalhando, e deve ser um inferno para vocês dois, mas eu sei o que está acontecendo. Não me tratem como uma imbecil."[58] A versão de outro conviva é de que Diana exigiu publicamente: "Por que não deixa meu marido em paz?"[59] Diana disse a Charles, contudo, que se limitara a dizer a Camilla que o amava. Seja qual for a verdade, Camilla nunca mais voltou a falar com Diana.

Nessa grande guerra de franco-atiradores dos Windsor, Diana saía evidentemente vitoriosa. Seu golpe mais brilhante foi convencer um assessor de segurança do palácio a gravar secretamente uma conversa por celular entre Charles e Camilla. Na gravação, eles expressam abertamente seu desejo físico recíproco, e Charles geme: "Ah, Deus, eu só queria viver dentro das suas calcinhas", brincando que isso seria possível se ele se transformasse num Tampax.[60]

Três anos depois, em 1992, essa gravação foi divulgada. Estava montado o "Camillagate", e o infeliz comentário de Charles sobre o Tampax caiu na boca do povo. Ninguém se preocupou em lembrar que a gravação evidenciava como era solidário e amoroso o relacionamento dos dois. Camilla, por exemplo, mostrava-se ansiosa por ler um discurso que seria feito por Charles. Charles respondia à queixa de Camilla de que não realizara muita coisa na vida elogiando-a por amá-lo, "a sua grande realização". "Ah, querido, mais fácil que cair de uma cadeira", respondia Camilla.[61]

Depois do "Camillagate" e da publicação em 1997 do sensacional *Diana: sua verdadeira história*, de Andrew Morton, o livro que contava tudo sobre a vida de Diana e seu amor que deu errado, Camilla não podia mais passar despercebida em lugar nenhum. Tornou-se propriedade pública, assim como sua vida. Perdeu quase sete quilos, começou a fumar um cigarro atrás do outro e se preocupava com os danos que aquela publicidade indesejada causaria a Charles, a seu marido e sua família.

Até que a dor da vergonha e da condenação pública ricocheteou em Diana, com vários jornalistas pondo em dúvida sua condição de mulher ofendida. O diário *The Sun*, por exemplo, decidiu divulgar uma fita de áudio chamada "Squidgy". Nesse embaraçoso monumento à escuta clandestina, o vendedor de carros usados James Gilbey declara seu amor a Diana, pergunta se ela se masturbou recentemente, comenta o medo de engravidar por ela manifestado e mostra sua empatia quando ela se queixa da "porra da família [real]".[62]

A publicidade em torno de Charles e Diana, e por extensão de Camilla e dos vários amantes de Diana, era constante e essencialmente negativa; estava prejudicando a família real num nível sem equivalente desde 1936, quando Eduardo VIII abdicou do trono para casar com Wallis Simpson, a americana que amava, duas vezes divorciada. Charles recolheu-se num desespero choroso e indignado, chegando a contemplar byronianamente a possibilidade de fugir para a Itália. A rainha e o príncipe Philip ficavam indignados com a cobertura negativa da imprensa: "Agora o país inteiro sabe com quem você está transando!", gritou o príncipe com o filho.[63]

O pai de Camilla, o major Bruce Shand, ficou ainda mais furioso. "A vida da minha filha foi arruinada, seus filhos agora são desprezados, caíram no ridículo", disse ele a Charles. "Você causou a desgraça da minha família. (...) Tem de cortar qualquer relação com Camilla... e já!"[64]

No dia 9 de dezembro de 1992, o Palácio de Buckingham anunciou a separação de Charles e Diana. No dia de Natal de 1993, Charles telefonou a Camilla, dizendo-lhe que, embora a amasse, teria de pôr fim ao relacionamento. Com elegância, Camilla aceitou sua decisão "irrevogável". Passados três meses, contudo, Charles não suportava viver sem ela. Em fevereiro de 1994, Camilla voltava a ser sua amante.

Em junho de 1994, num documentário de televisão, Charles reconheceu que depois de cinco anos com Diana, quando o casamento já não tinha mais esperança, ele e a "sra. Parker-Bowles" se haviam tornado amantes. "Ela é minha amiga há muito tempo e continuará a sê-lo por muito mais tempo", disse ele.[65] Camilla o exortara a falar de peito aberto sobre a relação, acreditando que só assim seria possível pôr fim à histeria da mídia.

A reação da opinião pública ao documentário corroborou sua tese. Charles ficava parecendo simplesmente com incontáveis outros homens envolvidos em casamentos fracassados e que tinham amantes. O documentário trazia Camilla, "a outra", de novo ao primeiro plano. Ela se saiu com admirável autodomínio, e acabou conquistando a aprovação do palácio, do pai e do marido, que comentou não entender por que toda aquela celeuma. O *Daily Mail* perguntava retoricamente aos leitores: "Não estaria na hora de pararmos de odiar essa mulher tão digna?"[66]

Diana não pensava assim. Depois que a imprensa expôs suas escapadas amorosas aparentemente infindáveis, ela voltou a atacar. Em 1995, em entrevista previamente ensaiada ao programa de televisão *Panorama*, Diana confessou a milhões de telespectadores que "éramos três nesse casamento, gente demais".[67]

Nicholas Soames, amigo de Charles e ministro da Defesa, considerou a entrevista "apavorante". Richard Kay, jornalista e confidente de Diana, escreveu que "o cheiro da vingança estava em toda parte. Ela acabou com o marido e a rival com a habilidade da mulher traída". O *Daily Telegraph*, contudo, advertia que "certos trechos do seu desempenho aparentemente confirmam (...) sua fama de desequilibrada".[68]

Mas Camilla não estava acabada. Sua relação com Charles firmava-se tranquilamente. Ela e Andrew finalmente se divorciaram, em termos verdadeiramente amigáveis; nem ele nem qualquer dos amigos de Camilla jamais fazem comentários negativos ou desleais a seu respeito. Charles deu-lhe um carro, e os dois começaram a passar vários dias da semana juntos. Camilla ainda não fazia parte da realeza, mas Charles providenciou para que ela desfrutasse de certos privilégios reais.

Quando Camilla completou cinquenta anos, Charles deu uma festa em Highgrove, onde ela trocara a decoração de delicadas cores pastel adotada por Diana por algo mais ao gosto dele. Camilla estava radiante, e dançou de rosto colado com Charles ao som de canções do ABBA. A festa, segundo se comentou, representava da parte de Charles uma confirmação pública do relacionamento. O interesse da mídia pelo romance dos dois prosseguiu, porém não mais em termos indelicados. Até que, em 1997, Diana morreu num acidente de carro em Paris, e mais uma vez os holofotes voltaram-se para os demais envolvidos. Uma das manchetes resumia bem a essência dessas matérias: "Camilla será capaz de competir com uma Diana morta?"[69]

Aparentemente, sim.

A imagem pública de Camilla tem melhorado constantemente. Em 2000, numa festa para Constantino, o ex-rei da Grécia, Elizabeth reconheceu publicamente Camilla; até então, recusava-se a estar no mesmo aposento que ela. Em junho de 2001, Camilla compareceu a seu primeiro banquete no Palácio de Buckingham. Um mês depois, Charles beijou-a afetuosamente em público. Em 2002, ela foi convidada ao funeral de sua avó. Em fevereiro de 2005, Charles obteve consentimento legal e constitucional para casar-se com Camilla, e numa festa no Castelo de Windsor os dois anunciaram seu noivado. Resplandecente num vestido vermelho, Camilla ostentava o anel de diamantes da família que lhe fora entregue com a autorização dos pais de Charles. O casamento, civil e não religioso, por ser Camilla divorciada e ainda estar vivo o ex-marido, não podendo ela, portanto, casar-se na Igreja Anglicana, foi marcado para 8 de abril.

No dia 9 de abril, após um adiamento de 24 horas para que Charles representasse a rainha no funeral do papa João Paulo II, o noivo, de 56 anos, e a noiva, de 57, casaram-se em Guildhall, Windsor. Todos os principais membros da família real estavam presentes, exceto os pais de Charles, pois a rainha, como governante suprema da Igreja Anglicana, não podia sancionar um casamento civil comparecendo a ele. Ao deixarem o prédio, os convidados deram com uma multidão de 20 mil pessoas aclamando, alguns poucos manifestantes contrários, vaiando e carregando cartazes — Rainha Diana para sempre! Rei Charles e Camilla nunca! —, e um sujeito correndo nu, que foi rapidamente agarrado e vestido pela polícia. Camilla, que passava a ser a segunda mulher na hierarquia real, depois da rainha, estava radiante, agradecendo aos vivas ao lado do marido.

Horas depois, Rowan Williams, arcebispo da Cantuária e chefe da Igreja Anglicana, abençoou o matrimônio num serviço na capela de St. George, transmitido pela TV. Uma entusiasmada rainha Elizabeth compareceu, acompanhada do príncipe Philip e oitocentas outras personalidades. Em seguida, na recepção que ofereceu no Castelo de Windsor, a rainha brindou a Charles e Camilla com metáforas do turfe, bem ao seu gosto: "Apesar (...) dos mais terríveis e variados obstáculos, meu filho está em casa e zerado com a mulher que ama. Bem-vindo ao disco de chegada",[70] disse ela.

Os filhos de Charles, Harry e William, este sorridente testemunha do casamento, grafitaram "C + C" e "Recém-casados" no para-brisa do Bentley dos novos cônjuges, decorando-o com balões vermelhos, brancos e amarelo metálico. Também abraçaram e beijaram Camilla, sendo fotografados com ela pela primeira vez.

O afeto publicamente manifestado pelos príncipes e a evidente alegria da rainha prenunciavam a mudança de status de Camilla. Longe de pôr fim às controvérsias, contudo, seu casamento lançou novos desafios. Os críticos agora questionam a constitucionalidade (mas não a legalidade) do casamento civil de Charles, e portanto seu direito de suceder à mãe no trono.

A questão do futuro de Camilla como rainha também exaspera seus adversários. Para evitar lembranças tristes e amargas de que a querida Diana também foi a princesa de Gales de Charles, Camilla é mais chamada por seu título secundário de duquesa da Cornualha. Uma declaração oficial do Palácio referindo-se a ela como "princesa consorte" também dá a entender que, embora venha a tornar-se rainha quando Charles for feito rei, seu título oficial seria de princesa consorte. Na vida real, enquanto isso, Camilla cumpre obrigações reais com desembaraço, patrocina dezenas de organizações de caridade e desmente as fofocas e queixas vivendo feliz para sempre com o antigo amante.

Na juventude, Camilla gostava de brincar dizendo que a tataravó lhe havia ensinado a "primeiro fazer mesura, depois pular na cama". As tradições da família a respeito de Alice Keppel ensinaram-lhe que se tornar uma amante real era algo perfeitamente aceitável, e mesmo louvável. Mas Charles é um homem sentimental e idealista, e, apesar da terrível experiência anterior, valoriza o casamento. Não descansou enquanto a amante não se tornou esposa. Se Alice Keppel estivesse viva, talvez ficasse desconcertada; mas é provável que legiões de outras amantes reais, desprezadas como prostitutas pelos contemporâneos, aplaudissem.

CAPÍTULO 4

Arranjos matrimoniais em círculos aristocráticos

No último quarto do século XVIII, a Inglaterra passava por uma transformação radical. A Revolução Industrial promovia a passagem de uma sociedade agrária para uma sociedade industrializada, com uma florescente classe de comerciantes e uma classe trabalhadora cada vez maior mergulhada em opressiva pobreza. A revolução nas distantes colônias americanas e o subsequente envolvimento da França resultaram na militarização do país e num desagradável sabor de derrota. Mas foi a Revolução Francesa, com seus mortíferos ataques à aristocracia, que levou as classes superiores inglesas, com sua escandalosa dissipação, a se conscientizarem de que seu mundo também estava mudando.

Em meio ao desaparecimento dos privilégios, o casamento continuava sendo um acerto conveniente, e as filhas funcionavam como garantias para os pais. A felicidade era um ideal distante, e nada tinha a ver com o casamento.

Lady Bess Foster e Georgiana, duquesa de Devonshire[1]

A felicidade não estava entre as expectativas de Lady Julia Stanley, a heroína do romance *The Sylph* [O silfo], escrito por Georgiana, duquesa de Devonshire, mas publicado anonimamente em 1778. Pelo menos ela não a esperava do casamento, que lhe oferecia um título e uma posição — e pouco mais que isso. Lady Julia e lorde Stanley raramente chegaram sequer a se encontrar. Ambos sabiam que o casamento era um contrato determinado por acertos comerciais ou alianças familiares — "O coração não é consultado". Na verdade, desde o dia do casamento lorde Stanley tivera uma amante. "Que lei estabelece que uma mulher não pode fazer o mesmo?", queixava-se Lady Julia.

Uma pergunta impertinente, é claro, com uma resposta implacável: a lei da duplicidade de padrões, a lei que tolera o adultério da parte dos maridos, mas não das esposas, a lei inglesa e na verdade a lei da maioria dos países.

Era também uma pergunta retórica, como sabia perfeitamente a autora de *The Sylph*, então com 21 anos. Já nos seus volúveis dezesseis anos de debutante cuja mão fora concedida pelos pais ao jovem duque de Devonshire, Lady Georgiana Spencer conhecia as regras do casamento, pelo menos para as mulheres da aristocracia. A esposa, escolhida como veículo adequado para a semente do ilustre marido, devia gerar um herdeiro. Até que isto acontecesse, devia ser fiel. Posteriormente, devia comportar-se com extraordinária discrição e dar um jeito de não gerar filho de outro homem. A reputação era algo crucial, não podendo ser recuperada uma vez perdida. O marido, de sua parte, devia prover para ela e a família que fundariam e protegê-las.

Georgiana Spencer tentou com todas as suas forças jogar segundo as regras, e sempre que parecia a ponto de sair dos trilhos sua mãe, a controladora Lady Margaret Spencer, tratava de lembrá-la vigorosamente de seus deveres. E não era fácil cumpri-los: o marido de Georgiana, William, quinto duque de Devonshire, mostrava-se na melhor das hipóteses apático e não raro crítico ou hostil. Além disso, enganava-a desde o início do casamento — celebrado dois dias antes de ela completar dezessete anos — com sua amante, Charlotte Spencer.

Polida e recatada, Charlotte Spencer (sem relação de parentesco com a animada Georgiana) era filha de um pastor protestante pobre cuja morte a deixara desamparada. Charlotte não tinha como ganhar a vida em sua paróquia rural, e assim foi para Londres tentar uma carreira de costureira

ARRANJOS MATRIMONIAIS EM CÍRCULOS ARISTOCRÁTICOS   169

ou chapeleira. No terminal das carroças da capital, deparou-se com esse vilão ubíquo, o cafetão que se insinua como amigo junto às recém-chegadas. Quase imediatamente ela foi seduzida e abandonada. Desesperada, tornou-se amante de um velho rico e *bon vivant* que morreu pouco depois, deixando-lhe, entretanto, dinheiro suficiente para abrir sua chapelaria.

Foi nesse estabelecimento que William a viu, ficando encantado com seu charme, sua deferência e sua sensibilidade, apaixonando-se. Charlotte tornou-se sua amante, mudou-se para uma casa por ele alugada e fez muito feliz esse indivíduo indolente. Pouco antes do casamento com Georgiana, Charlotte deu-lhe uma filha, outra Charlotte.

Embora a diferença de condição social tornasse inconcebível uma união legal, Charlotte conquistara o coração de William, e ele não tinha a menor intenção de permitir que o casamento interferisse nessa relação. Em consequência, Georgiana competia pelo afeto de um homem já comprometido com sua afável amante.

Charlotte, contudo, morreria pouco depois de 1778, deixando poucos traços de sua vida. Até conhecer William, ela era um exemplo clássico da mulher traída e forçada à vida de amante: sem dinheiro, vulnerável, aviltada. Sob muitos aspectos, tivera mais sorte que a maioria; o segundo amante financiara seu pequeno negócio, e o terceiro, o duque de Devonshire, sustentou-a, cuidando da filha que haviam gerado.

Do seu jeito minimalista, William cumpria suas obrigações de pai. Após a morte de Charlotte, convocou Charlotte e sua ama, a sra. Gardner, a Devonshire House, onde comunicou a Georgiana que tivera uma filha. Georgiana, por ele criticada por não lhe ter dado um herdeiro, recebeu a criança com alegria e ajudou o marido a inventar para ela um sobrenome — Williams, o mais próximo que ousaram chegar de William. (Era comum que os filhos ilegítimos recebessem sobrenomes evocando o nome do pai.) Os Devonshire também inventaram uma origem para a menininha, que se tornou uma parente distante e órfã de Georgiana. O futuro da pequena Charlotte estava garantido, e a amante seguinte do pai desempenharia nele um papel importante.

Enquanto isso, William precisava de uma mulher que o adorasse como Charlotte Spencer, e veio a encontrá-la em Lady Elizabeth "Bess" Hervey

Foster. Como Charlotte Spencer, Bess era filha de um pastor, mas seu pai era bispo de Derry, mais tarde conde de Bristol. Social e financeiramente, contudo, a família Hervey estava em posição muito inferior à dos Devonshire. Além disso, os Hervey tinham fama de levar uma vida libertina.

Bess teve uma breve e amarga experiência de casamento com John Foster, um respeitável amigo da família. Mas a afabilidade aparente de John não se estendia à mulher, pelo menos depois que ela ficou sabendo que ele dormia com a criada e ele tomou conhecimento de que ela tinha outra "atração". Não chegou até nós nenhum documento dando conta do destino da criada-amante de John — ela era por demais insignificante para ser mencionada. Sabemos, contudo, que ele ficou furioso com a infidelidade de Bess. Rechaçando seus pedidos de reconciliação, forçou-a a aceitar a separação definitiva, o que, pelas leis em vigor na Inglaterra do século XVIII, lhe conferia tutela exclusiva sobre o filho e até a criança que Bess ainda trazia no ventre. Assim que o bebê foi desmamado, ela o entregou a John, que lhe negou direito de visita. Ele também se recusou a lhe dar um centavo de pensão. O comportamento de John era monstruoso, mas perfeitamente dentro da lei, e assim Bess foi duplamente sacrificada.

O pai de Bess era tão cruel e sovina quanto o marido. Deu a Bess com relutância uma pensão insignificante, muitas vezes deixava de pagá-la e esperava que ela sobrevivesse dessa maneira. Tratava com a mesma dureza sua sofrida mulher, privando-a de meios de ajudar a filha.

A situação de Bess foi agravada pelo irônico fato de que a condição de conde do pai fazia dela uma lady, título que tornava ainda mais difícil que pudesse ganhar a vida como governanta ou acompanhante, ocupações tradicionais das mulheres da aristocracia que enfrentavam esse tipo de dificuldades. E ela tampouco podia esperar a redenção de um novo casamento — o divórcio exigia um ato do Parlamento, e raramente os divorciados tinham autorização para voltar a se casar. Em desespero de causa, a jovem passou a ver a condição de amante como algo irresistivelmente tentador. No fim da vida, Bess viria a se referir a si mesma como uma esposa sem marido e uma mãe sem filhos, "tendo de enfrentar sozinha os perigos que cercam uma jovem nessa situação".[2]

ARRANJOS MATRIMONIAIS EM CÍRCULOS ARISTOCRÁTICOS   171

Felizmente para ela, seus ativos superavam o passivo. De tipo físico delicado, com uma beleza luminosa e muito bem cuidada, ela era bem-educada e falava fluentemente francês e italiano. Capaz de manter uma conversa interessante, gostava de contar anedotas. Sabia escolher roupas de bom gosto que valorizavam seus encantos. Extrovertida, era dada a expressões dramáticas do sentimentalismo tão apreciado em seu século. Capaz de se vincular emocionalmente, mostrava-se dedicada aos amigos e, *in absentia*, ao filho que perdera. E se destacava dos padrões habituais pela capacidade de entender a si mesma e se analisar, registrando suas emoções e estratégias num diário razoavelmente autocondescendente destinado a publicação póstuma.

Foi a mãe de Georgiana que apresentou essa mulher aos infelizes Devonshire. Georgiana recebeu Bess com total simpatia e afeto, que logo se transformou num amor por toda a vida. Bess fora muito maltratada, Georgiana a compensaria. Bess era pobre e sozinha, Georgiana trataria de prover e consolar. E surpreendentemente, quando Bess apareceu, o indiferente e pouco comunicativo William degelou e se abriu, chegando até a tratar Georgiana com mais consideração.

Bess e os Devonshire passaram a formar uma trinca, adotando apelidos que deixavam claro esse grau de intimidade: ele era "Canis", por seu amor aos cães; Bess era "Racky", por causa da tosse crônica; e Georgiana, por algum motivo desconhecido, era "Rat". Georgiana ficou encantada com a nova amiga e encontrou a maneira ideal de consolidar essa amizade. Bess viria a tornar-se a governanta da jovem Charlotte Williams, um acerto extremamente conveniente para Charlotte que ao mesmo tempo representava a salvação financeira e social de Bess.

Georgiana tinha uma personalidade inusitada. Recém-casada, montou um pequeno laboratório de geologia e química, e adorava fazer experiências. William não considerava a coisa adequada e fechou o laboratório, levando Georgiana a direcionar suas energias para outras atividades. Uma delas, aplaudida por William, era a política. As duas famílias eram comprometidas com o Partido Liberal, ou Whig Party, e ela abraçou decididamente a causa. Recebia para uma série infindável de banquetes monumentais, para compensar os militantes do partido ou atrair possíveis aliados. Fazia campanha nas ruas e, indiferente à sujeira e ao perigo, batia de porta em porta nos bairros mais pobres em campanha pela causa liberal.

A política consumia boa parte do seu tempo, mas Georgiana precisava de outras formas de escoar sua abundante energia. Encontrou-as na moda e no jogo. Como lançadora de moda, criou chapéus tão altos que batiam nos tetos mais baixos, e tão cobertos de plumas que deviam deixar depenados bandos inteiros de pavões. No jogo de cartas, perdia somas impressionantes, mas nunca confessava os valores verdadeiros ao marido. Passou boa parte da vida fugindo dos credores ou mentindo para eles, e ao mesmo tempo sofrendo com algo que reconhecia ser seu mais grave defeito pessoal.

Esse vício no jogo afastou ainda mais William, dotando Bess de uma de suas armas mais eficazes. O mesmo quanto ao afeto incondicional de Georgiana, que "acabou me jogando no precipício", segundo confidenciaria Bess em seu diário.[3] A amizade entre as duas baseava-se numa imensa confiança, absoluta da parte de Georgiana, seletiva no que dizia respeito a Bess. Toda vez que se via ameaçada pelas dívidas, Georgiana se prodigalizava em detalhes sórdidos junto a Bess, pedindo que intercedesse junto a William, para que ele — mais uma vez — entrasse com o dinheiro.

Não se sabe ao certo quanto tempo levou, depois de conhecer os Devonshire, para que Bess começasse a dormir com William. Considerando sua personalidade, é provável que ele tenha primeiro se apaixonado por ela, esperando um pouco até dar a entender seu interesse erótico. Mas não demorou para que se envolvessem sexualmente, o que complicou ainda mais a vida já confusa de Bess. Ela dependia completamente dos Devonshire para sobreviver financeira e socialmente, e sabia perfeitamente que sua reputação era um fator determinante para o sucesso. Georgiana tinha uma posição de destaque tão indiscutível na sociedade que praticamente trazia o destino de Bess nas mãos cobertas de joias. Ao mesmo tempo, Bess podia estar certa de que Georgiana não se voltaria contra ela, no mínimo porque não tinha o menor interesse em que Bess revelasse o que sabia a seu respeito, fosse no terreno do jogo ou o fato de "o príncipe" (a maneira como se referiam à menstruação) constantemente acabar com suas expectativas de ter um filho.

Em sua situação, considerando seus objetivos e necessidades, que podia Bess fazer? Se negasse seu corpo, William poderia negar dinheiro ou, pior ainda, encontrar outra amante. Se juntasse coragem para dizer a verdade a Georgiana, com quase toda certeza perderia a amiga mais próxima e influente. Na situação que então prevalecia, as línguas davam nos dentes, e a mais virulenta delas pertencia a Lady Spencer.

Assim foi que Bess se conformou com uma vida de fraude e traição, tornando-se uma mestra na mentira e na hipocrisia. Reiteradas vezes convencia William a livrar Georgiana das dívidas, aceitando a gratidão da amiga. Lamentava com Georgiana sua infertilidade, rejubilou-se quando deu à luz a pequena Georgiana, e o tempo todo tratava de recalcar os ciúmes por saber que a amiga também dormia com William. Jurou dedicação eterna a Georgiana, mas lutava com a própria inveja diante da enorme admiração de toda a aristocracia (ao que parecia) com os encantos e o natural calor humano da outra. E nas raras ocasiões em que Georgiana aparentemente desconfiava dela, Bess morria as mil mortes do covarde do provérbio, praticamente paralisada ante a ideia de voltar a sua penosa vida anterior.

A certa altura, os Devonshire mandaram Bess numa viagem ao exterior, supostamente para o cultivo cultural de Charlotte, mas na verdade para aplacar boatos sobre sua relação com o duque. Esses boatos deixaram Georgiana perturbada e alarmaram os Spencer. Do continente europeu, Bess mandava cartas efusivas para tentar manter o controle de William e Georgiana. Também tentava causar-lhes ciúmes descrevendo o brilhantismo da vida social na corte francesa, algo totalmente inventado.

Ainda na França, Bess recebeu uma notícia que deixava bem clara a precariedade de sua posição, assim como sua injustiça. Mais ou menos na mesma época em que Georgiana escrevia com a feliz notícia de que estava de novo grávida, Bess descobriu que também estava. Significava isso que o duque devia ter dormido com ela dias ou mesmo horas antes de dormir com Georgiana, calculava Bess, corroída de ciúmes.

Ainda mais chocante era o contraste entre a situação das duas na gravidez e no parto. Georgiana levava uma vida mimada no luxo. Bess, por sua vez, precisava esconder a barriga que crescia, e no momento de dar à luz esconder-se em aposentos miseráveis do médico que faria o parto. A humilhação foi compartilhada com seu criado, Louis, fazendo-se passar pelo marido. A pequena Caroline foi imediatamente confiada a uma família pobre ao nascer. Bess retomou sua vida, com os seios ainda carregados de leite e o coração pesado com a decepção, enquanto Caroline era escondida como um segredo proibido.

Apesar das alegres cartas enviadas a Georgiana, contudo, Bess sabia que o fato de ter trazido ao mundo um filho de William comprometera para sempre a feliz fluidez do convívio dos três em outras épocas. William percebeu sua inquietação e procurou aplacá-la: ainda que Georgiana viesse a saber da relação dos dois, garantia, não se importaria realmente. Bess não estava muito segura, e de qualquer forma sabia que seria duramente julgada pelos outros.

Na Inglaterra, a família de Georgiana mostrou-se irritada e crítica com o ressurgimento de Bess na vida de William e Georgiana. A própria Georgiana não se deu conta de nada. Estava obcecada com a maior dívida de jogo até então contraída, valor tão alto que sequer podia contemplar a ideia de pagá-lo. Quando finalmente o confessou a William, ele exigiu a separação. Bess ficou dividida entre uma secreta satisfação com o desespero de Georgiana e o medo de que, se a outra fosse mandada embora, as conveniências determinariam que também ela se retirasse de Devonshire House. Nesse caso, no lugar da frenética vida social que adorava, poderia na melhor das hipóteses esperar um acerto semelhante ao de Charlotte Spencer, uma casa modesta e isolada, ficando seu mundo reduzido às visitas de William e o seu precário futuro, dependente dos caprichos dele.

Por uma série de complexos motivos rematados por uma vaidade insaciável, Bess começou um caso com o duque de Richmond. Enquanto isso, jurava amor e fidelidade eternos ao marido de Georgiana, e também a ela.

De sua parte, Georgiana (com o apoio e a feroz lealdade da mãe, da irmã, Harriet, e do irmão, George) opunha-se a qualquer acerto que pusesse a perder suas chances de reconciliação com o marido. Ela e a família entendiam, justificadamente, que o eventual afastamento de Bess teria exatamente esse efeito.

William tampouco desejava o divórcio: as dívidas de Georgiana haviam drenado seriamente seus recursos e suas mentiras o deixavam furioso, mas só ela podia proporcionar-lhe legalmente o tão ansiado herdeiro. Além disso, ele gostava de ser objeto de disputa entre as duas. Em consequência, ele, Georgiana e Bess entraram em intermináveis negociações. Georgiana involuntariamente inverteu a situação ao falar a Bess de seu arrependimento por malbaratar o dinheiro dos Devonshire. Bess foi apanhada de surpresa, completamente despreparada para aquela manifestação de bondade e decência da parte da mulher cujo marido havia roubado. Nesse momento, a onda de afeto pela amiga levou a melhor sobre a inveja.

Surpreendentemente, Canis, Rat e Racky retomaram o *ménage à trois* praticamente como se nunca se tivessem desentendido. "Que felicidade que a minha mais querida e adorada amiga e o homem que tanto amo e ao qual devo tudo sejam unidos como irmãos, e que estejam destinados a garantir a felicidade um do outro até, espero, uma idade bem avançada", escreveu Georgiana.[4] Ela continuava a esconder a ânsia de jogo que a consumia. Também teve um caso com o duque de Dorset. Bess engravidou novamente, e Georgiana conseguiu um esconderijo francês que se revelou mais conveniente que o anterior. Mas William não estava convencido de que o filho fosse seu, nem por sinal Bess, pois o pequeno Augustus podia ter sido gerado por ele ou pelo duque de Richmond.

Enquanto isso, William também tinha engravidado Georgiana, e em 1790 ela triunfalmente deu à luz William Hartington "Hart" Spencer, o herdeiro que seu marido tão ansiosamente aguardava. Georgiana encarou o nascimento de Hart como uma libertação de suas obrigações de esposa. Começou então um apaixonado caso de amor com Charles Grey, muito mais jovem que ela, e que na década de 1830 encaminharia no Parlamento as Leis da Reforma. Como Bess, que continuava tendo como confidente, Georgiana tornara-se uma amante.

Em 1791, Georgiana ficou grávida — de Grey. Furioso, William mandou-a para a França, então mergulhada na revolução, e as relações de proximidade de Georgiana com Maria Antonieta e membros importantes da nobreza tornaram sua situação precária. Ele lhe ofereceu uma alternativa: Grey ou os filhos, que ela jamais poderia voltar a ver se desse prosseguimento ao caso extraconjugal. A capitulação de Georgiana foi imediata. Grey ficou arrasado e passou às acusações, mas nada que dissesse podia convencê-la a lhe dar preferência sobre os três filhos.

Eliza Courtney nasceu em 1792 e foi entregue aos cuidados dos pais de Grey. "Triste filha da indiscrição, / pobre criança privada do seio da mãe / vítima da reprovação de uma transgressão passada / querida mas infeliz por ter nascido", refletiria Georgiana num poema.[5] Também Georgiana, agora, tal como Bess, tinha um filho perdido. Não podia reconhecer Eliza, e, nas poucas visitas clandestinas que lhe fez, pôde constatar com os próprios olhos que os pais de Grey não tratavam a criança com amor, mas como um fardo. Como animais de tração que só podem carregar seu fardo juntos, a esposa e a amante de William Devonshire estavam emparelhadas numa união indissolúvel.

Em 1796, Bess foi favorecida pela sorte. Seu marido morreu, e ela finalmente pôde assumir a custódia dos dois filhos. Uma década mais tarde, Georgiana também se foi, com o corpo devastado pela tensão nervosa provocada pelo vício do jogo e a constante perseguição dos credores. Bess pranteou a amiga e tratou de convencer William a casar-se com ela. A morte inesperada e prematura de Georgiana abria o que parecia a Bess a oportunidade de uma vida: deixar de viver à margem em Devonshire e de fato tornar-se a nova duquesa de Devonshire.

William resistiu. Sentia falta de Georgiana e se preocupava com o que diriam se muito prontamente voltasse a se casar, ou pelo menos se a noiva fosse Bess. Mas em 1809 acabou cedendo e fez da amante a sua mulher. Durante dois anos, Bess foi a duquesa de Devonshire. Mas foi uma experiência amarga. Aqueles por cujo convívio ansiava em sua maioria a esnobaram. Pior ainda, William rapidamente ligou-se a mais alguém e começou a passar as noites com a nova amante. Em 1811, quando ele morreu, seus filhos legítimos deram vazão a todo o ressentimento que até então mantinham guardado. Forçaram Bess a devolver as joias da família Devonshire que lhe haviam sido presenteadas por William e a expulsaram de Devonshire House. Ela passou mais cinco anos em relativo isolamento e acabou transferindo-se para a Itália.

Mais para o fim, Bess levaria uma vida segura e satisfatória. Hart, filho de Georgiana, o novo duque de Devonshire, deu-lhe uma pensão.

ARRANJOS MATRIMONIAIS EM CÍRCULOS ARISTOCRÁTICOS   177

Ela nunca perdeu a beleza e sabia valer-se dela para atrair novos amantes, entre eles um cardeal italiano. Lia muito e se interessava por escavações em sítios arqueológicos romanos. Acima de tudo (ou pelo menos assim pensava Bess), a bondade de Hart resgatou seu machucado orgulho social aos olhos de pelo menos alguns integrantes do círculo social dos Devonshire.

Os críticos de Bess — hoje como na época — têm-se mostrado duros em seu julgamento, mas ao lhe atribuir toda a culpa se equivocam quanto ao principal vilão: a duplicidade de padrões. Bess sem dúvida agia de maneira tortuosa, mas identificar nela o mal significa cobrar-lhe um padrão de independência a que não tinha acesso. Na verdade, antes de conhecer os Devonshire, Bess foi totalmente dependente de dois homens cruéis, o marido e o pai.

Lady Caroline Lamb[6]

A maleabilidade sexual dos Devonshire sobreviveu a William e Georgiana na figura de uma das mais famosas amantes da Inglaterra: Lady Caroline Lamb, filha de Harriet, a irmã de Georgiana. Caroline era filha do casamento absurdamente infeliz de Harriet (Henrietta Frances Spencer) com Frederick Ponsonby, terceiro conde de Bessborough. Harriet estava por demais ocupada com suas crises pessoa s para prover a estrutura e a disciplina de que Caroline precisava. O triste resultado disso foi uma criança ensimesmada e extremamente conflituosa que dominava seu mundinho com modos grosseiros, assustadoras explosões de raiva e mentiras afrontosas.

Quando Caroline tinha nove anos, os pais tiveram uma briga conjugal particularmente brutal, da qual a mãe tentou recuperar-se com um intenso caso de amor com lorde Granville Leveson-Gower, muito mais jovem que ela. Caroline passou a viver na casa da tia, Georgiana Devonshire. Em Devonshire House, o clima não era propriamente melhor que o de casa, e Caroline tiranizava a todos com seus acessos e sua gritaria, chutando e mordendo quem quer que tentasse contê-la.

Que fazer? Os Devonshire decidiram mandá-la para uma escola, um educandário de moças da alta sociedade. Mas Caroline era ainda mais durona que a diretora. Também essa tentativa de solução acadêmica redundou em espetacular fracasso.

A poderosa avó de Caroline, Lady Spencer, convocou o médico da família, que examinou a recalcitrante paciente e diagnosticou que o delicado cérebro daquela criança bem-dotada mas nervosa não devia ser submetido às tensões e aos estímulos da educação formal. Caroline precisava brincar, e não estudar, num ambiente livre de estresse.

Assim, ela brincava, "preferia dar banho num cão (...) ou montar um cavalo a qualquer realização neste mundo",[7] chegando à adolescência mais mimada e obstinada que nunca. Passou a cultivar uma fervorosa fé religiosa, buscando respostas na Bíblia como podia, considerando-se que era quase analfabeta. Aos treze anos, foi admitida na Abadia de Westminster, e fez seus votos sacerdotais com profunda sinceridade.

Fisicamente, Caroline parecia uma fada cujo comportamento excêntrico aumentava ainda mais a admiração masculina despertada por sua beleza. Escrevia poemas e cavalgava sem sela. Era alegre, desinibida e graciosa. Alternava roupas masculinas com vestidos transparentes e vaporosos que valorizavam sua feminilidade. Conquistou muitos corações, inclusive o do primo Hart, e era a queridinha do mundo aristocrático, no qual ganhou apelidos como "Duende", "Ariel" e, significativamente, "Selvagem", por sua desinibição.

Aos vinte anos, Caroline casou-se com William Lamb, filho natural, muito mais velho que ela, de Lady Melbourne com o conde de Egremont (tendo sido, no entanto, reconhecido por lorde Melbourne). William conhecia Caroline desde a infância. O casamento começou como uma união de amor aprovada pela família, mostrando-se o noivo bondoso e dedicado, a noiva, inocente e cheia de ideais românticos. Mas o surrealista mundo dos Devonshire, com a jogatina frenética e os gastos excessivos, festas e esportes, amor romântico e relações sexuais, não havia preparado Caroline para o casamento.

Na cerimônia, Caroline estava excessivamente nervosa, e ainda mais ao se deitar trêmula de medo no leito nupcial. William a amava muito, e fez amor com delicadeza com a ninfeta que acabava de se tornar sua mulher. Mas a iniciação sexual deixou Caroline doente, e durante vários dias ela se

ARRANJOS MATRIMONIAIS EM CÍRCULOS ARISTOCRÁTICOS   179

recusou a receber até mesmo os parentes mais próximos. Meses depois, os amigos começaram a achá-la pálida e com ar adoentado, preocupando-se a mãe com sua aparência ainda virginal.

Mas a jovem Caroline estava grávida, e trouxe prematuramente ao mundo um filho natimorto. Caiu em profunda depressão, tentando aplacar a dor com banhos quentes, láudano e um frenético circuito de festas. Ao mesmo tempo, percebia William menos atencioso, confidenciando a uma amiga sua grande tristeza pela diferença entre o amante dedicado que ele fora e o marido indiferente que se mostrava. Mais tarde, engravidou novamente e ficou arrasada quando se constatou que o menino era mentalmente retardado e não responsivo. Uma terceira gravidez, sua última, acabou em aborto.

A infelicidade e a frustração emocional de Caroline se intensificaram. Ela tentava voltar a despertar o interesse de William ameaçando ter casos. William achava graça, perguntando, zombeteiro, que homem poderia desejar uma mulher tão frígida e sexualmente desinteressada. "William não ligava a mínima para a minha moral. Eu podia flertar e sair por aí com quem eu quisesse", diria Caroline mais tarde.[8]

Caroline estava arrasada, mas não derrotada. Desdobrou-se em cuidados com um cãozinho presenteado por um suposto amante, até que mordeu seu filho. Jurou então que se o filho se recuperasse ela haveria de se dedicar novamente ao marido. O pequeno Augustus sobreviveu, e Caroline, agradecida, tentou cumprir a promessa. Voltou a cortejar William, mas não conseguia transformá-lo novamente no ardente amante que desaparecera após o casamento. A essa altura, já estavam casados havia quase sete anos.

Precisamente nesse momento, um amigo pediu a Caroline que avaliasse um manuscrito para publicação. A vida social e os flertes não tinham sido suficientes para compensar a solidão de seu casamento. Caroline decidira também educar-se, tornando-se uma autodidata que se empenhou arduamente em adquirir uma educação em artes liberais. Ficou fascinada com *A peregrinação de Childe Harold*, e se empenhou em conhecer o autor, o fascinante George Gordon Byron, ou Lord Byron. Após o primeiro encontro, Caroline escreveu, profética: "Louco, mau e perigoso. (...) Naquele lindo rosto pálido está o meu destino."

Começava assim um dos mais escandalosos casos amorosos do século. No início, os dois amantes, voltados apenas para si mesmos, extasiavam-se de felicidade. Encontravam-se com frequência, e Byron extraía do corpo delicado e comedido da amante as reações eróticas que William não conseguira despertar. Quando distantes, os dois derramavam seus corações generosos em cartas e poemas. Caroline adorava o seu Byron e se entregou à celebração desse amor.

Por algum tempo, a recíproca foi verdadeira, embora desde o início Byron tivesse algumas reservas. Ele preferia mulheres voluptuosas e cheias de corpo, detestando as instáveis e dependentes em busca de atenção. Seu real interesse estava voltado para as relações sociais de Caroline, sua mente aberta e o profundo apreço que demonstrava pelo seu brilho artístico. Ele fez enorme esforço para continuar apaixonado por ela, estimulando os próprios sentidos com ardentes cartas de amor. Mesmo quando se mostrava impaciente com ela, exigia que abandonasse a vida de família (ou o que podia ser chamado assim) para se isolar com ele, lendo e conversando. Insistia em que parasse de dançar, pois detestava vê-la nos braços de outro homem e a lesão que tinha no pé o impedia de acompanhá-la. Caroline acedeu, embora adorasse dançar.

Por vários meses os dois se absorveram completamente um no outro. William Lamb parecia desinteressado e não criou qualquer obstáculo para Caroline, de modo que os amantes se sentiam livres para aparecer juntos em público. Certas anfitriãs inclusive os convidavam como um casal. Mas o desprezo de Caroline pelas conveniências horrorizava Byron, e os dois muito cedo começaram a brigar. Byron a chamava de vulcânica, exortando-a a um mínimo de discrição. Mas ela não o queria nem seria capaz disso, e quanto mais ele se afastava, mais ela o perseguia. Quando se encontravam em alguma ocasião social, ela sempre partia com ele, em sua carruagem. Pior ainda, se ele fosse a algum lugar sem ela, ela ficava rondando do lado de fora, indiferente aos passantes, à sua espera.

Cada vez mais, o comportamento de Caroline indispunha o amante. A reverência que demonstrava por seu gênio parecia-lhe abjeta, ao passo que seu espírito de independência se revelava irritante e nada feminino.

Ele nunca apreciou realmente sua beleza frágil, associando-a a histeria e ausência de saúde. Atormentava-a, flertando com outras mulheres. O que era particularmente doloroso, pois Caroline tinha consciência de que ele era jovem, um partido cada vez mais interessante, à medida que aumentava sua fama como poeta, e tão belo que costumava ser comparado a um deus grego. Certa vez, como Byron parecesse flertar em conversa cheia de ternura com outra mulher, Caroline apertou com tanta força o copo que tinha nas mãos que o estilhaçou.

Menos de quatro meses depois de se conhecerem, Byron já estava cansado de Caroline e de todo aquele delírio do período que haviam passado juntos. Referia-se ao relacionamento como um "cativeiro", propondo separação de um mês para esfriar as emoções e recuperar o foco. Mais tarde, atribuiria a incapacidade que então demonstrou de simplesmente pôr fim ao romance tanto à ascendência de Caroline sobre ele quanto à sua própria inércia.

Caroline percebia sua crescente indiferença e irritação, compartilhando seu sofrimento com um marido incrivelmente compreensivo. William, percebendo que logo Byron haveria de largá-la, confortava-a como podia. Mas Caroline estava inconsolável, e começou a agir de maneira cada vez mais irracional. Decidiu que tinha de fugir com Byron. Disfarçou-se de homem e se introduziu em sua casa, implorando que fugisse com ela. Como ele se recusasse, tentou esfaquear-se.

A essa altura, Byron já estava seriamente alarmado, mas ainda assim não conseguia romper claramente. Pelo contrário, mandava-lhe bilhetes ambíguos que ao mesmo tempo a enchiam de tristeza e lhe davam esperanças. Caroline entrou em furiosa campanha para segurá-lo. Mandou-lhe um cacho de seus pelos pubianos, bizarro presente que ele guardaria até a morte. "Cortei os pelos muito rentes e sangrei mais do que devia", escreveu, como se esperasse que ele respondesse na mesma moeda.[9]

Depois, fugiu, empenhando um anel de opala e outras joias para comprar passagem para Portsmouth, onde pretendia entrar no primeiro navio que encontrasse, não importando para onde estivesse indo. A família, em polvorosa, conseguiu achá-la e a trouxe de volta para casa. O resgate foi complicado pelas insinuações de Caroline — que logo haveriam de se revelar mentirosas — de que estava esperando um filho de William. Ela também ameaçou fugir de novo, fosse para estar com Byron ou para se distanciar dele.

Mas ainda havia lava correndo nas veias do "pequeno vulcão" de Byron, o apelido que dera a Caroline, e ele continuou a enlouquecê-la com vagas promessas e esperanças sem fundamento. A certa altura, confidenciou a um amigo que se realmente fosse necessário haveria de se casar com Caroline, apesar de ficar profundamente infeliz.

A família de Caroline conseguiu mandá-la para a Irlanda, para tentar recuperar ao mesmo tempo a sanidade mental e a saúde física, que se deteriorava. A essa altura, ela estava terrivelmente magra, transtornada de dor e atormentada por absurdas oscilações de humor. Nesse turbulento estado emocional, recebeu a última carta de Byron, eloquente e apaixonada, cheia de protestos de amor misturados à preocupação de que ela estivesse realmente enlouquecendo, mas ainda assim acenando com a esperança de que viessem a acabar juntos para sempre. Enquanto isso, cortejava Annabella Milbanke, em parte por acreditar que só um rápido casamento com qualquer mulher que "não pareça disposta a me cuspir na cara" poderia salvá-lo de Caroline.[10] Também estava dormindo com a amorosa Lady Jane Oxford, mulher mais velha que aplacava o tédio com o marido ilustre mas aborrecido buscando aventuras sexuais (e se vangloriando delas), especialmente seu caso com o prestigiado jovem poeta.

A vida amorosa de Byron tornou-se ainda mais complicada quando Annabella recusou sua proposta de casamento. Ele se consolou com Lady Oxford, e também com uma cantora italiana casada que lhe dava prazer na cama mas lhe causava aversão com seu robusto apetite à mesa. E deu a entender a Caroline que gostaria de voltar a vê-la.

Foi então que, pérfido, lhe enviou uma carta maliciosamente tramada por Lady Oxford. "Lady Caroline", escreveu Byron, "amo outra mulher (...) não mais sou seu amante."[11] Caroline ficou tão abalada com a carta que caiu de cama, transformada num esqueleto febril e incoerente. Pressionado pela família a se separar da mulher ensandecida, William fez uma última tentativa de ajudá-la, transferindo-a para a casa de campo que tanto

ARRANJOS MATRIMONIAIS EM CÍRCULOS ARISTOCRÁTICOS   183

amava. Mas Caroline não entendia que estava destruindo seu casamento. Só conseguia pensar em Byron e em se vingar com automutilação.

Caroline começou a cavalgar imprudentemente. Cortou a garganta com uma navalha. Exigia que Byron devolvesse os presentes que lhe dera, até os objetos mais insignificantes. Mobilizou moças da aldeia próxima, vestiu-as de branco e, numa fria noite de inverno, montou uma grotesca *pièce de théâtre* na qual queimava uma efígie de Byron e jogava cópias de suas cartas e várias lembranças no fogo, enquanto o coro de meninas recitava um poema cáustico comparando seu traidor particular, Byron, ao traidor público Guy Fawkes. Seu objetivo inicial era, como uma *sati* indiana, imolar-se nas chamas. De volta em casa, enviou a Byron uma descrição do que acontecera naquela noite. Ele ficou perfeitamente indiferente e respondeu que ela estava possuída "pelo nojento demônio *Flibbertigibbet*". Ele nunca mais voltaria a escrever-lhe.

O pobre melodrama de Caroline não servira para curá-la. Ela cobria Byron de cartas e avisou que o arruinaria. Lamentava ter queimado seu retrato e interceptou outro que se destinava a Lady Oxford. Furioso, Byron chamou-a de maníaca possuída por demônios e jurou que haveria de odiá-la pelo resto da vida.

Finalmente, cansado e irritado, concordou em encontrá-la, algo a que vinha resistindo havia meses. Foi um encontro fortemente emotivo. Byron chorou e implorou que o perdoasse, enquanto Caroline mostrava uma impassibilidade pétrea. Posteriormente, ela ficou exultante, dizendo-lhe que a havia levado do desespero a uma felicidade celestial. Os dois se encontraram várias vezes, até que toda a loucura voltou a se manifestar.

Os ex-amantes encontraram-se numa festa, e Byron desafiou Caroline a dançar de forma zombeteira. Ela dançou com outro parceiro. Em seguida deixou o salão, lançou mão de uma faca e se cortou toda. Mais tarde, insistiria em que se havia cortado sem querer. A sogra diria que ela estava um verdadeiro barril de pólvora podendo ser lançado pelos ares à menor fagulha.

Caroline continuou assediando o ex-amante. Conseguiu entrar em sua casa e deixar um bilhete implorando: "Remember me." Byron ficou tão furioso que escreveu um poema carregado de ódio, "Remember thee!", chamando-a de esposa falsa e amante demoníaca. Também conseguiu convencer Annabella Milbanke a se casar com ele.

Tantas vezes cedendo a tendências suicidas, Caroline agora lutava pela vida. A vida, queixava-se, não era curta, como as pessoas costumam dizer, mas muito longa. Hiperativa e insone, tempo era o que não lhe faltava. Sobreviveu ao casamento de Byron, mas como ele logo viesse a desmoronar, por causa dos frequentes abusos do poeta, Caroline interveio em favor de Annabella. Afirmou por escrito que tinha provas dos casos homossexuais de Byron e de seu relacionamento incestuoso com a meia-irmã, Augusta Leigh. Suas revelações na verdade não eram fundamentadas, mas provocaram e alimentaram tanta maledicência que Byron e Augusta tiveram sua reputação arruinada, e ele se deu conta de que nunca mais seria bem-vindo na elite a que tivera acesso graças a Lady Caroline Lamb. Em 1816, exilou-se na Itália e nunca mais voltou à Inglaterra.

Byron fugiu pouco antes de Caroline lançar um novo e inesperado ataque, na forma de um romance. Nos dois anos transcorridos desde a separação, Caroline escrevera secretamente o melodramático *Glenvarvon*, ou *A paixão fatal*, um *roman à clef* em três volumes sobre o seu caso. Nele, ridicularizava Byron e muitos conhecidos comuns, reproduzindo algumas de suas cartas quase literalmente. Ela própria se apresentava como Calantha, a sedutora e impulsiva heroína traída pelo monstruoso Glenvarvon. *Glenvarvon* era mal-escrito e completamente sem interesse, mas o público pagante correu para conhecer seus segredos. William Lamb ficou horrorizado. Caroline havia traído sua vida íntima, sua família e seus amigos. Embora tivesse tolerado seu adultério e a perseguição em público de um amante que a desprezava, *Glenvarvon* deixou William arrasado. A certa altura, ele quis morrer.

Caroline, indiferente à dor do marido, pranteava o ex-amante como nunca. E então, completamente sozinha em sua desventura, provavelmente em estado maníaco-depressivo, tentou encontrar maneiras de preencher os anos de vida que ainda lhe restavam. Escreveu um manual de administração doméstica que não chegou a ser publicado. Entrou em campanha política pelos liberais. Montou no próprio quarto um memorial de caráter quase religioso do qual fazia parte uma imagem de Byron. E sempre, incansavelmente, acompanhava sua trajetória à medida que aumentava sua fama como poeta, acompanhada da degradação pessoal.

Em 1824, numa breve carta, William comunicava-lhe a morte de Byron, dizendo que se comportasse. "Lamento muito alguma vez ter dito uma palavra cruel a seu respeito", escreveria Caroline pateticamente.[12]

O choque da morte de Byron foi seguido da publicação de *Recordações de lorde Byron* por seu amigo Thomas Medwin. Caroline ficou arrasada ao ler que Byron falava dela como uma excêntrica magrela e sem coração que nunca amara o marido e como uma mera conquista sexual invejada por seus amigos. Ainda mais doloroso era ficar sabendo que Byron sequer a havia mencionado no leito de morte.

A certa altura, William não aguentava mais viver com a esposa, dando início a uma separação legal. Caroline quebrou pratos, fez cenas horríveis, deixou todo mundo embaraçado e a família, exausta. Implorou a William que reconsiderasse sua decisão, prometendo mostrar-se obediente e afável. Mas era tarde demais. Durante meses ela vagou sem rumo em Paris e Londres. Finalmente, William cedeu, permitindo que voltasse para casa, mas jamais voltaria a dormir sob o mesmo teto que ela. Com um diagnóstico de loucura, ela aliviava a angústia bebendo vinho demais e ingerindo láudano. Escreveu outro romance, sobre os efeitos desconcertantes desse tranquilizante, e ficou desolada ao vê-lo rejeitado pelos editores. Escreveria ainda um terceiro romance, publicando-o anonimamente por conta própria. Mas tampouco ele encontrou eco, logo sendo esquecido.

Caroline continuou a levar uma vida sem esperança. A sociedade a abandonou. Mas ela continuava atraindo amantes importantes. Permitia que usassem um anel de Byron que havia escapado à cerimônia de auto da fé. Quando se cansava deles ou reciprocamente, tomava o anel de volta.

Em 1828, com apenas 42 anos, Caroline morreu, reconciliada com William mas não com a própria vida de angústias. William supostamente teria escrito seu obituário, cheio de nobreza e clemência: as amantes dos poetas são julgadas com indulgência, pois sua paixão é antes uma questão de imaginação que de depravação. William também observava que, mesmo incapaz de viver com sabedoria e responsabilidade, Caroline era uma mulher talentosa e afetuosa que morrera tranquilamente. Pelo menos na morte Caroline Lamb encontrara a paz.

É difícil deixar de considerar que a vida de Caroline Lamb foi desperdiçada, consumida por sua instabilidade mental, seu ensimesmamento e o mundo frágil e improdutivo em que nascera, a alta sociedade que deslumbrava mas também se alimentava da carne de seus membros vacilantes ou medíocres. A história lembra-se dela apenas como a amante de Byron. Infelizmente, a própria Caroline contribuiu para essa versão de sua vida. Seu breve caso amoroso, com todo o tumulto que gerou, definiu para Caroline o significado da vida, conferindo sentido ao seu vazio. Ela acabou acreditando que amar Byron e ser amada por ele resumia sua realização na vida.

Claire Clairmont[13]

Byron ainda estava envolvido com Caroline Lamb quando Claire Clairmont, então com dezoito anos, pedia uma apresentação. Bela e culta, Claire era uma livre-pensadora ateia. Era também meia-irmã ilegítima de Mary Shelley, filha de Mary Wollstonecraft, futura autora de *Frankenstein* e mulher do grande poeta Percy Shelley. A situação de Claire contrastava nitidamente com a de Caroline Lamb. Socialmente, ela podia ser considerada na periferia. Financeiramente, dependia dos Shelley, e sabia que teria de ganhar a vida por conta própria.

Mas Claire não queria saber de autocomiseração. Tinha consciência das próprias possibilidades, uma voz de beleza espetacular no canto e um certo talento literário, e considerava que podia aproveitá-las numa carreira no teatro. Também tinha uma profunda admiração pelo gênio poético, e segundo seu próprio depoimento amara Byron durante anos antes de lhe pedir ajuda.

O pedido vinha na forma de uma carta, prolixa, ingênua e corajosa, anexando um de seus textos literários e solicitando um encontro, para que Byron a ajudasse a planejar o início de uma carreira no teatro. Claire apresentava-se como uma mulher de reputação ainda "intacta", e com "o coração batendo" confessava seu amor por ele. Mas era apenas uma entre dezenas de jovens deliciosamente disponíveis, e Byron ainda estava chocado e profundamente ferido com o fracasso (para ele inexplicável) de seu casamento. "Sinto como se um elefante tivesse pisoteado (...) meu coração", queixava-se. "Eu respiro chumbo."[14] Claire, insistente e romântica, não lhe despertava interesse. Mas ela persistia. Os dois se encontraram, e ela o brindou com a história de sua vida com Mary e Percy Shelley, cuja parceria literária desejava reproduzir com Byron.

Claire estava certa na suposição de que sua relação com os Shelley interessaria a Byron, embora ele continuasse indiferente a ela. Ela propôs um encontro à noite. Byron deu de ombros e aceitou. "Eu era jovem, vaidosa e pobre", diria Claire muito depois. A noite de amor que passaram juntos, durante a qual Byron a iniciou sexualmente e fez amor com ela várias vezes, levou Claire a um estado de adoração. "Não espero que você me ame, não sou digna do seu amor", escreveu ela. "Sinto que você é superior."

O mesmo pensava Byron, tão relutante em voltar a vê-la que quase recusou um encontro com Shelley porque Claire, a intermediária, estaria presente. Claire o sabia. "Embora o ame, você não sente sequer interesse por mim", escreveria, entristecida. "Se eu passasse em frente à sua janela, flutuando afogada, você diria apenas 'Ah *voilà*!'"[15] Mas ela estava profundamente apaixonada para deixar de assediá-lo.

Claire insinuou-se na vida de Byron exatamente no momento em que ele decidiu exilar-se. Por coincidência, Mary e Percy Shelley também tinham decidido fugir da Inglaterra para evitar as repercussões escandalosas de terem passado a viver juntos quando Percy abandonou a mulher. Claire considerou que era algo providencial, e os acompanhou (financiada por eles) a Genebra, para ver Byron novamente.

Tal como fizera na Inglaterra, Byron sucumbiu aos seus pedidos para que se encontrassem. O encontro de amor alimentou o ardor de Claire, mas não o dele. "Eu nunca a amei nem fingi amá-la, mas um homem é um homem, e se uma garota de dezoito anos vem se empinando para você a toda hora, só existe uma saída", confidenciou a um amigo.[16] Cinicamente, Byron também botou Claire para trabalhar na cópia de seus manuscritos. Apesar de sua frieza, ela se agarrou ávida ao novo papel de copista não remunerada e parceira sexual.

Em questão de dois meses, Claire deu-se conta de que estava grávida. Shelley tentou promover um acordo com Byron a respeito do filho, mas ele simplesmente deixou de falar com Claire, que acabou retornando à Inglaterra. Em janeiro, sem qualquer apoio financeiro ou emocional de Byron, ela deu à luz uma filha. "O fedelho é meu?", limitou-se ele a perguntar.[17]

As pretensões de Claire e Byron entrariam então em conflito. Ela adorava o bebê e queria criá-lo. Byron, que se estabelecera em Veneza, queria enviá-lo para sua meia-irmã, Augusta. Como Claire não aceitasse, ele decidiu "dispor de sua nova produção" por conta própria. Apavorado com a ideia de que Claire viesse a inculcar pretensões estéticas na filha, propôs que ela fosse entregue aos cuidados de um convento em Veneza, onde poderia ser criada como boa católica e quem sabe até como freira.

Claire entendeu que seu ateísmo assustava Byron e, indo de encontro a seus princípios, aceitou que o bebê fosse batizado. Por insistência dele, chegou a mudar seu nome para Allegra, depois de meses chamando-a de Alba. A essa altura, a situação de Claire tornara-se insustentável. Sem apoio para o sustento da filha, teve de aceitar a caridade dos Shelley. Mas Mary estava sempre desconfiada de que Claire pudesse seduzir Percy, por sua vez perturbado com boatos de que Allegra poderia ser sua filha. Claire decidiu abrir mão do bebê para deixá-lo aos cuidados de Byron, desde que tivesse direito de visitá-lo.

Claire e os Shelley levaram Allegra à Itália, e ela fantasiava que talvez a criança amolecesse o coração de Byron, contribuindo para o estabelecimento de um novo vínculo entre os pais. Byron, porém, recusava-se até a encontrar Claire. Mas alugou uma mansão rural para o grupo, para que Claire pudesse passar mais dois meses com a filha. Em seguida, separou Allegra da mãe, acomodando-a temporariamente com o cônsul inglês e sua mulher. Ao mesmo tempo, deu a entender que Claire nunca mais voltaria a ver a menina.

Teve início então, para Claire, uma maratona de sofrimento. Durante dois anos, ela implorou e adulou na tentativa de conseguir autorização para visitar Allegra. Byron mostrava-se inflexível. Tratava Allegra como mais um animalzinho em seu zoológico particular, chamava-a de "minha

ARRANJOS MATRIMONIAIS EM CÍRCULOS ARISTOCRÁTICOS   189

bastarda", gabava-se de sua beleza byroniana e reconhecia com pesar que ela havia herdado sua teimosia. E a fazia circular entre diferentes tutores temporários e a sua própria casa.

Desesperada, Claire cobria Byron de cartas acusadoras. Ele estava descumprindo todas as promessas que lhe havia feito. Privava Allegra da companhia da mãe. Forçava-a a adotar a fé católica, uma religião não esclarecida. Ela também desconfiava de que ele estaria negligenciando o bem-estar físico de Allegra. "Acho que Madame Clare [*sic*] é uma maldita cadela", queixou-se Byron com um amigo.[18] Na verdade, ele estava ressentido. Tomara a inusitada (e, para ele, generosa) decisão de cuidar da filha bastarda, e era recompensado dessa maneira.

Byron também via reflexos do temperamento de Claire na filha, considerando-a problemática e voluntariosa. Quando ela tinha quatro anos, ele a deixou no convento capuchinho de San Giovanni, cujas freiras foram convencidas por seu prestígio e um pagamento em dobro a infringir a regra de não aceitar crianças com menos de sete anos. Ele argumentou que, como a sociedade inglesa jamais a aceitaria, pretendia criar Allegra como uma menina católica educada em convento e podendo tornar-se freira ou casar-se na Itália. Talvez quisesse também livrar-se de sua presença exigente e irritante.

Nessa altura, Shelley foi ao convento e teve autorização para visitar Allegra. Achou-a mais alta, mais magra e mais pálida, provavelmente em virtude de alimentação inadequada, porém mais bela do que nunca. As freiras, inicialmente tomadas por criadas pela altiva Allegra, a mimavam. Claire, que finalmente já não amava Byron, não estava tranquila. Ela traçou mas acabou não executando um plano desesperado para sequestrar a filha e escondê-la em algum lugar. Pouco depois, Allegra contraiu uma febre e morreu.

A dor de Claire era tanto maior pelo arrependimento de ter deixado Allegra nas mãos de Byron. Ele havia "destruído minha Allegra de maneira deliberada e cruel", e "se me fosse oferecido o mais belo Paraíso com a condição de compartilhá-lo com ele", escreveria ela décadas mais tarde, "eu haveria de recusá-lo".[19]

Byron também sofria — à sua maneira. A terrível notícia da morte de Allegra "enregelou meu sangue de dor", disse ele a um amigo. "Foi a dor mais profunda que já senti."[20] Também havia algum arrependimento, mas ele manteve o autocontrole e no fim das contas não teve dificuldade de se perdoar. O que Claire nunca conseguiria.

Durante os preparativos para o funeral, Byron atendeu a três pedidos de Claire: ver o caixão e receber uma imagem de Allegra e um cacho de seus cabelos. Fora isso, ele se mostrou implacável. Incumbiu a amante do momento, Teresa Guiccioli, de providenciar o embarque do corpo de volta à Inglaterra. Alegou que ficara sobrecarregado com o embalsamamento de Allegra, os gastos com o caixão e a funerária, e recusou-se a pagar as contas.

Mais tarde, apesar da intercessão de vários amigos bem-intencionados e de uma promessa a Mary Shelley, Byron renegou o compromisso de ajudar Claire financeiramente. Sem filhos, com a reputação arruinada, à beira da privação e cronicamente doente, Claire aceitou que precisaria ganhar a vida como governanta, a profissão de que um dia se esquivara por considerá-la "a morte em vida".

Claire passaria meio século como governanta e dama de companhia, em Viena, na Rússia, em Paris e Londres. Muitas vezes solitária e deprimida, temia sucumbir às febres e doenças que lhe haviam minado as forças desde a infância. Embora considerasse a função de governanta um tormento, não tinha coragem de pedir folgas, por medo de ser dispensada e passar fome. Mas se orgulhava de seu trabalho, e, quando os pupilos se mostravam difíceis e até odiosos, era capaz de empatia, atribuindo sua insolência e seu comportamento violento a limitações que, impostas pelos pais, os privavam dos necessários exercícios e da possibilidade de se expressarem.

Claire tinha constantemente a preocupação de que um de seus patrões descobrisse que tivera uma filha ilegítima, vindo a demiti-la. Mas na verdade uma família recuou de sua oferta de emprego ao saber que ela fora criada como ateia livre-pensadora. "Sinto uma agitação secreta que tanto mais me consome por ter de ser reprimida", confidenciaria a um amigo em 1826.[21]

Embora ainda fosse jovem e atraente, Claire recusava-se a contemplar a hipótese de se apaixonar de novo. "Uma paixão feliz tem, como a morte, *finis*

ARRANJOS MATRIMONIAIS EM CÍRCULOS ARISTOCRÁTICOS   191

escrito em letras bem grandes no rosto", acreditava. Em seu próprio caso, a paixão durara apenas dez minutos, "mas esses dez minutos desorganizaram o resto da minha vida; a paixão, só Deus sabe por que motivo, mas não por culpa minha, desapareceu, sem deixar qualquer traço, exceto meu coração arrasado e arruinado, como se tivesse sido queimado por mil raios".[22]

Em 1841, dezenove anos depois da morte de Percy Shelley, seu espólio legou 12 mil libras a Claire, sua primeira experiência de segurança financeira em uma vida inteira de precariedade. Ela investiu o dinheiro num camarote de ópera no Her Majesty's Theatre em Londres, mas o rendimento do aluguel foi tão decepcionante que ela se viu obrigada a vendê-lo. Ela nunca tinha dinheiro suficiente, mudando-se de uma casa desconfortável para outra, tentando ganhar a vida e preservar sua saúde frágil.

Ao longo dessa vida de inconstância, Claire continuou buscando o estímulo intelectual que tanto apreciara na companhia de Mary e Percy Shelley. Tentou ganhar dinheiro escrevendo, e dois dos seus relatos foram publicados, porém — a seu próprio pedido — com o nome de Mary Shelley. E teve amizades sólidas, que duravam e se aprofundavam, apesar de sua língua afiada e da tendência para brigar.

Nos últimos anos, Claire retornou à Itália, e surpreendentemente abraçou o catolicismo. Quando já tinha quase oitenta anos, um visitante descreveu-a como "uma adorável senhora de olhos vívidos, brilhando com ironia e graça; com a pele clara como aos dezoito, os lindos cabelos brancos, a figura frágil e esguia parecia inalterada (...) com um riso ressonante".[23] Claire finalmente conseguira livrar-se daquela "estúpida Melancolia", refletindo sobre o número de amigos "distintos e virtuosos" que tivera e lamentando apenas uma coisa: o fato de ter "passado pela vida sozinha, sem um guia nem um companheiro".[24]

Claire morreu dormindo, em 1879, um mês antes de completar oitenta anos. O epitáfio que escolheu dizia:

> Ela passou a vida no sofrimento,
> expiando não só seus pecados
> mas também suas virtudes.[25]

Claire Clairmont teve a honra de ser a única amante que Byron jamais amou. Nunca entendeu os valores sociais basicamente conservadores e elitistas de Byron. Tampouco foi capaz de se dar conta de que a constante demanda de tempo (e atenção e amor), juntamente com as tímidas tentativas de reformá-lo — comer adequadamente, beber moderadamente — e os comentários terrivelmente sarcásticos sobre seus amigos, causava em Byron uma irritação indescritível. Nem mesmo o leitor mais solidário pode deixar de recuar ante o tom importuno e possessivo de suas cartas. Não surpreende que algumas estejam amassadas, como se Byron as quisesse estrangular no lugar de Claire.

Tarde demais, já tendo perdido a filha, Claire pôde realmente compreender Byron. Mas nunca chegou a entender que os dois eram produto de mundos sobrepostos, o dele, privilegiado e arrogante, o dela, frágil e perigoso. Claire (e mais tarde Allegra) foi apanhada na engrenagem das duras leis que privavam os filhos ilegítimos de quase todos os direitos, reforçando sua condenação social como bastardos, as mesmas leis de que Byron se valeu para obrigá-la a entregar a filha.

Condessa Teresa Guiccioli[26]

Teresa Guiccioli foi o último e maior amor de Byron, que, no entanto, já havia esfriado e endurecido com ela antes de sua morte prematura. Além disso, desde o início ele fora infiel. Cínico e inquieto, Byron conheceu Teresa Gamba Ghiselli, então com dezoito anos, no ano seguinte ao do seu casamento com o rico conde Alessandro Guiccioli, de sessenta.

Teresa era de uma extraordinária beleza, com quadris cheios, cintura fina e seios opulentos, exatamente como Byron gostava. Sua espessa cabeleira loura formava cachos abundantes que ela penteava para trás. Os olhos eram enormes, as sobrancelhas, arqueadas, o nariz, fino e aquilino, a boca, carnuda e sorridente. Só os membros deixavam a desejar, dando as pernas curtas uma certa impressão de desproporção.

Em termos sociais, Teresa era uma presença agradável, uma aristocrata educada em convento que tivera um casamento arranjado pelo pai. Lia muito, era (na avaliação de Byron) "suficientemente inteligente" e gostava

ARRANJOS MATRIMONIAIS EM CÍRCULOS ARISTOCRÁTICOS 193

de literatura. Era também uma incorrigível romântica, impregnada da tradição de sedução e intriga. Depois de um ano num casamento de obrigação e sem amor, apesar de sexualmente satisfatório, ela se sentiu tão irresistivelmente atraída por Byron quanto ele por ela. Considerava esse fascínio recíproco "misterioso", vibrante e deliciosamente assustador.

Teresa sucumbiu com facilidade, após um único encontro, durante o qual o amor — ou pelo menos era o nome que lhe davam — floresceu. No dia seguinte, dormiram juntos. Em termos eróticos, combinavam à perfeição, mostrando-se Teresa tão desinibida quanto Byron. O amor evoluiu para uma paixão voluptuosa, e Byron ficou tão seduzido por ela quanto ela por ele. Ou quase. Se descobrisse alguma falsidade ou traição de sua parte, ele disse a amigos, tinha suficiente autoestima para largá-la.

Por quatro dias ininterruptos, os amantes se encontraram e exploraram seus corpos. Mas Byron não conseguia limitar-se a uma única mulher. Continuou cortejando outra aristocrata de dezoito anos com tal perseverança que, momentos depois de declarar seu amor eterno a Teresa, caiu no Grande Canal e chegou encharcado para visitar sua outra amiga. Teresa, perfeitamente ignorante das incursões extracurriculares do amante e inocente demais para ficar nervosa com seus eventuais surtos de depressão, não podia sentir-se mais feliz.

Byron continuou apaixonado, mas começou a se preocupar com a falta de tato de Teresa, um certo exibicionismo em público e seu evidente orgulho por ter agarrado o famoso poeta inglês — "mio Byron", como se referia a ele. Mas, embora detestasse qualquer manifestação de inadequação social, ficando com o sangue enregelado ao menor sinal de histeria à maneira de Caroline Lamb, também ele gostava de se jactar de seu novo amor.

Os amantes tinham seus aliados: Fanny Silvestrini, criada de Teresa, e um padre que servia de intermediário para as cartas apaixonadas que trocavam constantemente. Como sempre tratando-se de Byron, essas missivas eram um elemento crucial da relação, embora ele tivesse de escrevê-las em italiano. Desde o início, ele se mostrou fatalista quanto à permanência desse amor, advertindo Teresa: "O sentimento não tem controle, é o que há de mais belo e frágil em nossa vida."[27] Mas declarou sua dedicação a ela e jurou que dessa vez nenhuma outra mulher poderia interessá-lo.

194 AMANTES — UMA HISTÓRIA DA OUTRA

Mas o fato é que continuava atrás da adolescente veneziana, rogando à sua meia-irmã, Augusta, que reavivasse nela o amor por ele. Teresa não chegou a saber disso. Tinha lá seus próprios problemas. Estava no quarto mês de gravidez, a segunda. No ano anterior, dera à luz um menino que viera a morrer. Depois de dez dias de intenso amor com Byron, tão violento que pode ter afetado sua saúde, ela teve de acompanhar o marido a Ravena.

Em Ravena, Teresa contraiu uma doença que julgou ser tuberculose, mas era na verdade consequência de um aborto. Em suas cartas inflamadas, Byron reclamava da separação e implorava que o amasse. Ao mesmo tempo, advertia que na Inglaterra, pelo menos, seu amor fora fatal para aquelas que havia amado. Escrevendo a um amigo, contudo, ele dizia, sardônico: "Eu não era o pai do feto (...) se o pai era o conde ou não, não posso dizer; talvez fosse."[28]

Enquanto isso, Teresa queixava-se de que outras mulheres, enciumadas, tinham espalhado histórias venenosas a seu respeito. Byron ficou preocupado, e, cedendo a um impulso, foi para Ravena. Mas Teresa o manteve a distância, o que o deixou ainda mais inquieto. Até que ela o encontrou uma vez, por breve momento. Ele viria em seguida a propor que fugissem juntos — lembrança de sua tresloucada relação com Caroline Lamb. Mas Teresa recusou-se, pois sabia o que Byron ainda precisava aprender: que na Itália uma mulher pode ter ao mesmo tempo um marido e um *cavalier servente*, um amante eternamente fiel e dedicado para acompanhá-la aonde quer que fosse. Teresa não precisava fugir. Podia ter Byron e Guiccioli ao mesmo tempo.

A instituição do *cavalier servente* era parte integrante do casamento. Este ainda era um acerto entre os pais, e os maridos insatisfeitos simplesmente tinham amantes. Dificilmente tinha alguma importância que as esposas soubessem ou fizessem objeções. As vontades e necessidades do marido é que importavam.

Mas nesses casamentos arranjados as esposas também tinham vontades e necessidades, que eram atendidas pela inusitada instituição do *cavalier servente*, com suas complicadas regras de decoro. Um *cavalier servente* geralmente aparecia depois que a esposa tivesse gerado um herdeiro e, de preferência, mais um ou dois filhos sobressalentes. Ela podia então dar

ARRANJOS MATRIMONIAIS EM CÍRCULOS ARISTOCRÁTICOS 195

suas voltinhas com um *amico*, que aceitava esse caso supostamente casto sabendo que teria de ser seu para sempre. O marido o aceitava, e às vezes chegava mesmo a escolhê-lo. Os padres tinham preferência, pois os votos de celibato, mesmo desrespeitados, impediam um eventual casamento.

O *amico* tinha muitas obrigações, em particular a fidelidade à amante e o compromisso de nunca se casar nem deixar a Itália. Em relação ao marido, devia mostrar a maior cordialidade e respeito, como se fossem amigos.

Mas o sistema do *cavalier servente* protegia o marido que cooperasse: se viesse a morrer, a viúva alegre jamais poderia casar-se com o *amico*. Em outras palavras, a situação do *amico* não poderia ser resolvida com assassinato ou acidentes suspeitos, o que devia confortar muitos maridos detestados (e raivosos). A premissa por trás de tudo isso era que o *amico* e sua amante desfrutavam de um relacionamento platônico, do mais puro amor *agape*. Casamento significava sexo, algo impensável (ou pelo menos era o que se fingia acreditar) entre o *amico* e sua amante enquanto ela estivesse casada. Naturalmente, isso nunca acontecera, e portanto não podia vir a acontecer simplesmente por causa da morte do marido.

O comportamento da esposa também tinha suas regras. Ela podia encontrar-se com o *amico* em casa, mas não na casa dele. Podia convidá-lo para o camarote da família nos teatros, mas nem sequer pensar em ir ao seu encontro no dele. Na verdade, ela estava para sempre vinculada ao marido e jamais poderia fugir. Tinha de demonstrar admiração e afeto por ele e em hipótese alguma envergonhá-lo ou desonrá-lo ou ao nome de sua família, nem tampouco a de seu próprio pai.

No primeiro ano de casamento, Teresa tentara apaixonar-se pelo marido, décadas mais velho, para lhe dar um filho e deixar para trás as histórias sobre o tratamento desdenhoso que dispensara às duas mulheres anteriores. (Guiccioli mandou a primeira esposa para o interior por ter ela se queixado de que ele seduzira várias criadas. Pouco depois, ela morreria em circunstâncias suspeitas. Guiccioli casou-se em seguida com uma das criadas, que lhe deu sete filhos. Na noite em que ela morreu, ele foi ao teatro.)

Mas Guiccioli era um homem detestável, e, com seus olhos sarcásticos e os traços pesados e ameaçadores, singularmente destituído de atrativos. Além disso, não se interessava pelos sentimentos de Teresa ou por sua companhia. Se queria divertir-se com um *cavalier servente*, mesmo se tratando desse poeta inglês manco, calvo, rechonchudo e supostamente muito rico, por que não?

Byron compartilhava com Guiccioli uma visão nada lisonjeira de seus próprios atrativos físicos. Aos trinta anos, já começava a ficar pesado e encanecido, perdendo cabelo e preocupado porque os dentes pareciam continuar presos à gengiva por mera cortesia. Tentou livrar-se da gordura com dietas rigorosas e nada saudáveis, laxantes e excesso de exercícios e suor. Untava os cabelos para disfarçar os brancos e tentava desviar a atenção do caminhar desajeitado. Felizmente para Byron, Teresa o adorava de qualquer maneira, o que tornava tanto mais conveniente o desprezo do marido.

Na verdade, Guiccioli fomentou o romance, convidando Byron a mudar-se para o seu palácio. Guiccioli também tomou "emprestada" uma grande soma de dinheiro a Byron, pedindo-lhe que conseguisse sua nomeação como cônsul britânico honorário em Ravena, cargo que há muito ambicionava. (A posição de cônsul significava certos privilégios, especialmente o direito de viajar livremente pela Itália. Guiccioli era muito ativo na oposição política e corria o risco de perder o direito de visitar suas diferentes propriedades sempre que quisesse.) Byron tentou conseguir o título para ele, mas não obteve sucesso.

Enquanto isso, a vida que levavam separados debaixo do mesmo teto não facilitava os encontros dos amantes, que precisavam dar um jeito de se esgueirar sozinhos para encontros íntimos que se tornavam cada vez mais raros. Além disso, Byron mandara buscar Allegra, a essa altura uma menina séria e voluntariosa, traumatizada pelas sucessivas transferências de mão em mão entre tutores nada amorosos.

Teresa estava mais feliz que Byron, que se queixava — deslealmente — de que um homem não devia ficar amarrado a uma única mulher, e de que sua "vida [de *cavalier servente*] é condenável".[29] Mas ele nada fazia para mudá-la, e Teresa não foi capaz de avaliar todo o alcance do seu mal-estar. E como poderia? Em suas cartas, cheias de lirismo e paixão, ele falava do seu amor imorredouro e do ciúme que sentia quando (imaginava ele) ela olhava para outro homem, ou, pior ainda, quando Guiccioli exercia o direito conjugal de fazer sexo com ela.

ARRANJOS MATRIMONIAIS EM CÍRCULOS ARISTOCRÁTICOS   197

Byron ocultava a crescente insatisfação de que se queixava com os amigos. As noites passam mais rapidamente na companhia de uma amante do que na de uma esposa, dizia, sarcástico, mas o que as precedia podia ser interminável. Em *Don Juan*, ele imortalizou esse cruel pensamento:

> Pense bem, se Laura tivesse sido esposa de Petrarca,
> Ele teria escrito sonetos a vida inteira?[30]

Ao mesmo tempo, Byron considerava suas aventuras sexuais cruciais para sua arte. Como poderia ter criado poemas tão intensos, perguntava a um amigo, sem "cavar" em carruagens e gôndolas, encostado em muros, em cima ou embaixo de mesas? Reconhecia que se dependesse dele seria mais explícito, mas a indignação da opinião pública com *Don Juan* o inibira: "A *beatice* [*cant*] é muito mais forte que a *boceta* [*cunt*]", escreveu.[31]

Byron continua insatisfeito em silêncio, exasperado pela constante adoração de Teresa e as cobranças sobre o significado de sua poesia, especialmente nas referências a amantes anteriores. Sofria também de saudades de seu país, como bom exilado. Teresa, confiante e autorreferenciada, recusava-se a levar em conta os sinais de insatisfação que Byron deixava por toda parte.

Ao mesmo tempo, a condessa tinha problemas que não podiam ser ignorados, e que se resumiam no conde. Ela e Byron tinham desprezado tão flagrantemente as regras italianas de decoro que certos observadores, chocados, haviam informado seu marido e seu pai. Teresa não podia mais ignorar que enfrentava sérios problemas.

E certamente era o que pensava Guiccioli. Ele lhe apresentou uma lista de "Regras Indispensáveis", estabelecendo normas detalhadas para sua vida dali para a frente: a hora em que devia levantar-se ("não tarde"), ouvir música ou ler ("depois do meio-dia"); como devia comportar-se ("sem arrogância ou impaciência"), falar ("com gentileza e recato") e até mostrar-se ("absolutamente dócil"); acima de tudo, devia romper relações com quem quer que desviasse sua atenção do marido. Surpreendentemente, pelo menos para Guiccioli, Teresa não aceitou, apresentando também sua lista de exigências: o direito de se levantar quando bem entendesse, um cavalo com todo o equipamento e, sobretudo, o direito de receber as visitas que quisesse — em outras palavras, de continuar se encontrando com Byron. Num dramático confronto, Guiccioli deu-lhe um ultimato, exigindo que escolhesse entre ele e o amante. "Fico com meu *amico*", exclamou Teresa.

A certa altura, Guiccioli implorou a Byron que o ajudasse a convencer sua caprichosa esposa. Byron propôs deixar a Itália, se isso contribuísse para melhorar a situação. Teresa ficou furiosa, ao passo que Byron se sentia dividido entre o desejo de rever Augusta na Inglaterra e a vontade não menos forte de ficar com Teresa. Ele tergiversou, fez as malas, chamou uma gôndola e no último minuto decidiu ficar. Teresa teve uma conveniente recaída da doença, jurou, histérica (e mentindo), que não tinha dormido com Byron e convenceu o pai e o marido de que não podia ser impedida de encontrá-lo. Finalmente, eles concordaram. Na véspera do Natal de 1819, Byron e Teresa se reencontraram.

Guiccioli voltou a oferecer hospedagem a Byron em sua casa, e ele aceitou. Ordenou então a pelo menos dezoito empregados que espionassem sua mulher e o *amico*. Também pressionou Teresa a pedir outro "empréstimo" a Byron. Mas Byron era notoriamente um mão-fechada, e sobretudo as exigências financeiras de Guiccioli minavam sua relação com Teresa.

Guiccioli elevou então as apostas. Apresentou provas, recolhidas pelos empregados da casa, de que Teresa o havia traído sexualmente, exigindo divórcio. Muito bem relacionada, a família dela se uniu e conseguiu descartar essa hipótese, com toda a vergonha e as inaceitáveis consequências financeiras que traria de roldão, pressionando por uma simples separação legal. Byron também interferiu, exortando Teresa a ficar com o marido. Ela se recusou, a menos que pudesse continuar tendo sempre ao lado seu *amico*, Byron.

A situação agora se deteriorava horrivelmente. Byron não queria afastá-la do marido, da família, de seu país, o que levou Teresa a questionar, chorando, o seu amor. Guiccioli, na esperança de evitar uma separação, uma humilhação pública e sobretudo uma pensão alimentícia, implorou a Byron que convencesse Teresa a amá-lo, a ele, seu marido.

Nesse impasse entre o amor e o dever, era impossível uma reconciliação entre o conde e sua condessa. Posto contra a parede, Byron concordou em

ARRANJOS MATRIMONIAIS EM CÍRCULOS ARISTOCRÁTICOS   199

ficar ao lado da amante. Teresa triunfava. "Prometa!!!! ser meu Marido!!", escreveria ela na carta em que ele anunciava esta decisão. Nem mesmo retrospectivamente ela reconhecia a relutância de Byron, seu fatalismo, seu cansaço com toda aquela confusão.

A capitulação de Byron deu início ao período mais tranquilo do caso entre os dois. Teresa conseguiu a separação graças ao mau comportamento do marido, preservando o dote e seus bens. Fugiu de sua casa para a do pai, onde se encontrou regularmente com Byron ao longo de todo o inverno. A essa altura, Byron dedicava-lhe cada vez menos tempo. Passava a noite lendo e escrevendo, levantava-se tarde e voltava a trabalhar. Ia então cavalgar com o irmão de Teresa, jantava e passava em sua companhia apenas o que restava da noite.

Não demorou e Byron concluía mais um volume de poemas, a compensação por suportar aquele relacionamento. Teresa ficou empolgada, e apesar de não dominar o inglês leu com interesse cada poema, tentando entender as imagens e também as experiências e sensações que haviam inspirado o amante. Considerava ter finalmente assegurado que passaria o resto da vida ao lado de Byron. Também ele o aceitava como um destino, muito embora, ao contrário de Teresa, já não estivesse "furiosamente apaixonado". (Foi nesse período de fértil criatividade que Byron instalou Allegra no convento escolhido por ter os avós de Teresa como benfeitores. Posteriormente, sempre envolvido com sua poesia, deixaria de visitá-la, mesmo quando estava gravemente doente.)

Mais ou menos por essa época, Teresa deixou a casa do pai e se instalou na de Byron, em flagrante violação do acordo de separação e das regras do *cavalier servente*. Mas não ficou feliz. O calor era tal que provocou uma seca, e Byron passava pouco tempo com ela. Pior foi que não se deu bem: o papa determinou a suspensão de sua pensão.

Nesse período, os altos e baixos da política italiana e o ativo apoio dos Gamba, família de Teresa, e da família de Byron aos carbonários — membros de sociedades secretas revolucionárias que lutavam pela liberdade política — forçaram os Gamba a se mudarem para Gênova. Lá, Teresa e Byron voltaram a compartilhar uma casa, na qual ele de fato a afastou de sua vida, proibindo-a de entrar em seus aposentos e comunicando-se com ela apenas por escrito. Quando a querida irmã de Teresa, Carolina, morreu, Byron rabiscou um breve bilhete de condolências, mas só quatro dias depois se daria ao trabalho de visitá-la.

A vida de Teresa parecia vir abaixo. Onde estava seu grande amor? Cada vez mais ela se entregava aos acessos de ciúme a que Byron se referia como seus *éclats*. O distanciamento da amante, desnorteada, era tão profundo que Byron parecia planejar uma fuga. De uma hora para outra, anunciou que ia para a Grécia, então em revolta contra o domínio turco. Teresa não aceitou a notícia, anunciando que também iria. "Loucuras de mulher", fez Byron, temendo que ela provocasse uma cena. Mas ela não o fez, embora sofresse com seu afastamento, às vezes chorando e agarrando-se a ele, outras, falando em termos grandiosos da nobreza e senso de sacrifício do amado.

Antes de partir, Byron reviu seu testamento, deixando a Teresa as 5 mil libras que havia destinado a Allegra. Teresa chorou indignada ao receber a notícia, pois sempre recusara presentes de valor monetário, exceto um anel de ouro que adorava por razões sentimentais. Seu amor era da mais absoluta pureza, declarou, e ela nada queria dele, senão a mesma dedicação. Byron disse a amigos que, ao contrário da maioria das mulheres, Teresa era extremamente desprendida. Naturalmente, ressalvou, sarcástico, o fato de ser uma rica herdeira ajudava.

Teresa sofria com a separação. As regras do *cavalier servente* proibiam que um *amico* se afastasse da amante, e era o que Byron havia feito, partindo seu coração e humilhando-a ante a sociedade.

Teresa também enfrentava problemas de ordem prática, especialmente a suspensão da pensão determinada pelo papa. Ela e a família tinham recusado a oferta de ajuda financeira de Byron, e em consequência ela estava agora sem um tostão. Em Roma, onde devia viver por ordem do papa, ela teve de se acomodar no sótão de Paolo Costa, velho amigo e professor. (A pobreza de Teresa era relativa. Ela era acompanhada de uma criada.) Seu pai não tinha como ajudar, pois suas atividades revolucionárias o haviam levado à cadeia.

Byron não servia propriamente de consolo. Só muito eventualmente mandava um bilhete, prometendo visitá-la ou mandar buscá-la, o que

ARRANJOS MATRIMONIAIS EM CÍRCULOS ARISTOCRÁTICOS   201

nunca acontecia. Seu último bilhete, um ano depois de partir para a Grécia, fora rabiscado como simples anexo a uma longa e terna carta enviada pelo irmão dela, que o havia acompanhado.

Mesmo envolvido com sua quixotesca missão revolucionária nesse ano de frenesi e agitação, Byron tivera tempo para outro envolvimento emocional, talvez até se apaixonando por Loukas, um menino grego de quinze anos que de tal maneira queria agradar que chegou ao ridículo de pôr sob seu comando trinta soldados. Mas Loukas não retribuía todo esse afeto.

Em 1824, com apenas 36 anos, Byron morreu. Em suas recomendações no leito de morte, segundo várias testemunhas, ele reiteradamente mencionou Ada, a filha com Annabella, e Augusta, sua meia-irmã. Não fez qualquer menção a Teresa, Claire, Caroline ou outras amantes.

Chegara ao fim o grande caso de amor de Teresa. Ela apostara suas fichas numa vida inteira de convívio com o amado *amico*, cuja morte a deixava desamparada na precoce idade de 23 anos. Restavam-lhe apenas pilhas e pilhas de cartas trocadas com Byron e também entre ele e dezenas de outros correspondentes, entre os quais muitas mulheres amorosamente interessadas. Também tinha um broche que lhe havia sido encaminhado pela meia-irmã de Byron, Augusta. Teresa recusara-se a certa altura a aceitá-lo, dizendo a Byron que era muito caro.

E que fazer pelo resto da vida? Por um breve período, Teresa voltou para o marido. Passados apenas cinco meses, o acerto voltou a gorar. Dessa vez, os Guiccioli separaram-se amigavelmente, correspondendo-se como velhos amigos até a morte do conde, cego, em idade avançada.

Teresa jurara certa vez num impulso que esperaria por Byron num convento. Após sua morte, ela transformou sua própria vida num santuário em sua homenagem. Na meia-idade, Teresa casou-se com um aristocrata francês, o marquês de Boissy, que tanto quanto ela se orgulhava do fato de Teresa ter sido amante de Byron. Num relato por assim dizer revisionista de sua história pessoal, Teresa diria mais tarde que Byron preferira morrer na Grécia a enfrentar a vida sem poder casar-se com ela.

Em 1856, o poeta francês Lamartine publicou um livro que — para Teresa — distorcia e ridicularizava seu sublime caso amoroso, denegrindo Byron como um aleijado rancoroso. Teresa reagiu a essa caricatura escrevendo suas memórias, *Lord Byron jugé par les témoins de sa vie* [Lord Byron julgado pelas testemunhas de sua vida]. Não chegou a publicá-las, considerando que seria indecente fazer tais revelações ainda em vida, mas seus biógrafos não se eximiram de fazer uso do material, descobrindo — entre outras coisas — que ela censurava as cartas de Byron para aparecer como companheira irrepreensível e quase angelical do grande poeta.

Sob muitos aspectos, de fato o era. Byron reconhecera seu temperamento absolutamente romântico, e romântica Teresa foi até o fim. Ainda na velhice, guardava com desvelo pequenas lembranças do antigo amor: a bolota de um carvalho, as cartas a Byron e as que recebera dele, com pequenas correções onde necessário, para mostrar ao mundo o que ele realmente queria dizer, e não o que havia dito. Havia também retratos dele em miniatura. Num deles, a figura rechonchuda de Byron olha fervorosa para Teresa. Mas seu rosto foi riscado, em outra manifestação de censura, como se achasse que o artista não havia capturado sua imagem como ela gostaria.

Teresa se alimentava daquelas lembranças corrigidas, descartando tudo que entrasse em conflito com sua versão. Fora amante de Byron durante dois anos, mentindo para o pai, enganando o marido, passando por cima de convenções sociais, voltada apenas para ele. Esses dois anos haveriam de dominar as cinco décadas que ainda viveria. Até o segundo casamento seria enraizado em sua experiência byroniana. Era como se Byron fosse uma missão, e não um homem sedutor e melancólico que por breve momento a havia amado e desejado. Byron dera sentido à vida de Teresa, além de lhe conferir — acreditava ela fervorosamente — muito maior valor.

Caroline Lamb e Teresa Guiccioli eram aristocratas privilegiadas cujo meio cultural reconhecia e aceitava as necessidades românticas e eróticas das mulheres presas em casamentos arranjados com maridos incompatíveis. As convenções definiam o que era aceitável: fidelidade da esposa até a geração de um número suficiente de herdeiros legítimos; relações pautadas pelo respeito com o marido corneado; total ausência de escândalos (nada de deitar com o cocheiro, muito embora maridos e filhos a todo momento

ARRANJOS MATRIMONIAIS EM CÍRCULOS ARISTOCRÁTICOS   203

seduzissem e engravidassem as criadas); nada de fugir para coabitar com um amante; nada de comportamento inconveniente.

Por outro lado, a sociedade condenou Claire Clairmont por ser ilegítima e pobre, e por se tornar uma amante. Quando por sua vez também ela se viu levada de roldão pelo "verdadeiro amor", deparou-se com a muralha das normas. De modo geral, contudo, Claire não arriscou muito ao apostar na felicidade como amante. A sociedade do século XVIII estava estruturada de tal maneira que de qualquer forma ela teria pela frente uma vida infeliz e solitária. Ao mesmo tempo, sendo Byron um parceiro insensível e desinteressado, as desastrosas consequências de sua aventura como amante eram perfeitamente previsíveis.[32]

CAPÍTULO 5

As consortes clandestinas de padres (nada) celibatários[1]

Quem poderia imaginar que as mulheres que unem seu destino aos servos de Deus seriam chamadas de "meretrizes de um homem só" por são Jerônimo? E era esse o mesmo Jerônimo que, pouco depois de fazer os votos monacais no fim do século IV, lutara tão furiosamente para vencer a própria luxúria. Muitos padres sucumbiam, às vezes facilmente, às tentações que atormentavam Jerônimo, e, como não podiam ou não queriam viver sem uma mulher, casavam-se ou tinham amantes.

Nos primórdios do cristianismo, padres e monges amavam mulheres e viviam com elas exatamente como os leigos. Pela altura do século IV, contudo, começou a se firmar a doutrina do celibato clerical. A teologia, o ascetismo e considerações de ordem prática e de propriedade dominavam a campanha dos pais da Igreja para impor o celibato clerical. A investida, persistente, deu-se em várias frentes. Os teólogos invocavam doutrinas sobre a imoral sedução das filhas de Eva, o caráter pecaminoso da relação sexual com elas e o heroísmo dos ascetas cristãos que se privavam entre outras coisas do sexo. Ao mesmo tempo, essas autoridades eclesiásticas acusavam os padres sexualmente ativos de carecer da superioridade moral de que precisavam para servir como pastores. Acrescentavam que as relações sexuais desviavam a atenção dos padres, que deviam se concentrar exclusivamente no ministério e na espiritualidade.

À parte qualquer preocupação de ordem teológica, contudo, o principal argumento em favor do celibato clerical era a crescente riqueza da Igreja. Casados ou não, os padres com obrigações familiares consumiam recursos que de outra maneira seriam acumulados nos cofres da Igreja — ao contrário dos celibatários, gastavam dinheiro sustentando esposas, amantes e filhos, legando a eles, e não à Igreja, suas propriedades.

O Sínodo de Elvira, realizado na Espanha em 305, impôs o celibato a todos os bispos, padres e diáconos casados. Os responsáveis pelo sínodo partiam do princípio de que o celibato elevaria os padrões morais dos sacerdotes, justificando sua posição social mais elevada. Também foi decidido que os que continuassem a fazer sexo seriam expulsos. Em 325, o Concílio de Niceia, ainda mais influente, baniu o casamento clerical e proibiu bispos, padres, diáconos e todos os demais eclesiásticos de coabitar com uma mulher, "exceto talvez uma mãe, uma irmã, uma tia ou alguma pessoa acima de qualquer suspeita".[2] Essa decisão efetivamente definia e condenava a concubina eclesiástica, que passaria a ser desprezada e perseguida na cristandade católica.

A partir de 370, o laço foi ainda mais apertado pelos pronunciamentos papais, proibindo as relações sexuais, e não apenas o casamento. Generalizava-se o ideal do celibato clerical, mas não a prática; em sua maioria, os padres casados continuavam a fazer sexo com as esposas, embora uma série de decretos tentasse convencer os padres solteiros de que não deviam casar-se depois de se ordenar. Os padres mais ambiciosos, todavia, reconheciam que o celibato era bom para a carreira.

Apesar da proibição, alguns padres se casavam, tendo o matrimônio celebrado por outros padres que ignoravam sua condição ou se dispunham a fechar os olhos. Outros, fossem solteiros ou casados, tinham amantes. O papa Agapito I, eleito em 535, era filho bastardo de Gordiano, um desses padres. O papa João XIII (965-72) foi assassinado por um marido no qual pusera chifres. O papa Inocêncio VIII (1484-92), com toda a ironia de seu nome, reconheceu toda uma prole de "bastardos". E do século IX a meados do século XI a amante papal Teodora Teofilato, sua filha Marósia e os descendentes de ambas foram tão influentes que o papado dessa época ficou conhecido como "pornocracia".

AS CONSORTES CLANDESTINAS DE PADRES...

As amantes papais, naturalmente, eram mimadas e protegidas, mas as parceiras dos padres mais humildes nas paróquias, não. Os rígidos bispos alemães do século X estigmatizavam e humilhavam as mulheres que suspeitavam de ter vida sexual com os padres, ordenando que lhes raspassem a cabeça. Os bispos espanhóis excomungavam as amantes dos padres, e, quando morriam, mandavam enterrá-las sem cerimônia ou lápide.

No século XI, a lei canônica começava a definir as mulheres dos padres como "concubinas", declarando bastardos os seus filhos. Em 1018, o Sínodo de Pávia determinou a escravização dos filhos de eclesiásticos, transformando-os em propriedade da Igreja. Em 1089, o Sínodo de Amalfi estendeu a servidão às esposas e concubinas clericais, e aquelas que tivessem como parceiros subdiáconos ou clérigos mais graduados podiam ser escravizadas por senhores feudais.

Muitos padres se opunham a esses decretos. Alguns argumentavam que seriam obrigados a escolher entre a esposa e a vocação. Outros previam — corretamente, como se viria a constatar — que a abolição do casamento declarado levaria a ligações clandestinas e um concubinato generalizado. Governantes seculares e paroquianos também se manifestaram contra os concubinários — a designação oficial dos padres que tinham amantes —, resultando daí grande agitação. No fim do século XI, os príncipes alemães puniam os bispos casados confiscando suas propriedades, e os padres mais impopulares eram perseguidos por bandos de paroquianos indignados ao menor pretexto. Em sentido inverso, os concubinários atacavam agentes do papa Gregório VII, um reformista empenhado em abolir o casamento eclesiástico. As reformas empreendidas por Gregório provocaram tanta perseguição às amantes de padres que algumas dessas mulheres cometeram suicídio.

Essa luta se estendeu por toda a Europa. Em 1215, o papa e advogado Inocêncio III reuniu o Quarto Concílio de Latrão, no qual foi proclamado que todos os padres eram legalmente celibatários, mesmo aqueles que se tivessem casado antes da ordenação. Ironicamente, isso significava que o casamento católico era menos sagrado que a ordenação. Também parecia indicar a certos teólogos que o concubinato acabaria se tornando um acessório inevitável do sacerdócio. A frequência com que padres solitários seduziam — ou eram seduzidos por — mulheres em busca de apoio espiritual e prático levou as congregações a exigir sacerdotes que já tivessem uma concubina residente. O raciocínio era que os padres tinham não só na luxúria, mas também na solidão um motivo para se aproveitar das paroquianas; decorria daí que a presença diária de uma amante certamente diminuiria essas investidas sexuais.

Além disso, como assinalam David Lederer e Otto Feldbauer em *The Concubine: Women, Priests and the Council of Trent* [A concubina: mulheres, padres e o Concílio de Trento], "os relacionamentos de longo prazo aumentavam a estabilidade interna em termos sociais e econômicos, vinculavam o clero à comunidade através de laços de parentesco semiformalizados e, na qualidade de pais e maridos responsáveis, presumivelmente tornavam os padres paroquianos mais confiáveis no desempenho de sua função. Os auxiliares seculares também enxergavam aí uma oportunidade de melhor integrar o clero à elite local".[3] Argumentava-se com frequência que a laicidade, um componente tão importante da Igreja, tinha pouco a ganhar e muito a perder com o celibato clerical.

Do início do século XVI a meados do século XVII, a Reforma protestante novamente voltou a atenção para o celibato, e os reformistas mostravam-se acerbos em sua condenação. O próprio Martinho Lutero exortava à tolerância com as fraquezas humanas nas questões da carne. Seu posterior casamento com a ex-freira Katerina von Bora dizia tudo. Muitos reformistas acusavam cinicamente a Igreja de proibir o concubinato para que Roma pudesse coletar muito dinheiro em multas dos padres em situação irregular. Um bispo alemão multava apenas os padres diocesanos que geravam bastardos, mas outro, para não ter o trabalho de realmente identificar os infratores, tributava todos os padres. Quando os bebês chegavam, muitas vezes eram apresentados como sobrinhas ou sobrinhos que estavam sendo criados pelo padre.

A "GOVERNANTA" DO PADRE

O estratagema habitual dos padres, que sobrevive até hoje, era fingir que a amante não passava de uma governanta. O hábito de alojar virgens e viúvas cristãs em casas adequadas — e que outra poderia ser mais adequada que a casa de um padre? — proporcionava proteção e um meio de vida a essas mulheres. Também causava escândalo, já que a proximidade igualmente podia tornar afeitos os corações. Mais tardiamente, a amante de um padre passou a ser conhecida como *focaria*, termo que evoluíra a partir de significados originais designando dona de casa, criada de cozinha ou concubina de soldado, tornando-se o personagem da *focaria* uma figura conhecida da literatura.

A vida de uma autêntica *focaria* podia ser traiçoeira. A Igreja Cristã (não cristã) continuou perseguindo essas mulheres implacavelmente. Para expor os infratores, seus responsáveis visitavam as paróquias e, tal detetives, entrevistavam o padre e seus paroquianos. Os interrogatórios eram conduzidos em duplas, com perguntas assim: Que se sabia do padre? Ele tinha uma amante? Considerava-se casado? Tivera filhos? Dançava com alguma mulher nos casamentos? Eles frequentavam juntos os banhos públicos? Alguns inocentes paroquianos, considerando o padre em certa medida eficiente e confiável por se ter revelado um bom marido e um bom pai, de bom grado forneciam essas informações. Mas as respostas tinham um resultado diferente do pretendido.

Inicialmente, essas "visitações" eram esporádicas, mas por volta dos séculos XVI e XVII tornaram-se um fator regular da vida clerical. Não temos como avaliar a precisão das informações nelas obtidas, mas os relatórios, variando enormemente em suas constatações, parecem indicar ao mesmo tempo que o celibato se tornava mais comum e que os padres e suas congregações sabiam cada vez melhor ocultar o que não queriam que chegasse ao conhecimento dos agentes visitantes. Em 1516, por exemplo, as visitações indicavam que no sudeste da Alemanha apenas 15% dos padres tinham concubinas, mas em 1560 os registros de outra visitação permitiram conclusões muito diferentes. A visitação de 1560 envolveu 418 clérigos, dos quais 165 se recusaram a cooperar e 76 afirmaram que nunca tinham tido relações sexuais com suas domésticas. Entretanto, 154 padres reconheceram que mantinham um relacionamento sexual estável com mulheres, e 128 admitiram ter gerado algo entre um e nove filhos.

As ideias da Reforma, em particular a contestação do celibato clerical compulsório, influenciaram profundamente cada sacerdote que permaneceu na Igreja Católica. Aumentou consideravelmente o número de padres abertamente envolvidos em relacionamentos estáveis com mulheres; esses sacerdotes incorriam na ira da Igreja, podendo suas amantes ser publicamente condenadas como concubinas.

Mas as forças da Contrarreforma empenharam-se em reprimir esses casos de rebeldia. Na Baviera do século XVI, por exemplo, o duque Alberto V e seu filho e sucessor, Guilherme, o Piedoso, lançaram uma cruzada contra o concubinato e o casamento clericais. Guilherme autorizou seus agentes a perseguir os infratores. A Igreja também lhe conferiu o direito de promover visitações seculares, dando busca em casas paroquiais para prender tanto os padres quanto suas concubinas.

Em 1583 e novamente em 1584, por instigação de Guilherme, as paróquias bávaras foram objeto de visitações. Podemos imaginar a mórbida satisfação de Guilherme quando seus zelosos agentes confirmavam suas suspeitas. Num desses casos, uma nobre denunciara um padre e sua amante-cozinheira. O relacionamento envolvia um compromisso de natureza tão conjugal que a cozinheira entrara com um dote, exatamente como faria num casamento oficial, e também houvera troca de anéis. Os dois viviam juntos abertamente e não achavam nada demais em permanecer juntos na cama ao receber pessoas em visita oficial. Os amigos da cozinheira também testemunharam ter ouvido dela que ficara grávida, embora não fique claro nos registros se veio a dar à luz. Ela também defendia o amante sacerdotal dos que desmereciam sua virilidade; garantia que ele era "um homem muito vigoroso que precisava de uma mulher [e] era homem bastante para qualquer mulher". O padre que a amava foi ainda mais longe. Se as autoridades forçassem a amante a deixá-lo, declarava, ele haveria de "satisfazer-se com as outras mulheres da região, como o garanhão da aldeia".[4]

Detalhes de outros relacionamentos também foram revelados nos depoimentos de padres e seus paroquianos, mas poucas amantes puderam ser ouvidas; tinham sido prudentemente afastadas. Mas apesar de toda a cautela esses sacerdotes não viam motivos para esconder que eram casados e haviam trazido ao mundo filhos que orgulhosamente reconheciam como seus. Revelavam até ter propriedades em conjunto com as amantes, e os padres mais velhos relatavam as providências financeiras que haviam tomado em benefício das mulheres que haviam amado e com as quais haviam dormido.

Depois de anotar zelosamente todos os detalhes de afeto e sexualidade, procriação e vida doméstica, os funcionários envolvidos nas visitações de 1584 concluíram que em algumas paróquias o índice de concubinato chegava a 70%. Por mais elevada que a estimativa possa parecer, a realidade com quase toda certeza ia ainda mais longe: a precisão dos dados colhidos nas visitações estava seriamente comprometida. Em primeiro lugar, a população laica geralmente tolerava e não raro aprovava essas uniões, não se mostrando, assim, cooperativa em seus depoimentos. Mais significativo ainda era o fato de que os padres muitas vezes eram previamente avisados por algum funcionário do governo empenhado em ganhar dinheiro fácil. O aviso e a cumplicidade dos funcionários locais davam aos padres tempo de acomodar as amantes em outro lugar ou retirá-las da Baviera.

Ao tomar conhecimento da maneira como sua missão fora sabotada, Guilherme ameaçou com pesadas multas quem quer que voltasse a vazar informações confidenciais. O que não estava ao seu alcance era processar os padres como concubinários pelas leis seculares. A questão era terreno exclusivo da lei eclesiástica. As próprias amantes, contudo, não gozavam dessa proteção, e foi o bastante para que Guilherme declarasse aberta a temporada de caça.

Um padre condenado pelo pecado da carne pelas autoridades eclesiásticas em geral pagava uma multa, passava a pão e água por três dias e pagava uma penitência, geralmente fazendo uma peregrinação. A amante — sua cúmplice, na terminologia jurídica — também era multada e submetida a rituais de humilhação em público, não raro recebendo uma "sentença de morte social", vale dizer, sendo forçada ao exílio.

Maximiliano I, o filho de Guilherme, que o sucedeu após sua abdicação para entrar para um mosteiro, foi ainda mais longe que o pai e o avô. O resultado foi o que certos historiadores chamam de "um Estado policial religioso", tão repressor que o concubinato sacerdotal passou à clandestinidade, em muitos casos chegando ao fim. O mesmo não aconteceu, contudo, com a sexualidade dos padres, e a consequência imprevista da vingativa cruzada de Maximiliano foi uma onda de escândalos, pois os padres, frustrados, sem suas amantes, arriscaram-se em ligações clandestinas com mulheres casadas ou criadas da paróquia. Longe da possibilidade de crescerem como rebentos desejados de uma união de amor, os filhos gerados nessas ligações secretas e perigosas eram vistos como prova irrefutável de uma transgressão sexual. Havia casos em que os pais, em desespero de causa — um padre que havia gerado um filho ou uma mãe concubina —, abandonavam e mesmo matavam os filhos. Muitas vezes as amantes grávidas eram abandonadas pelos padres, suportando sozinhas a vergonha e a miséria da condição de mães solteiras.

Muitos padres simplesmente mantinham sua vida privada por trás de uma cortina de segredo. Sob enorme pressão de uma corte eclesiástica, um padre idoso confessou que tivera dez filhos com sua amante, já então adoentada, aos sessenta anos. Outro sacerdote, com toda evidência já tendo deixado para trás as relações sexuais, reconheceu que ainda amava sua antiga concubina. Certos padres não conseguiam fazer uma escolha entre a vocação e a família. Muitas vezes emigravam para territórios protestantes, onde podiam servir a Deus com o apoio de uma companheira amada.

A constante pressão da espionagem prejudicava outros relacionamentos, não raro de maneira irreparável. As amantes eram particularmente vulneráveis. As autoridades civis, frustradas por não poderem agir diretamente sobre os padres em contravenção, atormentavam suas parceiras. Desprotegidas, essas mulheres eram submetidas a interrogatórios, com a ameaça sempre presente da "tortura judicial", para não falar do habitual processo de acusação, condenação e punição.

Pela altura da Reforma, a tortura era um elemento habitual dos procedimentos jurídicos em casos penais. Nas palavras do eminente jurista Ulpiano, definia-se tortura como "o tormento e sofrimento [infligidos ao] corpo para arrancar a verdade".[5] A tortura não era vista como uma forma sádica de violência, mas como um procedimento destinado a contribuir para a administração da justiça. A tortura não deveria matar nem mutilar (embora frequentemente levasse a isso). Era necessária a presença de um médico, devendo as revelações ser registradas por um tabelião. Uma confissão feita sob tortura devia ser repetida no dia seguinte, embora o acusado que voltasse atrás fosse simplesmente torturado de novo. Mas nem mesmo a confissão punha fim necessariamente ao tormento; a continuação da tortura depois da confissão era a norma, pois estimulava os culpados a dar os nomes dos cúmplices.

Mulheres e crianças em geral ficavam isentas das formas mais dolorosas e incapacitantes de tortura. Dava-se preferência a atar fortemente seus pulsos, impedindo a circulação, para em seguida desatá-los e voltar a atá-los. Eram privadas de sono por até 48 horas. As solas dos pés podiam ser embebidas em líquidos inflamáveis e incendiadas. Eventualmente as mulheres podiam ter os membros estirados, ser queimadas ou mutiladas de outras formas, exatamente como os homens. As mulheres culpadas apenas de amar um padre tinham realmente motivos para ficar aterrorizadas com a perspectiva da tortura. Os relacionamentos se desgastavam sob a pressão e o estresse das visitações e a subsequente repressão dos padres que desrespeitavam o celibato e de suas parceiras amorosas.

Cada vez mais os padres avessos ao voto de castidade se satisfaziam com mulheres que pudessem levar para a cama sem maiores consequências. As paroquianas casadas eram candidatas privilegiadas nesse sentido. Estavam acessíveis, tinham motivos para estar na companhia do padre ou podiam inventá-los, não corriam muito o risco de incorrer na ira dos maridos se confessassem o adultério e não precisavam explicar como haviam ficado grávidas.

Um desses padres de tal maneira refinara suas estratégias de sedução que usava a igreja como ninho de amor. Mandou instalar uma porta secreta, e à noite passavam por ela suas amantes casadas, para fazer sexo debaixo do altar. O padre alemão Adam Sachreuter adotou um *modus operandi* diferente. Na mesa de jogo com o marido de sua possível amante, enchia-o de álcool até que caísse bêbado. Sachreuter fazia então a caridade de acompanhar o paroquiano até em casa, e, depois de depositá-lo na cama, fazia sexo com sua mulher.

O padre Georg Scherer era outro grande infrator; suas condenações por concubinato começaram em 1622 e foram até 1650. Scherer dormiu com pelo menos quatro criadas, tratando de despachar cada uma delas para outra cidade quando se interessava por outra mulher. As ex-amantes do padre Scherer, tendo cada uma delas gerado um filho seu, dois dos quais morreram em circunstâncias não esclarecidas, foram acusadas do crime de fornicação e encarceradas na tristemente famosa Torre do Falcão em Munique, local dos famigerados interrogatórios da tortura judicial. Antes do interrogatório, as mulheres eram advertidas de que, se não cooperassem, seriam torturadas, e então lhes eram mostrados os instrumentos a serem usados. Invariavelmente elas confessavam. Três delas foram consideradas culpadas e punidas: humilhadas em público, foram forçadas a trajar roupas de penitência e mostrar-se um dia inteiro no tronco em frente à igreja, ou então mandadas para o exílio. Scherer, detido numa prisão eclesiástica muito menos desagradável, teve apenas de pagar uma multa insignificante.

Clara Strauss foi a quarta de suas amantes condenadas, além de mãe de um de seus filhos. Scherer declarou em seu depoimento que ela é que fora a agressora no caso que haviam tido, seduzindo-o quando estava bêbado e arrancando-lhe trinta florins por seus serviços, o que a transformava numa prostituta. Na verdade, ele a chamara de prostituta, mas ela achara graça, fazendo comentários desabonadores sobre sua virilidade. A relação tivera caráter puramente mercenário, afirmou Scherer, um simples e único episódio de prostituição. Infelizmente, seu filho fora concebido naquela mesma noite. Como as outras mulheres de Scherer, Clara foi punida.

Quatro anos depois, Scherer seria novamente acusado de engravidar Clara. Apesar dos indícios de que havia pedido a outro padre que batizasse a criança, Scherer negou a acusação e foi absolvido. Passaram-se mais quatro anos, e Scherer voltou mais uma vez ao tribunal eclesiástico, confessando-se culpado de relacionamento sexual com outra empregada e pedindo perdão. O tribunal mais uma vez mostrou-se indulgente. Em vez de ser afastado da paróquia, Scherer foi severamente advertido e multado, passando a pão e água durante três dias.

Vinte anos depois, já idoso, Scherer foi novamente acusado por uma relação com sua cozinheira, Maria, igualmente sua amante e nora. Seu filho com Clara havia se casado com Maria, provavelmente para encobrir a relação dela com o pai. O padre que oficiou o matrimônio declarou em seu depoimento que Scherer ameaçara matá-lo se não realizasse a cerimônia. Outros indícios mostravam que Scherer ajudara Maria a conseguir um aborto, que talvez não tenha sido o seu único. Tanto a ameaça de morte quanto o agenciamento de um aborto eram crimes extremamente graves, e Scherer foi condenado à prisão perpétua num mosteiro. Maria foi executada, provavelmente na fogueira, a menos que tenha tido a sorte de conseguir morte mais fácil e rápida por estrangulamento. Ao contrário de Scherer, defrontado com juízes eclesiásticos, Maria enfrentou jurados seculares menos piedosos, que consideravam o aborto uma forma de infanticídio e vieram a condená-la.

No fim do século XVI, o celibato substituíra o concubinato como padrão para o clero católico. A Reforma, a terceira sessão do Concílio de Trento em 1562 e 1563, décadas de repressão e as mudanças nos métodos de formação dos padres haviam forçado sua implantação. Com o tempo, desaparecera a ambivalência medieval na questão do celibato clerical, que de tal maneira influenciara as expectativas dos paroquianos a respeito do seu pastor. Agora os paroquianos esperavam que o padre observasse o celibato, um ideal que coincidia exatamente com o que ele aprendera no seminário. Esperava-se que ele usasse trajes que o distinguissem nitidamente dos leigos e se eximisse de qualquer autoindulgência nos vícios seculares do jogo, da bebida e da prostituição. A realidade, naturalmente, era outra. Embora em sua maioria os padres não tivessem mais coragem de viver abertamente uma relação sexual, muitos ainda saíam perdendo na eterna luta pelo respeito ao celibato com a qual se haviam comprometido. Paradoxalmente, a história do celibato clerical é também a história do concubinato clerical: quando o casamento é proibido, até as uniões mais sólidas são ilícitas.

Não se verificaram grandes mudanças nos séculos posteriores. O celibato clerical continua em grande medida impossível de fazer respeitar, e os mais sérios levantamentos deixam claro que cerca de metade dos padres hoje não o observa — como sempre aconteceu. Mas a Igreja e suas congregações têm interesses muito diferentes em jogo na questão. Não surpreende, assim, que nunca tenham convergido nesse sentido.

A justificação oficial da Igreja para a perseguição aos padres decorria do tradicional compromisso teológico com o celibato, assim como da convicção de que ele liberava os padres de distrações e outras obrigações, para que pudessem dedicar-se exclusivamente aos seus deveres. Um terceiro motivo, subentendido mas igualmente importante, era o fato de os padres solteiros serem mantidos a muito menor custo e, ao contrário de homens casados, não recorrerem a bens da Igreja para sustentar famílias, apoiar a carreira dos filhos e dotar filhas casadoiras. As amantes clericais e seus filhos eram encarados como empecilhos graves tanto à lealdade dos padres quanto às despesas de funcionamento da Igreja.

Por outro lado, como assinala o historiador Henry Lea, essas ameaças à integridade corporativa da Igreja "tornavam o matrimônio mais condenável que o concubinato ou a licenciosidade".[6] No fim das contas, o concubinato e a licenciosidade não geravam muitas obrigações; o casamento e os filhos legítimos, por outro lado, podiam drenar os recursos da Igreja. Um padre envolvido num relacionamento clandestino representava para a Igreja uma ameaça muito menor que um padre casado.

A consequência disso era que, em meio a toda a confusão e controvérsia, as amantes clericais proliferavam. E, apesar das normas proibindo os padres de contratar para os serviços domésticos mulheres de menos de trinta ou quarenta anos, o fato é que se disseminava a figura da amante apresentada como governanta. O próprio caráter clandestino dessas relações, assim como a condição social em geral humilde das mulheres, fez com que até a mudança de atitudes e a liberação das línguas verificada no século XX poucos traços individuais restassem dessas amantes.

A exceção é uma fonte em geral menosprezada: os relatórios das visitações oficiais, documentando tão detalhadamente informações pessoais e domésticas das amantes clericais e seus parceiros. O pioneiro trabalho de Lederer e Feldbauer nesse campo representa um primeiro passo para remediar essa situação. Enquanto isso, como acontece no caso de tantos personagens históricos femininos, as histórias dessas amantes só podem ser imaginadas ou sugeridas através de hipóteses baseadas naquilo que sabemos terem enfrentado: o medo da detenção e suas consequências; o ressentimento com sua condição vilipendiada; as promessas que arrancavam aos amantes em matéria de proteção pessoal e sustento dos filhos. Sabemos também que muitas dessas mulheres sentiam amor, desejo e orgulho por serem escolhidas por homens especiais que detinham a chave dos mistérios divinos e mesmo da salvação.

Outro fator determinante nessas relações amorosas era o fato de, até a firme implantação do celibato como *modus vivendi* clerical, as mulheres encararem os padres como possíveis maridos, homens que haviam abraçado uma vocação comparável à do professor ou do médico. Com o passar dos séculos, contudo, à medida que se disseminava o ideal do celibato, desenvolveu-se uma mística em torno dos padres como homens intocáveis de uma ordem superior. Apesar de fundamental, essa mudança não afetou a maioria das relações entre padres e amantes até a época medieval. Na liberação de costumes da segunda metade do século XX, quando católicos de espírito reformista começaram sistematicamente a atacar o celibato clerical, algumas mulheres de ideias arejadas e mais audaciosas mais uma vez passaram a encarar os religiosos como objeto legítimo de seus desejos eróticos e também de amor romântico.

AMANTES PAPAIS

Teodora e Marósia Teofilato[7]

Mãe e filha, Teodora e Marósia Teofilato formaram uma dupla de amantes papais. Granjearam tanto poder político que, ao contrário do que aconteceu com milhões de outras "Martas" anônimas, são descritas com algum detalhe em relatos contemporâneos, em sua maioria venenosos. Em 890, Teodora e o marido, Teofilato, mudaram-se da encantadora cidade etrusca de Túsculo para Roma, a 25 quilômetros. Teofilato era um homem corajoso e capaz que se tornou senador, juiz e afinal duque responsável pelas finanças do papa e a milícia romana. Teodora também foi nomeada senadora.

Mas Teodora não queria limitar-se a esvoaçar em torno da chama papal, num Estado em que o papa era o líder máximo. Seu sonho era estabelecer uma dinastia familiar que pudesse manipular para vir a dominar Roma. Aparentemente, sua ambição era compartilhada por Teofilato. Juntos, eles manobraram com o homem que passou à história como Sérgio III, apoiando-o quando seu partido foi exilado, até que chegasse a ser eleito papa.

Do acordo entre Sérgio e os Teofilato fazia parte a entrega a ele da filha de quinze anos do casal, Marósia, para ser sua concubina. Marósia já se tornava uma mulher de beleza lendária, e deu início a uma tórrida relação sexual com Sérgio. Logo viria a dar-lhe um filho.

Depois de empurrar a filha núbil para a cama de Sérgio, Teodora consolidou sua posição e logo passaria a controlar a corte papal. Em 911, morrendo Sérgio com apenas sete anos de papado, Teodora soube evitar a habitual e sangrenta guerra de sucessão com a nomeação de seu escolhido, Anastácio III. Ao morrer Anastácio, em 913, ela rapidamente deu um jeito de entronizar Lando, que sobreviveu até 914.

Teodora apaixonou-se perdidamente por um homem mais moço, o bispo João de Ravena. A morte de Lando levou-a a catapultar João ao papado. Ele viria a transferir-se definitivamente para Roma, não só atendendo a suas necessidades eróticas como permitindo-lhe prosseguir como eminência parda por trás do trono papal. Por esse "monstruoso crime" de forçar o amante a se tornar o papa João X, o muito citado historiador Liutprando condenou Teodora como "meretriz".[8]

Ao lado de João, Teodora estabeleceu-se solidamente na estrutura papal de poder. E ele se revelaria muito mais diligente que seus anteriores fantoches, além de ter durado mais no cargo. Também atuava em harmonia com Teofilato, o cooperativo marido, estabelecendo uma coalizão de governantes italianos sob o controle do papado.

Pouco depois da entronização de João, Teodora voltou sua atenção para a filha, agora viúva. Marósia ainda era altamente cobiçável, e Teodora a ofereceu em casamento a Alberico, marquês de Camerino. Tal como sucedera com o papa Sérgio, Marósia representava a recompensa oferecida pelos pais em troca de serviços prestados. Alberico era um mercenário alemão que desempenhara papel vital, com seu bando de veteranos, para a consolidação do poder dos novos aliados italianos. Na qualidade de genro,

Alberico juntou-se a Teodora e Teofilato no palácio da família na colina do Aventino, continuando a fornecer-lhes uma indispensável proteção militar.

Em algum momento antes de 924, Teodora e o marido morreram, mas não sabemos ao certo como, onde nem quando. Pelos padrões da sociedade de então, tinham construído vidas extraordinárias, especialmente Teodora. A dinastia dos Teofilato prosperava, e, juntos, o marido de Teodora e seu amante e cúmplice, o papa João X, facilitaram sua missão no comando da coisa pública. Como amante e esposa, Teodora conseguira o que muito poucas mulheres conseguem, unindo e dominando os dois homens que lhe estavam mais próximos e fazendo-o abertamente, indiferente à consternação dos compatriotas. Seus homens eram inteligentes, capazes e corajosos. Compartilhavam seus sonhos e a tratavam com respeito; na verdade, honravam-na com sua confiança pessoal e profissional.

Mas nem tudo corria bem entre Marósia e o papa João. Após a morte dos pais, Marósia tomou a frente da poderosa dinastia dos Teofilato. Ao contrário deles, não estava interessada em compartilhar o poder com o papa João, o aliado com que haviam contado. Muito pelo contrário, investiu em agressiva rivalidade contra ele. Em 924, quando Alberico contribuiu para rechaçar um ataque sarraceno, Marósia tomou a si o crédito pela vitória. Ao mesmo tempo, não devia gostar de Alberico como marido, enganando-o com uma série de amantes. Esses homens, contudo, só satisfaziam seus desejos eróticos, e não suas ambições pessoais. Para sua realização, Marósia voltou suas expectativas para João, seu filho bastardo com o papa Sérgio.

Assim como Teodora contemplara uma dinastia política, Marósia ambicionava um papado hereditário, tendo João como o primeiro da série. Para isso, no entanto, seria necessário livrar-se do papa então no trono, o ex-amante de sua mãe. Foi o que fez Marósia, desfazendo-se de Alberico e casando-se com o irmão do aliado militar do papa João. Em seguida, insuflada pelo entusiasmo dos romanos, ela e o exército do novo marido montaram um assédio dos portões do Vaticano. O papa João acabou capitulando e foi atirado numa masmorra, onde morreu, não se sabe ao certo se de fome ou estrangulado.

Teodora, a mulher que o havia amado, teria ficado chocada e enlutada, mas Marósia não tinha qualquer remorso. Pelo contrário, elevou dois acólitos ao trono de são Pedro até que o filho João completasse vinte anos. Organizou então sua entronização como papa João XI, continuando a administrar Roma em suas dimensões ao mesmo tempo temporais e espirituais.

Entronizado o filho como papa, Marósia não precisava mais do novo marido e mandou matá-lo. Em seguida, por razões de estratégia militar, propôs casamento ao irmão dele, homem casado conhecido por manter uma corte que mais parecia um bordel. Ele rapidamente tratou de aceitar a oferta e "deu um jeito" de ficar viúvo. O papa, o dissoluto e dócil filho de Marósia, foi incumbido de oficiar o matrimônio. Mas na festa de casamento, Alberico, o filho legítimo de Marósia, adolescente inteligente e astucioso, denunciou publicamente a fria e traiçoeira mãe, assim como seu consorte. "A majestade de Roma caiu tão baixo que agora ela obedece a meretrizes. Poderia haver algo mais desprezível que a cidade de Roma sendo arruinada pela impureza de uma mulher?", perguntava.[9]

Roma ouviu a advertência de Alberico e o castelo foi invadido por uma multidão. O noivo de Marósia atirou uma corda pela janela e conseguiu fugir. Marósia não teve a mesma sorte. Foi capturada pelos rebeldes, e, embora Alberico recuasse ante a eventualidade de matá-la, ela era perigosa demais para ser libertada. Ele então mandou prendê-la nas profundezas do castelo, onde ela permaneceu até morrer meses depois, sem ser pranteada.

O destino de Marósia foi terrível: sepultada pelo próprio filho em masmorra de úmida escuridão, muito longe da luz solar e de qualquer brisa refrescante e guardada por homens incorruptíveis que ela não tinha como seduzir, coagir nem convencer a libertá-la. Abandonada ali, ela deve ter amaldiçoado muito Alberico — mas em vão. Pois lá em cima, à luz do sol, o jovem e popular Alberico tomou o poder ao inepto irmão, deixando-lhe apenas obrigações protocolares como papa.

No leito de morte, Alberico rogou aos seus nobres que elegessem seu filho, Otaviano, como papa. Foi o que eles fizeram, desse modo assegurando a Marósia um extraordinário legado com a mulher que, amante de um papa, gerou toda uma linhagem de papas, ironia que ela certamente teria apreciado.

AS CONSORTES CLANDESTINAS DE PADRES...

A vida de Marósia não foi fácil. Para os pais, ela fora apenas um valor de troca, vindo a ser por eles forçada à condição de amante. Após a morte de Sérgio, eles lhe impuseram Alberico. Finalmente livre de seu controle com a morte de ambos, Marósia desprezou as convenções, passando a vender-se, depois de ser vendida.

Mas Marósia foi muito mais longe que sua ambiciosa mãe. Matou e não foi leal a ninguém, nem mesmo aos maridos ou ao filho menor, que haveria de se transformar em seu inimigo. Como amante e mãe de papas, Marósia parecia totalmente destituída de convicções espirituais, fé ou crença em qualquer coisa que não fosse seu próprio mundo de venalidade.

Vanozza d'Arignano e Júlia Farnese[10]

Cinco séculos mais tarde, o poderoso papa Alexandre VI, da família Bórgia, fez a fama de suas duas amantes. Rodrigo Lenzuoli nasceu em 1431 no importante clã dos Bórgia. Como o irmão Luís e o tio materno Afonso — o papa Calisto III, outrora professor de direito na Espanha —, Rodrigo entrou para a Igreja. Era uma figura impressionante, um homem inteligente e culto, administrador diligente e hábil, além de elegante na fala, nas maneiras e no trato pessoal. Alto e forte, era considerado capaz de arrancar a cabeça de um touro de um só golpe. Excelente cavaleiro, era um homem de grande beleza e atraía as mulheres como "um ímã atrai o ferro".

Mas Rodrigo tinha um aspecto nem tão atraente, especialmente tratando-se de um clérigo (mas não ainda um padre — nessa época caótica, era possível desempenhar funções na Igreja sem ter sido ordenado, e Rodrigo só o seria em 1468). Seu lado incuravelmente mulherengo levara ao nascimento de vários filhos, que reconhecera e amparava generosamente, graças à sua enorme renda na Igreja, vários mosteiros e catedrais italianos e espanhóis, seu salário de vice-chanceler (1457) e o dinheiro de uma herança. Rodrigo levava uma vida extravagante de príncipe. A única exceção era a mesa, tão frugal que os amigos evitavam jantar em sua casa, embora essa dieta magra certamente fosse responsável em boa parte por sua força e energia. Mas Rodrigo não era um príncipe, era um clérigo, e os contemporâneos consideravam seu comportamento anticlerical e impróprio.

Quando Rodrigo conheceu Vanozza, filha de uma viúva a quem assessorava em questões jurídicas (ele também era advogado) além de dormir com ela, seu tio Calisto III já o fizera cardeal. Vindo a viúva a morrer, Rodrigo tomou Vanozza, então com dezoito anos, como amante, mandando sua irmã, não tão bela, para um convento. Antes, porém, o ambicioso cardeal tomou a precaução de pagar a Domenico d'Arignano, um advogado já idoso, para casar-se com Vanozza e lhe dar seu nome, e sobretudo à futura linhagem de bastardos papais. Com a morte de d'Arignano e de um posterior marido (Giorgio di Croce), Bórgia tratou de encontrar substitutos. E certamente precisava deles: um ano depois do primeiro casamento, Vanozza deu à luz o primeiro dos quatro filhos que teria com ele.

Vanozza era bela e recatada; queria apenas entreter Rodrigo e criar os filhos em casa. Jamais esquecia de preservar as aparências formais com ele, até mesmo nas cartas, e nunca fazia comentários sobre sua intimidade como casal. Rodrigo, sempre preocupado com a etiqueta e ansioso por seguir os passos do tio no trono de são Pedro, apreciava sua discrição. Surpreendentemente, tratando-se de uma mulher aparentemente tão modesta, Vanozza também tinha uma importante atividade paralela: fez fortuna com contratos imobiliários e a gestão de estalagens e lojas de penhor.

Um belo dia, Rodrigo teve de mudar-se para Roma. Embora já não tivesse relações sexuais com Vanozza, por motivos que ignoramos, de tal maneira sentia falta de sua companhia que a alojou e aos filhos numa casa perto do Vaticano, onde vivia com eles e o marido. Discretamente, contudo, Vanozza quase toda noite recebia o amado Rodrigo em casa, onde conversavam amigavelmente.

Até que, em 1483, sem qualquer explicação, Rodrigo rompeu com aquela ligação de décadas e mandou os filhos para a casa de uma prima viúva, Madonna Adriana de Mila. A única explicação plausível para esse abrupto rompimento seria o fato de as relações de Vanozza com os maridos de conveniência nem sempre serem estritamente platônicas. Era o que davam a entender os fofoqueiros da época, e o quinto filho de Vanozza, Otaviano, era sabidamente filho de Carlo Canale, seu quinto e último marido. Rodrigo também negava às vezes indignado — e publicamente — que tivesse de fato gerado Jofre, o quarto filho dela.

Podemos apenas tentar imaginar de que maneira Vanozza reagia a essas acusações, mas a tristeza por ter perdido a companhia dos filhos, especialmente Lucrécia, sua única filha, durou até o fim da vida. Talvez por ter ela aceitado a decisão de Rodrigo, por mais cruel, ele não tentou afastá-la completamente do convívio da família. Seus poucos contatos com ela eram amistosos, e ele continuou a assisti-la financeiramente. Autorizou-a e a Carlo a usar o brasão dos Bórgia, dando direito a isenções fiscais. Conseguiu a nomeação de Carlo como guarda da prisão de Torre Nona, cargo muito ambicionado por causa das gorjetas, que podiam ser muito altas, da parte de presos de alto escalão. E, sobretudo, permitia que Vanozza encontrasse os filhos, embora sua prima Adriana na prática lhe tivesse tomado o lugar de mãe. Vanozza suportou, concentrando-se em seus negócios. Mas a maneira como assinava nas cartas a Lucrécia — "Sua mãe, feliz e infeliz, Vanozza Bórgia" — bem fala da melancolia com que teve de conviver pelo resto de sua longa vida.

Após o rompimento com Vanozza, Rodrigo logo encontraria uma mulher — muito jovem — para aplacar seus anseios. Júlia Farnese era uma espetacular beldade de dezesseis anos, conhecida como "Giulia la Bella". Com seus cabelos excessivamente longos e louros, fora abençoada com um temperamento de solar simplicidade.

Apesar da diferença de quarenta anos, Júlia com toda evidência gostava do amor obsessivo que Rodrigo demonstrava por ela. Tal como fizera com Vanozza, ele negociou para ela um casamento com o cordato filho menor de Adriana, Orsino Orsini, que depois da boda foi despachado para a propriedade rural da família em Bassenello. Júlia continuou vivendo com Adriana e os filhos do cardeal Bórgia, tornando-se sua amante oficial.

Júlia amava e respeitava seu amante eclesiástico, e ficava encantada com as joias e as roupas magníficas com que a presenteava. Brilhava nas festas e recepções a que compareciam, nas quais o conservado Rodrigo dançava com o mesmo entusiasmo da jovem amante. A boa saúde e o regime espartano certamente o haviam preservado também da humilhação da impotência sexual que atormenta tantos homens de idade.

Júlia gostava em particular do fato de ter sido alçada da condição de filha de uma família sem importância, com dote modesto, a amante de um cardeal famoso, e sua família apreciava seu novo poder, pressionando-a a cobrar de Rodrigo posições e outros favores para o clã dos Farnese. Felizmente, Rodrigo sentia-se solidário de seu desejo de consolidar a situação da família, de bom grado atendendo aos embaraçados pedidos de Júlia.

O caso entre Rodrigo e Júlia longe estava do acerto estável e tranquilo que o havia ligado a Vanozza por 25 anos. Apesar do caráter aparentemente familiar da relação — a amante era amiga próxima de sua filha, Lucrécia, e as duas, muito jovens, estavam constantemente sob o olhar atento de Adriana —, Rodrigo sofria de um devastador ciúme. Pior ainda, o principal suspeito era o marido de Júlia, Orsino, que ela se recusava a abandonar e que continuava fascinado pelos encantos da mulher.

Enquanto isso, Rodrigo tinha uma vida profissional, e, como cardeal, ansiava pela morte do papa. Durante o dia, mostrava-se à frente de boas obras, assumia uma pose piedosa e pressionava insistentemente os outros cardeais para conseguir seu voto quando chegasse o momento. Nas horas vagas, visitava a amante.

No dia 25 de julho de 1492, Inocêncio VIII, o primeiro papa a reconhecer abertamente os filhos, deu seu último suspiro. Dezessete dias depois, na noite de 10 para 11 de agosto, os cardeais elegeram seu sucessor. Ao serem contados os votos, Rodrigo gritou empolgado: "Sou papa! Sou papa!" Júlia Farnese passava a ser a amante do papa Alexandre VI.

Tal como o antecessor, o papa Alexandre abertamente apresentava Júlia como sua companheira — os piadistas passaram a chamá-la de "Noiva de Cristo" —, e Vanozza, como a mãe de seus filhos. Um dos primeiros atos de Rodrigo como papa foi fazer cardeal o irmão de Júlia, Alessandro, o que valeu ao jovem, que viria a se tornar o papa Paulo III, o apelido de "Cardeal Anágua". Um ano depois, Júlia deu à luz Laura, sua única filha, jubilosamente reconhecida por Rodrigo. E quando Lucrécia casou-se no Vaticano aos treze anos, Júlia destacou-se entre os convivas. É improvável que Vanozza, a mãe da noiva, tenha sido autorizada a comparecer.

Apesar de sua afabilidade e de se deliciar com a excitação dos magníficos bailes e outras formas de entretenimento, Júlia também assumia atitudes desafiadoras, e se recusava a ignorar o marido. Sempre que o visitava em Bassenello, Rodrigo se corroía de ciúme. Dois anos depois de se tornar papa, ele escreveu uma carta cheia de amargura a sua "ingrata e traiçoeira Júlia". Criticava-a pela "perversidade da sua alma", que a havia levado a "quebrar o solene juramento de não se aproximar de Orsino (...) [e] entregar-se mais uma vez a esse garanhão". Volte imediatamente para mim, ordenava, "sob pena de excomunhão e danação eterna".[11]

Para evitar a ira de Rodrigo, Orsino mandou Júlia de volta, acompanhada de sua mãe. Por um cruel golpe do destino, elas foram atacadas por soldados franceses, e o comandante comunicou a Rodrigo que, se quisesse voltar a ver Júlia, teria de pagar um resgate. Rodrigo ficou arrasado. Fez o pagamento e foi esperar a amante nos portões da cidade. À sua chegada, os quatrocentos franceses que a acompanhavam aclamaram o velho papa que conduzia de volta para casa, em trajes solenes de capa e espada, a linda loura que acabava de resgatar ao cativeiro.

O fato de um papa ameaçar a amante com castigos espirituais por visitar o marido parecia absurdo mas não era inédito — ao longo das eras, os amantes clericais não se têm eximido de intimidar as amantes com ameaças assustadoras apesar de hipócritas. Em Rodrigo, a necessidade desesperada de possuir Júlia parecia neutralizar o tirocínio e o orgulho próprio. Suas furiosas acusações sobre as visitas clandestinas de Júlia a Bassenello podiam ter fundamento. E os romanos certamente comentavam que o pai biológico de Laura era ninguém menos que o seu pai civil: Orsino Orsini.

Em 1497, João, o filho de Rodrigo com Vanozza, desapareceu certa noite depois de uma festa na casa da mãe. O corpo foi encontrado no rio no dia seguinte, com as mãos atadas e a garganta cortada. O assassino, provavelmente um marido traído, nunca seria identificado. Vanozza e Júlia tentaram reconfortar Rodrigo, mas ele estava inconsolável, convencido de que a morte do amado filho representava uma punição divina aos seus pecados. Jurou então reformar-se. Passada a dor inicial, contudo, Rodrigo Bórgia retomou os velhos hábitos.

Em 1503, depois de outra festa, o papa, então com 72 anos, foi acometido da "doença romana", provavelmente cólera. Durante doze dias, padeceu de terríveis sintomas, entre eles grotescas deformidades faciais que tratava de ocultar por baixo de um capuz. No dia 18 de agosto, depois de receber a extrema-unção, veio a morrer. A essa altura, era vilipendiado pelos romanos por ter desacreditado o papado para enriquecer e conferir poder a sua família, e foram muito poucos os que compareceram a seu funeral. O declínio final daquele papa outrora poderoso foi descrito por uma testemunha. Seu corpo estava enegrecido. O nariz havia inchado, e a língua, intumescida, projetava-se para fora da boca. Como o caixão se revelasse curto e estreito, os carpinteiros simplesmente envolveram o corpo num velho tapete e trataram de reduzi-lo por espancamento.

Júlia recobrou-se rapidamente. Voltou a Bassenello e dois anos depois providenciou o casamento de sua filha, a adolescente Laura, com um sobrinho do inimigo e sucessor de Rodrigo, o papa Júlio II. Enquanto amante do homem mais poderoso de Roma, Júlia aprendera a importância dos relacionamentos certos.

Vanozza também sobreviveu tranquilamente e por muito tempo. Ao morrer em 1518 aos 76 anos, respeitada e piedosa dama dedicada às boas obras, legou à Igreja uma fortuna em bens imóveis.

Teodora e Marósia Teofilato haviam encontrado homens dóceis para transformá-los em papas fantoches e fundar suas dinastias. Jamais teriam escolhido o brilhante e sagaz Rodrigo Bórgia, que evitara uma guerra entre duas grandes potências, Espanha e Portugal, passando uma linha pelo meio do oceano Atlântico e atribuindo os territórios a oeste à Espanha, e a leste, a Portugal; que incorrera na ira dos católicos ao se recusar a perseguir os judeus; e que afirmara a ideia absolutamente radical de que os nativos das Américas não eram subumanos, sendo perfeitamente capazes de decidir se deviam ou não aceitar a fé cristã. Vanozza e Júlia, por sua vez, eram "criações" desse homem excepcional, que amara a ambas mas também as usara deliberadamente como instrumentos úteis para o fortalecimento da dinastia dos Bórgia.

A MODERNA AMANTE CLERICAL[12]

À parte os cismas, existe sempre apenas um papa, mas ao longo dos séculos os padres podem ser contados em milhões. Ao contrário de favoritas papais como Teodora e Marósia, Vanozza e Júlia, essas amantes não podiam esperar riqueza nem privilégios. Enfrentavam, isso sim, a perseguição da lei, a censura social e as severas privações materiais da vida clerical, que oferecia os meios de vida mais modestos.

Hoje, estima-se que algo entre 20 e 30% dos padres católicos estejam sexualmente envolvidos em relações relativamente estáveis com mulheres; ou seja, têm amantes. Essas uniões oferecem não poucos motivos de assombro, entre eles o fato de serem tão bem dissimuladas e com tanta frequência toleradas pela hierarquia da Igreja e as congregações, chegando muitas vezes a uma tácita aceitação. Um aspecto menos apreciável dessas relações proibidas está na exploração que configuram da parte do padre transgressor. Como alguém diferente e acima dos simples leigos, ele pode valer-se dessa posição privilegiada para influenciar e seduzir mulheres, geralmente católicas com as quais convive no exercício de suas funções. Não menos surpreendente, apesar de menos frequente, é o fato de certas mulheres elegerem padres como alvo, explorando sua solidão e vulnerabilidade. Mas não importa qual dos lados tenha dado início ao relacionamento, sempre que surgem problemas, a Igreja invariavelmente se posiciona ao lado do padre desgarrado, e não da fiel católica magoada.

A Igreja moderna na verdade estimula e facilita as relações sexuais dos padres ao ignorar as violações da regra do celibato clerical, exceto as mais escandalosas. Mesmo assim, só toma conhecimento quando a questão é trazida à baila pela exposição na mídia. O que parece fazer sentido do ponto de vista estratégico. Enquanto o celibato clerical for a doutrina oficial, a hierarquia da Igreja terá de fechar os olhos à incontinência sexual para estancar o sangramento que tem devastado o sacerdócio, à medida que os padres abandonam a batina para se casar ou ter uma vida sexual. Além disso, para proteger o dinheiro da Igreja, é preciso dar prosseguimento à milenar estratégia de vitimização das mulheres envolvidas com padres e, por extensão, de seus filhos.

Um dos estratagemas da Igreja consiste em recorrer à definição sofística do celibato como a condição de não estar casado, e não como aquilo que realmente se tinha em mente: a abstinência sexual. Mas também existem outras estratégias mais práticas que facilitam a vida dos padres sexualmente ativos.

A mais comum consiste em fazer passar a amante instalada em domicílio como governanta ou empregada doméstica. Certos bispos ainda hoje sugerem esse estratagema aos padres que lutam com a questão do celibato.[13] E quando surge algum problema, não raro na forma de uma gravidez indesejada, a Igreja põe em ação mecanismos destinados a ajudar o assustado padre, e *não* sua inconveniente amante, com suas exigências de ajuda financeira. A Igreja muitas vezes o ajuda a escapar com uma licença, para ter um tempo para pensar. Seus conselheiros podem dar a entender que o aborto, doutrinariamente reprovado, é menos escandaloso que um filho gerado por um padre. (O ex-padre e estudioso Richard Sipe considera os abortos de fetos gerados por padres "uma das bombas-relógio mais letais" da Igreja Católica americana).[14] Os advogados da Igreja pressionam as amantes a assinar documentos legais altamente desvantajosos pelos quais aceitam formas insignificantes de apoio em troca do silêncio sobre a paternidade do filho. Os tribunais canônicos invariavelmente distorcem os fatos para minimizar as reivindicações financeiras contra a Igreja e evitar publicidade.

Em seu clássico livro *Shattered Vows: Priests Who Leave* [Votos rompidos: os padres que deixam a batina], David Rice explica que a Igreja reage às violações da regra do celibato com uma mistura de negação e segredo. Mas a negação "não passa de uma reação imatura" e o segredo compromete as tentativas de explorar e resolver os problemas ocultados. "Mas os segredos dessa grande família, a família unida por Cristo, são particularmente destrutivos (...) fazendo crescer as sementes da patologia, dos distúrbios e da insatisfação na Igreja", conclui Rice.[15]

Viver nessas mentiras é extremamente doloroso. Depois de 25 anos de convívio, o padre holandês Willem Berger e sua amante, Henriette Rottgering, romperam o silêncio que os protegia das consequências desse relacionamento. Padres e leigos de sua diocese haviam adotado um comportamento de cumplicidade, tentando fazer crer que Henriette não passava da secretária pessoal de Willem. "Havia uma espécie de acordo tácito", lembra ele. "Eles sabiam, mas não falavam a respeito. Muitos padres vinham à nossa casa comer."[16]

Um padre francês esperou demais para se abrir. "Sou um desgraçado", queixava-se ele, arrependido, com câncer no leito de morte.[17] Por covardia, abandonara sua amante, com medo de pôr em risco a carreira. Os casos de amor com padres machucam muito mais as mulheres, assinala David Rice.

Curiosamente, nos cinco anos transcorridos entre *A Secret World* [Um mundo secreto], de 1990, e *Sex, Priests, and Power* [Sexo, padres e poder], de 1995, seus estudos sobre os padres e o celibato, Richard Sipe elevou sua estimativa do índice de padres com amantes. Ela era de aproximadamente um quinto, e chegou a um terço. Sipe analisa o que chama de síndrome de Greeley, a trama que vamos encontrar em vários romances best sellers do padre Andrew Greeley. Basicamente, seus padres acreditam que precisam fazer sexo com uma mulher e vivenciar o angustioso conflito espiritual assim gerado para em seguida renunciar ao sexo e às mulheres, comprometer-se novamente com uma vida de celibato e se empenhar para alcançar a posição de bispo.

Infelizmente, como demonstra Sipe, o mesmo enredo muitas vezes se desenrola na vida real. A mulher torna-se um instrumento do desenvolvimento pessoal ou espiritual do padre e, idealmente, de sua salvação. A reciprocidade e o equilíbrio entre os parceiros dificilmente se manifestam nessas relações. Uma dessas mulheres rejeitadas comparou-se a uma heroína de Greeley, comentando: "Greeley ainda não tratou do que acontece às mulheres depois que os padres aprenderam com elas e as descartaram."[18]

Hoje, as amantes de padres são em geral católicas que se encontram com os amantes na igreja, no confessionário, no aconselhamento ou nas atividades paroquiais, como a escola dominical. São muitas vezes mulheres casadas que nada têm de possessivas, não estando em condições de fazer muitas exigências. Mas algumas delas não são casadas, e por isso têm outras expectativas. Muitas vezes querem ser reconhecidas pelo que são: amantes clericais. Chegam a alimentar expectativas de um eventual casamento e às vezes até a pressionar nesse sentido.

Nem todas essas mulheres são vítimas passivas. Como o celibato clerical é um ideal há muito estabelecido, os padres acabaram se transformando — para si mesmos e para os católicos em geral — em homens ocupando uma esfera diferente da vida. A ideia de um padre viril, intocável e celibatário parece a certas mulheres romântica e excitante — em suma, um desafio.

Certos padres têm perfeita consciência de seus atrativos, e descaradamente se valem deles para seduzir mulheres que expõem a própria vulnerabilidade no confessionário e nas sessões de aconselhamento ou que, nas atividades paroquiais, indicam de alguma maneira, sutilmente ou não, que estão disponíveis. Outros padres, apesar das melhores intenções, não resistem ao desejo de uma bela mulher ou ao crescente afeto por uma mulher carente e de confiança que passaram a conhecer intimamente.

Em geral, as amantes têm a vantagem de uma experiência sexual muito maior. O que, no entanto, não as protege de um eventual envolvimento emocional e da dor que pode se seguir a um rompimento. É então que também elas sentem o insuportável peso da poderosa Igreja, cuja reprovação se volta primordialmente para as amantes, e não para seus parceiros em pecado.

As autoridades eclesiásticas costumam partir de três pressupostos a respeito das amantes de padres. Em primeiro lugar, qualquer mulher que durma com um padre só pode culpar a si mesma pela situação, pois se valeu de seus atrativos eróticos para levá-lo a fazer sexo. Depois, pode considerar-se com sorte por estar envolvida com um homem de Deus, devendo manifestar sua gratidão por meio do silêncio. Por último, recebeu de Deus a possibilidade de salvar o amante através de seu próprio amor e seus sacrifícios. Deve, portanto, sentir-se grata, e não infeliz, se ele se der conta do significado que a vocação tem na sua vida e vier a romper o relacionamento.

Annie Murphy

A americana Annie Murphy faz parte das legiões de mulheres que amaram padres. Conheceu Eamonn Casey, bispo de Kerry e parente distante de seu pai, quando ele visitou a família nos Estados Unidos. Ele tinha então 29 anos, e Annie, apenas sete. Em abril de 1973, já mulher feita, foi enviada pelo pai à Irlanda, aos cuidados de Eamonn, para se recuperar da turbulência emocional de um casamento fracassado e, esperava ele, recobrar também a fé.

Desde o encontro inicial com Annie no Aeroporto Internacional de Shannon, Eamonn ficou seduzido e mostrou-se sedutor. Flertando, segurava sua mão. Três semanas depois, fizeram sexo na paróquia onde ele morava. Na primeira noite, Eamonn despiu seu surrado pijama azul e postou-se de pé, nu e vulnerável, diante daquela jovem americana de 24 anos. "Lá estava o bispo, meu amor, sem o colarinho clerical, o crucifixo ou o anel clerical, sem qualquer coisa que o cobrisse. O grande *showman* despira-se. O Natal de todos os Natais", recordaria Annie. Na cama, Eamonn era um amante apressado, e com toda a inépcia de 25 anos de celibato. "Testemunhei uma fome avassaladora", escreveria Annie. "Era a Grande Fome irlandesa da carne."[19]

Na manhã seguinte, vendo Eamonn vestir a túnica episcopal e sair para rezar a missa, Annie ficou pensando que ele podia odiá-la pelo que havia acontecido. Já começavam a se revelar as complexidades embutidas no fato de amar um padre. Mas Eamonn era muito sofisticado intelectualmente para abrir mão daquela deliciosa incursão nos prazeres da carne, mesmo depois de instruído por seu confessor. Annie estava ferida no corpo e na mente, sustentava ele. Só um amor profundo — o seu — poderia curá-la. "Você está numa transição em sua vida e alguém precisa acompanhá-la e ajudá-la a enfrentar os riscos", disse-lhe ele, tranquilamente bebericando seu brândi. "Se Deus estivesse aqui, aprovaria o que estou fazendo."[20]

O caso foi em frente. Eamonn rezava longamente antes de chegar ao quarto de Annie. Faziam então amor e brincavam. Eamonn citava as Escrituras para justificar o que estava fazendo. Não demorou e Annie apaixonou-se por aquele travesso padre. Ele dizia amá-la também, mas advertindo que estava comprometido por juramento com sua vocação.

O relacionamento aprofundou-se, embora Annie se desse conta de que Eamonn haveria de abandoná-la à primeira dificuldade. Como se quisesse provocar o destino ou forçá-lo a escolher entre ela e a vocação, comparecia às missas e ficava olhando fixamente para ele o tempo todo, o que o assustava e deixava embaraçado.

Na questão do controle da natalidade, ao qual Annie era favorável, Eamonn mostrava-se decididamente contrário, pelo menos em público. "Se eu discordar minimamente que seja da posição católica, terei de deixar o sacerdócio", dizia. "A Igreja me perdoaria, Annie, por qualquer pecado que eu viesse a cometer: assassinato, roubo, adultério. Mas ao menor comentário descuidado [como aprovar o uso de preservativos ou da pílula, ou questionar o fato de serem condenados pela Igreja], estaria pondo a perder todo o trabalho que venho realizando."[21] (Nos Estados Unidos, o jesuíta Terrance Sweeney também concluiria que era esse o *modus operandi* da Igreja.)

Certa noite, arrebatado pelo desejo, Eamonn possuiu Annie no chão em frente ao seu quarto, debaixo da primeira estação da Via Sacra: Jesus é condenado à morte. Também lhe confessou, ansioso, que nem mesmo durante a missa conseguia parar de pensar nela. E Annie acabou engravidando. A primeira reação de Eamonn foi considerar que era uma terrível tragédia. Deu a entender que o pai seria outro homem. E então, numa surpreendente reviravolta, quis fazer amor com ela.

Annie garantiu ao amante que não esperava que se casasse com ela ou deixasse o sacerdócio. Quando ele disse às pessoas que ela tivera um caso com o dono de um hotel em Dublin e estava agora "tendo problemas", ela confirmou. Concordou até com o insistente pedido de Eamonn de que encontrasse Deus em seu coração, permitindo que uma família católica adotasse a criança. Esse sacrifício, dizia-lhe, compensaria seus pecados e também os dele, ao gerar a criança.

Com o pequeno Peter nos braços, contudo, Annie voltou atrás. Eamonn, não mais se mostrando terno e compreensivo, ordenou-lhe que se livrasse "dele" — ela não estava, dizia, moralmente preparada para ser mãe. Como Annie resistisse, Eamonn providenciou sua transferência para um abrigo de mães solteiras, onde as freiras, por ordens suas, deixaram de ministrar-lhe o tratamento médico adequado quando ela apresentou um coágulo e posteriormente uma infecção. Enquanto isso, ele a pressionava a assinar os papéis de adoção de Peter.

Mas Annie se recusava, lembrando, amargurada, que até santo Agostinho orgulhosamente reconhecera seu filho ilegítimo, dando-lhe o nome de Adeodato, "Dado por Deus". Quando ela decidiu voltar para os Estados Unidos com Peter, Eamonn levou-a ao aeroporto em sua Mercedes e lhe entregou 2 mil dólares, advertindo que os gastasse moderadamente, pois era tudo que tinha.

AS CONSORTES CLANDESTINAS DE PADRES... 233

Incrivelmente, o caso não terminou aí. Seis meses depois, Annie voltou a Dublin com os pais, retomando seu relacionamento sexual com Eamonn. Ela desconfiava que o pai tinha conhecimento disso, mas que decidira dar tempo ao casal e a oportunidade de decidir quanto ao seu futuro. Mas não foi preciso muito tempo para que ele se desse conta de que Eamonn jamais optaria por Annie em detrimento de sua ambição de ser reconhecido como grande salvador do Terceiro Mundo. Essa ambição o levaria, entre outras coisas, a presidir uma sociedade chamada Trócaire — "compaixão" em irlandês — que levantava fundos para os pobres do Terceiro Mundo.

Na cama de Eamonn, enquanto isso, Annie recusava-se a reconhecer a derrota e permaneceu na Irlanda até chegar à conclusão, tal como seu pai, de que ele jamais deixaria a Igreja. Eamonn ficou furioso com o fato de ela pretender levar Peter de volta para os Estados Unidos, traduzindo essa raiva na parcimônia do apoio que dava ao filho. As questões paralelas do dinheiro, ou sua falta, e da recusa de Eamonn em reconhecer Peter, que aprendera a amar, nunca chegaram a ser resolvidas.

Dezesseis anos depois, estando Eamonn em visita aos Estados Unidos, Peter preparou-lhe uma armadilha. Eamonn concedeu ao filho quatro minutos de conversa polida — como estava passando? em que colégio pretendia matricular-se? —, e tratou de despachá-lo. Peter ficou arrasado e indignado, e decidiu mover uma ação contra o pai. Enquanto isso, Annie exigia e obteve um acordo final no valor de 125 mil dólares. Ela e Eamonn deram um jeito sub-repticiamente de passar uma última noite juntos, embora ela estivesse vivendo com outro homem. Mais tarde, Annie processaria Eamonn na Irlanda, por causa de Peter. O processo acabou com a reputação e a carreira de Eamonn. Em 1992, ele renunciou ao título de bispo e fez uma declaração pública reconhecendo Peter como filho e lamentando o mal que havia feito a ele e à mãe, Annie Murphy. Eamonn reconhecia também que, para acalmar e calar Annie, roubara os 125 mil dólares do acordo à Trócaire, subtraindo fundos destinados aos pobres do Terceiro Mundo. Paroquianos ricos rapidamente trataram de ajudá-lo, repondo o dinheiro.

Eamonn retirou-se para a Igreja de St. Joseph em Redhill, Surrey, exilado da Irlanda. Annie Murphy escreveu um livro revelando, com detalhes lascivos, o avanço do relacionamento e suas desagradáveis consequências. Em 1999, contudo, expressou arrependimento por ter falado demais: "Eamonn era um espírito tão afirmativo, e acho que agora é um homem apátrida", declarou.[22]

O escândalo Eamonn Casey lembrou as revelações de que outros bispos e padres, na Irlanda e outros países, também tinham se envolvido em ligações amorosas, gerando filhos que haviam tentado adotar e — através da velha estratégia da Igreja para incorporar mulheres em suas vidas — apresentando-as como governantas. Eamonn Casey não era um caso singular: apenas tinha sido espetacularmente exposto.

O padre Pat Buckley mantém em Larne, Irlanda do Norte, um grupo de apoio a mulheres envolvidas romanticamente com padres. Suas experiências com quase uma centena dessas clientes confirmam que a Igreja optou por uma perspectiva míope, preocupada apenas com seus próprios interesses. O silêncio não é apenas de ouro: é imperativo. Quando o amor foge ao controle, o bispo (que também pode ter embarcado na mesma canoa) convoca o padre desgarrado e o adverte ou transfere para outra paróquia, distante da amante. "Nunca ouvi falar de um padre que tivesse sido censurado", informa Buckley. "O principal é proteger o nome da Igreja."[23]

A análise de Buckley sobre essa perturbadora questão coincide exatamente com as de outros observadores na Irlanda (chamada pelo papa João Paulo II de "rocha da fé") e outros países. Por exemplo, o padre irlandês Michael Cleary seduziu Phyllis Hamilton, de dezessete anos, depois de ouvi-la em confissão. Deram início a um romance que acabou gerando dois filhos. Após o nascimento do primeiro, Cleary forçou Phyllis a entregá-lo a pais adotivos. Finalmente, ela deixou a Irlanda em busca de melhores condições de vida nos Estados Unidos, levando consigo Ross, o segundo filho. Cleary passou a bombardeá-la com frenéticos telefonemas e cartas. Implorava que retornasse a sua paróquia, prometendo que Ross viveria com eles. Depois de algum tempo, Phyllis concordou. Cleary costumava mencionar os casos de outros padres que também tinham como amantes suas governantas transformadas em mães solteiras.

Após a morte de Cleary, quase duas décadas mais tarde, Phyllis buscou a Igreja querendo orientação. As inflexíveis autoridades eclesiásticas deixaram claro que não tinham a menor intenção de ajudá-la, desejando apenas que desaparecesse com seu filho inconveniente.

Em todo o mundo, centenas de milhares de padres têm amantes, sejam "governantas" coabitando sob o mesmo teto, paroquianas casadas ou solteiras ou mesmo, eventualmente, freiras com as quais entraram em contato no desempenho de suas funções sacerdotais. Cada um desses amores é único, mas não o contexto.

No caso da amante casada, o envolvimento muitas vezes é menos traumático. Ela sabe exatamente o que pode esperar. Também se arrisca menos, pois os maridos católicos se têm revelado incrivelmente flexíveis quando se trata de compartilhar a mulher com os padres. O que pode ser um reflexo da empatia com esses homens forçados a abrir mão do sexo, de seu profundo respeito pelos padres, até mesmo quando pecam, ou do alívio pelo fato de o relacionamento extraconjugal da mulher não pôr em risco o casamento.

As amantes solteiras e que não coabitam com os padres esperam muito mais de seus amantes clericais do que as parceiras clandestinas. Não raro sugerem ou mesmo exigem casamento. O que, para os amantes, pode ser território perigoso e assustador. Significa que teriam de romper os votos e abandonar não só uma profissão, mas também a família institucional que os disciplinou e nutriu.

As questões de ordem espiritual não são menos candentes para os padres, estabelecendo o celibato compulsório no centro de suas preocupações, já que é sobretudo esse fator que restringe seus relacionamentos. Por que seria ele essencial? Será que é saudável? Ou moralmente superior? Ou espiritualmente gratificante? Questões que há milênios preocupam a teologia católica romana assumem um caráter de urgência pessoal.

Quando uma mulher é ao mesmo tempo freira e amante de um padre, os dois se questionam juntos sobre essa problemática. Os dois enfrentam o mesmo dilema moral, o mesmo fim de uma vocação, o mesmo vergonhoso desprezo social e institucional e acima de tudo o mesmo sofrimento espiritual. Entretanto, o considerável número de ex-freiras atualmente casadas com ex-padres evidencia que, no fim das contas, a perspectiva do amor abençoado pelo sacramento do matrimônio é muitas vezes a resposta mais convincente.

O fardo do amor por um padre parece mais pesado para a amante em coabitação, a tão conhecida "governanta do padre". Essa mulher não tem nenhuma outra vida senão a dele, não tem outra casa, poucas atividades à parte as da paróquia. Ela é a prova encarnada do seu pecado, a constante e visível causa de sua vergonha, uma perpétua acusação pela infração de seus votos de celibato e obediência. Ocupa a posição social de uma criada, sem direitos conjugais, muito embora sob todos os outros aspectos seja uma esposa.

Mas a desoladora situação da governanta tem lá seus consolos. Supondo-se que ela ame o amante (o que nem sempre é o caso), essa mulher tem o privilégio de viver com ele nas condições mais íntimas, sabendo quase tudo a seu respeito, inclusive colegas e amigos, hábitos e gostos, vícios e virtudes, sua ternura quando deitado a seu lado, sua ansiedade com a eventualidade de que o segredo seja descoberto, seu remorso por se sentir mau e fraco, o medo de não ser digno da vocação que tenta preservar com mentiras e maquinações.

Paradoxalmente, embora a amante e governanta seja a pessoa mais intimamente familiarizada com suas fraquezas humanas, o padre pode coagi-la e intimidá-la pela força de sua autoridade moral. Mas que autoridade moral? A que deriva do fato de ser um padre ordenado, familiarizado com os grandes mistérios e verdades do cristianismo. De maneira perversa, muitos padres usam essa autoridade como um porrete, especialmente com as amantes — bastando lembrar a ameaça do papa Alexandre VI de excomungar sua amada Júlia se ela continuasse a visitar o marido, ou a intimidação do bispo Eamonn Casey para que Annie Murphy abrisse mão do filho, como punição pelo pecado de amá-lo.

Até as freiras sentem o peso dessa espécie de marreta moral; embora também estejam comprometidas com Deus, não passam de meras mulheres, não podendo ser ordenadas. Além disso, quando uma freira comete pecado carnal, em geral enfrenta superiores menos tolerantes, menos dispostos a atribuir seu pecado à força irresistível da natureza, menos inclinados a culpar o parceiro.

Louise Iushewitz[24]

Certas mulheres em relacionamento secreto com sacerdotes rejeitam o rótulo de "amante". Consideram que macula a natureza desse relacionamento, rejeitando a validade do celibato compulsório, que lhes nega acesso ao sacramento do matrimônio. "Michael era meu marido e eu, sua esposa", insiste a americana Louise Iushewitz, 54 anos, que em 1994 viu o jesuíta que era seu parceiro de longa data ser assassinado a tiros em Belfast.

Louise estava a poucas semanas de completar dezesseis anos quando Michael entrou em sua vida como professor assistente de filosofia em seu segundo ano na Universidade de Chicago. "Ele era lindo", recorda-se ela, "1,83 metro, compleição robusta. Tinha uns incríveis olhos azuis, estranhos olhos que pareciam de cetim azul e ficavam pequenininhos quando ele sorria, e um riso maravilhoso."

A precoce Louise ficou mais intrigada que apaixonada pelo professor assistente de 32 anos que parecia ter uma muralha defensiva ao redor. "Aposto que você o consegue", comentou uma amiga. Espicaçada por este desafio, Louise apostou 5 dólares em que de fato poderia "conseguir" Michael, e começou a dar em cima dele. Os dois começaram a se encontrar despretensiosamente, mas Louise afirma que até os dezoito anos não tinha ideia de que ele fosse jesuíta ou sequer um padre.

Certo dia, pouco antes de completar 34 anos, Michael sentou-se com ela e disse: "Vou dizer-lhe como é que ganho a vida." Louise ficou tão chocada que se recusou a voltar a falar com ele por duas semanas. "Fiquei com medo de ir para o inferno", lembra-se ela. Mas não demorou para se acostumar à ideia de namorar um jesuíta.

Quando Louise tinha dezenove anos, ela e Michael foram viver juntos num apartamento em Hyde Park, e foi onde tiveram sua primeira relação sexual. Michael, que já tivera outras amantes, conduziu as coisas devagar. Só quando intuiu que Louise estava preparada tomou a iniciativa sexual. Ela se preparou para a nova aventura lendo um manual. "Era verde e não tinha capa", diz ela. "Eu caí do sofá de tanto rir, mas naquela noite fizemos sexo pela primeira vez."

A vida sexual dos dois foi complicada pelo sentimento de culpa de Michael. Inicialmente, sua sensibilidade era embotada por excesso de bebida. Mas quando Louise tinha 21 anos, o provincial jesuíta de Michael convocou-o, dando-lhe um ultimato: você tem vinte minutos para decidir entre a garrafa e os jesuítas. Michael optou pela sobriedade e passou três meses num centro de reabilitação em Minnesota. Posteriormente, frequentaria os Alcoólicos Anônimos.

Completamente sóbrio, contudo, ele se sentia mal com as implicações espirituais e vocacionais de sua vida sexual, e a lembrança de Louise sobre a vida sexual que levavam então era "realmente terrível". Nem mesmo fidelidade havia. Depois de ser traída por ele com outra mulher, Louise retaliou com outro homem, que a engravidou. Católica praticante, ela não contemplaria a possibilidade de um aborto, e em 1969 deu à luz um filho, Jay, entregando-o para adoção.

A fertilidade de Louise era já agora uma questão que não podia ser ignorada. Ela queria um filho de Michael. Mas ele, não. Finalmente, em 1970, Louise rompeu o relacionamento, advertindo: "Quero ter um filho. Vou me casar com o primeiro homem que quiser."

Esse homem era muito bonito, mas problemático. Louise veio a concluir que seu casamento era a forma que Deus havia encontrado para puni-la por ter dormido com um padre. Três filhos e dez anos de infelicidade depois, ela o deixou. Passadas duas semanas da separação, em agosto de 1980, ela e Michael foram morar juntos.

Os últimos quatorze anos dessa união foram nitidamente melhores que os seis primeiros. Os dois tinham amadurecido, e Louise já não era "uma coisinha adorável" que venerava Michael. Era agora mãe de três filhos que chamavam Michael de "papai", e a vida em comum consistia nas realidades de sempre: cozinhar e fazer compras, discutir e fazer amor, cuidar dos filhos.

Mas seu estilo de vida não podia ser considerado comum. Eles tinham como amigos quase exclusivamente padres e suas amantes. A família de Michael ficou profundamente dividida a respeito de Louise: seu pai a condenava como uma prostituta, ao passo que a mãe considerava que Louise era a única coisa que mantinha a sanidade de Michael. Retrospectivamente, Louise dá-se conta de que a vida em comum girava em torno da necessidade de mentir e de ensinar os filhos a mentir. Louise detestava esse aspecto de sua vida. "Não gosto de mentir, viver na mentira, ter a minha vida inteira dedicada a mentir", diz ela hoje, com certa amargura.

À parte toda a mecânica de sustentar essa vida de duplicidade, eles enfrentavam outros obstáculos. Para começo de conversa, Michael trabalhava em Milwaukee e só voltava para Chicago ao encontro de Louise e das crianças nas quintas-feiras, tornando a partir no domingo. Depois, estava profundamente envolvido na coleta de informações de inteligência para o Exército Republicano Irlandês, militância que acabaria por lhe custar a vida. Louise o acompanhava em algumas viagens à Irlanda, introduzindo ilegalmente no país camisinhas e pílulas anticoncepcionais.

No cerne desse longo relacionamento, contudo, estava a vocação de Michael. "Metade dos meus amigos são padres à frente de suas paróquias, e que vivem melhor por contar com o amor e o apoio de uma mulher", afirma Louise. Ela se diz convencida de que a hierarquia jesuíta sabia a seu respeito. Contudo nada fazia, na medida em que o sacerdócio de Michael não fosse afetado e sua vida amorosa não causasse escândalo.

Michael por sua vez raramente se sentia conflituado, reformulando seus votos muito convenientemente. O celibato era um dom de Deus, não devendo, portanto, ser imposto como modo de vida aos padres. A castidade significava fidelidade a uma pessoa — Louise. A pobreza era irrelevante para os jesuítas americanos, que levavam uma vida de conforto, como era fácil de constatar. A obediência era devida ao provincial geral, e não ao papa, especialmente João Paulo II, por ele considerado um "anticristo". Quanto ao sexo, Michael considerava que a experiência do orgasmo era "o mais próximo que podemos chegar de entender a intensidade do amor de Deus".

Só uma vez, em 1992, Michael foi tomado de dúvidas e remorso. Telefonou então a Louise para anunciar que faria dela uma mulher honesta, propondo-lhe casamento. "Eu lhe disse que não queria ser honesta", diz Louise, achando graça. "Acho que Michael simplesmente estava com medo de que eu fugisse com um dos nossos amigos, embora o sujeito em questão seja gay." A decisão de Louise foi fácil. Ela sabia perfeitamente que Michael estaria perdido se deixasse os jesuítas. E também sabia que o abandono da ordem era uma verdadeira provação para os jesuítas, levando os que o faziam uma vida de amargura, humilhação e rejeição.

No "opressivo funeral jesuíta" de Michael, Louise ficou ao lado da família dele. Mas ela e os filhos não tiveram acesso à recepção e ao velório. Como milhões de outras amantes, ela não tinha direitos sobre o amante morto.

Seis anos depois da morte de Michael, Louise ainda estava enlutada. Acima de tudo, sentia falta de sua companhia. "Eu sou um ser intelectual", dizia, "meu orgulho e minha alegria estão na minha capacidade de análise. Michael preenchia todas as minhas necessidades."

Louise viu-se obrigada a se tornar mais independente. Michael deixou-lhe apenas 5 mil dólares, e ela precisou voltar a ganhar a vida. Pior ainda, a insegurança da nova vida de solteira revelou-se "terrível, um total desacerto emocional".

Louise continuou a sentir também o chamado da vocação sacerdotal. "Cheguei até a rezar missa, e nem por isso o mundo veio abaixo", recordaria. "No fim das contas, sinto-me muito grata por ter tido Michael em minha vida."

Pamela Shoop

Algumas amantes clericais se sentem felizes nesses relacionamentos secretos. Algumas poucas acabam casando-se com o amante, tendo ele renunciado aos votos e voltado "ao mundo". A experiência de um jesuíta que se apaixonou mas esperou até a noite de casamento para consumar a relação ilustra a maneira como a Igreja, no caso representada pela Sociedade de Jesus, lida com esses casos de amor ilícitos.

O padre Terrance Sweeney já era jesuíta há 23 anos quando conheceu a atriz Pamela Shoop, adepta da Ciência Cristã que buscava conforto espiritual na conversão ao catolicismo. Terry e Pamela consideram-se um arquétipo dos casais que ao longo dos séculos viram seu amor encalhar no recife do celibato. "Atrás de cada padre torturado pelo remorso (...) [está] uma mulher sozinha (...) à sombra", escreveram. Essa mulher não tem muito controle sobre o que acontece. Foi ele, e não ela, que fez votos, de modo que ela é obrigada a esperar pela decisão de seu padre, isolada e solidária, apreensiva quanto ao futuro.

Pamela e Terry conheceram-se e se apaixonaram num momento em que ambos enfrentavam crises pessoais. Ele estava particularmente abalado com os resultados de sua investigação sobre as origens e a história do celibato clerical, instituição que começava a considerar antiética e anticristã. A Igreja rejeitava os padres apaixonados mais ainda que os que molestavam crianças. "Por que nossos professores no seminário não nos diziam que os padres casados e suas esposas que se recusavam a cumprir o dever de abstinência eram expulsos, espancados, encarcerados e às vezes até assassinados?", perguntou ele a seu conselheiro espiritual.[25]

Mas Terry amava a Igreja, os jesuítas e sua vocação. "É como se eu a amasse com o coração dividido, Pam", confidenciou a ela. Acabou por decidir desligar-se dos jesuítas, mas adiava as medidas finais a serem tomadas nesse sentido. Até que os jesuítas subitamente ordenaram que pusesse fim a suas investigações sobre o celibato. Terry ficou tão perplexo com a injustiça dessa ordem que finalmente se desligou da Sociedade, depois de 24 anos.

Mas não da Igreja, junto à qual entrou com pedido de incardinação, o direito de exercer as funções de padre. Ele estava abrindo mão aos poucos.

Enquanto Terry lidava com a transição extremamente difícil de jesuíta para padre ordenado, Pamela enfrentava diferentes demônios. Sentia-se só, impedida de acompanhar Terry em sua cintilante vida social de jantares, reuniões para coleta de fundos e noitadas com amigos e paroquianos. Tornou-se ciumenta e raivosa, e tão sexualmente frustrada que ainda hoje recorda com tristeza que o compromisso de celibato de Terry os impedia de expressar o apaixonado amor que sentiam um pelo outro. Ela desejava seu corpo todo, mas aceitava seus beijinhos de boa-noite porque sabia que se dormisse com ele estaria comprometendo sua própria integridade pessoal e a credibilidade de Terry na questão do celibato clerical.

Nos dois anos em que esperou que seu destino fosse decidido, Pamela considerava-se apenas mais uma integrante de uma multissecular linhagem de mulheres de padres agarradas "à esperança de que de alguma forma a história pudesse ser modificada, de que tudo viesse a dar certo".[26]

Lembrava-se do padre italiano Franco Trombotto, que viveu durante vinte anos um caso de amor secreto e não suportava mais a angústia de estar separado da amante ou a duplicidade de ter esconder esse amor. No dia 26 de janeiro de 1985, ele se enforcou, deixando uma carta em que dizia: "Carreguei minha cruz durante muito tempo: agora sucumbo a ela."[27]

A amargura de Pamela envenenava a relação com Terry. Ela não se conformava com o fato de ele dar apenas passos de uma glacial lentidão na mudança de sua vida, e ele retrucava que depois de 24 anos como jesuíta estava na verdade indo muito depressa. Com o tempo, ele acabou aceitando a necessidade de sexo de Pam. Em vez de se sentir culpado por seu próprio desejo, ficou feliz pelo fato de Deus lhe ter dado esse dom do amor. Certa noite, arrancou as calcinhas de renda negra de Pam para poder abraçá-la nua, embora ainda não fosse capaz de aceitar relações sexuais fora do casamento.

A longa espera de Pamela chegou ao fim no domingo de Páscoa desse mesmo ano, quando Terry a pediu em casamento. O casamento foi uma experiência de altos e baixos. O irmão mais velho de Terry não quis ser seu padrinho porque ele tinha rompido seus votos e deixado a Companhia de Jesus e àquela altura também o sacerdócio. Muitos amigos rejeitaram Pamela, vendo nela a sedutora que o havia afastado da Igreja. O arcebispo Mahoney chegou a proibir Terry de comungar enquanto continuasse em "união canônica irregular" — vale dizer, até que se divorciasse daquela com quem acabara de se casar.[28]

Desde o casamento, Pamela e Terry participam do conselho consultor da Good Tidings, uma organização sem fins lucrativos fundada em 1983 para dar assistência a padres e mulheres com quem tenham envolvimento romântico.[29] Significativamente, a Good Tidings foi criada após o suicídio de uma mulher cujo amante, um padre, decidira pelo rompimento.

A Good Tidings, uma dentre várias organizações dessa natureza espalhadas pelo mundo, tem uma abordagem pragmática. Ao mesmo tempo, cultiva uma perspectiva e uma visão católicas, definindo-se como um ministério. Sua missão é a busca de soluções tanto espirituais quanto psicológicas e emocionais, o que significa que aqueles que buscam sua ajuda devem "compreender diante de Deus o que é e o que deve ser o seu relacionamento". Ele pode ser celibatário. Mas também pode ser conjugal.

Escrito por Ronald A. Sarno, "A Legal Guide" é o manual prático da Good Tidings destinado a "Mães ou grávidas de filhos de sacerdotes católicos". O "Guia", de uma franqueza brutal, tem o objetivo de servir no combate a todo o aparato montado pela Igreja para submeter essas mães rejeitadas. Lendo-o, ninguém poderá continuar alimentando qualquer ilusão sobre um hipotético primado da caridade cristã na posição da Igreja.

Padres e membros da hierarquia da Igreja muitas vezes dão seu consentimento ao aborto, embora o condenem publicamente. "Os membros do clero acham muito fácil dizer aos de fora quais são os imperativos morais", comenta Sarno, mas "nem sempre se mostram igualmente diretos quanto aos seus próprios". Uma mulher pode ser obrigada por acordo a não revelar ao filho a identidade do pai. Como vem acontecendo há dois milênios, a instituição da Igreja tenta dissuadir os padres de assumir qualquer responsabilidade parental pelos filhos.

Essa franca relutância em apoiar as crianças remonta ao temor original da Igreja de que os padres casados destinassem à família seus bens e rendas. Se o pai da criança é um padre paroquial ou membro de uma ordem, a paróquia ou a ordem poderia ser arrolada como corréu em qualquer ação judicial que viesse a ser movida contra ele. Esse fato, tão aterrorizante para a Igreja de hoje quanto para a de ontem, deriva do princípio jurídico da *respondeat superior*, o que significa que a instituição da Igreja, como supostamente controla as atividades de seus membros, tem responsabilidade financeira nos danos que venham a causar.

Quanto à lei canônica, Sarno escreve que, "o que quer que seja dito na teoria, na prática os tribunais canônicos e/ou as investigações canônicas têm como único objetivo a proteção da Igreja diante de qualquer responsabilidade financeira, além de manter os fatos embaraçosos fora do alcance da mídia. *Os tribunais e/ou investigações canônicos não existem para ajudar as mulheres grávidas de sacerdotes católicos*".[30]

A Igreja contrata advogados contra uma mulher que mova um processo, e sua missão é embaraçá-la e manter nos níveis mais baixos possíveis as reivindicações financeiras. Esses advogados também tentarão conseguir um acordo para evitar processo judicial. Como o padre e a Igreja querem quase tanto a manutenção do segredo quanto a isenção de responsabilidade financeira, aceitam entrar em acordo para desembolsar dinheiro, em troca da promessa da mãe de que não entrará em contato com os meios de comunicação nem recorrerá à justiça.

O horror da Igreja à publicidade é a principal arma da amante. Se as negociações empacam, se o padre ou seus representantes oferecem compensação financeira muito baixa, a ameaça de levar o caso à mídia muitas vezes tira os negociadores clericais da sua inércia.

Outra recomendação de cortar o coração para essas mães consiste em designar a Igreja como corréu, "especialmente se a Igreja se envolveu diretamente em tentativas de afastar ou esconder o pai de você e do tribunal". Na verdade, "a instituição da Igreja quase sempre transfere o pai para um estado diferente do estado onde se encontra a mãe". É realmente uma distorção muito triste que a Igreja, alicerçada nos mistérios e verdades de um menino nascido em circunstâncias tão inusitadas que só pela fé em sua milagrosa concepção pôde ser salvo da condição de bastardo, tenha inventado tantos mecanismos para impedir as tentativas das filhas da Virgem Maria de reivindicar o que lhes é devido.

Na Igreja Católica, não obstante a passagem dos séculos, pouca coisa mudou. As amantes dos padres ainda são consideradas meretrizes de um homem só, e seus filhos, o fruto inaceitável do pecado. Seus amantes continuam casados com uma Igreja que cobra o celibato, além da fidelidade e da obediência, como preço de sua vocação de seguir os passos de Cristo e servir a Deus.

CAPÍTULO 6

Os conquistadores e suas amantes

Quando uma conquista militar é acompanhada ou seguida de ocupação pelo inimigo estrangeiro, os conquistadores muitas vezes recorrem à exploração sexual das mulheres do povo conquistado. Derrotadas e indefesas, essas mulheres não têm muitos meios de resistir aos predadores. O uso sexual de mulheres subjugadas remonta à Antiguidade e ainda hoje continua sendo uma questão trágica em tempos de guerra e nos momentos que se seguem, quando os soldados e seus aliados civis exercem seus supostos direitos de vitória sobre os civis do povo inimigo.

No Novo Mundo, quando as conquistas europeias puseram soldados e mais tarde colonizadores em contato com as mulheres nativas, logo aconteciam relações sexuais. Geralmente havia coação, mas também podia ocorrer de florescer um amor recíproco. Mesmo nesses casos, contudo, os homens brancos quase nunca levavam em consideração a hipótese de se casar com a mulher escolhida, acabando por relegá-la à condição de amante.

OS CONQUISTADORES ESPANHÓIS E AS NATIVAS

Malinche[1]

Em 1519, os conquistadores espanhóis, comandados por Hernán Cortés, abriram caminho violentamente pelo vasto território que é hoje o México. Destruíram templos, trucidaram os soldados do imperador Montezuma e

246 AMANTES — UMA HISTÓRIA DA OUTRA

pulverizaram o Império Asteca. Embora considerassem os nativos pagãos racialmente inferiores, os conquistadores recorriam a eles como intérpretes, agricultores e espiões. Os espanhóis também acabaram se relacionando com as mulheres nativas, às vezes em diapasão puramente sexual, mas outras vezes também em relacionamentos complexos e íntimos. Se essas mulheres fossem europeias, poderiam contemplar a hipótese do casamento.

Durante a devastação militar e cultural da conquista, dois nativos destacaram-se tanto quanto Hernán Cortés, o comandante espanhol. Foram eles Montezuma, o imperador asteca, e Malinche, conselheira de Cortés, sua emissária diplomática e amante.

Malinche foi tão importante para Cortés durante a guerra diplomática e militar que os nativos deixaram de distinguir entre os dois, passando a considerá-los uma unidade indivisível. Hoje, os latino-americanos consideram Malinche uma mulher traiçoeira que rejeitou os homens do seu povo em favor dos conquistadores brancos, fundando a raça mestiça com Cortés. O adjetivo desdenhoso *malinchista*, derivado de seu nome, veio a denotar corrupção por influência estrangeira.

A história também pintou um retrato extremamente desfavorável da jovem amante de Cortés, um retrato enganoso e superficial. Quando o conquistador espanhol, aos 34 anos, viu pela primeira vez a adolescente Malinche, ficou impressionado com sua inteligência e coragem. Ela falava várias línguas e era capaz de analisar as diferenças culturais. Marcada pelo passado, muito madura para sua idade, não deixava passar qualquer oportunidade de promover seus interesses pessoais.

A mulher a que os espanhóis viriam a dar o nome de Malinche nasceu em 1502 ou 1505 na aldeia de Painalla, província de Coatzacoalcos, na península de Yucatán. Seu pai, um cacique muito rico, proprietário de servos e cidades inteiras, morreu quando ela ainda era menina. A mãe voltou a se casar, e logo Malinche teria um meio-irmão.

O irmãozinho selaria o destino de Malinche. Provavelmente instigada pelo novo marido, a mãe começou a buscar meios de se livrar da inconveniente Malinche, para que o meio-irmão pudesse herdar a fortuna do pai.

O plano consistia na clássica solução das identidades trocadas. À morte da filha de uma escrava, a mãe de Malinche providenciou o enterro. Depois

OS CONQUISTADORES E SUAS AMANTES

de pranteá-la como sua filha, ela rapidamente tratou de vender Malinche, a essa altura legalmente morta, como escrava. Ao chegar à adolescência, Malinche tornara-se propriedade do cacique maia de Tabasco, que com quase toda certeza a usou sexualmente.

Ninguém tomava realmente Malinche por uma escrava como outra qualquer. Ela tinha um porte aristocrático. Com toda evidência recebera educação, como costumava acontecer com as filhas da nobreza. Durante o período de residência forçada no norte, onde prevalecia o idioma náuatle, ou asteca, ela se tornou fluente também nessa língua.

Por refinada e cultivada que fosse, contudo, Malinche continuava sendo uma escrava. Não chegaram até nós registros de sua experiência, que pode ou não ter sido penosa. Na melhor das hipóteses, ela deve ter sentido profunda dor e confusão ao ser arrancada da sua vida de herdeira aristocrática para ser vendida como escrava a estrangeiros.

Em 1519, após vários anos de servidão, o cacique maia que a tinha como propriedade sua vendeu Malinche e dezenove outras escravas como oferta de paz a Cortés, que acabara de chegar em sua missão de conquista. O espanhol aceitou os presentes, ordenando que fossem batizadas e recebessem uma educação cristã. Esse seria o procedimento-padrão adotado no caso das mulheres nativas obrigadas a prestar serviços sexuais. Aplacava um pouco a consciência dos espanhóis que se impunham a elas. Às vezes esses homens elegiam uma favorita como sua amante, mas nem mesmo os solteiros vinham a tomar alguma delas como esposa.

Uma vez cristianizadas as mulheres, Cortés as avaliava e distribuía entre seus oficiais, embora muitos, como ele próprio, fossem casados. Malinche pareceu-lhe particularmente bela e confiante, um presente na medida para seu querido amigo Alonso Hernández Puertocarrero. Ela foi batizada como "Marina" e recebeu o título de *doña*, em sinal de respeito. Mais tarde, em reconhecimento por sua influência sobre Cortés, os astecas acrescentaram o sufixo honorífico *tzin*. Como pronunciavam o *r* como *l*, *doña* Marina, ou Marinatzin, acabou se transformando em "Malinche".

O período de Malinche como amante de Puertocarrero foi breve, pois Cortés logo o despachou de volta à Espanha para entregar uma carta ao rei. E então se apropriou de Malinche.

Em sua campanha de conquista, as coisas pareciam conspirar contra Cortés: centenas de milhares de guerreiros nativos resistiam aos seiscentos soldados e marinheiros espanhóis invadindo uma terra estrangeira hostil. Para enfrentá-los, Cortés contava apenas com a compulsão de destruir Montezuma, um arsenal superior e o brilhante aconselhamento de sua jovem e arrojada amante.

Desde o início, Malinche cooperou com a missão de Cortés. E por que não? Sua própria segurança dependia daqueles estranhos, e ela não se sentia vinculada por laços de lealdade ao povo no qual nascera, que a abandonara, traficara e viera a oferecê-la como presente para aplacar o invasor temido. Como amante de Cortés, Malinche continuava sendo uma escrava, mas era tão manifestamente respeitada e merecedora de confiança, participando dos conselhos de guerra do amante, compartilhando suas dúvidas e temores, para não falar de seu ardoroso corpo, que a servidão devia parecer leve ou mesmo um mero detalhe. Ela teria aprendido com seu amargo passado que o mais conveniente seria mesmo tornar-se o elo indispensável entre Cortés e os nativos, interpretando seus hábitos e alianças, assim como sua língua.

Malinche também pode ter-se apaixonado por Cortés. Foi o que aconteceu a muitas mulheres, atraídas por sua carruagem imperiosa, seu corpo musculoso, traços esculturalmente clássicos e o bigode basto e bem-cuidado que rematava uma barba encanecida. E Cortés, tal como ela, provavelmente gostava de desafios e não hesitava em assumir os riscos necessários. A atração recíproca pode tê-lo levado a mandar Puertocarrero de volta à Espanha, para ficar com Malinche.

Antes da inesperada partida de Puertocarrero, Malinche já começara a colaborar com Cortés, trabalhando em parceria com o padre Jerónimo de Aguilar. O padre fora recentemente libertado do cativeiro em que era mantido pelos nativos, e no qual aprendera uma língua local que era dominada por Malinche. Inicialmente, os dois se comunicavam nessa língua nativa, mas logo Malinche veio a aprender o espanhol. A partir de então, passou a tratar diretamente com Cortés, acompanhando-o e aos seus homens por toda parte, mesmo em incursões militares noturnas.

Era estranho ver uma nativa como braço direito do comandante militar espanhol. Mas Cortés não se preocupava em esconder ou minimizar esse relacionamento, chegando a mencioná-lo em despachos oficiais.

OS CONQUISTADORES E SUAS AMANTES

A tradução das palavras, percebeu ele, não significava muito se não revelasse a psicologia por trás delas. Malinche, assim, interpretava e avaliava a informação, enquadrando-a no contexto da complexa política e diplomacia dos astecas, na qual os povos subjugados se aliavam e se opunham à sombra da imperial e onipotente presença de Montezuma. Apesar de jovem, ela se transformou na etnoantropóloga e coestrategista residente de Cortés, que considerava seu aconselhamento vital para aquela empreitada militar.

Malinche sabia que não podia dar-se ao luxo de cometer erros. Tratava-se de uma guerra, até o fim, até a morte. Um intérprete indígena perdeu a vida por ter subestimado o poderio de Cortés, bandeando-se para o lado dos tabascanos e exortando-os a lutar e resistir em vez de negociar. Depois de se verem humilhados no campo de batalha por Cortés, com a morte de oitocentos de seus homens, os tabascanos ofereceram o intérprete em sacrifício aos deuses.

Em última análise, a campanha espanhola opunha Malinche a Montezuma. Pela lógica e as probabilidades, a nobre deserdada e escravizada não teria como enfrentar o poderoso imperador asteca, igualmente comandante em chefe de seu exército imperial. Mas Malinche não tinha a seu favor apenas uma inteligência fria e sua capacidade de análise. Contava também com a fé na profecia asteca sobre Quetzacóatl, o deus branco e barbudo que, segundo se acreditava, voltaria para impor seu domínio sobre o império de Montezuma.

Avaliando os relatos sobre os invasores espanhóis, Montezuma não conseguia decidir se Cortés seria um dos semideuses acólitos de Quetzacóatl ou um perigoso mortal que precisava ser destruído. Mas o problema mais imediato de Cortés não era Montezuma, mas os tlaxcaltecas. Cortés admirava a organização de suas cidades e sua inteligência, e sabia que odiavam os opressores astecas. Mas não estava convencido de que desejassem ou pretendessem aceitar uma oferta de aliança.

Cortés falou de sua apreensão a Malinche, instruindo-a se misturar à população para obter informações. Numa de suas perambulações, uma mulher de idade, esposa de um cacique, aproximou-se sorrateiramente, exortando-a a abandonar os estrangeiros a que se vinculara. "Nossos homens estão se preparando para matá-los e sacrificá-los", disse. "Caldeirões cheios de tomates e pimenta já estão na fervura. Muito em breve os guerreiros de Montezuma vão emboscar e matar até o último dos estrangeiros. Os corpos serão jogados nos caldeirões como oferenda aos deuses, e os sacerdotes comerão sua carne temperada".

"Fuja enquanto é tempo", recomendava a velha senhora a Malinche. "E como é tão jovem e bela (e aqui ela chegava ao real motivo de sua intervenção), poderá casar-se com meu filho, e eu lhe darei abrigo."

Malinche examinou a oferta. "Se a emboscada é tão secreta assim, como é que sabe a respeito?", perguntou-lhe. A resposta foi direta: a mulher ficara sabendo pelo marido, um cacique cuja lealdade fora recentemente comprada por Montezuma.

Deve ter sido essa a hora da verdade de Malinche. O bando de Cortés corria perigo mortal, e se ela rejeitasse a proteção daquela mulher certamente haveria de juntar-se ao amante no caldeirão do cozido. A mulher lhe oferecera a salvação. Ela precisaria apenas ficar onde estava e permitir que as forças de Montezuma pulverizassem os espanhóis. Posteriormente, poderia casar-se com um homem bem-posicionado e finalmente assumir seu devido lugar na sociedade asteca. Cuidaria da casa do marido, supervisionando o chocolate quente pela manhã, a moedura do milho, a cozedura das tortilhas, a limpeza e arrumação da residência familiar. Sua escravidão seria esquecida, seus direitos, restabelecidos. E até que outros europeus retomassem a baldada empreitada de Cortés, Montezuma e o Império Asteca haveriam de florescer.

Mas Malinche optou por Cortés, o amante estrangeiro que soubera lhe dar valor, favorecendo o desabrochar de sua inteligência, contando com seu aconselhamento e confiando-lhe sua própria segurança. Optou também pelo cristianismo que havia abraçado, tornando-se uma prosélita tão fervorosa que os espanhóis comentavam seu ardor. Malinche rejeitou a sociedade que a havia abandonado e escravizado. Deu as costas a uma religião cujos deuses eram carnívoros vorazes totalmente alheios a promessas celestiais, fosse na Terra ou após a morte.

Mas a mulher que a havia interpelado não percebeu nada disso. "Obrigada!", disse-lhe Malinche. "Aceito sua generosa oferta, mas antes de voltar para viver com vocês preciso passar pelo acampamento sem ser percebida, para recuperar minhas roupas e joias."

Malinche apressou-se a alcançar Cortés. Ante a premência de sua advertência, ele capturou e interrogou um cholula, que lhe forneceu mais detalhes da conspiração. Enquanto isso, nas imediações da cidade, os guerreiros de Montezuma aguardavam com suas mortíferas *macanas* — maças de madeira dotadas nas extremidades de sílex ou obsidiana — para mandar desta para melhor os odiados brancos ou fazê-los prisioneiros, oferecendo-os como repasto aos seus deuses sedentos de sangue.

Tendo visto como os sacerdotes astecas abriam a caixa torácica dos prisioneiros e arrancavam os corações ainda pulsando como oferendas ritualísticas, Cortés e seus homens temiam mais a captura que a morte. Cortés decidiu partir para o ataque, lançando um ataque-surpresa. Seus contingentes se impuseram aos tlaxcaltecas, excessivamente confiantes, massacrando 3 mil deles antes que a batalha chegasse ao fim.

Um dos oficiais de Cortés informava em carta à família que Malinche "era dotada de uma coragem tão viril que, embora ouvisse diariamente que os nativos haveriam de nos matar e comer nossa carne com tempero, vendo-nos cercados nas últimas batalhas, e também sabendo que todos nós estávamos feridos e doentes, não demonstrou o menor sinal de medo, apenas uma bravura superior à de qualquer mulher".[2]

Cortés demonstrou sua gratidão incumbindo-a de proceder às mais delicadas e difíceis negociações com os nativos. A mais tensa foi de longe a que dizia respeito aos esplêndidos templos astecas em forma de pirâmide, que Cortés estava decidido a destruir. Para ele e seus homens, não eram lugares de culto, mas sanguinolentos abatedouros recendendo a sangue humano.

Mas os aliados nativos dos espanhóis ficaram horrorizados com esse ataque à sua religião. A incansável Malinche abraçou a tarefa de convertê-los. Pregando a religião que ela própria havia adotado, explicava que aqueles monumentos a deuses menores e cruéis precisavam ser erradicados. Os espanhóis então reduziram a escombros os templos astecas manchados de sangue, e Cortés, tendo Malinche ao lado, prosseguiu em direção à maior fortaleza do Novo Mundo, Tenochtitlán, a capital asteca.

As vitórias de Cortés deixaram Montezuma perplexo. Em desespero de causa, o imperador convidou os inimigos espanhóis a Tenochtitlán, onde lhes preparava uma emboscada. Inicialmente, os dois lados sustentaram a ficção da amizade. Mas, ao descobrir que Montezuma estava fomentando a rebelião entre os aliados nativos dos espanhóis, Cortés confrontou o anfitrião. Malinche interveio, convencendo Montezuma de que os soldados espanhóis o matariam se ele não cooperasse. Para salvar a vida, o imperador transferiu-se para o território dos espanhóis. Lá, numa espécie de prisão domiciliar disfarçada pela cínica lisonja dos carcereiros, ele continuou a administrar seu império.

Fora necessário um certo gênio para convencer Montezuma a se colocar sob a proteção do heterogêneo bando de Cortés, e só Malinche tinha o conhecimento cultural e a sutileza necessária para consegui-lo. Durante seis meses, Montezuma pessoalmente frustrou cada tentativa de seus homens de tramar um ataque contra os captores espanhóis. Montezuma e Malinche separaram-se quando o grosso do contingente espanhol abandonou Tenochtitlán, deixando o imperador aos cuidados de uma guarda militar reduzida. Seu comandante, muito assustado, confundiu um festival religioso com uma revolta e massacrou os participantes. O difícil impasse entre astecas e espanhóis chegou ao fim quando astecas resolveram lutar furiosamente para vingar os civis massacrados. No momento em que tentava convencê-los a depor armas, Montezuma foi atingido por uma pedra de estilingue que o feriu mortalmente.

Na confusão que se seguiu, a maioria dos homens de Cortés morreu e todos os cavalos ficaram feridos. Malinche sobreviveu, tropeçando em cadáveres na fuga. Ao se dar conta do alcance de suas terríveis perdas, Cortés encostou numa árvore e chorou.

Um ano depois, Cortés e aliados voltaram para assediar Tenochtitlán, matando os habitantes de fome e em seguida desmontando a fortaleza, pedra após pedra. No dia 13 de agosto de 1521, a cidade rendeu-se. Vitorioso, Cortés começou a reconstruir o que havia destruído.

Enquanto isso, Malinche estava grávida, e em 1522 deu à luz o filho, Martin, supostamente o primeiro mestiço do México. Mas esse fato não aproximou Cortés de sua amante. Pelo contrário, assinalou o início do seu afastamento, embora ele fizesse questão de manter o relacionamento profissional. O motivo desse súbito e inesperado rompimento era o fato de Cortés estar na expectativa de se tornar nobre, sabendo que Malinche não poderia compartilhar de sua vida na nobreza. E não só por ser ele casado, mas também porque, apesar de tudo que representara para ele durante a campanha militar, Malinche era uma nativa de pele escura que seria considerada uma selvagem pelos espanhóis. Para evitar o escárnio dos compatriotas, Cortés deixou de dormir com ela e mandou buscar sua esposa espanhola, Catalina Suárez Marcayda. Catalina então veio a falecer, mas essa morte prematura nada alterou, e Cortés cumpriu suas obrigações em relação a Malinche casando-a com um de seus capitães, Juan Jaramillo, um cavaleiro heroico. Mais de um ano depois nascia a filha do casal, Maria Jaramillo.

O casamento de Malinche foi infeliz. Embora Cortés a tivesse transformado numa mulher rica, dando-lhe vastas extensões de terra, também a havia ligado a um homem que — segundo alegariam posteriormente seus colegas — aceitara casar-se durante uma bebedeira. É bem possível. Os aristocratas espanhóis não se casavam com nativas, e Jaramillo foi uma infeliz exceção. Quando Malinche morreu alguns anos depois, seu marido esperou apenas algumas semanas para voltar a se casar.

Os historiadores latino-americanos e a tradição crucificaram Malinche como uma traidora de seu povo. Nos anos em que viveu com Cortés e também posteriormente, casada com Jaramillo, ela deve ter enfrentado a condenação de incontáveis nativos. Não temos como saber se ficou magoada ou surpresa quando ele se recusou a casar com ela, mas é possível que entendesse que teria comprometido sua carreira. Mesmo na condição de sua rica e respeitada amante, Malinche, antes deserdada e escravizada, reinventou-se como uma força tão poderosa que compartilha a glória — e a ignomínia — de Cortés pela conquista do Império Asteca

AS "ESPOSAS NATIVAS" NA AMÉRICA COLONIAL[3]

Pocahontas é a heroína de uma das mais românticas histórias da América do Norte, bela e impetuosa filha de um poderoso cacique. Em maio de 1607, aos doze anos, ela viu o pai preparar-se para executar o capitão John Smith, fundador e líder da combativa colônia de Chesapeake Bay. Mas Pocahontas, que pode ter desenvolvido uma paixão adolescente por aquele homem branco bruto mas carismático, acorreu a seu lado, amparando sua cabeça barbuda e conseguindo salvar-lhe a vida.

Alguns anos depois, os colonos sequestraram Pocahontas para usá-la como peça de barganha na dura luta com o seu povo. Ao mesmo tempo, tinham por ela o respeito que merecia como filha do cacique. Impressionaram-na de tal maneira que ela se converteu ao cristianismo, sendo batizada de Lady Rebecca. Também se apaixonou por John Rolphe, um dos colonos. Com o consentimento de seu pai e do governador da Virgínia, ela e Rolphe se casaram.

A história de Pocahontas é nobre e romântica, e o fato de ter morrido com vinte e poucos anos, antes que Rolphe tivesse tempo de se cansar dela, confere-lhe igualmente contornos trágicos. Mas milhares de outras nativas tiveram relacionamentos menos idílicos com colonizadores brancos que, apesar de terem participado de um ritual matrimonial, descartavam suas "esposas nativas" como se não passassem de amantes.

A vida na fronteira norte-americana e nas terras de comércio de peles era dura. A natureza, com suas pesadas tempestades de neve e o solo pedregoso, muitas vezes parecia inimiga. A fome, como o implacável inverno, era uma possibilidade constante. O perigo rondava em toda parte: nas extensões florestais onde os ursos e outros animais selvagens repeliam os invasores e nos toscos assentamentos ameaçados por povos nativos hostis. A solidão e o medo eram endêmicos; as mulheres confinadas em fazendas isoladas muitas vezes mergulhavam na loucura.

Nesse mundo incerto da paisagem colonial rústica norte-americana, o destino das missões e postos avançados de comércio de peles, assim como de assentamentos inteiros, podia depender da forma como os líderes locais, nativos e brancos, lidavam entre si. Mas os povos nativos deslocados, devastados pelo álcool e as doenças trazidas pelos brancos, e os impacientes colonizadores, convencidos de sua superioridade racial e moral, nem sempre encontravam maneiras de abrir caminho para a confiança e a aliança Muitas vezes, caíam em feroz inimizade.

No início do século XVII, a época de Pocahontas, as sociedades indígenas ainda eram relativamente intactas, com uma forte tradição matrilinear e governos tribais que contavam com a participação de mulheres poderosas [4]

Os europeus que chegavam interpretavam erroneamente e criticavam os costumes nativos, especialmente os que diziam respeito às mulheres. Os colonizadores europeus olhavam com desconfiança um estilo de vida que dava a elas o direito de divórcio. Viam na matrilinearidade uma indicação da infidelidade das nativas: um homem podia ter certeza de que seu sangue corria nas veias dos filhos da irmã, afirmavam, mas não tinha igual garantia quanto aos de sua mulher.

Alguns europeus, contudo, em geral os envolvidos no comércio de peles, acabaram se familiarizando com o estilo de vida indígena, e uns poucos chegaram a adotá-lo. Muito maior era o número dos que simplesmente se adaptavam, sempre que conviesse a seus interesses. Os negociantes de peles, por exemplo, muitas vezes desposavam nativas em rituais, e essas "esposas nativas" tornavam-se suas parceiras sexuais, cozinheiras, intérpretes e guias, estabelecendo um vínculo social com os homens de sua tribo.

Nos primeiros anos, as únicas mulheres disponíveis à maioria dos colonos eram indígenas, e mais adiante um pouco, as de sangue mestiço. Nas colônias, era muito menor o número de mulheres brancas que de homens, e muitas vezes elas só chegavam quando sua ida era providenciada por parentes do sexo masculino ou futuros esposos. Solitários, os colonos tinham de avaliar suas opções: abster-se sexualmente até conseguir uma esposa branca; recorrer a prostitutas; casar-se com uma nativa e permanecer no casamento; ou casar-se para vir a abandonar a nativa se surgisse uma branca que os interessasse matrimonialmente.

Muitas vezes as instituições reguladoras, fossem companhias de comércio de peles ou comandos militares, baixavam instruções nessa questão. A Hudson's Bay Company, por exemplo, inicialmente proibiu e depois passou a tolerar o casamento inter-racial, enquanto sua rival, a North West Company, o encorajava. Na verdade, contudo, homens dessas instituições e outros comerciantes de peles muitas vezes abandonavam as esposas nativas e os filhos mestiços.

Casar-se ou não: tanto para os brancos quanto para as nativas, qualquer das duas alternativas tinha suas vantagens e desvantagens. O celibato era a que apresentava mais inconvenientes, pondo em risco a própria sobrevivência de um homem. Isso porque as mulheres nativas eram parceiras valiosíssimas, cruciais para o funcionamento do comércio de peles. Sabiam virar-se naquele ambiente selvagem e inóspito. Traduziam línguas e costumes e apresentavam os maridos aos parentes. Moíam e coziam o milho, o alimento principal, e preparavam as conservas sem as quais seria impossível enfrentar o brutal inverno. Faziam roupas, mocassins e calçados para a neve, equipamentos essenciais para o comerciante de peles.

As nativas tinham muito a ganhar com seus parceiros brancos. O acesso aos bens manufaturados — chaleiras de metal e algodão, por exemplo — permitia-lhes livrar-se de tarefas pesadas como ferver a água com pedras aquecidas e curtir o couro. Em sua qualidade de intermediárias, granjeavam influência entre os brancos e os nativos igualmente, às vezes transformando isso em real poder. Gostavam das quinquilharias com que eram presenteadas pelos maridos comerciantes e abandonavam o costume nativo de comer os restos deixados por eles.

Ao contrário dos parceiros brancos, contudo, as nativas pagavam um preço alto por essa aliança. Quando confinadas em fortes, ficavam sujeitas a normas e preconceitos da cultura branca, invariavelmente decorrentes de uma visão desinformada e desdenhosa da civilização nativa. Como os brancos não praticavam a abstinência sexual a que recorriam os povos nativos para controlar a natalidade, essas mulheres engravidavam com muito mais frequência que as outras de sua tribo. Isso levava a mais complicações e sofrimento no parto, e ao envelhecimento precoce. Essas mulheres eram prejudicadas pela exposição a doenças estranhas e ao álcool. Tinham de entregar os filhos ao controle do marido, como determinava o patriarcado europeu (ao contrário do matriarcado nativo).

Mas seu pior e mais persistente problema era o abandono, e as mulheres nativas viviam com medo da deserção dos companheiros. E não por acaso. Ao seu redor, quantos homens não descartavam as esposas nativas para se casar de novo, fosse com nativas ou brancas! Em outras palavras, o casamento tinha significados diferentes para os parceiros. As esposas nativas esperavam a monogamia, mas os maridos brancos constantemente as decepcionavam, ligando-se a outras mulheres.

Antes do século XIX, os homens nativos aprovavam essas uniões como uma forma de estabelecer alianças comerciais vantajosas e mesmo prefe-

OS CONQUISTADORES E SUAS AMANTES

renciais. Certas tribos atribuíam-se o direito coletivo de selecionar maridos adequados, enquanto outras permitiam que prevalecesse o princípio da atração pessoal. Mas todas faziam questão de formalizar o acerto que ficou conhecido como *à la façon du pays* — pelo costume do país.

Esses rituais assemelhavam-se a rituais europeus. O candidato a marido tinha de visitar os pais da futura noiva para obter seu consentimento à união. Os parentes então estabeleciam um preço para a noiva — um dos mais comuns era um cavalo. Em seguida, o noivo fumava ritualisticamente um cachimbo com os futuros parentes ou sua tribo. Enquanto isso, as parentes da noiva preparavam-na para o novo papel, limpando-a de quaisquer vestígios de gordura de urso, por exemplo, e trocando suas roupas tradicionais por outras, muitas vezes de estilo europeu, como blusa e saia curta, anágua e perneira. Finalmente, o noivo — o novo "*squaw man*", como era chamado um branco casado com uma índia (*squaw*) — escoltava a nova família. A partir de então, ele era seu marido, e ela, sua esposa. Os homens que ignoravam ou não compreendiam esses costumes pagavam um preço alto. "Todas as nações indígenas são iguais quanto a esses costumes", escreveria um velho comerciante. "O sujeito corre o risco de ter a cabeça quebrada se tomar uma moça dessa nação sem o consentimento dos pais."[5]

As perspectivas do casamento variavam muito. Antes do século XIX, muitos maridos consideravam-se legalmente casados, e os tribunais ingleses tendiam a concordar. Quando os empregadores tentavam forçá-los a se livrar das esposas nativas, muitos deles se recusavam, defendendo resolutamente a legitimidade do casamento.

Sérios problemas surgiam quando esses "*squaw men*" eram empregados, e não empreendedores independentes. Para eles, a aposentadoria geralmente também significava voltar para o país de origem, o que punha fim a muitos casamentos. As mulheres nativas não eram consideradas esposas "de verdade", e a sociedade branca tratava de mantê-las a distância. O racismo desempenhava um papel importante, e as mesmas pessoas que se aproximavam dos nativos no interior ficavam horrorizadas à ideia de ter uma nativa como vizinha.

Alguns maridos reagiam a isso permanecendo em território indígena. Outros tratavam de "passar adiante", casando as esposas transformadas em fardos inconvenientes com homens solteiros recém-chegados. Outros ainda simplesmente desapareciam no mundo branco. Abandonadas, essas esposas voltavam com os filhos mestiços para suas tribos, que as recebiam de braços abertos, sem estigmatizá-las nem aos filhos. Na verdade, essas tribos às vezes valorizavam essas crianças como caçadores mais ousados e hábeis, apreciando o fato de poderem iniciá-los em sua comunidade.

As primeiras décadas do século XIX assistiram à chegada de missionários em rígida campanha de moralização, paralelamente ao crescente número de adultos mestiços. As alterações demográficas e da situação econômica expuseram os graves problemas dos casamentos obedecendo às normas consuetudinárias locais.

Os ataques aos casamentos nativos não tiveram fim aí. Os homens brancos passaram a ver as mulheres nativas como objetos sexuais, e não como companheiras. Não demorou, e a redefinição das condições de vida no interior tinha alterado drasticamente a situação de milhares de mulheres. Isso se aplicava especialmente aos mestiços, carentes da autoconfiança e do senso de identidade da mulher nativa de sangue puro. Humilhadas ao constatarem que eram vistas como amantes, e não esposas, essas nativas chegavam às vezes a matar os filhos recém-nascidos que não se sentiam em condições de criar sozinhas.

Sally Fidler, Betsey Sinclair e Margaret Taylor

A mestiça Sally Fidler era uma típica esposa nativa do século XIX. Em 1818, quando o encantador William Williams, diretor da Hudson's Bay Company, interessou-se por ela, Sally ficou exultante e logo estaria convivendo com ele em casamento nativo. Julgava ser sua esposa. Dois filhos depois, quando ele foi transferido para outro território, ela descobriu que fora enganada. Williams abandonou Sally e os filhos, mandando buscar a esposa inglesa ao se instalar no novo posto.

George Simpson, o sucessor de Williams, também se envolveu em casos amorosos com mestiças. Uma das primeiras foi Betsey Sinclair, que, tal como Sally Fidler, julgava estar casada. Mas Simpson referia-se a ela como "seu artigo (...) um apêndice desnecessário & oneroso", e a outras esposas nativas como "amantes índias". Nem a paternidade abrandou a posição de Simpson. Mesmo depois de Betsey ter-lhe dado uma filha, ele continua a vê-la como uma mercadoria Ao ser transferido para um novo entreposto comercial, ele também a transferiu — só que para seu amigo John G. McTavish. Faça com Betsey o que quiser, instruiu-o, estipulando apenas que ela não deveria tornar-se "uma loja de conveniências", presumivelmente querendo dizer que não devia ser transformada em objeto de uso sexual para quem estivesse interessado.

A ligação seguinte de Simpson (à parte seus encontros casuais de uma noite apenas) começou da mesma forma inesperada. Mas com o tempo seus sentimentos por Margaret Taylor tornaram-se mais intensos e profundos. Margaret nasceu em 1805 (ou 1810, segundo certas fontes), filha de George Taylor, empregado da Hudson's Bay Company, e sua esposa nativa, Jane. Margaret foi um dos oito filhos que tiveram, todos abandonados em 1815, quando George voltou sozinho para a Inglaterra, sem olhar para trás nem propor qualquer ajuda financeira.

Jane conseguiu sobreviver vinculando-se, com toda a família, ao entreposto da Hudson's Bay. Ao assumir a direção da empresa, Simpson contratou o irmão de Margaret, Thomas, como criado pessoal. Em 1826, aos 21 anos, Margaret tornou-se mais uma esposa nativa de Simpson.

Quase imediatamente ela deu à luz um filho. Antes do parto, Simpson viajou a negócios, deixando a seu subalterno McTavish estas brutais instruções: "Favor ficar de olho na mercadoria, e se ela gerar alguma coisa no devido tempo & da cor certa, que sejam cuidados, mas se algo der errado, deixe tudo para lá."[6]

A chamada mercadoria, todavia, era uma mulher extraordinária, tão dedicada a ele que ao retornar Simpson resolveu reconhecer e criar o filho, George. Logo depois do nascimento de George Junior, os parentes de Simpson intervieram, criticando-o por se rebaixar mantendo uma amante nativa, ainda que oculta, como determinavam as conveniências. Mas Simpson já estava por demais afeiçoado a Margaret para se privar de sua presença constante. "A mercadoria tem sido de grande consolo para mim", confidenciaria a McTavish.[7]

AMANTES — UMA HISTÓRIA DA OUTRA

Quando Margaret estava grávida do segundo filho, Simpson foi à Inglaterra num feriado. Antes de partir, tomou as necessárias providências para o sustento dela, de George Junior e do filho que estava para nascer, assim como da mãe dela, chamando inclusive o irmão de Margaret de cunhado. Esses gestos tranquilizaram sua amorosa esposa nativa.

Durante a permanência na Inglaterra, contudo, o afeto de Simpson por Margaret aparentemente se evaporou: ele se apaixonou pela prima Frances Simpson. Margaret e os filhos foram esquecidos. Na boda de Simpson, ninguém invocou a grávida e leal Margaret Taylor como motivo para impedir o casamento dos primos.

Antes do retorno de Simpson ao Canadá, Margaret, como todos os demais habitantes do assentamento, ficaram sabendo que ele retornaria acompanhado da esposa. Mas Simpson fez o possível para manter Margaret e os filhos longe de Frances. Provavelmente previa que Frances ficaria contrariada e mesmo horrorizada com a miscigenação, indignada com o fato de ele ter amado uma mulher de pele escura ou desconfiada de que Margaret continuasse merecendo o seu afeto.

Não sabemos se Frances chegou a tomar conhecimento da existência de Margaret e dos menininhos que eram meios-irmãos dos seus filhos. E, em caso positivo, provavelmente não compreendeu que Margaret, como esposa nativa de Simpson, contava (ou pelo menos tinha a esperança de) passar o resto da vida em sua companhia.

Mas Simpson não esqueceu completamente de Margaret. Depois de se instalar confortavelmente com Frances, ele providenciou o casamento de Margaret com Amable Hogue, um dos seus antigos *voyageurs*, experiente comerciante de peles que passou a trabalhar como operário de cantaria. Doou também a Hogue uma propriedade à margem do rio Assiniboine. "Peggy Taylor, a gostosinha do diretor, também está casada com Amable Hogue", comentava um sarcástico contemporâneo. "Que grande queda (...) de diretora a porca!"[8]

Como sra. Amable Hogue, Margaret ainda viveria cinquenta anos. Curiosamente, um de seus filhos diria mais tarde que ela era escocesa, equívoco que sua descendente Christine Welch acredita ter sido gerado pela própria Margaret. Se Welch estiver certa, os antepassados renegaram o próprio sangue para proteger as filhas da traição de homens brancos que desprezassem mestiças, homens que viessem a tratá-las como George Simpson a havia tratado.

De fato, o comportamento insensível de Simpson assinala uma virada na instituição do casamento nativo. Até então, ele era aceito como uma forma de casamento consuetudinário. Mas, à medida que o conceito era minado pela arrogância do século XIX em termos sociais, aumentando sempre mais o número de maridos que negavam suas obrigações em relação às esposas nativas, a instituição do casamento nativo transformou-se numa farsa na qual os homens sabiam perfeitamente aquilo que as mulheres temiam: que não passavam de amantes podendo ser descartadas a qualquer momento. Assim, com Frances a seu lado, Simpson referia-se desdenhosamente às esposas nativas de outros homens como "um pouco pardas" ou "um pouco de moeda circulante". Eram palavras cheias de desprezo daquele mesmo homem que um dia amara Margaret Taylor.[9]

Desse racismo também foi vítima Mary, a linda irmã de Margaret. Um jovem admirador branco ficou sabendo que Mary, por esperar que ele a pedisse em casamento, rejeitara a proposta de outro. Alarmado, ele mandou um amigo dizer-lhe que jamais se casaria com uma mestiça, nem mesmo bela como ela.

Mary foi mais uma vez humilhada ao viajar à Inglaterra ao encontro de um homem mais velho que prometera casar-se com ela. O "noivo" renegou a promessa, convidando-a a tornar-se sua amante. Mary não aceitou, voltando para casa, onde caiu em profunda depressão, que deixou os amigos alarmados. Eles sabiam, tal como ela, que sua situação era precária, impotente, como outras nativas, ante o assédio de homens brancos que as seduziam e até as amavam, mas não eram capazes de enfrentar a desaprovação social para tê-las como esposas, e não amantes.

Uma corrente intolerante do cristianismo, que na época ganhava terreno na América do Norte através do proselitismo de missionários, padres e beatos leigos, também se voltava contra as mulheres nativas. Os padres anglicanos desprezavam as esposas nativas, referindo-se a elas como mercadorias e registrando sua identidade de maneira genérica (vale dizer, como nativas ou mestiças sem nome), como se não fossem pessoas reais individualmente identificadas. Um professor particularmente fanático, John Macallum, instruía os alunos a renegarem as próprias mães se não estivessem oficialmente casadas com os pais.

As mulheres brancas, cada vez mais presentes nas colônias norte-americanas, também fomentavam o preconceito racial. Denegriam as nativas, chamando-as de *"squaws"*, embora essa hostilidade decorresse da inveja de sua beleza e do medo de que sua atitude mais descontraída em relação ao sexo as transformasse em formidáveis rivais que precisavam a qualquer custo ser eliminadas da concorrência junto aos bons partidos brancos.

Entre as poucas exceções estavam as moças de uma elite de mestiças cujos pais, brancos, tentavam livrá-las da discriminação racial que destruía a vida de outras mulheres nativas. Esses homens educavam as filhas e as preparavam para a vida na sociedade branca, de tal maneira que raramente vinham a se casar com homens de ascendência mestiça.

Alguns juízes de espírito mais aberto tentaram, sem êxito, obrigar esses homens brancos a desposar as companheiras nativas, atribuindo-lhes um terço de seus bens. As amantes abandonadas que vinham a descobrir tardiamente que as esposas nativas não eram realmente esposas não tinham outro recurso senão retornar a suas tribos, que tratavam de cuidar delas da melhor maneira possível.

O conceito de casamento nativo teve origem nas relações entre nativas e os homens que colonizavam seu povo. Ao dar origem a uniões conjugais reconhecidas e assegurar a legitimidade dos descendentes, a instituição aparentemente atendia a preocupações e necessidades de ambas as partes e culturas. Mas a condição subordinada da esposa nativa, como mulher e como nativa, acabou comprometendo o fundamental elemento de boa vontade no cerne da instituição. As vítimas eram as mulheres, levadas a acreditar que eram esposas, quando na verdade os maridos as consideravam amantes.

AMANTES NA ÁSIA CONQUISTADA[10]

No Japão da virada para o século XX, Madame Butterfly, a adorável mas crédula heroína operística japonesa de Giacomo Puccini, descobria em lágrimas que Pinkerton, o atraente marinheiro americano, jamais voltaria

OS CONQUISTADORES E SUAS AMANTES

para ela. Décadas mais tarde, durante a guerra no Vietnã e depois dela, enquanto milhares de madames Butterfly esperavam na vida real que seus soldados estrangeiros cumprissem suas promessas — de casamento, dinheiro, vistos —, uma nova tragédia musical era adaptada para contar essa história, e Madame Butterfly transformou-se em Miss Saigon.

Sempre pareceu um triste e incontornável fato das ocupações militares que jovens e ardorosos soldados assediassem mulheres da população civil. O medo, a culpa e as saudades de casa combinam-se para deformar seus valores, e eles justificam a atividade sexual predatória com o argumento de que as mulheres "inimigas" fazem parte do jogo. Nas zonas de guerra, contudo, o sexo voluntário com soldados talvez seja tão comum quanto o estupro. As mulheres oferecem o corpo em troca de dinheiro, vantagens materiais ou amor, quando não uma combinação das três coisas.

Le Ly Hayslip e Dao Thi Mui

A guerra no Vietnã gerou milhares de misses Saigon. Algumas amavam seus parceiros americanos. Outras apenas desejavam desesperadamente uma nova vida nos Estados Unidos. Em *When Heaven and Earth Changed Places: A Vietnamese Woman's Journey from War to Peace* [Quando céu e terra trocam de lugar: jornada de uma vietnamita da guerra para a paz], Le Ly Hayslip relata sua (infeliz) experiência como amante de soldados americanos antes de conhecer e se casar com Ed, o soldado que a levaria para os Estados Unidos.

Quando a guerra destruiu a aldeia de Le Ly, deixando apenas "represas rompidas, colheitas perdidas e penas soltas de animais",[11] ela passou a trabalhar como criada. Seu patrão vietnamita, "um bode numa casa cheia de cabras", seduziu-a, expulsando-a quando ficou grávida.[12] O primeiro amante americano de Le Ly foi Big Mike, que a oferecia a outros soldados em troca de algum dinheiro, o que lhe permitiu juntar 400 dólares. Mais tarde ela lamentaria essa lucrativa incursão na prostituição, conseguindo emprego num hospital. Ela não era nenhuma virgem ou donzela inocente, diria Le Ly, mas tampouco uma prostituta.

No hospital, Le Ly conheceu Red, um paramédico americano sardento que pela dentição se assemelhava aos ratos do campo que assaltavam as latas de arroz. Não demorou, contudo, e Le Ly aprendeu a ignorar a aparência nem tão atraente de Red, pois ele era bom e respeitoso — ou pelo menos assim ela achava.

Eles passaram a viver juntos, e, por insistência de Red, Le Ly deixou o emprego no hospital para se tornar dançarina de go-go numa casa noturna frequentada por americanos. Quando ela resistiu a fazer strip-tease, Red mostrou sua verdadeira natureza: "Você não é a única garota asiática do mundo", resmungou. Le Ly rompeu o relacionamento mas não sua dependência dos militares americanos.[13]

O amante seguinte de Le Ly foi Jim, um mecânico de helicóptero americano, de ascendência chinesa e irlandesa. Os primeiros meses foram idílicos, até que as bebedeiras de Jim acabaram levando a violentos ataques de fúria, em casa e na rua. Certo dia, ele foi detido por policiais militares americanos. Le Ly voltou a morar com a mãe, que se mostrava amorosa com seu filho.

Paul Rogers, oficial texano da Força Aérea, viria em seguida. Ele e Le Ly viveram juntos, mas ele se mostrava reservado, sem fazer promessas. Isso não vai durar, advertiam os amigos de Le Ly, ele logo será mandado de volta para casa. Paul o negava, alegando que acabara de acertar uma permanência de mais seis meses. Até que, certa manhã, vestiu o uniforme azul, beijou Le Ly demoradamente e se foi do Vietnã e da sua vida. Se Ed não tivesse aparecido, com seus sessenta anos, amando-a e se casando com ela, Le Ly teria se transformado em mais uma Miss Saigon.

Dao Thi Mui não teve a mesma sorte. Na juventude, sua vida estava cheia de promessas. Ela era a mais bela jovem da aldeia. Seguindo a tradição, seus pais promoveram seu casamento, com um policial. Veio então o grande êxodo do norte, quando todos que estivessem associados ao regime francês tiveram de fugir. Os parentes do marido de Mui trabalhavam para o Departamento da Marinha, que os mandou para Saigon. Lá, seu marido entrou para a Força Aérea, e eles tiveram três filhos.

Em 1964, o marido de Mui e um de seus filhos morreram num acidente. De uma hora para outra, ela era o único esteio da família. Comprou uma

OS CONQUISTADORES E SUAS AMANTES

carroça e começou a vender suco de frutas em frente a um bar frequentado por americanos. Um deles era o médico Henry G. Higgins, 41 anos, que trabalhava no departamento de comunicações do Exército. Henry cortejava Mui comprando todo o seu suco para distribuí-lo aos companheiros. Passados cinco meses, convidou-a a viver com ele. Amantes durante três anos, eles tiveram dois filhos, Minh e Thao Patrick Henry.

Thao era parecido com Henry, mas o louro Minh, com seus traços delicados, não. Henry tratava os dois meninos da mesma maneira, mas não reconheceu Minh como seu filho. Depois de deixar o Vietnã, Henry voltou por breve período a Saigon, para ensinar num hospital militar, e em seguida deixou o país definitivamente. Até 1978, escrevia e mandava dinheiro para Mui e Thao. Mas Saigon foi tomada pela Frente Nacional de Libertação, os vietcongues, e Mui imagina que o abalo social e político que isso causou explica o fato de não mais ter recebido cartas dele.

Enquanto isso, Mui conseguira mandar Minh para os Estados Unidos através da Foster Parents Plan, organização de ajuda a crianças carentes, porém nunca mais voltou a ter notícias dele. Arregimentada pelo novo regime como trabalhadora nos canais, sem remuneração, ela se levantava às quatro horas da manhã e era enviada de ônibus para Hoc Mon, a trinta quilômetros de Saigon. Até as sete da noite, trabalhava retirando terra com água até a altura do peito e alimentada apenas por um almoço consistindo em arroz e carne estragada. Nos fins de semana, vendia gasolina para ganhar algum dinheiro. Depois de meses nesse trabalho debilitante, contraiu malária. Conseguiu subornar um oficial com o ouro que havia juntado, e finalmente foi liberada.

A história de Mui é um calvário de embrutecida sobrevivência através do trabalho duro, da astúcia e dessa reserva de ouro a que ela só recorria para subornar e para ajudar o filho Thao em suas quatro tentativas de fuga. Em 1982, ela se inscreveu no Orderly Departure Program, um programa de imigração de refugiados vietnamitas, para entrar nos Estados Unidos, mas só uma década depois sua inscrição seria processada. Nesse período, Thao ficou sabendo por carta enviada de Miami Shores, Flórida, a 16 de agosto de 1984, que Henry Higgins tinha morrido, deixando-lhe quase 40 mil dólares e, para Mui, 2.500. Infelizmente, o dinheiro só poderia ser recebido pessoalmente, nos Estados Unidos. Quatro anos depois, apesar dessa considerável herança, Mui e a família viviam na miséria, pensando apenas no dia em que seu mundo haveria de mudar e eles finalmente poderiam chegar aos Estados Unidos.

Henry Higgins pretendia continuar cuidando plenamente do filho que sabia ser seu, mas deixou apenas uma quantia simbólica para a ex-amante. Considerando suas desconfianças em relação a Minh, que podiam ou não ser justificadas, seu comportamento em Saigon revelara-se decente e atencioso com Mui e seus filhos. Enquanto pôde, ele lhes mandou notícias e dinheiro, incluindo-os em seu testamento. Na verdade, as remessas podem ter prosseguido até sua morte. É perfeitamente possível que algum empregado corrupto dos correios do regime comunista se tenha apropriado delas a título de butim contra o inimigo capitalista.

Henry nunca prometeu casar-se com Mui. Disse-lhe já no início que era casado mas separado da mulher. Mui, contudo, sempre se referia a ele como seu marido. Talvez o fizesse para facilitar sua tortuosa busca da liberdade, ou então para apagar a mancha da ilegitimidade dos registros de sua infância. A vida para os asiático-americanos já é extremamente difícil entre os vietnamitas, sempre preocupados com a pureza racial, e uma criança vista como filha bastarda de um soldado inimigo carrega um duplo estigma. Quanto a Mui, se Henry fosse seu marido, não poderia ser chamada de prostituta.

Milhares de militares americanos tratavam suas amantes vietnamitas exatamente como Henry Higgins, amando-as, engravidando-as, deixando-as e mais tarde mandando dinheiro regularmente, esporadicamente ou não mandando nada. Higgins foi certamente um dos mais responsáveis, embora não se tenha casado com Mui nem mandado buscá-la para juntar-se a ele nos Estados Unidos. (Tampouco se sabe ao certo, pelas fontes de que dispomos, se Mui conseguiu afinal chegar aos Estados Unidos para receber seu dinheiro.)

As amantes de qualquer conquista militar em tempo de guerra enfrentam problemas terríveis. O mais óbvio é o fato de seu país ter sido invadido, sendo elas condenadas por se vincular ao inimigo ou, no caso do Vietnã, a inimigos estrangeiros. Mas ao destruir a economia e minar as bases da

OS CONQUISTADORES E SUAS AMANTES

sociedade civil, a guerra muitas vezes força os civis a atos desesperados e às vezes inescrupulosos.

Miss Saigon, o personagem fictício que vem a ser uma versão modernizada de Madame Butterfly, não é muito diferente de Le Ly e Mui. Ela é uma inocente mocinha do interior chamada Kim, que está noiva. Em 1975, chega a Saigon e conhece uma versão mais moderna de Pinkerton. Trata-se de Chris, um soldado americano desiludido com o cínico e frenético clima de erotismo da cidade. O encontro de amor desperta fortes emoções em ambos. Durante a cerimônia vietnamita de casamento dos dois, o amargurado ex-noivo de Kim interfere, expulsando-os. Com a queda de Saigon logo depois, Kim e Chris são separados, deixando de se ver.

Em 1978, Chris está de volta aos Estados Unidos. Casado com Ellen, não consegue esquecer Kim. Enquanto isso, ela deu à luz o filho dele, Tam. Sustenta o menino trabalhando como garçonete nas agitadas boates que tanto desagradavam a Chris quando vivia em Saigon. E também sonha com Chris, na esperança de que um dia volte para resgatá-la.

John, amigo de Chris, dá início a uma campanha pelo reencontro das crianças asiático-americanas com os pais americanos. Chris e Ellen juntam-se a ele em Saigon, onde ela fica sabendo a respeito de Kim, e vice-versa. O reencontro deixa todos desestabilizados, pois Chris se dá conta de que ama ambas. Avaliando bem a situação, Kim chega à conclusão de que Tam seria muito mais feliz nos Estados Unidos com o pai. Como Madame Butterfly, suicida-se.

O destino de Miss Saigon é mais categórico que os de Le Ly ou Mui, mas somente porque seu criador evitou complicações de enredo e detalhes tediosos, optando por um clímax e resolução dramáticos. Caso contrário, também ela poderia ter-se arrastado até um final de dilaceramento, exaustão e desalento, como Le Ly, Mui e inúmeras outras mulheres que vêm a ser versões reais e menos glamourosas de Miss Saigon.

CAPÍTULO 7

Uniões sexuais inter-raciais no contexto da "instituição peculiar"

A escravidão de africanos negros nas Américas foi uma instituição tão "peculiar" que ainda hoje projeta uma sombra pesada.[1] Das origens no século XVI à sua abolição no século XIX, a escravidão negra foi governada nos Estados Unidos pela tradição e os costumes locais, a política e as realidades econômicas, assim como leis estaduais conhecidas como "Black Codes" (Códigos Negros). Os Códigos Negros regulamentavam a condição dos escravos (e dos negros livres e alforriados), sendo constantemente revistos e adaptados em conformidade com novas situações e questões que se apresentassem. Por exemplo, os Códigos Negros proibiam o sexo inter-racial, com o "terrível" subproduto representado pelo nascimento de crianças mestiças. Como as leis não se mostrassem capazes de impedi-lo, os Códigos Negros foram modificados para penalizar os infratores e em particular, de maneira cruel, seus rebentos. Em última análise, os Códigos Negros estabeleciam as consequências a serem levadas em conta quando as relações sexuais transpunham as delimitações raciais.

A escravidão no Novo Mundo baseava-se em conceitos pseudocientíficos e pseudorreligiosos de raça, justificando sua crueldade com o argumento de que Deus destinara a raça branca a dominar a raça negra. Os negros eram considerados infantis em sua percepção do mundo, animalescos em seu erotismo e amorais no comportamento. Estava inclusive na Bíblia: os africanos negros, filhos de Cam, haverão de servir.

Em tal contexto, os escravos tinham sistematicamente negados seus direitos, inclusive o próprio direito à vida. E isso não só porque os senhores ou capatazes viessem a torturá-los ou açoitá-los até a morte. Nos séculos XVIII e XIX, plantações inteiras das Índias Ocidentais francesas e britânicas, e em menor medida nos Estados Unidos, eram geridas pelo princípio de que o emprego mais eficiente e produtivo do trabalho escravo consistia em fornecer aos escravos condições mínimas de alimentação, abrigo e vestuário, forçando-os implacavelmente a trabalhar sem descanso nos campos de cana, arroz ou algodão. Exaustos e maltratados, esses homens e mulheres morriam em média sete anos depois de chegar, pois de maneira geral saía mais barato substituí-los por novos escravos importados da África do que mantê-los vivos por mais tempo, proporcionando-lhes condições de vida mais toleráveis. Harriet Beecher Stowe expôs essa linha de pensamento em seu romance *Uncle Tom's Cabin* [A cabana do Pai Tomás]; seu perverso anti-herói, Simon Legree, maltratava sistematicamente os escravos que mourejavam sob o sol escaldante em suas plantações de algodão na Louisiana.

Formas menos brutais de escravidão eram mais comuns. Mas nada garantia que um bom senhor não viesse a compensar um revés econômico vendendo seus escravos ao mais cruel dos senhores. Até seu mais diligente escravo podia ver-se de uma hora para outra "no cepo dos leilões, entregue a quem oferecesse mais e afastado para sempre dos que lhe eram mais caros que a própria vida, deixando para trás uma esposa amada e filhos amorosos e indefesos", segundo lamentaria um ex-escravo.[2]

Essa insegurança era intrínseca à forma de escravidão que vitimava uma raça específica. Até os negros livres ou alforriados e a população mestiça estavam sujeitos às normas do Código Negro que limitavam seus direitos e liberdades.

As relações sexuais inter-raciais eram um dos principais motivos de preocupação, pois cada um desses relacionamentos representava uma potencial ameaça ao status quo. A situação mais óbvia era protagonizada por homens brancos interessados por escravas atraentes, embora algumas mulheres brancas também coagissem escravos a aventuras sexuais. O

UNIÕES SEXUAIS INTER-RACIAIS NO CONTEXTO DA... 271

elemento mais perigoso nessas uniões era o amor, capaz de inspirar ideias sediciosas (e também atos) em relação ao papel subordinado dos negros. Era o que acontecia sempre que um branco se apaixonava pela amante negra e começava a tratá-la como um ser humano em condições de igualdade, ou quando reconhecia um filho mestiço. Quando um indivíduo amorosamente disposto legitimava o que a sociedade considerava ilícito, estava abalando os próprios alicerces dessas sociedades escravagistas.

Entretanto, como indicam diferentes fontes, entre elas muitos relatos de testemunhas diretas, esses relacionamentos íntimos ilegítimos se generalizaram. Muito citada, Mary Boykin Chestnut, esposa de um proprietário de plantações em Charleston, Carolina do Sul, deixou este amargo comentário em seu diário:

> [*14 de março de 1861*] Deus nos perdoe, mas nosso sistema é monstruoso, um erro e uma iniquidade! Como os patriarcas de outros tempos, os homens vivem todos numa casa com as esposas e concubinas; e os mulatos que vemos em cada família são parecidos com os filhos brancos. Qualquer senhora é capaz de dizer quem é o pai de todas as crianças mulatas numa casa, menos na sua. Estas, ao que lhe parece, caíram do céu. Minha revolta às vezes parece ferver![3]

O comentário de Chestnut parece indicar um forte impacto dessa licenciosidade: na escrava coagida a relações sexuais com um branco; na esposa daquele que a traía com uma negra que devia servi-la e respeitá-la; nos filhos mestiços dessas uniões; nos membros da família branca que observavam e percebiam o comportamento do patriarca. Imagine-se também o efeito no marido, no irmão e no pai escravos, incapazes de impedir o assédio a uma esposa, irmã ou filha, e não menos impotentes para impedir sua sedução pelo medo, a ambição ou mesmo o orgulho de ter sido escolhida pelo senhor. Privilégios como redução do trabalho e presentes em dinheiro, joias e roupas não podiam ser obtidos de outra forma por uma escrava. E que dizer da escrava que inesperadamente via o coração arrebatado numa relação proibida como essa? Ou do senhor que se apaixonava perdidamente pela mulher que comprara ou que supervisionava?

AMANTES — UMA HISTÓRIA DA OUTRA

Para entender o mundo da amante escrava, devemos ter em mente certos conceitos de atração erótica vigentes na época. As mulheres brancas eram colocadas num pedestal de castidade e pureza, alheias ao desejo erótico. No caso dos homens brancos, contudo, a luxúria era considerada um componente natural; seu impulso para se satisfazer sexualmente com outras mulheres que não suas virtuosas namoradas e esposas era aceito, ainda que não reconhecido abertamente. Inevitavelmente, isso levava esses homens a explorar sexualmente as escravas negras, consideradas sensuais e desinibidas, dotadas de uma extraordinária energia sexual e vulneráveis jurídica, social, física e economicamente.

Phibbah[4]

A história de Phibbah, escrava no século XVIII numa fazenda jamaicana chamada "Egito", de propriedade de John e Mary Cope, é contada por seu amante branco, Thomas Thistlewood, capataz que manteve um diário extraordinariamente detalhado. As anotações de Thistlewood centravam-se em seu trabalho na plantação, constituindo na verdade um autêntico tesouro para os historiadores da agricultura. Ele também descrevia de maneira concisa mas eloquente os rituais e celebrações dos escravos da Jamaica, as duras punições a que eram submetidos em caso de infrações e — em breves comentários e reflexões — os altos e baixos de seus próprios casos amorosos.

O diário de Thistlewood assinala seus muitos encontros sexuais com escravas, recorrendo a abreviaturas latinas: *Dup* ("duas vezes"); *Sup. Lect.* ("na cama"); *Sup. Terr.* ("no chão"); *In silva* ("no mato"); *In Mag.* ou *In Parv.* ("na casa-grande ou na senzala"); *Illa habet menses* ("ela está menstruada"); e às vezes, especialmente quando sua gonorreia estava sintomática, *Sed non bene* ("não muito bom").

Em 1751, quando Thistlewood, então com trinta anos, chegou à fazenda Egito, a escrava mestiça jamaicana Phibbah tinha a importante função de cuidar da cozinha. Não foi amor à primeira vista. Thistlewood sentia forte atração por outra escrava, Nago Jenny, levando-a para viver com ele em seus aposentos por vários meses. Só no fim dessa relação ele se envolveu com a alegre, inteligente e ambiciosa Phibbah.

Esse relacionamento era profundamente erótico e inconstante. Eles faziam sexo várias vezes por semana, inclusive quando ela estava menstruada. Brigavam, muitas vezes porque Phibbah ficava enciumada com a infidelidade de Thomas com outras escravas. O 4 de janeiro de 1755 foi um dia bem típico. Depois de fazerem amor, Phibbah recusou-se a voltar para a cama com Thomas, dormindo numa rede pendurada no corredor. Ela estava "muito atrevida", observou ele. As brigas eram frequentes. Phibbah ficava dias inteiros sem falar com Thistlewood, recusando-se a fazer sexo e às vezes saindo porta fora no meio da noite para dormir sozinha em sua cabana. Como se podia esperar, Thomas ia atrás e a trazia de volta para o seu quarto.

Em junho de 1757, Thomas aceitou uma oferta que redundava numa promoção: um novo emprego em outra propriedade jamaicana, Kendal, cujo proprietário lhe pagaria cem libras por ano, além de generosas quantidades de carne, manteiga, rum, velas e outros provimentos. Phibbah não gostou da notícia. "Phibbah está muito triste, e na noite passada eu não consegui dormir, muito inquieto etc.", registrou Thistlewood a 19 de junho.

Os amantes continuaram sofrendo com a iminente separação. Thomas tentava aliviar a dor de Phibbah com presentes: dinheiro, tecidos, mosquiteiros, sabonetes. Procurou John e Mary Cope, proprietários da Egito e de Phibbah, e "implorou muito" para comprar ou arrendar a amante. John Cope mostrou-se simpático, mas Mary Cope rechaçou o pedido. Talvez temesse perder um capataz e uma cozinheira tão capazes, ou quem sabe desaprovaria a relação de Phibbah com o supervisor branco, que refletia os casos de seu marido com várias escravas. A intransigência de Mary deixou os amantes arrasados. Fizeram amor pela última vez e Phibbah deu a Thomas um anel de ouro, de procedência desconhecida, como lembrança. Ele deu adeus e partiu para Kendal.

Sozinha na Egito, Phibbah ficou apavorada com a possibilidade de que outra mulher tomasse seu lugar junto a Thomas. Seu receio tinha fundamento. Uma semana depois de chegar, Thistlewood se consolou da enorme solidão com Phoebe, a escrava cozinheira da plantação Kendal. Sem sabê-lo, Phibbah foi a cavalo até Kendal no dia seguinte, para pedir a Thomas que voltasse.

Não era apenas uma questão de decidir voltar. Thomas tinha aceitado um novo emprego e estava preso a obrigações contratuais. Mas adorou ver de novo a amante. Passeou com ela pela propriedade e a apresentou aos moradores da "casa dos negros". Levantaram-se no dia seguinte antes do alvorecer e ele emprestou o cavalo a Phibbah, para que ela pudesse voltar com rapidez à Egito. "Gostaria de poder comprá-la", queixou-se. "De novo muito só e melancólico esta noite (...) e o afastamento de Phibbah esta manhã ainda presente na lembrança."[5]

Phibbah deu um jeito de continuar lembrada. Mandava-lhe presentes (tartarugas, caranguejos) e o visitava sempre que possível. A notícia de que adoecera deixou Thistlewood profundamente preocupado. "Pobre moça, tenho pena dela, ela sofre muito com a escravidão", lamentava. Os alegres reencontros, com trocas de presentes, fofocas e brigas, continuaram. Às vezes, Thistlewood mandava Lincoln, seu escravo adolescente, à Egito, com seu cavalo, para que Phibbah pudesse visitá-lo. Outras vezes, ia ele mesmo à Egito.

Apesar do forte afeto por Phibbah, Thomas a enganava com frequência com outras mulheres, entre elas Aurelia, a mais bela das escravas da Kendal. Phibbah sabia e sofria com isso. Implorou que ele desistisse, e para deixar bem claras sua frustração e sua dor abstinha-se de relações com ele. Mas no fim acabava cedendo e o perdoava.

Quando estavam distantes, Phibbah se empenhava constantemente em preservar o relacionamento. Sua frustração por não poder deixar a Egito e juntar-se a Thomas na Kendal reverbera nos concisos relatos deixados por ele sobre o que ela lhe dizia e a forma como se comportava. Mas seria aquilo um amor autêntico ou apenas o reconhecimento, da parte de uma mulher astuta, das muitas vantagens de sua condição de amante de Thistlewood? Não temos como saber ao certo, mas todos os indícios são de que Phibbah amava Thomas tanto quanto ele a ela. Seus encontros eróticos eram frequentes e intensos. Também compartilhavam os detalhes mais caseiros da vida cotidiana, até as infidelidades dele, que ele próprio mencionava ou admitia quando Phibbah o confrontava com acusações fundamentadas.

Com o tempo, Phibbah veio a despertar no capataz-amante uma inesperada compaixão por sua condição servil, a miserável escravidão. Até conhecer Phibbah, Thistlewood era notório por eventuais atos de crueldade com os escravos cujo trabalho supervisionava. Mas a intimidade com ela despertou sua sensibilidade para o horror da escravidão, e ele passou a se comportar de maneira mais humana após o início do relacionamento. À medida que os sentimentos de Phibbah se tornavam cada vez mais importantes para ele, Thistlewood começou a orientar o relacionamento de uma maneira que também ela ficasse satisfeita.

De sua parte, Phibbah valia-se da força de seu amor e do desejo de Thomas para forçá-lo a tratá-la com mais respeito, embora ele nunca deixasse de levar outras escravas à cama. No contexto do século XVIII escravagista na Jamaica, a autoconfiança de Phibbah e sua confiança no compromisso de Thomas podem ser consideradas anômalas. Embora a escravidão e as diferenças na condição dos dois sexos tornassem esse relacionamento inevitavelmente desequilibrado, o temperamento forte de Phibbah e a exigência de que certos padrões de comportamento fossem observados fortaleciam sua posição. O mesmo quanto ao fato de Thistlewood reconhecer abertamente que ela era sua amante, embora Mary Cope e alguns escravos se ressentissem fortemente dela por isso.

No fim de 1757, Cope chamou Thistlewood para trabalhar de novo com ele, e ele voltou ao encontro de Phibbah. A essa altura, Thistlewood ganhava mais e comprara vários dos escravos com que trabalhava. Phibbah também era "dona" de uma escrava, pelo menos de fato, senão de direito, tendo recebido de uma amiga, a sra. Bennett, uma mulher chamada Bess.

Quando Thomas tinha problemas financeiros, Phibbah de bom grado o ajudava. Quando ficou grávida de seu filho, ela vendeu uma égua a outro escravo e deu parte do dinheiro a Thistlewood. Ele aceitou, grato, e oito meses depois saldou a dívida. (Os registros do diário de Thistlewood em 1761 mostram que devia a Phibbah dez libras, valor relativamente alto.) A generosidade de Phibbah podia ser calculada, mas é mais provável que realmente quisesse ajudar o homem que a essa altura se referia a ela em seu diário como sua esposa.

No dia 28 de abril de 1760, Phibbah entrou em trabalho de parto. A velha parteira Daphne veio em sua ajuda, e no dia seguinte ela deu à luz um filho. Viria a se recuperar lentamente. Outra escrava foi mandada para cuidar dela: Lucy, da fazenda Egito, amamentou o bebê, e Mary Cope mandou presentes: farinha, vinho e canela. O menino recebeu o nome de John, passando mais tarde a ser conhecido como "Mulatto John", embora no início Thistlewood se referisse a ele como "o filho de Phibbah".

Passado algum tempo, Thistlewood deixou novamente os Cope para trabalhar em Breadnut Island Pen, uma fazenda próxima. De maneira geral, os Cope continuaram sendo valiosos amigos para Thistlewood, e quando Mulatto John ainda era um bebê, foi alforriado. (A alforria era a maneira formalmente contemplada em lei de emancipar um escravo.) A partir de então, quando Thistlewood se transferia a Breadnut Island Pen, era como nos tempos da fazenda Kendal, com as constantes idas e vindas.

Pela altura de 1767, Phibbah passava quase toda noite com Thomas, levantando-se cedo para voltar para casa. No dia 10 de novembro, John Cope finalmente "cedeu", nas palavras de Thistlewood, e resolveu alugar Phibbah para ele pela remuneração anual de dezoito libras. Seis dias depois ela chegava a Breadnut Island Pen com Mulatto John e seus muitos pertences.

Em 1770, Thistlewood tornara-se um respeitado horticultor, integrando a classe de proprietários de plantações. Apesar de suas posses relativamente modestas em terras e escravos — ao morrer, seu espólio relacionava apenas dezenove escravos —, sua paixão pelos livros e uma ampla cultura conferiam-lhe credibilidade pessoal, e a amizade com os Cope facilitou sua integração à sociedade. Sua amante escrava, contudo, não era bem-vinda nos jantares e festas. Thistlewood a compensava levando-a a eventos públicos — por exemplo, as corridas de cavalos.

A vida corria agradável para Thomas e Phibbah, apesar das imperfeições. Eles se preocupavam com a ameaça de revoltas de escravos. Thomas também nutria certa ansiedade a respeito de Mulatto John, menino sem ambição que não herdara a obsessão paterna da leitura e gostava de mentir. Thistlewood culpava Phibbah pelos progressos lentos de John, pois ela o mimava. E todos eles eram vulneráveis a doenças, continuando Thomas a sofrer de gonorreia, que por vezes o deixava impotente. ("Impots", anotou ele após o fracasso de uma tentativa de relação.)

Em 1786, com 66 anos, Thistlewood ditou seu testamento. Cinco dias depois, morreu. O testamento diz tudo sobre seu compromisso com Phibbah e o amor que sentia por ela. Determinou que ela fosse comprada de John Cope por um valor não maior que oitenta libras jamaicanas, para ser alforriada. Uma vez alforriada, ela deveria receber dois escravos. (Como escrava, ela não podia ter escravos oficialmente.) Finalmente, deixou-lhe cem libras para comprar um terreno de seu agrado e construir uma casa.

Thistlewood também previu a pior possibilidade: que Phibbah continuasse como escrava. Nesse caso, ela receberia quinze libras anuais pelo resto da vida. Foram necessários cinco anos para validar o testamento de Thistlewood. E então os Cope alforriaram Phibbah.

Os registros históricos vão até aí, mas a vida de Phibbah prosseguiu. Ainda que inadvertidamente, Thomas Thistlewood foi o biógrafo de Phibbah. Para preencher os vazios de sua vida, nossa única alternativa é ler nas entrelinhas dos concisos registros de Thomas, extrapolando e conjeturando com o possível critério. A interpretação mais sensata da vida de Phibbah e Thomas é que, com a passagem do tempo, ela operou uma lenta transição — pelo menos no espírito dele — de amante a esposa. Apesar da crônica infidelidade, ele gostava muito de sua companhia e dava valor a suas opiniões. Discutia seu próprio trabalho com ela, os problemas que enfrentava, a situação das colheitas e as condições dos animais da fazenda. Phibbah retribuía com notícias sobre o andamento dos negócios na Egito após a partida dele. Quando Phibbah ficava doente, Thomas acompanhava de perto as notícias dos sintomas como se fossem seus, num reflexo da irrestrita intimidade que prevalecia entre os dois. Phibbah confiava nessa relação, estabeleceu padrões aceitáveis de comportamento e prestava ajuda quando julgava necessário.

Phibbah saiu perdendo apenas na questão da fidelidade sexual, pois tinha de suportar o incorrigível hábito de Thomas de se deitar com toda escrava que considerasse atraente, até colegas ou subordinadas dela. Mas o diário deixa claro que ela passou a vida se insurgindo contra sua promiscuidade.

Thistlewood nunca se casou. A escassez de mulheres brancas na Jamaica terá sido um dos motivos. Outro seria sua relutância em abrir mão da intimidade com Phibbah, algo que uma esposa branca certamente teria exigido. Mas é difícil deixar de supor que ele não precisava casar-se, pois tinha em Phibbah tudo que poderia desejar numa mulher, inclusive uma mãe para seus filhos.

A longevidade e intensidade da vida de Phibbah como amante, sua alforria após a morte do amante e o enorme empenho de Thomas no sentido de providenciar para que ela fosse assistida até o fim de seus dias pintam um quadro de complexidade e compromisso no relacionamento entre os dois. Mas as uniões sentimentais e sexuais entre uma escrava e um branco não configuravam propriamente romances no sentido consagrado. Apesar de terem contornado muitas limitações da condição escrava, Thomas Thistlewood e Phibbah não eram propriamente Romeu e Julieta. Viviam num mundo cruel e confuso em que o sexo inter-racial era ilegal, onde ela era juridicamente considerada subumana e desprovida de direitos e ele era um ser superior com o direito — e mesmo o dever — de comprar, vender, explorar e punir homens e mulheres que tinham o mesmo status e a mesma origem que ela. Independentemente de seu gênero, Phibbah era uma escrava.

Julia Chinn

Nos estados americanos escravagistas, os tristemente célebres Códigos Negros reforçavam os padrões sociais que condenavam o sexo inter-racial. Apesar das leis, certas ligações discretas costumavam ser toleradas. Mas se um homem ostentasse a amante negra ou reconhecesse os filhos com ela gerados, pagava o preço da condenação social, senão da definitiva desgraça. Se deixasse ao morrer um testamento que a alforriasse ou a designasse e aos filhos comuns como beneficiários de bens, propriedades e dinheiro, a probabilidade era de que os parentes conseguissem embargá-lo. Reiteradas vezes os tribunais dos estados escravagistas desautorizavam alforrias concedidas em testamento, negando aos legatários legítimos o acesso à herança. Esse rigor contra todos os aspectos das relações declaradas entre homens brancos e amantes negras aplicava-se particularmente aos políticos, cuja vida pessoal devia refletir uma moralidade sólida e valores elevados.

Richard M. Johnson (1780-1850), do estado do Kentucky, era um desses rebeldes. Johnson era um homem exuberante e de rosto corado que gostava de usar coletes vermelhos. Na guerra de 1812, combateu com denodo, chegou à patente de coronel e ficou conhecido como o matador do cacique Tecumseh. Depois da guerra, embora continuasse a supervisionar sua fazenda no Kentucky, Johnson entrou para o serviço público em Washington, onde era considerado um administrador eficiente. Ao mesmo tempo, empreendia uma constante ascensão nas fileiras do Partido Democrata.

Muitos democratas pretendiam apoiar uma eventual candidatura política de Johnson, até que vieram a público detalhes escandalosos de sua vida privada, sendo confirmados os "terríveis boatos" que até então circulavam.[6] Horrorizados, seus correligionários descobriram que ele nunca se casara e vivia em intimidade com Julia Chinn, uma negra livre que apresentava como sua governanta. Julia era sua companheira, fazia as refeições com ele e lhe deu duas filhas. Johnson reconheceu Imogene e Adeline como suas filhas e as educou em boas escolas. Quando mais velhas, providenciou seu casamento com homens brancos respeitáveis.

Como se já não fosse chocante o suficiente, Johnson teve o desplante de levar as duas filhas ao palanque na comemoração da data nacional do Quatro de Julho. Seus concidadãos não aceitavam qualquer convívio com aquelas "mulatas bastardas". Johnson não se deixou abater, declarando que se a lei do Kentucky o permitisse haveria de se casar com Julia. A notícia espalhou-se célere, e os respeitáveis democratas sulistas que exigiam altos padrões de conduta voltaram-se contra ele.

Em abril de 1831, o *Washington Spectator* lamentava a possibilidade de que, com a ajuda de adeptos do norte, Johnson viesse a ter êxito em sua campanha pela vice-presidência dos Estados Unidos: "A gente de cor terá uma Ester ao pé do trono (...) capaz não só de ditar moda na comunidade feminina, mas de livrar sua gente de limitações cívicas e promover a mistura (...) [causando] uma grande festa africana em todo o país."[7]

Os democratas do sul, conhecidos como Dixies, opuseram-se ferozmente à candidatura de Johnson, que só se impôs em virtude do forte apoio do oeste. Um jornalista do Kentucky ponderou que não era a coabitação de

Johnson com Julia Chinn que causava todo aquele furor, mas seu "desprezo pelo segredo" em torno do fato. Se pelo menos ele a fizesse passar por uma criada, negando a paternidade das crianças — como faziam incontáveis outros —, ninguém pensaria duas vezes em votar nele, muito menos seus conterrâneos do sul.

Mas Johnson era teimoso e não cedia nos princípios. Em 1832, transferiu legalmente grandes propriedades a Imogene e Adeline e a seus maridos brancos. No ano seguinte, Julia contraiu cólera e morreu. Nem assim Johnson recuou, e para os adversários continuou representando o perigoso princípio da miscigenação. Em 1835, quando ele foi designado candidato democrata à vice-presidência do país, os delegados da Virgínia deixaram a convenção em protesto.

O pouco que sabemos a respeito de Julia Chinn procede de relatos sobre a constante oposição política ao fato de Johnson se recusar a negar que ela fosse sua amante e mãe de suas filhas. Julia morreu antes de Johnson ter tempo de testar Washington, como fizera com o Kentucky. Ele já previra e tentara mitigar os problemas que seriam enfrentados por Imogene e Adeline após sua morte, quando ficariam vulneráveis a parentes revoltados e tribunais implacáveis. Sabia que o que aquela sociedade escravagista reprovava era a transparência da relação com Julia e as filhas, que ele sustentava abertamente, sem os subterfúgios que caracterizavam outras uniões como a sua.

Sally Hemings[8]

Johnson foi o primeiro político importante a desafiar convenções sociais, jurídicas e raciais dessa forma, mas um apenas numa longa lista de estadistas envolvidos em intensos casos de amor com mulheres negras. Comentários da época, depoimentos de antigos escravos, o folclore da família e os testes de DNA convergiram para levantar a possibilidade de que o presidente Thomas Jefferson também tenha se envolvido por muito tempo num relacionamento com uma escrava, a hoje famosa Sally Hemings. Hemings é a heroína do filme *Jefferson em Paris* e tema de documentários de televisão, livros, artigos e de um explosivo debate, com direito a mesquinhos desmentidos de que um presidente tão querido pudesse ter desonrado a memória da esposa e se rebaixado tendo relações com uma mestiça e gerado filhos com ela. Enquanto isso, os descendentes de Sally, escorando-se nas lembranças da família, tiveram suas alegações até certo ponto confirmadas pelos resultados de testes de DNA, indicando que pelo menos um dos filhos de Sally, Eston, foi gerado por Jefferson ou um parente seu.

A mãe de Sally Hemings era Betty Hemings, filha mestiça de um inglês, o capitão Hemings, com uma escrava negra, Betty, propriedade do rico senhor de escravos John Wayles. Wayles levou Betty Hemings para sua casa como criada. Após a morte da mulher, Betty tornou-se sua amante, dando-lhe seis filhos, entre eles Sally, nascida por volta de 1773. Quando Wayles morreu em 1774, sua filha legítima, Martha Wayles, então casada com Thomas Jefferson, herdou seus 135 escravos, entre eles sua meia-irmã Sally Hemings.

Quando os escravos chegaram a Monticello, a propriedade dos Jefferson, Martha ficou com a pequena Sally e os outros meios-irmãos em sua casa, para treiná-los no serviço doméstico. Em 1782, Martha morreu, depois de longa e debilitante doença. Sally, então com nove anos, e sua mãe estavam presentes quando Martha manifestou em lágrimas o desejo de que os filhos nunca ficassem sob a autoridade de uma madrasta. "Segurando sua mão", recordaria Madison Hemings, o filho de Sally, "o sr. Jefferson prometeu-lhe solenemente que nunca voltaria a se casar. E cumpriu a promessa."[9]

Entretanto, depois de um terrível período de luto, durante o qual caminhava incessantemente ou saía para longas e melancólicas cavalgadas a esmo, Jefferson se apaixonou repetidas vezes, sempre por mulheres que não estavam disponíveis. Entre elas, Betsey Walker, mulher de um amigo e vizinho, e Maria Cosway, esposa do pintor inglês Richard Cosway.

Enquanto isso, Sally Hemings crescia. Em 1787, era uma mocinha de pele clara e cabelos lisos caindo até a cintura, tão adorável que em Monticello era conhecida como "Admirável Sally". Segundo relatos da época, era também uma jovem de temperamento afável e fisicamente bem desenvolvida.

A ida de Sally a Paris em 1787 tem exercido fascínio sobre o imaginário popular, como terá feito com o próprio Jefferson. Solitário, tendo jurado não voltar a se casar e recém-instalado na França, para onde o governo americano o mandara, para negociar acordos comerciais e, em 1785, como embaixador, passava horas secretamente escrevendo cartas apaixonadas a Maria Cosway. De uma hora para outra, mais ou menos coincidindo com a chegada de sua filha Polly com a amiga Sally, ele deixou de mandá-las.

Jefferson cuidou bem de Sally. Proporcionou-lhe aulas de francês, uma onerosa vacina contra varíola e grande quantidade de vestidos. É possível que a paparicasse assim porque se apaixonara ou porque quisesse impedi-la de se aliar ao irmão James, o cozinheiro de Jefferson, que ele levara consigo para a Europa, na reivindicação da alforria. Sally, que engravidou na França, de fato se valeu de sua condição de mulher livre nesse país para obter de Jefferson a promessa de alforriar seus filhos quando chegassem aos 21 anos.

O pequeno filho de Sally, Tom, tinha a pele clara, e ao voltar para a América em 1789 Jefferson ficou preocupado com a possibilidade de que os inimigos políticos afirmassem que ele era o pai do menino. E ele tinha mesmo motivos de se preocupar. Alexander Hamilton, seu colega no gabinete e rival, era constantemente criticado por seu romance com Maria Reynolds, uma mulher casada. Uma ligação prolongada com uma escrava, dentro de sua própria casa, serviria de munição — como veio a servir — aos adversários políticos de Jefferson.

Por motivos que desconhecemos, Jefferson retirou-se em Monticello entre janeiro de 1794 e fevereiro de 1797. Afastado da política, ele deixou de ler os jornais e se concentrou exclusivamente na vida em família, na fazenda e nos escravos. Entre eles estava Sally, que a essa altura tinha vários outros filhos. Entretanto, ao contrário de Thomas Thistlewood, que deixou registrados num diário os menores detalhes de sua união com Phibbah, Jefferson nada documentou a respeito de seu relacionamento com Sally. As listas de escravos e de distribuição de alimentos e outros provimentos não indicam qualquer favorecimento dela ou dos filhos. Mas o estilo de vida de Jefferson parece mesmo indicar a existência de um caso secreto. Só Sally podia cuidar do seu quarto/escritório, e ele não autorizava ninguém mais, nem mesmo seus netos, a entrar nesse *sanctum sanctorum*. Outro fato eloquente é que, segundo seu *Farm Book* [Livro da fazenda], Jefferson esteve sempre presente nove meses antes do nascimento dos sete filhos de Sally (todos de pele clara), e ela nunca deu à luz quando ele estava ausente.

Os vizinhos de Jefferson davam curso aos comentários sobre seu relacionamento com Sally. Na primavera de 1801, um adversário de Jefferson, o jornalista James Thomson Callender, resolveu bisbilhotar. Descobriu que a 26 de abril Sally dera à luz uma menina de pele clara, Harriet, batizada em homenagem a uma garotinha que morrera quatro anos antes. O abominável Callender recorreu à chantagem. Jefferson reagiu dando-lhe 50 dólares, mas, como não providenciasse o emprego nos Correios que Callender ambicionava, este divulgou a notícia sobre Sally no *Richmond Recorder*: "É perfeitamente sabido que [Jefferson] (...) tem há muitos anos como concubina uma de suas escravas. Seu nome é Sally (...) Com essa rapariga, Sally, nosso presidente teve vários filhos."[10]

Jornalistas favoráveis a Jefferson alegaram que os filhos de Sally tinham sido gerados por outro branco. "Seria realmente estranho (...) que uma criada do sr. Jefferson numa casa por onde passam tantos estranhos, diariamente envolvida nos afazeres habituais de uma família, como milhares de outras, tivesse um filho mulato? Certamente que não."[11] Da parte do próprio Jefferson, o que se teve foi silêncio em público e negação em caráter privado. Não há "uma verdade que eu tema ou quisesse esconder do mundo", escreveu ele ao político Henry Lee a 15 de maio de 1826, e o repetia aos demais amigos.[12] Entretanto, à falta de um desmentido público da parte de Jefferson, Callender tripudiava com afirmações como esta: "Diante dos olhos das duas filhas, Jefferson mandou chamar na cozinha, ou talvez no chiqueiro, essa sedutora cor de mogno, a rapariga negra e sua ninhada mulata."[13]

Uma versão irônica com a melodia da famosa canção patriótica "Yankee Doodle Dandy" popularizou-se no ala anti-Jefferson:

> Dentre as donzelas do campo,
> Montanha ou vale,
> Mocinha tão sedutora não houve
> Como de Monticello a Sally.

> Quem é o janota, Ianque bobão?
> Que esposa viria a calhar?
> Para um bando de escravos gerar,
> Este dândi é um mouro negrão.[14]

Uma pérfida balada referia-se a Sally como a "falsa etíope". Nela, Sally tem a garganta cortada de orelha a orelha, e a língua arrancada. É então mandada para as chamas do Inferno. Um poema mais delicado chamava-a de "Aspásia negra".[15] Outro editor anti-Jefferson revelou que Sally tinha um quarto próprio, status privilegiado e uma relação pessoal de proximidade com Jefferson. Esses fatores eram invocados como prova de que era sua amante, embora também pudessem refletir sua condição de meia-irmã da falecida esposa de Jefferson, Martha. Qualquer dessas duas hipóteses também podia explicar por que, na casa de Jefferson, os filhos de Sally eram escravos privilegiados, acomodados na casa-grande, junto aos aposentos da família branca.

O fato é que os filhos de Sally não podiam deixar de ter pais, ou o pai. Se era Jefferson, ele não julgou necessário proporcionar-lhes mais que uma educação prática. Na adolescência, aprenderam uma profissão. Aos 21 anos, os que tinham a pele suficientemente clara para passar por brancos desapareceram no mundo livre, não como fugitivos ou escravos alforriados, mas como brancos. Jefferson jamais tentou encontrá-los ou reconhecê-los, quando seu paradeiro foi descoberto.

Beverly, filho de Sally, deixou Monticello, passou-se, por assim dizer, para a raça branca e casou com uma branca. Jefferson pagou a passagem de Harriet para a Filadélfia, e ela nunca mais voltou. Seu irmão Madison (nome escolhido em homenagem a Dolly Madison, que então visitava Monticello) recordaria em suas memórias que Harriet também se fazia passar por branca, tendo casado com um branco. Louise Mathilda Coolidge, amiga da família de Jefferson, confirmaria que quatro filhos de Sally simplesmente deixaram Monticello e nunca mais voltaram. Madison e outro filho, Eston, recentemente identificado como membro da linhagem sanguínea da família Jefferson, optaram pela ascendência negra. Casaram-se com negras e se estabeleceram na mesma comunidade negra.

Pelo fim da vida, Jefferson estabeleceu em testamento que cinco escravos — Madison e Eston, filhos de Sally, e três dos seus parentes — fossem libertados aos 21 anos de idade. Não alforriou Sally nem lhe deixou nada em testamento. Se essa decisão foi motivada pelo desejo de não dar razão aos críticos na acusação sobre seu relacionamento com Sally, ele a terá sacrificado a bem da própria reputação. Seja como for, dois anos após sua morte, a 4 de julho de 1826, sua filha branca Martha alforriou Sally.[16]

Sally viveria mais uma década, morando numa casa alugada com Madison e Eston. Ao morrer, foi por eles enterrada num cemitério afro-americano. Sua história é revelada nas biografias de seu importante senhor. Mas muita informação adicional (embora circunstancial) pode ser encontrada nos diários e cartas de jornalistas, políticos, observadores, amigos, parentes e ex-escravos contemporâneos, notadamente o filho Madison e Israel Jefferson, outro escravo de Monticello, sem laços de parentesco. A própria Sally não deixou diários nem cartas, apenas curiosidades preservadas nas recordações do filho.

Até hoje não temos como afirmar com absoluta certeza que Sally Hemings foi amante de Thomas Jefferson, embora a linhagem sanguínea de Eston corrobore a alegação. O que se sabe, contudo, é que a crueldade das acusações dos contemporâneos de Jefferson deixa claros o desprezo e o medo gerados pelas relações entre senhores de escravos e suas amantes negras. Se o presidente dos Estados Unidos amou uma escrava negra, estava tacitamente negando os pressupostos de sua sociedade sobre a inferioridade inata dos negros, pressupostos que justificavam a própria existência da instituição da escravidão.

Julia Frances Lewis Dickson[17]

Julia Frances Lewis Dickson foi uma amante escrava que, graças à adoração do amante e senhor pela filha mestiça que tiveram, Amanda America Dickson, veio a ocupar com ela um lugar especial nos registros históricos e no folclore. Para isso contribuiu igualmente o depoimento da própria Julia num terrível processo judicial em que 79 parentes de seu falecido senhor contestaram os direitos de Amanda em sua polpuda herança.

Julia nasceu a 4 de julho de 1836, filha de uma escrava e de Joe Lewis, homem de pele morena e ascendência espanhola que, segundo diria Julia aos netos, era "considerado branco". Em fevereiro de 1849, Julia era uma menininha de doze anos e pele cor de cobre, suaves cabelos ondulados e belos dentes. Sua senhora era Elizabeth Dickson, mãe de David Dickson, o cidadão mais rico do condado de Hancock, na Geórgia. Julia era a mascotinha de Elizabeth. Trabalhava como criada na casa-grande e tinha um quarto próprio numa casinha nos fundos do quintal dos Dickson. (Os escravos menos favorecidos viviam numa grande construção de dois andares conhecida como a "casa dos negros".)

Os Dickson — a viúva Elizabeth, de 72 anos, e três de seus filhos solteiros, David, Rutha e Green — viviam juntos. David, filho mimado, construíra sozinho a fortuna da família. Em 1849, era proprietário de 20 hectares de terras e 53 escravos. David não tinha muita educação formal, mas o compensava com grande curiosidade e capacidade de observação. Os companheiros o consideravam um sujeito algo dogmático, mas inteligente, cuja palavra valia como lei e que não tolerava discussão.

Ao meio-dia de um belo dia em fevereiro, David passou a galope por um campo onde Julia brincava. Chegou, viu e venceu, botando a menininha em sua sela e levando-a dali para estuprá-la. (Anos mais tarde, ele reconheceria ter dado um "tropeço" ao estuprá-la.) Ele engravidou Julia, e no outono ela deu à luz a criança a que David e Elizabeth deram o teatral nome de Amanda America Dickson.

Desde o nascimento David mostrou-se obcecado com a filha de pele clara. Assim que Julia a desmamou, ele levou a criança consigo, criando-a com a mãe. Amanda passou a ser chamada de Miss Mandy, até mesmo por Julia, e passava a maior parte do tempo no quarto que compartilhava com a avó. À noite, dormia numa cama de rodas especialmente fabricada, que durante o dia era acomodada debaixo da cama de Elizabeth. David cobria Amanda de afeto e confortos. Mandava banhá-la em leite de vaca, que na época se julgava capaz de clarear a pele. Contratou um tutor para ensiná-la a ler e escrever, o que nunca estivera ao alcance das próprias irmãs de David. Amanda lia obras literárias, tinha aulas de piano e era mimada, protegida e privilegiada.

Entretanto — máximo da ironia — continuava sendo uma escrava. O Código Negro da Geórgia proibia os escravos alforriados de permanecer no estado. A única maneira encontrada por Elizabeth Dickson e o filho para manter sua querida Amanda a seu lado era negando-lhe a alforria.

Enquanto isso, ao mesmo tempo em que varria o chão da casa dos Dickson, remendava suas roupas e os servia à mesa, Julia podia ver a filha diariamente. Tinha de fazer mesura diante dela e vê-la ser transformada numa filhinha do papai quase branca, educada e refinada. Segundo seus descendentes, que preservam as reminiscências de Julia na história oral da família, ela jamais perdoaria David por tê-la estuprado e se vingou dominando-o "com mão de ferro".[18]

A "mão de ferro" de Julia (mas não seu grande ressentimento) pode ser mais da esfera da fantasia que dos fatos. Indícios colhidos em diferentes fontes indicam que Julia e David acabaram desenvolvendo um afeto recíproco que conferiu a ela um papel dominante na casa dos Dickson. Ela fora afastada de Amanda, mas sob muitos outros aspectos David a tratava como a esposa que não tivera. Não achava nada demais beijá-la diante dos outros escravos ou ajudá-la a descer da montaria. Muitas vezes ele e Julia sentavam-se diante da lareira ou no quarto dele, discutindo questões domésticas e os planos e ideias que o tornariam famoso na área da agricultura.

Com o declínio da saúde de Elizabeth, Julia e outra escrava, Lucy, ainda jovens, assumiram muitas de suas tarefas, entre elas a guarda das chaves do depósito onde ficavam trancados provimentos como açúcar, uísque, carne, roupas e remédios, além da supervisão da cozinha. David também delegou a Julia várias transações financeiras com colonos e comerciantes. A imagem que assim se revela é de uma mulher determinada que cooperava na construção e gestão do império Dickson, respeitando o homem que gerara Amanda, além de sentir algum afeto por ele, e ocupando um lugar de autoridade em sua vida e seu mundo.

Enquanto Julia amadurecia, trabalhando duro e bem e se relacionando com David, Joe e "Doc", David tornava-se rico e famoso por suas inovações na área da agricultura. Em 1860, era proprietário de 150 escravos. Os periódicos agrícolas publicavam suas teorias radicais sobre conservação da terra mediante fertilização intensiva, rotação de lavouras, plantio superficial e variação de culturas, estratégias que segundo ele permitiriam alcançar a autossuficiência. Ele considerava que os escravos deviam aprender maneiras mais eficientes de trabalhar, que serviriam ao mesmo tempo para aumentar seu orgulho e sua produtividade. "Em cinco minutos, ensinei a um trabalhador como colher cem libras a mais de algodão por dia do que havia colhido na véspera, e daí ele continuará a melhorar ainda mais", escreveu David.[19]

David nem sempre praticava o que pregava, de acordo com depoimentos dados depois da Guerra Civil por alguns "trabalhadores" escravos. Eula Youngblood, mulher de um dos netos de Julia, recordaria que David impunha disciplina através de capatazes escravos que recorriam amplamente ao pelourinho. "Quando me lembro dessa época, sorrio para não chorar", diria ela.[20]

Tratando-se de Amanda, contudo, David alegremente desafiava os padrões de sua sociedade compartilhando sua vida com a filha não branca. Se os convidados perguntavam se eram obrigados a jantar com ela, David vociferava: "Mas claro, meu Deus, pois não estão comendo aqui?"[21]

Em conversa com pelo menos um conhecido, David de bom grado reconheceu o óbvio: que Amanda era sua filha. Outro visitante, o dr. E. W. Alfriend, declarou num posterior processo judicial que em virtude da semelhança de Amanda com David ele interrogara Julia na questão da paternidade. Relutante, Julia disse-lhe que Amanda era sua filha. "Eu respondi que achava mesmo que era, mas perguntei se não tivera ajuda para gerá-la", recordaria o dr. Alfriend. Julia hesitou, mas acabou admitindo "que era do 'Seu David'".[22]

Em certos aspectos, a escravidão simplificava a dinâmica do relacionamento entre Julia e David: por mais forte que fosse a personalidade dela (de qualquer maneira, a dele o era ainda mais), por maior fosse o afeto dele por ela e por mais conflituados e ambivalentes fossem os sentimentos dela por ele, David era o patrão, o proprietário, a autoridade absoluta. E, embora Julia sofresse quando Amanda lhe foi tirada, aprovava plenamente a forma como David e Elizabeth criavam sua filha.

Mas as poucas informações de que dispomos sobre a vida de Julia são confusas e contraditórias, o que pode muito bem ser um reflexo de sua personalidade. Por exemplo, embora fosse considerada pelos que a conhece-ram uma escrava negra, ela disse aos netos que era portuguesa (referindo-se com certeza ao pai, que ela dizia ser "espanhol") e não tinha sangue negro.

Não dispomos de registros sobre o que Julia sentia no período anterior à Guerra Civil, quando a possibilidade de uma secessão do sul se tornou mais provável e os boatos sobre agitação entre os escravos se intensificaram. Ela deve ter-se sentido dividida entre o ressentimento pela escravidão e a consciência de que sua segurança e o bem-estar da filha dependiam da riqueza de David Dickson, que se baseava nos escravos.

David não experimentava tais conflitos íntimos. Durante a Guerra Civil, apoiou os confederados com contribuições "quase de sacrifício" em algodão, bacon, cereais e enormes somas em dinheiro. Em consequência disso, a riqueza da família Dickson diminuía dia a dia. Em 1863, o general ianque William T. Sherman ocupou o condado de Hancock. Embora ele poupasse a casa de David, supostamente por causa da presença da velha Elizabeth Dickson, suas tropas despacharam centenas de fardos de algodão, colheitas estocadas, 55 mulas e máquinas agrícolas. A plantação de David ficou arruinada, embora Julia conseguisse salvar a prataria dos Dickson enterrando-a antes que fosse roubada pelos soldados.

No dia 20 de agosto de 1865, a Guerra Civil chegou ao fim. Os escravos dos Dickson, entre eles Julia, não mais eram escravos, mas Julia preferiu ficar com os Dickson. Seu desejo de permanecer ao lado de Amanda, que jamais deixaria o amado pai, provavelmente foi decisivo nesse sentido. E também o sentimento de que sua vida de escrava não fora tão má assim e poderia agora melhorar ainda mais, e de qualquer modo seria improvável que ela viesse um dia a encontrar um emprego da mesma responsabilidade, prestígio (de certa forma) e remuneração (também até certo ponto) que o que tivera como governanta de David. Quando Elizabeth Dickson morreu, em 6 de agosto de 1864, Julia de fato se tornou a castelã da devastada fazenda dos Dickson.

Aos 29 anos, Julia também estava para se tornar avó, pois Amanda estava grávida do primo-irmão Charles H. Eubanks, sobrinho branco de David. Em virtude das rigorosas leis da Geórgia contra a miscigenação, Amanda e Charles não podiam casar-se, mas passaram a viver juntos numa fazenda próxima, para cuja compra podem ter sido ajudados por David. Deram ao filho o nome de Julian, certamente em homenagem a Julia, a avó.

Decidido e ainda dispondo de recursos, apesar de arruinado, David começou a construir uma nova fortuna. Solicitou ao governo perdão da dívida, formalidade necessária para recuperar as propriedades, e declarou — pois a isso estava obrigado — que "a escravidão se foi para sempre".[23] Em casa, lamentava abertamente o fato, pois passara a enfrentar, como todos os antigos proprietários de escravos, uma devastadora escassez de mão de obra, já que os negros buscavam empregos mais bem remunerados, as negras tornavam-se donas de casa e as crianças negras ganhavam o direito de ter uma infância. Apesar desses reveses, ele perseverou e prosperou, manufaturando arados e fabricando o "composto Dickson", um fertilizante que vendia com grande lucro.

A vida de Julia deu outra grande guinada. Logo depois do nascimento de seu segundo filho, Charles, Amanda voltou inesperadamente para casa, dizendo: "Quero viver com você, 'papai'."[24] David concordou e construiu uma casa ampla para ela, Julia e as crianças, a cerca de trezentos metros de sua residência, de dimensões mais modestas. Registrou-as como proprietárias legais mediante um título de venda que atribuía sete oitavos do imóvel a Amanda, ficando o restante para Julia. Pela primeira vez desde a infância de Amanda, Julia podia viver com a filha mais velha, enquanto a menor, Juliana, dispunha de acomodações próximas com a família.

David tinha outra surpresa reservada, que deve ter confundido Julia. Aos 62 anos, ele se casou inesperadamente. A noiva, Clara Harris, tinha apenas três anos a mais que Amanda. O casamento foi infeliz desde o início, pois a rica e cultivada beldade sulista passou a viver na mais simples das duas casas de um complexo rural, abrigando a residência mais sofisticada a amante negra de seu marido, com a filha e dois netos, por ele perdidamente amados. O irmão de Clara, Henry Harris, declararia mais tarde que David fora generoso com sua irmã. Proporcionara-lhe uma bela carruagem com dois excelentes cavalos negros e muito dinheiro para gastar. Também contratou um arquiteto para projetar uma mansão ao custo de 30 mil dólares, mas, depois de entender a dinâmica da fazenda rural de David, Clara não se interessou por construir ali, diria Henry Harris.

Clara nunca foi feliz, mas não porque David não fosse bondoso com ela, prosseguiria Harris. Clara e o novo marido simplesmente eram incompatíveis, e por suas origens urbanas, acostumada a uma vida social intensa, ela ficou profundamente infeliz. Além disso, sua saúde não ia bem. O que Henry não disse é que o patente afeto de David por Julia, Amanda, Julian e Charles era intolerável para Clara, fazendo dela objeto de escárnio.

Julia também deve ter sofrido. Embora não fosse ciumenta, certamente ficou preocupada com sua situação na casa e sua segurança no futuro, e devia olhar com profunda desconfiança aquela intrusa mimada e exigente. Anos depois, contudo, declarou sob juramento num tribunal onde era julgada a contestação do testamento de David que na época do casamento ele não tinha mais relações sexuais com ela. "Calculo que nos separamos antes que ele se casasse ou sequer chegasse a pensar nisso", diria Julia.[25]

O casamento durou pouco, pois Clara morreu de pneumonia antes do terceiro aniversário da união. O período de casamento e luto de David foi difícil. Julia voltou-se para a igreja metodista de Cherry Hill, dedicando-se à sua escola. Em 1874, convenceu David, que nunca frequentara uma igreja, a vender à igreja trezentos metros quadrados de sua propriedade — por 5 dólares. David impôs condições: se o terreno não fosse usado para a igreja e sua escola, ou se as estradas não fossem devidamente mantidas, ele recuperaria a propriedade. Não era propriamente um gesto de grande generosidade filantrópica, mas era exatamente o que Julia havia pedido.

Sob outros aspectos, a vida de Julia continuava tal como antes. Ela continuava sendo a governanta da confiança de David. Ainda ia à cidadezinha próxima de Sparta comprar suprimentos e vender mercadorias da plantação. Suas atividades comerciais a levavam com frequência à casa de um amigo de David, onde sempre recusava convites para compartilhar das refeições com a família. Preferia comer com os criados, na cozinha. Compreensivelmente, Julia deixou uma reputação de "mulher muito tranquila e inofensiva" que atendia aos convidados de David e nunca se impunha.[26]

Em 1885, David morreu. Amanda agarrou-se a seu corpo, gemendo: "Agora estou órfã, agora estou órfã." Seguiu-se o pesadelo da contestação do testamento, pois Dickson morrera rico, deixando a maior parte das propriedades para Amanda. Setenta e nove revoltados parentes contestaram o testamento, argumentando que Julia exercera influência indébita sobre ele, pressionando-o para que fizesse de Amanda sua principal legatária. Nove meses depois da morte de David, Julia foi submetida ao interrogatório hostil dos insolentes advogados de seus adversários. Episódios do passado, verdadeiros ou inventados, foram ventilados no tribunal. Alguns trazem a marca da autenticidade: quando menina, David bateu nela durante uma briga, e ela revidou; ele a tratava como namorada ou esposa, e não como escrava; os dois se beijavam em público. Outros provavelmente eram inventados: Julia teria ameaçado deixar David e ele havia chorado desesperadamente ao ouvir isso.

Para os advogados de Amanda, a dificuldade era provar que, embora ela fosse filha de Julia e David, Julia não era amante dele na época em que redigiu seu testamento. O campo adversário argumentava em sentido contrário, afirmando que ela era então sua amante, condição que a teria capacitado a pressioná-lo de maneira indevida. Julia teve sua moral e sua credibilidade atacadas. "[Juliana era] filha de um negro, não era?", perguntou um dos advogados do campo adverso. "Um homem moreno", respondeu Julia. "Ele não era negro?", insistiu o advogado. "Acho que o chamam de negro", fez Julia. Os advogados também a pressionaram a respeito dos pais de seus três filhos: "Você limitou seus favores a esses três?" "Não sei nada dessa história de me limitar, eu não era uma mulher má", respondeu Julia, com convicção.[27]

Incrivelmente, o testamento foi mantido, e Amanda tornou-se a mulher de cor mais rica da Geórgia. Apesar de toda a dor, ela era reconhecida como filha de seu pai, e imediatamente assumiu as rédeas da própria vida. Comprou uma luxuosa casa de sete quartos em Augusta e mudou-se para lá. E em vista do "natural amor e afeto que sente pela mãe" deu a Julia os sete oitavos que lhe pertenciam na casa da plantação. Em outra homenagem a Julia, Julian, o filho de Amanda, e sua mulher deram à primeira filha o nome de Julia Frances II. (Dois anos depois nascia seu filho David Dickson II.)

Mas novas comoções estavam reservadas à família de Julia. Amanda casou-se e, sem abrir mão do controle da herança, passou a presentear generosamente o marido, Nathan Toomer, um homem de cor livre. Mas a saúde débil, seu temperamento nervoso e um escândalo na família (seu segundo filho, Charles, apesar de casado, apaixonou-se obsessivamente pela filha de quatorze anos do padrasto, tentando raptá-la) acabaram por enfraquecê-la, e em 1893 Amanda morreu, aos 44 anos.

Morreu sem deixar testamento. Seguiram-se novas batalhas judiciais. Em 1899, Julia e sua amiga Mariah Nunn foram à casa de Amanda em Augusta, encaixotaram o que lá encontraram e despacharam para Sparta, Geórgia, onde o neto Julian comprara para Julia uma esplêndida casa à sombra de nogueiras. Julia venceu a ação judicial e foi autorizada a ficar com os móveis de Amanda. Diria aos descendentes que mandara transferir o corpo de David Dickson para o cemitério de Sparta, ali erguendo um monumento em sua memória.

A vida de Julia Frances Lewis Dickson com David Dickson começou com um estupro, e as relações sexuais que ela viria a ter, especialmente com um escravo dos Dickson, Joe Brooken, podem ter sido a maneira que encontrou para se rebelar. Ou talvez ela simplesmente tenha se apaixonado. Seja como for, parece evidente que confiava em sua capacidade de manter o relacionamento com David.

Mas as circunstâncias da vida de Julia eram por demais complexas para que as decisões fossem simples. Provavelmente ela se rejubilava pelo favoritismo de Amanda junto a David, especialmente em relação aos parentes dele, tão críticos. Ao mesmo tempo, via perfeitamente como ele tratava os demais escravos, recompensando os que cooperavam mas recorrendo ao açoite quando os estímulos não funcionavam. Julia estava entre os que cooperavam.

A atitude de Julia em relação à sua cor e às suas origens já não é tão facilmente explicável. Apesar do que teria dito aos netos, não é possível que acreditasse não ter sangue negro nas veias — caso contrário, por que teria sido escravizada? Mas o constante convívio com a questão da escravidão, inclusive junto a David e seus visitantes brancos, que discutiam constante e francamente sobre "os negros", deve ter influenciado sua visão das coisas. É possível que ela tenha passado a se orgulhar da pele avermelhada e dos cabelos lisos, ou quem sabe quisesse marcar distância em relação à degradação da servidão, como se no seu caso se tratasse de um erro causado pelas origens latinas. Talvez o inesperado casamento de David com Clara Harris tenha assustado e enfurecido Julia. Sua perturbação pode ser pressentida no fato de não ter mencionado o breve casamento de David aos netos. Como seu sangue negro, o temporário abandono dele simplesmente não existia.

As contradições essenciais no cerne do mundo dos Dickson devem ter confundido Julia quase toda a vida. Em suas reminiscências, ela tentou entender de que maneira se acomodara nesse mundo, contornando os riscos e preservando o respeito próprio através da ousadia, da inteligência, da diligência, da religião e — na velhice — do filtro das constrangedoras lembranças.

Harriet Jacobs[28]

Ao contrário de Phibbah, Julia Chinn e Sally Hemings, a ex-escrava Harriet Jacobs conta sua própria história no livro *Incidents in the Life of a Slave Girl* [Incidentes da vida de uma escrava]. Embora o manuscrito tenha sido editado e polido pela abolicionista Lydia Maria Child, a narrativa de Harriet, publicada com o pseudônimo Linda Brent, permitiu-lhe apresentar sua experiência pessoal da escravidão e da ligação sexual com um homem branco.

O livro de Harriet é a narrativa de uma escrava, gênero literário muito estudado e acaloradamente debatido. Essas narrativas sob certos aspectos eram consideradas suspeitas, pois a escrava ou ex-escrava que faz a narração pretendia e mesmo ansiava alcançar um público amplo de leitores simpatizantes do abolicionismo, e precisava levar em consideração o contexto e as expectativas desses leitores, inclusive o desejo de "convenções específicas e racialmente definidas". Além disso, a narradora tinha de lidar com um editor que orientava, corrigia, alterava e limava em função de parâmetros ideológicos e de preferência pessoal.

A escrava autora de uma narrativa também tinha sua própria sensibilidade, especialmente nos casos em que tivera um relacionamento sexual ilícito com um homem branco, tendo sido atormentada pela vergonha a ele associada. Para se justificar e ao seu comportamento, e talvez também à reveladora presença de filhos mestiços, a narradora-escrava-amante tinha todos os motivos para negar qualquer cooperação ou mesmo prazer nesse relacionamento. E certamente não tinha motivos para reconhecer qualquer atração ou afeto pelo homem que a seduzira.

É preciso ler com cuidado as narrativas de escravas. Elas nos fornecem elementos que raramente encontraremos em outras fontes: o ponto de vista da escrava sobre sua vida e o mundo, com detalhes de personalidade e percepção, tempo e lugar, assim como a sequência dos acontecimentos. A narrativa de Harriet, em particular, foi aprovada no teste do tempo e das avaliações mais autorizadas.

Harriet Ann Jacobs era uma linda menina que se transformou numa bela mulher, circunstância que viria a lamentar. "Se Deus lhe deu beleza, ela haverá de se revelar sua maior maldição", escreveu ela em *Incidents*. "Aquilo que na mulher branca é motivo de admiração serve apenas para apressar a degradação da escrava."

Harriet nasceu por volta de 1813 em Edenton, Carolina do Norte, filha do carpinteiro escravo Elijah e de Delilah, que pertencia aos taberneiros John e Margaret Horniblow. Após a morte de Delilah em 1819, Harriet, com seis anos, apegou-se rapidamente a Margaret Horniblow, mulher bondosa que lhe ensinou os rudimentos da leitura. Pouco antes do décimo segundo aniversário de Harriet, Margaret morreu. Ao ser executado seu testamento, Harriet constatou que em vez de ser alforriada, como lhe fora prometido, tivera sua propriedade transferida a uma prima de Margaret, Mary Mathilda Norcom, então com três anos.

O mundinho de Harriet viera abaixo, e o novo mundo em que entrava revelou-se ameaçador e assustador. O dr. James Norcom, pai de Mary Mathilda, era um homem insensível e sádico que perseguia a cozinheira e constantemente açoitava os escravos. Na primeira semana em sua casa, Harriet ouviu "um ser humano ser açoitado centenas de vezes sem parar". A vítima era um trabalhador rural que acusara (com razão) sua mulher de ter dado à luz um filho de pele clara do dr. Norcom. Em retaliação, Norcom o açoitou e vendeu-o e à mulher, surdo aos rogos desta. A jovem mãe, observaria Harriet, "esquecera que era um crime, para uma escrava, delatar o pai de seu filho".

Quando Harriet tinha quinze anos, Norcom passou a persegui-la sem trégua, sussurrando "palavras sujas" em seus ouvidos e intimidando-a. Lembrava-lhe que era seu proprietário e portanto tinha direito sobre seu corpo. Apesar da idade e da inexperiência, Harriet resistiu a sua campanha para deflorá-la. Chocada com sua vulgaridade, ela ficava horrorizada com a perspectiva do concubinato. Também percebeu que assim que se cansava de "suas vítimas", especialmente quando davam à luz, Norcom as vendia, mandando-as para longe do ciúme da esposa e das especulações maledicentes dos vizinhos. Mas Harriet tinha dificuldade de rechaçá-lo. Embora não se impusesse fisicamente a ela, ele não se cansava de assediá-la.

Ao mesmo tempo, Harriet tinha de lidar com a sra. Norcom, a segunda mulher do médico, muito mais moça que ele, que não conseguia pôr fim à paixão do marido pela escrava. A sra. Norcom tornou-se a grande inimiga de Harriet, e a relação entre as duas degenerou para a típica relação torturada entre uma esposa branca traída e uma infeliz escrava negra que vive sob o mesmo teto e se torna inadvertidamente a agente dessa traição.

Com maldisfarçada raiva, Harriet descreve a sra. Norcom como uma hipocondríaca debilitada que se reclinava em sua poltrona e via as escravas serem açoitadas até sangrar. Se o jantar atrasasse, ela cuspia nas panelas para que a cozinheira e os filhos não pudessem raspar e comer os restos. Separava a cozinheira de seu bebê em idade de aleitamento. Forçava Harriet a caminhar descalça na neve.

Nada, escrevia Harriet, era pior que viver numa zona de guerra doméstica. "Eu preferiria mourejar numa plantação de algodão, até que o túmulo se abrisse para me dar repouso a viver com um senhor imoral e uma senhora ciumenta", afirmou.

O dr. Norcom continuou assediando Harriet. Forçava-a a ficar de pé a seu lado espantando moscas enquanto ele lentamente bebericava seu chá, detalhando para ela as delícias que estaria jogando fora se continuasse a repeli-lo. E a ameaçava de morte se dissesse uma palavra à sra. Norcom. Mas esta já suspeitava. Para começo de conversa, o marido a proibira de açoitar a bela e jovem escrava.

O dr. Norcom intensificou sua campanha de sedução. Levou a filha, então com quatro anos, para dormir em seu quarto, insistindo em que

Harriet a acompanhasse. Isto levou a uma violenta discussão com a sra. Norcom, que em seguida procurou Harriet com uma Bíblia, forçando-a a beijar "este livro sagrado e jurar perante Deus" que diria a verdade. Falando alto, Harriet negou que tivesse feito algo errado. A sra. Norcom sentou-a num banco, olhou-a bem nos olhos e disse: "Você empenhou a palavra sagrada de Deus para afirmar sua inocência. Pois tome muito cuidado se está me enganando!... E agora me diga tudo que aconteceu entre seu senhor e você."

Num impulso, Harriet contou-lhe tudo. A sra. Norcom enrubesceu e empalideceu, gemendo com tanta raiva ante aquela violação de seu juramento de núpcias e de sua dignidade que Harriet se comoveu. "Uma palavra de bondade sua e eu teria me atirado a seus pés", recordaria.

A sra. Norcom prometeu proteger Harriet e conseguiu pôr fim às manipulações do marido sobre os locais onde deveria dormir. Entretanto, como não era "uma mulher muito refinada, nem tinha muito controle das próprias emoções", a sra. Norcom era devorada pela desconfiança e o ódio. Começou a entrar sorrateiramente no quarto de Harriet à noite para espiá-la. Às vezes fingia ser o dr. Norcom, para ver como reagiria. Não demorou e Harriet começou a temer por sua vida.

Nesse período aterrorizante, Harriet guardou silêncio. Não se confidenciava com a avó, Molly Horniblow, mulher livre vivendo na cidade, que em várias oportunidades tentara comprá-la. (Mas o dr. Norcom sempre recusava. Harriet era escrava de sua filha Mary Mathilda, dizia, e ele não tinha legalmente o direito de vendê-la.) Vendo-se sozinho com Harriet, o dr. Norcom dizia-lhe em tom de censura: "Eu não a trouxe para casa e não a fiz companheira de meus filhos? Alguma vez a tratei como uma negra? Nunca permiti que fosse punida, nem mesmo para agradar a sua senhora. E é esta a retribuição que mereço, sua ingrata?!" Mas quando Harriet chorava, ele tentava acalmá-la: "Pobre criança! Não chore! Não chore!... Pobre criança tola! Não sabe o que é para o seu próprio bem. Eu cuidaria de você com o maior carinho. Eu a transformaria numa dama. Pois então vá, e pense em tudo que lhe prometi."

Harriet de fato pensou, e as conclusões a que chegou eram preocupantes: "As mulheres do sul muitas vezes casam-se com um homem sabendo que ele é pai de muitos escravos [o próprio dr. Norcom trouxera ao mundo onze deles]. (...) Elas consideram essas crianças propriedade sua, como porcos da fazenda a serem vendidos; e raramente deixam de fazer com que o saibam, entregando-os nas mãos dos traficantes de escravos logo que possível, e assim conseguindo livrar-se deles." Havia algumas poucas "exceções honrosas", quando as mulheres brancas obrigavam os maridos a libertar escravos "com os quais tivessem 'relação de paternidade'". Mas a sra. Norcom não estava entre elas. Se Harriet se tornasse amante de Norcom, não levaria muito tempo para que seus filhos fossem vendidos, tornando sua vida ainda mais infeliz.

A implacável oposição de Harriet a Norcom não significava que estivesse imune a outros homens. Ela se apaixonou por um velho amigo, um carpinteiro livre que lhe propôs casamento e queria comprá-la. Mas Harriet sabia que os Norcom não aceitariam vendê-la nem permitiriam que se casasse, exceto com outro escravo. Quando outra escrava solicitara permissão para casar com um negro livre, a sra. Norcom retrucara: "Vou mandar arrancar sua pele e mergulhá-la em salmoura, minha senhora, se voltar a tocar nesse assunto. Acredita mesmo que eu permitiria que cuide dos *meus* filhos com os filhos desse negro?" Ainda assim, com grande apreensão, Harriet pediu ao dr. Norcom autorização para se casar. "Você ama esse negro?", perguntou ele abruptamente. A resposta de Harriet — "Sim, senhor" — provocou uma onda de ameaças e violência, e pela primeira vez o dr. Norcom a espancou, chamando-a de "praga da minha vida".

Durante uma semana depois desse episódio, o dr. Norcom observou Harriet num silêncio de ave de rapina. Comunicou-lhe então que estava se separando da mulher e se mudaria para a Louisiana com alguns escravos — entre os quais ela poderia estar. Após o fracasso desse plano, ele surpreendeu Harriet conversando na rua com o namorado, e a espancou e amaldiçoou. Desesperada, Harriet exortou o amado a se transferir para um estado livre da escravidão, aonde ela o seguiria com seu irmão.

Mas não foi possível fugir. Harriet era estritamente vigiada, não tinha dinheiro, e a avó opôs-se firmemente à ideia. Finalmente, Harriet abandonou o sonho de se unir ao carpinteiro e seguiu um caminho totalmente diferente.

Os anos passados com os Norcom a haviam exposto a insinuações sexuais e aos fatos da vida, e ela já não era uma criança inocente. "Eu sabia o que estava fazendo, e o fazia com premeditação", escreveria mais tarde. E o que fez foi tornar-se amante de um branco que em sua avaliação poderia comprá-la, para livrá-la dos Norcom.

O amante de Harriet era Samuel Tredwell Sawyer, jovem advogado solteiro que a conhecia e a sua avó. Sawyer sentia-se cada vez mais atraído por ela, e costumava enviar-lhe bilhetes. "Eu era uma pobre escrava de apenas quinze anos", recorda Harriet aos leitores. Não demorou e "um sentimento de maior ternura insinuou-se no meu coração", embora o afeto se misturasse a uma necessidade de "vingança e cálculos de interesse (...) vaidade, lisonja e sincera gratidão diante da bondade". Além disso, "ser objeto do interesse de um homem solteiro e que não é seu senhor é algo agradável para o orgulho próprio e os sentimentos de uma escrava, se é que sua situação miserável lhe deixou algum orgulho e sentimento. Parece menos degradante entregar-se do que se submeter a uma compulsão".

Assim, por todos esses motivos, Harriet começou a ter relações sexuais com Sawyer, embora não mencione onde ou quando isso ocorria. O caso entre os dois não era totalmente harmonioso e feliz. Preocupava-a que sua "imoralidade" ferisse o coração de Molly, e ela esperava que a velha senhora não descobrisse. Até que ficou grávida, o que precipitou uma nova crise.

Todo mundo, exceto o próprio dr. Norcom (e, naturalmente, Samuel Sawyer), tenderia a presumir que o pai era o dr. Norcom. Mas Harriet sabia que Norcom a puniria, por não ser o pai, ao passo que a sra. Norcom a puniria por estar convencida de que era o marido o pai. Harriet esperava encontrar acolhimento ou pelo menos empatia junto à avó. Mas Molly arrancou do dedo de Harriet o anel de noivado de sua falecida mãe, disse que ela era uma vergonha e gritou: "Vá embora! E nunca mais volte a minha casa!" Assustada e envergonhada, Harriet fugiu para a casa de uma amiga, contando-lhe a história toda. Essa amiga não identificada interveio junto a Molly, contando-lhe tudo que Harriet havia suportado com os Norcom. Sem realmente perdoá-la, Molly recebeu novamente Harriet em casa. Mas exigiu que lhe dissesse por que Sawyer escolhera arruinar sua "única ovelha", se podia ter tomado outra escrava como amante. Sawyer garantiu a Molly que cuidaria de Harriet e dos filhos que tivessem. Tentaria até comprá-los, assegurou-lhe.

O dr. Norcom foi visitá-la e só permitiu que Harriet continuasse com a avó porque a sra. Norcom a havia expulsado de sua casa. Sua maior preocupação era identificar o amante de Harriet; seria o carpinteiro que ele proibira de casar-se com ela? Harriet retrucou com amargura: "Eu pequei contra Deus e contra mim mesma, mas não contra o senhor."

"Maldita seja!", fez o dr. Norcom. "Eu seria capaz de moer seus ossos até virarem farinha! Você se atirou nos braços de um canalha inútil. (...) Ordeno-lhe que diga se o pai do seu filho é branco ou negro."

Assustada e confusa, Harriet hesitou. "Você o ama?", insistiu Norcom. "Sou grata por não o desprezar", respondeu ela. Foi demais para o dr. Norcom. Ele ameaçou matá-la e prometeu que se deixasse de ver o amante ele cuidaria dela e do bebê. Harriet recusou, e o dr. Norcom advertiu: "Muito bem, pois então assuma as consequências de sua impertinência. Não espere qualquer ajuda de mim. Você é minha escrava e sempre o será. Jamais a venderei, pode contar com isso."

O pequeno Joseph nasceu prematuro e frágil, oscilando durante semanas entre a vida e a morte. Harriet também teve uma recuperação difícil. O dr. Norcom a visitava com frequência, lembrando sempre que Joseph também era seu escravo.

O ciúme de Norcom estava mais aflorado que nunca. Ele tratava de manter Harriet distante de seu filho adulto e do capataz da fazenda. Acusava-a de despudor. Empurrou-a certa vez escada abaixo e cortou seus longos e lustrosos cabelos. Constantemente a insultava e humilhava. De outra feita, vingou-se encarcerando seu irmão. Enquanto isso, o amante secreto, Samuel Sawyer, introduzia-se nos aposentos de Harriet sempre que podia, confortando-a e tomando Joseph nos braços. Mas Sawyer não podia sequer batizar o filho, que era propriedade da filha do dr. Norcom.

Passaram-se quatro anos. Harriet retornou à casa dos Norcom, ao mesmo tempo em que continuava em seu relacionamento clandestino. Antes de completar dezenove anos, nasceu sua filha Louise Mathilda. Harriet dizia que seus sentimentos por Sawyer nunca evoluíram para a paixão arrebatada que sentira pelo primeiro amor, embora sentisse grande afeto

UNIÕES SEXUAIS INTER-RACIAIS NO CONTEXTO DA... 301

e gratidão por ele. Havia também, escreveu, "algo parecido com liberdade em ter um amante que não nos controla, senão através da bondade e dos vínculos criados".

O segundo filho de Harriet era uma prova de que ela continuava sexualmente envolvida com o rival branco desconhecido. O dr. Norcom ficou furioso. "A escravidão é terrível para os homens, mas muito mais terrível para as mulheres", escreveu Harriet. "Sobrepostos aos fardos suportados por todo mundo, *elas* suportam injustiças, sofrimentos e humilhações que lhes são próprias." Ela precisou levar clandestinamente Joseph e Louise Mathilda à cerimônia de batismo quando o dr. Norcom, que proibia batizados, estava fora da cidade.

Em 1835, Norcom mandou Harriet para sua fazenda para puni-la por ter se recusado a ser sua concubina. Anunciou também que pretendia fortalecer Joseph para poder vendê-lo. Harriet preparou um complicado plano de fuga. Sua ideia era partir sozinha; posteriormente, Sawyer compraria os filhos e os libertaria. Sua avó opôs-se terminantemente: "Ninguém respeita uma mãe que abandona os filhos", advertiu. "Se deixá-los, nunca mais terá um momento de felicidade."

Harriet ignorou os conselhos da avó. Com a ajuda de Sally, uma escrava amiga que sabia que "Quando eles sabê que ocê se foi, eles num vai querê os filho", Harriet pôs o plano em marcha. Escondeu-se na casa de uma amiga e mais adiante na da avó, numa fresta acima de um depósito. Ficava encolhida e desconfortável, mas segura, pois o dr. Norcom achava que estava no norte e chegou a viajar para lá, para tentar encontrá-la e trazê-la de volta. A trama de Harriet era sofisticada, prevendo até escrever-lhe cartas cuja postagem providenciou em vários estados sem escravidão.

Enquanto isso, com a ajuda de um negociante de escravos, Sawyer deu um jeito de fazer com que Norcom vendesse as crianças, que imediatamente lhe foram revendidas. Para dar um ar de autenticidade à operação as crianças foram conduzidas no vagão do negociante junto com outros escravos vendidos, que se lamentavam como se estivessem sendo separados das esposas, maridos e filhos. A farsa terminou para a família de Harriet (mas não para a de ninguém mais) quando Joseph e Louise estavam em segurança fora da cidade e Sawyer os mandou de volta em segredo para a casa da avó. Do seu esconderijo, Harriet muitas vezes os via, mas não ousava mostrar-se.

Incrivelmente, Harriet permaneceu no sótão de Molly por sete longos anos. Enquanto isso, Sawyer continuava com sua vida, e em 1837 foi eleito para o Congresso pelo Partido Democrata. O "desaparecimento" de Harriet pusera fim ao relacionamento e também, aparentemente, à promessa de Sawyer de libertar Joseph e Louise. Eles estavam vivendo com Molly desde a fuga de Harriet, mas oficialmente ainda eram propriedade dele. Pouco antes de partir para Washington, ele procurou Molly para tratar deles. Harriet pôs em risco a própria segurança ao se revelar a ele (mas não ao seu esconderijo), implorando-lhe que alforriasse seus filhos. "Nada quero para mim", disse ela. "Peço apenas que antes de ir-se liberte meus filhos ou autorize algum amigo a fazê-lo." Sawyer prontamente atendeu ao pedido, acrescentando que tentaria comprá-la também.

Mas Sawyer não foi capaz de fazer nada disso até se casar com uma branca. Em 1840, após o casamento, mandou buscar Louise, e mais tarde tomou providências para que ela passasse a viver com seus primos em Nova York. Em 1842, Harriet finalmente deixou o esconderijo e fugiu para o norte, onde entrou em contato com a filha. Em 1843, conseguiu fazer com que Joseph se juntasse a ela. A partir de então, sustentou-se e aos filhos trabalhando como costureira. Durante uma década, a família viveu como fugitiva, embora estivesse em território livre, pois os Norcom, entre eles a proprietária Mary Mathilda, nunca desistiram de encontrar Harriet. Em 1852, uma amiga abolicionista, Cornelia Willis, convenceu os Norcom a vendê-la. Willis pagou-lhes 300 dólares e alforriou Harriet. Finalmente livre, Harriet começou a escrever a narrativa que afinal seria publicada em 1861, com o título *Incidentes da vida de uma escrava*.

Harriet passou o resto da vida com a filha, valendo-se de empregos mal-remunerados e trabalhando incansavelmente pela causa abolicionista. Após a Guerra Civil, ela e Louise retornaram ao sul para trabalhar como voluntárias na assistência aos feridos e desamparados. Mais tarde, voltariam ao norte. Em 1897, Harriet morreu aos 84 anos.

UNIÕES SEXUAIS INTER-RACIAIS NO CONTEXTO DA... 303

A narrativa de Harriet Jacobs sobre sua vida é provavelmente o relato autobiográfico mais claro e articulado já publicado sobre a trajetória de uma amante escrava. Desde 1861, quando foi publicada, tem gerado frequentes e acalorados debates. Na época de Harriet, os abolicionistas e os partidários da escravidão discutiam a autenticidade e veracidade de seu relato. Mais recentemente, vários historiadores se empenharam na interpretação de *Incidentes da vida de uma escrava* das mais diferentes perspectivas. A única conclusão consensual é quanto à absoluta importância da narrativa de Harriet.

A constante tensão provocada pela perseguição de Norcom, alternadamente intimidando e tentando seduzi-la, ameaçando e fazendo promessas, é palpável. Ao mesmo tempo, a narrativa levanta várias questões. Por que um homem tão ferozmente ciumento teria tolerado a ligação de sua escrava com outro homem? Por que lhe teria reservado um tratamento preferencial, quando açoitava e vendia outras escravas que o desobedeciam?

Na verdade, o foco da narrativa em Norcom, a quem Harriet tão decididamente resistia, desvia a atenção de Sawyer, o amante que escolheu e pai de seus dois filhos. Pelo mesmo motivo, ela concentra boa parte de seu veneno contra a sra. Norcom, cujo espírito vingativo comportava infindáveis manifestações do que hoje chamaríamos de abuso psicológico. Harriet reconheceu que a sra. Norcom era uma mulher traída aprisionada num arremedo de casamento. Mesmo décadas depois, contudo, não conseguia manifestar grande simpatia pela perseguidora de outros tempos. Não só traçou da sra. Norcom um retrato nada lisonjeiro como reproduziu, ao que parece literalmente, uma infinidade dos mais degradantes comentários que tivera de aturar da parte dela em sua juventude. Também aqui, a extravagância dos atos de crueldade e perfídia da sra. Norcom distrai a atenção dos leitores da questão de saber como Harriet conseguiu conduzir sua vida amorosa clandestina sem que ninguém soubesse ou mesmo suspeitasse.

A narrativa de Harriet contém muitas conversas reconstituídas entre ela mesma e os Norcom. Nesses contatos, ela se mostra invariavelmente polida mas inflexível, uma mulher movida pelos mais elevados princípios de moralidade e pela total rejeição das propostas imorais do sr. Norcom. Ironicamente, ela nos diz muito mais a respeito de Norcom, o amante que não teve, do que sobre Sawyer. Do início ao fim, Sawyer mantém-se como uma figura misteriosa, e Harriet quase sempre se refere a ele no tom defensivo de uma mulher que confessa um grave pecado.

Muitas escravas sentiam-se conflituadas quanto ao relacionamento sexual com os senhores ou outros homens brancos. A grande vergonha de Harriet era o fato de não ter sido coagida por Sawyer, embora ao mesmo tempo considerasse que se entregar voluntariamente era "menos degradante" do que ser forçada a uma relação sexual. Ela jamais admitiu amar Sawyer, e mesmo passadas décadas não revelava os detalhes do relacionamento. Sua maior preocupação era a compreensão dos leitores.

Como demonstra a história de Harriet, nem todas as escravas eram sujeitas a atos de brutalidade para serem levadas para a cama. Algumas entravam voluntariamente em relacionamentos com homens brancos por motivos muito bons, e dos mais óbvios: proteção dos piores abusos do regime de escravidão; tarefas melhores e mais fáceis no dia a dia de trabalho; privilégios; vingança de uma senhora cruel; recompensas materiais; filhos que podiam ser libertados e desfrutar de uma vida infinitamente melhor que qualquer escravo; e, por fim, afeto.

Amar o inimigo, contudo, parecia imperdoável a muitos escravos. Harriet, tendo cometido esse "pecado", debatia-se em culpa. Foi esse, com efeito, um elemento-chave da sua condição de amante, explicando sua incapacidade de reconhecer e apreciar — pelo menos retrospectivamente — os prazeres eróticos que deve ter compartilhado com Sawyer, assim como a recusa de admitir qualquer vínculo emocional mais forte com ele.

Vem então o supremo argumento em relação às escravas sexualmente envolvidas com homens brancos: "A condição de uma escrava confunde os princípios da moralidade e na verdade impossibilita a sua prática." Valendo-se da moral cristã e das convenções sociais do século XIX como parâmetros, Harriet julga a si mesma, considera-se culpada e vem a se inocentar sob a alegação de que a escravidão é por definição uma condição amoral.

A narrativa de Harriet centrava-se em suas experiências como escrava amante, mas também apontava indiretamente para as consequências mais amplas de relacionamentos ilícitos entre homens brancos e escravas negras. A vulnerabilidade sexual de Harriet também ameaçava a sra. Norcom, que, como mulher, carecia de autoridade para impedir que o marido assediasse as escravas. O caso de amor de Harriet com Samuel Sawyer abalou o senso de decoro de sua avó. A velha senhora também se preocupava com a eventualidade de que ele pudesse comprometer suas relações cuidadosamente orquestradas com a comunidade branca, que a tolerava como negra livre. Como sempre acontece nesse tipo de ligação, o caso de Harriet com um homem branco e os filhos que gerou questionavam a ordem social estabelecida nos estados escravagistas.

CAPÍTULO 8

As uniões sexuais e a questão judaica

D o início dos anos 1930 até o fim da Segunda Guerra Mundial em 1945, a Alemanha nazista e a Europa dominada pelos nazistas promulgaram leis definindo as mulheres judias como tabu sexual para os gentios. Ao mesmo tempo, a impotência das mulheres judias, em particular nos campos de concentração, tornava-as vulneráveis à coerção para serem amantes de gentios.[1]

Em 1924, a publicação de *Mein Kampf* [Minha luta], de Adolf Hitler, proclamava a fantástica visão de uma "raça" ariana incrivelmente loura, alta e superior. Os homens seriam modelos de excelência genética. Suas irmãs, maravilhosamente adequadas às atividades femininas tradicionais: *Küche, Kirche* e *Kinder* (cozinha, igreja e filhos). Hitler não tinha a menor simpatia pela emancipação feminina, que segundo ele era "apenas uma invenção do intelecto judeu".[2]

Adolf Schicklgruber Hitler, o Führer baixo e de cabelos escuros dessa raça dominante, considerava todas as raças não arianas inferiores e perigosamente contagiosas, mas a pior de todas era a dos judeus. Como milhares de outros alemães, Hitler lera e fora influenciado pelo livro *Die Suende wider das Blut* [O pecado contra o sangue], de Arthur Dinter. O "pecado" em questão era a poluição racial: Dinter afirmava que uma gota de sêmen judeu poluiria para sempre uma mulher ariana, levando os filhos que eventualmente viesse a conceber com um parceiro ariano a apresentar características inconfundivelmente judaicas.

Ao assumir a chancelaria alemã em janeiro de 1933, Hitler começou a transformar seu ideal em leis. Um de seus principais alvos era a *Rassenschande* — a degradação da raça através do sexo inter-racial. A legislação nazista considerava a *Rassenschande* uma traição racial, definindo-a como crime capital.

No dia 15 de setembro de 1935, as Leis de Nuremberg reservavam a cidadania exclusivamente aos alemães e pessoas de "sangue aparentado", e a Lei de Proteção do Sangue e da Honra Alemães proibia que os cidadãos casassem com judeus ou com eles tivessem relações sexuais. Na década de 1930, quase 4 mil judeus e gentios, fossem casados ou não, foram condenados pelo crime de prática de sexo inter-racial. Quando apanhados, os "criminosos" eram severamente punidos, humilhados e brutalizados em paradas públicas, ou então enviados para campos de concentração. "Sou a mais imunda das porcas. Eu me envolvi com judeus", dizia a tabuleta carregada por uma mulher.[3]

Hitler considerava essas leis antijudaicas — nada menos que quatrocentas foram aprovadas entre 1933 e 1939 — como medidas temporárias, necessárias apenas enquanto não livrasse completamente a Europa dos judeus. O complexo aparato destinado a exterminar judeus e outros não arianos envolvia uma escalada de terror, a criação de guetos e finalmente a deportação em massa para campos de concentração nos quais eram poucos os prisioneiros que sobreviviam. Dachau, a cerca de quinze quilômetros da capital bávara de Munique, tão amada por Hitler, foi construído dois meses depois de sua chegada ao poder. À medida que os nazistas iam ocupando a Europa, outros campos foram construídos, especialmente na Polônia.

O sexismo ideológico no cerne do nazismo combinava-se com seu horror da procriação judaica na destruição das mulheres judias. Escreveria Rudolf Höss, o comandante de Auschwitz, nas memórias redigidas pouco antes de sua execução: "Para as mulheres, tudo era mil vezes mais difícil, muito mais deprimente e insultuoso, pois as condições de vida nos campos femininos eram incomparavelmente piores. As mulheres eram acomodadas em espaços mais exíguos, suas condições sanitárias e de higiene eram muito inferiores."[4]

AS UNIÕES SEXUAIS E A QUESTÃO JUDAICA

Ao terminar a guerra, a libertação foi chegando em etapas. No dia 24 de julho de 1944, os soldados soviéticos libertaram o campo de concentração de Majdanek. Seis meses depois, chegaram a Auschwitz. A 7 de maio, foi assinada a rendição da Alemanha, pondo fim ao mesmo tempo à guerra e à Shoá.

As memórias de milhares de sobreviventes, oficiais nazistas, empregados ou observadores próximos; os restos mortais e objetos amontoados de milhões de vítimas; o meticuloso hábito alemão de registrar informações; e várias investigações judiciais no pós-guerra — tudo isso forneceu provas cruciais para os historiadores e outras pessoas empenhados em entender o mal que gerou a Shoá. Desde a década de 1990, a situação particular das mulheres judias, inclusive em sua dimensão sexual, tem atraído a atenção e ocasionado estudos específicos.

Esses estudos e na verdade esse tipo de abordagem provocam acirradas polêmicas, centradas em controvérsias a respeito da legitimidade das interpretações centradas nas mulheres. Muitas pessoas consideram que, tendo a Shoá dizimado igualmente homens e mulheres judeus, a adoção de uma perspectiva analítica baseada no gênero, distinguindo entre o martírio das mulheres e o dos homens, profana a dignidade dos vivos, a memória dos mortos e até a Shoá em sua incompreensível atrocidade.

Outros historiadores sustentam com igual ênfase que a Shoá só pode ser entendida, honrando-se plena e igualmente todas as suas vítimas, com a aceitação da realidade de que as tribulações de homens e mulheres foram sob certos aspectos diferentes. Eles assinalam que, além da implacável brutalidade e degradação infligida aos homens, as mulheres sofreram por motivos aos quais os homens eram alheios: menstruação e amenorreia, experiências ginecológicas, gravidez, aborto, parto, assassinato de recém-nascidos para que as mães escapassem da execução e decisões dramáticas como a de ficar com os filhos designados para execução ou deixá-los e permanecer vivas, para cuidar de outros filhos ou simplesmente em nome da vida.

Num livro sobre amantes, as experiências das mulheres judias coagidas na época nazista a relações sexuais devem ser relatadas do seu ponto de vista específico. Os fatos são estes: apesar da Lei de Proteção do Sangue e da Honra Alemães e de suas pavorosas condições físicas, as mulheres judias eram objeto de exploração sexual.[5] A mesma feminilidade que representava um risco podia às vezes ajudá-las. Especificamente, algumas mulheres tiveram a chance, ao alcance de muito poucos homens, de se valer da própria sexualidade para continuar vivas.

A VIDA NOS CAMPOS DE CONCENTRAÇÃO ANTES DA MORTE

O processo de "admissão" nos campos de concentração nazistas destinava-se a aterrorizar e humilhar os novos cativos, reduzindo-os a um total desespero. Assim que as vítimas desciam dos trens e outros veículos que mais pareciam destinados ao transporte de gado, os oficiais nazistas começavam o processo de triagem, separando homens, mulheres e crianças e selecionando milhões deles para a morte imediata nas câmaras de gás.

As mulheres judias corriam particular risco. Sua fertilidade era anátema, pois representava a perpetuação de sua odiada raça. Em qualquer parte do Reich, o menor sinal de gravidez condenava as judias à morte.[6] Pesquisas indicam também que era maior o número de mulheres que o de homens mortos imediatamente à chegada aos campos de extermínio.

As mulheres selecionadas para viver um pouco mais eram sobretudo jovens, vigorosas e aparentemente saudáveis. As sobreviventes rememoram como se sentiam incrédulas e humilhadas por terem de se despir completamente, na presença das demais e de guardas inimigos. A etapa seguinte era a depilação, quando homens e mulheres da SS raspavam seus pelos, inclusive nas axilas e na região pubiana, supostamente para prevenir o surgimento de piolhos. Os nazistas recorriam a essa tosa pública como uma forma de quebrar o moral das mulheres, zombando e fazendo comentários perversos. "Era como se nos tirassem a pele, como se nada mais restasse de nossa personalidade", recordaria uma mulher. "Não éramos mais Helga, Olga, Maria ou alguma outra garota."[7]

Essas mulheres também sentiam como se não fossem mais mulheres, pois a subsistência na vida do campo praticamente eliminava a menstruação. As poucas que continuavam menstruando eram forçadas a fazê-lo em público, com o sangue escorrendo pelas pernas, pois careciam de absor-

AS UNIÕES SEXUAIS E A QUESTÃO JUDAICA

ventes e os únicos panos de que dispunham eram suas próprias roupas. Eram então punidas por falta de higiene.

Os médicos nazistas violavam todos os juramentos da profissão, esterilizando adolescentes com a calcinagem de seus ovários por raios-X, após o que elas eram deixadas berrando e se contorcendo de dor no chão. Mais tarde, esses médicos removiam cirurgicamente os ovários incinerados. O dr. Wladislaw Dering era conhecido por sua destreza nessas operações, pois era capaz de efetuar dez delas em apenas duas horas.

Nos alojamentos femininos, o estupro era uma ameaça constante. Os homens das SS que não obtinham satisfação com seus olhares convidativos às vezes simplesmente entravam nos dormitórios e arrancavam as mais bonitas do beliche, levando-as para serem estupradas. Em seguida, as mulheres voltavam aos dormitórios, envergonhadas diante das demais.

Muitos soldados das SS temiam as draconianas consequências da prática de sexo com uma mulher judia, preferindo privar-se desse prazer para não pôr em risco sua carreira e segurança, e talvez até a própria vida. Mas outros simplesmente matavam as vítimas depois de estuprá-las: testemunhas mortas não falam.

Numa violação ainda mais flagrante da Lei de Proteção do Sangue e da Honra Alemães, em muitos campos — Ravensbrück e Auschwitz, por exemplo — os SS montavam bordéis para seu próprio deleite e às vezes também para prisioneiros não judeus protegidos. (O escritor Ka Tzetnik, sobrevivente de Auschwitz, imortalizou esses bordéis em *Casa de bonecas*, romance baseado no diário de sua irmã Daniella Preleshnik, relatando sua prostituição, aos quatorze anos, num campo de trabalhos forçados nazista.) As mulheres do bordel eram selecionadas pela aparência, especialmente a firmeza dos seios, rara em mulheres emagrecidas pela subnutrição. (Os seios de mulheres passando fome inicialmente caíam, depois murchavam, até que elas ficassem com o peito chato como o de um homem.) Essa seleção era supervisionada pelos médicos das SS. Um deles era o famigerado dr. Josef Mengele, que tinha como amante a oficial SS Irma Griese, uma bissexual que também se servia de prisioneiras do campo.

Uma vez forçadas a prestar serviços no bordel, as mulheres, algumas judias, eram "testadas" ou estupradas coletivamente. Eram então postas para trabalhar, ficando ociosas a maior parte do dia mas sendo cada uma delas forçada a se oferecer a cerca de oito homens durante as duas horas de funcionamento do bordel à noite. Apesar da medicação anticoncepcional, ocorriam casos de gravidez. Uma mulher não tinha a menor possibilidade de controlar se o feto seria abortado ou ela própria, morta. Muitas vezes os SS achavam mais simples esta última alternativa.

Para satisfazer seus anseios sexuais e evitar punição pelo crime imperdoável de *Rassenschande*, muitos SS, homens e mulheres, simplesmente dormiam uns com os outros, traindo os cônjuges com colegas discretos. Mas as prisioneiras, infindáveis contingentes de mulheres desesperadas chegando de todas as partes da Europa, eram por demais vulneráveis e disponíveis para serem ignoradas. Para as mulheres cativas, cuidando de escapar da morte dia após dia, o interesse sexual era irrelevante. Muitas delas, contudo, logo aprenderiam a se valer da sexualidade para obter ínfimas recompensas capazes de prolongar a vida, a sua própria ou a de um ente querido.

Uma mulher ainda atraente, especialmente se conseguisse preservar algo das formas femininas, podia inicialmente escapar das câmaras de gás. Também podia atrair a atenção de um guarda SS ou de um prisioneiro não judeu de alguma maneira privilegiado, que lhe passasse sub-repticiamente um pedaço de salsicha ou queijo, ou um par de sapatos melhor, itens que podiam literalmente tornar-se uma questão de vida ou morte. Certas mulheres "se entregavam por um pedaço de pão com manteiga", mas, como diria a ex-prisioneira Renata Laqueur, "era a vontade de sobreviver, e muitas vezes também o desejo de salvar o marido e os filhos, que as levava a tomar esse caminho".[8] Nesse mundo surrealista governado pelo terror, as regras e convenções do mundo real em matéria de sexo já não faziam sentido. Mas a maioria se agarrava a elas, e assim até a moral dos campos da morte era muito dura com quem dormisse com o inimigo.

É o que fica evidente na maioria das memórias de vítimas da Shoá que se referem a esse tipo específico de experiência. Mais recentemente, as interpretações da Shoá centradas na questão feminina o têm apresentado, de maneira mais sensível e realista, como *Bett-Politik* — política da cama, geralmente a única arma ao alcance das prisioneiras.

AS UNIÕES SEXUAIS E A QUESTÃO JUDAICA

Os chantagistas sexuais não eram apenas os nazistas e os membros das SS. Fora dos campos de extermínio, nos guetos e campos de trabalho forçado, os homens judeus também exigiam favores sexuais em troca de comida e outros artigos de primeira necessidade. Nos esconderijos dos *partisans* nas florestas, o mesmo faziam os russos e os judeus.

"S", uma judia tchecoslovaca que sobreviveu tanto a Theresienstadt, o chamado gueto modelo, quanto a Auschwitz, o campo de extermínio, lembra que as mulheres contavam com próprio cérebro e os conhecidos do sexo masculino. No gueto de Theresienstadt, os homens controlavam as principais funções burocráticas e as cozinhas, posições de que se valiam para conseguir o que queriam, inclusive sexo. "Era assim que as mulheres sobreviviam", explica "S", "através dos homens (...) nessa sociedade, era a única maneira de sobreviver."

A situação, pondera outra sobrevivente de Theresienstadt, "era semelhante à do mundo lá fora, com a diferença de que o bem valioso não era ouro, diamante ou dinheiro, mas comida".[9] Certos homens tinham ainda mais a oferecer: o poder de impedir o transporte de até trinta parentes e amigos para os campos da morte no leste. Diários encontrados em outros guetos revelam que também neles certos homens ocupando posições altas no *Judenrat* ("Conselho Judaico") davam proteção a jovens bonitas em troca de sexo.

Nos campos de trabalho forçado, as mulheres constatavam que a aliança com um *kuzyn* ("primo") em posição privilegiada podia significar a diferença entre a vida e a morte. Muitas resistiam, preferindo a abstinência à vergonha do sexo extraconjugal, e certas mulheres de classes mais altas desprezavam judeus de fala iídiche e classes inferiores, mesmo os que dispusessem de meios de salvar vidas. Mas as mulheres muitas vezes capitulavam diante das circunstâncias desesperadoras, aceitando um *kuzyn* e passando as noites com ele por trás de cortinas improvisadas. Esses arranjos eram objeto de zombaria em cantigas populares: "Por sopa, por sopa / Por um pedaço de pão / As garotas abrem as... / Aqui entre nós / Elas o fazem até / Quando não é necessário."[10] A consequência mais assustadora do arranjo com um *kuzyn* era a gravidez, pois as mulheres com barrigas aumentando eram automaticamente designadas para a morte.

Em Auschwitz, com suas oportunidades mínimas de complementação das magras rações, as mulheres que em suas tarefas entravam em contato com trabalhadores dos crematórios podiam às vezes trocar "amor", momentos grotescos de cópula perto das latrinas, por uma lata de comida, um par de sapatos ou um pente. Uma médica judia húngara, a dra. Gisella Perl, precisava desesperadamente de um cadarço para prender nos pés os sapatos, grandes demais. (Os sapatos eram essenciais para prevenir as feridas e consequentes infecções, que podiam facilmente representar uma seleção para a câmara de gás.) Um trabalhador polonês encarregado da limpeza das latrinas tinha um cadarço, mas só se dispunha a trocá-lo por seu corpo, e não por sua ração de pão. "Sua mão, suja dos excrementos humanos que limpava, tocou o meu sexo, de maneira agressiva, insistente." Um minuto depois, a dra. Perl saiu correndo, horrorizada com o ocorrido. "Como meus valores haviam mudado! (...) Como se tornara alto o preço de um cadarço!"[11] Uma mulher que em condições normais de vida reagiria a semelhante proposta com dignidade e desprezo agora hesitava, pensava, avaliando a importância do que era oferecido, para então decidir — muitas vezes não, mas às vezes sim.

Uma dessas mulheres era Ruth, que no inverno de 1942 chegou de Viena ao campo de Sobibor, coberto de neve. Sobre Ruth sabemos apenas que era uma adolescente morena, de olhos escuros, aproximadamente dezesseis ou dezessete anos, tão bela que atraiu a atenção do *Scharführer* Paul Groth, conhecido pelo tratamento selvagem que infligia a prisioneiros judeus. Três dos feitos grotescos de Groth: ele forçou um judeu a beber vodca até se embriagar e depois, às gargalhadas, urinou na boca do sujeito, tomado de ânsias de vômito. Ordenou que um grupo de judeus subisse a um telhado e mandou que os que caíram fossem açoitados e levados ao Campo III para serem abatidos a tiros. Obrigou outro grupo de judeus a caçar camundongos e jogá-los dentro das calças de outros homens. Como estes não se aguentassem na posição de sentido, mandou açoitá-los.

Groth então interessou-se por Ruth e, para surpresa dos que o conheciam, apaixonou-se profundamente. Determinou que ela ficasse a seu serviço e a tomou como amante. "O caso ficou sério", diria em depoimento um sobrevivente de Sobibor, "e Ruth influenciou o comportamento de

AS UNIÕES SEXUAIS E A QUESTÃO JUDAICA

Groth."[12] O terrível SS deixou de espancar os judeus. Mas os judeus não foram os únicos a notar essa radical mudança em seu comportamento. O mesmo se deu com seus colegas e superiores SS, chocados com a importância que Ruth adquirira para ele. O *Obersturmführer* SS Franz Reichleitner, nomeado comandante em agosto de 1942, agiu de maneira unilateral. Durante uma ausência de Groth de Sobibor para três dias de folga, Ruth foi levada para o Campo III por dois SS e abatida a tiros. Ao retornar, Groth tomou conhecimento de sua morte. Retomando suas atividades, ele continuou tratando os judeus com benevolência, tal como fizera no breve período de seu caso de amor ilícito. Pouco depois, o comandante o transferiu para Belzec.

Como se terá sentido Ruth, ainda muito jovem, em relação a Groth, um homem que torturava e matava judeus e a forçava a fazer sexo com ele? Muito provavelmente ele a desvirginou — e teria ela lamentado esse fim da inocência, ou estaria por demais consciente da precariedade de sua vida para se importar com isto? Teria correspondido a seu súbito entusiasmo amoroso ou barganhado sua ternura em troca da promessa de que os seus seriam poupados? Os que a conheceram nos últimos dias de vida falavam de "amor", e o comandante SS compartilhava essa avaliação, pelo menos no que dizia respeito a Groth. Algo certamente aconteceu entre ele e a adolescente judia, vinculando-os emocionalmente. Sabemos ao certo apenas que Ruth fez da inesperada paixão dele o melhor uso que pôde, para aplacar sua bestialidade e diminuir a dor dos judeus.

Em Auschwitz, Maya era uma *Kapo*, uma prisioneira designada pelos SS para manter a ordem nos alojamentos. Maya não evidenciava muita compaixão com os outros judeus, espancando quem quer que se interpusesse em seu caminho. Graças à sua posição, foi contemplada com um cubículo próprio, e os outros prisioneiros acreditavam, embora não pudessem prová-lo, que toda noite um dos SS ia dormir com ela.

A guerra chegou ao fim. Maya sobreviveu, assim como Lucille E., ex-prisioneira de Auschwitz. Em 1950 ou 1951, Lucille fazia compras na loja de departamentos Altman's, em Nova York, hesitando entre um par de luvas vermelhas e outro de luvas pretas. Notou uma mulher de pé ao seu lado, uma mulher alta com cabelos pretos curtos e elegantemente penteados, uma mulher sorridente que também experimentava luvas. Lucille voltou-se para a mulher e seus olhos se encontraram. "Maya", disse ela. Maya olhou para ela. "Sim, como sabe?" "Auschwitz", respondeu Lucille. Maya empalideceu e começou a se justificar, falando apressadamente: não fora assim tão má, tinha sido forçada a fazer o que fez, não havia matado ninguém.

E seu marido?, perguntou Lucille, vendo a aliança no dedo de Maya. Seria por acaso o oficial da SS? Sim, o marido de Maya de fato era aquele SS. Depois da guerra, ele a havia seguido de um campo a outro. Quando ela emigrou para Nova York, também a havia acompanhado. Finalmente ela decidiu que bem poderia casar-se com ele. Afinal, disse ela a Lucille, ele era "um homem perfeitamente decente".

"E vocês tiveram filhos?", perguntou Lucille. "Não", respondeu Maya, "não tivemos filhos". "Pois espero que nunca venham a ter", completou Lucille, virando-se e se afastando.[13]

Maya é a amante que colocou a própria sobrevivência e o conforto pessoal acima de quaisquer outras considerações. Pode ter-se casado com o membro da SS para validar a relação que mantinham, para justificar perante si mesma que ele era um homem decente, ao contrário dos outros SS. E também pode ter recuado ante a perspectiva de se casar com um judeu, que podia um belo dia descobrir o que Lucille e tantos outros sabiam, que sua elegante esposa não era exatamente como a maioria dos outros sobreviventes de Auschwitz.

Outro caso em Auschwitz envolveu o dr. Rosenthal, médico das SS, e Gerta Kuernheim, uma prisioneira-enfermeira judia. Gerta engravidou e o dr. Rosenthal fez nela um aborto, supostamente para salvar-lhe a vida. A função de Gerta era praticar a eutanásia em pacientes gravemente doentes. Uma assustadora história envolvendo sua colaboração profissional com o amante diz tudo sobre Auschwitz e Rosenthal, e talvez também sobre Gerta. Dois pacientes de nome igual estavam sendo tratados, um de tifo, o outro de um pequeno abscesso. O paciente de tifo morreu, e a família precisava ser notificada. Mas um erro foi cometido, e o aviso foi enviado à família do paciente de abscesso, que à parte isso gozava de saúde perfeita. Ao se darem conta do erro, os dois funcionários responsáveis juntaram coragem para informar o dr. Rosenthal, para que entrasse em contato com a família e a tranquilizasse. Rosenthal ouviu o relato dos dois. Deu então uma ordem a Gerta, que retornou pouco depois, anunciando: "O problema foi resolvido. O outro também está morto."[14] Um rápido assassinato transformou o erro numa verdade.

A certa altura, o dr. Rosenthal e Gerta foram denunciados às autoridades superiores, não por terem assassinado um paciente, não porque ela tivesse feito um aborto, mas porque Rosenthal cometera *Rassenschande*, a degradação racial. No fim, ele viria a se suicidar. O destino de Gerta é desconhecido, mas muito provavelmente ela foi executada.

Poderia ter sido um caso de amor como o de Maya. Ou talvez Gerta não tenha conseguido livrar-se do médico SS que a desejava. Sua cumplicidade no caso da confusão entre os dois pacientes nada prova — que poderia ela ter feito se o dr. Rosenthal lhe dera uma ordem? Por outro lado, considerando-se sua função no agressivo programa de eutanásia de Auschwitz, ela talvez já se tivesse tornado insensível ao horror daquele ato. Seja como for, o seu povo estava sendo assassinado maciçamente, de modo que uma morte indolor por injeção podia parecer inócua e até misericordiosa. Quaisquer que fossem seus sentimentos e motivações, o caso de Gerta com Rosenthal provavelmente foi responsável por sua morte prematura.

A doutora judia Gisella Perl, que ofereceu o próprio corpo em troca de um vital cadarço de sapato, conta a história de Kati, uma prisioneira de Auschwitz que foi amante de um alemão ao qual se ligou porque, segundo contou à dra. Perl, a ajudava a salvar vidas. Kati tinha um coração "do tamanho do universo",[15] e ao encontrar uma franzina menina de quinze anos brutalmente espancada por uma mulher da SS ao ser apanhada catando cascas de batatas, decidiu salvá-la. Roubava tudo que podia para ajudar a protegida, mas as possibilidades eram muito limitadas. Seu *kohana* (amante) estava em posição muito melhor. Era um gentio alemão identificado por um triângulo verde como criminoso comum, um ladrão e talvez até um assassino, e por isso ali preso também. De forte constituição física e respeitado no campo, ele trazia sempre uma bengala que simbolizava sua posição. Também tinha boas conexões com funcionários do crematório, que em virtude de sua pavorosa função às vezes tinham acesso aos alimentos que os prisioneiros vindos diretamente dos guetos urbanos eram obrigados a entregar antes de entrarem nas câmaras de gás.

Kati estivera para romper com o seu *kohana*. Mas mudou de ideia ao assumir a nova responsabilidade. Nas palavras da dra. Perl, "ela decidiu continuar vendendo o corpo àquele homem em troca de alimentos que então (...) entregava para a menina". Certo dia, a dra. Perl viu Kati segurando forte a mão da menina numa carroça que rumava para fábricas alemãs. A dra. Perl estava otimista. "Eu sabia que Kati salvaria a vida daquela menina a qualquer custo."[16] O caso de Kati era simples. Ela entendeu, confidenciando-o à dra. Perl, a natureza do seu relacionamento com o alemão e o que podia representar para ela, a saber, alimentos capazes de salvar uma vida. O fato de ele não fazer parte da SS, extraindo sua autoridade basicamente de um físico impressionante, deve ter ajudado. Auschwitz transformou esse criminoso numa figura poderosa capaz de oferecer à sua amante judia o que ninguém mais podia oferecer: recursos para manter viva outra prisioneira.

Em seu livro *Return to Auschwitz* [De volta a Auschwitz], a sobrevivente Kitty Hart afirma que o único relacionamento sexual de que tinha notícia era o que ligava uma judia húngara de nome não especificado a Wünsch, um oficial austríaco da SS, encarregado dos depósitos de provisões. A mulher conseguira preservar a boa aparência, e Wünsch apaixonou-se perdidamente por ela. Hart e outras prisioneiras judias facilitaram o relacionamento, montando guarda enquanto o casal fazia amor atrás de pilhas de suprimentos. A recompensa era que Wünsch, a quem deram o apelido de "Bife Vienense", as tratava "muito bem". Depois da guerra, a amante de Wünsch em Auschwitz foi arrolada como testemunha em seu julgamento em Frankfurt, depondo com tanta eloquência em seu favor que o tribunal o absolveu das acusações de crimes de guerra.

O inesperado e dramático apelo dessa mulher evidencia a permanência de um vínculo emocional. Mesmo depois da guerra, tendo tido tempo para refletir e analisar, amplamente exposto e reconhecido pelos tribunais internacionais o horror da Shoá, as lembranças (e talvez até o amor) dessa mulher levaram-na a salvar a vida de Wünsch, exatamente como, na visão dela, ele salvara um dia a sua. Ela não só não culpava

AS UNIÕES SEXUAIS E A QUESTÃO JUDAICA

o amante SS pelo que acontecera, como correu o risco da condenação ou pelo menos da desaprovação de outros sobreviventes ao defendê-lo.

Eleonore Hodys

Para alguns poucos, Auschwitz era um paraíso. Um desses era Rudolf Höss, quarenta anos, comandante de Auschwitz entre 4 de maio de 1940 e dezembro de 1943, e que vivia com a mulher Hedwig e a família num oásis cheio de flores entre os prisioneiros que fazia passarem fome, que torturava, conduzia às câmaras de gás e queimava. A manutenção da casa de Höss era feita por prisioneiros especialmente escolhidos, decorada com tesouros confiscados aos internos e abastecida de vinhos e alimentos requintados numa época em que até o consumo entre os alemães era rigorosamente racionado. "Quero viver aqui até morrer", declarou Hedwig Höss.[17]

Höss censurava rigorosamente o comportamento dos seus oficiais SS. Denunciou uma oficial SS que se tinha "rebaixado a ponto de se tornar íntima de alguns dos prisioneiros", e acusou um dos seus subalternos mais cruéis, o *Rapportführer* Palitsch, de dormir com uma mulher aprisionada em Birkenau. Mas o fato é que ele próprio tinha um caso com uma prisioneira italiana, Eleonore Hodys, que trabalhava como doméstica em sua casa e era por todos equivocadamente tida como judia.

Vários meses depois de Eleonore começar a trabalhar em sua casa, período em que podemos supor já a teria Höss forçado a aceitar relações sexuais, ele mandou transferi-la, inicialmente para uma colônia penal, e mais tarde para o tristemente famoso Bloco Nº 11. Teria Hedwig algo a ver com essa transferência? Em caso positivo, o fato é que não conseguiu impedir que o marido se encontrasse com Eleonore; ele fazia visitas noturnas clandestinas à sua cela. Entretanto, considerando a estrita segurança no Bloco 11, vários guardas inevitavelmente ficavam sabendo desses encontros furtivos, que nem mesmo a posição elevada de Höss podia fazer passar despercebidos.

E então Eleonore engravidou. No pavilhão de celas rigidamente controlado em que se encontrava, como poderia isso ter acontecido, não fosse Höss o responsável? Embora fosse o comandante de Auschwitz, ele deve ter ficado aterrorizado. Outros membros das SS tinham sido executados por motivo de *Rassenschande*; não sendo Eleonore judia, ele no mínimo cairia em desgraça, sendo demitido e transferido da utopia de Auschwitz. Isso para não falar dos problemas conjugais que semelhante revelação provocaria. Era preciso, portanto, livrar-se de Eleonore. Höss mandou confiná-la numa *Stehbunker*, uma das celas "de pé" do Bloco 11, medindo pouco mais de meio metro quadrado, escuras, abafadas e, no inverno, frias. Essas *Stehbunkers* costumavam ser usadas para debilitar os prisioneiros antes dos interrogatórios. No caso de Eleonore, era diferente. A última coisa que Höss queria extrair dela eram informações. Para calá-la para sempre, ordenou que deixasse de ser alimentada — não demoraria para que ela morresse de fome de pé. Höss julgava-se então livre do problema.

Mas Eleonore, inteligente e amargurada, lutara contra o destino com o único e magro recurso ao seu dispor, dando informações sobre Höss. E o fizera dando um jeito de entrar em contato com o oficial SS Maximilian Grabner, chefe do departamento político, inimigo de Höss e na época sendo investigado pelas próprias SS. Ela sabia dessa inimizade: entreouvira conversas na época em que trabalhava como doméstica na casa de Höss, e ele próprio também pode ter mencionado a questão em conversas com ela. Mas esse recurso desesperado não foi suficiente para salvar Eleonore. Em seu julgamento, Grabner valeu-se das revelações por ela feitas exclusivamente em benefício próprio, para desacreditar Höss.

A morte de Eleonore, pavorosa mesmo pelos padrões mortíferos de Auschwitz, longe estava de ser um segredo, e os rumores a respeito logo se disseminaram. Até hoje, ela sobrevive nas lembranças e transcrições do julgamento de Maximilian Grabner. Quando o campo de Auschwitz ainda estava em funcionamento, correu o boato de que Eleonore tentara certa vez matar Höss. Será que ela defendeu a própria honra na casa dele, quando tentou pela primeira vez aproveitar-se dela? Ou teria sido quando lhe disse (ou quando ele notou) que estava grávida, percebendo pela reação dele o perigo que estava correndo? Qualquer que fosse a verdade, impossível de saber, o boato se espraiava entre os presos, que o saboreavam e repetiam. Eleonore Hodys podia não ser judia, mas os prisioneiros judeus a consideravam uma deles e se reconfortavam com sua coragem. Para eles, ela personificava os sofrimentos das mulheres judias aprisionadas no pesadelo nazista de extermínio e campos de trabalhos forçados.

Em *Schindler's Ark*, mais tarde filmado sob o título *A lista de Schindler*, o escritor Thomas Keneally afirmava indiretamente isso. Keneally relatava que Rudolf Höss, a "estrela do sistema de campos de concentração", era tido como o responsável pela gravidez de uma judia chamada Eleanor (grafia do autor) Hodys. Os SS certamente acreditavam nisso, escreveu Keneally, chegando a interrogar a infeliz mulher. Embora a SS não encontrasse provas irrefutáveis de que Höss tivesse uma amante judia, os boatos persistiam.

A história de Eleonore Hody é uma história de sexo, mas não de amor. Porém, na desolação moral e humana dos campos da morte, os casos de amor eram gerados e floresciam entre prisioneiros e prisioneiras perfeitamente conscientes de que cada momento os aproximava mais da morte certa. O afeto e os ternos abraços proporcionavam um arremedo de normalidade a seus corações, o que era mais importante que o sexo, mesmo quando tinham condições de expressar seu amor fisicamente. A maioria dos prisioneiros honrava esses relacionamentos, com o maior respeito por essa desafiadora afirmação da paixão.

OS CAMPOS DE "PARTISANS" NA FLORESTA

Nas florestas, onde os refugiados judeus do terror se juntavam aos resistentes não judeus e antinazistas, as relações entre combatentes e suas amantes eram permeadas de desprezo e em geral decorriam de coerção. Nesses campos secretos e provisórios, a grande maioria das mulheres, mas não dos homens, era de judias. Tal como nos guetos ou nos campos de extermínio ou de trabalhos forçados, as vidas dos homens e mulheres judeus que se salvavam fugindo para as florestas eram consideravelmente diferentes.

Em 1941, o ataque alemão à Rússia deixou o Exército Vermelho de joelhos, no frio e com fome. Milhares de soldados russos escaparam da subsequente perseguição refugiando-se nas selvas da Bielorrússia. Mais tarde, alguns de seus camaradas fugiram de campos de prisioneiros de guerra, juntando-se aos colegas. Esses homens se apresentavam como "partisans" — combatentes da liberdade contra o nazismo —, mas na realidade formavam em sua maioria pequenos bandos de malfeitores chamados *otriads*, palavra russa que designa "destacamento partisan". Os *otriads*, formados por russos, bielorrussos, poloneses, ucranianos e às vezes judeus, não tinham disciplina, liderança nem armas, mais interessados na própria sobrevivência do que em sabotar os alemães. Com o tempo, todavia, conseguiram armar-se dominando soldados alemães perdidos que, a pé ou em caminhões, se aventuravam em seu território.

Com algumas poucas exceções, esses "partisans" geralmente rejeitavam e às vezes matavam fugitivos judeus dos guetos que tentavam se juntar a eles. Os únicos judeus bem-vindos pelos *otriads* eram jovens armados do sexo masculino. Quando chegavam mulheres judias com filhos, como muitas vezes acontecia, os *otriads* as roubavam de tudo que tivessem em seu poder, às vezes as estupravam e em seguida as expulsavam ou matavam.

Mas algumas judias mais atraentes eram admitidas, tornando-se amantes de líderes russos. Médicas, enfermeiras e cozinheiras eram bem-vindas mesmo quando feiosas, mais velhas ou avessas a sexo. A regra geral, contudo, era que, à parte dessas profissões essenciais, as mulheres dos *otriads* eram amantes chamadas de "esposas em trânsito", que trocavam sexo por certos privilégios, entre eles mais comida e tratamento preferencial. Mas os *otriads* aceitavam tão poucas mulheres que o percentual delas era de apenas 2 a 5%, sendo as judias mais vulneráveis.

A inóspita floresta bielorrussa, contudo, tinha um *otriad* judaico administrado pelos irmãos Tuvia, Asael e Zus Bielski. Esses camponeses judeus pobres e de pouca educação eram especialistas na mata. Sob a liderança de Tuvia, o nômade *otriad* Bieslki aceitava qualquer judeu que aparecesse, inclusive velhos, mulheres indefesas e intelectuais e profissionais liberais com capacitação irrelevante na selva. Em consequência, o *otriad* era consideravelmente maior que os outros, e a sobrevivência de grande parte de seus membros estava nas mãos de homens mais jovens, experientes e em boas condições físicas.

Tanto quanto possível, os Bieslki cooperavam com os *otriads* gentios na aquisição de armas e na obtenção de alimentos à força junto a fazendeiros. Mais tarde, colaborariam na destruição de pontes, na interrupção de linhas telefônicas e no descarrilamento de trens. O *otriad* Bielski acabou montando um assentamento, comportando até pequenas fábricas e oficinas

AS UNIÕES SEXUAIS E A QUESTÃO JUDAICA

que também abasteciam os *otriads* russos. Os integrantes que não tivessem treinamento militar ou artesanal executavam as tarefas mais humildes, como ordenhar vacas e cortar lenha. Entre eles estavam a maioria das mulheres e os velhos, doentes e a *intelligentsia*, carente de conhecimentos práticos. Esses trabalhadores eram designados coletiva e desdenhosamente como *malbushim*.

Na estratificação do *otriad*, os *malbushim* do sexo masculino que aspirassem a um status mais elevado e a mais e melhor alimentação podiam tentar se promover tornando-se combatentes ou batedores. Mas as mulheres só podiam progredir por intermédio de um protetor, tornando-se sua amante. As regras do *otriad* exigiam que uma mulher de classe superior até então privilegiada formasse par com um homem de classe inferior. O casal simplesmente vivia junto, e 60% dos adultos do *otriad* Bielski estavam envolvidos nesse tipo de parceria.

Na sociedade do pré-guerra, essas uniões em desequilíbrio seriam improváveis, senão impossíveis. A jovem aristocrata Sulia Rubin detestava sua vida de *malbush*, e "casou-se" com um combatente que em outras condições teria desprezado, por sua ignorância e falta de sofisticação. Mas nas condições do *otriad*, Sulia não só teve êxito como se colocou em posição de ajudar amigos menos afortunados. Mesmo depois da guerra, ela optou por ficar com o amante da floresta. Na verdade, no fim da guerra a grande maioria dessas mulheres se casou e permaneceu ao lado de seus parceiros aparentemente inadequados.[18] Decidiram validar a vida na floresta, com suas escolhas difíceis e cruciais, transformando relacionamentos outrora "impróprios" em uniões sagradas nas quais basearam suas famílias e seu futuro.

Como outras judias que sobreviveram porque homens apaixonados ou sexualmente motivados, geralmente nazistas, ofereciam proteção e sustento em troca de sexo, essas partisans tiveram de tomar decisões quanto a seus relacionamentos do tempo da guerra, justificando-os e mesmo dignificando-os através do casamento. Mas houve casos em que elas vieram a amar os homens pelos quais foram inicialmente coagidas. Quando um amante era judeu, sua amante podia aceitar e mesmo acolher mais facilmente o afeto que sentia brotar entre eles. Quando ele era nazista, esse amor era permeado de culpa e negação.

Mas os piores momentos, os de maior vergonha, eram quando uma mulher coagida correspondia ao captor, sentindo também desejo sexual por ele. Era inevitável que isso algumas vezes acontecesse: quando as mulheres precisam ter um desempenho sexual (ainda que não sentido) para salvar a vida, a energia erótica que mobilizam pode escapar ao reino da falsidade e tomar conta da carne e da epiderme. Nesses momentos, essas amantes são as primeiras a se considerar as prostitutas que não são nem nunca foram.

EVA BRAUN: A AMANTE DO RESPONSÁVEL PELA SHOÁ[19]

A tempestuosa relação de Adolf Hitler com a gentia alemã Eva Braun não seria muito digna de nota se o ditador solteiro não tivesse sido o arquiteto do maior extermínio humano já visto. As fortes convicções de Hitler a respeito da natureza e do papel das mulheres na sociedade moldaram a ideologia do nacional-socialismo, e assim a sua conduta no terreno da *Bett-Politik* dá uma boa ideia do cerne de suas concepções e das políticas delas derivadas.

Adolf Hitler nasceu em 1889, filho de Klara Polzl e de seu primo Alois Schicklgruber, que adotou o sobrenome Hitler somente depois que sua mãe, solteira, casou-se com Johann Georg Hiedler, nome grafado em alguns registros oficiais como Hitler, a forma afinal adotada pelo pai de Adolf. Adolf era o quarto filho de Klara e Alois, mas o primeiro que sobreviveu. Sua irmã menor, Paula, foi uma criança retardada em seu desenvolvimento, fato que Hitler detestava e tratava de manter em segredo.

Ao conhecer em 1929 Eva Braun, então com dezessete anos, Adolf Hitler era um pintor fracassado que se tornara militante nacionalista, ainda tentando abrir caminho na disputa pelo poder. Solteiro por opção, ele se dizia (como a rainha Elizabeth I da Inglaterra) "casado" com sua pátria, não podendo dedicar a uma esposa e à família o tempo que lhes seria naturalmente reservado por um marido. Além disso, não queria filhos. "Considero que os filhos dos gênios geralmente têm uma vida muito difícil. (...) Além do mais, quase sempre são imbecis",[20] disse ele a sua governanta, sentimento que provavelmente decorria do medo de gerar outra Paula.[21]

AS UNIÕES SEXUAIS E A QUESTÃO JUDAICA

Mas a Hitler nunca faltaram mulheres, atraídas pela força de sua oratória, seu carisma e a avassaladora confiança de que seria capaz de devolver à Alemanha sua grandeza. Elas então preferiam ignorar sua estatura baixa, as roupas amorfas e o que Eva Braun descreveria como "seu bigodinho esquisito", atirando-se a ele. Algumas (segundo as fofocas da época) chegavam a se jogar debaixo de seu carro, para que ele fosse obrigado a parar para reconfortá-las. E Hitler reagia galantemente, beijando-lhes as mãos, flertando, aceitando toda aquela adoração como se fosse uma obrigação.

Hitler via as mulheres como estrategistas, tal como ele próprio. Sua teoria era de que, inicialmente, uma mulher fazia de tudo para conquistar a confiança de um homem. Em seguida, com os delicados dedos nas fibras do seu coração, começava a tanger, inicialmente com leveza, depois mais fortemente, até que por fim se via tão firmemente no controle que forçava o homem "a dançar de acordo com seus desejos".[22]

Em geral, Hitler preferia louras de corpo cheio, e gostava de flertar com atrizes e outras mulheres que o divertissem ou impressionassem. Também preferia as mais jovens, e quando sua meia-irmã viúva, Angela Raubal, veio morar com ele em 1927, acompanhada da filha adolescente, Angela, ou Geli, ele se apaixonou pela sobrinha. Manteve-a quase como prisioneira em seu apartamento, proibindo-a de sair sem permissão sua, e mesmo assim só quando acompanhada de pessoas autorizadas. Geli se enfurecia e chorava, rogava e ameaçava, mas Hitler mantinha-se inflexível: ela só poderia ir aonde ele quisesse, quando quisesse e com quem quisesse. No dia 18 de setembro de 1931, depois de uma discussão particularmente exaltada, Geli, então com 21 anos, lançou mão da pistola Walther de 6.35mm de Hitler e deu um tiro no coração.

Hitler ficou chocado e enlutado, e também alarmado com as possíveis repercussões políticas se a imprensa descobrisse que estava sexualmente envolvido com a jovem sobrinha. Seus colegas nazistas, igualmente preocupados, conseguiram "administrar" tão bem o suicídio de Geli que as notícias de seu suicídio nos jornais meramente davam a entender que estava deprimida por não ter conseguido dar início a uma carreira de cantora. Hitler ficou de luto por breve período. Encomendou a um artista um retrato de Geli com base em uma fotografia e ordenou à governanta, Anni Winter, que semanalmente pusesse flores no seu quarto.

Mesmo durante o relacionamento com Geli, o volúvel Hitler se envolvera com outras mulheres. Uma delas foi Eva Braun, ainda mais jovem que Geli. Eles se haviam conhecido em 1929, no estúdio de seu amigo nazista Heinrich Hoffmann, seu treinador de oratória e fotógrafo oficial. Hitler entrou num momento em que Eva subia numa escada para arrumar objetos numa prateleira, assim mostrando inadvertidamente suas bem-torneadas pernas. Hitler achou seu rosto igualmente atraente, e de vez em quando, em intervalos do relacionamento com Geli e outras amigas, dava um jeito de encontrá-la.

Após aquele primeiro contato, Eva perguntou ao patrão: "Quem é Adolf Hitler?" E de fato, quem era ele? Seu pai, Fritz Braun, chamava Hitler de "um faz-tudo, um imbecil que se acha onisciente e quer reformar o mundo",[23] enquanto Ilse Braun, a irmã mais velha de Eva, que trabalhava para o dr. Marx, um otorrinolaringologista judeu, e era apaixonada por ele, o desprezava profundamente.

Hitler ficou encantado com a total ignorância de Eva Braun a seu respeito, de seu partido e da política em geral. As mulheres, considerava ele, tinham uma influência desastrosa na política. Bastava lembrar, por exemplo, o caso de Lola Montez, que acabara com o rei da Baviera, Luís I. "Detesto mulheres metidas em política", dizia Hitler. "A namorada de um político não deve ser inteligente." Desse ponto de vista, Eva era perfeita. Proibia qualquer discussão política em sua presença. Nunca sequer aderiu ao Partido Nazista.

Mas que terá contribuído para fazer de Eva um caso à parte entre as muitas mulheres que disputavam a atenção de Hitler? Ela era muito bonita, o que tinha enorme peso, uma loura de olhos azuis que clareava os cabelos com água oxigenada, recorria à maquiagem para ressaltar os belos traços e se vestia com uma elegância simples, usando roupas feitas por ela mesma. Tinha uma bela estampa e estava constantemente em forma, mesmo depois de passada a época da ginástica e da patinação do gelo na escola. (Num filme caseiro em que aparece ao lado de Hitler, Eva improvisa e dá um salto muito difícil.) Era alegre e amistosa, e vinha de uma família respeitável. Dotada de inteligência mediana mas incrivelmente desinformada, era uma devoradora de livros românticos como *E o vento*

AS UNIÕES SEXUAIS E A QUESTÃO JUDAICA

levou, de Margaret Mitchell, e uma adolescente muito divertida, cuja mãe esperava que pudesse capitalizar a bela aparência num bom casamento.

Em casa, Eva dividia o quarto com Ilse e Gretl, a irmã menor. Fritz e Franziska, seus pais, eram católicos praticantes, e Fritz em particular ficara muito decepcionado com o fato de o desempenho nada brilhante de Eva na escola de um convento chegar prematuramente ao fim porque as freiras não toleravam mais seu comportamento problemático. Fritz fez o que pôde para controlá-la, mas Eva era decidida e astuciosa e, acima de tudo, centrada no que realmente queria da vida.

E praticamente desde os primeiros "encontros" Eva quis Adolf Hitler. Ele, contudo, demonstrava interesse apenas esporádico, e Ilse ficava provocando a irmã mais moça por estar atrás de um homem velho. A morte de Geli facilitou as coisas. Finalmente Hitler tinha um lugar seguro aonde levar Eva, sua própria casa. Logo eles começariam a fazer sexo. Um dos lugares preferidos era um longo sofá vermelho com paninhos de renda cobrindo o encosto, o mesmo sofá em que Mussolini, Chamberlain e Daladier posaram para uma fotografia durante a inglória conferência de Munique.

Eva ainda era apenas uma entre muitas outras mulheres, embora fosse a primeira a ser convidada por Hitler para passar a noite. Uma de suas rivais mais sérias era Winifred Wagner, a viúva inglesa de Siegfried, filho do compositor Richard Wagner. Mas ao tomar pé realmente quanto ao caráter de Hitler, concluindo que a figura pública mais amena ficava muito a dever a sua assustadora bestialidade na esfera privada, Winifred recuou do relacionamento. Também corria o boato de que ela rechaçou certas exigências sexuais, como a de que assumisse o papel de mãe dele, açoitando-o.

Eva não tinha tais pruridos, ou então Hitler não a imaginava no papel de dominatrix. Os dois tinham um relacionamento sexual, mas não era o principal motivo de atração. Hitler gostava, isso sim, de ouvi-la falar da vida de atores e atrizes e dos detalhes das festas a que compareciam juntos. Sua governanta considerava Eva uma boneca não muito inteligente, mas bonita, porém Hitler via em sua tagarelice vazia uma agradável distração capaz de afastar seus pensamentos do trabalho, enquanto propulsionava a Alemanha em direção ao monolito louro e nazista em que queria transformá-la.

Por longos períodos, contudo, Hitler negligenciava Eva, e ela esperava em casa, solitária e entediada. Em 1932, ela decidiu assustá-lo para fazer com que a levasse mais a sério. Na gélida noite de Todos os Santos, pouco depois da meia-noite, ela apanhou a pistola de 6.35 mm do pai e voltou-a contra si mesma. Ilse a encontraria mais tarde numa poça de sangue, com uma bala alojada perto da artéria do pescoço.

Eva já telefonara a um médico — não o dr. Marx, com quem Ilse passava a noite, mas alguém que esperava viesse a dar a notícia a Hitler. A bala foi retirada com facilidade e Eva ficou feliz ao receber no hospital a visita de Hitler, de flores em punho. Ele chegou a se comover com sua fracassada tentativa de suicídio. "Ela o fez por amor a mim", teria ele dito ao amigo Heinrich Hoffmann. "Agora terei de cuidar dela. Isso não pode acontecer de novo."[24]

Mas a principal preocupação de Hitler era a publicidade que o caso viesse a ter: a proliferação de mulheres suicidas em sua vida seria um sério problema político. Eva mentiu aos pais sobre os motivos da tentativa, e sua vida prosseguiu como antes, com a diferença de que Hitler passou a lhe dar mais atenção, mostrando-se mais agradecido pelo que via como um grande e desinteressado amor da parte dela.

Eva — e Hitler também — ainda precisava contornar o espinhoso problema de seu pai, que jurava que atravessaria a rua se visse aproximar-se Hitler. Se Fritz Braun soubesse que sua "virginal" filha estava envolvida com aquele canalha, certamente tentaria pôr fim ao relacionamento. Eva então recorria à mentira — e Hitler jamais se aproximou do prédio onde moravam seus pais. Mandava uma de suas limusines Mercedes-Benz pretas com motorista apanhá-la numa esquina de sua rua. Em 1933, uma semana depois de sua chegada ao poder, Eva completou 21 anos. Para comemorar, Hitler deu-lhe um conjunto barato de joias de turmalina que ela guardaria como um tesouro pelo resto da vida. Em casa, contudo, precisou escondê-lo. Só podia usá-lo quando estava com o amante. Suas irmãs, Ilse e Gretl, também guardavam esse perigoso segredo. Muitas vezes entreouviam suas conversas sussurradas com Hitler ao telefone, mas nenhuma das duas a denunciava. Ilse considerava desonrosa a delação, enquanto Gretl achava emocionante o segredo de Eva.

Mas a campanha de Eva para conquistar o coração de Hitler não rendeu resultados propriamente espetaculares. Ela sabia que os correligionários políticos dele a consideravam uma "vaca burra", que ele a estava sempre enganando com outras e que não tinha a menor intenção de se casar com ela. Também deixara perfeitamente claro que a considerava uma "simplória" que jamais seria aceita pela alta sociedade alemã, e determinou que não poderiam ser fotografados juntos. A opinião pública, ainda não inteiramente nazificada, faria desse improvável romance objeto de zombaria.

Eva também sabia que Hitler podia ser implacável, e que sua solução no caso de correligionários problemáticos e independentes era a execução. No dia 30 de junho de 1934, depois que mandou matar centenas de adversários políticos, assim como homens que haviam demonstrado total lealdade, Fritz Braun reagiu gritando que Hitler era completamente louco. Eva, contudo, aceitou a explicação de Hitler: ele exigia absoluta lealdade e obediência dos subordinados, tendo dispensado a intervenção de tribunais de justiça por ser ele próprio o "supremo juiz do povo alemão".[25] Ao mesmo tempo, Eva sabia que as consequências de qualquer atitude de desafio podiam ser mortais.

Eva veio a constatar que a "questão judaica" era bem mais difícil. Ela fora criada com vários amigos judeus, e Ilse estava apaixonada por um judeu. Mas Eva aceitou o veredito de Hitler de que os judeus poluíam a nação. Rapidamente tratou de pôr fim ao relacionamento com os que conhecia havia muito tempo, embora interviesse para impedir que uma judia fosse presa, enviando-lhe algum dinheiro e advertindo que deixasse a Alemanha imediatamente. (Sabiamente, a mulher, aterrorizada, fugiu para a Itália no dia seguinte.) Eva também sugeriu que Hitler permitisse que Eduard Bloch, o médico austríaco que tratara sua querida mãe nos últimos dias de vida, emigrasse para não ser preso. Hitler concordou, mas tomando o cuidado de mandar agentes da Gestapo à casa do dr. Bloch para recuperar cartões-postais que ele próprio, Hitler, pintara e enviara ao médico, como sinal de sua "eterna gratidão".

À parte essas intervenções, Eva abraçou as venenosas ideias de Hitler com aparente facilidade. Ilse, naturalmente, mostrava-se intransigente contra o racismo antissemita. Após a promulgação das Leis de Nuremberg, seu patrão judeu sentiu-se na obrigação de demiti-la, mais tarde fugindo da Alemanha para se refugiar nos Estados Unidos. Ilse ficou profundamente decepcionada, discutindo violentamente com Eva a respeito de Hitler e da "questão judaica".

Mas, apesar dos assustadores problemas de caráter de Hitler, Eva considerava-se sua alma gêmea, seu grande amor, a mulher altruísta e nobre que haveria de viver e morrer por ele. Uma cartomante previra que um dia ela seria conhecida de toda a Alemanha como a amante de um homem poderoso. Eva acreditava fervorosamente na exatidão da profecia, e trabalhou com persistência e habilidade no sentido de seduzir seu relutante amante. "Desde nossos primeiros encontros, prometi a mim mesma que haveria de segui-lo onde quer que fosse, até na morte. Você sabe que minha vida toda está dedicada a amá-lo", lembraria Eva a Hitler em 1944.

Em 1934, seus pais finalmente descobriram que ela estava envolvida com Hitler. O pai sentiu-se humilhado ao descobrir que a filha era amante de Hitler, mas, considerando a posição do Führer, não tinha muito que fazer a respeito. Após a tentativa de suicídio de Eva, Hitler tentou telefonar-lhe quase toda noite, embora ainda se recusasse a reconhecê-la publicamente como sua amante. Por outro lado, sentia-se lisonjeado quando os jornais publicavam fotos suas jantando com atrizes famosas. Talvez tivesse consciência de que até fervorosos adeptos do nazismo em seu meio social ridicularizavam sua vida sexual, dando a entender que seria impotente. Em 1943, uma datilógrafa foi condenada a dois anos de prisão por recitar estes versos populares: "Aquele que governa à maneira russa / penteia o cabelo ao estilo francês / corta o bigode à inglesa / não nasceu na Alemanha / e nos ensina a saudação romana, / pede muitos filhos a nossas esposas / mas não é capaz de produzir nenhum — / ele é o líder da Alemanha."[26]

No dia 6 de fevereiro de 1935, completando 23 anos, Eva começou a manter um diário. Na primeira anotação, queixava-se de que Hitler mandara a mulher de seu assistente ao estúdio de Hoffmann com tantas flores para ela que o lugar ficou com cheiro de necrotério, mas não fora capaz de lhe dar o que ela tanto queria, um cãozinho da raça dachshund para fazer-lhe companhia durante as longas noites de vigília à espera do esquivo amante. A Eva também desagradava ter de continuar no emprego

AS UNIÕES SEXUAIS E A QUESTÃO JUDAICA

com Hoffmann para encobrir sua verdadeira vocação: ser a amante de Hitler. Nesse estado de espírito, ela dava a entender com insistência que um lugar que lhe fosse próprio facilitaria seus encontros com ele, e Hitler aparentemente levava a sugestão a sério.

Eva então cometeu um erro tático. Aceitara um ingresso para um baile e pediu a Hitler autorização para ir. Ele concordou, mas depois que ela saiu para ir dançar puniu-a resolvendo ignorá-la durante semanas. Mesmo estando em Munique, ele não lhe telefonava. Certa vez, muito infeliz, Eva ficou de pé durante horas em frente a um restaurante, observando enquanto ele tentava seduzir outra mulher. Quem sabe, concluiu em seu desespero, ele só se interessara por ela por motivos sexuais. Mas ela também sabia que Hitler sempre precisava fazer tudo do seu jeito, com ela, com os amigos, os colegas e até os líderes mundiais. Se alguém o contestasse ou mesmo o impedisse de monopolizar uma conversa, ele ficava de mau humor ou tinha terríveis acessos de raiva. Eva provocara inadvertidamente uma reação semelhante ao sair para dançar, quando deveria ter feito questão de jogar o ingresso fora para ficar ao lado de Hitler.

Em maio de 1935, Eva descobriu que tinha uma séria rival, Unity Valkyrie Mitford, filha do lorde inglês Redesdale, peituda e de pernas grossas, irmã de Diana Mosley, mulher do líder da União Britânica de Fascistas. Unity praticamente se atirava em cima de Hitler, e ele reagia com entusiasmo. Eva ficou arrasada. No dia 28 de maio, decidiu entrar em ação. Escreveu a Hitler um bilhete dando-lhe um prazo para entrar em contato com ela. Como ele não o fizesse, ela engoliu 24 barbitúricos Phanodorm. Mais uma vez, foi encontrada por Ilse. Ela chamou o dr. Marx, que ainda não viajara para os Estados Unidos, e ele reanimou e salvou a perturbada amante de Hitler.

Eva tinha calculado bem. As tentativas de suicídio chamavam a atenção de Hitler, convencendo-o a fazer alguma coisa. Em agosto, ele transferiu Eva para um pequeno apartamento próprio na companhia da irmã Gretl, como "acompanhante", e de uma criança húngara para cuidar das duas. Hitler decorou o novo ninho de amor com excelentes quadros "emprestados" por museus alemães ou roubados de coleções de arte judias. O que Eva mais apreciava, contudo, era *A igreja de Assam*, pintado pelo próprio

Adolf Hitler. Longe da casa dos pais, plenamente apoiada pelo amante, cada vez mais comprometido, Eva estava no auge da felicidade. Finalmente podia parar de trabalhar.

Mas Hitler ainda não estava satisfeito com o acerto. Preocupava-o particularmente a eventualidade de ser reconhecido por um vizinho ao visitá-la. Logo viria a transferir novamente as irmãs para uma casa, com um bunker subterrâneo magnificamente equipado, nas imediações de Munique. Providenciou para Eva um telefone particular, uma Mercedes-Benz com motorista em tempo integral e, melhor presente de todos, dois terriers escoceses, Stasi e Negus.

Eva Braun tornara-se a *maîtresse en titre* de Hitler, ou, como ele preferia chamá-la, sua *chère amie*. Finalmente ela se sentia segura, e passou a dedicar seus dias a se embelezar, tomando banhos de sol e brincando com os cãezinhos (e mais tarde com o pastor-alemão que Hitler também lhe deu). Eva fofocava e se confidenciava com Gretl, que saía com vários SS, até finalmente se casar com o SS *Gruppenführer* Hermann Fegelein, oficial de ligação entre Hitler e Himmler. As irmãs faziam compras juntas, e Eva montou um amplo guarda-roupa de trajes e sapatos elegantes, além de uma coleção de joias. Toda tarde chegava o cabeleireiro para penteá-la. Em seu único ato sistemático de rebeldia, Eva controlava a dieta e se exercitava religiosamente para manter a silhueta esbelta e enxuta, e não cheia e macia, como preferia Hitler. Antes de dormirem juntos pela primeira vez e poder ele vê-la nua, Eva estufava o sutiã com lenços para que Hitler a julgasse mais cheia do que realmente era. No fim das contas, ele se queixou de sua magreza, acusando-a de ser uma escrava da moda. Eva, contudo, tinha horror de engordar e não aceitava ganhar peso.

Sua prima Gertrude Weisker, por ela convidada a visitá-la em 1944 para lhe fazer companhia na ausência de Hitler, recordaria que Eva mudava de roupa pelo menos cinco vezes por dia, nadando e se exercitando para preencher "um certo vazio".[27] Eva também sugeriu que Gertrude ouvisse a BBC, apesar de representar um delito grave. Gertrude ouvia, tomando notas, e em seguida comunicava a Eva o que ficara sabendo a respeito do andamento da guerra.

AS UNIÕES SEXUAIS E A QUESTÃO JUDAICA

Na complicada gestão de sua vida de ócio, Eva não negligenciava as dimensões humanas. Finalmente chegou a um entendimento com os pais, que aceitaram que a filha vivia em pecado com um homem 23 anos mais velho. Num passo mais ousado, conspirou para a desgraça social dos membros do círculo mais próximo de Hitler que ainda ousavam tratá-la com desprezo. A primeira a ser descartada foi a meia-irmã de Hitler, Angela, a mãe de Geli, que chamava Eva de prostituta. Ao saber disso, Hitler, furioso, expulsou Angela de sua casa.

Não demorou e a casa de Eva tornara-se o refúgio de Hitler. Ele chegava sempre por volta de meia-noite, não raro deprimido e irritadiço, e partia na manhã seguinte, refeito e alegre, acalmado pela ternura da amante. Eva ouvia pacientemente seus monólogos, inclusive as agitadas diatribes contra os judeus, seu assunto preferido à mesa do jantar. Apesar da formação liberal, Eva guardava silêncio, disposta a sacrificar os princípios da família no altar da adoração a Hitler. Ele não gostava de "mulheres metidas em política", de modo que Eva tratou de banir quaisquer referências políticas — e morais — de suas conversas com ele.

Já sua irmã Ilse tinha um projeto diferente. Ilse tentou certa vez intervir em favor de Arthur Ernst Rutra, um escritor judeu que admirava. Em vez de ser libertado, contudo, Rutra foi abatido a tiros "tentando fugir". A partir daí, Ilse eximiu-se de toda tentativa de "ajudar". "Dei-me conta", recordaria ela depois da guerra, "de que qualquer intervenção minha (...) em vez de ajudar os judeus teria contribuído para apressar sua eliminação."[28]

Eva aparentemente não tinha esse tipo de dilema de consciência, nem mesmo com o avanço da guerra, e devia estar ciente do que acontecia nos campos de concentração. Heinrich Hoffmann costumava diverti-la e a Hitler com piadas sobre Dachau, que ficava ali perto, e em 1944, sendo a casa dela danificada por um ataque aéreo, um trabalhador escravo de Dachau foi mandado para consertá-la. Após o casamento de Gretl com Hermann Fegelein, Eva visitou sua nova casa e provavelmente viu os prisioneiros do campo de concentração que trabalhavam para os Fegelein. Mais para o fim da guerra, também era comum ver prisioneiros russos famintos e andrajosos. Eva não prestava atenção, pois não tinha o menor interesse.

Mas Eva podia ter alguma influência quando se preocupava com algo. Quando Heinrich Himmler mandou fechar salões de cabeleireiros, Eva pressionou para que a ordem fosse revogada. As alemãs precisavam mostrar-se belas para seus maridos ou amantes militares, explicava. Eva também conseguiu a suspensão de normas contra a compra de alimentos no mercado negro — de que outra maneira poderia uma boa alemã alimentar o marido combatente e os filhos? Ela convenceu Hitler a ordenar que os soldados alemães ficassem de pé nos transportes públicos, para que as mulheres pudessem sentar-se. Pelo fim da guerra, Eva ficou sabendo que determinado general pretendia insurgir-se contra a ordem de executar 35 mil prisioneiros de guerra se Hitler não conseguisse negociar uma trégua satisfatória com os Aliados. Ela deu então um jeito de fazer com que Hitler incumbisse o mesmo general de supervisionar os prisioneiros de guerra, o que certamente salvou vidas. Eva também convenceu Hitler a adiar uma ordem de inundar túneis para deter as tropas russas. Muitos soldados e civis alemães haviam se refugiado nesses túneis, e ela queria dar-lhes tempo de fugir. Quanto aos judeus, contudo, Eva nada tinha a dizer.

Eva também ouvia em silêncio quando Hitler expunha seus pontos de vista rígidos e banais sobre as mulheres. Ele falava de como o ciúme podia transformar a mais dócil das mulheres num tigre, dizendo que as mulheres casadas eram por natureza muito exigentes. Quando Fritz Sauckel, o brutal e perverso general plenipotenciário na questão da distribuição do trabalho, informou que 25% das mulheres estrangeiras escravizadas eram virgens (Sauckel se deleitava em submetê-las a exames vaginais), Hitler não deu a menor importância. A virgindade, afirmava, era supervalorizada, e as virgens nada tinham de especial que as distinguisse. Era o que ele achava do dom de virgindade que lhe fizera Eva.

Hitler e Eva tinham em comum apenas duas paixões: a convicção de que o Führer não era um homem como os outros e o amor aos cães. Mas mesmo nessa esfera Hitler considerava certas raças, tal como acontecia com algumas raças humanas, ridículas e indignas. Ele se recusava a ser fotografado com os terriers de Eva e nunca lhe deu o dachshund que ela tanto desejava. Mas ele adorava os pastores-alemães, elogiando sua coragem, inteligência e lealdade. Era particularmente apegado à sua cadela Blondie.

AS UNIÕES SEXUAIS E A QUESTÃO JUDAICA

A sincera dedicação e o amor quase canino de Eva começaram a render frutos. Com o passar dos anos, ela ganhou status na elite nazista, tornando-se a anfitriã oficial de Hitler. Com o agravamento da situação da Alemanha na guerra, Hitler dependia cada vez mais de seu reconforto e estímulo. Mas se mostrava inflexível na resolução de jamais se casar. "O pior do casamento é o estabelecimento de direitos", dizia. "É mais sábio ter uma amante. Desse modo não há um fardo a carregar, e tudo se torna simplesmente uma bela dádiva." Ele se apressava a acrescentar que essa aversão ao casamento só se aplicava "a homens excepcionais".[29]

Em 1945, a derrota da Alemanha era apenas uma questão de tempo. Hitler, taciturno, fazia caminhadas solitárias com Blondie. Desconfiava que os inimigos estavam tentando envenená-lo, e sua comida tinha de ser previamente provada por alguém. Sua saúde física se deteriorava paralelamente à disposição mental. Ele sentia dores constantes nos ouvidos e na cabeça. As dificuldades de digestão o atormentavam. Suas mãos tremiam. Eva o mimava e superprotegia, na doença exatamente como fizera na hipocondria. "Você é a única que se importa", lamentava-se ele.[30] O que era literalmente verdade, pois uma quantidade de oficiais e soldados nazistas começavam a desertar do Führer que deixara a Alemanha de joelhos.

Em abril de 1945, o fim já estava à vista. Hitler mudara-se para um luxuoso bunker de dois andares sob a chancelaria do Reich em Berlim, e Eva juntou-se a ele. Ela continuava cuidando das unhas e do cabelo e a mudar de roupa várias vezes por dia. Embora todo mundo mergulhasse na mais funda depressão, ela forçava uma alegria falsa. Encontrava motivos de comemorar: a morte de Franklin D. Roosevelt foi um dos mais agradáveis. No dia 20 de abril, ela deu uma festa no sexagésimo sexto aniversário de Hitler. Os principais oficiais nazistas estavam presentes em sua maioria, mas seu alarme ante a degradação física do Führer estragou a festa, e o próprio Hitler recolheu-se cedo.

Pouco depois da malograda festa de aniversário de Hitler, o Terceiro Reich foi derrotado. Hitler tomou providências para que Eva, suas secretárias e seu cozinheiro deixassem Berlim em segurança no último voo. Eva recusou-se, tomou nas suas as duas mãos dele e disse, carinhosamente: "Mas você sabe que vou ficar com você. Não vou deixar que me tirem daqui."[31] Pela primeira vez, Hitler beijou os lábios da amante em público.

No jantar, nessa noite, ele entregou frascos de cianeto a Eva e a outras mulheres, que também se haviam comprometido a ficar a seu lado. Eva tentava manter a calma. Redigiu uma carta cheia de sentimentalismo a Gretl, expressando sua satisfação por morrer com o Führer, depois de uma vida perfeita a seu lado. "Com o Führer eu tive tudo. Morrer agora ao seu lado completa a minha felicidade. (...) É o fim certo para uma alemã."[32] Ela também deixou instruções para que Ilse destruísse seus papéis. Eva temia que as contas do cabeleireiro alimentassem acusações de comportamento extravagante.

Hitler também fazia seus derradeiros planos. Seus papéis e objetos pessoais deviam ser queimados. Ele pretendia matar-se com um tiro, além de ingerir cianeto. E, na beira do abismo, decidiu casar-se com Eva. Ela ficou exultante. Em vez de se preparar para uma morte prematura, ela se enfeitou e começou a planejar a cerimônia de casamento. Colocou o vestido favorito de Hitler, de seda negra, com longas mangas justas e rosas cor-de-rosa no ombro. Como sempre, o cabelo estava impecável. Depois da meia-noite, a 29 de abril, enquanto os jatos dos Aliados roncavam lá em cima e tanques russos já rugiam nas proximidades, Eva Braun e Adolf Hitler, lado a lado em seu bunker, juraram amor e dedicação recíprocos até que a morte os separasse. Seguiu-se um café da manhã no qual noivos e convidados comemoraram com champanhe, vinho e bombons, aplaudindo absurdos discursos e brindes.

Eva manifestou apenas uma preocupação, o fato de seu cunhado, o marido de Gretl, Hermann Fegelein, na época um general, não ter comparecido à cerimônia. Ficou sabendo do motivo de sua ausência quando um guarda lhe entregou um bilhete urgente. Fegelein tinha sido preso e condenado à morte, e lhe implorava ajuda. Eva dirigiu-se ao marido, que ditava seu testamento. Lembrou-lhe que Gretl estava grávida; será que Fegelein tinha mesmo de ser fuzilado?

"Não podemos permitir que questões de família interfiram em atos disciplinares", respondeu Hitler. "Fegelein é um traidor."[33] Voltou então à sua análise do Terceiro Reich, culpando os judeus por aquele trágico desfecho: "Os séculos haverão de passar, mas das ruínas de nossas cidades

AS UNIÕES SEXUAIS E A QUESTÃO JUDAICA

e nossos monumentos culturais ressurgirá sempre o ódio contra aqueles que são em última análise os responsáveis por tudo isso: o judaísmo internacional e seus aliados."[34]

Eva, em geral tão alegre e cordata, chorava ao retornar a seu quarto. Pouco depois, por ordem do marido, seu cunhado foi executado. Hitler, enquanto isso, registrava para a eternidade seu ódio aos judeus, justificando sua decisão de se casar com a jovem que, após anos de "uma amizade verdadeira", viera por vontade própria para Berlim para morrer ao seu lado. "Tanto ela quanto eu", declarou, "preferimos a morte à desgraça da derrota ou da capitulação."

Enquanto ele e Eva saboreavam seu primeiro e último desjejum como marido e mulher, um assessor entregou a Hitler um despacho da Reuters informando que Mussolini e Clara Petacci, sua amante, tinham sido capturados e mortos, sendo em seguida arrastados pelas ruas de Milão e pendurados de cabeça para baixo em praça pública. Hitler ficou horrorizado. Ordenou que fosse trazido gás ao bunker para que seu corpo e o de Eva fossem incinerados, para não serem profanados. Também entregou um frasco de cianeto a um assessor, com instruções de matar Blondie. Minutos depois, Blondie e seus cinco filhotes estavam mortos.

Um forte cheiro de gasolina entrava no bunker. Tropas russas estavam a um quarteirão de distância. Eva entrou em seu quarto, lavou e penteou o cabelo e retocou a maquiagem. Na hora do chá, ela e Hitler despediram-se de todos e voltaram sozinhos para o quarto. Minutos depois, ouviu-se um tiro. Hitler dera um tiro em si mesmo depois de ingerir cianeto. Eva morrera instantaneamente.

Os corpos foram transportados para o jardim da chancelaria do Reich, embebidos em gasolina e incendiados. Enquanto isso, Magda Goebbels assassinava cada um de seus seis filhos, para em seguida ingerir veneno. Seu marido, Joseph Goebbels, matou-se com um tiro. Chegando os russos para "libertar" a chancelaria, o fedor dos corpos em chamas de Eva e Hitler se espalhava pelo ar, pano de fundo olfativo bem adequado para os últimos momentos do Terceiro Reich.

A história da carreira de Eva Braun como amante de Adolf Hitler chega a ser assustadora em sua banalidade. Apesar da rigorosa educação católica, Eva Braun construiu os princípios de sua vida com base em seus romances favoritos, nos quais o amor autêntico tudo vencia e uma mulher correta ficava sempre ao lado do seu homem. Sua tagarelice apolítica e fofoqueira divertia e consolava o Führer, fortalecendo-o para mais um dia de batalha. Também reafirmava nele a convicção — e ele precisava desse tipo de confirmação — de que era de fato um gênio, e de que sua visão da Alemanha se havia forjado em seu incandescente intelecto. Os rituais cotidianos, os apelidos carinhosos, o esquecimento de toda moralidade — tudo isso simplesmente configurava a banalidade desse caso de amor, e do mal indizível em que chafurdava.

JUDEUS E GENTIOS FORA DOS CAMPOS

Hannah Arendt[35]

No fim do outono de 1924, uma adolescente precoce entrou na sala de aula para ouvir um dos grandes filósofos da Alemanha. Em muito pouco tempo, os dois deram início a uma relação tão intensa e complicada que mudou suas vidas, durando até o fim. Mas não foi uma história de amor bela ou exemplar, pois Hannah Arendt, a estudante de dezoito anos, era judia, e Martin Heidegger, seu professor de 35, era um nacionalista alemão que mais tarde entraria para o Partido Nazista, sabotando acadêmicos e colegas judeus.

Hannah Arendt era a brilhante filha de judeus assimilados que se consideravam alemães e nunca mencionavam a palavra "judeu", mas ao mesmo tempo a instruíam a confrontar quaisquer comentários antissemitas feitos por colegas. "Na infância, eu não sabia que era judia", recordaria ela na idade adulta. Mais tarde, veio a se dar conta de que "tinha uma aparência de judia (...) tinha uma aparência diferente" das outras crianças. Vez por outra o avô a levava à sinagoga. Era até onde ia a sua condição de judia.

Hannah tinha uma presença forte e elegante, uma jovem esguia de traços delicados, cabelos curtos e olhos escuros intensos — "a gente quase se afogava neles, com medo de nunca mais conseguir sair dali", recordaria um ex-namorado.[36] Entre os colegas, ela "imediatamente se destacava

AS UNIÕES SEXUAIS E A QUESTÃO JUDAICA

como alguém 'diferente' e 'singular'". Na entrevista de admissão para um curso de história, ela foi logo estabelecendo a regra do jogo: "Não pode haver comentários antissemitas", disse.[37] Como outros alunos do seu nível de excelência, Hannah havia procurado a Universidade de Marburgo por ter ouvido que na turma de Heidegger "o pensamento recobrou vida; os tesouros culturais do passado, considerados mortos, falam de novo".[38]

O homem que se considerava ter causado essa revivescência era um sujeito envergonhado pela baixa estatura, de cabelos pretos e pele morena, constituição vigorosa e olhos pequenos que tendiam a voltar-se para baixo e raramente se fixavam por muito tempo nos de outra pessoa. Era um professor fascinante apelidado de "pequeno mágico", ao mesmo tempo seduzindo e confundindo ao expor sua teoria do Ser.[39] Martin Heidegger gostava de se trajar com roupas típicas, usando *knickerbockers* alemãs — calças curtas presas logo abaixo dos joelhos — e casaco de camponês. Na companhia dos alunos, contudo, era a antítese do popularesco, cultivando o estilo magistral europeu, dominando a classe, mantendo um ar distante, estimulando a reverência por parte dos ouvintes. Muitas vezes os alunos se reuniam depois da aula para comparar suas anotações e tentar descobrir se algum deles havia entendido uma palavra que fosse do que haviam ouvido.

Ao dar com os olhos pela primeira vez em Hannah, Heidegger estava confortavelmente casado com Elfride Petri, uma economista protestante virulentamente antissemita, cuja família, de grandes posses, demorara a aceitar seu marido católico, um intelectual mal-remunerado lutando por ascender no meio acadêmico. Elfride era uma excelente dona de casa, mãe de dois filhos. Assumiu o encargo da vida doméstica para que Heidegger pudesse se dedicar a suas ambições intelectuais. E observava enciumada quando as alunas cercavam o carismático professor cheias de adoração.

Heidegger teve sua atenção chamada por Hannah em sua classe e a convocou a seu gabinete. Ela chegou metida numa capa de chuva com chapéu, por demais intimidada para ir além de alguns monossílabos. Em questão de semanas eles tinham passado de uma corte em termos polidos para a intimidade física, e se pode ter como quase certo que Heidegger foi o primeiro amante de Hannah. Ele tivera outros casos anteriormente e se valeu de sua experiência para montar um complicado sistema de encontros clandestinos, muitas vezes no sótão que fazia as vezes de quarto para Hannah ou num banco de parque que consideravam "seu".

Logo Heidegger estaria preocupado com a total perturbação que aquele relacionamento gerava em sua vida, não porque Hannah fosse judia, mas por ser ele casado e seu professor. Se o romance fosse descoberto, sua carreira e seu casamento estariam destruídos. Embora não tivesse a menor intenção de deixar a mulher e muitas vezes tivesse já sido infiel, com Hannah a coisa era diferente. Ela se tornou a paixão de sua vida, conforme recordaria anos depois, e ele não tinha forças para resistir.

Passado um ano, Hannah transferiu-se para a Universidade de Heidelberg, simplesmente para facilitar a vida de Heidegger, que tinha muito em jogo profissionalmente para que ela continuasse em Marburgo. Ele não foi direto no pedido de que ela se afastasse. Pelo contrário, deu a entender que, apesar de ser uma das melhores alunas da Universidade de Marburgo, ela não se "adaptara" bem e poderia sair-se melhor em outro lugar. Hannah não argumentou nem protestou. Mas ao se transferir não lhe deu seu novo endereço. O que quer que viesse a acontecer em seguida teria de ser por iniciativa dele.

Heidegger tomou a iniciativa, embora não fosse fácil. Ele não teve coragem de pedir ajuda ao professor de filosofia Karl Jaspers, o orientador da tese de doutorado ao qual a havia encaminhado. No fim das contas, conseguiu localizá-la por intermédio de Guenther Stern, um aluno judeu. Heidegger entrou em contato com Hannah e os dois retomaram o caso com toda a intensidade, valendo-se de códigos secretos, luzes piscantes e cartas e poemas cheios de paixão. Mas Heidegger controlava cada aspecto da relação, determinando a Hannah que só respondesse às suas cartas quando ele solicitasse e interpondo entre eles semanas e às vezes meses inteiros de silêncio. Descobriu por Jaspers que Hannah estava se encontrando com outro aluno — relacionamento a cujo respeito ela se mantinha tão discreta quanto era na relação com ele.

Mais ou menos na mesma época, dando um passo bem-estudado em sua carreira, Heidegger rompeu temporariamente o caso com ela. Seu clássico livro *Ser e tempo*, que ele reconheceu não teria podido escrever sem Hannah, capaz de entendê-lo tão completamente em termos filosófícos quanto pessoais, acabara de ser publicado. Ele fora promovido para substituir Edmund Husserl, que se aposentava como professor-titular na Universidade de Freiburg. Também estava flertando com Elisabeth Blochmann, esposa (meio-judia) de um colega. Hannah mergulhou num terrível desespero, que expressava em poemas, às vezes dedicados a ele. "Eu teria perdido o direito de viver se perdesse o meu amor por você", escreveu-lhe, num desesperado arrebatamento de paixão. "Eu o amo, como sempre amei desde o primeiro dia — você sabe disso, e eu também sempre soube."[40]

Em setembro de 1929, Hannah casou-se com Guenther Stern. Embora viessem a ficar amigos pelo resto da vida, o casamento logo se esvaiu. A separação não demorou, e em 1937 eles se divorciaram. Sempre leal a Heidegger, Hannah nunca contou a Guenther a respeito do caso. Aparentemente, também rebatia os inquietantes relatos de Guenther sobre as posições políticas reacionárias e o estridente nacionalismo de seu professor, assim como o declarado antissemitismo de sua esposa. Hannah garantia a Heidegger que "nosso amor se transformou na bênção da minha vida", e certa vez deu um jeito de ir secretamente vê-lo embarcar num trem. Posteriormente, relataria que se sentia "solitária, profundamente desamparada. Como sempre, nada posso fazer senão... esperar esperar esperar".[41]

Enquanto esperava, ainda casada com Guenther e já a essa altura profundamente preocupada com a ascensão do nazismo e do antissemitismo, Hannah mergulhou na pesquisa e redação de uma biografia de Rahel Varnhagen, uma judia alemã assimilada do século XVIII que ficara famosa por seu salão intelectual. Durante anos, Varnhagen lutou para se livrar da sua judeidade, mas acabou se reconciliando com a própria identidade. Em 1933, Hannah finalmente reconheceu que Heidegger, recém-nomeado reitor da Universidade de Freiburg, proibia a matrícula de judeus em seus seminários, tratava com desdém seus colegas judeus e discriminava alunos judeus. Escreveu então para dizer-lhe como estava chocada com semelhante comportamento.

Heidegger negou tudo veementemente, escrevendo em termos furiosos sobre a ingratidão de seus acusadores. Na verdade, dizia, interviera no sentido de ajudar dois colegas judeus aos quais se referia como "judeus da melhor espécie, homens de caráter exemplar", tendo providenciado uma bolsa de pesquisa em Cambridge, na Inglaterra, para seu assistente de pesquisa, o judeu Werner Brock. Também proibira alunos de afixar um cartaz antissemita — "Contra o espírito antigermânico" — na universidade. Mas Hannah tinha certeza de que ele entrara para o Partido Nacional-Socialista, tendo proferido um discurso favorável a Hitler em sua nova função como reitor. Em 1933, Heidegger também deu esta terrível resposta ao ser perguntado por Jaspers sobre o fato de um homem grosseiro como Hitler assumir o governo da Alemanha: "A cultura não tem importância. *Veja como as mãos dele são maravilhosas.*"[42] Enquanto isso, Guenther era forçado a fugir da Alemanha por causa de suas convicções de esquerda, e Hannah ficou presa durante oito terríveis dias no quartel-general da polícia, submetida a interrogatórios a respeito dos socialistas alemães para os quais trabalhava. (Ela também vinha dando abrigo a comunistas perseguidos, o que, no entanto, passara despercebido.)

Acompanhada da mãe, Hannah conseguiu driblar funcionários nazistas deixando a Alemanha ilegalmente, através de um esconderijo cuja porta da frente dava para a mesma Alemanha e a dos fundos, para a Tchecoslováquia. De lá, seguiu para Paris, onde se dedicou exclusivamente a "trabalhar pelos judeus". "Quando alguém é atacado como judeu, deve defender-se *como judeu*", dizia. Anos depois, ela observaria que nesse período sombrio sua maior preocupação era com o que os amigos, e não os inimigos, estavam fazendo.

Durante dezessete anos a partir de então, Hannah não teria qualquer contato com Heidegger. Em janeiro de 1940, voltou a casar-se, com Heinrich Blücher, um revolucionário gentio alemão. O relacionamento caracterizava-se por um amor intenso e compatibilidade intelectual e política. Em maio de 1940, Hannah foi presa por breve período, primeiro num estádio em Paris, depois em Gurs, um campo de concentração francês. Heinrich também foi detido e em seguida libertado. Com a ajuda de Guenther Stern, o casal conseguiu vistos para os Estados Unidos, lá chegando em abril de 1941. Inicialmente, viveram na pobreza enquanto estudavam inglês, até que Hannah retomou sua carreira acadêmica e seus escritos.

Em 1943, Hannah e Heinrich ouviram falar de Auschwitz. De início, não queriam acreditar — para começo de conversa, não fazia sentido do ponto de vista militar. (O juiz Felix Frankfurter, da Suprema Corte

AS UNIÕES SEXUAIS E A QUESTÃO JUDAICA   343

americana, também descartou um detalhado relatório sobre Auschwitz, com alegações semelhantes.) Seis meses depois, vieram à tona novas e irrefutáveis provas, e "foi como se se tivesse aberto um abismo", recordaria Hannah, pois o extermínio de judeus e o aparato que havia permitido sua eliminação significavam que o imperdoável havia acontecido, algo que não poderia ter justificativa nem poderia ser expiado por qualquer castigo. O choque sentido por Hannah levou ao seu estudo *As origens do totalitarismo* (escrito em 1945, publicado em 1951), no qual ela identificava e denunciava o "pensamento racial" como parte integrante do totalitarismo e do imperialismo.

Em 1946, num ensaio na *Partisan Review*, Hannah atacava especificamente Heidegger por ter aderido ao Partido Nazista e por banir Husserl, seu professor e amigo, da universidade. (Na verdade, Husserl fora banido antes de Heidegger ser nomeado reitor.) Mais tarde, em 1949, numa viagem à Alemanha, ela visitou Karl e Gertrud Jaspers, que tinham sobrevivido ao regime nazista em Heidelberg. O vínculo mais forte entre eles eram seus intensos sentimentos por Heidegger, Jaspers como colega de filosofia, Hannah como ex-aluna e amante de Heidegger. Apesar de seu ensaio crítico, não obstante revelações inacreditáveis sobre a Shoá, apesar de tudo que ela sabia e suspeitava a seu respeito, Hannah nunca se libertara completamente do fascínio exercido por seu ex-amante.

Em fevereiro de 1950, depois de enorme insegurança e hesitação, ela decidiu ver Heidegger. Chegou a Freiburg no dia 7 de fevereiro e imediatamente enviou-lhe um bilhete convidando-o a visitá-la em seu hotel. Ele chegou às 18h30 daquela noite, sem aviso prévio, e mais uma vez Hannah foi seduzida. "Quando o garçom anunciou seu nome", diria ela mais tarde em conversa com ele, "foi como se o tempo tivesse parado de repente." Incrivelmente, ela lhe assegurou que se não o tinha contactado fora apenas por orgulho e "pura e simples estupidez", e não por qualquer outro motivo — em outras palavras, não teria sido por causa de seu passado nazista.

Mas Heidegger de fato fora um nazista, e em sua prestigiosa função de reitor de uma universidade importante havia minado e às vezes destruído carreiras de judeus e adversários do nazismo, entre eles um católico devoto. Não levantara um dedo para ajudar a esposa judia de Jaspers quando estava correndo perigo mortal durante o regime nazista. Nas raras oportunidades em que tentou intervir em nome de judeus perseguidos, o fez por motivo de amizade, e não por algum movimento de indignação com a política nazista. Naqueles primeiros anos do Terceiro Reich, Heidegger lera e entendera perfeitamente *Mein Kampf,* especialmente seu rancor antissemita. Como Hitler, Heidegger acreditava numa conspiração judaica internacional. Já em 1929, escrevera uma carta oficial advertindo: "Estamos diante de uma escolha: ou mobilizamos autênticos educadores e forças autóctones na vida espiritual alemã, ou acabamos por entregá-la à crescente judaização, no sentido mais amplo e no mais estrito."[43]

Como pôde desenvolver-se um caso de amor entre esse nazista alemão e uma judia que tivera de fugir da Alemanha para não ser exterminada? Ao contrário de judias que viriam mais tarde a serem violadas por nazistas que as mantinham fisicamente cativas, a jovem Hannah ficara sob o domínio do impressionante intelecto de Heidegger e de sua estatura profissional, ambos usados por ele para seduzi-la e prendê-la. Sua indiferença ao que na época chamava de "política" era de tal ordem que ela não acreditava que ele pudesse ser nazista. Heidegger era suficientemente inteligente para evitar discussões que pudessem alertá-la para seu arrebatado nacionalismo e a maneira como apreciava os terríveis objetivos e ideias de Hitler. Considerando as circunstâncias, é difícil argumentar que Hannah Arendt estivesse conscientemente dormindo com o inimigo.

Depois da guerra, todavia, as inclinações nazistas de Heidegger foram expostas, e ele caiu em desgraça profissional e pessoal, perdendo sua posição na universidade, vendo seus livros serem proibidos e sua pensão, reduzida. O fundamento dessas penalidades relativamente indulgentes foram provas irrefutáveis, e Heidegger viu-se na contingência de ter de se defender perante uma Comissão de Inquérito da Universidade de Freiburg. Para esse processo de desnazificação, ele precisava de referências impecáveis. E quem melhor poderia fornecê-las que sua ex-amante, a já agora famosa intelectual judia Hannah Arendt, assim como seu ex-colega Karl Jaspers, cuja mulher era judia?

O fascínio do poder intelectual de Heidegger era de tal ordem que esses dois outros gigantes acederam, Jaspers menos completamente que Hannah,

AS UNIÕES SEXUAIS E A QUESTÃO JUDAICA

e mais ou menos apoiaram a indignada versão de Heidegger, segundo a qual fora na verdade perseguido pelos nazistas. E ambos o fizeram apesar de saberem, nas palavras de Hannah, que Heidegger "mente descaradamente e a cada oportunidade", não sendo propriamente um homem de mau caráter, mas destituído de caráter. A consequência foi que, em março de 1949, Heidegger foi oficialmente considerado "Simpatizante. Sem medidas punitivas".[44]

Posteriormente, enquanto Jaspers duvidava e se questionava, Hannah contemporizava e — contrariando todo bom senso — engoliu as prevaricações de Heidegger. Chegou inclusive a tentar convencer outras pessoas a acreditar nele. Jaspers, contudo, não conseguia esquecer a fria indiferença de Heidegger ao sofrimento de Gertrud e uma infinidade de outras ofensas. "Ele foi o único dentre meus amigos (...) que me traiu", escreveria Jaspers.[45] Até sua morte, sem se reconciliar com Heidegger, Hannah tentou negociar o difícil caminho entre os dois, elogiando aquele, defendendo esse. Certa vez, quando Jaspers exigiu que ela abrisse mão da amizade com Heidegger, ela se recusou terminantemente.

O motivo era em certa medida o fato de Heidegger ter restabelecido a relação com Hannah, embora não mais fizessem sexo. Além disso, a essa altura ele já falara a Elfride sobre o caso de tempos atrás — a versão de Hannah foi de que "ela deu um jeito de arrancar a história dele" —,[46] exortando a relutante esposa a receber a ex-amante em sua casa de braços abertos. Hannah descreveria mais tarde o difícil encontro. "A mulher é ciumenta quase ao ponto da loucura", escreveu. "Depois de alguns anos aparentemente alimentando a esperança de que ele simplesmente me esquecesse, seu ciúme só aumentou." Elfride era antissemita, tacanha e "impregnada de terríveis ressentimentos".[47] Era antes ela do que Martin a verdadeira nazista, a que realmente tinha culpa no cartório. "Ela é simplesmente burra demais", dizia Hannah aos amigos.[48] A gota d'água foi o fato de Elfride não ter datilografado resmas e mais resmas dos geniais pensamentos de Heidegger, dizia Hannah, como ela própria faria.

Pelo resto da vida, Hannah visitou Heidegger e lhe escreveu, divulgando seus livros nos Estados Unidos. E nunca o escondeu de Heinrich. Ele considerava a "amizade" de sua mulher inofensiva, e de qualquer maneira era também um grande admirador do gênio de Heidegger. Além disso, Heinrich não estava em posição de exigir fidelidade, pois apesar de amar Hannah também dormia com uma mulher mais jovem e continuou a fazê-lo, embora soubesse quão doloroso esse caso era para ela. (Em *Pictures from an Institution*, um *roman à clef* sobre Hannah e Heinrich, Randall Jarrell, amigo de ambos, usou-os como modelos de um casal a que deu o nome de Rosenbaum. Referia-se ao inusitado casamento dos Rosenbaum como uma "Monarquia Dual" de parceiros iguais, independentes mas unidos.)

Hannah reassumiu seu papel de admiradora de Heidegger. Nunca mencionava seus próprios livros. "Eu praticamente tenho estado o tempo todo mentindo a ele a meu próprio respeito", reconheceria ela, "fingindo que os livros, o nome, não existem, e praticamente não podia por assim dizer contar até três se não se tratasse da interpretação das obras dele. E aí ele se mostrava muito contente quando se revelava que eu podia de fato com contar até três, e às vezes mesmo até quatro."[49] Para manter seu relacionamento com Heidegger, Hannah precisava encobrir o próprio intelecto. "É a *conditio sine qua non* subentendida da coisa toda", admitiria.[50]

Hannah publicou *A condição humana* sem dedicatória, como se fosse uma espécie de dedicatória secreta a Heidegger. E lhe confidenciaria em versos: "Como poderia dedicar a você, / meu fiel amigo, / a quem me mantenho fiel / e infiel, / E também apaixonada."[51] Heidegger ficou furioso com o fato de Hannah ter retirado a dedicatória, e sua indignação certamente foi alimentada ainda mais pelo ressentimento com sua fama e suas realizações.

Em 1966, quando uma revista alemã atacou o passado nazista de Heidegger, Hannah disse a Jaspers que Heidegger tinha de ser deixado em paz. Jaspers respondeu que um homem de sua estatura não podia esconder o próprio passado, que de qualquer maneira estava exposto à avaliação de qualquer um. Hannah passava uma esponja sobre tudo isso. Atribuía boa parte da constante polêmica em torno do nazismo de Heidegger a simples difamação. Argumentava que ele fora um acadêmico inocente, fora de sintonia com as realidades políticas.[52] Negava que ele algum dia tivesse lido *Mein Kampf*, o que significava que não se dera conta do que Hitler realmente pensava. Alegava que Heidegger fora pressionado ao que quer que tinha feito por Elfride, a megera da sua mulher antissemita.

AS UNIÕES SEXUAIS E A QUESTÃO JUDAICA

Mas Heidegger *tinha* realmente lido *Mein Kampf*, e de qualquer modo ninguém — nem Elfride nem Hannah — jamais o pressionou em nenhuma direção. Muito simplesmente, Hannah não era capaz de admitir o óbvio — que Heidegger fora um ativo nazista —, e se preocupava com os danos para sua já comprometida reputação. Heidegger não podia ter encomendado uma aliada mais eficaz e predisposta que Hannah Arendt, uma judia de fama mundial que o conhecia desde 1924 e que, em *Eichmann em Jerusalém*, identificara a mecânica da infraestrutura que gerou o mal na Alemanha nazista.

O constante empenho de Hannah no sentido de desnazificar a reputação de Heidegger vinha lá do fundo do seu ser. Ela tinha uma incontornável necessidade de justificar seu profundo amor por esse homem e de torná-lo digno dela, provando o que não podia ser provado.

Rüdiger Safranski, biógrafo de Heidegger, descreve a dimensão intelectual do relacionamento entre esses dois grandes filósofos como complementar: Hannah reagia à "precipitação para a morte" de Heidegger com uma "filosofia do nascer"; ao solipsismo existencial do seu *Jemeinigkeit* (o ser-sempre-meu) com uma "filosofia da pluralidade"; à sua crítica da *Verfallenheit* (queda) em relação ao mundo do *Homem* (Um/Eles) com um "enaltecimento filosófico do 'público'".[53]

Hannah preservou sua admiração pelo intelecto de Heidegger. Em sua presença, facilmente reassumia o papel de aluna favorita, sem nada da arrogância detectada por seus colegas americanos. O desprezo por Elfride lavava sua imagem de Heidegger, e o ciúme de Elfride corroborava a confiança de Hannah na sinceridade do amor dele. Pelo resto da vida, Hannah e Heidegger continuaram em contato. Quando ele resolveu, já em idade avançada, mudar-se para uma casa pequena sem escadas, Hannah mandou-lhe flores de boas-vindas.

Hannah morreu em 1975, sem jamais ter admitido que Heidegger a traíra, emprestando sua autoridade a ideias perniciosas. Heidegger morreu cinco meses depois, tendo lido seus livros apenas por alto e recusando-se a discutir sua obra. Provavelmente baixou ao túmulo sem saber que Hannah ensinara ao mundo "a lição da terrível banalidade do mal que nega a palavra e o pensamento",[54] o mal cometido em nome da ideologia nazista por ele abraçada.

CAPÍTULO 9

As amantes como musas

O gênio pode ser um dom ou uma maldição, e raramente toca pessoas banais. Em toda sociedade, as pessoas criativas, especialmente os homens, inspiram admiração e certo respeito que se traduz, entre pequenos grupos de fervorosas admiradoras, numa paixão erótica e no desejo de simultaneamente nutrir o gênio e viver através dele por delegação, como sua musa.

Muitas vezes essas mulheres também são criadoras, ou desejam sê-lo. Existe até um nome para elas: artistas à sombra. A escritora Rosemary Sullivan considera que essas mulheres que "notoriamente se vinculam a artistas do sexo masculino" são "apaixonadas pela arte, mas se sentem inadequadas e com medo do fracasso, ou simplesmente incapazes de encontrar um caminho próprio".[1] Às vezes o respeito cheio de admiração que une as artistas-amantes à sombra a esses homens criativos quase chega à reverência, induzindo um padrão de abnegação que pode chocar em sua intensidade.

Nem todas as amantes são artistas à sombra oferecendo sacrifícios no altar do dom criativo de um amante. Algumas delas, valorizando o gênio mas também a si mesmas, exigem um relacionamento em condições de igualdade. Em raros casos, o casal realiza um ideal, e cada um vem a se tornar a musa inspiradora do outro. Ainda mais raramente, um amante cheio de admiração dedica-se a uma mulher criativa que toma como sua musa. O fato é que algumas das mais famosas amantes de criadores, talvez na maioria dos casos, idolatram seus inspirados amantes, considerando seus interesses, necessidades e seu valor para o mundo da maior importância. Em virtude disso, essas artistas à sombra de bom grado reprimem seus desejos pessoais e até seus direitos; por vontade própria, sacrificam-se no altar do gênio criativo dos amantes.

Heloísa[2]

Em 1115 ou 1116, a jovem filósofa Heloísa era uma adolescente alta de dezesseis ou dezessete anos com uma esplêndida estampa, um sorriso iluminado por dentes excepcionalmente brancos e uma fama de erudição sem equivalente. Heloísa vivia em Paris com o tio e tutor, o cônego Fulbert, de Notre-Dame. (Nada sabemos de sua mãe, Hersindis, ou de seu pai, que pode ter morrido quando ela ainda era criança. O nome da família também é desconhecido.) Fulbert, sem filhos, adorava Heloísa, proporcionando-lhe uma educação digna de um menino da aristocracia, mas absolutamente inusitada para uma menina. Depois de mandá-la para a excelente escola do convento de Argenteuil, Fulbert tratou pessoalmente de ensinar filosofia clássica a Heloísa. Também a introduziu aos ensinamentos de Pedro Abelardo, um brilhante professor de filosofia vinculado a Notre-Dame.

Com cerca de 37 anos, extraordinariamente belo, Abelardo era um *clericus,* religioso não ordenado nem preso a um voto de castidade. Ele poderia ter-se casado, mas preferiu o celibato; ambicioso, esperava chegar na Igreja a uma posição ao alcance apenas dos celibatários. Abelardo tinha fama de ser um pensador profundo que fascinava os alunos, mas tratava os pares com arrogância e condescendência. Como Abelardo e Fulbert viviam no mesmo mundo espiritualizado, era perfeitamente natural que o rapaz acabasse um dia conhecendo a sobrinha de Fulbert. O que não era natural, ou pelo menos não previsível, era que se apaixonasse perdidamente por ela. "*Completamente iluminado de amor* por essa jovem donzela", escreveria Abelardo mais tarde. "Tratei, assim, de conquistar sua confiança."[3]

O que se revelou fácil demais. Quando Abelardo ofereceu-se como tutor de Heloísa em troca de refeições na casa do cônego, Fulbert, sem desconfiar de nada, aceitou com entusiasmo. Afinal, não era Abelardo procurado pelos jovens franceses intelectualmente curiosos? E foi assim que Abelardo, considerando-se ele próprio um "lobo faminto" em busca de um "cordeiro tenro", hospedou-se na casa de Fulbert com a intenção de seduzir a aluna. "Achei que alcançaria meu objetivo com muita facilidade", confessaria mais tarde. "Eu era tão famoso na época, e dono de tantos encantos da juventude e do corpo que não temia qualquer recusa de uma mulher que julgasse digna do meu amor."

Heloísa não era cega a esses encantos. "Quando aparecias em público, quem não acorria para ver-te ou não esticava o pescoço ou forçava os olhos para acompanhar-te enquanto te afastavas?", recordaria ela. "Que mocinha não ardia por ti na tua ausência nem se inflamava em tua presença?"[4] E graças à confiança do tio, Heloísa tinha Abelardo todo para si, durante longas horas.

Quase imediatamente, Abelardo a seduziu. Ela correspondeu alegremente, descobrindo sua sexualidade nesses encontros amorosos. Os dois fingiam estudar, mas "minhas mãos estavam com mais frequência em seus seios do que no livro", reconheceria Abelardo.[5] A inexperiência sexual de Heloísa intensificava o "fogoso ardor" com que os dois se entregavam um ao outro.

Às vezes, para atender à exigência de Fulbert de que castigasse Heloísa se ela se rebelasse ou deixasse de cumprir seus deveres de discípula, Abelardo a açoitava. O que também tinha uma dimensão erótica, "superando em doçura todo bálsamo", recordaria Abelardo. "Em suma, não deixamos de lado em nossa paixão qualquer manifestação do amor, e se o ato de amor podia resvalar para o inusitado, nós também o tentávamos."[6] Séculos antes de o conceito de sexo sadomasoquista ser definido, Abelardo e Heloísa já se entregavam a ele.

Não demorou para que Abelardo ficasse tão obcecado com Heloísa que se desinteressou da filosofia. Mostrava-se tão irregular em suas aulas que era repreendido pelos alunos. Sua reputação pôs-se a perder. Certo dia, Fulbert surpreendeu os amantes na cama, "como Marte e Vênus", fazendo amor em vez de filosofia. Furioso, expulsou Abelardo de sua casa.

Heloísa deu-se conta então de que estava grávida. Conseguiu avisar Abelardo, que tramou um jeito de raptá-la. Heloísa disfarçou-se de freira e Abelardo levou-a para a casa de sua irmã na Bretanha enquanto estivesse grávida.

Em Paris, Fulbert quase enlouquecia de raiva e dor, tão amargurado que Abelardo temia por sua vida. Com surpreendente humildade, procurou então Fulbert, pedindo perdão e culpando por sua vergonhosa conduta "a força do amor (...) [e o fato de] desde o início da espécie humana *as mulheres serem responsáveis pela queda dos maiores homens*".[7] Reconhecia ter pecado, mas não podia Fulbert perceber que a culpa era de Heloísa?

Abelardo propôs esta curiosa solução para o dilema: casaria com Heloísa, mas secretamente, para não comprometer suas chances de fazer carreira na Igreja. Ardiloso como o adversário, Fulbert concordou.

Abelardo ficou exultante. De uma só tacada, tinha-se saído bem daquele transe e ao mesmo tempo assegurado sua carreira. Nesse estado de espírito, trouxe Heloísa de volta a Paris para o casamento, pouco depois de ter dado à luz o filho de ambos, Astrolábio. Para consternação de Abelardo e Fulbert, contudo, Heloísa opôs-se terminantemente ao casamento, alegando que exigiria sacrifícios de Abelardo, comprometendo sua carreira. Invocando a Bíblia e os antigos, ela falava da incompatibilidade entre o casamento e as ambições filosóficas, sustentando que um filósofo jamais poderia tolerar "gritos de crianças e as cantigas de ninar de amas-secas",[8] sem falar da "constante sujeira dos bebês".[9] (Ela nem sequer mencionava Astrolábio, cuja inconveniente presença foi descartada na casa de parentes de Abelardo.)

Acima de tudo, a livre-pensadora Heloísa afirmava que seu amor fora oferecido livre e incondicionalmente, de acordo com o ideal filosófico de Cícero, e ela de longe preferiria continuar sendo a amante de Abelardo a tornar-se sua esposa. (Anos mais tarde, ainda em sua atitude desafiadora, Heloísa juraria que, ainda que fosse pedida em casamento pelo imperador, teria preferido ser a prostituta de Abelardo do que a imperatriz de Augusto.)

Abelardo, contudo, queria prender Heloísa para sempre pelas correntes do casamento. "Eu a amava além de toda medida e desejava tê-la nos braços para sempre", reconheceria anos depois.[10] Também esperava acalmar o

AS AMANTES COMO MUSAS

poderoso tio, capaz de ajudá-lo a progredir na Igreja. Nessa relação totalmente desigual, as necessidades de Abelardo eclipsavam as de Heloísa, e assim foi que no verão de 1118 se consumou o casamento. Heloísa chorou durante a cerimônia toda.

Quase imediatamente, como pretendera desde o início, Fulbert quebrou sua promessa de manter o casamento em segredo. Heloísa, obcecada com a preservação da reputação de Abelardo, negou o que dizia o tio. Fulbert ficou furioso com a maneira como ela passava por cima dos próprios interesses, para não falar dos da família. Voltou-se contra ela de forma tão cruel que Abelardo voltou a raptá-la, dessa vez escondendo-a no convento de Argenteuil, disfarçada de noviça.

Fulbert não demorou a descobrir o que acontecera. Concluiu equivocadamente que Abelardo simplesmente quisera livrar-se de Heloísa. Na verdade, Abelardo a visitava regularmente, e seu desejo continuava o mesmo. Certa vez, arrebatados por incontrolável paixão, os dois fizeram amor no refeitório dedicado à Virgem Maria.

Em Paris, enquanto isso, Fulbert tramava sua simples e brutal vingança. Subornou o valete de Abelardo para que abrisse a porta a seus capangas. Na calada da noite, esses assassinos de aluguel atacaram Abelardo e, em suas próprias palavras, "cortaram de maneira cruel e vergonhosa (...) os órgãos com os quais eu cometera o ato por eles condenado".[11]

A notícia da castração do filósofo se espalhou. Pela manhã, uma multidão parecendo reunir "a cidade inteira" juntou-se em frente à sua casa para prantear a mutilação. "O assombro, o espanto geral, os gemidos e queixas e o choro" — e acima de tudo a comiseração — o atormentavam mais que a dor física. "Eu seria apontado por todos, difamado por todas as línguas, seria transformado em monstruoso espetáculo", queixava-se ele.[12]

O mutilado fugiu para o santuário da abadia beneditina de Saint-Denis, em Paris. Jamais perdoaria Fulbert e seus cúmplices, arrastando-os pelos tribunais de justiça até que cada um deles fosse horrivelmente punido. O criado que o traíra e os castradores de Fulbert tiveram os olhos e os genitais arrancados. Todos os bens de Fulbert foram confiscados. Abelardo puniu até Heloísa, forçando-a a fazer votos sacerdotais, embora não tivesse a vocação nem o desejo.

Os amigos e a família de Heloísa imploraram que se recusasse a aceitar a drástica medida. Ela ainda era uma adolescente, além de mãe — como poderia isolar-se para sempre do mundo? Mas Heloísa estava horrorizada e furiosa com o envolvimento do tio na castração de Abelardo, empenhando-se completamente em seu amor obsessivo por ele. Chocou a família ao professar um amor maior por Abelardo do que por Deus. E então, como Abelardo queria que se tornasse freira, encaminhou-se até o altar e, soluçando dramaticamente, recitou as palavras de Cornélia no momento em que se prepara para se suicidar, após a morte do marido, Pompeu. "Meu augusto esposo, tão despreparado para o casamento, terei eu causado isto em tua nobre fronte? Criminosa sou por ter-te desposado e provocado tua desgraça! Aceita então como expiação esta punição que agora receberei."[13] Para reparar a perda dos genitais e do orgulho de Abelardo, Heloísa sacrificou sua liberdade e seu futuro.

Eunuco, Abelardo ignorou Heloísa por dez longos anos. Voltou-se de novo para o ensino e seus escritos de filosofia. Mais uma vez, contudo, esse homem arrogante entrou em conflito com inimigos clericais, de tal maneira ofendendo os outros monges que teve de deixar o mosteiro, embora continuasse tecnicamente sujeito à autoridade do superior. Abelardo estabeleceu-se sozinho às margens do Arduzon, em Champagne, optando pela vida ultra-ascética de um eremita. Logo, no entanto, iriam ao seu encontro estudiosos cheios de admiração, que construíram um oratório de pedra e madeira que ficaria conhecido como Paracleto, o Consolador.

Em 1125, Abelardo foi nomeado superior do mosteiro de Saint-Gildas, na Bretanha. Ao transferir-se para lá, deparou-se com um bando de monges libertinos que tinham concubinas e tratavam o mosteiro como um feudo. Os monges desprezavam e aterrorizavam o novo superior, tentando várias vezes matá-lo. Envenenavam o vinho consagrado por ele usado na Santa Comunhão. Envenenaram sua ceia, mas o "provador" de Abelardo morreu na hora, alertando-o para o risco que corria. No fim das contas, ele só sobreviveu graças à intervenção armada de um nobre local.

Em Argenteuil, Heloísa era uma freira relutante que pensava noite e dia em Abelardo. Com o passar dos anos, veio a tornar-se uma presença forte

AS AMANTES COMO MUSAS

entre as freiras, muitas tão indiferentes quanto ela à vida religiosa. Antes mesmo de completar trinta anos, Heloísa tornou-se a superiora do convento.

O convento de Heloísa não era um estabelecimento modelar. Em 1125, ela e as irmãs foram acusadas de reiterados atos de licenciosidade. Por ordem do legado papal, dos bispos locais e do rei da França, Heloísa e as demais freiras foram expulsas do convento. Inesperadamente, Abelardo apareceu para salvá-la, oferecendo às freiras errantes uma casa no Paracleto, já agora desocupado. Depois de dez anos de silêncio, os amantes se reencontravam.

Heloísa ainda arrastava a vida monacal como um peso. Em vez de aplacar, o tempo havia instigado ainda mais o seu apetite sexual, assim como o interesse erótico por Abelardo, apesar de castrado. Após sua instalação no Paracleto, Abelardo começou a visitar o local como conselheiro espiritual. Talvez Heloísa não conseguisse esconder sua paixão pelo marido, embora ele demonstrasse apenas *agape* por ela. Talvez a arrogância intelectual de Abelardo indispusesse os monges corruptos. Depois de vários anos, eles se juntaram a outros clérigos, entre os quais um poderoso bispo, na inverossímil acusação de que a castração não eliminara o desejo sexual de Abelardo. Ele ficou tão humilhado com a acusação que deixou de visitar Paracleto. Ele e Heloísa entregaram-se então a uma tortuosa dissecção epistolar de sua relação e da natureza e significado de seu amor.

Heloísa, apesar de "encerrada num lugar melancólico"[14] por dez anos, continuava sendo uma intransigente adepta do amor livre, desdenhando o casamento como um acerto mercenário que prostitui as mulheres, mas não os maridos.

Atormentava-a o sofrimento causado a Abelardo pelo seu caso de amor. "Eu desprezava o Nome de Esposa, para viver feliz com o de Amante", declarou.[15] Ele era seu Senhor, seu Pai, seu Marido e seu Irmão, e a vida não parecia digna de ser vivida sem o reconhecimento do seu amor.

Abelardo recusava-se a reconhecê-lo. Pelo contrário, descartava a velha paixão como algo puramente físico, vendo na própria castração um dom divino que o libertara da furiosa carnalidade que até então consumia a ambos. Heloísa devia sentir-se feliz, escreveu ele, por tê-la forçado a entrar para um convento, onde pudera transformar "a maldição de Eva na bênção de Maria".[16] Embora Heloísa exultasse na recordação do frenesi daquele relacionamento sexual, escreveu, "eu a gratificava com meus abjetos desejos, e isto era tudo que eu amava".[17]

As cartas de exortação de Abelardo encontravam nela ouvidos moucos. Mas depois de ser acometida de uma doença grave Heloísa decidiu romper relações com ele. "Finalmente, Abelardo, perdeste Heloísa para sempre", escreveu. "Expulsei-te dos meus Pensamentos, esqueci-te."[18] E então, em linguagem mais dramática do que nunca, falava de sua angústia por não mais voltar a ver a boca sensual de Abelardo e o portentoso corpo tão desejável para as mulheres.

Depois de renunciar a Abelardo, Heloísa dedicou sua considerável energia ao trabalho como superiora. Transformou Paracleto numa comunidade modelar, ricamente financiada, produtiva e um ponto de referência para as mulheres de vocação religiosa de toda a França. À medida que seu renome intelectual se espraiava, Paracleto também deu origem a casas semelhantes.

Sem a distração ou a vergonha ocasionada pela presença de Heloísa, Abelardo tentou recuperar sua posição de filósofo e teólogo. Mais uma vez, gerou inimizades que acabaram pondo fim à sua carreira. Em abril de 1142, com aproximadamente 63 ou 64 anos, Pedro Abelardo morreu. Heloísa mandou seu corpo de volta a Paracleto, como ele desejava, e convenceu Pedro o Venerável, um bispo solidário, a absolver Abelardo de seus pecados. Também aproveitou a oportunidade para obter um cargo eclesiástico para seu filho, Astrolábio, que fora criado pela família de Abelardo.

Heloísa morreu em 1163 ou 1164, com cerca de 64 anos, juntando-se a Abelardo no túmulo de que cuidava desde sua morte. Ao longo dos anos, criou-se a lenda de que, ao ser enterrada, os braços esqueléticos dele se estenderam para abraçá-la. A lenda ainda hoje tem ressonância, fazendo com que a sempre bela Heloísa conseguisse na morte o que não alcançara em vida: a eternidade num abraço do amante pelo qual tanto havia sacrificado.

Émilie du Châtelet[19]

Émilie du Châtelet, a amante de Voltaire, tinha uma forte semelhança com Heloísa em três aspectos: inusitadamente inteligente e culta, tornou-se amante de um festejado filósofo. Mas a semelhança parava aí, pois Émilie era filha de uma época esclarecida, e seu amante, um pensador progressista.

AS AMANTES COMO MUSAS

Gabrielle Émilie le Tonnelier de Breteuil nasceu a 17 de dezembro de 1706 em Paris, numa família de aristocratas amantes da literatura. Seu idoso pai, Louis-Nicolas, encorajou os dotes precoces da filha ensinando-lhe latim e italiano, contratando tutores para ensinar-lhe inglês, matemática e ciências e estimulando-a a frequentar sua fornida biblioteca. Na adolescência, Émilie traduziu a *Eneida*, de Virgílio. Mais tarde, com o amadurecimento de seu formidável intelecto, centrou-se na física, na literatura, no teatro, na ópera e nas ideias políticas, inclusive na surpreendente tese de que homens e mulheres deveriam ter direitos iguais.

A idade adulta fez com que Émilie deixasse de ser uma menina desajeitada, de pés grandes e membros longos para se tornar uma mulher conhecida como "la belle Émilie". Muito alta, tinha cabelos negros e sobrancelhas arqueadas sobre os olhos de um verde suave. Vaidosa, tendia a exagerar na indumentária e nas bugigangas. Seus detratores zombavam do excesso de adereços que usava, mas Voltaire apreciava, referindo-se carinhosamente à amante como "Pom-Pom".

Quando Émilie tinha dezenove anos, sua família providenciou seu casamento com Florent Claude du Châtelet, coronel de um regimento, filho de uma família tradicional e um homem agradável, doze anos mais velho que ela. O convívio dos dois era conveniente e amigável, e rapidamente gerou um casal de filhos. Émilie passava boa parte do tempo na casa de Florent em Paris, e ele ficava mais tempo ainda no quartel. Como parecia perfeitamente aceitável no caso de cônjuges que já tinham gerado herdeiros e cuja união consistia basicamente numa aliança de famílias, sem muito lugar para o amor romântico, Émilie tinha amantes. Sua convicção de que uma boa esposa se comportava bem e com lealdade em relação ao marido, aliando-se apenas a amantes de qualidade e discrição, era típica do seu meio social aristocrático.

Quando Émilie conheceu o inteligente e talentoso François-Marie Arouet (Voltaire), ele tinha quase quarenta anos e era muito cobiçado por mulheres ansiosas pela glória de se ligar ao mais famoso escritor da França e um dos luminares do movimento dos *philosophes*. Os *philosophes* queriam reavaliar todo o espectro da experiência humana à luz da "razão" e da "racionalidade". Além de encontrar a verdade, seu objetivo era compilar uma vasta enciclopédia do conhecimento humano. O empreendimento deu-lhes notoriedade, opondo-os à Igreja Católica e à corte. Em última análise, gerou o clima moral que levaria à Revolução Francesa. Boa parte da interação entre os *philosophes* dava-se em certos salões parisienses, nos quais Émilie e Voltaire desenvolveram uma relação cada vez mais profunda.

Na infância, Émilie conhecera Voltaire na casa de seu pai. Eles voltaram a se encontrar em maio de 1733, na ópera, pouco depois de Émilie ter dado à luz o terceiro filho, e três meses depois os dois eram amantes. Voltaire derramou-se em versos sobre a amante: "É assim Émilie", escreveu a um amigo. "Bela; e boa amiga também / Imaginação florescente e autêntica / Sua mente é vivaz, melhor dizendo, sublime / Às vezes com excesso de espirituosidade. / Ela tem um gênio raro / Digno de Newton, posso jurar."[20]

A avaliação de Voltaire, considerando Émilie um dínamo de energia e propósito, estava certa. Fascinada com a física e as teorias de Leibniz e Newton, ela as estudava com uma disciplina de envergonhar outros eruditos, inclusive Voltaire. Ainda encontrava tempo para jantar com amigos, frequentar eventos artísticos e sociais e, infelizmente, apostar pequenas (e às vezes nem tão pequenas) fortunas na mesa de jogo.

Quando Voltaire apaixonou-se por ela, Émilie também se sentia atraída pelo *philosophe* e cientista Pierre-Louis Moreau de Maupertuis. Maupertuis admirava sua beleza e seu "sublime conhecimento" de questões em geral fora do alcance das mulheres, e também apreciava a ausência de dissimulação que (acreditava ele) a distinguia das outras mulheres.

A vida sexual de Émilie e Voltaire era insatisfatória. Voltaire estava sempre às voltas com problemas digestivos, inclusive crises de diarreia que interferiam com o desempenho sexual e não raro o dissuadiam de fazer sexo. "Parece até que não fui feito para as paixões", queixara-se ele certa vez a uma decepcionada amante.[21] Entretanto, apesar dessa sexualidade não propriamente das mais ativas, ou por causa dela, Voltaire podia ser extremamente ciumento se suspeitasse de que Émilie estava ou desejava estar sexualmente envolvida com outro homem.

Foi certamente o que aconteceu no início do relacionamento, quando Émilie ainda se interessava por Maupertuis. Voltaire advertiu-lhe que, embora o rival fosse um grande cientista, jamais poderia oferecer-lhe a realização do pleno comprometimento amoroso. À medida que os meses se passavam e Maupertuis continuava emocionalmente desvinculado, Émilie aos poucos foi transferindo todo o seu amor para Voltaire.

Émilie e Voltaire começaram a viajar juntos, e em 1734 estabeleceram-se em Cirey, no decadente castelo da família de seu marido. Florent mostrou-se plenamente de acordo com o acerto. Às vezes visitava a mulher e o amante, mas tinha a consideração de dormir longe dela, fazendo as refeições com o filho e seu tutor. Acima de tudo, ficou encantado com a espetacular reforma e redecoração empreendidas pelos amantes com dinheiro emprestado por Voltaire a juros baixos.

Esse passo fora suscitado pelos problemas políticos de Voltaire. As autoridades policiais tinham ordens de queimar em público suas *Lettres philosophiques* [Cartas filosóficas], seu editor fora encarcerado e o próprio Voltaire corria sério risco. Cirey era um retiro ideal, cheio de esconderijos e tão perto da fronteira da Lorena que a qualquer momento Voltaire, podendo ser detido, teria como escapar nessa direção.

Inicialmente, Voltaire viveu sozinho em Cirey, pois Émilie relutava em deixar os salões e prazeres de Paris. Mas ela se deu conta de que Voltaire ficaria cada vez mais enciumado se ela não fosse viver com ele, e assim chegou a Cirey com centenas de caixas de bagagem e deu início aos trabalhos de reforma da propriedade. Alterou todos os planos de Voltaire: escadas foram instaladas no lugar de lareiras, janelas substituíram portas. Sobretudo, ela e Voltaire começaram um regime de estudo e literatura que ficaria conhecido na obra dele como o Período de Cirey (1733-49).

Émilie agora era a amante oficial de Voltaire, e conduzia a relação como se estivesse destinada a durar a vida inteira. Mas, ao contrário da maioria dos amantes do século XVIII, que recorriam a subterfúgios a bem da discrição, ela e Voltaire coabitavam. O que requeria certo trabalho de gestão. Sempre que ela precisava estar com o marido, tratava-o com afetuoso respeito. Na verdade, a própria presença de Florent desmentia o fato de que ela efetivamente vivia em pecado com Voltaire, conferindo ao arranjo certa legitimidade, o que convinha aos três.

Émilie, incrivelmente disciplinada e organizada, estabeleceu um regime de estudo concentrado em Voltaire, mais desorganizado. O dia começava nos aposentos de Voltaire, com café e debate no fim da manhã. Ao meio-dia, Émilie e Voltaire podiam às vezes aparecer para cumprimentar Florent enquanto almoçava com o filho (dela também) e seu tutor, para em seguida se retirarem para trabalhar separadamente, cada um em seu gabinete. Às vezes faziam uma pausa, lanchando e conversando antes de voltarem a seus livros. Às nove horas, encontravam-se para o jantar, momento de relaxamento e fartura, seguindo-se algumas horas de conversação, produções dramáticas em seu minúsculo teatro e leitura de poesia. À meia-noite, voltavam a se separar, cada um em seu gabinete, e Émilie trabalhava até aproximadamente cinco da manhã. Ao se retirar para seu quarto azul e amarelo, organizado com tal preocupação com a combinação de cores que até a cesta do cãozinho dispunha de roupas azuis e amarelas, ela dormia durante quatro horas para se refazer. Se tivesse estabelecido para si mesma algum prazo, reduzia o sono a apenas uma hora e forçava o despertar mergulhando as mãos em água gelada.

Os projetos de Émilie muitas vezes eram vinculados aos de Voltaire, que redigiu em Cirey grande parte de sua obra magna, *Siècle de Louis XIV* [O século de Luís XIV] e *Essai sur le moeurs* [Ensaio sobre os costumes]. Foi também ali que escreveu *Alzire*, *Mérope*, *Mahomet* e outras peças teatrais, além de uma ópera. Sob a erudita tutela de Émilie, Voltaire assimilou (sem chegar realmente a dominar) os princípios da física, especialmente segundo Leibniz e Newton, incorporando-os à espinha dorsal de suas ideias. Generosamente reconhecia a influência de Émilie, dedicando-lhe seus *Éléments de la philosophie de Newton* [Elementos da filosofia de Newton], de 1738. Deu a entender inclusive que pouco mais fora que seu copista, em vez de ter sido ela a sua musa.

Émilie, por sua vez, dedicava-se à tradução da *Analytic Solution* [Solução analítica] de Newton, e em 1748 à sua própria *Exposition abrégée du système du monde* [Exposição condensada do sistema do mundo], considerada pelos especialistas uma leitura mais fina de Newton que a de Voltaire. Fez ainda uma tradução comentada da *Fábula das abelhas* de Bernard Mandeville, da qual algumas partes foram inseridas por Voltaire em seu *Tratado de metafísica*. Ela também empreendeu uma análise do Livro do Gênesis e do Novo Testamento, tarefa facilitada por sua leitura diária da Bíblia com Voltaire. Diferentemente do caso de Voltaire, a maior parte da obra de Émilie permaneceu em manuscrito, sendo publicados ainda em vida apenas a *Exposition* e alguns ensaios científicos. Até pouco antes de sua morte prematura, ela estava entregue à tradução e análise dos *Principia* de Newton.

Em público como em particular, Voltaire foi o primeiro a reconhecer que a amante era sua parceira e igual nas esferas intelectual e sexual. Lia em voz alta o que escrevia a cada dia, ansioso por suas críticas e sugestões. Com sua mente alerta, ela o convenceu de que as mulheres eram capazes de tudo que estivesse ao alcance dos homens. Em carta a um amigo, Voltaire fez a Émilie o supremo elogio: "Eu [não posso] viver sem essa senhora, a quem considero como um grande homem e um amigo dos mais sólidos e respeitáveis. Ela entende Newton, despreza a superstição, em suma, faz-me feliz."[22]

Émilie também refletira profundamente sobre a natureza dos homens e das mulheres. Certa vez, introduziu-se num café exclusivamente masculino de Paris, disfarçada de homem. Queixava-se de que o único motivo pelo qual nenhuma mulher produzira até então uma boa tragédia, romance ou pintura, um bom poema ou tratado de física era o fato de as mulheres não serem treinadas para pensar. Se fosse um rei, acrescentava, corrigiria essa situação estimulando as mulheres a participar de todas as esferas de atividade, especialmente a intelectual. Em muitos aspectos, a vida de Émilie como amante de Voltaire foi uma lição de igualdade.

Mas a paridade no relacionamento não eliminava o ciúme ou a insegurança emocional. Tanto Émilie quanto Voltaire eram ciumentos, e as respectivas infidelidades constantemente abalavam a relação. Sempre que Voltaire deixava Cirey, Émilie tremia de pavor ante a eventualidade de que ele nunca voltasse. "O coração perde o hábito de amar", escreveu, acabrunhada.[23]

O retorno de Voltaire de uma visita de cinco meses a Berlim marcou uma nova etapa na situação de amante de Émilie: abstinência sexual, pelo menos com Voltaire. Ele alegou estar por demais velho e doente para fazê-lo, de modo que, em vez de seu amante, seria agora seu amigo querido. Émilie aceitou o novo arranjo, mas, talvez para aplacar a própria ansiedade, passou a jogar ainda mais frenética e desastrosamente.

Émilie e Voltaire vieram a passar mais tempo em Paris, onde ele estava novamente em voga. Fora nomeado historiógrafo real, recebendo um pequeno apartamento em Versalhes, infelizmente malcheiroso e próximo da latrina mais suja do palácio. Até o papa aceitou a oferta de Voltaire de dedicar-lhe *Mahomet*. Émilie também era conceituada. O rei autorizou a publicação de seu trabalho sobre Newton anos antes de estar concluído. O Instituto de Bolonha, a principal academia científica italiana, nomeou-a *fellow*.

Enquanto isso, Voltaire apaixonava-se por sua sobrinha, Louise Denis. "Dou mil beijos em teus seios roliços, no teu adorável traseiro, em toda a tua pessoa, que tantas vezes me deixa rijo, mergulhando-me numa avalanche de prazer", exultava ele em carta a ela.

Ao mesmo tempo, agora que sua visão já não era obscurecida pelos seios e o traseiro de Émilie, Voltaire podia vê-la com mais objetividade. E ficava horrorizado com a jogatina a que se entregava, intensificada pelo fato de ter ele desertado de sua cama. Ao longo dos anos, Voltaire tentara juntar uma substancial reserva para ela, caso ele viesse a morrer. E de repente se via empenhado em estabelecer limites entre suas próprias finanças e as ruinosas dívidas de jogo da amante.

Émilie ficou arrasada com a retirada sexual e financeira de Voltaire. No processo de reflexão sobre sua dolorosa tentativa de adaptação, avaliando sua vida e a condição das mulheres em geral, ela escreveu *Discours sur le bonheur* [Tratado da felicidade], manuscrito que tentava esclarecer com precisão o que era a felicidade e como poderia ser alcançada por uma mulher. A felicidade não pode depender de outra pessoa, escreveu. Deve emanar de dentro, decorrente de paixões intelectuais e do estudo. Outros componentes da felicidade eram a liberdade diante dos preconceitos, especialmente religiosos; um corpo saudável; gostos e preferências bem definidos; e, naturalmente, paixão, não obstante as dolorosas consequências que muitas vezes acarretava. Afinal, sustentava Émilie, as pessoas mais interessantes são infelizes, e suas provações pessoais é que dão origem ao drama e à tragédia. Ela concluía seu tratado com um pensamento racionalista: nosso único objetivo na Terra deve ser alcançar a felicidade.

AS AMANTES COMO MUSAS

Incapaz de praticar o que pregava, contudo, e desesperada por preencher o vazio deixado em sua vida por Voltaire, Émilie buscou intimidade com outros homens. Apaixonou-se por Jean-François, marquês de Saint-Lambert, o jovem poeta cortesão que ganharia notoriedade por suas ligações eróticas. Passado o interesse inicial, Saint-Lambert afastou-se daquela apaixonada mulher mais velha. Émilie tentou prendê-lo e seduzi-lo, e ele às vezes cedia. Durante um desses encontros amorosos em Cirey, Voltaire entrou no quarto dela e deu com Saint-Lambert por cima de Émilie, o traseiro exposto, subindo e descendo. Enfurecido de ciúmes, apesar de seu caso com Louise, Voltaire investiu contra ambos, ameaçando deixar Émilie.

A situação era absurda, mas Émilie sabia aplacar Voltaire, e correu atrás dele quando saiu furioso do quarto. Ele, e não ela, era responsável pelo fim da intimidade entre os dois, lembrou-lhe, e ela ainda sentia um forte desejo que, não satisfeito, poderia comprometer sua saúde. Satisfazê-lo com outro poeta, na verdade um amigo de Voltaire, seria uma solução ideal. Voltaire aprovou sua lógica e a perdoou. "Ah, madame, estás sempre certa! Mas já que é assim", acrescentou, "dá um jeito de não acontecer diante dos meus olhos."[24]

E então Émilie descobriu, horrorizada, que estava grávida, com quase 44 anos. Voltaire ajudou-a a traçar e executar um plano. Os dois atraíram seu marido a Cirey e deram um jeito de diverti-lo, lisonjeá-lo e — aí entrava a contribuição de Émilie — seduzi-lo. Voltaire superou-se nas tiradas inteligentes. Émilie trajou-se com o vestido mais provocante e os diamantes mais reluzentes. Antes do alvorecer, estava na cama com o marido. Ao informar-lhe mais adiante que haviam concebido um filho, Florent ficou radiante, jamais pondo em dúvida sua paternidade. (Os cortesãos franceses diziam, contudo, que a súbita necessidade de Émilie de ver o marido era apenas mais um desejo de grávida.)

Émilie escapou da vergonha de dar à luz um filho ilegítimo. Ao mesmo tempo, algo lhe dizia que as coisas poderiam não correr bem, e reiteradas vezes ela expressou o temor de que a gravidez viesse a matá-la. Esforçou-se ainda mais obstinadamente por concluir a tradução dos *Principia* de Newton, dormindo apenas uma ou duas horas por noite por meses a fio. Voltaire esteve o tempo todo a seu lado, mas ela não resistia à tentação de escrever a Saint-Lambert para falar de seu amor por ele, e não por Newton, explicando que o senso do dever, da honra e da razão é que a fazia persistir na conclusão da tradução. Dois dias antes de dar à luz sua filha, Émilie concluiu os *Comentários sobre os princípios matemáticos de Newton*, entregando um exemplar para registro na Bibliothèque Nationale.

Dias depois do nascimento, ela acrescentou esta data — 10 de setembro de 1749 — ao manuscrito. Horas mais tarde, perdeu a consciência. E então, cercada por Florent, Voltaire e Saint-Lambert, Émilie du Châtelet morreu. Voltaire ficou arrasado. Saiu cambaleante e, com a visão toldada pelas lágrimas, caiu e quebrou a cabeça. Quando Saint-Lambert acorreu para socorrê-lo, Voltaire começou a acusá-lo aos gritos de ter matado Émilie ao engravidá-la.

Mais tarde, Voltaire acompanhou Florent a Cirey, para prantearem juntos a morta. O bebê, entregue aos cuidados de uma ama de leite, morreu dias depois. Um amigo sugeriu que Voltaire tirasse o anel do dedo de Émilie, removendo a imagem de Saint-Lambert oculta em sua parte interna e devolvendo-o a Florent. Foi o que fez Voltaire, acrescentando, fatalista: "Saint-Lambert me botou para correr. Um prego expulsa o outro. E assim o mundo."[25] Em Cirey, Voltaire reduziu o empréstimo para a reforma a um valor isento de juros representando um quarto do total que havia fornecido. A amizade, disse então ao viúvo de sua amante, é mais importante que o dinheiro.

A história de Émilie du Châtelet é uma narrativa edificante falando de objetivo alcançado, amor correspondido e paixão (geralmente) retribuída. As limitações que enfrentou — principalmente a impossibilidade de publicar suas memórias, embora suas traduções de obras de autores do sexo masculino fossem rapidamente editadas — eram compartilhadas por todas as mulheres. Já na época Émilie e seus contemporâneos sabiam que sua condição de amante de Voltaire, mais do que sua contribuição intelectual, asseguraria um lugar importante para seu nome na história.

A aliança de Émilie com Voltaire era notória. Voltaire não deixou de reconhecer sua enorme contribuição para sua própria obra, e na correspondência particular com eminentes pensadores europeus reiterava o quanto devia a ela. Émilie e Voltaire eram os inspiradores esclarecidos de uma era

AS AMANTES COMO MUSAS

iluminista, e como viveram numa das épocas mais liberadas da história, do ponto de vista social, essa ligação contribuiu para a reputação de Émilie.

Jeanne Hébuterne[26]

Jeanne Hébuterne foi uma amante misteriosa que acabou com a própria vida em nome do amante que adorava como grande artista. Jeanne nasceu a 6 de abril de 1898, filha única de uma conservadora e abastada família católica francesa. Eudoxie, sua mãe, era submissa a Achille, o pai bem-intencionado, mas tradicionalista e controlador, que lia os clássicos em voz alta enquanto preparava as refeições com a mulher. André, o irmão mais velho de Jeanne, foi um pintor paisagista de sucesso.

Jeanne conheceu o pintor italiano Amedeo Modigliani, de extraordinário talento, quando tinha dezenove anos e estudava pintura em Paris. Quatorze anos mais velho, Modigliani era sabidamente um mulherengo que acabava de sair de um tumultuado romance com a poeta inglesa Beatrice Hastings. Os indícios de seu tumultuado relacionamento com as mulheres já eram mais que conhecidos: certa vez ele havia jogado Beatrice por uma janela fechada.

Jeanne por sua vez era ao mesmo tempo reservada e romântica, destacando-se por sua beleza etérea e seu talento artístico. O impetuoso Modigliani sentiu-se tão atraído que a pintou 25 vezes, imortalizando-a como um rosto melancólico e estilizado que parece mergulhado numa comunhão com o retratista. No estilo Modigliani, o rosto de Jeanne tem forma alongada de coração, com lábios carnudos fechados ao menor sorriso, passando a imagem de uma mulher frágil e pensativa. Uma fotografia que chegou até nós confirma as descrições dos amigos, que falavam de uma mulher de longos cabelos castanhos, olhos azuis sempre marcados pelo cansaço, uma boca sensual e a pele leitosa (seu apelido era "Coco") que contribuía para esse ar de fragilidade.

Modi (o apelido de Modigliani, que em francês soa como *maudit*, ou maldito) correspondia à adoração de Jeanne, apreciava sua arte, encorajando-a, e compartilhava com ela o amor à literatura. Também admirava seu talento musical. Ela era uma violinista de mão cheia e, como ele, amava Bach. A atração era recíproca, mas incompreensível para os amigos de Modi, que achavam Jeanne adorável, mas maçante.

As objeções dos amigos não preocupavam os amantes. Modigliani era tão reservado quanto Jeanne, e os dois viviam a relação na privacidade da paixão. Passados três meses, foram viver juntos.

Para Jeanne, era um ato de radical rebelião contra os valores da família. Ela perdera a virgindade. Vivia em pecado com um dissoluto, alcoólatra e viciado em drogas processado por ex-amantes pelo reconhecimento de filhos com elas gerados. Modi também era literalmente um artista faminto, além de doente. Em consequência de manifestações anteriores de pleurisia e tifo, fora recusado no serviço militar. Como se não bastasse tudo isso, era judeu e, como advertia Achille Hébuterne à filha, não tinha a menor intenção de transformar a menina cristã com quem dormia numa mulher honesta.

Por meses seguidos Jeanne e Modigliani levaram uma vida de boemia. Alugaram um quarto num hotel decadente, comiam em cafés frequentados por artistas e frequentavam exposições de arte. Também pintavam, mas Jeanne nutria tamanha admiração pelos dons artísticos de Modi e de tal maneira queria preservar seu afeto que voluntariamente deixou de lado seu trabalho para tornar-se companheira e musa. Com frequência ela posava para ele, nua ou vestida. Ou então tocava violino enquanto Modi trabalhava em suas criações. Jeanne a pintora transformava-se em Jeanne a pintada.

Os sacrifícios de Jeanne e sua vida de absoluta simplicidade não contribuíram propriamente para melhorar sua situação. Modi continuava saindo com os amigos em noitadas regadas a álcool e drogas, esperando então que Jeanne fosse buscá-lo para voltar cambaleante para casa. A situação financeira dos amantes não era menos sombria, e a expectativa de embolsar algum dinheiro foi por água abaixo quando a exposição montada com considerável otimismo por Modigliani foi recebida com indignação, em vez do entusiasmo esperado. A polícia fechou a galeria em nome do decoro público, pois os nus de Modigliani tinham pelos pubianos à mostra, ao passo que os demais pintores, em respeito à sensibilidade do público, retratavam seus modelos com a região raspada. Um dos colecionadores que apareceram na exposição perguntou, indignado, onde diabos poderia exibir "aqueles triângulos"?

No último inverno da Primeira Guerra Mundial, a temperatura caiu a níveis congelantes, os alimentos, a eletricidade e o carvão foram racionados e a Alemanha bombardeou Paris. Quem podia fugiu para a segurança do interior no sul da França. Ao se dar conta de que estava grávida, Jeanne decidiu com Modigliani juntar-se ao êxodo em direção ao sul.

Do grupo fazia parte a mãe de Jeanne, por demais preocupada com sua situação para abandoná-la. (O ultrarreligioso Achille lavou as mãos quanto à filha desgarrada.) Mas Eudoxie transformou-se numa megera, insistindo para que Jeanne deixasse Modigliani e criticando tanto o companheiro da filha quanto sua arte. Finalmente Modigliani alugou um quarto separado, enquanto Jeanne passava o tempo arbitrando batalhas entre ele e sua mãe. No pouco tempo livre que os dois lhe deixavam, ela fazia esboços e pintava.

A gravidez de Jeanne afetou Modi profundamente, e nesse período seus mais belos quadros envolviam figuras infantis. Um das interpretações ventiladas foi que ele considerava todo mundo uma criança perdida, inclusive ele próprio e Jeanne. Ele também documentou a gravidez de Jeanne com precisão e afeto, enfatizando o torso que ganhava volume e a barriga que se dilatava. Nas palavras de um historiador de arte, ele "estilizou a amante como uma Madona, ao mesmo tempo vendo-a como uma personificação de Vênus".[27] Nada disso serviu para que caísse nas graças da mãe de Jeanne.

No fim da gravidez, as relações de Jeanne com a mãe se deterioraram de tal modo que Eudoxie saiu por uma porta e Modigliani entrou pela outra. Pouco depois, em novembro de 1918, Jeanne deu à luz uma menina, também batizada Jeanne Hébuterne, no Hospital Maternidade de Nice. Modigliani ficou eufórico com Giovanna, como a chamava, e em várias oportunidades declarou que se casaria com Jeanne. Em carta à mãe, contudo, disse apenas: "O bebê vai bem, e eu também." Nenhuma referência à mãe do bebê, a essa altura exaurida e incapaz de amamentar a criança, cada vez mais débil e entregue aos cuidados de uma ama de leite italiana. Enquanto isso, o estado de saúde de Modigliani também se agravava, e ele caiu em profunda depressão. Numa foto tirada em 1919, ele aparece desleixado, com as roupas surradas e os sapatos gastos. Sentia-se, segundo confidenciou a um amigo, "como um negro. Simplesmente vou tocando".[28] Mas pelo menos a pequena Jeanne finalmente estava bem.

Nesse período de problemas com a saúde, Modi mergulhou no trabalho, ofegando e fazendo caretas enquanto pintava. Mas o resultado desse esforço grotesco em seu "grande estilo", como ele mesmo dizia, foram figuras fluidas e serenas, com um traço harmonioso e seguro, em cores fortes e bem-equilibradas. Para a composição de uma dessas imagens, representando mãe e filho, foram necessárias quarenta sessões de pose. Muitas vezes seu modelo era Jeanne, e ele a retratava com o corpo esguio ganhando volume, o rosto cansado e melancólico.

Jeanne tinha motivos para se sentir melancólica. Em abril de 1919, estava de novo grávida e continuava solteira, o que a deixava atormentada. Sua filha fora entregue aos cuidados de uma ama de leite, e Modi estava doente. E ela se sentia emocionalmente abalada pela hostilidade de Eudoxie, a impossibilidade de amamentar a filha, a vocação artística deixada para trás e sobretudo os cuidados inspirados pelo amante: a bebida, a falta de rumos, os flertes com outras mulheres. No fim de maio, Modigliani voltou a Paris, dizendo a Jeanne que mandaria buscá-la e ao bebê assim que encontrasse uma ama de leite na capital.

Enquanto Jeanne esperava em Nice, Modigliani trabalhava, revisitava seus antigos redutos e desenvolvia um relacionamento íntimo (mas aparentemente não sexual) com Lunia Czechowska, uma pequena e atraente polonesa. Não estava feliz com o iminente nascimento de um segundo filho, e confidenciou a um amigo que estava revoltado com aquela gravidez. Passadas várias semanas, Jeanne mandou-lhe um telegrama, exigindo dinheiro para voltar para Paris. Modigliani o enviou, mas de má vontade, e após a chegada de Jeanne com a criança recorreu ao álcool para aliviar a ansiedade diante das crescentes obrigações familiares. Também começou a pintar uma estudante de quatorze anos, Paulette Jordain. Jeanne, já preocupada com sua intimidade com Lunia, corroeu-se de ciúmes ante a fluência de sua amizade com a pequena Paulette.

Duas semanas depois da chegada de Jeanne a Paris, Modigliani redigiu um documento inusitado. Nele, chamava-a de "Jane", comprometendo-se

AS AMANTES COMO MUSAS

a casar com ela. Mas continuava passando as noites com os amigos, e justificava essa maneira de entregar Jeanne à própria sorte invocando um suposto "estilo italiano". E não fez qualquer plano concreto para o casamento. Enquanto isso, a pequena Jeanne foi entregue a uma ama de leite em Versalhes. Jeanne a visitava semanalmente, e Modigliani se correspondia com a ama com a frequência permitida pela deterioração de seu estado de saúde.

À medida que sua saúde se agravava e Jeanne ficava mais pesada, os amigos de Modigliani alugaram para os dois um pequeno apartamento em mau estado e pobremente mobiliado. Modigliani ficou exultante. Mas ele decaía a olhos vistos, perdera o apetite e tinha uma tosse crônica. No entanto, se recusava a procurar um médico, provavelmente temendo o diagnóstico. Lunia e outros amigos o exortaram a retornar para o sul, com seu clima mais quente, propício para a cura. Mas Jeanne, que lá fora infeliz, recusou-se a acompanhá-lo ou a aceitar que fosse sozinho. Preferia esperá-lo em casa em Paris enquanto ele passava as noites em cafés decadentes da vida boêmia, bebendo e flertando. A sueca Thora, uma de suas novas amizades, recordaria mais tarde: "Bastava olhar para ele para ver que era perigoso." Posando para Modigliani, Thora guardou de Jeanne a lembrança de "uma criaturinha bela e delicada que me olhava horrorizada e sempre me tratava com a maior desconfiança".[29]

A situação se agravou. Antigas amantes reapareciam, tentando rever Modigliani, para recordar os velhos tempos, fazer exigências. A canadense Simone Thiroux alegou que tinha um filho seu. Enquanto isso, Modigliani ficava cada vez mais doente, começando a cuspir sangue. Pelo menos uma vez, agarrou Jeanne pelos cabelos e a socou em público. Jeanne passava o tempo no apartamento, pintando autorretratos nos quais se apunhalava no peito, um peito mais uma vez cheio de leite para uma criança a caminho.

Em meados de janeiro, Modigliani, já com a pele escurecida, era todo hostilidade. Internado num hospital, veio a perder a consciência, não sem antes fazer este último comentário sobre Jeanne: "Beijei minha mulher, e concordamos em ser felizes para sempre."[30] Dois dias depois, morreu de meningite.

Faltando poucos dias para o parto, Jeanne ficou estranhamente calma. Ficava contemplando o corpo do amante, para guardar bem os traços de seu rosto. Deixou então o quarto, mas mantendo-se a uma distância em que pudesse continuar a vê-lo. Achille Hébuterne acompanhou a filha na saída do hospital, levando-a de volta ao apartamento da família. Às quatro horas da manhã seguinte, Jeanne abriu a janela e saltou do quinto andar. Tinha 21 anos.

Jeanne e Modigliani foram enterrados separadamente, ela num tranquilo subúrbio, ele em Paris, pranteado e homenageado por toda a classe artística. Dois anos depois, a família de Jeanne foi convencida por amigos a exumar seu corpo e enterrá-lo novamente na seção judaica do cemitério onde estava o corpo de Modigliani. Em seu túmulo, lê-se a inscrição: "Jeanne Hébuterne, nascida em Paris a 6 de abril de 1898, morta em Paris a 25 de janeiro de 1920, companheira de Amedeo Modigliani, *Devota fino all'estremo sacrifizio.*" A pequena Jeanne Modigliani, que viria a se tornar uma historiadora da arte, foi criada pela família do pai. Sua tia Margherita, que nunca gostara de Amedeo, a adotou.

Jeanne Hébuterne foi uma figura tão trágica e abnegada quanto qualquer heroína de ficção num caminho de autodestruição levando a um ato final de desespero. Suficientemente inteligente e conhecedora de arte para reconhecer a grandeza de Modigliani, chegou à conclusão, comparando seu talento artístico com o dele, de que no fim das contas a arte e, portanto, a vida do amante valiam mais que as suas. Mas no começo do relacionamento Modi reconhecera seu talento, e outros observadores a consideravam excepcional. O amor cheio de abnegação de Jeanne por Modi e sua necessidade de ocupar um lugar permanente na vida dele foram mais fortes que suas ambições artísticas, levando-a a dedicar a vida ao papel de sua angustiada musa.

George Eliot[31]

George Eliot é um dos maiores nomes da literatura inglesa: *Adam Bede, The Mill on the Floss* [O moinho à beira do rio] e o magnífico *Middlemarch* foram suas criações mais espetaculares. George Eliot também criou a si mesma, transformando a inteligente, romântica e caseira Mary Ann Evans no romancista internacionalmente consagrado com o pseudônimo tomado de empréstimo ao amante.

AS AMANTES COMO MUSAS 371

Nascida a 22 de novembro de 1819, Mary Ann Evans era a filha talentosa de um corretor de imóveis rural. Sem ter onde morar após a morte do pai, mudou-se para Londres e começou a trabalhar como subeditora e resenhista de livros para a *Westminster Review*, a principal publicação intelectual da Inglaterra. Sua remuneração era muito baixa: cama e mesa na residência do dono da publicação, John Chapman. Mas seu talento e sua erudição logo atraíram a atenção do mundo literário, que abriu as portas para aquela original mocinha nos seus salões.

Além da falta de dinheiro, Mary Ann (que abreviou o nome para Marian) enfrentava outro importante obstáculo social: a falta de graça. As poucas fotografias que chegaram até nós (ela detestava ser fotografada) mostram uma mulher magra de olhos penetrantes, um rosto alongado dominado por um nariz muito grande e ligeiramente curvo e encimado por um dos estranhos bonés de franja, ao estilo parisiense, com que provavelmente esperava abrandar seus traços masculinos. Sem uma boa aparência nem dinheiro, as perspectivas conjugais de Marian não eram das mais promissoras. Mas ela buscava o amor e se apaixonava com frequência e facilidade.

Uma dessas paixões não retribuídas foi por um colega que a rechaçou sob a alegação de que ela era feia demais para ser amada. Mal se havia recuperado do choque e ela se apaixonou pelo filósofo positivista Herbert Spencer. Spencer a considerava "a mulher mais admirável que já conheci, do ponto de vista mental", e gostava muito de acompanhá-la à ópera, ao teatro e aos concertos. Mas advertiu que não estava apaixonado por ela, embora temesse que ela estivesse por ele. Marian ignorou a advertência, escrevendo-lhe uma carta de humilhante súplica que deve tê-lo assustado. "Se eu realmente me apaixonar alguma vez, minha vida inteira terá de girar em torno desse sentimento", escreveu ela. "Amaldiçoas o destino que levou esse sentimento a se concentrar em ti, mas se tiveres paciência comigo não haverás de amaldiçoá-lo por muito tempo. Verás que me satisfaço com muito pouco, se não tiver de enfrentar o medo de perder tal sentimento."[32]

Felizmente para a amizade entre os dois, Marian rapidamente substituiu Spencer nessa voraz devoção. O novo objeto de sua paixão era George

Lewes, autor de romances medíocres e vários trabalhos populares sobre filosofia, o teatro espanhol e Auguste Comte, o pai da sociologia. Lewes também era um versátil jornalista e resenhista de livros que produzia trabalhos competentes sobre uma ampla gama de temas, talento desprezível para muitos dos contemporâneos, que antes admiravam os especialistas que os generalistas. Como editora, Marian já o havia descartado como autor de "artigos falhos" que haveria de publicar tão parcimoniosamente quanto possível.

Mas George era inteligente, imitando as pessoas de maneira sempre divertida, jamais cruel, e ainda mais irremediavelmente feio que Marian. Em 1851, Spencer descreveu-o: "aparentando 34 ou 35 anos, estatura mediana, cabelos castanho-claros [e ralos], a pele profundamente marcada pela varíola e aspecto acabado".[33] Tinha também lábios vermelhos e era conhecido como "Lewes, o cabeludo".

E Lewes tinha Agnes, sua bela esposa, mãe de seus três filhos, que na primavera de 1850 dera à luz o primeiro de seus dois filhos com Thornton Hunt, seu amante e um amigo do casal Lewes. Os Lewes tinham se casado por amor, mas com o desgaste da vida doméstica ele decidira atender ao desejo da mulher de uma relação com Hunt. Estipulou, contudo, que não tivessem filhos. Quando Agnes teve um primeiro filho com Hunt e depois um segundo, Lewes a perdoou e, para poupá-la (e talvez igualmente a seus próprios filhos) do estigma da ilegitimidade, registrou os filhos de Hunt como seus. Uma consequência inesperada desse gesto de generosidade foi inviabilizar suas eventuais pretensões a um divórcio. Mais tarde, desejando casar-se com Marian, Lewes constataria que estava legalmente vinculado para sempre a Agnes.

Quando Lewes conheceu Marian Evans, a possibilidade de um segundo casamento era praticamente inexistente. Tendo-se anteriormente envolvido em casos extraconjugais, ele teria, ao que se comentava, um filho ilegítimo. Marian, por sua vez, ansiava por um casamento. Mas o mais importante para ela era o amor por ele, que se consolidou, cresceu e provavelmente foi consumado em outubro de 1853, quando ela se mudou para uma casa própria na Cambridge Street, Hyde Park.

AS AMANTES COMO MUSAS

O magnetismo e o afeto entre os dois Georges os mantiveram juntos até a morte dele. Essa união se escorava no intelecto e na dedicação dos dois a ideias e à criação literária. Excepcionalmente inteligentes, livres-pensadores, eles tinham interesses comuns. Marian não demorou a mudar de opinião quanto à erudição de Lewes, passando a elogiar seu empenho na popularização de temas difíceis. E como ele era um encantador homem do mundo, ela podia por intermédio dele saborear o excitante mundo do teatro e das fofocas literárias até então longe de seu alcance.

A chave do envolvimento de Lewes com Marian era a admiração por seu talento e uma generosidade de espírito que o levava a estimulá-la e cultivá-la como escritora e como pessoa. A gestão cotidiana do frágil ego de Marian, de sua depressão crônica e de seu enorme talento requeria infindável paciência. Por mais frequentes e profundos fossem seus mergulhos na desesperança, Lewes a apoiava. Apesar da exaustão, não se queixava nem fraquejava: "conhecê-la era amá-la", registrou ele em seu diário.[34]

A dedicação de Lewes a Marian era nutrida pelas alegrias do estímulo intelectual e da colaboração profissional com ela. Exatamente como no caso de Voltaire, que se mostrou mais produtivo nos anos que viveu com a brilhante e compulsivamente disciplinada Émilie du Châtelet, o trabalho de Lewes era enriquecido pela contribuição de Marian; pela dinâmica de uma união reciprocamente enriquecedora, cada um deles tornou-se a musa do outro. Cada um se valia da força do outro, e essa complementaridade estabeleceu por toda a vida um vínculo entre os dois.

Inicialmente, os amigos de Lewes questionavam sua confiança em Marian, mas sua convicção superou essas dúvidas, assim como as dela própria. Mais tarde, ao reconhecer ter sido de Lewes o mérito de tornar possível o seu sucesso, Marian referia-se principalmente ao apoio emocional, sem o qual ela se teria sentido por demais paralisada por seus complexos para criar suas obras-primas.

Em julho de 1854, estando já completamente interligadas as vidas dos dois, eles fizeram algo (socialmente) impensável: foram para a Europa, onde passaram a viver abertamente juntos. Eram recebidos — como casal — por intelectuais e aristocratas alemães. O compositor Franz Liszt, que vivia com uma amante casada, a princesa Carolyne von Sayn-Wittgenstein, os recebia com frequência. Mas na Inglaterra, conhecidos e alguns amigos escandalizados afiavam os comentários maldosos. Aquele "patife do Lewes escapuliu com uma _____ e está vivendo com ela na Alemanha", escreveu um deles. "Lewes abandonou a esposa", informava outro, como se Agnes, que já havia demonstrado sua preferência por outro homem, fosse uma pobre vítima da depravação de Lewes.[35]

Os ataques contra Marian eram ainda mais virulentos, condenando-a como a "outra", responsável pelo fim do casamento do amante. O renomado frenólogo George Combe voltou atrás em sua opinião de que o cérebro de Marian era simplesmente magnífico, considerando seu comportamento tão aberrante que indicava uma anormalidade familiar. "Creio que o sr. Lewes tinha todos os motivos para abandonar a esposa, mas não para tomar como amante a srta. Evans", concluía Combe.[36]

De qualquer maneira, os oito meses passados na Europa continental foram produtivos e, à parte a enfurecida mesquinhez dos compatriotas, harmoniosos. O que tornou tanto mais doloroso o retorno à Inglaterra, para voltarem a morar separados. Os maledicentes previram que Lewes abandonaria Marian, mas ele mostrou que estavam errados. Tal como prometera, explicou tudo a Agnes, inclusive a necessidade de Marian de que se confirmasse o fim do seu casamento. Agnes mostrou-se elegante e cooperativa. Manifestou até seu agrado ante a perspectiva de Marian vir a casar-se com o marido. Infelizmente, as rigorosas leis de divórcio da Inglaterra não permitiam esse final feliz. O máximo que estava ao alcance de Lewes era formalizar acertos financeiros com a esposa, da qual já estava separado na prática, acertos relativamente onerosos, dada a insistência de Agnes para que ele continuasse a sustentá-la e aos filhos. Lewes concordou porque não tinha outro jeito. Posteriormente, Marian juntou-se a ele em Londres e os dois começaram a viver como marido e mulher, senão aos olhos da lei, em intenção.

Essa união por coabitação permitiu a Marian, que ansiava por ser a sra. Lewes e se sentia como a sra. Lewes, passar a chamar-se Sra. Lewes. Na qualidade de "sra. Lewes", podia enganar senhorias que de outra forma a rechaçariam como pecadora. Mas a sociedade e o mundo literário de

Londres não se deixaram enganar. Ela era criticada, e em muito menor grau, também Lewes. "A srta. Evans, o infiel *esprit fort* (...) tornou-se a concubina de G. H. Lewes", comentava Charles Kingsley. O frenólogo Combe recomendou a um velho amigo de Marian, Charles Bray, que também tinha uma turva história sexual, a não convidar aquela mulher perdida a sua casa. "Leve em consideração se estará fazendo justiça ao círculo doméstico de sua esposa (...) [se não fizer] distinção entre os que agem assim e os que mantêm intacta a própria honra."[37]

Outras pessoas investiam contra mulheres que pretendessem manter ou fazer amizade com Marian. O pai da feminista Bessie Parke lançou graves advertências. "O sr. Lewes (...) é um homem de grande capacidade mental & poder de análise & certos princípios", reconheceu. "Mas é & sempre foi *moralmente um homem mau*. Sobre suas relações domésticas, sei mais do que você, como mulher, poderia saber."[38] Embora Lewes e Marian fossem visitados por amigos do sexo masculino, estes sempre deixavam suas companheiras em casa, excluindo Marian de seus próprios convites. Apesar disso, Lewes os aceitava, e Marian jantava sozinha enquanto ele se desdobrava em atenções com anfitriãs que, ao menos por suas costas, a condenavam pelo pecado de ser sua amante.

Sozinha com Lewes, Marian não se conformava com os incessantes ataques ao seu caráter, com seu ostracismo. Na presença dos amigos, contudo, ostentava sempre uma atitude desafiadoramente corajosa. "Calculei bem o custo do passo que dei e estou preparada para suportar, sem irritação nem amargura, o afastamento de todos os amigos. Não me enganei quanto à pessoa à qual me liguei. Ele é digno do sacrifício a que me decidi", escreveu.[39] Ela também observava que a sociedade recompensa as mulheres que se entregam a aventuras eróticas *clandestinas*. "As mulheres que se satisfazem com vínculos dessa natureza *não* agem como eu agi — conseguem o que querem e continuam sendo convidadas para jantar", comentava Marian, cáustica.[40]

Apesar disso, Marian sofria terrivelmente quando ficava sozinha em casa, esperando que Lewes voltasse de um dos muitos eventos sociais a que ela não podia comparecer. Sua única defesa era dedicar horas seguidas a rechaçar as piores acusações de que era alvo, tremendo nas bases toda vez que o correio ou uma insinuação numa conversa dava a entender que sofreria novo ataque.

Em 1855, a biografia de Goethe escrita por Lewes foi publicada com grande sucesso. A colaboração de Marian foi decisiva, e Lewes o reconhecia com orgulho, referindo-se a ela no texto como "uma querida amiga, cujas críticas são sempre dignas de atenção".[41] Ele continuava jantando com pessoas que a atacavam, mas não deixava de celebrar seu brilho pessoal e sua importância em sua vida.

Praticamente desde o início, na Alemanha, os amantes tinham estabelecido um padrão de vida que não se alterou por 24 anos. Trabalhavam sem descanso até a hora do almoço, lendo e criticando seus respectivos projetos, discutindo ideias e o que mais fosse em seu amplo leque de interesses. À tarde, caminhavam, encontravam amigos e às vezes iam a concertos. Depois do jantar, podiam eventualmente ir ao teatro ou à ópera, mas em geral ficavam em casa lendo, muitas vezes em voz alta. Resultava disso um processo de constante aprendizado, assim como o fortalecimento do vínculo intelectual entre os dois. Até o grande sucesso de Marian como romancista, contudo, o casal lutou com constantes dívidas, decorrentes em grande medida das obrigações de Lewes para com a esposa. Marian aceitava as dificuldades financeiras de Lewes, talvez como mais uma maneira de preservar o vínculo.

Em 1860, quando a mãe já idosa de Lewes finalmente manifestou o desejo de conhecer sua inteligente companheira, Marian impôs severas condições. A velha senhora teria de deixar de receber Agnes e os filhos em sua casa, onde muitas vezes se juntavam a Lewes no jantar ou apareciam para visitas. Marian conseguiu o que queria, mas a velha senhora teria lamentado até o fim de seus dias o fato de ter acedido.

Apesar do afastamento de Agnes imposto por Marian, as crianças acabaram se afeiçoando profundamente à "amiga" do pai. À medida que cresciam, os meninos passavam as férias com o pai e a "srta. Evans", e não mais com a mãe. Aparentemente, os filhos menores nunca se deram conta de que Lewes não era seu pai. Lewes semanalmente visitava Agnes e seus filhos, tratando-os com toda afeição. Ele e essas crianças eram toda a família de Marian, rejeitada por sua própria família, que a considerava uma mulher sem moral. Não surpreende, assim, que ela se tornasse reclusa, arriscando-se a sair apenas com amigos da maior confiança, em circunstâncias que não oferecessem risco.

Foi nessa estufa protetora que Marian começou a cultivar a ficção que viria a enriquecer de tal maneira a literatura mundial. Durante anos, ela sonhara com isso, carecendo, no entanto, de confiança em sua "fibra dramática". Finalmente, o estímulo de Lewes coincidiu com seu próprio sentimento de que devia tentar escrever um romance. Deitada em sua cama certa manhã, veio-lhe à mente o título "A triste sorte do reverendo Amos Barton".[42] Era a gênese de *Adam Bede*.

Adam Bede causou enorme impacto no mundo literário em 1859. A dedicatória constante do manuscrito, oferecido a Lewes, deixa claro o quanto Marian considerava dever a ele: "Ao meu querido marido, George Henry Lewes, ofereço este manuscrito de uma obra que poderia jamais ter sido escrita, não fosse a felicidade que seu amor trouxe à minha vida." Ela se mostraria mais precisa numa carta a um amigo suíço: "Ao influxo da intensa felicidade de que tenho desfrutado em minha vida de casada, graças a uma profunda empatia moral e intelectual, finalmente pude encontrar minha verdadeira vocação."[43]

O sucesso não simplificou sua vida nem alterou radicalmente sua aceitação nos meios sociais. Aumentou o número de homens que queriam conhecê-la, mas eles se mostravam como sempre relutantes em submeter as esposas ao convívio imoral com ela. Seu irmão Isaac foi ainda mais longe. Animada com o sucesso de *Adam Bede* e desejando uma reconciliação, Marian arriscou-se a escrever-lhe uma carta na qual mencionava seu "marido". Isaac respondeu com um pedido formal de que seu advogado fornecesse detalhes sobre o casamento. Como ela explicasse que não estava unida a Lewes por laços legítimos, mas "sagrados", Isaac novamente a rejeitou. Em *O moinho à beira do rio*, Marian criticaria a duplicidade de padrões que levava a opinião pública a julgar as mulheres de maneira muito mais severa que os homens.

O impressionante sucesso literário de Marian aliviou o peso financeiro que tanto a assoberbava e a Lewes. O casal mudou-se dos aposentos alugados para uma casa maior, o que facilitou o atendimento das necessidades de Agnes. Lewes saldou suas dívidas, não mais precisando aceitar qualquer trabalho só para chegar ao fim do mês. Também ficou feliz pela oportunidade de se entregar a atividades mais significativas e de maior prestígio.

Lewes decidiu que chegara o momento de explicar aos filhos sua situação conjugal e a natureza de seu relacionamento com Marian. Eles reagiram bem, passando a chamá-la de "Mãe". (Agnes era "Mamãe".) A partir daí, Marian lembraria aos amigos distraídos que continuavam a chamá-la de srta. Evans que era a sra. Lewes, pois assumira as responsabilidades de uma esposa e inclusive tinha "um rapaz crescido de dezoito anos que me chama de 'mãe' em casa, além de dois outros meninos, quase tão altos quanto ele, que também me escrevem chamando-me pelo mesmo nome".[44]

Apesar da súbita fama, da segurança e do afeto dos filhos de Lewes, Marian continuava passando por períodos de terrível depressão. Lewes o atribuía em grande medida a sua situação social, e voltou a tentar regularizar sua união pedindo o divórcio a Agnes. Mas era tão difícil conseguir divórcio no exterior quanto na Inglaterra, e Marian teve de aceitar que jamais seria a sra. Lewes aos olhos da lei. Embora alegasse não se importar, essa exclusão social a tornava hipersensível a qualquer rejeição. Lewes escondia as críticas negativas a seus romances, permitindo-lhe ver apenas as resenhas favoráveis. "O princípio é o seguinte", explicou ele, *"nunca dizer-lhe nada do que os outros comentam sobre seus livros, para o bem ou para o mal; a menos, é claro, que seja algo extremamente gratificante para ela — algo que lhe agrade por motivos independentes do fato de ser um elogio."*[45]

O que realmente reconfortava Marian era o amor de Lewes e sua constante e alegre preocupação com ela. Quando ele adoecia, o que acontecia com frequência, ela lhe oferecia os mesmos cuidados que costumava aceitar com tanta avidez, incumbindo-se por outro lado das suas resenhas de livros. Revelou também a Barbara Leigh Smith, uma de suas poucas confidentes, que tinha uma invejável vida sexual e que Lewes era um amante cheio de ternura. Deu a entender que praticavam o controle da natalidade — fosse na periodicidade das relações ou graças aos preservativos reutilizáveis e nada confiáveis então disponíveis —, pois haviam decidido não ter filhos.

Com o passar dos anos, aumentando sua fama, Marian lentamente foi tentando ampliar sua socialização, convidando alguns poucos amigos e conhecidos que a admiravam para passar as tardes de domingo em sua casa. Na intimidade, Lewes costumava referir-se a essas reuniões como os "serviços dominicais". Nesses momentos, ao lado de Lewes e cercada de admiradores, Marian sentia-se a salvo de insultos, recebendo com sereno desembaraço. Quando o compositor alemão Richard Wagner veio à Inglaterra, ela também o convidou. Teve também a satisfação de conhecer Louise, a quarta filha da rainha Vitória, a pedido da própria princesa, outra admiradora. Após esses êxitos em sociedade, até os comentários sobre os traços equinos de Marian foram abrandados com certos qualificativos — ela parecia um *belo* cavalo, um *nobre* corcel.

Vinte e quatro anos após o início de sua avassaladora paixão por George Lewes, o pior pesadelo de George Eliot concretizou-se. A 30 de novembro de 1878, depois de anos de saúde débil e meses de sofrimento com terríveis sintomas de enterite e câncer, seu amante morreu, aos 61 anos. Depois de mais de duas décadas vivendo "um para o outro e em tão completa independência do mundo exterior que o mundo podia nada representar para eles", o querido amado a deixava sozinha.[46] Sua dor era tanta que ela não foi capaz de comparecer ao funeral. Preferiu trancar-se em seu quarto, chorando sem parar, para consternação dos criados.

Marian dedicou os meses seguintes à recordação. Releu os numerosos trabalhos de Lewes. Concluiu o livro inacabado dele, *Problems of Life and Mind*. Evocava lembranças suas com os amigos mais próximos. Visitava seu túmulo. Sentia sua presença a seu lado, numa espécie de comunicação fantasmagórica, mas reconfortante. Validou na justiça o seu testamento, que legava os direitos autorais aos filhos e tudo mais a "Mary Ann Evans, solteira". E se apropriou dos bens, que estavam todos em nome de Lewes, mudando seu próprio nome e adotando o sobrenome de que tão desafiadoramente já se havia apoderado antes. No fim das contas, não tinha qualquer arrependimento, apenas a dor de ter perdido seu melhor amigo, confidente, conselheiro, crítico e amante.

Seis meses depois da morte de Lewes, numa espécie de pós-escrito àquela união, Marian foi tomada de uma profunda e impetuosa paixão por um homem muito mais jovem, o banqueiro nova-iorquino John Cross, amigo seu e de Lewes. Rosemary Ashton, a biógrafa dos dois Georges, vê nesse improvável casal uma inversão de Abelardo e Heloísa, com Marian na pele da intelectual brilhante e John na do estudante cheio de adoração por cada uma de suas palavras. Tal como Abelardo, além disso, Marian queria urgentemente casar, e John/Heloísa estava suficientemente apaixonado para concordar. Em seu último ano de vida, Marian finalmente alcançou a posição que se esquivara até ali, tornando-se uma esposa.

Mas era tarde demais, e John, jovem demais. Os fofoqueiros fofocavam, achando ridículos os recém-casados e observando a ansiedade de Marian, então com sessenta anos, na presença de mulheres mais jovens. Uma testemunha recordaria que Marian se mostrava "ligeiramente irritada e cortante (...). Ele pode esquecer a diferença de vinte anos entre os dois, mas ela, nunca".[47] Apesar das línguas soltas, Marian adorava participar dos rituais sociais que até então desprezava. Depois de sete meses de felicidade conjugal, contudo, sua saúde decaiu e a 3 de dezembro de 1880 ela morreu.

Estranhamente, o casamento de Marian Evans Lewes com John Cross foi a culminância do seu caso amoroso com Lewes, o casamento que até então não havia alcançado, a chave da respeitabilidade social, o fim (acreditava ela) dos constantes comentários malévolos. Ela dizia aos amigos que Lewes de modo algum teria feito objeção ao seu casamento — mais que qualquer outra pessoa, ele a teria entendido e animado. E provavelmente estava certa. Afinal de contas, quem melhor que Lewes sabia o quanto sua amante, mesmo na condição de esposa *de facto*, desejava ser realmente sua esposa? Mas Lewes talvez ficasse indignado quando Isaac Evans, o irmão por tanto tempo afastado de Marian, rompeu anos de silêncio para cumprimentá-la pelo casamento com John Cross — e Marian demonstrou uma gratidão quase abjeta. Tal como Jeanne Hébuterne, Marian Evans era uma amante relutante que desejava ser esposa.

Mas esse mesmo amor que a sustinha também a fazia refém da censura da sociedade. Como não se julgava capaz de viver sem Lewes (ou Spencer, antes dele, e Cross, depois), Marian comprometeu-se com ele e a ele se limitou, isolando-se da ameaça do mundo exterior. Sua estabilidade e seu crescimento intelectual dependiam dele. E a impossibilidade de um casamento com Lewes forçou sua decisão de não ter filhos. A importância da relação dos protagonistas de suas obras de ficção com os filhos e sua própria devoção na vida real aos filhos de Lewes levam-nos à conclusão de que essa privação pode ter sido a mais difícil de todas.

Apesar dos problemas e dificuldades de sua situação como amante de Lewes, Marian considerava sua vida quase perfeita, vivenciando o breve e aparentemente feliz casamento com Cross como uma espécie de conclusão agridoce, o selo de aprovação pelo qual ansiara durante décadas de isolamento. Lewes, que lhe dera décadas tão ricas em amor recíproco, respeito e companheirismo intelectual, só lhe faltara nisso. Os dois Georges tiveram uma relação extraordinariamente gratificante. Ela era sua musa, e ele, dela, e ao sentir — e testar — o amor que ele lhe dedicava, Marian achou-o tão completo quanto o amor verdadeiro de suas fantasias.

Lillian Hellman[48]

No dia 22 de novembro de 1930, numa festa oferecida pelo produtor de Hollywood Darryl F. Zanuck, Lillian Hellman, então com 25 anos, ficou impressionada com um homem extraordinariamente belo, alto e magro, de olhos escuros, traços bem-delineados e alguns fios de cabelo prematuramente encanecidos. Ele vestia um elegante terno de riscas, e apesar de bêbado mostrava-se tranquilo, com um cigarro pendurado nos lábios finos. "Quem é aquele homem?", perguntou Lillian. "Dashiell Hammett", informou um dos convivas à sua mesa. Lillian pulou da cadeira e seguiu aquele homem que haveria de se tornar para ela uma espécie de amante e companheiro cíclico até o fim da vida. Antes de chegar ao seu destino — o banheiro masculino —, Dashiell teve o braço agarrado por Lillian, que começou a falar. Os dois passaram a noite no banco traseiro do carro dela, numa maratona de conversação. Talvez tenham chegado a fazer sexo ao amanhecer.

Lillian Hellman começava uma carreira literária como funcionária da Metro-Goldwyn-Mayer, trabalhando como leitora de manuscritos. Era casada com o roteirista Arthur Kober. Dashiell era onze anos mais velho e já se consagrara como escritor; seus romances de mistério, especialmente os que tinham como personagem o detetive particular Sam Spade, haviam estabelecido novos padrões no gênero. Dashiell era casado com Josephine Dolan, uma enfermeira que cuidara dele quando fora hospitalizado com tuberculose. Casou-se com ela para poupá-la da humilhação de dar à luz a filha ilegítima que concebera com outro homem; sua filha, Mary, jamais viria a saber que não era filha biológica de Dashiell. Dash e Jo viveram juntos por algum tempo e geraram Josephine. Depois de se separar, Dash viria a dar um apoio irregular a Jo e às meninas.

Na superfície, Lily e Dash não pareciam propriamente feitos um para o outro. Lily era uma filha única mimada e ambiciosa, numa família em que a riqueza dos demais parentes servia apenas para ressaltar as dificuldades e fracassos dos pais. Vinha de um meio curiosamente exótico, menina judia do sul criada sucessivamente em Nova Orleans e Nova York. E tinha instrução universitária, embora tivesse deixado a Universidade de Nova York antes de se formar, viajando longamente pela Alemanha e a França.

Lily Hellman era também uma personalidade forte e carente, incansável em sua busca do amor romântico e do sucesso literário. O amor, pensava ela, dependia de uma beleza que não tinha. Privada dos "cachos louros e grandes olhos azuis, nariz minúsculo e boca em botão de rosa"[49] que tanto desejaria ter, Lily era uma morena de nariz grande, seios abundantes e traseiro achatado. Inconformada com a falta de atrativos pessoais, ela a combatia com um arsenal de maquiagem e artifícios. Usava chapéus para desviar a atenção de seu rosto. Tingia o cabelo de ruivo ou louro, penteando-o de maneira a encobrir as orelhas grandes. Preservava a silhueta esbelta e escolhia roupas que ressaltavam as pernas elegantes, passando claramente a mensagem de uma mulher confiante e de gostos caros. Mas comprometia o efeito buscado fumando sem parar e bebendo demais, com excessiva frequência.

O que seduzia os homens era a vibrante personalidade de Lily, sua inteligência e espirituosidade, a gargalhada sonora e a desinibida sensualidade. O marido continuou a adorá-la mesmo depois do divórcio, e a maioria dos amantes permaneceriam como amigos pelo resto da vida. Simplesmente aceitavam que Lillian Hellman era uma mentirosa incorrigível que podia ser traiçoeira e egoísta.

AS AMANTES COMO MUSAS

Dash Hammett, por sua vez, era durão como Sam Spade, que reproduzia a visão cínica de seu criador sobre a crueldade da vida. Dash era católico de nascimento e marxista por convicção. Tendo trabalhado como detetive na agência Pinkerton, teve uma segunda vida como escritor de sucesso. Dois de seus romances — *The Glass Key* [A chave de vidro] e *Red Harvest* [Seara vermelha] — centravam-se no assassinato de um pai pelo filho. Dash era alcoólatra, tuberculoso e excessivamente magro. Cronicamente infiel, tinha gonorreia. E era um perdulário. Sensível e amável quando sóbrio, tornava-se cruel e violento quando bêbado, intimidando e espancando quem quer que o irritasse. E com muita frequência era com Lily Hellman que isso acontecia.

Algumas semanas depois daquele mágico primeiro encontro, eles voltaram a se ver numa festa, brigando violentamente. Dash deu-lhe um murro, derrubando-a. A reação de Lily foi voltar-se contra um transeunte horrorizado: "Você não sabe de nada. Não suporto ser *tocada*!"[50] Seu convívio com essas tendências cruéis e perversas de Dash serviu apenas para aumentar ainda mais a atração que sentia por ele. Ela rapidamente veio a descobrir como prever e às vezes impedir um ataque.

Lily encarava seu relacionamento com Dash, nas palavras da filha dele, Josephine Hammett Marshall, como "o grande romance".[51] Mas não era um grande romance. Dash constantemente negava a possibilidade do tipo de amor por que ela ansiava: desejo e comprometimento eroticamente carregado. O que tinha a oferecer era uma afeição duradoura, baseada na admiração recíproca. Mas insistia em que Lily aceitasse suas escapadelas sexuais, suas "putinhas", como costumava chamá-las, embora soubesse que cada uma de suas infidelidades, até uma manifestação passageira de interesse por outra mulher, a atormentava.

Desde o início, quando Lily e seus dois homens — marido e amante — começaram a sair juntos, Arthur engolindo a dor, Dash olhando abertamente para outras mulheres, ficou claro que a tormenta de Lily não cederia. Angustiada com a própria falta de atrativos físicos, ela interrogava Dash sobre seus odores vaginais — estava cheirando mal? Dash tentava aplacar seus medos, dizendo que ela era "melhor do que bonita". Mas não desistia de seduzir outras mulheres.

Lily decidiu transformar-se, nas palavras de Hammett, numa espécie de "Hammett de saias", uma libertina paqueradora empenhada em chamar a atenção. Ele e Lily forjaram uma relação complicada, mas indissolúvel, marcada pela infidelidade sexual. Lily sabia o que estava fazendo, e por quê. Traçara uma estratégia para conviver com Hammett, para que lhe desse a única coisa que queria tanto quanto seu amor: aulas sobre como se tornar uma grande escritora como ele.

Parece difícil, de início, imaginar Lillian Hellman devorando os romances de Dashiell Hammett, o que, no entanto, fica mais fácil quando imaginamos como terá analisado Sam Spade em busca de elementos para melhor entender seu criador. Quando conheceu Lily, Dash já escrevera quatro dos seus cinco romances e era "a novidade mais quente de Hollywood e Nova York".[52] Em sua prosa sucinta, cada palavra tinha peso. "Você ainda está toda enrolada", diz o seu detetive a uma russa desesperada para obter o que quer através da sedução. "Está pensando que eu sou um homem e você é uma mulher. Mas não é nada disso. Eu sou um caçador de homens e você é algo que está correndo na minha frente."[53] Lily queria que aquele escritor talentoso a ensinasse a escrever tão bem quanto ele.

O milagre é que Dash tenha deixado de lado sua trágica incapacidade de continuar escrevendo, tratando nas décadas que se seguiram de criticar, rever e polir as peças de Lily, até chegarem à aclamação da crítica e à consagração do público, catapultando-a para a celebridade literária por que tanto ansiava. O "pacto faustiano" graças ao qual ela suportou o insuportável — as mulheres de Dash, as putinhas de Dash, sua recusa de adorá-la e sua tendência a insultá-la e espancá-la, seu alcoolismo e os cigarros acesos um no outro — acabou compensando. A própria Lily lembraria aos amigos horrorizados com o caráter daquele relacionamento: "Ele me deu *The Little Foxes*."[54]

A história dos trinta anos passados por Lily com Dash é uma história complicada. Lily divorciou-se mas continuou a dormir com o marido. Muitas vezes viveu com Dash em hotéis, apartamentos, casas na cidade ou na praia, em Nova York e no estado de Nova York, em Hollywood e mais tarde em Hardscrabble Farm, sua propriedade de 50 hectares em Pleasantville, Nova York.

Os dois bebiam, fumavam, frequentavam, brigavam e discutiam ferozmente, especialmente sobre questões políticas e suas convicções de esquerda. Traíam um ao outro e trabalhavam. Dash conseguiu arrancar seu último romance, *The Thin Man* [O homem magro], de sua psique inerte e alcoolizada. Publicado em 1934, *O homem magro* imortalizou a dupla Nick e Nora, muito parecida com a que ele próprio formava com Lily, mas sem as brigas desmoralizantes; o casal formado pelos dois detetives haveria de render ao autor mais de 1 milhão de dólares. Lily também escrevia, muito mais que Dash, que pelo resto da vida haveria de lutar contra o declínio de sua criatividade. Quanto menos fluíam as palavras e as ideias, mais ele bebia, fumava e galinhava. Emocionalmente frágil, ele não sabia muito bem por que continuar vivendo e eventualmente tentava desistir.

Dash também vivia cronicamente doente. Seu frágil corpo era devastado pela tuberculose, doença que já havia matado sua mãe, e uma gonorreia recorrente. Ele chegou em algumas ocasiões a pesar 56 quilos. Se isso acontecesse quando estava afastado de Lily, ele a pressionava a voltar para cuidar dele.

Uma das estratégias de sobrevivência de Lily no convívio com Dash era deixá-lo para viajar ou mesmo viver em outro lugar. Suas ausências o atormentavam, e nas cartas ele lhe falava de um amor que não expressava nem demonstrava, e talvez mesmo sequer sentisse, quando estavam juntos. O livro *Selected Letters of Dashiell Hammett 1921-1960* contém dezenas de cartas nesse espírito:

Quatro de março de 1931: "A fome que eu achava que era de *chow mein* era no fim das contas de você, quem sabe então um copo de caldo de carne..."; 5 de maio de 1932: "O sr. Hammett, entrevistado, declarou: 'Uma cama sem Lily não é cama'"; 6 de junho de 1936: "Sinto terrivelmente a sua falta"; 13 de março de 1937: "Deus, como eu te amo!"; 20 de março de 1939: "Tempo: claro e frio. / Ânimo: sentindo sua falta. / Sentimento: amor"; 27 de janeiro de 1950: "Foi muitomuitomuito bom ouvir sua voz no telefone esta tarde: parecia que não nos falávamos há semanas. Há algo de indecente no fato de não sermos tagarelas. (...) Eu te amo muito, Lilipie."[55]

Lily também o amava, com ressentimento e intermitentemente, e precisava demais dele para correr o risco de perdê-lo. Foi Dash que lhe deu a ideia de *The Children's Hour*, a peça que inaugurou seu estrelato literário. Ele havia lido um relato sobre professoras destruídas no século XIX por uma menina vingativa que inventou uma história sobre seu lesbianismo, mentira que acabou levando ao fechamento da escola. Inicialmente, Dash achou que poderia adaptar a história em sua obra seguinte, uma peça. Mas acabou por oferecê-la a Lily, que estava desesperada por escrever, mas sem inspiração. Ela se apropriou de bom grado da premissa exposta por ele, e assim nascia *The Children's Hour*.

Foi um parto demorado. Mês após mês, isolada com Dash num acampamento de pesca em Florida Keys, Lily escrevia e ele criticava, muitas vezes chegando ela a chorar e ameaçar matar-se se não conseguisse encontrar o tom. Finalmente o conseguiu, e ainda hoje *The Children's Hour* é um clássico. Infelizmente, Dash, exausto, não conseguiu comparecer à estreia. Arrumou um trabalho em Hollywood e tentou convencê-la a acompanhá-lo para cuidar dele. Lily optou pela carreira, que lhe traria reconhecimento e um futuro glorioso. Mas dedicou *The Children's Hour* a Dash, convencida sempre de que precisava dele como fonte de inspiração e crítico dos seus textos.

Avaliando a dinâmica do relacionamento entre Lily e Dash, Joan Mellen, biógrafa de ambos, fala de uma estranha transferência de criatividade, buscando o escritor decadente implantar seu gênio na amante para preservá-lo de alguma maneira. "Dashiell Hammett", escreve Mellen, "transferiu a Lillian Hellman sua criatividade; a permanente inquietação de Hellman, que o divertia e exasperava, foi canalizada para as peças que escreveu. A energia dela apagou de vez a sua. Ela se apropriou de sua voz, e seus escritos tomaram o lugar dos dele."[56] Lillian Hellman transformou-se numa mulher tão durona, ao estilo Hammett, que, no dizer de um jornalista que a entrevistou, seria capaz de destampar garrafas com os dentes.

Em 1935, Lily confidenciou a Arthur Kober, o ex-marido que a adorava, que ela e Dash Hammett não eram capazes do grande romance que ela desejava. Ele a ajudou no ofício de escritora, mas não se esforçou minimamente por ser fiel. Pior ainda, tentava às vezes induzi-la a juntar-se a outra mulher, mais bonita, para um *ménage à trois* com ele. Para uma mulher consumida pelo ciúme sexual, o "acerto" entre os dois era degradante e doloroso. Mas era também tudo que Dash tinha a oferecer: pelo menos uma vez Lily propôs que se casasse com ela, mas ele recusou.

Lily ia embora, voltava, ia embora de novo, voltava mais uma vez. Na pele da Hammett de saias, teve casos intensos com vários homens, em sua maioria gentios elegantes e bem-relacionados. Algumas vezes engravidou, abortando. Em 1937, engravidou de Dash. Ele rapidamente tratou de se livrar de Jo com um duvidoso divórcio no México, mas Lily inesperadamente abortou, deixando para trás também a necessidade de se casar com ele. Indiretamente, Dash era responsável; dera um jeito de que ela o encontrasse na cama com outra mulher.

Lily fugiu para a Europa, e ao voltar para Nova York ignorou Dash. Para expiar seu pecado, ou pelo menos sua responsabilidade no aborto, ele parara de beber. Como ela se mantivesse fria e distante, ele passou a assediá-la com cartas inteligentes, amorosas e cheias de intimidade. Até que voltou a beber com tanta ferocidade que os amigos o despacharam para Nova York, onde foi hospitalizado. Quando teve alta, retomou o tortuoso relacionamento com ela.

Lily precisava desesperadamente de sua ajuda. Sua nova peça, *Days to Come*, tinha sido um fracasso tão espetacular quanto o sucesso de *The Children's Hour*. A crítica e o público detestaram, assim como Dash, depois de assistir à montagem. Apavorada diante do fracasso, Lily estava convencida de que só poderia recuperar sua mágica força dramática com a ajuda de Dash.

E ele não deixou de ajudá-la, criticando as infindáveis versões de seu novo trabalho com comentários como este: "Algum dia será uma boa peça, espero, mas por enquanto rasgue tudo e comece do zero de novo."[57] Foi o que ela fez, e em 1939 a glória dramática de Lillian Hellman seria resgatada com *The Little Foxes*. O que, no entanto, não foi suficiente para restabelecer sua relação com Dash, que depois de um incidente insignificante prometeu a si mesmo jamais voltar a fazer sexo com ela, o que viria a cumprir.

Com o dinheiro ganho com *The Little Foxes*, Lily comprou Hardscrabble Farm. Como as finanças dos dois estavam tão interligadas quanto suas vidas, e como Lily tivesse o hábito da mentira, fica difícil saber a verdade sobre quem pagava o quê e quem era dono do quê. O que sabemos é que

Hardscrabble Farm foi registrada em nome de Lily; que ela comprou a propriedade com a renda de *The Little Foxes*, que Dash a ajudou a escrever, talvez chegando a configurar uma coautoria; e que ali era a casa dele tanto quanto a dela, embora não dormissem mais juntos. Diane Johnson, biógrafa de Hammett, escreve que "afinal de contas era uma propriedade de Lillian, e não dele".[58] Mais recentemente, contudo, Richard Layman, organizador das *Selected Letters* de Dash, escreveu que Hardscrabble Farm foi um investimento conjunto dos dois, que ali recebiam amigos — e não raro amantes — independentemente um do outro. Eles reafirmaram a dedicação recíproca numa relação forte como um casamento, mas com outros compromissos. Suas vidas tomaram rumos diferentes, que eventualmente se cruzavam. O que compartilhavam era apenas a residência.[59]

Hardscrabble Farm tornou Lily e Dash felizes. Ela se transformou numa autêntica fazendeira, trabalhando do alvorecer ao pôr do sol na criação de poodles e galinhas, plantando aspargos e rosas, ordenhando vacas, cozinhando sopa de tartaruga e quiabo e colhendo framboesas. Também recebia amigos e amantes. Ele continuou a ajudá-la em seu trabalho, mas manteve-se firme na determinação de não dormir com ela, nem mesmo quando ela se insinuava na cama com ele. Também tratou de cortar seu hábito de falar como criancinha, geralmente para abrandar ou disfarçar mentiras. Lily, por sua vez, cuidava do bem-estar físico de Dash, comprometendo-se a cuidar do seu enterro. Muitas vezes bebiam juntos até a embriaguez, para em seguida brigar como cão e gato.

Em duas ocasiões a vida de Lily com Dash sofreu uma longa interrupção: a primeira em 1942, quando ele se alistou no exército, e a segunda em 1951, quando foi preso. O interlúdio militar de Dash foi agradável tanto para ele quanto para Lily, embora ela ficasse arrasada quando ele se alistou e não servisse propriamente para reconfortá-la o comentário dele de que era aquele o dia mais feliz de sua vida. Muito magro, sempre tossindo, então com 48 anos, Dash era, por trás de seus óculos, uma curiosidade para os outros soldados. Numa série de cartas a Lily, ele falava do amor entre os dois, como no dia 23 de fevereiro de 1944: "Acho (...) que seria bem melhor se você não se casasse com ninguém, ficando comigo. / Tenho um coração quente, ainda que pequeno, e pode-se dizer que já deixei para trás minhas estripulias."[60]

AS AMANTES COMO MUSAS

Perto do fim do serviço militar, prestado sobretudo no Alasca, Dashiell Hammett viu-se engolfado na crescente onda de ataques de políticos anticomunistas. Ele fora membro ativo do Partido Comunista. Mas seu trabalho num dos jornais do exército foi notável, e ele era pessoalmente de trato ameno e despretensioso, embora bebesse com frequência e às vezes chegasse atrasado, e ao ser dispensado em 1945 recebeu uma carta de reconhecimento e elogio.

Em 1947, a Comissão de Investigação de Atividades Antiamericanas voltou suas investigações para Hollywood. A história de suas táticas de intimidação e perseguição é bem conhecida. Em 1951, Dashiell Hammett foi vítima da Comissão. Seu crime foi recusar-se a identificar participantes de um fundo de ajuda a presos políticos com base numa tristemente célebre legislação de repressão das liberdades, a Lei Smith — ou, antes, recusar-se a pronunciar as palavras "Eu não sei", pois na verdade não sabia. Lily perguntou por que não disse simplesmente a verdade, afirmando que não sabia. "Odeio esse tipo de conversa", respondeu ele agitado, "mas talvez seja melhor você ficar sabendo que se fosse mais que uma pena de prisão, se minha vida estivesse em jogo, eu diria, em nome do que acho da democracia, e não são tiras ou juízes que vão me dizer o que eu acho da democracia."[61] Dash cumpriu uma pena de cinco meses e meio de prisão por desacato, com direito a uma passagem por uma penitenciária federal da Virgínia Ocidental. Limpava latrinas, conversava com outros presos e ficou ainda mais fraco. Ao sair da prisão, era "um homem fisicamente alquebrado, com poucos recursos",[62] muito embora não tivesse voltado a ingerir álcool desde uma séria advertência médica após um episódio de alucinações e *delirium tremens*.[63]

Mais tarde, Lily mentiria sobre seu comportamento heroico diante da prisão de Dash. Na verdade, ela o abandonou, deixando-o entregue aos seus próprios recursos, tristemente restritos. Ela sobreviveu bem ao seu encarceramento, e tinha menos a temer da Comissão que Dash. Ao contrário dele, deixara o Partido Comunista em 1940, depois de uma militância de apenas dois anos, e sob outros aspectos se havia comprometido politicamente muito menos que ele.[64]

No dia 21 de maio de 1952, angustiada a ponto de sentir náuseas mas com cabelos louros reluzentes e usando um novo vestido de seda Pierre Balmain, Lily prestou depoimento na Comissão. A clássica pergunta lhe foi feita: era membro do Partido Comunista, havia sido em algum momento e quando deixara de sê-lo? Lily recusou-se a responder, mas fez a seguinte declaração: "Não posso nem vou talhar minha consciência para que se ajuste às estações da moda, muito embora tenha chegado há muito tempo à conclusão de que não sou um ser político nem poderia desempenhar um papel político em algum grupo político."[65] Depois de 67 tensos minutos, a Comissão a dispensou.[66]

Lily seria impedida, contudo, de escrever roteiros para o cinema, e sua renda caiu de 140 mil dólares para 10 mil dólares anuais, em boa parte levados pela Receita Federal, por motivos que ela nunca entenderia. Ela teve de vender Hardscrabble Farm, e durante anos ela e Dash, que não morava mais com ela, mas subsistia no contexto das finanças compartilhadas pelos dois, tiveram de economizar até mesmo nas despesas mais básicas. Ele tirava do cofre conjunto, diria Lily, "um valor miserável (...) nada mais gastando consigo mesmo, exceto para comida e aluguel".[67]

Em 1955, Lily conseguiu comprar outra propriedade, um velho e encantador chalé amarelo em Martha's Vineyard. Ela ganhou dinheiro adaptando peças francesas que tiveram acolhida apenas mediana na crítica. A respeito de uma dessas montagens, declarou Dash: "Não participei disso."[68]

Em 1958, tendo reconhecido que sua saúde estava em estado tão precário que não podia viver sozinho, Dash mudou-se para o apartamento nova-iorquino de Lily. Pela primeira vez naqueles 28 anos de relacionamento, ele não tinha nenhuma outra casa. Lily cuidava dele com má vontade, queixando-se de que era tudo muito cansativo e comentando com indiferença entre os amigos que Dash estava morrendo.

Mas ela estava escrevendo uma nova peça — *Toys in the Attic* —, e precisava que aquele velho doente a criticasse. Dash acedeu. Declarou que o texto era horrível, dizendo-lhe que o reescrevesse. Na festa que se seguiu à estreia, ele acusou publicamente Lily por ter produzido aquela "merda". Ela ouviu surpreendentemente calada, talvez consciente de que ele falava do fundo da mais profunda amargura, por ela ter se tornado o ídolo literário que ele fora um dia, e por estar ele agora morrendo e totalmente dependente dela.

No fim das contas, Lily queria mais do que nunca que Dash reconhecesse o amor que os unia. No trigésimo aniversário do primeiro encontro, ela redigiu um documento de profunda emotividade, pedindo-lhe que o assinasse. Nele, podia-se ler:

> O amor que teve início naquele dia era maior do que todo o amor que já existiu, em qualquer lugar ou época, e nem toda a poesia poderia abarcá-lo.
>
> Eu não sabia o tesouro que tinha nas mãos, não podia sabê-lo, e assim foi que acabei violando a grandeza desse elo.
>
> Por isso, lamento.
>
> (...) Que mais senão uma força desconhecida poderia ter-me dado esta mulher, a mim, um pecador?
>
> Deus seja louvado.
>
> Assinado,
>
> Dashiell Hammett

Dash assinou, acrescentando em caligrafia trêmula: "Se parecer incompleto, é provavelmente porque na época não consegui pensar em mais nada. DH."[69] Apesar da assinatura de Dash em seu documento, Lily não distinguia a menor ternura nem nenhum sinal de que tivessem compartilhado um grande amor, nem mesmo um amor qualquer, pura e simplesmente. Dash caminhou destemido para a morte, hostil a Lily apesar de confiante o suficiente para legar-lhe um quarto de seus bens e designá-la como testamenteira. Ele morreu a 10 de janeiro de 1961, e Lily pronunciou um comovente elogio fúnebre no qual ignorava completamente Josephine e Mary, as filhas dele. Até nesse momento, sentia ciúme daqueles que o haviam amado.

Se não havia encontrado o verdadeiro amor em carne e osso, Lily podia anunciá-lo ao mundo em reminiscências inventadas: *An Unfini-*

shed Woman (1969), Pentimento (1973), Scoundrel Time (1976) e Maybe (1980). Dash estava morto e não podia impedi-la. Sua grande e obsessiva história de amor tornou-se sua moeda mais valiosa. Para deixar isso bem claro, ela excluiu seus muitos outros amantes de suas histórias, inclusive o dedicado ex-marido, Arthur Kober, descartando-o em uma única linha num de seus livros de memórias.

Mas Hammett fora por demais famoso para que Lily pudesse exercer algum monopólio. Começaram a surgir candidatos a biógrafos, e ela os detestava. Ao tomar conhecimento de que era mencionada como sua amante num perfil biográfico de Hammett na *Encyclopedia of Mistery and Detection*, ficou indignada. "Eu nunca fui sua amante. Não aceito a palavra amante", comunicou ao editor. Mas então qual era sua relação com ele? "Não é da sua conta", fez ela, sem propriamente ajudar.[70] Ela determinou de que maneira a respeitada romancista Diane Johnson devia pesquisar e compor a biografia de Hammett que escreveu em 1983. Ele jamais tinha amado ninguém, senão ela mesma, e era "um bêbado com estilo".[71] Johnson acedeu até certo ponto, mas após a morte de Lily em 1984, um ano após a publicação de *Dashiell Hammett*, escreveu que "controle, vingança, ódio e dinheiro" eram fatores tão integrantes da relação Hammett-Hellman quanto o amor. Nesse adendo, o amor romântico, ou antes a sua falta era definida como o tema central das décadas de união entre Lillian Hellman e Dashiell Hammett. Lily fora amante de um homem que a amava romanticamente apenas em sua ausência. Quando estavam juntos, o afeto era corroído pela crueldade dele e — no comentário mais cruel — suas traições sexuais. A barganha faustiana que unia esses dois gigantes literários era a criatividade, que só encontrava um escoadouro de cada vez. Ao longo de três décadas, o outrora grande Dash Hammett esteve quase sempre ocupado em transformar Lillian Hellman, sua amante, em veículo do gênio literário que compartilhavam. Ele se tornou a musa de Lillian, permitindo que ela carreasse sua criatividade para suas produções literárias.

Catherine Walston[72]

> Because our love came savagely, suddenly,
> like an act of war,
> I cannot conceive a love that rises gently
> And subsides without a scar
> ("I DO NOT BELIEVE", de Graham Greene)*

O romancista e dramaturgo inglês Graham Greene dedicou "I DO NOT BELIEVE" a Catherine Walston, sua amante, musa e grande amor. Catherine também amava Graham, embora, tal como ele, tivesse outros amantes, mesmo no auge da paixão recíproca. Ela viria mais tarde a amar loucamente um deles, o padre Thomas Gilby, um sacerdote dominicano dominador e possessivo. Vários anos depois, perdeu a primazia no coração de Graham quando ele deu preferência a outra mulher: Yvonne Cloetta, uma jovem francesa que seria sua amante durante mais de trinta anos, e que segurou sua mão no leito de morte.

Mas não é Yvonne, e sim Catherine, membro de um dos mais abastados e influentes círculos sociais da Inglaterra, que tem fascinado escritores e estudiosos da obra de Greene. Catherine parece tanto mais intrigante porque ela e seu cordato marido, Harry, são considerados modelos de Sarah e Henry no brilhante romance *The End of the Affair* [*Fim de caso*], de Greene. Como se sabe, o amante de Sarah, Bendrix, tem algumas nítidas semelhanças com o próprio Graham Greene.

Entretanto, apesar dos personagens aparentemente identificáveis, *Fim de caso* não é um *roman à clef,* nem Sarah um pseudônimo de Catherine. É verdade que Sarah foi inspirada por Catherine e que certos detalhes e tramas do romance foram inspirados por acontecimentos em sua vida, particularmente o relacionamento com Graham Greene. Mas Sarah era propriamente uma criação do romancista, como a obra em si mesma. Escrevendo à mulher, Vivien, de quem estava afastado, para explicar que

---

* Porque o nosso amor chegou selvagem e repentino, / como um ato de guerra, / Não posso imaginar um amor surgindo suave / E desaparecendo sem cicatrizes ("Eu não acredito", de Graham Greene).

suas tendências maníaco-depressivas não lhe permitiriam ser um bom marido de mulher alguma, dizia Graham: "Tenho para mim que minha inquietação, meus humores, minha melancolia e até minhas relações com as outras pessoas são sintomas de uma doença, e não a própria doença. (...) Infelizmente, a doença também é nossa matéria-prima. Curada a doença, pergunto-me se ainda restaria um escritor."[73]

Da mesma forma, embora Sarah e Henry talvez não existissem se Graham não tivesse conhecido e amado Catherine, Catherine era muito mais sua musa do que seu tema. De fato, sua influência crucial na obra dele — *The Heart of the Matter* [O cerne da questão], *Fim de caso* e *The Complaisant Lover* [O amante complacente] — conferiu-lhe muito maior poder na dinâmica do relacionamento do que sua beleza ou sua invejável posição social.

Quando eles se conheceram em 1946, Graham Greene, então com 43 anos, já era um escritor renomado por *Brighton Rock* [O condenado] e *The Power and the Glory* [O poder e a glória], cujos personagens refletiam sua fé católica e sua luta por observar seus princípios, assim como culpa e arrependimento profundos quando não era capaz. Catherine, uma americana casada com Harry Walston, um homem extraordinariamente rico e politicamente ambicioso, telefonou à esposa de Graham, Vivien, para pedir que intercedesse junto a ele para ser seu padrinho quando fosse batizada na Igreja Católica. Ela o desejava, explicou Catherine, porque fora levada a se converter ao catolicismo com a leitura de *The Power and the Glory*. Graham achou divertida a história de Catherine. Mandou-lhe flores em sinal de congratulações, mas sugeriu que Vivien comparecesse à cerimônia no seu lugar.

Foi o que fez Vivien, que pode ser vista numa foto olhando de maneira interrogativa ou talvez ansiosa a nova afilhada de seu marido, com um perfil de Lauren Bacall, curtos e reluzentes cabelos castanhos encaracolados, lábios vermelhos carnudos e uma silhueta contradizendo a gestação de vários filhos. Vivien diria mais tarde a Norman Sherry, biógrafo de Greene: "Acho que ela estava decidida a consegui-lo, e o conseguiu. Foi uma pegada bem direta."[74] As suspeitas de Vivien eram totalmente fundamentadas. Em movimentos constantes e seguros, Catherine atraiu Graham

AS AMANTES COMO MUSAS

a sua teia. E o prendeu nela ao incluir numa de suas encantadoras cartas dirigidas ao "querido padrinho" um convite para almoçar em Thriplow Farm, a propriedade dos Walston.

Em Thriplow, Catherine era a estrela, contra o pano de fundo do mundo do marido, assim descrito pelo escritor Evelyn Waugh, amigo de Graham: "Muito rico, Cambridge, judeu [o sobrenome Walston era originalmente Walstein], socialista, intelectualizado, científico, rural (...) Picassos em painéis deslizantes (...) vinhos finos & charutos."[75] Era um nítido contraste com a residência onde Graham e Vivien conviviam com os dois filhos em Oxford nos fins de semana, ou com o apartamento londrino onde ele vivia durante a semana, discreta mas não secretamente, com Dorothy Glover, sua amante havia sete anos.

Na hora das despedidas, Catherine propôs que Graham fosse de avião, em vez de pegar um trem de volta a Oxford. Providenciou então e pagou um táxi aéreo, acompanhando-o na breve viagem. Sozinha com ele, Catherine intensificou sua campanha de sedução. Um ex-amante dela, o ex-padre anglicano Brian Wormald, *fellow* em Cambridge, resumiria sua estratégia: "Falar, falar, falar, falar e falar [com direito a uma primeira advertência contra eventuais ciúmes sexuais] e beber, beber, beber, beber e beber."[76]

Voando nas nuvens com Graham Greene, Catherine ouvia com lisonjeira atenção, dizendo sem rodeios o quanto gostava dele. A certa altura, seus cabelos roçaram nos olhos dele, e Graham ficou enfeitiçado. "Um cacho de cabelos toca os olhos de alguém num avião, com a East Anglia debaixo de neve lá embaixo, e é a paixão", recordaria ele.[77]

No início de 1947, Catherine acompanhou Graham em seu velho automóvel Ford até a ilha de Achill, onde tinha um modesto chalé camponês que usava como ninho de amor. Na verdade, o havia comprado para estar perto de (e com) Ernie O'Malley, boêmio, charmoso e atraente intelectual do Exército Republicano Irlandês (o IRA), poeta, escritor e colecionador de arte, que fora encarcerado durante a Guerra Civil Irlandesa, ferido por dezessete balas e sobrevivera a uma greve de fome de 41 dias. Graham levou algum tempo para entender que as prolongadas estadas de Ernie nas residências dos Walston, inclusive Thriplow Farm, não se destinavam apenas a promover sua arte, mas também a dormir com Catherine e amá-la.

Como Graham, Catherine era uma amante casada e infiel. Aos dezenove anos, casou-se com Harry Walston sem amá-lo, pois o casamento a libertaria do tédio de sua casa em Rye, Nova York. Em questão de meses, a vida sexual insatisfatória levou-os a negociar um acerto, pelo qual aceitariam os casos extraconjugais respectivos, forjando um casamento destinado a durar para sempre.

Harry adorava a mulher, e Catherine tinha muita consideração pelo marido tão indulgente. Também apreciava muito a riqueza por ele herdada, que lhe permitia vestir-se com roupas de alta-costura e casacos de vison, colecionar obras de Picasso e Henry Moore, viajar com frequência, beber o melhor uísque escocês e confiar boa parte da educação dos filhos a babás.

Catherine tirava todo proveito do arranjo conjugal. Não fazia segredo de seus casos e tinha uma grande variedade de amantes, de Ernie O'Malley ao general americano Lowell Weicker e vários padres, só um deles não sendo católico, os quais tinha particular satisfação em seduzir. Catherine não se interessava muito por amizade com mulheres, sendo na verdade competitiva em relação a elas.

Em seu chalé de Achill, sobre o qual silvavam os ventos do Atlântico, Catherine e Graham bebiam uísque e suco de laranja, tostavam pão com ovos numa fogueira ao ar livre e iluminavam a noite com velas. E conversavam, conversavam, sobre si mesmos e a natureza de seu relacionamento no contexto da religião católica. Depois, faziam amor. Pela manhã, Graham também escrevia, enquanto Catherine — ou Cafryn, como a chamava carinhosamente — assobiava e lavava pratos na cozinha ao lado. Quando chegavam ao fim esses poucos dias de convívio isolado, os dois sentiam-se comprometidos um com o outro — embora à sua moda.

Certa tarde, no fim de abril de 1947, Vivien Greene deu com Catherine e Graham a esperá-la na porta da frente ao voltar de uma visita a parentes. Catherine estava exausta depois da longa viagem de volta de Achill, explicou Graham. Vivien concordaria que ela passasse a noite na casa deles? Vivien sentiu-se obrigada a dizer sim, embora viesse mais tarde a recordar: "Fiquei meio espantada por ele trazer a amante para minha casa."[78] Nessa noite, Catherine e Graham dormiram separados, com a consciência tranquila porque tinham se confessado antes de chegar à casa e não pretendiam

AS AMANTES COMO MUSAS

entregar-se a atos inconvenientes debaixo do teto de Vivien. Na verdade, na manhã seguinte Catherine convidou-se para acompanhar Vivien à missa. Na igreja, lado a lado, a esposa de Graham Greene e sua amante (favorita) ajoelharam-se juntas para rezar.

Ao contrário de Graham, Catherine não ficava angustiada com o adultério. Mas, embora alegasse não ser ciumenta, via a esposa de Graham e suas outras amantes como rivais que precisavam ser derrotadas. É provável que tenha induzido Graham, apavorado com a possibilidade de perdê-la, a tratar Vivien com uma dureza inabitual. Na presença de Catherine, por exemplo, ele humilhava a esposa, como se quisesse provar sua lealdade à amante. No dizer de um dos amigos de Graham, ela era "uma espécie de louva-a-deus predador: alguém que gosta de comer as vítimas".[79]

Catherine também induziu Graham a reavaliar seu relacionamento com Dorothy Glover, a ilustradora de livros infantis baixa e gordinha, então com cinquenta anos, com quem estivera envolvido profundamente por sete anos. Ele sobrevivera ao grande ataque aéreo dos alemães contra Londres ao lado de Dorothy, e até o fim da vida amou-a por sua coragem, sua determinação e o profundo apego a ele. Mesmo correndo o risco de indispor Catherine, não podia abrir mão de Dorothy, a quem se referia como "minha menina" ou "minha namorada", nem negar que a amava, embora seu sentimento por ela não se pudesse comparar à paixão que lhe inspirava Catherine. Finalmente, tendo convencido Dorothy (segundo acreditava) de que "é possível amar duas pessoas!", ele a despachou para férias prolongadas na África Ocidental a bordo de um navio cargueiro.[80] Mudou-se então do apartamento que ocupavam em Londres para o Authors' Club. Mais tarde, todavia, retomou o relacionamento com Dorothy, em termos amistosos e afetuosos, mas provavelmente não sexuais. Quando ela morreu com apenas 72 anos, recurvada, descuidada e aparentando uns oitenta, sofrendo terrivelmente por causa de um acidente em que se queimou, Greene chorou e ficou "absolutamente desesperado", segundo recordaria Yvonne Cloetta.[81]

Exortado por Catherine, Graham também acabou definitivamente com seu casamento. Pouco depois, numa missa, Vivien tirou o anel de diamante do noivado e o depositou na salva de coleta de doações. Mas uma separação era muito diferente de um divórcio. Como católico, Graham tinha horror do divórcio, e logo viria a descobrir que Catherine não tinha o menor interesse de pôr fim a seu confortável casamento para desposar um escritor ciumento, deprimido e de temperamento difícil, que mesmo no auge do sucesso tinha infinitamente menos dinheiro que Harry. Ainda assim, ele se permitiu esperar que uma anulação pudesse resolver o seu dilema conjugal e espiritual, e que de alguma forma convencesse Catherine a deixar Harry. Assim pelo menos Catherine poderia viver com ele ou — o que seria sua preferência — casar-se com ele. "Seu marido, Graham" era como ele costumava assinar as cartas, fantasiando que um dia Catherine Walston, sua amante, haveria de se tornar Catherine Greene, sua esposa.

Catherine quase sempre estava no controle do equilíbrio de poder com o amante. Ela amava Graham profundamente, mas não exclusivamente, e sem o frenético desespero e a carência por ele manifestados. Ele a cobria de cartas de amor que certamente a lisonjeavam com seu ardor e fluência, provando reiteradas vezes o quanto uma das personalidades literárias mais destacadas do mundo estava emocionalmente presa ela. "Eu a amo loucamente, desesperadamente, desenfreadamente."[82] E, com requintada ternura e devoção, acrescentava:

> Minha querida, você me é infinitamente cara. (...) Eu acredito em:
> 1. Deus
> 2. Cristo
> 3. Tudo mais.
> 4. Na sua bondade, sinceridade e amor.[83]

Mas Catherine devia ficar às vezes incomodada com a insistência com que Graham lhe pedia que deixasse Harry para casar-se com ele. E certamente ficava alarmada com as ameaças de se matar se ela o deixasse. "O sofrimento de Graham é tão real quanto uma doença", confidenciou Catherine a um amigo. "[Ele é] melancólico por natureza (...) e eu na verdade só pioro as coisas, no fim das contas, com meu medo de abandoná-lo."[84] Ela tomou a sensata iniciativa de estimular Graham a procurar um psiquiatra, o dr. Eric Strauss, tendo início uma psicoterapia que serviu para acalmá-lo.

Após sua estada no Authors' Club, Graham estabeleceu-se em caráter permanente no apartamento 5 do prédio onde os Walston tinham sua residência londrina, no apartamento 6. Agora Catherine poderia facilmente escapulir para o apartamento 5 nos períodos em que Harry impedisse os amantes de se encontrar, e quando o marido e o amante estivessem em melhores termos Graham podia com igual facilidade visitá-la no apartamento 6.

Quando os dois se encontravam em Londres, na residência dos Walston, e na Europa, particularmente em Rosaio, a villa comprada por Graham em Capri com a renda auferida com seu romance *The Third Man* [O terceiro homem], o escritor mostrava-se alternadamente cooperativo e inconsolável. Eles podiam passar horas discutindo apaixonadamente a teologia católica e fazendo amor, mas também se enfrentavam em longas e terríveis batalhas cheias de gritos, acusações baixas (quase sempre da parte de Graham), portas que batiam e lágrimas.

As piores brigas tinham por motivo a recusa de Catherine de deixar Harry e pôr fim a seus outros relacionamentos sexuais. A bem da transparência pessoal entre os dois, ela e Graham submetiam um ao outro às descrições dos casos que tinham. Nenhum dos dois absorvia bem tais revelações.

Onde quer que estivessem, Graham quase sempre incorporava o trabalho em seu projeto literário do momento na agenda de ambos. Catherine lia seus manuscritos, e ele tinha grande prazer em discuti-los com ela. Foi inclusive o que aconteceu com *Fim de caso*, romance com muitos paralelos com o caso dos dois, dedicado a ela. (Na edição britânica, lia-se "Para C", ao passo que na americana lia-se "Para Catherine".)

Embora o trabalho tivesse primazia, nas viagens ou nas férias que passavam juntos Graham dedicava a maior parte de seu tempo livre a Catherine e seus interesses, chegando a acompanhá-la em desfiles de moda em Paris. Fingia gostar de visitar seus filhos, suficientemente inteligentes para se dar conta de que ele os tolerava apenas para agradar a sua mãe.

Ironicamente, Catherine queria muito ter um filho de Graham, embora passasse tão pouco tempo com a prole que já havia gerado. Graham, não menos desinteressado de seu casal de filhos, imaginava alegres visitas a um hipotético internato do filho de ambos. Provavelmente esperava que um filho pudesse ligá-lo a Catherine em caráter permanente. Mas os médicos de Catherine haviam advertido contra uma nova gravidez. Triste e relutante, ela seguiu o conselho.

Dois anos depois de iniciado o caso, Graham expressou em termos religiosos seu ardente amor por ela, no poema "After Two Years": "Terei algum dia amado Deus antes de conhecer o lugar / Em que repouso agora, com minha mão / Lavrada em pedra, para sempre imóvel? / Pois isto é o amor, e isto eu amo. / E até meu Deus está aqui."[85] Um dos aspectos mais anômalos do romance entre os dois era a maneira como tanto Catherine quanto Graham aproximavam experiências sexuais e religiosas. Um orgasmo não era apenas uma sensação fisiológica, mas também um tributo ao caráter divino do seu amor. O êxtase religioso refletia toda a sua glória no amor que sentiam um pelo outro, transformando-se num abençoado erotismo.

A obsessão de Graham com a ideia de se casar com Catherine provocou um incidente que alterou o curso do relacionamento, dificultando sua continuidade. Na primavera de 1950, Graham convenceu Catherine a dizer a Harry que ia deixá-lo. Mais tarde, ele descreveria o lamentável episódio em carta à irmã de Catherine, Bonté. O relato começava com Catherine atacando Harry. Em seguida, ela, Harry e Graham sentaram-se para discutir seu nervosismo. Finalmente, a um sinal de Catherine, Graham informou a Harry que "ela não conseguia se decidir entre o não casamento com ele e o casamento comigo. Estávamos todos muito tranquilos e civilizados, mas ninguém dormiu mais de uma hora ou duas naquela noite".[86]

Harry não dormiu de todo. Chorou em silêncio até o amanhecer, e Catherine não suportava essa dor. Mais tarde, ficou acertado que ela nunca o deixaria. As coisas tinham mudado definitivamente. Graham revelara-se um homem perigoso, e não apenas mais um dos amantes de Catherine. A partir dali, Harry estabeleceu limites para o tempo que Catherine podia passar com ele. E ela passaria a se dar a Graham em pequenas porções racionadas — uma noite aqui, um dia ali, entre semanas e às vezes até meses de separação.

Graham sofria terrivelmente, e nas cartas a sua amada Cafryn externava toda a sua raiva, seu ciúme e o sentimento de abandono, assim como seu amor e a confirmação de seu compromisso com ela. Reconfortava-se com os códigos que compartilhavam secretamente: "sanduíches de cebola" significavam amor ou sexo, e letras isoladas eram usadas para representar palavras inteiras, como por exemplo "I l y c" e "I w t f y" em vez de "eu te amo, Catherine" e "eu quero trepar com você". Ele lhe deu ainda diários em que registrara citações especiais para cada dia.

Graham também dedicava considerável tempo, fosse sozinho ou em sua correspondência com Catherine, a explorar as consequências e implicações religiosas do seu amor adúltero por ela. Geralmente chegava a conclusões reconfortantes, centradas na natureza divina do amor carnal. Graham adotou a interpretação de que, como ela e Harry não se entregavam a esse tipo de amor, não estavam realmente casados aos olhos da Igreja. O mesmo se aplicava a ele e Vivien. Chegou inclusive a projetar uma espécie de santidade em seu amor por Catherine. "Alguns de nós temos vocação apenas para amar um ser humano", rezava ele para santa Teresa de Lisieux, sua santa favorita. "Por favor, não deixe que minha vocação se perca."[87] Mais surpreendente ainda foi o fato de declarar que Catherine era *a santa dos amantes, para a qual eu rezo*.[88]

Graham imaginava toda sorte de hipóteses nas quais ele e Catherine se casavam ou viviam juntos e felizes, exonerados do pecado aos olhos da Igreja. Jurou amor eterno, prometeu-lhe participação ampla e permanente em suas finanças e a possibilidade de passar tanto tempo com os filhos quanto quisesse. Ela poderia até dar suas voltinhas de vez em quando, pois nenhuma "travessura embriagada" o faria deixá-la. Mas nada que Graham dissesse ou prometesse podia arredar Catherine de sua decisão de continuar sendo a esposa de Harry Walston.

Catherine preocupava-se ainda mais que Graham com questões católicas e teológicas. Algumas visitas notaram que sua mesa de cabeceira tinha pilhas de livros teológicos. Ela lia muito devagar, mas devorava essas obras com determinação e, achavam alguns amigos, de maneira ostentosa. De qualquer modo, ela se mostrava mais inclinada ao debate que à leitura, e que melhores interlocutores haveria que os padres? Com efeito, Catherine parecia particularmente satisfeita na companhia de padres, cultivando sua amizade. Também seduzia os que se deixaram seduzir, como acontecia em muitos casos. Melhor ainda, do ponto de vista de Harry e certamente também do seu, esses padres não iam querer mudar sua vida e casar-se com ela.

Catherine também tinha casos com laicos. Retomou o relacionamento com o americano Lowell Weicker e falou a respeito com Graham, provocando uma onda de cartas cheias de angústia e indignação. Quando ela e Graham passavam as férias juntos, eram cada vez mais frequentes as brigas causadas pelo "veneno temporário" de seu mais recente caso amoroso, assim como a consequente "amargura & desejo de ferir" da parte de Graham.[89] Seus idílios na Villa Rosaio, já agora abreviados por ordem de Harry, eram o mais perto que eles conseguiam chegar de uma vida doméstica. Catherine decorava e Graham escrevia, e em outros momentos conviviam com os moradores locais e recebiam amigos.

Graham também estimulava Catherine a escrever um romance. Ela aceitou o desafio, e à sua maneira trabalhou com afinco no projeto, embora não nos tenha chegado qualquer indício dele. Podemos apenas deduzir que deve ter ficado perplexa ou decepcionada por não ter conseguido, logo ela, a musa de seu brilhante amante escritor.[90]

Em 1950, a questão do casamento se havia transformado numa espécie de tumor maligno no relacionamento. Graham não aceitava que Catherine permanecesse com Harry. Os dois brigavam por causa disso, com frequência e violência. Harry comprara uma fabulosa propriedade, Newton Hall. Graham sabia que se Catherine se mudasse para lá, jamais se disporia a deixar a propriedade para viver com ele. Para alguém com os valores materialistas e o amor ao luxo que lhe eram característicos, Newton Hall era um encantamento: 28 quartos, oito banheiros, seis salões, estábulos, uma garagem e um chalé. Seria Catherine capaz de resistir a tal esplendor?

Não fora, e antes mesmo de mudar-se para lá a 2 de dezembro de 1950, ela mergulhou maravilhada no dispendioso processo da decoração. Como poderia abandonar a família para começar uma nova vida com ele?, perguntou a Graham, muito cheia de si. Seguiram-se brigas violentas, nas quais Graham fez acusações dolorosas: ele a odiava, odiava seus amigos, odiava seus valores, ela era egoísta e autocentrada, uma mentirosa. Mas depois, corroído pelo remorso, ele se arrependeu, retirou suas palavras de rancor e confessou o medo de estar pondo a perder o que restava do amor entre eles.

A certa altura, Graham pôs Catherine em contato com seu irmão, o médico Raymond, que tentaria diagnosticar com objetividade clínica a natureza do relacionamento entre eles. Raymond chegou à conclusão de que Catherine jamais deixaria Harry; de que acreditava que sua vida seria muito mais tranquila e livre de problemas e tensões se rompesse com Graham, embora achasse que era seu dever não o fazer; e de que era provavelmente uma grande mentirosa.

As observações de Raymond pareceram perfeitamente sensatas a Graham, mas seu amor por Catherine transcendia o senso comum, e ele precisava desesperadamente dela para encontrar a espécie de paz conturbada que o inspirava a escrever grandes romances. Não podia romper com ela, e Catherine carecia da vontade para romper com ele.

Graham tentou ainda mais obstinadamente mantê-la junto a si. Comprou-lhe um anel Cartier e mandou fazer a inscrição "C e G". Num gesto ainda mais dramático, arquitetou uma cerimônia para trocar juras com ela durante a missa matinal em Tunbridge Wells. Anos depois Graham ainda falava desse "casamento", e pelo resto da vida Catherine usaria o anel.

Não resta dúvida de que as constantes infidelidades foram fundamentais no caso entre eles, uma das maneiras como se testavam e pressionavam um ao outro além dos limites do suportável. No fim das contas, não foram capazes de sustentar a força desse relacionamento. Nunca deixaram de se amar, mas Graham não era mais o amante principal de Catherine, e vice-versa. Ela não chegou propriamente a deixar de amá-lo, simplesmente diluiu seus sentimentos por ele amando outros homens também.

Quatro anos depois de iniciado o caso, Catherine e Graham lutavam por redefinir o relacionamento e reencontrar um pouco da alegria passada. Para pôr as coisas em perspectiva, Graham exilou-se temporariamente na Indochina. Lá, escreveu para Catherine seu triste poema "After Four Years", que termina assim: "Lutei para encontrar o truque final / Para esquecer, e te encontrei por toda parte."[91]

A publicação em setembro de 1951 do original de *Fim de caso*, com tantos elementos convergentes com o caso entre Catherine e Graham, provocou uma crise. Harry ficou furioso por se ver assim exposto e humilhado em público por Graham. Também o preocupava o risco de que o livro lhe custasse o título de lorde pelo qual vinha lutando, e assim ele proibiu Catherine de ver Graham até abril de 1952. (A proibição não se estendia aos outros amantes, que não escreviam livros sobre ela nem queriam casamentos.)

Por motivos muito diferentes, Catherine decidiu que não faria mais sexo com Graham. Harry nada tinha a ver com isso, o que não se poderia dizer de seu amante mais recente, o padre Thomas Gilby. Este de fato contribuiu para convencer Catherine de que seus anos com Graham tinham sido um sonho, e de que ela agora precisava acordar e retomar sua vida de esposa e mãe católica. Ela não teria de cortar completamente o contato com ele. Precisava apenas eximir-se do sexo.

Bonté, a irmã de Catherine, visitou Newton Hall e informou ao marido que o padre Thomas era praticamente um morador e — acrescentava, em tom de desaprovação —, quando Harry estava ausente, assumia o papel de chefe de família.

> Ele não só se comporta da maneira mais possessiva com Bobs [apelido infantil de Catherine], como se comporta *sexualmente* da maneira mais possessiva, ela está completamente voltada para ele, excluindo tudo mais e todos mais. (...) Seu comportamento evidencia falta de dignidade, assim como uma brutalidade encoberta. Dá para sentir que ele é o dono do corpo e da alma da pobre Bobs, e quer que todos saibam disso.[92]

Graham Greene tinha um formidável rival.

Mas nem mesmo o padre Thomas era capaz de convencer ou intimidar Catherine a ser monógama. Sua promiscuidade estava por demais impregnada, e a atração da conquista sexual dos homens e do desafio de levá-los a se apaixonar por ela era forte demais para ser abandonada. E à sua maneira ela ainda amava Graham.

A reestruturação do relacionamento entre os dois levou anos, sobrevivendo a outros sérios casos amorosos concorrentes, entre eles o de Catherine com o padre Thomas e o de Graham com a atriz sueca Anita Bjork, uma viúva. Depois de 1951, Catherine e Graham passaram a se ver pouco, uma viagem aqui, um encontro contrabandeado ali, uma carta, um telegrama, um telefonema. Durante uma visita a Roma em 1955, ela tentou romper com ele, e Graham levou "uma longa noite e uma longa manhã" para convencê-la do contrário. Em 1956, num dos já raros encontros sexuais, Catherine murmurou que, "de certa forma", ela gostaria que o caso entre os dois chegasse ao fim, acrescentando que nem mesmo se Vivien e Harry morressem viria a casar-se com ele.

Quando Graham fazia o movimento de romper, contudo, Catherine ficava arrasada. Tendo ele voltado de uma viagem com uma mulher vietnamita, considerada por um amigo "a mais linda criaturinha", Catherine disse a uma amiga que faria qualquer coisa para ter Graham de volta.[93] Ele voltou, mas a ela faltavam vontade e interesse para sustentar o relacionamento de intenso amor por que ele ansiava e para impedi-lo de se envolver seriamente com outras mulheres. Ao contrário de tantas outras amantes, Catherine Walston não tinha a menor vontade de se casar com aquele amante que assinava "Seu marido" e que havia mais de uma década esperava que um dia ela viesse a se tornar sua esposa.

Era pelo menos o que ele dizia em sucessivas cartas, sucessivos telefonemas, e até em esboços de documentos nos quais prometia a Catherine considerável parte de sua renda e outras vantagens. Outra mulher, entretanto, a jovem pintora australiana Jocelyn Rickards, que teve um breve caso com Graham em 1953, seguido de amizade pelo resto da vida, considera que "ele estava desesperadamente tentando livrar-se dela, primeiro comigo, depois com Anita Bjork".[94] Ao mesmo tempo em que obsessivamente assediava Catherine, propondo-lhe casamento, Graham também falava de casamento com Jocelyn.

Como seria para Catherine, uma mulher que se destacava particularmente, segundo um de seus amantes, Brian Wormald, por uma beleza "estonteante", o carisma social e a posição e a riqueza do marido, amar e ser amada por um homem da complexidade e genialidade de Graham Greene? A ela pareceriam menos irresistíveis que ao leitor distraído seus ansiosos comentários de que ela seria a alma gêmea que estimulava o melhor de sua criatividade, assim como os incessantes pedidos de casamento? As respostas não podiam ser mais claras. Catherine respeitava o talento artístico de Graham e se sentia gratificada e lisonjeada pelo fato de sua presença e mesmo sua existência contribuírem para a realização dele. Mas suas oscilações de humor e o enfurecido desespero que o levavam a atacá-la também a exauriam. Quando ele se mostrava terno e amoroso, podia ser igualmente cansativo e exigente, e além disso punha em risco o casamento dela como nenhum outro amante. No fim das contas, Catherine preferiu manter Graham a uma certa distância, aproximando-se depois de intervalos cada vez mais longos, quando então eles tentavam, muitas vezes sem grande convicção, recapturar o entusiasmo de um amor outrora ardente.

O crescente distanciamento de Catherine levou Graham a se apaixonar profundamente pela atriz sueca Anita Bjork, e a partir daí ele se dividiria entre Londres e a Suécia. Entretanto, mesmo na companhia de Anita, a quem adorava, Graham escrevia a Catherine, lembrando-a do "casamento" de ambos em Tunbridge Wells e implorando que voltasse para ele.

Em agosto de 1958, Anita rompeu com ele. Um ano depois, Graham conheceu a mulher com quem passaria os próximos 31 anos, e à qual acabou dando preferência sobre Catherine Walston. Ele e Yvonne Cloetta, cujo marido era tão complacente quanto o de Catherine, deram início ao seu caso em junho de 1960. A primeira briga ocorreu quando Graham anunciou em Nice que teria de ir a Londres para levar Catherine a uma exposição de Picasso. Yvonne aceitou com relutância, mas advertiu que ele teria de escolher entre as duas.

Yvonne esperou que Graham e Catherine, desde 1961 Lady Walston,[95] fossem freando até parar o relacionamento. Quando Catherine tomou conhecimento de que Graham começara a levar Yvonne para Rosaio, que fora um lugar tão especial para os dois, ficou abalada. Pior ainda, em agosto de 1963, Graham levou Yvonne a Londres, apresentando-a como sua nova amante. Depois de dezesseis anos extraordinários e exaustivos, Catherine Walston fora definitivamente substituída. Quando ele propôs que conhecesse sua nova amante, Catherine recusou-se.

Em meados dos anos 1960, o álcool e mais de quatro décadas de bebida e cigarros tinham visivelmente cobrado um preço na aparência física de Catherine. Ela já era a essa altura uma alcoólatra que escondia garrafas de uísque nos bolsos, e estava com a saúde muito abalada. Os homens já não a olhavam fixamente quando entrava num ambiente, e ela não mais tinha a antiga força de atração sexual, embora continuasse correndo o comentário de que fora o modelo inspirador da heroína de *Fim de caso*.

O declínio de Catherine coincidiu com o fim de seu caso com Graham Greene, mas foi precipitado por um acidente no Aeroporto de Dublin, onde ela quebrou o quadril numa queda. Sucessivas cirurgias não foram suficientes para resolver o problema, e ela começou a sofrer de dores crônicas que tratava de aplacar com o uísque. Seu corpo deteriorou-se, até que ela se viu presa a uma cadeira de rodas.

Em maio de 1978, meses antes de sua morte aos 62 anos, Catherine escreveu a Graham uma carta afetuosa, traindo certo anseio. Ela observava com melancolia que ele estava para viajar para Capri — sem mencionar que era acompanhado de Yvonne —, onde os dois haviam estado juntos tantas vezes. "Quantos momentos felizes tive com você ali, e jamais os esquecerei, desde o dia em que passamos pelo portão pela primeira vez", escreveu ela.[96] No resto da carta, são evocadas outras lembranças felizes: quando jogavam Scrabble no terraço de Rosaio, as saídas para nadar no mar, o ópio que fumavam juntos. "Nunca houve ninguém na minha vida como você, e agradeço por isso", concluía Catherine. Ela voltou a vê-lo, mas brevemente. Não muito antes de morrer a 7 de setembro de 1978, ela recusou gentilmente uma visita proposta por ele. Estava muito doente, com câncer, e preferia que ele se lembrasse como eram muito antes, nos tempos felizes.

Depois da morte de Catherine, em carta ao homem que tanto desejara desposar sua mulher, Harry Walston escreveu: "Quem poderia dizer com toda honestidade que passou pela vida sem causar sofrimento? E você também proporcionou alegria. (...) Mas deu a Catherine alguma coisa (não sei o quê) que ninguém jamais lhe dera."[97] Esse misterioso presente que Harry não era capaz de definir consistia em muitas coisas, entre elas paixão e amor erótico. Mas seu traço mais duradouro deve ter sido a satisfação de ser a musa que inspirou ao amante algumas das melhores obras literárias da língua inglesa.

Joyce Maynard[98]

Na melhor das hipóteses, a sorridente mocinha que enfeitava a capa da *New York Times Magazine* na edição de 23 de abril de 1972 em nada se parecia com alguém que logo viria a se tornar a amante de um famoso escritor de 53 anos. A foto mostrava uma figurinha magra e sem seios metida num par de surradas calças jeans boca de sino e um suéter sem gola, sustentando com a mão a ponta de um dos tênis, enquanto o outro braço, exibindo um relógio grande demais, amparava a cabeça inclinada. Mas o que chamava a atenção era o rosto: cabelo comprido preto e liso com uma franja irregular, e uma expressão jovial sem qualquer maquiagem, olhos enormes marcados pelo cansaço olhando para a câmera com ingênua irreverência.

A aparência de Joyce Maynard era infantil, mas o conteúdo de seu ensaio, "Uma jovem de 18 anos faz uma retrospectiva da vida", uma fluida e jovial análise da insatisfação de sua geração pós-Woodstock, presa à tela de TV e à boneca Barbie, era magistral. A adolescente destilava sua sabedoria sobre direitos civis, política, os Beatles, maconha, liberação feminina, "a vergonha de ser virgem" numa época de revolução sexual. Ela contabilizava com melancolia o tempo perdido diante da TV: "Se eu tivesse passado no piano as horas que entreguei à televisão (...) seria hoje uma excelente pianista. As sitcoms me impregnaram de cultura americana. Saí desses anos de televisão indiferente aos museus da França, à arquitetura da Itália, à literatura da Inglaterra. (...) A vulgaridade e a banalidade me fascinavam."[99]

A imprensa e o público americano, por sua vez, ficaram fascinados com Joyce Maynard, aluna do primeiro ano na Universidade de Yale. Editores de revistas batiam à sua porta, convites choviam, e ela produziu uma série de artigos caracterizados por uma ingenuidade blasé e indomável energia. Seus leitores aparentemente eram insaciáveis. Ela escrevia para as grandes revistas e, o que parecia mais impressionante, tinha uma coluna no *New York Times*.

Muitos leitores entravam diretamente em contato com ela. Uma carta, enviada da cidadezinha de Cornish, em New Hampshire, destacou-se. O autor advertia para o sedutor risco de sair publicando a torto e a direito,

AS AMANTES COMO MUSAS

e a exortava a desenvolver primeiro o talento literário que os editores certamente tentariam explorar às pressas. Escritor já então com um nome "cultuado", ele pedia que não comentasse o conteúdo da carta, e assinava "J. D. Salinger". Não fazia diferença que Joyce fosse uma das raras alunas de Yale que não tinha lido *O apanhador no campo de centeio* nem nenhuma outra obra de Salinger. Ela sabia de sua notória aversão a qualquer publicidade e ficou enormemente impressionada pelo fato de lhe ter escrito.

Seguiu-se uma correspondência entre os dois. Ela deu início a intensos nove meses de um relacionamento que trouxe colorido à vida de Joyce e ainda hoje ressoa no mundo literário, graças ao revelador livro de memórias por ela publicado em 1998, *Abandonada no campo de centeio*. No início, a troca quase diária de cartas com Jerry, como Salinger passara a assinar, veio a dominar praticamente sua vida. Dois escritores, apaixonados pelas palavras, davam início a um processo de sedução mútua.

Que adolescente era aquela, capaz de trocar cartas com o mito literário J. D. Salinger? Em seu ensaio na *Times Magazine*, Joyce Maynard já se revelara excepcional o suficiente para atrair a atenção de Salinger, enquanto sua imagem mobilizava nele as emoções e as gônadas. Ela era a filha menor de um casal de enorme talento. Fredelle Bruser era a filha favorita de judeus que fugiram dos pogroms na Rússia e se estabeleceram no Canadá, onde ela ganhou um prêmio do governo como melhor formanda do ensino colegial, apresentando em seguida vitórias universitárias que culminaram num doutorado *summa cum laude* em Radcliffe. (Sua dissertação tratava do conceito de castidade na literatura inglesa.) Max Maynard, o marido de Fredelle, gentio vinte anos mais velho que ela, ensinava literatura inglesa na Universidade de New Hampshire, pintava e desenhava, assustando (e revoltando) a família com eventuais excessos de alcoolismo.

Fredelle e Max eram igualmente dedicados aos filhos, alimentando enorme ambição a seu respeito. Tanto Joyce quanto sua irmã Rona venceram concursos da *Scholastic Magazine*, e Rona foi ainda mais longe, premiada por um conto. Embora não lesse muito, Joyce escrevia diariamente, registrando os momentos de sua vida e suas observações em obediência à orientação materna de que tudo isso representava material passível de ser usado. Mas talvez por causa da complicada vida familiar, seu modelo de vida feliz em família era o programa de televisão *Papai Sabe Tudo*.

No verão anterior a sua entrada para Yale, então no terceiro ano de classes mistas, Joyce era uma anoréxica pesando quarenta quilos que escrevia, se exercitava e trabalhava obedecendo a uma disciplina estrita, e sobrevivia com uma dieta diária de uma maçã e uma casquinha de sorvete. Ao ter início o ano escolar, ela se tornou uma estudante que ansiava acima de tudo "encontrar alguém que me salve da alienação".[100] Quando Salinger entrou em sua vida, parecia a própria encarnação de seus sonhos de olhos acordados, "meu salvador, meu destino".[101]

Joyce e Jerry davam uma potente mistura. Ela era ingênua, talentosa e ambiciosa, movida pela visão materna de que as experiências da vida representavam grãos para seu moinho literário. Jerry era experiente, duas vezes casado e divorciado, um homem brilhante de lendário apego à privacidade. Como ela, era meio-judeu, e, ao contrário do pai dela, parecia um pai perfeitamente americano para o próprio casal de filhos. Além disso (como Joyce viria a descobrir anos mais tarde), tinha uma queda por mulheres muito jovens de aspecto infantil, capazes de encarnar periodicamente a incrivelmente madura mas fictícia Phoebe Caulfield.

Em questão de semanas, Jerry propôs a Joyce que lhe telefonasse, e esses telefonemas proliferaram como as cartas, nas quais ele se despedia escrevendo "Com amor". Embora a essa altura Joyce tivesse um contrato para escrever um livro e compromissos com várias revistas importantes, suas conversas com Jerry eram o mais importante de tudo. Jerry convidou-a a visitá-lo em sua casa. Não parecia no mínimo alarmante? Não para ela, recordaria Joyce. Em 1972, escreve, a dupla homem mais velho/mulher mais jovem — Frank Sinatra e Mia Farrow, Pierre Trudeau e Margaret Sinclair — não tinha nada demais. O que não parece tão verdadeiro assim, considerando-se a maneira como eram questionadas essas uniões, que acabaram fracassando. (A filha de J. D., Peggy, apenas dois anos mais moça que a nova amiga do pai, também se mostrava algo dúbia quanto à extrema juventude de Joyce. "Era tão esquisito... Então era por aquilo que papai esperava o tempo todo? (...) Aquela menina bizarra que parecia uma irmãzinha?", escreveu ela em suas memórias.)[102]

Fredelle Maynard, contudo, rejubilou-se por ver a filha envolvida com um homem tão famoso, não importando que ele tivesse 53 anos, ela mesma, apenas 49, e Joyce, dezoito. Em vez de recomendar cuidado, manifestar desconfiança ou baixar ultimatos, como fariam muitos pais, Fredelle optou por ajudar a filha em seus planos de chegar à casa de Salinger parecendo uma maltrapilha andrógina. Salinger, muito alto, magro e atraente, respondeu à altura àquela que logo viria a se tornar sua amante.

A vida de Salinger era tão austera quanto sua aparência. Ele estudava, praticava e pregava a homeopatia. Comia pouco, sobretudo frutas, legumes e grãos, além de tortas de carneiro preparadas com extremo cuidado. Detestava sorvete, vício secreto de Joyce. Em questão de poucas horas, beijou-a, comentando: "Você sabe demais para sua idade. Ou então eu é que sei pouco para a minha."[103]

Depois dessa visita emocionalmente densa, Joyce voltou para seu idílico emprego de verão, escrevendo colunas para o *New York Times* e cuidando de um apartamento vazio num luxuoso prédio de Central Park West. Mas, em vez de se concentrar no trabalho, escrevia obsessivamente a Jerry, "que se mudou para a minha cabeça".[104] Não demorou para que ele a levasse de volta a New Hampshire, instalando-a em sua cama.

A primeira tentativa sexual não foi bem-sucedida. Salinger, 53 anos, tirou o vestido da queridinha de dezoito pela cabeça e a calcinha de algodão, pelas pernas quase tísicas. Ela não usava sutiã, pois não havia seios para tal. Jerry tirou os jeans e a cueca. Não fez qualquer menção de cuidados anticoncepcionais, nem Joyce pensou no caso. O que ela pensava é que ele era o primeiro homem que via nu.

"Eu te amo", disse-lhe Jerry. Joyce repetiu suas palavras, sentindo que estava nas nuvens e que fora "Salva. Resgatada, libertada, iluminada, tocada pela mão divina".[105] Mas aquele enlevo todo acabou quando Jerry tentou penetrá-la e seus apertados músculos vaginais, como uma fortaleza, repeliram o pênis. Joyce acabou em soluços. Jerry não forçou a barra: vestiu seu roupão, massageou os pontos de maior tensão no corpo de Joyce, para aliviar a dor de cabeça que se manifestara, e ofereceu-lhe abóbora assada com *shoyu* e um copo de água gelada.

A alegria de Joyce transformara-se em vergonha, mas Jerry mostrou-se compreensivo, dizendo-lhe que consultaria sua literatura homeopática em busca de solução para seus sintomas. No dia seguinte, contudo, ao se despirem para tentar de novo, a mesma coisa aconteceu. "Tudo bem", disse Jerry. "Vou ajudá-la com seu problema." E alguns dias depois: "Eu não seria capaz de inventar o personagem de uma menina que amasse mais que a você."[106]

A relação não consumada aqueceu-se ainda mais. Jerry se entusiasmava com os ensaios e artigos de Joyce, e também com *Raisins and Almonds*, as memórias em que sua mãe relatava a infância de uma menina judia nas pradarias nada judaicas do Canadá. Mas quando ele manifestou toda a sua apreensão com o iminente retorno da segundanista Joyce a Yale, ela ficou preocupada, embora o escondesse, com a possibilidade de que ele a pressionasse a abandonar o refúgio de seu pequeno apartamento em New Haven.

Surgiram então as primeiras indicações de que Jerry podia mostrar-se tão rude com Joyce quanto se revelava com tantas outras pessoas. Ele constantemente dizia apreciar sua inteligência, mas quando o *Times* publicou dois de seus artigos, comentou, zombeteiro: "Nada mau para uma menina que cresceu do lado errado das trilhas de Kalamazoo. Mal pude perceber que sua língua materna era o lituano."[107] Classificou seu jornalismo de "histericamente divertido (...) assassinato com máquina de escrever" e disse-lhe que tomasse cuidado para não se transformar "numa espécie de maldita Truman Capote de saia, pulando de uma cena oca para outra".[108] Acusou a Doubleday, editora do relato pessoal que ela tentava concluir, de explorar sua juventude. E deu prosseguimento à busca de um *simillimum*, um remédio homeopático para curar a impenetrabilidade genital de Joyce e — concluiria ela mais tarde — mudar sua personalidade.

Joyce, precoce em sua inteligência e ambição, consumida pelo sentimento de culpa ante os defeitos claramente nela enumerados por Jerry e profundamente apaixonada, decidiu entregar-se diante da força de seu gênio e de sua personalidade. De volta a New Haven para o segundo ano na universidade, ela acabou capitulando um dia depois que o intratável

AS AMANTES COMO MUSAS

amante lhe disse que ficava feliz por saber que ela poderia arrumar um momento para ele em sua apertada agenda. "Venha me pegar", disse ao telefone. "Já não era sem tempo", respondeu Salinger.[109]

Agora Joyce era uma ex-estudante de Yale e amante instalada na casa de Salinger, embora não tivesse sido encontrado ainda o *simillimum* para relaxar seus genitais. Mas a mágica que havia esperado com o sacrifício de sua formação em Yale, com a perda dos pagamentos feitos e das bolsas de estudo revelava-se cada vez mais difícil de alcançar. Ao contrário de Phoebe Caulfield, Joyce Maynard era materialista, incapaz de esquecer seu fascínio com a brilhante vida literária em Nova York, devorava revistas e não literatura, assava bolo de banana, sabendo que Jerry detestava esse tipo de comida, e contrastava terrivelmente, em seu perfil caótico, com a simplicidade e organização que eram a marca dele. De uma hora para outra, Jerry achava sempre algo para criticar.

Apesar da deterioração do relacionamento, Joyce e Jerry passavam todos os dias juntos. Liam: ela, *Women's Daily* e *Family Circle*, ele, Lao-tsé, Vivekananda, Idries Shah. Escreviam — ele, sozinho em seu escritório, compondo páginas que jamais leu para ela, trancando-as num cofre. Praticavam ioga e meditavam. Cultivavam os legumes que, juntamente com ervilhas congeladas, constituíam seu principal alimento. E diariamente viam comédias na televisão e muitas vezes também um filme. Aos sábados, dançavam ao som dos ritmos majestosos do *Lawrence Welk Show*. Jerry resolveu a questão da sua frustração sexual empurrando a cabeça de Joyce na direção do seu pênis e ensinando-a a provocar-lhe um orgasmo. "Lágrimas correm pelo meu rosto", recorda Joyce. "Mas ainda assim, eu não paro. Enquanto continuar fazendo isto, sei que ele me amará."[110]

Joyce estava tendo dificuldade de amar a si mesma. Cumpriu suas obrigações contratuais com a Doubleday escrevendo *Looking Back*, um livro curto (ou um longo ensaio) supostamente contando sua vida, mas omitindo elementos importantes: o alcoolismo do pai, sua grave anorexia e o fato impressionante de que escrevia sua história depois de largar a universidade para viver com um homem 35 anos mais velho que tentava agradar, um escritor famoso que a considerava "uma pessoa materialista, gananciosa e faminta".[111]

A publicação de *Looking Back* aumentou ainda mais a amargura de Jerry. Ele criticou Joyce duramente por qualquer publicidade com que concordasse em favor da venda de seus livros. Aterrorizada com possibilidade de desagradar a ele e ainda mais de perdê-lo, ela começou a comer compulsivamente para depois vomitar. Engordando, viu cair ainda mais baixo sua autoestima.

Aos leitores de *At Home in the World* parecem mais que evidentes os primeiros sinais da desintegração da relação entre Joyce e Jerry. Mas Joyce praticamente os ignorava, e provavelmente Jerry também. O dilema sexual continuava a desafiá-los. No Natal, ambos detestaram os presentes que receberam um do outro. Jerry começou a dizer que o livro de Fredelle, *Raisins and Almonds*, era "superficial e carente de autenticidade".[112] Quando um repórter da revista *Time* conseguiu seu número de telefone através de um amigo de Joyce, Jerry ficou furioso. "*Sua garotinha pateta! Será que ainda não percebeu que já estou farto de você?*", perguntou.[113] Joyce começara a chorar muito, dando-se conta de que um dia Jerry poderia até odiá-la.

O fim do relacionamento ocorreu em Daytona Beach, onde estavam acompanhados dos dois filhos de Jerry. A viagem não era apenas de lazer. Jerry também queria que um reputado médico homeopata prescrevesse medicação para o "problema sexual" de Joyce. Mas o que aconteceu foi que Joyce se sentiu humilhada em seu primeiro exame ginecológico, que nada revelou de errado em termos fisiológicos. Ela tampouco reagiria ao tratamento de acupuntura que se seguiu.

De volta à praia, Jerry declarou a morte do caso de amor entre os dois. Friamente, cansado e parecendo muito velho, disse a Joyce que não pensava mais em ter filhos. "É melhor que volte para casa", prosseguiu. "Terá de tirar suas coisas da minha casa."[114] No momento em que Joyce entrava num táxi para o aeroporto, Jerry lembrou-a de desligar o aquecimento e trancar a porta ao sair. Peggy, em cujo quarto de hotel Joyce se hospedara, nada sabia do drama entre o pai e a jovem amante, exceto que "era como se ela nunca tivesse estado lá".[115]

Décadas depois, a dor de Joyce com aquele rompimento ainda se faz sentir. "Espero que ele me diga o que escrever, o que pensar, o que vestir, ler, comer", escreve ela. "Ele me diz quem eu sou, quem deveria ser. E no dia

AS AMANTES COMO MUSAS

seguinte, se foi."[116] Ela não aceitava sua decisão, tão repentina e definitiva. Telefonou, pedindo que reconsiderasse. Diariamente escrevia-lhe cartas desesperadas. De nada adiantava: realmente havia acabado.

Joyce comprou uma casinha na área rural de New Hampshire e para lá se mudou sozinha. Sua bulimia se agravou, mas ela conseguiu trabalho suficiente para se sustentar. Certa vez, convenceu Jerry a visitá-la, mas ele apareceu acompanhado de Matthew e ficou apenas alguns minutos. Quando vinham repórteres perguntar-lhe sobre sua vida com Salinger, ela se recusava a dizer uma palavra, invocando "a sagrada privacidade a que os gênios têm direito".[117] Reconfortava-se com a certeza de que Salinger jamais amaria ou poderia amar outra garota como a havia amado.

Passaram-se os anos. Um namorado carinhoso conseguiu deflorá-la relativamente sem dor. Revelou-se que Joyce Maynard era perfeitamente normal sexualmente. Sua carreira deslanchou. Ela se casou e teve três filhos. Escreveu um romance, *Baby Love*, sobre uma jovem e seu amante muito mais velho. Joseph Heller e Raymond Carver o elogiaram. Muito orgulhosa de seu trabalho, Joyce enviou um exemplar a Salinger. Ele respondeu imediatamente, por telefone, dizendo que o livro era "um ato de perversão barato e sensacionalista", "um lixo" que "enojava e dava engulhos".[118] Arrasada, Joyce entendeu que seu pobre sonho de passar uma tarde com Jerry na casa em Cornish jamais se concretizaria.

Joyce divorciou-se, litigiosamente, e se mudou para a Califórnia. Aos 43 anos, 25 anos depois de se tornar amante de Salinger, disse a seu editor que finalmente estava pronta para escrever sobre ele. Mais tarde, foi ainda mais longe e vendeu as cartas dele num leilão na Sotheby's.

Por que terá Joyce Maynard inesperadamente rompido um quarto de século de silêncio? Seus motivos eram complexos. Primeiro, ficou chocada ao descobrir que não fora a única namorada de Salinger, que ele se sentira atraído por outras jovens, indo atrás delas com sua poderosa pena exatamente como fizera com ela. Ao tomar conhecimento de que ele se casara com uma dessas mulheres, ela concluiu que Salinger a traíra, com isto invalidando sua obrigação de protegê-lo.

Outro motivo foi que, na meia-idade, Joyce viu claramente de que maneira Salinger usara sua habilidade como escritor para manipulá-la psicologicamente e seduzi-la com palavras. Ocorreu-lhe que, no empenho de controlá-la para que atendesse às necessidades dele, ele havia ignorado sua responsabilidade de protegê-la, a ela, uma jovem apenas dois anos mais velha que sua própria filha.

Com sua nova visão da situação, Joyce não mais via a insistência de Salinger para que ela guardasse silêncio "como prova de sua pureza de caráter". Pelo contrário, "sua exigência de privacidade (...) mais parecia agora a proteção de um homem perfeitamente consciente do fato de que suas atividades, vistas à luz do dia, talvez não passassem uma imagem favorável".[119] Ela começou a achar não só que tinha perfeitamente direito de contar sua história como também que seria um erro manter-se calada.

Muitos críticos, contudo, rejeitaram as explicações de Joyce sobre seus motivos para decidir falar. O jornalista Alex Beam, que fora seu colega em Yale, entrevistou-a logo depois de saber de sua decisão, publicando um acerbo relato da conversa. "A história com Salinger sempre foi o privilegiado relicário literário de Joyce, uma peça museológica de integridade, alheia à atual queima total de suas experiências de vida", escreveu ele. "Mas quando a procurei para uma entrevista, pouco depois de ter ela redigido suas lamúrias (...) Joyce disse-me que havia preparado às pressas o texto envolvendo Salinger para cumprir um contrato com a St. Martin's. E se queixou do valor do adiantamento."[120]

O escárnio de Beam prenunciava a indignada reação da crítica a *At Home in the World*, e também à venda das cartas de Salinger, cujo conteúdo ela estava legalmente impedida de reproduzir, embora na posse dos documentos em que estava registrado. Joyce foi considerada um monstro vingativo por ter revelado detalhes considerados, equivocadamente, banais e insignificantes do seu romance com Salinger, por exibir em praça pública o mito até então isolado.

Antes da publicação, Joyce procurou Salinger, supostamente para se despedir pessoalmente. Ele a recebeu com quatro pedras na mão. "O que você escreveu foi pura fofoca vazia, absurda, ofensiva, fétida", disse-lhe. "Você leva uma vida de intrigante patética, de parasita." E acrescentou, furioso: "Eu sabia que você daria isso. *Nada*."[121]

Com essas invectivas, Salinger acabava de romper definitivamente o feitiço que havia lançado sobre Joyce tanto tempo antes. Como ele, ela se apaixonara por uma ilusão: ela, por um pai sábio e bondoso, ele, por uma garotinha encantadora. O amor por ele fora para ela uma espécie de reverente e abnegada paixão, encarada como um dom e um triunfo sobre os críticos mal-intencionados. A atração dele por ela começou como uma tentativa de possuir de verdade alguém que pareceu inicialmente semelhante aos personagens fictícios de sua criação, e também de usar Joyce como musa residente de seu misterioso estilo então em gestação. Durante algum tempo, ele a comparou e mesmo a preferiu aos personagens de ficção que, se ganhassem vida magicamente, teriam sido como ela. Caindo por terra suas ilusões, Salinger não hesitou em tirar Joyce de sua vida. Ela obedeceu, mas 25 anos depois continuava a vê-lo, de longe, como a poderosa musa cuja aprovação e mesmo permissão precisava buscar para se expressar.

CAPÍTULO 10

Amantes de homens acima da lei

GAROTAS DE MAFIOSOS

Os gângsters podem ser muito diferentes, desde criminosos que só obedecem às leis do submundo aos governantes que impõem suas próprias leis. O que é comum a todas as formas de gangsterismo — sejam criminais ou governamentais — é um código de comportamento que respeita da boca para fora as convenções sociais e os costumes mas os viola a todo momento, fingindo também respeitar as mulheres mas na verdade as degradando, ao reduzi-las a objetos sexuais.

Mas algumas mulheres sentem-se atraídas pelo poder bruto e o insolente desrespeito às leis ostentados pelos gângsters, pelos privilégios e a riqueza de que em geral são acompanhados, pela adrenalina da intimidade com homens que assim sabem se impor. Essas mulheres podem tornar-se amantes de gângsters e tentar viver suas fantasias em carne e osso, na vida real.

Virginia Hill[1]

A mais famosa garota de gângster pode ter sido Virginia Hill, amante de Bugsy Siegel, membro da cúpula da máfia judaica americana e mais conhecido como o homem que introduziu os grandes cassinos de jogo em Las Vegas. Durante décadas Virginia Hill inspirou outras jovens e ambiciosas candidatas a garotas de gângsters, que passaram a imitar seu agressivo e — para elas — glamouroso estilo de vida. Hollywood também sucumbiu aos seus encantos em *Bugsy*, o grande sucesso de 1991 abordando as catastróficas (mas proféticas) tentativas de Bugsy de transformar a minúscula cidade de Las Vegas num gigantesco oásis do jogo e do entretenimento no deserto de Nevada. Sua turbulenta relação com Virginia era parte integrante dessa história.

A Virginia da vida real era uma espécie de personagem meio distorcido dos livros de Horatio Alger. Nascida em 1916 no interior do Alabama, era a sétima de dez filhos de um pai alcoólatra que os espancava e gastava com a bebida quase tudo que ganhava. Apelidada "Tab" (gata malhada), por seu jeito felino, Virginia era o maior alvo dos abusos do pai. Mas com sete anos de idade apenas, rebelou-se. Quando o "vagabundo e bêbado" do pai avançou certa vez para ela, lançou mão de uma frigideira e deu com ela em sua cabeça. Ele retaliou espancando a mulher, mas nunca mais voltou a pôr as mãos em Virginia.

A mãe de Virginia acabou por abandoná-lo, tirando a menina da escola na oitava série para ajudá-la. Virginia teve vários empregos malremunerados, cuidou da casa e dos irmãos menores. Não demorou a concluir que vender sexo seria uma forma muito mais fácil e lucrativa de ganhar dinheiro. Aos quatorze anos, Tab tornara-se uma confiante tigresa sensual e sexualmente experiente que não se conformava com as limitações da vida no Alabama da Depressão — e da Lei Seca —, ansiando pelo glamour da cidade grande.

Não queria saber de Nova York, cheia de imigrantes e gangues de rua. Chicago, com suas oportunidades de trabalho e a Feira Internacional Século do Progresso (1933-34), parecia mais interessante. Mas o que sobretudo atraiu Virginia foram as imensas possibilidades para uma mulher deslumbrante no mundo de gângsters de Al Capone. Capone ganhara notoriedade com o massacre do Dia de São Valentim em 1929, graças ao qual assumiu o controle absoluto do submundo de Chicago.

Aos dezessete anos, Virginia chegou a Chicago em busca de emoções, dinheiro e uma vida fácil. A brutalidade do pai a havia endurecido, convencendo-a de que os homens não mereciam confiança, atitude que a muniu para a vida de garota de gângster.

AMANTES DE HOMENS ACIMA DA LEI

Seu primeiro emprego em Chicago foi como garçonete no San Carlo Italian Village, complexo construído por Capone para restaurantes caros mantidos por gângsters. Antes de se passar um ano ela atraiu a atenção de Joey "Ep" Epstein, que controlava as apostas de corridas de cavalos em Chicago. Ela era muito bonita, um 1,62 metro de voluptuosidade, com longos e espessos cabelos castanhos e penetrantes olhos cinzentos. Embora exagerasse na maquiagem, Epstein admirava sua compostura e autoconfiança. Admiração compartilhada por Mimi Capone, a cunhada de Al, que fez amizade com Virginia, convidando-a a acompanhá-la em festas.

Depois de uma festa da máfia que atravessou a noite em 12 de junho de 1934, Epstein iniciou Virginia em suas operações de lavagem de dinheiro, como mensageira e confidente. Instruiu-a nas complexidades da contabilidade e do trato com a Receita Federal. Explicou-lhe a etiqueta de vida ou morte da sociedade dos gângsters, comprou-lhe roupas finas e a instalou num elegante apartamento, com uma mesada semanal de 3 mil dólares. Ele financiava suas suntuosas festas, que atraíam gente rica de Chicago, de ambos os lados da lei, e a estimulava a dormir com outros gângsters. Mas não fazia sexo com ela. Epstein provavelmente era um homossexual enrustido, e o fato de ter Virginia como sua garota principal conferia-lhe um excelente status, neutralizando eventuais fofocas sobre sua sexualidade.

De sua posição privilegiada como lugar-tenente de Epstein, Virginia observava a maneira como as outras mulheres da máfia eram tratadas, considerando-as "bonecas burras que servem para trepar". Os maridos as maltratavam e espancavam, exibindo as amantes como troféus. "Eu cresci aturando aquela merda toda do meu pai e dei um jeito de me livrar", disse ela a um amigo de Epstein. "Por que haveria de voltar a aturá-la? Sobretudo quando não preciso!"[2] Aos dezenove, Virginia Hill só se envolvia sexualmente por conveniência, jamais por amor.

Ao completar vinte anos, Virginia era íntima dos mafiosos mais poderosos de Chicago, dispondo de informações suficientemente detalhadas sobre suas tramoias e assassinatos para destruí-los se fosse necessário. Mas sabia que o preço de uma traição assim seria a execução sumária, e nunca falou.

Mas a reputação de discrição de Virginia não se estendia ao sexo, que praticava com uma legião de gângsters. Numa famigerada festa de Natal, ela declarou que botaria a boca onde houvesse dinheiro e foi engatinhando de homem a homem, abrindo suas braguilhas e praticando sexo oral. Como se uma mulher, indignada, a chamasse de puta, Virginia agarrou-a pelos cabelos, deu-lhe um tapa e gritou: "Eu faço a melhor chupetinha de Chicago, e tenho aqui os diamantes para prová-lo. Não estou fazendo nada que você já não tenha feito, e não a estou vendo com nenhum diamante."[3] Esse incidente lhe rendeu o codinome de "Rainha da Máfia" de Chicago, gerando ainda mais respeito por sua dureza.

A conquista seguinte de Virginia foi Joey Adonis, perverso gângster de Nova York que controlava o jogo e a loteria de números na costa leste. Com a bênção dos asseclas de Chicago, que estavam negociando uma aliança com a máfia de Nova York, ela se mudou para lá, logo vindo a tornar-se a "garota de Joey". Virginia e Joey faziam tudo juntos, inclusive sexo e crime. Brigavam ferozmente e ganhavam enormes quantias.

Certa noite, num bar com Adonis, Virginia conheceu Bugsy Siegel, que decidiu seduzi-la para insultar o outro, a quem desprezava. Bugsy, outro veterano do gangsterismo, era páreo para Virginia em matéria de beleza, olhos azuis, covinha e cabeleira lustrosa. Apesar de vaidoso e autocentrado, Bugsy podia ser encantador e era conhecido pela lealdade aos amigos e aliados. Também tinha um temperamento inflamável e tratava com brutalidade suas garotas e os rivais do submundo. Só sua esposa e namoradinha da infância, Esta Krakower, nunca sentiu a força de seus punhos.

Bugsy Siegel foi o primeiro homem a furar o escudo protetor do coração de Virginia. Um dia depois de se conhecerem, passaram a noite fazendo amor, e Virginia entregou-lhe não só o corpo, mas o coração. Alguns dias depois, contudo, Bugsy foi mandado para Hollywood para centralizar as diferentes operações de jogo na costa oeste.

Virginia ficou sozinha, e Epstein a puniu por seu importuno e não autorizado caso com Siegel reduzindo sua mesada e suas responsabilidades. Virginia ficou furiosa. Não demorou e retornou à casa da mãe na Geórgia. Já não era a cabana de que ela havia fugido cinco anos antes, mas uma imponente casa comprada com o dinheiro que ela regularmente enviava à mãe.

Virginia descansou e se reconciliou com Epstein, proporcionando à mãe os melhores utensílios domésticos, roupas, bons restaurantes e joias.

AMANTES DE HOMENS ACIMA DA LEI

Foi então com o irmão menor, Chick, para o México, para uma última aventura antes de voltar a Chicago. Os mexicanos a atraíam e fascinavam, e com eles seu apetite sexual parecia insaciável.

Virginia e Chick voltaram para Chicago e a máfia. Até que, num breve período de férias em casa, Virginia casou-se num rompante com Osgood Griffin, dezenove anos, jogador de futebol do time da Universidade do Alabama. Seis meses depois, período durante o qual Virginia constantemente largava o marido para suas frequentes viagens de "negócios" a Chicago, à Califórnia e ao México, o casamento foi anulado.

Virginia casou-se em seguida com o mexicano Miguelito Carlos Gonzales Valdez, dono de uma boate, para que ele pudesse emigrar para os Estados Unidos. Valdez, aparentemente não sabendo de sua profissão, esperava que ela fosse uma exemplar esposa de virtudes domésticas. Virginia passou a desprezá-lo, e não demorou para que também se divorciassem.

A meio caminho entre os 20 e os 30 anos, Virginia tornara-se a mais poderosa e respeitada integrante feminina da máfia, com acesso fácil aos líderes em Chicago, Nova York e Los Angeles. Tinha tanta influência na estrutura de poder quanto muitos gângsters, e seu poder na máfia foi maior do que o alcançado por qualquer outra mulher.

Era essa a sua posição na primavera de 1939, quando ela voltou a se encontrar com Bugsy Siegel numa festa na mansão do ator George Raft. Virginia tomou a iniciativa e os dois passaram o resto do fim de semana na cama. A partir dali, voltaram a ser os ladrões que sempre tinham sido, misturando sexo e negócios e convivendo com astros do cinema — Gary Cooper, Clark Gable, Cary Grant — ansiosos pelo convívio com o casal glamouroso e maldito de recursos aparentemente inesgotáveis.

Na verdade, Bugsy vivia com tal extravagância que estava sempre quebrado. Antes de Virginia, suas garotas muitas vezes tinham de pagar as próprias despesas e não raro as dele também. Mas ela era diferente e especial, o grande amor de sua vida. Bugsy comprou e reformou uma casa elegante, entregando a Virginia uma das duas chaves de ouro. Mesmo na extravagante Hollywood, Virginia e Bugsy gastavam mais dinheiro que ninguém com gorjetas e presentes e com eles mesmos. Sua casa era decorada com requinte. Seus guarda-roupas eram impressionantes: o de

Virginia contava mais de uma centena de pares de sapatos, vestidos de grife, suéteres de caxemira e uma dúzia de casacos de pele. Ela estava sempre ao volante de um Cadillac novo. E separava centenas de dólares por mês para ajudar a mãe.

Apesar da grande proximidade, Virginia e "Baby Blue Eyes" — ela adorava chamá-lo de bebê de olhos azuis porque ele o detestava — traíam um ao outro. Virginia não resistia aos namorados mexicanos, aos velhos amantes nem mesmo a George Raft, o amigo comum. Bugsy jurava matar qualquer homem com quem ela dormisse, mas não conseguia apanhá-la em flagrante. Surpreendentemente, tampouco o conseguiam os onipresentes repórteres, apesar de a seguirem por toda parte e publicarem emocionantes histórias sobre a garota do gângster Bugsy Siegel.

Durante cinco turbulentos anos, Virginia foi a garota de Bugsy. Tinha com ele o sexo mais satisfatório que já conhecera. Os dois brigavam, e quando Bugsy a espancava, como fazia o pai, Virginia dava o troco. Tratava então de ocultar os hematomas com maquiagem pesada, e Bugsy fazia o mesmo. Mas seu terrível temperamento, os ciúmes e suas (justificadas) suspeitas, os infindáveis pedidos de dinheiro que jamais reembolsava e a recusa de se divorciar da mulher para casar-se com ela acabaram por desgastar aos poucos o envolvimento de Virginia.

Depois de uma briga mais violenta por causa da recusa de se divorciar de Esta, Bugsy espancou Virginia até deixá-la inconsciente, jogou-a na cama e a estuprou. Um pouco depois, convidou-a a se mudar com ele para Las Vegas. Ele havia subornado autoridades na cidade: pretendia construir um hotel de luxo com cassino e dar-lhe o nome de Flamingo, o apelido carinhoso pelo qual a chamava. Virginia, dizendo que jamais o perdoaria por tê-la estuprado, achou graça e pegou um avião de volta a Nova York, onde retomou intenso relacionamento sexual com Joey Adonis. Também forneceu detalhadas informações sobre as atividades de Bugsy a chefões rivais.

Bugsy insistia em tentar atraí-la de volta. Virginia raramente ia a Las Vegas, mas os dois se encontravam quando ela estava em Los Angeles, onde ele a divertia com histórias sobre a obra, cada vez mais fora de controle, os custos que aumentavam sempre mais e os furtos a que procedia (somando cerca de 2 milhões de dólares) nos fundos investidos no complexo por outros gângsters. Virginia anotou detalhadamente essas informações, transmitindo-as aos outros mafiosos.

A noite de inauguração do Flamingo foi um desastre. Semanas antes, Virginia tinha se instalado no hotel, pois o considerava um monumento a si mesma. Ela e Bugsy bebiam muito e brigavam violentamente. Até que ela se afastou completamente de Las Vegas e do Flamingo, mostrando-se indignada a qualquer menção dos dois. Durante um encontro amoroso com Bugsy em Los Angeles, ela o chamou de "fracassado e inútil, um idiota que enriqueceu os amigos, mas não tem dinheiro no bolso nem para o táxi".[4] Em retaliação, Bugsy voltou a espancá-la e estuprá-la.

Enquanto isso, embora o Flamingo aos poucos se tornasse lucrativo, os sócios de Bugsy não o consideravam confiável, e em maio de 1947 decidiram eliminá-lo. Apesar de cooperar com eles, Virginia ainda estava muito ligada a Bugsy e muitas vezes parecia instável, ingerindo soníferos em aparentes tentativas de suicídio. Em consequência, os assassinos de Bugsy quase chegaram a ordenar sua morte também. Ela foi salva por intervenção de Joey Adonis.

Em meados de junho, Epstein telefonou a Virginia, instruindo-a a deixar Los Angeles. No dia 20 de junho, dias depois de sua partida, Bugsy Siegel lia o *Los Angeles Times* no sofá quando foi abatido a tiros pelos "amigos" da máfia. "O inseto está morto", informava Joey Adonis em Nova York.[5]

Em Paris, onde se envolvera com um rico francês de 21 anos, Virginia deu uma entrevista ao *Times*. "Ben, era assim que eu sempre o chamava, era tão bom", chorava. "Não posso imaginar quem atirou nele nem por quê."[6] Pouco depois, ela ingeriu outra overdose de soníferos e foi hospitalizada.

Depois de retornar aos Estados Unidos, Virginia, traumatizada, escondeu-se com o irmão na Flórida, tentando fugir de repórteres que o associavam ao assassinato de Bugsy. Tentou mais uma vez o suicídio, pela quarta vez em quatro meses. À medida que a depressão aumentava, aumentavam também as bebedeiras, os acessos de fúria e a instabilidade. Joey Epstein, com medo das revelações de seu diário, com seus segredos sensacionais sobre a máfia, continuou a apoiá-la.

Em fevereiro de 1950, Virginia apaixonou-se pelo instrutor australiano de esqui Hans Hauser, suspeito de ter sido um simpatizante do nazismo, e casou-se com ele. Nove meses depois, nascia o filho de ambos, Peter. Em 1951, ela foi intimada a depor perante a Comissão Kefauver sobre o crime organizado. Compareceu porque não podia deixar de fazê-lo, mas mentiu e induziu ao erro os entrevistadores, negando que tivesse se envolvido com o crime organizado. Encobriu as ações de Joey Epstein e explicou seus impressionantes recursos afirmando que eram presentes de namorados generosos.

Virginia não escapou ilesa. O Departamento do Tesouro a processou por evasão fiscal, forçando-a a vender a casa, os móveis, as joias que não conseguira mandar para um amigo no México e as roupas, inclusive 144 pares de sapatos. Mais tarde, ela foi para o México com um passaporte austríaco e jurou jamais voltar aos Estados Unidos "para ser perseguida por aqueles ratos de Washington. São eles os verdadeiros bandidos, e meu coração jamais perdoará aqueles que me feriram".[7]

Os "ratos de Washington" não a deixaram em paz. Em 1954, vivendo na Europa com Hauser, Virginia foi indiciada por sonegação de US$80.180. Cartazes com sua foto e a famosa inscrição "procurada" foram distribuídos por toda parte, e até na Europa ela se viu marginalizada.

Com o passar dos anos, a situação de Virginia deteriorou-se. Ela se separou de Hauser e mudou-se com o filho, Peter, para uma modesta pensão em Salzburgo. Comentando sua antiga vida de amante de mafioso, ela disse amargurada a Dean Jennings, que escreveu sobre Bugsy Siegel: "Conheço centenas de mulheres na América que eram mantidas por homens. Por que não pagam impostos? Se vão me prender por causa disso, por que não as prendem também?"[8]

Em 1966, pobre e infeliz na Europa, sustentada pelo filho de quinze anos, Peter, Virginia tentava negociar um acordo para voltar aos Estados Unidos e pedir clemência à justiça. Também exigia dinheiro dos antigos parceiros do submundo, ameaçando entregar às autoridades suas anotações comprometedoras se não o fizessem.

Os últimos dias de Virginia foram passados em Nápoles, aonde fora pressionar Joey Adonis para entregar-lhe outra grande soma em dinheiro. Adonis alegaria mais tarde que atendeu à proposta dela para que fizessem sexo, e que passaram a noite inteira fazendo amor. Depois de tomarem

AMANTES DE HOMENS ACIMA DA LEI

juntos o café da manhã, ele lhe entregou 10 mil dólares em notas de cem e deu-lhe um beijo de despedida. No dia seguinte, seu corpo foi encontrado por duas pessoas que caminhavam. A polícia informou que ela ingerira veneno, deixando um bilhete de suicídio.

Nos últimos anos, uma biografia de Virginia Hill contestou a versão conhecida de sua morte. Andy Edmonds, que fez numerosas entrevistas para a biografia, sustenta a tese de que ela foi assassinada por dois capangas de Adonis e que Joey Epstein sabia de tudo em Nova York. Os assassinos a conduziram a uma trilha afastada, forçaram-na a tomar soníferos e a deixaram inconsciente, à beira da morte. A máfia conspirara para se livrar da garota outrora tão poderosa.

Virginia Hill era conhecida demais para morrer na obscuridade. Sua morte causou sensação na imprensa e na opinião pública, que se lembrava dela pelo que de fato fora, uma mulher glamourosa e vestida com requinte, irreverente e durona, uma potência sexual e uma infindável fonte de dinheiro. Sobretudo, ela era lembrada pelo poder que detivera no selvagem e perigoso mundo da máfia.

Todas essas lembranças eram exatas, especialmente a posição única de que Virginia desfrutava como confidente e colega de alguns dos mais perversos e implacáveis criminosos da América. Sob muitos aspectos, ela conquistara uma certa independência e se entregara a um estilo de vida decadente. Mas sua independência dependia de Joey Epstein e outros chefões mafiosos, tanto que a desobediência podia significar morte. Virginia o entendeu perfeitamente, rebelando-se apenas em questões secundárias. Foi morta quando o esqueceu, tentando ameaçar os antigos colegas e amantes.

Por quase toda a vida, a felicidade de Virginia com o próprio sucesso alternou com a depressão, e ela tentou inúmeras vezes suicidar-se, ou pelo menos clamar seu profundo sofrimento. Tinha períodos de terrível depressão, e parece difícil imaginar como alguém que levava uma vida precária como a sua pudesse sentir-se de outra maneira. O glamouroso e emocionante estilo de vida de Virginia Hill na verdade não passava de uma fachada.

Nos últimos anos, Virginia nutriu forte ressentimento em relação a Epstein, culpando-o antes de mais nada por introduzi-la na vida do crime.

Mas sobretudo não se conformava por não tê-la orientado corretamente sobre os impostos que deveria pagar, uma queixa banal da parte de uma mulher conhecida por sua independência.

Virginia morreu pobre, abandonada por um ex-amante que nunca amara e que provavelmente a assassinou por ordem de antigos amigos e aliados. Foi essa a mulher que inspirou tantas outras jovens a buscar fortuna como amantes no mundo da criminalidade.

Arlyne Brickman[9]

Arlyne Weiss nasceu em 1934 no Lower East Side de Nova York e cresceu devorando histórias nos jornais sobre as proezas de Virginia Hill, chamada por um deles de "a mulher mais bem-sucedida da América".[10] Seu pai era um bem-relacionado chantagista que tentou afastá-la do submundo. Mas aos doze anos Arlyne decidiu ser uma garota de gângster, como Virginia Hill.

Sua avó, Ida Blum, dona de uma funerária, estimulou sua ambição. Arlyne sabia o que era preciso: boa aparência, a inteligência de saber ficar calada e as habilidades amorosas capazes de manter o seu mafioso sexualmente motivado. A recompensa viria na forma de presentes, status e respeito.

Arlyne tornou-se uma jovem alta e esbelta de busto generoso. Perdeu a virgindade com um jovem primo, às escondidas e dolorosamente, na funerária da avó. Passaria depois a buscar homens mais velhos, para ver se o sexo com eles era mais agradável. À noite, ela e três amigas circulavam de carro, pegando homens na rua.

O pouco que Arlyne lia dizia respeito a Virginia Hill. "Para mim", ela diria à sua biógrafa, Teresa Carpenter, "aquela garota realmente conseguiu." O feito mais impressionante de Virginia, considerava, era ter sido aceita como um dos rapazes.

Apesar de judia, Arlyne preferia os mafiosos italianos, achando-os mais românticos e emocionantes. Seu primeiro foi Tony Mirra, um capanga da família Bonanno. Por longas e desalentadoras semanas, Tony ignorou-a. Finalmente, convidou-a para dar uma volta em seu Cadillac preto de portas amarelas, passou a mão em suas coxas e seios e empurrou seu rosto na direção da braguilha aberta. Como ela resistisse, ele acusou: "Você não é de nada, só fica provocando." Com esse desafio, Arlyne levou a boca ao seu pênis e aprendeu a fazer sexo oral.

Aos quatorze anos, Arlyne tornou-se a garota de Tony. Ele lhe dava dinheiro e ela levava envelopes e pacotes aos asseclas. Quando estava "a trabalho", ela se vestia com esmero e passava no ombro uma estola de raposa ao estilo Virginia Hill. A aversão dos pais a Tony tornava-o ainda mais desejável para ela, que frustrava todas as tentativas de afastá-la dele e de outros mafiosos de má fama.

Depois de Tony veio o lutador italiano Al Pennino, que ela conheceu na companhia do boxeador em ascensão Rocky Graziano. Pouco antes de uma luta importante, os pais de Arlyne a retiraram à força do quarto de hotel de Al. O incidente perturbou-o de tal modo que ele perdeu a luta. Arlyne sentiu-se culpada e tratou de compensá-lo das perdas sofridas com dinheiro roubado da carteira do pai. Mas a mãe e o irmão de Al não gostavam de Arlyne, e ele passou a contar com as contribuições que recebia dela. Não demorou e Arlyne decidiu que não queria mais saber dele nem de visitas àquela "casa de carcamanos".

O amante seguinte de Arlyne foi um amigo de seu pai, Nathaniel "Natie" Nelson, fabricante de roupas com ligações no submundo. Natie era três décadas mais velho que ela, vestia-se de maneira espalhafatosa, reluzia com muitas joias e rivalizava com Bugsy Siegel em matéria de boa aparência. Até ser seduzido por ela numa cabana à beira-mar, Natie ignorou suas tentativas de atraí-lo.

Aquele rápido encontro sexual numa espreguiçadeira levou a um apaixonado caso de amor, pelo menos da parte de Natie. Ele enchia Arlyne de presentes e dinheiro. Mas ela ficou tão alarmada com sua crescente possessividade e as intenções de casamento que rompeu com ele. Natie reconquistou-a com um bracelete de diamante e conseguindo o apoio de sua mãe. Também parou de falar em casamento.

Arlyne deixou os estudos para trabalhar como modelo numa loja de roupas de luxo. Muitas vezes passava a noite no apartamento luxuosamente decorado de Natie. Numa manhã de sábado, cruzou com Jimmi Doyle, um conhecido gângster, no prédio de Natie. E deu com Natie morto no saguão, com uma bala na testa. Horrorizada, saiu correndo e nada disse. Jimmy Doyle mandou chamá-la. Arlyne vestiu-se no melhor estilo Virginia Hill e foi ao encontro da morte. Mas Jimmy queria apenas sexo, rápido e selvagem. Arlyne atendeu. Em seguida, ele acendeu um cigarro e disse: "Se manda. Eu te ligo."[11]

A partir dali, Jimmy passou a usá-la como escrava sexual, compartilhando-a com os parceiros. Arlyne aguentou calada, com medo de contar aos pais. Mas emagreceu tanto e chorava com tanta frequência que eles a mandaram a um psiquiatra, que conseguiu extrair seu segredo e contou aos pais. O pai procurou Jimmy. Em troca da garantia de que Arlyne jamais revelaria o que sabia sobre a morte de Natie Nelson, Jimmy concordou em deixar de vê-la.

Finalmente sentindo-se segura, Arlyne recuperou-se. Logo conheceria e viria a casar com Norman Brickman, um homem mais velho mas atraente que acabara de se divorciar. Tempos depois, Arlyne diria que aceitou sua proposta apenas para casar antes da irmã menor, conservadora e bem-sucedida. Mas ela foi infeliz no casamento. Norman mostrava-se de uma exigência implacável quanto às próprias roupas, sua comida e a manutenção da casa. Por mais que se esforçasse, Arlyne não conseguia satisfazê-lo. Eles se separaram, e ela levou consigo a filhinha, Leslie. Começou então a se encontrar e a dormir com criminosos, antigos amigos, como Tony Mirra, e outros novos.

Arlyne tinha expectativas quanto a esses relacionamentos. "Com um mafioso de classe, a gente saía algumas vezes. Chupava o pau dele no carro uma vez. Ele podia comprar uma joia. Podia dar algumas notas de 100 dólares. 'Tome, compre um vestido.'"[12]

Mas seu último homem, um chefão mafioso chamado Joe Colombo, exigia sexo dela e nada dava em troca. "Ele é a pior foda do mundo!", confidenciou ela, indignada, a um mafioso mais generoso.[13]

Com o tempo, Arlyne tornou-se a garota de confiança de todas as famílias importantes do mundo do crime: os Gambino, os Genovese e os Bonanno. Sua vida com esses mafiosos era uma verdadeira montanha-russa de medo (certa vez, três deles a estupraram no escritório de uma boate) salpicada de grandes injeções de dinheiro.

Durante anos, foi assim a vida de Arlyne. Até que ela conheceu Tommy Luca, que apesar de antissemita — referia-se a ela em público como "bastarda de ázimo" — a tomou como sua garota, instalando-a num apartamento com Leslie. Mas a vida com Tommy era desesperadoramente doméstica, vendo-se Arlyne obrigada a preparar comida italiana para mafiosos que a ignoravam enquanto discutiam o controle da loteria. Tommy a cobria de joias, mas sempre que precisava de dinheiro — o que acontecia com frequência — tomava de volta os presentes para penhorá-los.

Tommy também a espancava, com frequência e de maneira cada vez mais brutal. Certa vez, ela estava caída no chão, machucada, e ele a estuprou. Mais adiante, viria a censurá-la por levá-lo a fazer coisas tão terríveis, prometendo-lhe que sempre poderia contar com ele. Típica mulher de bandido, Arlyne confundia sua violência com paixão e o remorso que se seguia com amor. Fazia tudo que podia para agradá-lo, chegando a engordar e a escurecer o cabelo para ficar parecendo italiana.

A relação se deteriorava à medida que ficava mais intensa. Arlyne era de tal ajuda no "negócio" de Tommy que presumiu que ele não poderia dispensá-la. Ao mesmo tempo, o espionava para os mafiosos rivais, como se quisesse garantir uma espécie de apólice de seguro para si mesma. Quando os dois foram presos por corretagem ilegal de apostas, Tommy ordenou que ela o salvasse confessando, pois sua punição seria mais branda que a dele. Arlyne confessou e recebeu uma pena de liberdade condicional e multa de 200 dólares.

Passaram-se os anos. Arlyne acabou nas garras de um usurário mafioso ao qual não conseguia pagar o dinheiro devido. Tornou-se informante da polícia ao ter conhecimento de que o usurário pretendia matá-la. Por mais de uma década, ao mesmo tempo em que agenciava apostas e vendia heroína com Tommy Luca, Arlyne usou bolsas com microfones para gravar conversas de mafiosos. Em 1986, num longo e difícil julgamento, foi testemunha de acusação, praticamente quebrando a espinha dorsal da operação mafiosa da família Colombo. Em seguida, sob proteção da polícia federal, deixou a costa leste para se instalar na Flórida.

Desde a adolescência Arlyne Weiss Brickman inspirou-se em Virginia Hill. Mas o fato é que ficou aquém das proezas de seu modelo. Nunca teve

432 AMANTES — UMA HISTÓRIA DA OUTRA

muito dinheiro nem desfrutou do respeito dos comparsas mafiosos, que também eram antissemitas. Ao contrário de Virginia, que não teve filhos durante sua vida na máfia, Arlyne submeteu a filha a tanta violência na vida doméstica que Leslie certa vez investiu contra um dos abusivos mafiosos da mãe com um facão. Quando Leslie se viciou em heroína, Arlyne recusou-se a parar de traficar. Por outro lado, conseguiu continuar viva, não totalmente insatisfeita com sua vida. Mas tem vivido os últimos anos com segurança limitada, pouco dinheiro e nenhum respeito. No fim das contas, Virginia Hill revelou-se um falso modelo.

Sandy Sadowsky, Georgia Durante e Shirley Ryce[14]

Como Arlyne, Sandy Sadowsky e Georgia Durante eram modelos que namoraram e vieram a casar com mafiosos. Sandy, corista em Las Vegas na década de 1950, admirava profundamente Virginia Hill. Na adolescência, vira-a prestar depoimento (numa TV preto e branco de oito polegadas) durante a investigação Kefauver. "Lá estava ela em seu vestido preto decotado, com um chapéu preto de abas largas, usando óculos escuros e trazendo nos ombros um casaco de raposa prateado. Famosa, glamourosa, misteriosa... Eu a achava sensacional", recorda-se Sandy.[15]

Tanto Sandy quanto Georgia souberam o que era a vida psicótica de uma garota de mafioso. Seus amantes as cobriam de roupas e joias e as pediam de volta quando ficavam sem dinheiro. Certa vez, Sandy estava jantando com Bernie Narton, dono de uma boate e amigo do chefão Meyer Lansky, quando apareceu um *bookmaker*. Bernie entregou-lhe distraidamente um documento assinado e as chaves do carro. "Você tem dinheiro para o táxi, amorzinho?", perguntou então a Sandy.[16] Ele acabara de vender o carro de ambos para saldar uma dívida de jogo.

Falta de dinheiro é algo comum para esposas e amantes de mafiosos, e a segurança financeira é tão fugidia quanto outros aspectos dessa vida. (Bernie precisou de autorização do oficial de sua condicional para se casar com Sandy.)

Tanto Sandy quanto Georgia presenciaram manifestações da violência criminal que fazia parte da profissão dos parceiros. Certa vez, Sandy deparou-se ao chegar em casa com um estranho que recebera uma bala no ombro e cujo sangue formava uma poça na colcha branca de sua cama, feita por encomenda, e escorria para o carpete. Bernie ordenou-lhe que o ajudasse a extrair a bala. Estava fora de questão levar o sujeito a um hospital, dizia. Trêmula, Sandy ajudou-o enquanto enfiava uma faca de cozinha na carne do indivíduo, que não parava de berrar, para tirar a bala e jogá-la no vaso sanitário. Em seguida, Bernie calmamente comeu uma torrada com queijo, tomate e cebola.

As experiências de Georgia foram piores ainda. O bonitão e espalha-fatoso dono de boate, Joe Lamendola, com quem viria a se casar, era um homem violento. Georgia o viu chutar com os comparsas um homem deitado que implorava pela própria vida, para em seguida atirá-lo num caminhão. Quando lhe perguntou chorosa sobre o incidente, ele a esbofeteou repetidas vezes, até que ela dissesse que nada vira e nada diria. "Nunca, mas *nunca* me faça a porra de outra pergunta! Quem acha que é pra ficar me fazendo perguntas?", rugiu Joe.[17]

Como Virginia e Arlyne, Sandy e Georgia eram constantemente espancadas. Georgia transformou-se num caso típico de mulher que apanha. Sandy foi violentamente xingada — "Sua burra! Imbecil! Vaca! Puta de uma figa!" — quando o amante, que podia ser encantador com ela, tentou comer a primeira refeição que preparou para ele: bife queimado e batatas semicruas. Ele atirou a comida e os pratos contra a parede, começou a esmurrar a mesa e as paredes e a cobriu de insultos.

As duas eram dominadas e controladas até nos mais insignificantes aspectos da vida, como maquiagem, penteados, roupas, amigos, atividades. Sandy viria a descobrir que os mafiosos detestam que suas amantes fiquem grávidas. Depois de tentar secretamente várias maneiras de livrar-se do feto, inclusive lavagens com Lysol, Sandy confessou a Bernie. Ele a acusou de burrice e lamentou a má sorte de engravidar toda mulher com quem dormia. Como Sandy se defendesse dizendo que usara o método da tabelinha como prevenção, como faziam os católicos, Bernie gritou: "Nunca percebeu que os católicos têm uns vinte filhos cada um?"[18]

Na década de 1960, as experiências da canadense Shirley Ryce assemelharam-se a muito do que Sandy e Georgia haviam experimentado, e mais tarde, ao se tornar uma informante, à vivência de Arlyne também. Ao contrário delas, Shirley já era casada. Mãe jovem e esposa entediada, ela começou tarde sua "carreira", aos 23 anos. Paquerando em bares certa noite em Hamilton, a cidade industrial onde nasceu, perto de Toronto, ela se sentiu fortemente atraída por Rocco Papalia, um dos chefões de uma família mafiosa. Os dois fizeram sexo no terceiro encontro, no apartamento do irmão dele. Rocco queria manter o dele arrumado para a noiva, que aparecia sempre.

O sexo era conservador. Ao contrário de muitos mafiosos americanos, os Papalia não gostavam de sexo oral, considerando-o pervertido e nojento. Quando Shirley acaso botava seu pênis na boca, Frank Papalia (o irmão mais velho de Rocco, para quem a passou ao cansar-se dela) recusava-se a voltar a beijá-la porque "dava uma sensação horrível" e ele se sentia sujo. Ele sequer conseguia comer com uma mulher que tivesse feito essa coisa revoltante. Para esses gângsters italianos, concluiu Shirley, a revolução sexual não acontecera.

Eles também tinham uma atitude tradicionalista a respeito do casamento. Shirley deduziu que Rocco se casara ao notar que ele engordara muito, consequência dos quitutes preparados pela mulher. Mas ela não ia fazer perguntas sobre esposas, perguntar a Rocco (ou mais tarde a Frankie) se a amava, nem demonstrar ciúme. Tinha de aceitar sua condição de amante de mafioso; tinha de ficar bonita, agradar e — quando Rocco lhe pedia — estar disponível para fazer sexo com vários de seus comparsas. Num desses encontros, Shirley deu-se conta de que havia dormido com oito dos nove mafiosos presentes. Rocco fez pilhéria: "Mas o que é isto? Uma assembleia?"[19]

Em troca dos serviços e agrados com que atendia aos membros masculinos da família, Shirley recebia presentes, dinheiro e — ao deixar o marido — um emprego no Gold Key Club dos Papalia. Como recepcionista, atuava como mentora das outras garotas. Ensinava às jovens pretendentes que os mafiosos gostavam de garotas muito elegantes, de preferência trajando vestidos. Não podiam falar palavrões na presença de outras pessoas, embora estivessem autorizadas em conversa particular. Deviam esforçar-se por parecer refinadas, bebendo destilados em vez de cerveja, usando joias clássicas em vez de bijuterias de mau gosto, e nunca propor ou esperar nada senão sexo tradicional. "Eu tinha de fantasiar para que [o sexo] ficasse interessante", recordaria ela. "Eu nunca tive um orgasmo com um mafioso; eu nem sabia o que era um clímax quando estava com eles."[20]

As garotas de mafiosos que dão entrevistas ou escrevem sobre o passado oculto geralmente reconhecem sua impotência diante da vida. Shirley Ryce tenta fazer uma espécie de análise feminista de sua promiscuidade, argumentando que, ao fazer o que fazem homens poderosos, tentava conquistar o que lhe pareciam ser as vantagens do poder. Georgia entende hoje que foi uma clássica vítima da síndrome da mulher espancada — exatamente como Arlyne e Virginia, claro. Essas mulheres muitas vezes confundem possessividade com amor, violência com paixão, sendo apanhadas em relacionamentos que são verdadeiros pesadelos, não raro um atrás do outro.

Como pré-requisito para unir seu destino a criminosos que subvertem os padrões da sociedade, uma pretendente a amante de mafioso deve desconsiderar as leis e desrespeitar os padrões morais da sociedade. Terá de internalizar e observar os valores muito diferentes de seus parceiros do submundo. É verdade que o submundo oferece certas oportunidades que se apresentam com menos facilidade às mulheres no mundo da lei: dinheiro e os bens que pode comprar em primeiro lugar, seguido da adrenalina do perigo e da violência. Mas essas mulheres pagam um preço alto, com o colapso da autoestima, a destruição da família e uma cruel insegurança pessoal, que pode durar a vida inteira.

GAROTAS DO KREMLIN[21]

Os regimes totalitários muitas vezes assumem formas de gangsterismo institucional reminiscentes do submundo do crime. É o que se verifica particularmente quando altos funcionários abusam de seus poderes para exercer controle quase absoluto sobre mulheres que desejam sexualmente. Um clamoroso exemplo desse tipo de homem foi Lavrenti Pavlovitch Beria, um camponês georgiano que ascendeu nas fileiras do Partido Comunista até comandar o Ministério do Interior soviético (1938), que controlava a polícia secreta. Depois de promover um expurgo na polícia, Beria impôs um regime de terror tristemente célebre pela tortura e o Arquipélago Gulag dos campos de trabalhos forçados.

Após a morte de Stalin, Beria foi julgado e executado. A certa altura do julgamento, um promotor mencionou nove listas de 62 nomes de mulheres, perguntando se eram suas amantes. "Sim", respondeu Beria, "a maioria". E ele tinha sífilis? Sim, mas a tratou. E a menina de quatorze anos que havia estuprado e viria a ter um filho seu? "Não fora estupro", alegou Beria. A garota consentira em fazer sexo com ele.

Uma das amantes de Beria foi uma jovem dentista georgiana chamada Vera. Vera era uma mulher muito séria, alta e esguia, de pele clara e olhos escuros. Exercia a profissão no edifício Lubianka, sede da KGB, onde também vivia, num pequeno apartamento. Beria ia ao seu apartamento sempre que queria, e também a forçava a ser sua cúmplice na tortura de presos. Um guarda acompanhava a vítima ao consultório de Vera, supostamente para um exame dentário de rotina. Mas uma vez aberta a boca do "paciente", o guarda o prendia à cadeira e dava início ao interrogatório, enquanto Vera entrava em ação com a broca. Enquanto o preso não assentisse em resposta às perguntas ou confessasse, ela continuava perfurando. Um escritor antistalinista aguentou apenas quinze minutos, e confessou todas as acusações que lhe eram feitas.[22]

A menos que fosse tão perversa quanto o amante, a relação de Vera com Beria deve tê-la torturado tanto quanto ela mesma torturava as vítimas do ministro. Ela provavelmente conhecia pelo menos algumas delas, talvez simpatizasse com suas "heresias". Seus gritos deviam persegui-la dia e noite, e seu apartamento no Lubianka certamente não lhe oferecia grande conforto. Vera não tinha como escapar de Beria ou de suas próprias lembranças.

Lavrenti Beria foi um dos piores exemplos de gangsterismo político. Como gozava da confiança de Stalin, era muito perigoso em seu poder desmedido, e se prevalecia dele para subjugar qualquer mulher que desejasse. Corrompeu o aparato de Estado criado com tanto fervor e derramamento de sangue para assegurar os direitos de todos os cidadãos e a igualdade das mulheres; usou-o como instrumento para conseguir mulheres para sua

AMANTES DE HOMENS ACIMA DA LEI

própria gratificação sexual. O stalinismo, personificado por Beria, traiu a igualdade entre os gêneros que estava no cerne ideológico dos ideais comunistas, e, com ele, as expectativas de legiões de mulheres idealistas.

AS CAMARADAS DE FIDEL[23]

Quase duas décadas depois, em outro continente, o presidente de Cuba, Fidel Castro, introduziu uma forma mais pura de comunismo, embora no início o castrismo recorresse a certas estratégias stalinistas: unidades locais funcionando como organismos nacionais de espionagem; estudantes induzidos a delatar pais e professores fora da linha; homossexuais submetidos a abusos. Os direitos humanos foram pisoteados. Os anticastristas, fossem reais ou imaginários, eram torturados e encarcerados por longos períodos. Essas medidas abomináveis conspurcaram as conquistas do castrismo nos terrenos da igualdade racial e de gênero, da habitação, da educação, da medicina e do bem-estar social.

A Cuba que Fidel libertou do domínio do ditador militar Fulgencio Batista[24] era conhecida pela corrupção e a repressão, em harmoniosa convivência com a elite que dominava o país socialmente. Batista também convidara gângsters americanos a montar cassinos em Havana. Meyer Lansky e outros chefões mafiosos abriram cassinos e boates tão espetaculares que a vida noturna em Cuba ganhou fama internacional por sua exuberância, vitalidade e hedonismo. O rum cubano era suave, seu tabaco, aromático, e seus dançarinos, irresistíveis. Suas prostitutas, saídas da classe sem esperança dos camponeses, eram jovens e ardentes. Em sua maioria, as outras mulheres cubanas que trabalhavam — 9,8% dos trabalhadores registrados — eram domésticas ou mendigas. À parte isso, as mulheres trabalhavam em casa no serviço doméstico não remunerado ou em bicos na economia paralela.

O castrismo deu grandes passos na melhoria dessa situação, em virtude do igualitarismo que está no cerne de sua ideologia, e também porque Fidel respeita e muitas vezes confia nas mulheres. Em 1974, ele compareceu a todas as sessões dos cinco dias de um congresso nacional de mulheres.[25]

Um ano depois, no Dia da Mulher, seu governo adotou o Código da Família, proibindo as atividades de prostituta e doméstica e tornando todos os cidadãos cubanos, homens e mulheres, iguais perante a lei.[26]

Em termos sociais, Fidel continua sendo tradicional em seus pontos de vista e nas expectativas em relação às mulheres. No casamento com Mirta Díaz-Balart, Fidel exigia lealdade quase feudal, mas não hesitava em sacrificar a vida em família em favor de atividades revolucionárias. Ele acredita na estabilidade do casamento e aceita o divórcio. Mas desde o divórcio de Mirta, preferiu ter amantes, em vez de voltar a casar.

Naty Revuelta

Para as mulheres com que esteve profundamente envolvido, amar Fidel o homem é amar Fidel o grande líder. Desde os primeiros dias da revolução, ele misturou a vida pessoal e a política. Sua amante mais conhecida, Naty Revuelta, aprendeu essa lição de maneira lenta e dolorosa, quando já estava amamentando o bebê com que esperava prender definitivamente o pai.

Natalia Revuelta Clews nasceu em 1925, quatro meses antes de Fidel Castro. Sua mãe, Natica, vinha de uma rica e ilustre família de ascendência britânica. Com a confiança da beleza reforçada pelo desejo, Natica desafiou o pai e casou com o belo mas alcoólatra Manolo Revuelta. Quando Naty tinha quatro anos, os pais se divorciaram. Seu pai mudou-se para a distante província de Oriente, desvinculando-se quase completamente da vida da filha.

Morena de cabelos castanhos, olhos verdes e formas voluptuosas, Naty era uma beldade ainda mais impressionante que sua orgulhosa mãe. Sua educação passou por uma escola preparatória na Filadélfia e a melhor escola americana de Havana. Todos os amigos e conhecidos depositavam em Naty expectativas de grande sucesso social. "Ela não tem apenas beleza, ela tem tudo", garantia o anuário escolar.

O casamento de Naty com o respeitado cardiologista Orlando Fernández Ferrer, muito mais velho que ela, que se apaixonou quando Naty foi hospitalizada por uma perigosa apendicite, pareceu perfeitamente

AMANTES DE HOMENS ACIMA DA LEI

adequado. E também corria tudo bem quando, um ano depois, veio a maternidade com a pequena Natalie, conhecida como Nina.

Mas não obstante os diligentes criados que cuidavam de sua bela casa e da adorável filha, apesar do exclusivo Vedado Tennis Clube frequentado pelo casal, das lojas finas de Havana e até de seu interessante emprego na Esso Standard Oil, Naty estava insatisfeita.

Isso não decorria apenas do fato de se entediar com o marido, trabalhador e reservado. Inexplicavelmente, essa filha privilegiada da aristocracia cubana adquirira simpatias revolucionárias. Em 1952, quando o general Fulgencio Batista derrubou o governo, cancelou as eleições então programadas e recebeu o reconhecimento oficial dos Estados Unidos, Naty incorreu na ira dos amigos e da família envolvendo-se com estudantes revolucionários empenhados em derrubar Batista.

Naty era séria e determinada. Quando o movimento de Castro, ainda lutando por se firmar, precisava de dinheiro, ela contribuía com suas economias. Entrou para a Liga das Seguidoras de José Martí, costurando os uniformes militares falsos de que Fidel precisava para disfarçar seus homens. Ousada, Naty fez réplicas da chave de sua casa e as entregou a dois políticos oposicionistas, e uma terceira, escondida num envelope de linho perfumado com Arpège, de Lanvin, a Fidel.

A chave da casa de Naty abriu seu coração também. Bastante tempo depois de receber essa oferta de sua fogosa seguidora no mundo da alta sociedade, Fidel apareceu em sua porta vestindo uma *guayabera* bem limpa e engomada. Os dois conversaram, ou melhor, só Fidel falou, mesmo depois da chegada de Orlando. Fidel expressou com tanta convicção sua oposição à resistência passiva que Orlando esvaziou os bolsos e fez uma doação do que havia ganhado em seu dia de trabalho. Naty acompanhou Fidel até a porta. "Se precisar, pode contar comigo", disse, séria.[27] Naty não sabia, como escreveria mais tarde sua filha Alina, ainda por nascer então, "que seu rosto, sua cintura fina e sua condição de mulher da alta sociedade faziam bater mais rápido o coração dos homens". (...) [Ela e Fidel] imediatamente se entenderam, e o resto do mundo deixou de existir".[28]

Naty já estava apaixonada, e, bem à sua maneira, igualmente Fidel. O marido de Naty era bondoso e dedicado, trabalhador e totalmente desatento ao tédio da mulher, tão cheia de energia. E por mais que Naty tentasse evitar compará-lo ao carismático Fidel, alto e bonitão, o fato é que Orlando era irremediavelmente um intelectual baixinho.

Nas aparências, Naty e Fidel assumiam a atitude de colaboradores políticos. Ele recusou seu convite para ir ao clube Vedado, mas ela aceitou o convite dele para uma manifestação de protesto. Levado na onda de entusiasmo dos estudantes, ele abriu caminho até o palanque e assumiu o comando. Quando se dirigia para lá, agarrou a mão de Naty e a puxou. Não houve nenhum problema pelo fato de ela chegar muito tarde em casa naquela noite. Orlando ainda estava trabalhando, e a babá pusera o bebê para dormir.

Não demorou e Fidel passou a fazer uso quase diário da chave da casa de Naty, transformando-a em quartel-general estratégico para o planejamento do ataque ao quartel de Moncada. Ao se despedir, ele dizia a Naty que era difícil deixá-la. "Quero que saiba que passou a ocupar um altar no meu coração", disse-lhe.[29]

Ao alvorecer o dia marcado para o ataque, Naty distribuiu o manifesto de Fidel a políticos, jornalistas e editores. Mas o rádio deu a terrível notícia de que o bando armado de Castro tinha sido derrotado. Fidel fugira para as montanhas, mas metade de seus homens fora feita prisioneira, torturada e executada. Naty ficou para morrer. Não tinha coragem de dizer nada, contudo, e não teve como recusar quando Orlando propôs que almoçassem no Biltmore Country Club e depois fossem à praia.

Fidel foi capturado e encarcerado. Sendo a única pessoa, à parte os líderes do movimento, previamente informada do ataque a Moncada, Naty estava tão seriamente implicada que temia ser presa também a qualquer momento. Sua mãe, com quem se havia confidenciado, estava tão amedrontada que sua espessa cabeleira começou a minguar. Mas ninguém denunciou a cumplicidade de Naty, muito menos Fidel, e ela continuou livre para levar sua vida, senão para desfrutar de seus prazeres.

Fidel foi condenado a quinze anos de prisão. Para Naty, os vinte meses de pena que ele chegou a cumprir seriam o período privilegiado em que as barras da prisão o mantiveram longe de outras. Pela primeira e última vez, Fidel dependia dela e estava absolutamente apaixonado por ela.

A nova missão de Naty consistia em fornecer a Fidel tudo que quisesse, tornar-se indispensável e, esperava, ligar-se a ele para sempre. Ela encontrava e lhe mandava por correio livros e os alimentos que pedia. Fidel devorava tudo, elogiando-a pela generosidade e o preparo intelectual. À medida que aumentavam nas cartas o nível de intimidade e as expressões de amor, a bela e entediada dona de casa vibrava com suas novas expectativas e se rejubilava por aquele relacionamento. "Suas cartas nutrem minha alma (...) ajudam-me a entender meus sentimentos (...) e a aplacar meus medos", dizia ela.[30]

Tão incansável quanto brilhante, Fidel propôs um estudo em conjunto da melhor literatura internacional. Juntos, eles liam, discutiam e analisavam as mais variadas tendências literárias, de *Vanity Fair*, de William Thackeray, a *Das Kapital*, passando por *O fio da navalha*, de Somerset Maugham. "Você tem um espaço em cada página, em cada frase, em cada palavra", exaltava-se Fidel. "Quero dividir com você cada prazer que encontro num livro. Não significa isso que você é minha companheira íntima e que eu nunca estou sozinho?"[31] E mais: "A sua parte que me pertence sempre está comigo e para sempre estará."[32] Ele começou a se despedir assim nas cartas: "Eu a amo muito."

Com a continuidade da correspondência, Fidel passou a atribuir a Naty uma grande intelectualidade e originalidade, ao que ela reagiu de todo coração. Mas ao descobrir que não era sua única correspondente, sua pena (na verdade, sua máquina de escrever Smith Corona no escritório da Esso) começou a deixar transparecer um envenenado ciúme. "Não sei amar quando não sou amada", enfureceu-se. "Quem neste mundo me conhece melhor que você? Desde que comecei a escrever, não tenho segredo algum. Minha alma está aberta a você."[33]

Quanto mais se intensificava essa paixão epistolar, mais Naty detestava sua vida de duplicidade. Mas tratava de justificá-la. Dizia ter um coração grande o suficiente para amar Fidel, Orlando, Nina e até sua mãe, problemática e reacionária. Fidel não precisava desse tipo de racionalização. Escrevia cartas compenetradas à esposa, a dedicada e apolítica Mirta Díaz-Balart, que lutava para criar sozinha o pequeno Fidelito, sem apoio financeiro do marido, encarcerado. De longe, Fidel determinava a dieta alimentar do filho e outros detalhes domésticos, mantendo Mirta sempre informada sobre sua visão da política cubana. Não compartilhava com Naty (nem provavelmente sentia) qualquer ambivalência, nem muito menos culpa, quanto ao seu relacionamento, e só mencionava Mirta de passagem. Quando sua irmã Lidia brigava com Mirta, por exemplo, Fidel confidenciava a Naty que pretendia reclamar dos juízes por terem-no condenado a apenas quinze anos de prisão, em vez de vinte, que lhe dariam ainda maior tranquilidade.

Naty jamais se sentiu ameaçada por Mirta. Na verdade, o fato de ela existir, assim como o encarceramento de Fidel, o mantinha a salvo de possíveis outras mulheres sem marido nem filhos. Naty tomou a iniciativa de se comunicar com Mirta e visitá-la, e em seguida escreveu a Fidel para dizer o quanto sua esposa era adorável. Naty também se aproximou da mãe de Fidel e de seu irmão, Raúl.

Menos de um ano depois de iniciada essa paixão epistolar, um funcionário da prisão trocou inadvertida ou maliciosamente as cartas de Fidel, enviando a de Naty a Mirta e a de Mirta a Naty. Naty simplesmente devolveu a carta a Fidel, mas Mirta, insultada e ferida, abriu a de Naty, descobrindo que o marido que já lhe havia causado tanto sofrimento estava apaixonado por outra mulher.[34]

Mirta procurou Naty furiosa, advertindo que causaria um escândalo se ela insistisse em se comunicar com Fidel. Inicialmente, Naty não se deu conta do perigo para ela ou Fidel, instruindo-o a aplacar o medo e a dor da esposa. "Não se preocupe, tudo na vida tem solução", escreveu-lhe.[35]

A solução de Fidel foi deixar de escrever-lhe. As questões pessoais não eram importantes para ele, lembrou-lhe. Naty, tomada de amor por ele, não conseguia se enquadrar nessa categoria das "questões pessoais". Nem entendeu que ao expressar sua gratidão por tudo que ela fizera por ele Fidel estava apagando aquele amor ardente.

Mas Fidel continuava precisando de livros, e por intermédio da irmã, Lidia, enviou a Naty listas de títulos, em cartas impessoais e distantes. Porém o escândalo conjugal que ele esperava evitar veio à tona de qualquer maneira, embora não por causa de Naty. No dia 17 de julho de 1954, ele ouviu no rádio que Mirta fora demitida do Ministério do Interior. Era para ele a primeira indicação de que sua mulher trabalhava para o desprezado governo de Batista. Ele reagiu com furiosa perplexidade. A notícia era "uma maquinação contra mim, a pior, mais covarde, mais indecente, desprezível e intolerável", escreveu a um amigo. "Estão em jogo o prestígio de minha mulher e minha honra de revolucionário."[36]

Lidia, sua irmã, logo confirmaria que a informação era procedente. Dias depois, Mirta pediu o divórcio. Fidel reagiu pedindo também. "Você sabe que tenho um coração de aço e haverei de manter a dignidade até o último dia de vida", disse ele a Lidia.[37] Mirta, sustentando uma atitude não menos digna, voltou a se casar e deixou Cuba para sempre, à parte visitas anuais a Fidelito, cuja custódia os dois disputaram ferozmente, até que Fidel teve ganho de causa.

Naty, enquanto isso, esperava tensa a libertação de Fidel numa anistia geral. "Fidel provavelmente sequer se dava conta ainda de que a atração de Naty por ele decorria do fato de ser um canal, uma mensageira para ele — é bem verdade que uma mensageira extremamente atraente", escreve Wendy Gimbel, que passou muito tempo com Naty enquanto pesquisava para escrever *Havana Dreams*, seu livro sobre quatro gerações da família de Naty.

Antes do alvorecer no dia da libertação, Naty saiu discretamente de casa vestindo uma saia vermelha de cintura justa e uma blusa branca, e entrou na Mercedes-Benz de Orlando. Mas Fidel, triunfante e cercado das irmãs, mal a notou no meio da multidão de admiradores entusiasmados.

Antes do rompimento final, Naty e Fidel tiveram vários encontros furtivos no apartamento apertado dele, consumando sexualmente uma paixão que, para ele, terminara na prisão. Naty provavelmente terá esperado que o sexo, sua beleza sensual e o amor que tinham na lembrança haveriam de trazê-lo de volta, mas Fidel manteve-se cortês e emocionalmente distante. Quase imediatamente, Naty engravidou de um filho seu.

Em sua versão particular da velha fantasia de que um filho podia solidificar uma relação que se desintegra, Naty sonhava com o filho que carregava, um pequeno Fidel que sobreviveria ainda que a revolução que se planejava acabasse matando o pai. Recentemente exilado, Fidel convidou-a a juntar-se a ele para se casarem no México, onde sobrevivia com 80 dólares por mês. Naty foi salva por seu instinto de autopreservação, permanecendo ao lado do marido, um médico que lhe dava segurança, e da filha.

Mas o seu relacionamento com o marido mudara radicalmente. Num rompante de sinceridade e ousadia, ela lhe confessara que amava Fidel. Tentou até manter-se fiel a ele, recusando-se a dormir com Orlando. "Como tinha uma ligação sexual com Fidel, eu não tinha alternativa senão me afastar de meu marido", disse a Wendy Gimbel.[38] Orlando reagiu com calma e não propôs uma separação; talvez acreditasse que Naty confundia Fidel com seus sonhos políticos, não conseguindo distinguir entre o homem e sua missão. No dia 19 de março de 1956, Naty deu à luz a filha que esperava viesse a ser uma réplica de Fidel. Sem hesitar, Orlando deu a Alina seu sobrenome.

Naty enviou a Fidel uma fita do vestido de batizado de Alina, e o pai brindou à filha no México. Posteriormente, enviaria a irmã, Lidia, para inspecionar Alina e verificar a paternidade. Lidia examinou o bebê atentamente. "Esta menina decididamente é uma Castro",[39] proclamou ela. E passou a distribuir os presentes de Fidel: brincos de argola com incrustações e uma pulseira para Naty, e brincos de pérola e platina com minúsculos diamantes para Alina, que viria a perder o presente do pai.

Fidel escrevia irregularmente para tentar conseguir o apoio de Naty na reanimação de seu movimento revolucionário. Não tentava fazê-la crer que a amava, e Naty sabia dos comentários de que ele estava apaixonado por uma jovem chamada Isabel Custodio. No dia 2 de dezembro de 1956, Fidel e cinquenta outros militantes cubanos desembarcaram na província de Oriente sem serem detectados pelas patrulhas de Batista, entrincheirando-se por dois anos numa guerra de guerrilha. Nesse período, Fidel compartilhava a vida e a cama com Celia Sánchez, que dedicou a vida a ele e à revolução. Naty (que na época nada sabia de Celia) continuou mandando remessas a Fidel: dinheiro e suas massas e bolos franceses favoritos, da famosa confeitaria La Casa Potín, de Havana. Eventualmente ele retribuía, presenteando-a com balas disparadas de calibre .75.

Quando Alina tinha quase três anos, Batista fez as malas e fugiu. Fidel retornou a Havana, herói conquistador de uniforme verde-oliva do exército, com um charuto preso nos dentes. "Fidel! Fidel! Viva Fidel!", clamava a multidão ao longo das ruas para aclamá-lo. No meio da multidão estava Naty Revuelta, que conseguiu entregar-lhe uma flor branca à sua passagem. "Vou mandar buscá-la amanhã", disse ele. Mas ela não se surpreendeu quando isso não aconteceu.

Outros cubanos, sim. Juan Arcocha, intérprete de Fidel, evocou recordações de Naty em conversa com a jornalista e escritora americana Georgie Anne Geyer. "Fidel a amara desesperadamente", disse Arcocha, "e no dia 1º de janeiro ela estava pronta para ele. (...) Esperava casar-se com ele. Estava esplêndida, mais bela do que nunca. Todos diziam que Fidel se casaria com ela."[40] Mas Fidel há muito deixara de amar Naty; de qualquer modo, já estava casado com a revolução.

Em 1959, o nome de Fidel estava na boca de todos os cubanos, uma maldição para os que enfrentavam a nacionalização e o fim dos privilégios, uma bênção para as multidões que contemplavam a possibilidade da libertação. Naty, uma das raras integrantes da elite que continuava apoiando a revolução, confessou a Orlando que Alina era filha de Fidel, e não sua, pedindo a separação legal.

Esse terrível golpe seguia-se à nacionalização pelo governo da clínica de Orlando. Sem a mulher e a clínica, Orlando juntou-se ao êxodo de profissionais cubanos. Levou Nina, deixando Alina com Naty. Naty concordara com a partida da filha achando que ela retornaria a Cuba dentro de um ano. Pela primeira vez, Orlando traiu a mulher. Ele não pretendera em momento algum entregar-lhe a filha. Nina permaneceu com ele nos Estados Unidos e levaria duas décadas para voltar a ver a mãe.

Em algumas poucas ocasiões desde então, Naty e Fidel encontraram-se em caráter privado. Alina lembra-se da mãe retornando desses encontros "toda radiante, com um sorriso que vinha lá de dentro e os olhos perdidos em mistério".[41] Em algumas ocasiões Naty teve de engolir o orgulho, munir-se das armas da sedução — belos penteados, roupas elegantes, lembretes de antigas promessas — e apresentar-se para uma audiência com o primeiro cidadão de Cuba em seu gabinete no vigésimo terceiro andar do Havana Hilton. Quando chegava sua vez, Fidel, muitas vezes trajando pijamas listrados, a recebia com maldisfarçada indiferença, impermeável a seus atrativos, louco para livrar-se dela.

Fidel só se interessava por Naty como mãe de Alina. Às vezes visitava a filha na calada da noite. "Ela parece um carneirinho todo encaracolado", exclamou certa vez, dando-lhe um boneco com sua imagem, barbudo e usando uniforme militar. Observado por Naty, Fidel engatinhava no chão brincando com a filha, em cuja lembrança ele não usava perfume e tinha "um cheiro masculino" quando apagava o charuto.

De uma hora para outra, sem qualquer aviso, Fidel deixou de aparecer, provavelmente dissuadido ou irritado pela atitude de adoração de Naty. Também se recusou a dar seu sobrenome a Alina — pois ela era legalmente, frisou, filha de Orlando.

Naty, a ex-amante, finalmente encarou o fato de que Fidel não a amava mais. Como se não bastasse, perdeu o emprego na Esso, que encerrou atividades em Cuba. Orlando a havia deixado, levando Nina. Sem amor, família nem trabalho, Naty perdeu quinze quilos e se recolheu em luto.

Voltou à tona numa Cuba proletarizada em que os cidadãos instanta-neamente alcançavam a igualdade através da privação. O abastecimento de energia era irregular. O serviço de água, problemático. Os alimentos desapareciam das lojas. O racionamento determinava a adoção de dietas terrivelmente limitadas, e Naty patrioticamente se recusava a recorrer ao mercado negro. Sua cozinheira, preparando refeições sempre iguais de lentilhas sem sal ou purê de espinafre, queixava-se: "Não sei cozinhar sem comida."[42] (Durante uma rara visita, Fidel notou que Alina parecia debilitada. Censurou Naty por não cuidar direito dela e mandou uma lata de leite fresco.)

Mas Naty, que se entregara ao fervor revolucionário, estava muito ocupada para cuidar de questões domésticas. Tarde demais — pois ao se recusar a ir ao encontro de Fidel no México ela perdera sua última chance com ele, decidiu abraçar a austeridade exigida pela revolução. Desfez-se do enorme e elegante guarda-roupa e passou a se vestir com roupas militares azuis e verdes e um boné espanhol. Numa das fotos dessa época, ela posa orgulhosa num campo, com as mangas arregaçadas e os botões superiores da camisa sedutoramente abertos. Seus belos cabelos estão presos sob o boné, e ela segura um fuzil na ponta dos dedos, como se segurasse um violino.

Naty passou a considerar também que a casa em que morava com a mãe e a filha era absurdamente luxuosa, e, nas palavras de Alina, "doou-a [com todos os móveis] à Revolução".[43] Perplexa e revoltada, Natica, que desprezava Fidel e sua revolução, salvou os cristais, a porcelana chinesa e a prataria restantes da "boa vida de antigamente", despachando as caixas para a nova residência, um apartamento à beira-mar. Nele, recorda Alina, a criada dispunha à mesa a porcelana chinesa e tigelas de prata. E então, enquanto Naty "engolia" o mingau de milho ou outro qualquer prato insosso, Natica falava a Alina dos requintes de um jantar elegante, fazendo comentários depreciativos sobre a catastrófica situação de Cuba com Fidel Castro.

Segundo Alina, o período nesse pequeno apartamento não durou muito. Fidel providenciou acomodações muito melhores e outra empregada para ajudar Tata, a governanta. Também havia uma garagem para o Mercedes-Benz que Naty continuava a dirigir.

Em 1964, como Fidel pretendia (segundo acredita Wendy Gimbel) livrar-se da incômoda ex-amante e da filha, mandou Naty para a Embaixada de Cuba em Paris, para um estágio na indústria química francesa. "É coisa da Celia", limitou-se a comentar Naty.[44]

Celia Sánchez era uma revolucionária tão fervorosa e experiente quanto Fidel, tendo se tornado integrante importante de sua equipe de comando desde a etapa de planejamento da invasão no México. Durante a longa e custosa campanha em Sierra Maestra, Celia compartilhara sua cama. De volta a Havana, era sua indispensável guardiã, assistente e conselheira. Em mais de uma oportunidade, impedira Naty de ver Fidel, provavelmente instruída por ele. Mas Naty preferia atribuir os atos de Celia ao ciúme.

Alina descreve com rancor a mulher que responsabilizava por mantê-la afastada do pai. Para ela, Celia era não só horrível, mas ridícula. Seus cabelos "rebeldes" eram apanhados num rabo de cavalo puxado para um dos lados de sua cabeça "enorme", sua combinação rendada sempre aparecia por baixo do vestido, e, "para dar o toque final nas pernas finas, usava um par de meias soquete com sapatos de salto alto".[45] Alina — e quem sabe Naty — se terá perguntado como é que aquela mulher rude e sem elegância teria levado a melhor sobre a adorável Naty.

Exilada em Paris — era como encarava a coisa —, Naty mergulhou no turbilhão de sua nova vida, da qual fazia parte o Mercedes-Benz que mandara vir de Havana. Trabalhava na embaixada e tentava produzir o relatório de que fora incumbida por Fidel, embora nada soubesse de indústria química. Para encontrar mais tempo para o projeto e também para intensificar sua vida social, Naty mandou Alina, inconformada, para um internato a quase vinte quilômetros de Paris.

Quando começaram a circular boatos de que ela pretendia desertar, Naty tratou de calá-los mandando Alina de volta a Cuba. Na noite de sua chegada, Fidel foi buscar os presentes (uma valise de queijos franceses, uísque) enviados por Naty e visitar a filha.

Cinco meses depois, Naty retornou a Havana. Fidel esperou oito meses para aparecer e cumprimentá-la. Ao vê-lo, ela despejou um rosário de queixas, inclusive falando de sua condição de desempregada — ninguém a contrataria sem autorização de Fidel. No dia seguinte, Fidel nomeou-a diretora de documentação e informação no Centro Nacional de Investigação Científica.

Naty também revelou a Alina que seu pai era Fidel, e não Orlando Fernández. Mostrou então à filha as preciosas cartas enviadas por Fidel da prisão da ilha de Pines, cartas que ele a exortara a guardar como importantes documentos da revolução, documentando igualmente o início de seu caso de amor. Naty explicou que o nome Alina era inspirado em "Lina", o nome da mãe de Fidel. E explicou por que não atendera ao pedido dele de que fosse ao seu encontro no México: não poderia deixar Nina, e de qualquer maneira ele não estava em condições de sustentar uma mulher e um bebê.

Finalmente Alina ficava sabendo o que já era do conhecimento geral em Havana: que Fidel Castro era seu pai. Mas ele continuava sem responder a suas muitas cartas. "Eu não conseguia desviá-lo de seu rumo (...) e fazer com que voltasse para minha mãe", recorda-se Alina.[46] Nos dois anos seguintes, ele a chamou apenas duas vezes, mas disse que seu nome seria trocado para Castro quando fosse alterada determinada lei. E acrescentou, referindo-se a Naty: "Sua mãe tem um problema. Ela é boa demais. Não seja boa assim com homem nenhum."[47]

A diminuição do prestígio de Naty junto a Fidel era constantemente confirmada. Alina — e Naty? — botava a culpa diretamente em Celia Sánchez. Segundo Alina, Celia perseguia Naty e a atrapalhou, cortando-lhe o caminho, pelo resto da vida. (Celia morreu em 1980.) Quanto à família Castro, se havia mostrado mais respeitosa de Naty como "puta" de Fidel do que agora, quando não passava de sua ex-amante.

Na adolescência, Alina era bela como a mãe, resmungona como a visão que tinha de Celia, teimosa como o pai e neurótica e hostil como sabem ser as crianças rejeitadas. A partir dos dezessete anos, Alina casou-se e se divorciou várias vezes. "Em termos matrimoniais, minha periodicidade é anual, e não perpétua", gostava de dizer.[48]

Inicialmente, Fidel prometeu ser um pai melhor se ela largasse dessa loucura. Mais tarde, limitava-se a encarar a situação com desgosto. "Não acredito que você tenha trocado um herói de guerra angolano por um bailarino!", recriminou-a depois do primeiro divórcio e antes do segundo casamento. "Se é bailarino, só pode ser *maricón*."[49]

Naty também não aprovava a tumultuada vida amorosa de Alina. Quando Alina anunciou que estava grávida, Naty expulsou-a. A maternidade num país de escassez de provisões e excesso de normas como Cuba era um inferno. O presente de Fidel veio na forma de roupas para Mumin, a filhinha de Alina, um robe para Alina, talco e dinheiro para comprar uma geladeira. Alina valia-se de todos os expedientes possíveis para conseguir comida, inclusive pedir legumes a um velho a quem permitira acariciar seus seios. Quando casou com um mexicano rico que poderia proporcionar-lhe uma vida mais confortável, Fidel impediu-a de deixar o país. Depois de certo tempo, o mexicano simplesmente desistiu de Alina, com sua vida confinada e congelada.

Alina voltou a morar com Naty e Natica, que (como acontecia entre Naty e Alina) brigavam constantemente. Natica era uma anticastrista impenitente que defendia com garra seus valores elitistas, inclusive seu arraigado racismo. Com o tempo, Alina passou a se comportar de forma cada vez mais ultrajante. Criticava o regime do pai falando a jornalistas estrangeiros. Sofrendo de bulimia, tornou-se modelo. Atacava a família e os amigos, cuspindo a raiva de uma vida inteira. Embora não pudesse fazer-se amada pelo pai, sabia que nada lhe aconteceria, dada sua posição. Ao completar quarenta anos, Alina fugiu de Cuba, criticou Fidel no exterior, vendeu as cartas que ele escrevera a sua mãe e redigiu suas memórias de filha.

Naty suportava, ou antes se aferrava à mesma prisão dourada de que Alina tratara de escapar. Como Fidel um dia a amara, confiara-lhe segredos cruciais e a engravidara — e sendo sua beleza (que já então se esvaía) lendária e sua filha, um caso notório —, Naty não vivia como os outros cubanos. Por um lado, desfrutava do luxo de uma esplêndida casa e de uma série de empregos decentes. Por outro, sofria os ataques mesquinhos de colegas vingativos; a dor causada pelo fato de Fidel recusar-se a responder a suas cartas; o medo de que Celia estivesse conspirando contra ela; a desgastante realidade da escassez de produtos em Cuba; e o tormento diário da vida com Natica, que desprezava tudo em que ela acreditava e a provocava amargurada por cada privação e inconveniente enfrentados naquela casa de mulheres em permanente conflito.

A relação especial de Fidel Castro com as mulheres é tão notória quanto seu temperamento mulherengo. Como ele confia nelas, as mulheres desempenharam um papel extraordinariamente importante em suas lutas revolucionárias. Ele admira a beleza, que, no entanto, só o afeta temporariamente. O que valoriza acima de tudo é o intelecto, como afirmou sua íntima colaboradora política Melba Fernandez em entrevista ao correspondente do *New York Times*, Tad Szulc.

Szulc considera Naty Revuelta parte de "um extraordinário contingente de mulheres belas e/ou muito inteligentes que no fundo dedicaram a vida a ele e a sua causa — e sem as quais ele talvez não tivesse alcançado êxito".[50] Naty juntou-se voluntariamente a suas fileiras e ali permaneceu, movida por convicções revolucionárias mas também uma vã e persistente esperança de que conseguisse de alguma forma recapturar o coração de Fidel ou pelo menos reviver em parte a breve paixão que os unira.

No fim das contas, a história de Naty é mais digna de nota por sua tenacidade e sacrifício do que pela natureza de sua relação com Fidel

AMANTES DE HOMENS ACIMA DA LEI   451

Castro. Ele a amou exclusivamente por apenas alguns meses, do fundo do confinamento em solitária, a única vez em que ela não teve rivais e pôde valer-se de seus amplos recursos para reconfortar e impressionar o amante em dificuldade. Em liberdade e no convívio concreto, ela só foi realmente sua amante por dois meses, esposa infiel que se esgueirava para encontros clandestinos e momentos de sexo que eram sua última chance de tentar agarrar um Fidel cada vez mais esquivo. "Eu só nasci para melhorar a situação da minha mãe com Fidel", gosta de repetir Alina.[51]

Por algum tempo, a coisa podia ter funcionado, só que Naty não estava pronta para aceitar Fidel como era, pobre, freneticamente envolvido com a revolução, um homem que quase não tinha vida privada e vivia cercado de revolucionárias engajadas e que o adoravam.

Celia Sánchez

Celia Sánchez Manduley conseguiu o que escapara à antecessora, e até morrer em 1980 foi a pessoa mais importante na vida de Fidel. Nascida em 1927, Celia, uma das cinco filhas do dr. Manuel Sánchez Silveira, vivia na província de Oriente, sudoeste de Cuba, onde havia muito exercia a militância política.

Desde o início Celia destacou-se entre outras mulheres educadas e privilegiadas que ofereciam sua colaboração ao movimento. Incrivelmente inteligente e eficiente, ela era disciplinada e concentrada no que fazia, totalmente identificada com a filosofia do movimento e suas metas políticas concretas. Também conhecia muito bem a província de Oriente, sua estrutura e suas personalidades políticas, assim como a topografia e o povo. No momento em que Fidel e seus colaboradores planejavam a invasão, Celia tornou-se uma das principais estrategistas. Forneceu mapas de navegação, organizou um movimento camponês clandestino e grupos urbanos de apoio, e coletava e entregava suprimentos aos rebeldes, desde alimentos até armas. Quando Celia e Fidel se conheceram pessoalmente, ela já era um elemento-chave do movimento.

Celia deu com os olhos em Fidel pela primeira vez a 16 de fevereiro de 1957, num pasto em território da guerrilha. Barbudo e sujo, de boné verde e roupas esfarrapadas, ele provavelmente cheirava mal de meses de luta em Sierra Maestra. Depois de caminhar a noite toda pelas montanhas para alcançar os rebeldes, Celia e seu companheiro encontraram Fidel e seus homens pouco depois das cinco da manhã. Conversaram por horas, trocando informações sobre os desdobramentos da campanha e planejando os passos seguintes do levante. Ao meio-dia, comeram numa plantação de cana próxima e depois deram prosseguimento aos debates até tarde da noite.

Celia era sob muitos aspectos a mulher ideal para Fidel. Em Sierra Maestra, com sua brilhante visão estratégica, seu conhecimento de armas, a capacidade de conquistar aliados e conseguir comida, munição e qualquer outra coisa de que Fidel precisasse — um dentista para resolver uma dor de dente, um correspondente do *New York Times* para dar testemunho de seu avanço —, ela era tudo de que ele precisava.

O único problema de Celia era não ter a beleza que Fidel tanto admirava em outras mulheres. Ao lado da séria e adorável Mirta, da ardente e voluptuosa Naty ou da jovem e bela Isabel Custodio, que ele amara por breve período no México, Celia parecia bem banal. Tinha nariz aquilino, um rosto comprido, pele morena e cabelos revoltos que às vezes prendia no alto da cabeça, mas quase sempre apanhava por trás num rabo de cavalo. O tronco era magro, as pernas, finas, e não havia em seu corpo as curvas suaves que faziam a fama de Naty Revuelta. Aos trinta anos, ela sequer era tão jovem assim.[52] Mas tinha um sorriso franco e uma voz rouca e forte. E, sobretudo, era capaz de ouvir, e não só de falar. A descrição de seu estilo de vestir-se feita por Alina Fernández pode ser algo pérfida mas é verdadeira, porém Celia não deixava de ornamentar com simplicidade suas roupas sem muita imaginação. Nas fotos, ela aparece com brincos. Na Sierra, no coração da insurreição militar, usava as camisas e calças verde-oliva da guerrilha, mas sempre dava um jeito de passar uma corrente dourada sobre as botas.[53]

Desde o primeiro encontro, Celia e Fidel tornaram-se almas gêmeas. Celia ia e vinha, trazendo informações e provisões, recebendo instruções e listas. Quando estavam distantes, ela e Fidel mantinham-se em contato por carta, e a correspondência entre os dois representa um registro vital não só do relacionamento fluido e íntimo que desenvolveram, mas também da campanha militar que logo haveria de libertar Cuba do regime corrupto e repressor de Batista.

À medida que a campanha prosseguia, as autoridades tomaram conhecimento das atividades de Celia. Ao saber que queriam prendê-la, ela fugiu para o acampamento dos rebeldes. Celia e Fidel tornaram-se inseparáveis. Ela se mudou para a pequena casa de madeira camuflada que também servia de posto de comando para ele. Compartilhava seu quarto e sua cama. Instalou seu escritório no outro quartinho, enquanto Fidel trabalhava na varanda. O casal nunca parava de trabalhar, conversando e planejando incansavelmente. Quando Batista finalmente caiu, os rebeldes em Sierra Maestra já haviam aberto hospitais primitivos e oficinas que produziam armas leves, munição e equipamentos de couro, uma gráfica e uma crucial estação de rádio.

Nas raras oportunidades em que Celia devia afastar-se para supervisionar a situação em outra região, Fidel sentia profundamente sua falta. "Sua ausência deixou um real vazio. Quando uma mulher circula pela montanha empunhando um fuzil, faz com que nossos homens sejam mais arrumados, mais decentes e cavalheirescos — e até mais corajosos." E, em tom mais pessoal: "E você, por que não vem aqui para uma breve visita? Pense nisso, e se decida nos próximos dias. (...) Um abraço apertado." Após uma notícia equivocada de que Celia tinha sido detida, Fidel redigiu uma declaração afirmando que ela e outro rebelde eram "nossos pilares. Se você e ele estiverem bem, tudo estará bem e ficaremos tranquilos". Che Guevara considerava Celia o "único contato conhecido e seguro" dos rebeldes.[54]

O que Celia não inspirava eram os floreios românticos (e às vezes enciumados) que permeiam as cartas de Fidel a Naty Revuelta. Inteligente e perspicaz, Celia deve ter-se dado conta de que não seria fácil reproduzir essa época passada com Fidel em Sierra Maestra. Anos mais tarde, revolvendo o passado na companhia de Fidel e de alguns jornalistas americanos, ela recordaria aquela época extraordinária. "Ah, mas aquela foi a melhor época, não é mesmo? Éramos tão felizes! *Realmente*. Nunca mais seremos tão felizes, não é mesmo? *Nunca!*"[55]

Em janeiro de 1959, a inverossímil vida idílica de Celia em Sierra Maestra chegou ao fim quando os revolucionários tomaram as cidades e o regime de Batista caiu. Agora Cuba inteira queria Fidel. Em sua marcha triunfal sobre Havana, Naty Revuelta postou-se em meio à multidão, como legiões de outras mulheres, todas elas invejando a relação especial com Fidel que Celia havia conquistado.

Celia deve ter traçado sua estratégia com a tranquila eficiência e o cuidado com os detalhes que caracterizavam seu trabalho na revolução. Em linhas gerais, ela haveria de se tornar tão indispensável a Fidel quanto fora em Sierra Maestra. O fato de ela ser uma revolucionária tão fervorosa quanto ele sem dúvida ajudava.

Desde o início, Celia tratou de estabelecer seu domínio. Passou a controlar o primeiro quartel-general de Fidel, nos três andares superiores do antigo Havana Hilton Hotel, onde ele morava e tinha seu gabinete. Mais tarde, o apertado e escuro apartamento por ela mantido na rua Onze, no bairro residencial de Vedado, tornou-se o principal centro de operações dele. Celia era sua assessora de confiança, trabalhadora incansável que chegava a preparar suas refeições na minúscula cozinha e mandava entregá-las onde quer que ele estivesse.

Fidel contava com Celia em todas as frentes. Só ela podia criticá-lo na cara, apontando erros e propondo soluções. Para o resto do mundo, contudo, ela garantia que "Fidel está sempre certo".[56]

O papel de Celia como confidente e braço direito de Fidel transformou-a na "primeira-dama" extraoficial de Cuba. Ela também detinha posições oficiais de grande poder, e ao morrer era membro do Conselho de Estado, com status de ministro, e do Comitê Central do Partido Comunista. Seu campo de ação era dos mais amplos, chegando inclusive— como constataria Naty Revuelta — aos sítios históricos e à história oral da revolução. Celia concebeu o Parque Lenin, esplêndido parque público com área de recreação. E se envolvia apaixonadamente em questões ambientais.

Celia era uma mulher por demais inteligente e capaz para se sacrificar por amor. Dedicou sua vida a Fidel porque os princípios revolucionários também lhe corriam nas veias. Muito antes de conhecê-lo, já se comprometera com a causa da justiça social. Acreditava em Fidel com todo fervor; com ele, por causa dele, Cuba haveria de se transformar numa utopia.

A ação de Celia ia longe, muitas vezes com um toque suave. Em Sierra Maestra, recomendava clemência quando os rebeldes queriam por instinto vingar jovens companheiros torturados e mortos pelas forças brutais de Batista. Mas quando Fidel passou por sua vez a cometer atrocidades, depois de tomar o lugar de Batista, a influência moderadora de Celia aparentemente não foi capaz de sobreviver à descida das montanhas.

Passaram-se os anos. Celia era intocável, e nem mesmo a mulher mais apaixonada era capaz de afastá-la ou substituí-la. Mas ela continuava tendo de lidar com as muitas mulheres de Fidel, algumas delas amantes, outras apenas namoricos logo esquecidos. No dramático relato de Georgie Anne Geyer, Fidel tinha à sua disposição "um rio de mulheres dedicadas e vorazes (...) passando por sua vida. (...) e até, em uma nova variante da velha tradição senhorial, ansiosas por serem defloradas por ele; enquanto isso, Celia montava guarda valorosamente, gritando para aquelas lindas cubanas e expulsando-as do quarto e da cama de Fidel".[57]

Marita Lorenz tinha apenas dezessete anos quando atraiu a atenção de Fidel. A convite seu, a linda alemãzinha passou a viver com ele num quarto próximo do seu no Havana Libre Hotel. Durante muito tempo o acompanhou permanentemente, mas finalmente foi para os Estados Unidos, onde tentou vender suas memórias.

Fidel costumava mandar flores no aniversário de suas favoritas do momento, com o toque especial de surpreender as mães com um presente de paella e lagosta, um prato de luxo num país submetido ao racionamento alimentar. Quem ficava incumbida de mandar entregar os presentes? Celia Sánchez, que fazia sentir sua presença até no terreno das mulheres de Fidel.

Uma das amantes de Fidel coexistiu com Celia até a morte desta. Foi ela Delia Soto del Valle Jorge, com quem Fidel teve seis filhos. Castro a mantinha "à parte", e Delia nunca teve nenhum status oficial, além da reputação de amante de Fidel.

Celia, que compartilhou e influenciou sua vida mais que qualquer outra mulher, embora não lhe tivesse dado filhos, e cuja maior felicidade ocorrera quando viveu lado a lado com Fidel em Sierra Maestra, morreu de câncer do pulmão a 11 de janeiro de 1980. Fidel a honrou na morte como fizera em vida, encomendando estátuas e certificando-se de que ela viveria para sempre como uma lenda entre os cubanos.

Celia Sánchez, que nunca se casou, uniu-se numa "amizade histórica", no dizer de muitos, ao homem que amava, admirava, respeitava e no qual confiava mais que em qualquer outro. Celia queria Fidel e sabia que em termos poderia tê-lo em caráter permanente. Estava disposta a aceitar a falta de desejo erótico dele por ela ou sua falta de disposição de se privar de outras mulheres mais atraentes. Em compensação, exigiu — e obteve — um lugar de poder permanente no centro do governo cubano, reconhecimento público, respeito e uma vida inteira passada a seu lado. Ao contrário das outras amantes e ex-amantes de Castro, Celia não precisava preocupar-se com a longevidade de sua posição ou com uma eventual desgraça. Havia amado Fidel e viera a conhecê-lo bem, tratando de moldar suas necessidades e exigências pessoais para adaptar-se a ele e satisfazer a si mesma.

CAPÍTULO 11

Amantes como troféus

Já é um truísmo que muitos homens poderosos têm uma amante como símbolo de seu sucesso; ela é o objeto decorativo e sexual que realça ainda mais seu status elevado. A beleza, geralmente associada à juventude, é indispensável. Mas para o magnata ambicioso e inquieto, a beleza da juventude raramente é suficiente: deve ser acompanhada pela fama. Já na Inglaterra da Restauração, em meados do século XVII, quando Carlos II permitiu que as mulheres passassem a se apresentar nos palcos, atrizes e cantoras eram as amantes preferidas. Com o advento do cinema, as estrelas glamourizadas nos meios de comunicação, idolatradas pelos fãs, juntaram-se às irmãs do palco, candidatas ainda mais visíveis e portanto mais desejáveis ao preenchimento dos sonhos dos magnatas.

Marion Davies[1]

Como o papa Alexandre VI, que resolvera séculos antes a terrível inimizade entre Espanha e Portugal dividindo o Novo Mundo em duas partes, o editor multimilionário americano William Randolph Hearst evitava conflitos entre a esposa, Milly, e a amante, Marion Davies, dividindo os Estados Unidos e relegando Milly à região leste e Marion, à oeste. Quando ele morreu em 1951, a relação que com ele tivera Marion se havia transformado numa aliança que, pelo menos em seu caráter aberto, mais se aparentava ao modelo europeu que ao americano, em matéria de convívio com amantes. A principal diferença era que Hearst deixou sua casa para viver com Marion, embora por motivos de decoro (e hipocrisia) se reservasse o direito de receber convidados importantes — Calvin Coolidge, por exemplo — ao lado da esposa, e não da amante. Nessas ocasiões, ele recebia na casa de Milly ou a levava para St. Simeon, seu castelo na Califórnia. Marion tinha então de se retirar para uma de suas próprias mansões.

Sob quase todos os demais aspectos, Hearst era um parceiro leal de Marion. Sustentava-a financeiramente e era invariavelmente generoso, inclusive com sua importuna família. Viajava em sua companhia sem disfarces. Sempre que achava que não ofenderia a suscetibilidade de seus convidados recebendo-os na companhia da amante, era o que fazia: o tolerante Winston Churchill foi um desses visitantes. Essencialmente, Hearst valia-se do poder de sua fortuna, de sua importância nos círculos sociais e de sua personalidade forte para estruturar sua ligação com Marion de maneira a que atendesse a seus desejos e necessidades. Ao mesmo tempo, reconhecia suas vulnerabilidades — especialmente o fato de ser décadas mais velho que ela, de estar muitas vezes preocupado ou ausente e de não poder casar-se com ela —, tratando de compensá-las do jeito que pudesse.

Marion Cecilia Douras, que adotou Davies como nome artístico, era a menor e mais bela das quatro filhas de um advogado namorador e sua ambiciosa mulher.[2] Felizmente para Hearst, a mãe de Marion, Rose, transmitira às filhas uma visão ímpar da maneira como deveriam relacionar-se com os homens. Frustrada em seu casamento, Mama Rose preparou as meninas para seduzir os homens mas evitar o amor romântico, armadilha em que lamentava ela própria ter caído.

A visão de Rose sobre como cativar os homens, de preferência mais velhos e ricos, nada tinha de ortodoxa. Ela valorizava antes a arte do teatro de variedades e das companhias de revistas do que a distinção dos salões do início do século XX, e desde a mais tenra idade Marion, Ethel, Rose e Reine se apresentavam nos palcos.[3] "Parece evidente", conclui Fred Lawrence Guiles, o biógrafo de Marion, que Rose e seu marido, cooperativo apesar de não morar com ela, "prepararam cuidadosamente as quatro filhas (...) para serem mantidas por homens de recursos consideráveis ou mesmo se casarem com eles."[4]

AMANTES COMO TROFÉUS

O primeiro gostinho da adoração pública chegou para Marion quando, aos dez anos, deu um jeito de entrar no palco depois de uma apresentação de Reine. Uma vez lá, para delícia da plateia em delírio, ela não parava de fazer mesuras enquanto a família, embaraçada, tentava tirá-la do palco. Três anos depois, esbelta e luminosa em sua beleza, com longos cabelos louros encaracolados e brilhantes olhos azuis, Marion foi contratada para o "pony ballet",[5] o grupo de dançarinos iniciantes da trupe de que Reine participava como corista. Mais tarde passaria a integrar a companhia Ziegfeld, como uma das Ziegfeld Girls, e deixou de frequentar a escola do Convento do Sagrado Coração de Maria, embora continuasse a estudar balé. Marion adorava aquela vida de frenética agitação, os cheiros e a maquiagem do teatro e os fãs cheios de adoração que a bajulavam, enviavam telegramas de congratulações e a cobriam de bugigangas.

Um desses admiradores assíduos[6] era William Randolph Hearst, conhecido dos íntimos como W. R., o editor incrivelmente rico que construiu a maior rede de jornais do país, aperfeiçoando o jornalismo sensacionalista. W. R. fora deputado pela cidade de Nova York no Congresso em 1903 e 1905, mas nesse ano perdeu a disputa pela indicação como candidato presidencial pelo Partido Democrata. Foi derrotado em 1905 e 1909 nas eleições para prefeito de Nova York, e na disputa de 1906 pelo cargo de governador do estado de Nova York. Apesar dos sucessivos fracassos eleitorais, sua condição de editor de jornais lhe conferia enorme influência sobre o povo americano.

Inevitavelmente, W. R., conhecido pelas coristas como "o lobo", acabou notando a talentosa e brilhante Marion, então com dezoito anos. Em 1903, quando tinha quase quarenta, W. R. estava casado com a corista Millicent Willson, de 22 anos, com quem saía desde que ela tinha dezesseis. Milly dera-lhe três filhos e estava novamente grávida, dessa vez de gêmeos. Mas W. R. não se sentia bem no casamento, pois Milly transformara-se exatamente no tipo de mulher que ele queria evitar, obrigando os criados a usar uniforme e frequentando assiduamente o tipo de festa de sociedade que ele detestava. "Ela gostava da Sociedade com 'S' maiúsculo", recordaria seu filho Bill.

Os namoricos de W. R. com coristas eram frequentes e, pelo menos no meio da companhia Ziegfeld, bem conhecidos. Mas, até se apaixonar obsessivamente por Marion, ele tratava essas aventuras apenas como flertes pelos quais pagava com diamantes Tiffany e dinheiro. As apresentações de Marion na revista *Stop! Look! Listen!*, de 1915, enfeitiçaram W. R., e, embora soubesse que ela já tinha um cortejador rico, ele resolveu procurá-la.

"Ele tinha os olhos mais penetrantes — um olhar direto, mas penetrante", recordaria Marion em suas memórias. "Não tinha uma polegada de maldade em seu corpo. Simplesmente gostava de estar sozinho e olhar as garotas dançando no palco. Acho que era um homem muito solitário."[7] W. R. atraiu a adolescente com dinheiro e presentes incrivelmente caros — por exemplo, um relógio Tiffany com incrustação de diamantes, que Marion imediatamente perdeu na neve, sendo por ele substituído sem comentários. Ele também se mostrava bondoso e compreensivo, dizendo-lhe que a gagueira que a fazia sofrer era na verdade encantadora. "Eu sabia que seu talento seria reconhecido", disse-lhe num telegrama, quando um de seus filmes foi elogiado pela crítica.[8] Anos depois, quando Rose morreu, W. R. consolou Marion perguntando: "Posso ser uma mãe para você?"[9]

W. R. amou Marion muito antes de ela se sentir preparada para retribuir. Ele dizia: "Estou apaixonado por você. Que vou fazer com isso?" Sempre muito franca, Marion respondia: "Deixa correr. Para mim está tudo certo."[10] E estava perfeitamente certo para os pais de Marion. Eles consideravam W. R. "sincero" e fingiam achar que ele e Marion eram bons amigos, e não amantes.

Por quase dois anos, Marion manteve uma atitude de certa ambivalência quanto ao relacionamento. W. R. era um amante ciumento, atormentado pelas cenas de amor que ela precisava fazer e pela possibilidade de que também tivesse outros homens fora do palco. Para controlá-la, entrou no negócio do cinema e a fez assinar um incrível contrato de 500 dólares por semana, o que representava um aumento de 425 dólares. (Marion aceitou de bom grado, mas não sem antes opinar que não valia tanto.) E então ele a proibiu de fazer cenas de amor ardente.

Desde o início, Marion passou W. R. para trás. Pelas suas costas, encontrava-se com outros homens. Achava que os presentes com que a cobria lhe eram mesmo devidos, generosidade obrigatória do "coroa que banca" a artista. Quando ele a irritava, ela gritava e atirava objetos; também se referia sardonicamente a si mesma como a "princesinha" aprisionada na torre. Mas a campanha publicitária promovida por W. R. em seu favor era gratificante, e a incansável corte que lhe fazia começou a sensibilizá-la.

Imbuída desde a infância da meta de casar com um homem mais velho e rico (ou ser mantida por ele), Marion aos poucos capitulou ante o ardente amor de W. R. Mas, apesar de alegar que "o amor nem sempre surge no altar. O amor não precisa de anel de casamento",[11] ela queria na verdade ser sua esposa, e não sua amante.

A visão de W. R. sobre essa questão crucial não é muito clara. Seu filho Bill sustenta que o pai "nunca pediu divórcio a minha mãe. Nem uma palavra nesse sentido. Nunca".[12] Marion, por sua vez, estava convencida de que "durante anos ele tentou (...), e, como não conseguia, sentia-se infeliz. (...) Ele não só contratou detetives [para flagrar Milly numa situação comprometedora] como tentou fazer passar uma lei pela qual um casal que não estivesse vivendo junto há dez anos fosse automaticamente divorciado. (...) A Igreja Católica gorou o projeto".[13] O biógrafo de Marion considera que muito cedo W. R. pediu o divórcio a Milly, que, no entanto, recusou. A partir dali, ela passou a se referir a Marion como "aquela mulher".

A verdade é que W. R. organizava sua vida de maneira a atender às próprias necessidades. Vivia separado de Milly, mas sem a vergonha de um divórcio ou — o que não era menos importante — suas assustadoras implicações financeiras. "As leis de propriedade da Califórnia poderiam ter-se transformado num problema muito sério para ele", comenta o filho Bill, eufemisticamente. "E ele não queria mais filhos, pois uma segunda família podia complicar a situação de seus bens."[14] Assim foi que W. R. continuou presente na vida de Milly e dos cinco filhos que tiveram, apesar de coabitar abertamente com a mulher que amava perdidamente, mas à qual não estava preparado para oferecer o sacrifício de tudo mais, a bem de um casamento. Certa vez, como Marion o desafiasse a reconhecer que não podia viver sem ela, ele respondeu calmamente que na verdade podia, apenas preferia que não fosse assim.

De vez em quando, especialmente nos primeiros anos, W. R. afastava-se de Marion, embora não quisesse nunca pôr fim ao caso. Isso acontecia quando ele contemplava a possibilidade de voltar à cena política e o rival Al Smith o censurava por "se envolver com atrizes louras".[15] Seu afastamento de Marion em 1924, ao ser informado de alarmantes relatórios de detetives que a seguiam, foi mais sério. Ele se sentiu particularmente ameaçado pelo romance, nem tão secreto assim, de Marion com Charlie Chaplin, o ator mais famoso de Hollywood e um multimilionário perfeitamente capaz de concorrer financeiramente com ele. Marion ficou furiosa pelo fato de W. R. a ter espionado, mas também profundamente preocupada com a possibilidade de perdê-lo.

Os dois se reconciliaram. Tendo sido testados, nenhum deles queria viver sem o outro. Posteriormente, chegaram a um entendimento equilibrado sobre a forma de conduzir o relacionamento. Cada um teve de fazer concessões importantes. W. R. aceitou a necessidade de uma vida social frenética de Marion, seus casos amorosos e — o mais difícil — seu hábito cada vez mais problemático de beber. Marion teve de aceitar que Milly, a quem se referia sarcasticamente como "a viúva negra", sempre seria a esposa.

Isso ficou perfeitamente claro quando W. R. sentiu-se certa vez na obrigação de levar Milly e os meninos à Europa. Na Inglaterra, contudo, cercado pela família, W. R. de repente sentiu tanta falta de Marion que lhe mandou um telegrama dizendo que fosse ao seu encontro. Ela foi, com relutância, e lá passou momentos terríveis, pois só muito raramente ele conseguia dar um jeito de vê-la. Ironicamente, o episódio provocou forte emoção em Marion, assinalando o início de um amor da vida inteira por W. R.

Enquanto isso, Marion desfrutava de invejável sucesso profissional. "Farei de você uma estrela, Marion", prometera-lhe W. R., e de fato, com seu talento de comediante, sua incrível energia e o empenho publicitário por ele mobilizado para promovê-la, ela rapidamente ascendeu à posição mais alta entre as estrelas de cinema. Trabalhava com afinco, e sua alegria de viver era lendária. Nos sets de filmagem de que participava ecoavam sempre as gargalhadas provocadas por suas brincadeiras: a barriga estufada numa falsa gravidez ou os dentes enegrecidos para se fingir de desdentada.

AMANTES COMO TROFÉUS

Marion adorava sua vida profissional e sua carreira, mas o forte sentimento de inadequação e a arraigada convicção de que devia a ele seu sucesso profissional reforçavam a necessidade de ter W. R. a seu lado. "Eu não conseguia representar", reiteraria mais tarde em suas memórias. Mas na verdade conseguia e o fazia, e logo os chefões do estúdio estariam admitindo que "o público reconhecia uma estrela em Marion, e ela já não era apenas a namorada de um produtor sendo impingida às plateias".[16]

De qualquer modo, ela achava sua condição de amante desgastante, e tratou de cobrar um preço àquele que a obrigava a permanecer nela. Chamava W. R. de "papai" em sua presença, mas de "bunda caída" e "o velho" pelas costas. Sabendo que ele não a deixaria, ela se arriscava a incorrer em sua ira dormindo com muitos de seus galãs na tela, e talvez mesmo quase todos. "Telefonista não a encontrou. Onde estava? Explicação necessária", exigia W. R. num telegrama.[17] Mas Marion não tinha como explicar.

Os amantes atravessaram sua primeira década juntos. Sabiam respeitar-se, basicamente. Marion tinha enorme admiração pelo saber aparentemente enciclopédico de W. R. Ele reconhecia que ela tinha excelente cabeça para a indústria do cinema e a dos imóveis. A colaboração profissional entre os dois era notável. W. R. examinava roteiros, escolhia diretores, fiscalizava os sets de filmagem e os filmes e às vezes até dirigia certas cenas. Marion interpretava, destilava sua presença de estrela, cuidava do homem que a adorava e o entretinha e ajudava a administrar a Cosmopolitan Pictures. Logo seria por ele nomeada presidente da empresa. "Eu queria ser Marion Davies, tendo tido o grande privilégio de conhecer o sr. Wiliam Randolph Hearst", escreveu em suas memórias. "Era tudo que eu queria."[18]

Mas naturalmente não era isso tudo que ela queria. Na Califórnia, que por decisão de W. R. seria sua metade do mundo, ele construía um gigantesco castelo a que deu o nome St. Simeon. Para Marion, W. R. comprou uma luxuosa mansão no número 1.700 de Lexington Road, Beverly Hills, sobre uma colina que dava para o Sunset Boulevard. Também construiu para ela Ocean House, uma propriedade à beira-mar com 37 lareiras e tantos quartos (mais um salão folheado a ouro) que Marion nunca chegou a contá-los. No set de filmagem, providenciou-lhe um "bangalô" palaciano com quatorze aposentos.

Enquanto ele não deixava de jogar com Marion e Milly, passando as férias com Milly e os meninos ao mesmo tempo em que tentava ansiosamente certificar-se de que Marion estava confortável — e casta — em sua ausência, Marion retaliava dando festas espetaculares. "A comunidade do cinema desfrutava de uma era das Mil e Uma Noites", recordaria Charlie Chaplin. "Duas ou três vezes por semana, Marion dava festas magníficas, com centenas de convidados, uma mistura de atores, atrizes [entre eles o próprio Chaplin, Rodolfo Valentino, John Barrymore e Mary Pickford], senadores, jogadores de polo, coristas masculinos, potentados estrangeiros e ainda por cima os executivos e a equipe editorial de Hearst."[19] As brincadeiras depois do jantar muitas vezes se prolongavam até o alvorecer, mas de alguma forma Marion sempre dava um jeito de se arrastar para o trabalho, com o entusiasmo e o bom humor intactos.

Os amantes de Marion satisfaziam sua necessidade de vingança e também do tipo de preenchimento sexual e romântico que W. R. não podia oferecer. Marion e o super-rico Charlie Chaplin podem ter-se amado. O que se sabe ao certo é que conspiraram para enganar W. R., instruindo o contrarregra a avisá-los se W. R. aparecesse, para que Chaplin pudesse fugir pela porta dos fundos do set de filmagem.

Marion ficou ainda mais enamorada pelo ator Dick Powell. Quando tiveram um caso, ela era uma mulher madura, na casa dos trinta, que já tivera relações íntimas com dezenas de homens. Powell ficou nervoso com as possíveis consequências de seduzir a amante de W. R. Hearst, mas Marion o perseguiu, e no fim das contas ele sucumbiu com prazer. Por insistência dela, ele declarou seu amor, para em seguida relatar os detalhes do caso aos amigos. Marion deu de ombros ante essa indiscrição nada cavalheiresca, e a amizade persistiu até sua morte.

É provável que Marion tenha engravidado. Em comentários de passagem com amigos, ela dizia que, quando isso acontecia, recorria ao aborto. Nas memórias, ela não manifesta arrependimento pelo fato de não ter tido filhos. Mas era muito apegada a um casal de sobrinhos, tendo ficado muito abalada com o suicídio da sobrinha em 1934, depois do qual se aproximou ainda mais do sobrinho.

Só um dos filhos de W. R. não sentia e manifestava hostilidade em relação àquela mulher que, do ponto de vista deles, acabara com o casamento da mãe, roubando seu pai. W. R. apresentou-os a Marion, mas não explicou a natureza de seu relacionamento. Um dos filhos, William (Bill) Randolph Hearst Jr., descreve sua reação ao finalmente dar-se conta de que ela era a amante do pai: "Eu chorei. (...) Por estarmos ambos muito embaraçados, nunca mencionei o assunto com minha mãe. (...) Fiquei ofendido e às vezes profundamente magoado com aquele relacionamento. E isso porque minha mãe, que dera ao papai quatro filhos, merecia ter o marido a seu lado. Assim como meus irmãos e eu."[20]

A grande diferença entre W. R. e outros aristocratas americanos, entre eles os Vanderbilt e Joseph P. Kennedy, então em ascensão, escreve Bill Hearst, era que "eles viviam uma mentira" ao manter as amantes "à parte (...) [ao passo que] meu pai deixava minha mãe e se relacionava abertamente com Marion. (...) Mas a natureza de todas essas relações era a mesma".[21] Como as outras amantes, Marion não passava de "uma distração agradável", "um ornamento caro mas relaxante", o "brinquedo sexual" de seu pai.[22]

Só o filho mais velho de W. R., George, um *bon vivant* com problema crônico de excesso de peso, considerado por demais irresponsável pelo pai para tomar a frente de seu império editorial, manteve constante amizade com Marion. Em suas memórias, Marion manifestou-lhe afeto e gratidão pela constância dessa amizade, tão contrastante com a calada animosidade dos irmãos.

A vida de Marion como amante de W. R. tinha suas rotinas. Em St. Simeon, os dois recebiam para jantares, festas na praia e na beira da piscina, festas à fantasia. Marion as apreciava, mas com o passar dos anos viria a considerar os preparativos e o protocolo cansativos e tediosos. W. R. juntava-se aos convidados para nadar, jogar tênis e jantar, mas fora isso passava a maior parte do tempo supervisionando seu império editorial, escrevendo editoriais e lendo seus jornais.

Marion ressentia-se dessa preocupação toda com os negócios, e podia mostrar-se brutalmente descortês com ele em público por esse motivo. Charlie Chaplin conta que numa dessas festas Marion, bêbada, ficou

466 AMANTES — UMA HISTÓRIA DA OUTRA

irritada ao ver W. R. conversando com seus executivos sobre negócios. "'E-e-ei, v-v-você aí!', gritou. Embaraçado, W. R. perguntou calmamente: 'Está falando comigo?' Marion voltou a gritar: 'Éééé! Venha aqui!' Para não provocar mais uma cena, W. R. caminhou até a amante e perguntou o que desejava. 'C-c-cuide dos seus negócios no escritório, não na minha festa. M-m-meus convidados querem beber. Vá buscar os drinques!'" Foi o que fez W. R., tranquilamente.[23]

O gesto de obediência decorria do horror de W. R. de provocar uma cena, da constatação de que Marion estava bêbada e da convicção de que precisava contemporizar porque ela não o achava uma companhia divertida. Mesmo quando sóbria, Marion era franca e, à parte a gagueira, muito direta no que dizia. Sob o efeito de um destilado, sua língua podia tornar-se cáustica. W. R. simplesmente aceitava esse fato.

Numa vida de prodigalidade, a coleção de arte de Hearst e seu zoológico particular se destacavam. Sem a menor preocupação com qualquer ideia de responsabilidade fiscal — apesar de toda a riqueza, ele gastava tanto que acabaria quase falido —, ele comprava obras de arte em vastas quantidades. Também se mostrava pródigo em seu amor pelos animais, mantendo em seu zoo mais de trezentos, entre os quais um antílope, um bisão, pumas, leões, linces, um leopardo, um guepardo, ursos, um chimpanzé, macacos, um tapir, ovelhas, cabras, lhamas, cangurus e Marianne, a elefanta. Criava dachshunds e a certa altura chegou a ter mais de cinquenta num canil. Dois outros, o querido Gandhi de Marion e Helen, dele, com sua prole, eram companheiros inseparáveis dos dois.

O amor pelos dachshunds, que tratavam como se fossem crianças, transformou-se num dos elos mais fortes entre Marion e W. R. Quando Helen e Gandhi morreram sucessivamente, os dois compartilharam a dor. W. R. publicou uma homenagem a Helen, que morreu em seus braços, em sua cama. "Ele chorava sem parar", recordaria Marion.[24] W. R. sepultou seu cão sob uma pedra com a inscrição: "Aqui jaz a querida Helen, minha dedicada amiga."[25]

Marion ficou ainda mais arrasada quando Gandhi morreu. Gandhi buscava a bola nos jogos de tênis. Dormia na cama de Marion e aquecia seus pés. Aos quinze anos, ficou mortalmente doente. Marion levou-o para a cama, onde ele tinha diarreia a seus pés. Ela limpava o lençol e os pés, tentando ocultar seu estado. Mas não conseguiu, e W. R. chegou com o veterinário e uma enfermeira. Enquanto W. R. a segurava, a enfermeira aplicou uma injeção letal no cão.

Depois, "eu destruí o quarto todo", recordaria Marion. "Quebrei tudo que encontrava pela frente. Quase matei todo mundo, tão furiosa estava. Se o tivessem deixado comigo, eu teria cuidado dele." Marion enterrou Gandhi num serviço religioso oficiado por um padre católico irlandês. "Achei que nunca mais conseguiria superar", escreveu. "A gente sente que não só perdeu o melhor amigo, mas que parte da gente também se foi."[26]

A reverência de W. R. e Marion pelos animais ia além dos dachshunds. W. R. comprou um carro para uma camponesa europeia que tivera um ganso atropelado e morto pelo motorista dele. Durante uma filmagem, quando o são-bernardo que participava do filme com ela matou um gato que o perseguia na história, Marion comunicou o incidente à Sociedade Protetora dos Animais. Ela e W. R. combatiam a vivissecção, e Marion a proibia no hospital para o qual contribuía com milhões de dólares.

A Europa também era importante no estilo de vida Davies-Hearst. Eles passavam meses no continente europeu, em hotéis e no castelo que tinham em Saint Donat, na França, muitas vezes com grupos de amigos que tinham suas despesas integralmente cobertas por W. R. Marion respeitava o amor de W. R. por museus e galerias de arte, sempre tratando de acompanhá-lo. Mas essas visitas educativas a "entediavam terrivelmente. Eu só pensava num sorvete ou numa Coca-Cola", escreveu. "Foi esta minha impressão da Europa. Mais ou menos como quando somos atingidos com um martelo na cabeça. É tão maravilhoso quando acaba. Eu gostava de voltar e ver a Estátua da Liberdade. Lar, doce lar era muito importante."[27]

Por outro lado, W. R. sentia-se mais à vontade exibindo-a na Europa que nos Estados Unidos. No castelo de Saint Donat, onde Milly nunca fora particularmente bem-vinda, Marion recebia ao lado de W. R. celebridades como George Bernard Shaw, Lloyd George e os Mountbatten. A Europa isentava W. R. e Marion da desaprovação com que os americanos viam um homem e sua amante. Joseph Kennedy, um banqueiro americano muito rico que fez amizade com ela, sentia empatia pela situação de Marion.

Sua amante, Gloria Swanson, a estrela de cinema mais bem remunerada, também era objeto de comentários de desaprovação. Ironicamente, considerando-se o tratamento indiferente que dispensava a Gloria Swanson, Kennedy mostrou-se de grande ajuda na sugestão de maneiras como W. R. poderia proteger os interesses de Marion na eventualidade de sua morte.

Na década de 1930, com 30 poucos anos, Marion mantinha-se como uma das grandes estrelas do cinema americano. Estimulada por W. R., e não obstante o pavor de fracassar, ela sobreviveu à transição para o cinema falado, verdadeiro pesadelo para uma gaga. Ainda era muito bela. W. R. dava-lhe espaço profissionalmente, convencido de que ela conhecia o negócio e era uma excelente executiva. Ela também era a mulher mais rica de Hollywood e sua maior filantropa, tendo como particular interesse o Hospital Infantil de Los Angeles.

A essa altura, o hábito da bebida tornou-se um sério problema para Marion. W. R. proibiu destilados em suas casas, mas Marion escondia garrafas de gim e uísque no banheiro. Eventualmente ele a forçava a um período de abstinência, mas esses interlúdios eram de curta duração. "Que posso fazer?", perguntava ele, impotente, aos amigos.[28]

Com evidente insucesso, Marion combateria o alcoolismo pelo resto da vida. "Talvez papai achasse", comenta Bill, filho de W. R., "que o fato de Marion beber demais fosse culpa sua, por não ter se casado com ela. Isso lhe causou muitas dúvidas e sofrimento nos últimos anos de vida."[29] A situação conjugal certamente terá contribuído para a raiva e a tristeza que Marion tentava esquecer com a bebida.

As declarações de Marion, supostamente para validar sua posição como amante, na verdade revelavam sua dor. "Do ponto de vista histórico faz sentido, e da tradição, e do ponto de vista dramático, [embora] *na verdade* seja perverso que tenha uma garota das Follies, uma estrela de cinema loura como amante. Veja Luís XIV, e Carlos II, e Herodes!" Apesar de toda a bravata, o desejo em Marion de uma legitimidade conjugal envenenava a relação com o homem com o qual se aliara pelo resto da vida.

O ano de 1937 foi um divisor de águas tanto para Marion quanto para W. R. Depois de 46 filmes de longa-metragem, muitos enormes sucessos, Marion anunciou que deixava o cinema. Foi uma decisão sábia. Aos quarenta anos, ela ainda era destacada para papéis de mulheres com a metade de sua idade. Deu-se conta de que se continuasse a atuar teria de começar a desempenhar papéis de mulheres de meia-idade. O risco (ou pelo menos era o que temia) era que ao ser vista por W. R., então com 74 anos, como realmente era, e não mais como a lourinha ingênua que fora, poderia perdê-lo.

Marion também estava profundamente cansada de trabalhar. Durante mais de duas décadas se atirara no trabalho, às vezes fazendo dois filmes simultaneamente, dormindo mal, mas jamais sacrificando seu amor pelas festas. E, embora tivesse conseguido superar a gagueira no cinema falado, ainda não se sentia à vontade. No set, o silêncio é que prevalecia agora, quando outrora os grupos musicais que contratava se incumbiam de tocar canções de sucesso. O cinema, dizia ela, estava se transformando num "negócio de fabricação em série",[30] e ela queria dar o fora.

Avançando em idade, cansada e alcoólatra, em condições físicas nem tão boas e menos confiante que outrora, Marion alegava que queria se dedicar exclusivamente a W. R. "Achei que o mínimo que podia fazer por um homem que fora tão maravilhoso e grande, um dos maiores homens que já houve, era servir-lhe de companheira", dizia, virtuosa.[31]

Sua dedicação logo seria testada. O incrivelmente rico W. R. Hearst estava à beira da insolvência. Como podia aquilo ter acontecido? A resposta era que a "dipsomania fiscal" de Hearst o levara a queimar 15 milhões de dólares por ano em gastos pessoais e pelo menos 1 milhão por ano em obras de arte e antiguidades. Além disso, seus bens estavam sob pesadas hipotecas. "Acho que estou acabado", queixou-se a Marion.

Marion entrou em ação. Em uma semana tinha liquidado ações e bens suficientes para entregar ao amante um cheque de 1 milhão de dólares. Inicialmente, W. R. recusou. Mas acabou aceitando, embora insistisse em lhe oferecer garantias, na forma de ações de seus jornais. Mas a doação dela não foi suficiente. Os bancos exigiam pelo menos mais 2 milhões para evitar a falência. Marion vendeu então as joias, hipotecou seus imóveis e convenceu um amigo, Abby Rockefeller, a fazer um enorme empréstimo que completava a soma necessária. O triunfo moral de Marion, com sua ativa e surpreendente generosidade, seria temperado apenas pelas ácidas críticas a Milly por não ter ajudado também.

Os negócios de W. R. continuaram a decair. Os credores haviam assumido o comando de seu império e passaram a vender boa parte dele. Ele suspendeu as obras em suas propriedades na Califórnia. Já não podia dar festas suntuosas. A revista *Time* informava em 1939 que já então, muito mais pobre e modesto em suas pretensões, W. R. queria apenas "1) fazer com que uma parte [de seu império] sobrevivesse a ele; 2) manter o emprego. (...) Aos 75 anos, o rei da imprensa marrom não passa de um redator contratado que teve o salário reduzido".[32]

A nova vida de austeridade de Marion e W. R. os aproximava, sem a pressão das constantes visitas que durante décadas compartilharam sua extravagância e aliviaram o tédio de Marion. Os dois começavam juntos cada um dos longos dias que agora se sucediam. W. R. preparava o desjejum e ela lavava a louça, "o mais próximo que chegaram de uma vida doméstica em comum, de desfrutar e cuidar da casa", opina a biógrafa de Marion.[33] W. R. determinava o ritmo dessa nova vida, apreciando-a muito mais que Marion. "Sei que você é jovem e fogosa e quer se divertir", dizia ele. "Mas estou cansado de tanta gente ao redor. Por que não tenta sossegar um pouco?"[34] Ela de fato tentou, acalmando-se com o álcool e comendo, o que a engordou, conferindo-lhe um ar de matrona. Se no passado promovia e participava de festas até o amanhecer, agora ela costurava. "Ela fazia as gravatas dele", recordaria um amigo. "Maravilhosas gravatas de seda feitas à mão."[35]

Veio a Segunda Guerra Mundial. Enquanto Hitler devastava a Europa, W. R. afastava-se ainda mais do mundo em que vivera. Cinco anos antes, ele tivera um encontro pessoal de cinco minutos com o Führer, de cuja concepção da superioridade germânica compartilhava — à parte sua visão sobre a inferioridade dos judeus. Por exortação de Louis B. Mayer, chefão do estúdio Metro-Goldwyn-Mayer, ele tentara, nesse breve encontro, interpelar Hitler sobre a perseguição aos judeus. Marion não participara do encontro. "Eu não fui convidada", diria ela. "Fiquei dois dias sem falar com ninguém, de tão furiosa. Eu queria muito conhecer o cara."[36]

Hearst, enquanto isso, continuara a pregar a conciliação com Hitler, mesmo depois da Noite dos Cristais, em 1938. Depois do início da guerra, ele começou a reconhecer que avaliara de maneira completamente errada tanto Hitler quanto a situação na Europa, e a entender, com enorme tristeza, por que ele era tão desprezado e detestado.

O pior — para ele e Marion — ainda estava por vir. Em 1941, o cineasta Orson Welles, então com 25 anos, lançou *Cidadão Kane*, um filme tão brilhante que tem sido considerado o melhor de todos os tempos. Para Marion Davies, por outro lado, era um terrível ataque pessoal que acabava com sua reputação de estrela de cinema e atriz. Em *Cidadão Kane*, um anti-herói com as características pessoais de Hearst alimenta e financia a carreira de sua segunda esposa, Susan Alexander, sem talento, alcoólatra e antissemita, uma paródia da talentosa, alcoólatra e não antissemita Marion Davies. Kane também constrói Xanadu, um castelo comparável a St. Simeon. O filme causou sensação.

Os aliados de Hearst ficaram arrasados. Sua colunista Louella Parsons considerou *Cidadão Kane* "uma caricatura cruel e desonesta". Louis B. Mayer deixou a sala de projeção chorando, oferecendo-se para comprar o negativo do filme e destruí-lo. Mas o fato é que Orson Welles triunfou, e *Cidadão Kane* ainda hoje domina as listas dos maiores filmes de todos os tempos. Mais de duas décadas depois, contudo, para expiar o mal que lhe fora causado pelo filme, Welles escreveu em 1975 o prefácio das memórias de Marion, *The Times We Had*. Com algumas poucas exceções, "em *Kane* tudo foi inventado. (...) Susan [Alexander] não tem qualquer semelhança com Marion Davies", declarava Welles.

> A esposa [Susan] era um fantoche feito prisioneiro; a amante [Marion] era simplesmente uma princesa. (...) A amante nunca foi um dos objetos de posse de Hearst; ele sempre foi para ela um cavalheiro, e ela por sua vez foi para ele o tesouro precioso do coração por mais de trinta anos, até o último suspiro. Foi realmente uma autêntica história de amor. O amor não é o tema de *Cidadão Kane*.[37]

Em seu empenho de compensação, Welles exagerava na descrição da história de W. R. e Marion Davies, que apesar de não ser destituída de amor foi sobretudo a história do amor de W. R. por Marion. Por que então teria aquela mulher bela, talentosa e divertida ligado sua existência a um homem muito mais velho, mais reservado e casado? Por que se teria envolvido com ele quando já era um ditador de certa idade, à beira de perder seu império?

As respostas estão na baixa conta em que Marion tinha seus próprios talentos; em sua necessidade de validar sua vida com W. R., ficando a seu lado; no sentimento de que, com a doação espontânea de 1 milhão de dólares quando ele precisava, conquistava o direito de sua proteção e orientação; e, finalmente, em sua necessidade de acreditar que ele não podia viver sem ela. Desse modo, na flor da idade, ela se acomodou com a monotonia de sua situação de simples amante de W. R.

Depois da guerra, o casal retornou por pouco tempo de St. Simeon, mas viria em 1946 a deixar permanentemente o castelo por causa dos problemas de saúde de W. R., da intensa tristeza de Marion e do sentimento de isolamento, além do puro e simples custo de manutenção de toda aquela estrutura. Marion é que agora fornecia a nova casa dos dois, uma esplêndida villa mediterrânea que comprara em Beverly Hills. W. R. sofreu ao deixar seu amado castelo, mas Marion estava radiante.

Por iniciativa dela, a casa estava em nome de W. R. Seis semanas depois da compra, ela a havia registrado em seu nome, para que ele pudesse chegar ao fim da vida em sua própria casa. Mas a vida que ali tiveram foi ainda mais amargurada. Ethel e Reine, irmãs de Marion, tinham morrido recentemente. Agora que se retirara das atividades artísticas, seu amplo círculo de "amigos" reduzira-se a um punhado apenas, entre eles "Big Joe" Kennedy, que pelo resto de sua vida viria visitá-la, convidando-a a todos os grandes eventos sociais da família Kennedy. Fora isso, ela e W. R. raramente eram convidados.

Depois de anos de um desesperado consumo de substâncias para prolongar a vida, Hearst finalmente entendeu que estava velho e tinha pela frente os últimos anos. Confiava cada vez menos nos filhos e em seus executivos, supondo — com razão, como haveria de se revelar — que afastariam Marion de seu império jornalístico. Com a deterioração de sua saúde ao longo dos anos, W. R. muitas vezes delegara a ela a tarefa de comunicação com os diferentes editores, mostrando grande indignação

AMANTES COMO TROFÉUS

quando alguém lhe opunha resistência. No leito de morte, ainda tentou proteger a amante querida da inevitável ira dos filhos, entre outros.

Aos 89 anos, no ano em que morreu, W. R. tomou providências para assegurar a Marin o direito de assessorar as empresas Hearst, como tantas vezes fizera. À sua revelia, contudo, sua equipe não tomou todas as providências por ele determinadas.

A essa altura, Marion estava tão apavorada com a perspectiva de perdê-lo que entrou numa espiral de alcoolismo que afetou sua circulação. As pernas muitas vezes lhe faltavam, e também ela passou a precisar de enfermeiras. Três vezes por dia ela visitava W. R., reanimada pelo café que lhe era oferecido pela equipe.

Marion estava a ponto de enlouquecer de medo ante a perspectiva da morte de W. R., uma morte de que os filhos dele tramavam deixá-la afastada. Bill e o principal executivo de Hearst "encontraram-se para planejar as providências a serem tomadas para o sepultamento. Marion Davies não foi incluída. É claro que não haveríamos de deixar nossa mãe embaraçada com a presença dela".[38] A família se disse mortificada pelo fato de seu patriarca morrer na casa da amante.

Nessa fase em que W. R. se encontrava no leito de morte, a tensão entre Marion e os filhos dele era palpável. A certa altura, ela perguntou a um deles como Hearst estava e ele resmungou: "E por que isso lhe importaria, sua puta?!"[39] Segundo Marion, o que aconteceu então foi que, com a conivência dos filhos, seu próprio médico deu-lhe uma injeção com agulha hipodérmica numa das nádegas num momento em que ela se abaixou para pegar um telegrama. Enquanto ela dormia, W. R. morreu, sozinho com a dachshund Helena, a sucessora de Helen. Seus filhos chegaram logo depois, rapidamente tratando de remover o corpo. Ao acordar, Marion deu com a casa vazia. "Seu corpo sumiu num passe de mágica", comentaria, amarga. "O velho W. R. se fora, os filhos tinham sumido. Eu estava sozinha. Perceberam o que eles fizeram? Roubaram algo que era meu. Ele me pertencia. Eu o amei por 32 anos, e agora ele se fora. Não pude sequer me despedir."[40]

Marion não compareceu ao funeral. "Por que deveria?", perguntou. "Por que deveria passar por esse tipo de drama se o tivera vivo a meu lado todos aqueles anos?" Fechou-se em seu quarto, mas disse a um amigo que lembrasse a Milly Hearst que "não esquecesse de vestir seu luto de viúva".[41] De uma hora para outra, Marion Davies era *persona non grata* no mundo dos Hearst. Só o jovial George continuou seu amigo.

O testamento foi aberto. W. R. de fato se preocupara em proteger a mulher a que se referia como "minha leal amiga, a srta. Marion Douras, que me ajudou durante a grande depressão com 1 milhão de dólares de seu próprio bolso".[42] Surpreendendo a todos, ele a deixava no controle do império Hearst. Bill Hearst resumiria a situação com simplicidade. "Ao morrer, o velho nos deixava num dilema: sua preocupação com Marion, equilibrada com sua responsabilidade no que dizia respeito à empresa." A família rebelou-se. Seus advogados enfrentaram os de Marion. Seis semanas depois, Marion abriu mão do direito de voto na empresa, concordando em atuar como "consultora e assessora oficial da Hearst Corporation [inclusive no] aconselhamento sobre filmes e outras atividades de entretenimento".[43]

Os desejos de W. R. foram essencialmente atendidos. No dia seguinte, Marion Davies surpreendeu a todos, casando-se. O noivo era Horace Gates Brown III, capitão da Marinha Mercante oito anos mais novo que ela. Horace estava apaixonado pela irmã dela, Rose, que reiteradas vezes rejeitara suas propostas de casamento. Marion fez amizade com ele e logo constatou que suas histórias apimentadas combinavam com seu próprio senso de humor, nada ortodoxo. Os amigos, perplexos, chegaram à conclusão de que ela o achava parecido com W. R.

O casamento foi infeliz, e em questão de meses Marion entrou com pedido de divórcio, para em seguida retirá-lo. Mas Horace era atraente e sensual, e Marion gostava da vida sexual que lhe proporcionava. Isso deve ter pesado muito em sua decisão de ficar com ele. Assim como a determinação de regularizar sua vida, experimentando as alegrias da respeitabilidade conjugal depois de tantos anos como amante, às vezes insultada, nunca plenamente aceita.

Marion conseguiu muitas vezes parar de beber, com o efeito colateral da perda de peso; quando sóbria, ela parecia quase tão bela e jovial quanto podia ser. Mas o ciclo todo começava de novo. Apesar do alcoolismo, ela fez consideráveis transações imobiliárias que geraram grande riqueza, em boa parte encaminhada para a filantropia. Compareceu aos casamentos de dois dos filhos de "Big Joe" Kennedy e alugou sua casa a JFK e Jackie em sua lua de mel. Mais tarde, compareceria orgulhosa à posse de JFK.

Em 1959, Marion foi diagnosticada com câncer na mandíbula. Recusou a solução cirúrgica e aceitou apenas tratamento com cobalto. Com dores constantes, tentava aliviá-las com láudano. Para esconder o maxilar desfigurado, usava um véu branco. Joe Kennedy mandou chamar três especialistas em câncer na Califórnia, e ela acabou aceitando a cirurgia. Inicialmente, ela teve uma recuperação, mas veio a morrer a 22 de setembro de 1961, tendo na cabeceira Horace e os poucos parentes que lhe restavam. Pouco antes de entrar em coma, disse a Horace que não se arrependia de nada.

O enterro de Marion foi um evento triunfal, tal como ela mesma teria feito. Entre os que carregaram o caixão estavam Joe Kennedy, Bing Crosby, com quem trabalhara no cinema, o ex-amante Dick Powell e o filho mais velho de W. R., George Hearst. Esses homens representavam cada dimensão de sua complicada vida: amantes, amigos, colegas e, no caso de George Hearst, a realidade de décadas de uma vida como amante de W. R. Hearst.

A vida de Marion Davies como amante foi, sob muitos aspectos, ideal. Ela se beneficiou da riqueza quase inconcebível de W. R., de sua dedicação a vida inteira e da proteção testamentária, assim como do triunfo social de ter vivido com ele. Mas também passou pela insegurança de saber que o amante continuava casado com outra mulher e pelo desprezo com que eram vistas as amantes em sua sociedade. Teve de aceitar cuidar de cães, em vez de filhos. A convicção de que devia seu impressionante sucesso profissional à ajuda de W. R. levou-a a valorizar essa proteção, muito embora, mais que praticamente qualquer outra mulher de sua época, pudesse ter obtido brilhante êxito por conta própria. Em consequência, sacrificou-se como mulher independente, para continuar sendo a amante de W. R. Seu livro de memórias, *The Times We Had*, está carregado da convicção de que o relacionamento conferira significado à sua vida.

Gloria Swanson[44]

Em 1927, aos 28 anos, Gloria Swanson era a mais popular estrela de cinema dos Estados Unidos, um tipo mignon e sexy com reluzentes cabelos escuros, um nariz levemente recurvado e enormes olhos azuis. Vivendo com o terceiro marido,[45] o marquês francês Henri de la Falaise de la Coudraye, tinha uma filha, Michelle, e um filho adotivo, Joseph. Inteligente e ambiciosa, ela era uma mulher sexualmente liberal, mas não promíscua, de espírito independente e capaz de assumir grandes riscos pessoais e profissionais. E também uma feminista *avant la lettre*, que se referia ao Todo-poderoso como sra. Deus. No auge da carreira, Gloria recusou um contrato de 1 milhão de dólares e deixou a segurança da Paramount Pictures para fundar a Gloria Swanson Productions e produzir seus próprios filmes.

Mas Gloria também tinha sérios problemas. Seus maridos eram invariavelmente um peso financeiro, e Henri não era diferente. Atrapalhando seus planos, ele decidira retornar à França para tentar se estabelecer por conta própria.

O pior era que Gloria Swanson, estrela de remuneração sempre astronômica, estava à beira da bancarrota. Suas incríveis despesas pessoais somavam 10 mil dólares por mês. Ela morava numa mansão de dois andares em Beverly Hills, com 22 quartos, cinco banheiros e uma garagem para seu Pierce-Arrow e seu Cadillac. "O público queria que vivêssemos como reis e rainha", explicaria Gloria anos depois. "E era o que fazíamos. Por que não?"[46]

E realmente, por que não? Mas a conta bancária de Gloria estava quase vazia e só voltaria a engordar se seus filmes dessem lucro na bilheteria. A consequência da escolha que fez foi que o meio de vida luxuoso que levava dependia diretamente de seu êxito como produtora. Enquanto isso, seu filme de estreia, *The Love of Sunya*, não recuperara o dinheiro que tomou emprestado para produzi-lo. A distribuição de seu muito apreciado segundo filme, *Sadie Thomson*, a polêmica história de Somerset Maugham sobre uma prostituta e o sacerdote que tenta mudá-la, na qual a própria Gloria desempenhava o papel da ardente e conturbada Sadie, foi adiada enquanto seus advogados lutavam na justiça contra leis moralistas e os advogados que as invocavam. Como se não bastasse, a Receita Federal contestava suas declarações de 1921 a 1926.

As dificuldades financeiras de Gloria foram o motivo pelo qual seus assessores introduziram Joe Kennedy em sua vida. "Gloria precisa de apoio, precisa de financiamento e de que a organização de seus negócios fique em boas mãos", escreveu seu amigo Robert Kane, executivo da Paramount, a Kennedy.[47] Kennedy reagiu entusiasticamente. Gloria representava tudo que ele admirava: fama, talento e beleza. Fizera exatamente o que ele constantemente exortava os filhos a fazer: "Correr atrás."

Em 1927, Joseph Patrick Kennedy era um riquíssimo banqueiro e um bem-relacionado executivo da indústria cinematográfica (presidente e diretor da Film Booking Office, Inc.), além de dono de uma cadeia de cinemas. De aspecto juvenil apesar de já grisalho aos quarenta anos, era casado com Rose Fitzgerald, filha de John Francis "Honey Fitz" Fitzgerald, talvez o mais poderoso homem de Boston. Joe já estava fundando sua famosa dinastia: em 1927, Rose estava grávida do sétimo filho.

Gloria encenou o primeiro encontro com todo o aparato da estrela escolada. Joe reagiu bem a sua forte presença, embora parecesse surpreso com sua estatura baixa e o cardápio que escolhera: aipo cozido, ervilhas e *zucchini*. Gloria achou que Joe não parecia um banqueiro, com o terno muito largo e a gravata frouxa. "Com os óculos e o queixo proeminente, ele parecia o tio de uma pessoa comum da classe trabalhadora", recordaria.

A estrela e o banqueiro conversaram sobre a indústria cinematográfica, e Joe fez perguntas específicas sobre as finanças da empresa dela. Ela decidiu confiar nele, autorizando seu total acesso à contabilidade da firma. Depois de examiná-las, Joe telefonou a Gloria para comunicar uma análise nada animadora. Seus negócios estavam em situação caótica, seus assessores, consultores e funcionários eram um "peso morto". Resumindo, a Gloria Swanson Productions era muito mal gerida, e Joe não estava interessado em tê-la como cliente.

Algum tempo depois, provavelmente em virtude de sua crescente afeição por ela, Joe mudou de ideia, propondo a Gloria algo que ela considerou "um acordo imbatível".[48] "Deixe-me cuidar de tudo", propunha ele. "Vou mobilizar alguns membros da minha equipe e faremos uma cirurgia de emergência. (...) E, nesse momento, cabeças rolarão."[49]

Joe e seus colegas, apelidados por Gloria de "os cavaleiros", entraram em sua vida para valer, examinando os livros de contabilidade e passando horas a fio em sua casa. Mostravam-se tão prestimosos que "toda vez que eu apanhava um cigarro quase me incendiava toda, pois dois deles ou mesmo mais acendiam fósforos sem pestanejar".[50] A essa altura, Gloria estava convencida de que podia entregar suas finanças tranquilamente àqueles profissionais eficientes e sensatos e a Joe Kennedy, o patrão tão obviamente admirado por todos eles.

Para começar, a Gloria Swanson Productions foi dissolvida, sendo criada uma nova empresa, Gloria Productions. Enquanto isso, Joe dava assistência a Gloria na frente em que se mostrava mais forte, a dos filmes. Com grande expectativa, mas convencida de que Joe Kennedy sabia o que estava fazendo, Gloria concordou em entregar os direitos sobre os dois primeiros filmes da produtora à empresa financeira a que devia muito, o que não só eliminaria a dívida como lhe proporcionaria algum capital líquido. "Eu sabia apenas", escreveria ela mais tarde, "que cometera erros no passado, ao passo que até ali, em seu trato comigo, ele não cometera nenhum. Assim foi que, com relutância, disse-lhe que podia aceitar o acordo."[51]

Infelizmente, seria esse o primeiro erro de Joe, e que custou muito caro, pois *Sadie Thomson*, filme de que ele não gostava e no qual não depositava a menor confiança — ironicamente, por motivos morais —, tornou-se um enorme sucesso, que enriqueceu o novo proprietário dos direitos, ao passo que Gloria nada recebeu, além dos elogios e do sucesso profissional. Mas isso ainda estava por vir. Naquele momento, recordaria Gloria, "Joseph Kennedy tomou conta da minha vida inteira em apenas dois meses".[52]

Em certa medida, Gloria também tomara conta da vida dele. Joe sentia-se fortemente atraído pela animada cliente-parceira, e, embora amasse o marido, Gloria retribuía. Não declarado mas palpável, o sexo começou a permear a relação entre os dois. Mas Gloria tinha muitos motivos para não se entregar a uma relação extraconjugal. Hollywood era dominada por regras moralistas que governavam não só os filmes como a vida de suas estrelas, e Gloria já entrara em conflito com essas normas restritivas no terreno do comportamento pessoal. De qualquer maneira, ela não podia correr sequer o risco de uma suspeita de que fosse moralmente condenável. A outra questão era seu casamento. Embora não conseguisse manter com ele um vínculo de grande proximidade, Gloria amava o belo e encantador marido.

As circunstâncias de Joe eram bem diferentes. Ele e Rose tinham um casamento ancorado na prole cada vez mais numerosa — a dinastia de Joe —, mais que no relacionamento pessoal, que era cortês e distante. Nas questões do coração, era um deserto emocional. Rose estabelecera padrões a que Joe devia atender — segurança financeira, observância religiosa, obrigações de família —, e também sublimava a raiva por suas traições sexuais. Como atendia a esses padrões e financiava o caro estilo de vida da mulher, Joe sabia que Rose não faria perguntas incômodas nem causaria um escândalo, de modo que enfrentava menos limitações que Gloria.

Levar Gloria para a cama já era a essa altura apenas uma questão de tempo e de um pouco do tipo de planejamento em que se saía tão bem. Com muita habilidade e considerável empatia, Joe deu um jeito de se livrar de Henri oferecendo-lhe um "cargo maravilhoso", no dizer de Gloria, como diretor europeu da Pathé Pictures. Henri ficou exultante. E Gloria também, mandando a Joe Kennedy "um sorriso sutil de profunda gratidão". Joe e Henri rapidamente estabeleceram um acordo verbal, prepararam os papéis e os assinaram. "Em alguns rápidos encontros, então, rearrumamos o mundo", escreveu Gloria.[53]

No dia seguinte, Joe fez com que um de seus "cavaleiros" levasse Henri para pescar em alto-mar, mas se escusou de participar, pois teria de trabalhar. Gloria fez o mesmo, para comprar presentes para os filhos. Quando Henri estava bem distante, Joe chegou ao quarto de hotel de Gloria e o atravessou em direção a ela. Sem dizer palavra, levou seus lábios aos dela e os dois se beijaram. Com uma das mãos, segurava sua cabeça; com a outra, acariciava seu corpo e tirava seu quimono. Gemendo, repetia: "É agora. Agora." "Ele parecia um cavalo amarrado, bruto, agitado, tentando se libertar", contaria Gloria. "Depois de um clímax apressado, deitou-se a meu lado, acariciando meus cabelos."

A partir dali, recordaria Gloria, Joe Kennedy, "aquele estranho a meu lado, me possuiu, mais que meu marido".[54]

Gloria Swanson tornou-se a amante de Joe Kennedy. Ele se instalou em Beverly Hills, alugando em Rodeo Drive uma casa que jamais seria visitada pela mulher e os filhos. Sempre que achava conveniente, ele próprio retornava à costa leste para vê-los. Sua casa não era nenhum *pied-à-terre* simplesinho. Precisava de duas empregadas, um mordomo, um jardineiro e um cozinheiro para manter-se em funcionamento, e ele retribuía a hospitalidade de Gloria recebendo para jantar.

Esses jantares nada tinham de íntimos. Os "cavaleiros" de Joe costumavam comparecer, e a conversa geralmente se orientava para os negócios. Depois, Gloria e Joe faziam amor, e então um dos cavaleiros a levava para casa. Durante o dia, ela e Joe raramente se viam, nunca sozinhos.

Como sempre, Joe continuou acompanhando detalhadamente a vida dos filhos e mantendo-se em estreito contato com Henri, ou "Henry", como o chamava. Também pressionou Gloria para que batizasse o filho adotivo — a ideia de uma alma sem batismo perturbava sua sensibilidade religiosa.

Em suas viagens periódicas aos Estados Unidos, Henri não demonstrava suspeitar de algo. O que talvez se devesse, especulava Gloria, à gratidão pelo emprego, ou quem sabe "a um cultivado bom senso europeu, no sentido de permitir que casos desse tipo seguissem seu curso, em especial porque aquele certamente jamais levaria a um casamento". Um motivo mais provável seria o fato de Henri ter uma amante em Paris.

Joe Kennedy era mais difícil. Ele revelou que se mantivera fiel a Gloria, dando um jeito de evitar dormir com Rose — não nasceu nenhum bebê Kennedy nesse ano, diria orgulhoso a ela.[55] Mas Joe queria um filho de Gloria. Ela respondeu sem rodeios: se ele voltasse a falar no assunto, ela faria as malas e voltaria para a Califórnia. "Não se pode manipular o público, Joseph. Amanhã mesmo eu estaria acabada", disse ela, com firmeza.[56] Com o passar do tempo, contudo, ela concluiu que o mundo do cinema estava sabendo do romance entre os dois, encarando-os como "outra versão de William Randolph Hearst e Marion Davies, só que irrepreensíveis, pois ambos tínhamos casamentos sólidos com filhos: fora do alcance das fofocas, portanto, e inteiramente livres da possibilidade de acusações mais incômodas".[57]

Pessoalmente, Joe e Gloria eram felizes um com o outro, embora o sexo não fosse realmente satisfatório, dando Joe pouca atenção aos desejos ou à satisfação de Gloria. Mas os negócios em conjunto enfrentavam dificuldades. *Queen Kelly*, um filme que no fundo Joe impôs a Gloria, foi um fracasso que custou 800 mil dólares. Joe ficou furioso e ressentido. "Eu nunca fracassei na vida", dizia.[58] Enquanto isso, Gloria foi indicada ao Oscar por *Sadie Thompson*, o filme cujo fracasso ele previra.

Para a atriz, *Queen Kelly* foi um golpe emocional, físico e financeiro. Quando se deu conta do quanto era terrível, ficou tão perturbada que teve de ser hospitalizada. "Não é preciso descer aos detalhes da reação pessoal de Gloria, considerando dever-me muito dinheiro por causa do filme, mas não foi nada agradável", escreveu Joe a Henri. Ele também mencionava que nas discussões ele e Gloria tinham passado por "um terrível confronto".[59]

Em geral, no entanto, Joe mostrava-se afetuoso e, mais que o desejável para a paz de espírito de Gloria, possessivo. Uma malfadada viagem a Londres foi o exemplo mais extremo. Joe insistiu para que Gloria viajasse no mesmo navio que ele, sua irmã e Rose. "Por favor, Gloria, ela [Rose] quer conhecê-la", dizia.[60]

A viagem à Europa foi um sucesso,[61] embora Gloria não soubesse ao certo até que ponto Rose sabia das coisas ou imaginava. Joe passou o tempo todo com Gloria, mas Rose mostrava-se invariavelmente amável e maternal com a amante do marido. Certa vez, quando Joe ficou furioso porque outro passageiro olhava demais para Gloria, Rose elevou a voz e o apoiou. "Será que era uma boba ou uma santa?",[62] perguntava-se Gloria.

Henri juntou-se ao grupo, e Rose ficou encantada com o "maravilhoso" marido de Gloria. Henri ficou contrariado com a possessividade de Joe, mas evitou confrontá-lo por medo de comprometer seu valioso emprego. "Henri estava empregado por Joe e eu era literalmente possuída por ele", recordaria Gloria. "Minha vida inteira estava em suas mãos. Nunca antes eu confiara tanto em alguém."[63] Joe também a fascinava, embora Henri fosse o amor de sua vida.

De volta aos Estados Unidos para a estreia nova-iorquina de *The Trespasser*, o filme que ela previra teria o sucesso não alcançado pelo *Queen Kelly* de Joe, Gloria recebeu uma convocação para se encontrar num hotel com um hóspede não identificado. Revelou-se que se tratava do cardeal O'Connell, de Boston. Amigo da família Kennedy, O'Connell disse-lhe que queria discutir sua relação com Joe Kennedy. Gloria ficou perplexa e indignada, retrucando que eram parceiros de negócios. Mas O'Connell sabia do que estava falando. "Vim aqui para pedir-lhe que deixe de ver Joseph Kennedy", disse. "Toda vez que se encontra com ele, você se torna para ele uma oportunidade de pecar. (...) Não há hipótese de Joseph Kennedy ficar em paz com sua fé e ao mesmo tempo dar continuidade ao relacionamento com você." Gloria levantou-se para sair. "É com o sr. Kennedy que o senhor deveria falar", disse com firmeza. Ela descobriria mais tarde que Joe nada sabia dessa perturbadora conversa. Teria Rose ou a família Kennedy pressionado o cardeal para que agisse daquela forma? Gloria jamais saberia. Mas sua intervenção era coerente com a maneira como a Igreja Católica lida com relacionamentos "inadequados", culpando a mulher e atribuindo-lhe todo o ônus.

Joe se recuperara do desespero com o fracasso de *Queen Kelly* e comprara outro roteiro, convencido de que firmaria seu sucesso como magnata do cinema. Gloria tinha sérias reservas, mas corajosamente concordou em estrelar *What a Widow*. O título era do dramaturgo Sidney Howard, ganhador do Prêmio Pulitzer, e que ganhou um Cadillac de Joe Kennedy.

Pouco antes de terem início as filmagens, Henri pôs fim discretamente ao casamento com Gloria. "O fogo consumiu o belo templo que foi nosso amor", escreveu. "Pouco se salvará das cinzas ardentes. Mas tentemos preservar nossa doce amizade, nosso respeito mútuo, nosso decoro! (...) As pontes entre nós se romperam — nada poderá restabelecê-las —, ambos o sabemos." E ele terminava assim a melancólica carta: "Adeus, querida, agora está tudo terminado mesmo."[64] O fim do casamento fora o preço pago por Gloria Swanson pelo caso com Joe Kennedy. Henri logo daria início a um processo de divórcio para se casar com Constance Bennett, uma bela estrela loura do cinema americano.

Não muito depois, *What a Widow* revelou-se um fiasco. Joe sentiu-se humilhado, ainda mais do que depois de *Queen Kelly*, pois *What a Widow* exibia seu nome nos créditos.

Certo dia, o contador de Gloria informou que o Cadillac de Sidney Howard fora debitado na conta pessoal dela. Não deveria ser incluído no orçamento do filme? "Certamente", respondeu Gloria. Num jantar na casa de Joe, ela comentou que o escritório dele cometera um erro de contabilidade, acrescentando, jocosa: "Foi você que deu o carro a Sidney Howard, e não eu. Foi a você que ele agradeceu, e não a mim. De modo que é perfeitamente justo que você pague por ele."[65]

Chocada, Gloria viu Joe ficar olhando sem palavras e começar a engasgar com a comida. Recobrando o autocontrole, ele se levantou e deixou a sala de jantar sem dizer palavra. Passada meia hora e esperando ainda Gloria que ele voltasse, um dos cavaleiros gentilmente ofereceu-se para levá-la em casa.

Dias depois, após esperar um telefonema ou bilhete de desculpas que não chegou, Gloria entendeu que Joe Kennedy rompera o caso com ela, que não mais era sua amante. No mês seguinte, ele cancelou formalmente o relacionamento de negócios, inclusive a procuração que ela lhe passara.

Joe Kennedy simplesmente evaporou da vida de Gloria. Os comentários e notícias de jornal informavam que ele ganhara 5 milhões de dólares vendendo bens da empresa cinematográfica, e que pretendia retirar-se do negócio para se concentrar na política. "Eu estava completamente por conta própria de novo", recordaria Gloria, "sem amor e sem segurança."[66]

Gloria também descobriu que, embora tivesse algumas propriedades e muitos bens, tinha muito pouco dinheiro. Como acontecera aquilo? Ela confiara sua vida a Joe, e ele a largara machucada e escoriada. Com estupefata amargura, ela se deu conta de que, além do Cadillac, Joe debitara à Gloria Productions um casaco de peles que lhe dera e um impressionante bangalô que havia construído para ela no estúdio. Além disso, a contabilidade estava adulterada e a firma de Kennedy se recusava a prestar esclarecimentos ou ajuda.

Amanda Smith, que editou *Hostage to Fortune: The Letters of Joseph P. Kennedy* [Refém da sorte: Correspondência de Joseph P. Kennedy] e leu as memórias de Gloria, tem uma perspectiva ligeiramente diferente sobre os motivos que levaram Joe a cobrar da Gloria Productions por presentes aparentemente pessoais. Os arquivos de Kennedy contêm "contratos e documentos legais vencidos (...) assinados por Swanson (...) [explicitando] suas obrigações em relação a ele e a entidades a ele ligadas — uma promessa de pagamento (...) entradas de caixa de que precisava desesperadamente (às taxas de juro em vigor), um acordo de reembolso (...) pelo luxuoso camarim condizente com uma estrela da magnitude de Swanson".[67] Ao que parece, Joe nunca ficou enfeitiçado pela glamourosa amante a ponto de esquecer que era um homem de negócios. Cuidou inclusive de fazer com que ela tivesse de responder na justiça por seus próprios erros de avaliação. Quando a presenteava e recebia suas manifestações de gratidão, ele não a lembrava de que era ela, e não ele, que estava pagando pelos presentes, embora deva ter ficado patente que ela não entendera a natureza dos muitos documentos que fora levada a assinar.

Com o inesperado e total rompimento com Joe, Gloria entrou num período de luta pelo próprio equilíbrio emocional e financeiro. Por breve período, sua saúde decaiu e ela perdeu peso. Mas suas responsabilidades como mãe solteira com um estilo de vida luxuoso e uma carreira que precisava manter acesa logo a levariam a levantar-se da cama e mais uma vez enfrentar o mundo.

Gloria voltou a casar-se, numa união infeliz, e teve outro filho. Divorciou-se, casou novamente, mais uma vez sendo infeliz no casamento, e de novo se divorciou. Essas breves e frustradas uniões não a impediram de continuar fazendo filmes com garra, mas em 1942 ela não tinha muito dinheiro e teve de cortar drasticamente as despesas e encontrar diferentes maneiras de ganhar a vida. Tentou a televisão, mas logo voltou ao cinema. Em 1949, aos cinquenta anos, teve um sucesso estrondoso com *O crepúsculo dos deuses*, filme sobre o romance de um homem mais jovem com uma mulher mais velha em Hollywood. Após essa ressurreição, ela continuou atuando, inclusive na Broadway, até se voltar para a escultura, na qual também teve êxito. Seu sexto e último casamento, com Bill Dufty, quando ela já tinha quase 77 anos e ele, 60, foi feliz.

Um ano e meio depois de abandoná-la abruptamente, Joe Kennedy telefonou para ela. Tinha a seu lado, disse, Franklin D. Roosevelt, o próximo presidente dos Estados Unidos. Furiosa com a audácia daquele telefonema, Gloria bateu com o telefone. Posteriormente, deixou-se levar a uma reconciliação informal. Desde então e até morrer, Joe se vangloriaria de sua ligação com ela. Quando ele sofreu um derrame, ela lhe enviou um telegrama de condolências com a assinatura "Kelly". Difícil imaginar que ela escolheu o nome do maior fracasso cinematográfico da carreira do ex-amante sem uma ponta de sentimento de vingança.

Cinquenta anos depois do caso com Joe Kennedy, Gloria escreveu suas memórias. Sua avaliação do relacionamento vinha filtrada pela passagem do tempo, suas impressionantes voltas por cima na carreira, sua excelente saúde, a felicidade pessoal e uma extraordinária beleza natural — aos setenta anos, no *Carol Burnett Show*, ela dançou em trajes reduzidos e exibiu um corpo que podia ser o de uma mulher de 30 em perfeita forma. E a essa altura Joe não só já havia morrido como passara por vários anos de restrições físicas decorrentes do grave derrame que sofrera. Gloria Swanson podia dar-se ao luxo do perdão. Mas nem meio século foi capaz de apagar seu ressentimento pela maneira como foi tratada pelo homem que prometera salvá-la mas no fim das contas deixou-a mergulhada no caos. Ela fora para ele uma espécie de troféu, por ele ostentado diante daqueles que desejava impressionar, inclusive a esposa. Ela tivera uma parte de responsabilidade nesses equívocos, participando com todo o empenho das estratégias destinadas a enganar os próximos e o público anônimo que fazia dela uma estrela. No fim das contas, Gloria Swanson teve a lamentar sobretudo ter feito um mau negócio.

Maria Callas

"Vissi d'arte, vissi d'amore" ("Vivi para a arte, vivi para o amor") era o lamento da soprano Maria Callas na ópera trágica *Tosca*, de Giacomo Puccini. Sua própria vida pessoal conferia um peso impressionante às palavras da atormentada Floria Tosca. Floria cantava sua ária de desespero enquanto o amante era torturado na sala ao lado. Já Maria pranteava o fim abrupto de seu apaixonado e avassalador romance com o armador e magnata grego Aristóteles Onassis, que a dispensara de uma hora para outra para se casar com Jacqueline Kennedy, a viúva mais cobiçada do planeta.

Maria Callas, a diva que levou o drama operístico a um prestígio inédito, nasceu Mary Anna Kalogeropoulos a 2 de dezembro de 1923, em Manhattan, filha de imigrantes gregos. Sua mãe, "Litsa" (Evangelia), descarregava sua amargura pessoal na filha menor, obesa, míope, cabeluda e desajeitada. Mas com apenas cinco anos Mary de certa forma se redimiu. Enquanto Mary cantava acompanhando uma transmissão radiofônica, Litsa rezou para que a linda voz da filha pudesse um dia livrá-la ao mesmo tempo dos Estados Unidos e do marido. Quando Mary tinha treze anos, Litsa comunicou ao marido que o casamento tinha acabado. Ele fez o sinal da cruz e exclamou: "Finalmente, meu Deus, tiveste piedade de mim!"[68] Litsa tirou Mary da escola e partiu para a Grécia, onde a esperava Jackie, a filha mais velha, sua favorita.

Em Atenas, Mary, que passou a se chamar Maria, ganhou uma bolsa de estudos do Conservatório Nacional, mais tarde entrando para o Conservatório de Atenas, mais prestigioso. Praticando, ensaiando e estudando, ela só se interessava pela música. Durante a guerra, na qual 30 mil atenienses morreram de fome numa cidade perigosa e devastada, o amante rico de Jackie instalou as três num apartamento. Litsa atendia a certas necessidades graças ao amante, um militar italiano. Também pressionava Maria a se relacionar com soldados inimigos, ao que parece mais encantados com sua voz impressionante do que com seus favores sexuais. No que dependia dela, contudo, as amizades íntimas e afetuosas se davam mais com admiradores muito mais velhos. Um deles, um médico que também era vizinho, pode ter sido o primeiro homem com quem Maria dormiu.

Depois do armistício, Maria foi banida da ópera ateniense, já agora administrada pela esquerda. Voltou para os Estados Unidos, mas tampouco lá encontrou trabalho. Em 1947, foi a Verona com dinheiro emprestado para um contrato de quatro concertos pelo qual receberia o equivalente a apenas 240 dólares. Foi então que conheceu o rico aficionado de óperas veronês Battista Meneghini, que deixou o ramo da construção civil e tomou a decisão de dedicar sua vida a Maria Callas (a nova grafia de seu nome).

Battista, então com 53 anos, trinta mais que Maria, era um sujeito rechonchudo e melodramático que só falava italiano. A ópera era a grande paixão em comum, mas com o tempo os dois desenvolveram uma relação de afeto e dedicação recíproca. Eles se conheceram num restaurante. "Eu tive enorme compaixão", recordaria Battista. "Seus membros inferiores estavam deformados. Os tornozelos estavam inchados, do tamanho da panturrilha. Ela se movia desajeitadamente, com dificuldade."[69] Mas aquela mulher alta, corpulenta e de duplo queixo era uma magnífica soprano, e Battista propôs-lhe um período de seis meses de experiência no qual cuidaria de suas necessidades materiais para que ela pudesse concentrar-se exclusivamente na música. A experiência deu certo, e Maria, agradecida, casou-se com o baixo e rotundo italiano que reconhecera seu gênio, tirando-a da pobreza e da indiferença.

O casamento foi feliz. Battista adorava sua diva e seu poder de ganho, e Maria adorava a idolatria dele e sua dedicação à ópera. O sexo também era agradável, embora nos onze anos de convívio com Battista ela nunca tivesse um orgasmo, sensação cuja ausência só acharia notável depois de experimentá-la pela primeira vez.

Profissionalmente, Maria Callas deslanchou. Exceto nas tessituras mais altas, sua voz era pura e firme, e mesmo assim, "no registro mais agudo — com ou sem estridência —, ela produzia um som poderoso que já se tornou lendário".[70] O mesmo quanto ao talento dramático de Maria e sua fama de perfeccionismo. Ela decorava as partituras mais rapidamente que qualquer outra cantora. Gostava de aprender óperas tão difíceis que raramente eram montadas. Mostrava-se de uma exigência implacável consigo mesma e também com os colegas. Seu lema era "Trabalho, logo existo". Sua vida e seu casamento, segundo John Dizikes em *Opera in America*, baseavam-se "numa espartana economia doméstica, numa rigorosa autodisciplina e em trabalho árduo. Durante uma década, sua ambição, sua força de vontade e seu apaixonado empenho de aperfeiçoamento estiveram voltados para sua arte. Nada podia interferir".[71]

Nem mesmo a obesidade. Maria era inteligente demais para não se dar conta de que sua interpretação das frágeis heroínas operísticas devia parecer estranha com um corpo de 1,74 metro carregando um peso de 100 quilos. Em 1953, ela resolveu perder peso. Sua estratégia foi extraordinária. Engoliu um parasita intestinal que consumia boa parte do que ela comia, e os quilos se desfizeram até que ela o expelisse. No início de

1954, perdera trinta quilos. Passados mais alguns meses, viera a pesar 53 quilos, uma sílfide à beira da anorexia, até recuperar algum peso e passar a ostentar um corpo mais equilibradamente esbelto.

Livre da corpulência — "Era impossível distinguir entre as pernas dos elefantes no palco e as da Aída cantada por Maria Callas", disparou um crítico —,[72] Maria exibia uma nova elegância e a autoconfiança de sua beleza exótica. Começou a se vestir com requinte. Seu guarda-roupa tornou-se opulento. Ela colecionava joias. E começou a atender aos convites da alta sociedade internacional, de uma hora para outra ansiosa por conviver com a glamourosa diva.

Lentamente, com o passar dos anos, a satisfação de Maria com o casamento começou a se esvair. Inicialmente, observaria sua amiga Nadia Stancioff, ela mostrou certa irritação com "a possessividade profissional [de Battista] e (...) sua obsessão com a carreira de Callas, transformada numa máquina de fazer dinheiro". E quando se deu conta de que estava ficando exaurida com a sobrecarregada agenda por ele organizada, ela foi informada por Battista de que não podia diminuir o ritmo. Apesar dos cachês astronômicos que ela passara a receber, eles não tinham dinheiro, confessou ele. Na avaliação de Stancioff, isso precipitou uma crise emocional em Maria. "Quando finalmente entendeu [que ele dissipara de forma insensata o dinheiro], ela explodiu como uma válvula sob pressão. (...) O que via agora diante de si era o seu 'Santo Benedetto' sem o halo que criara ao seu redor: um sujeito barrigudo e sem a menor sofisticação."[73]

O próprio Battista registrou uma de suas mais eloquentes explosões contra ele: "Você se comporta como meu carcereiro. (...) Nunca me deixa sozinha. Controla tudo que faço. Parece um guardião vingativo e me manteve presa estes anos todos. Eu estou sufocando! (...) você não se arrisca, não fala nenhuma outra língua, está sempre despenteado, não consegue se vestir com elegância."[74]

Em 1959, quando Maria se envolveu com Aristóteles Onassis, fundador e dono de uma linha de navegação e de uma empresa aérea — "A navegação é minha esposa, mas a aviação é minha amante", costumava dizer —, seu casamento já estava chegando ao fim. Uma amiga em comum, a *socialite* americana de origem tcheca Elsa Maxwell, ex-atriz shakespeariana e atriz cômica, já apresentara Maria ao duque e à duquesa de Windsor, aos Rothschild de Paris, ao príncipe Ali Khan e outras celebridades. Em 1957, fez as apresentações entre Maria e Aristóteles, "os dois gregos mais famosos".[75] Aristóteles então convidou Maria, Elsa e Battista a um cruzeiro em seu famoso iate *Christina*, ao lado de um grupo de convidados britânicos do qual faziam parte Sir Winston e Lady Clementine Churchill.

O *Christina* ostentava uma riqueza quase inconcebível, embora de gosto duvidoso: os bancos do bar eram forrados de prepúcio de baleia, e Onassis gostava de chocar as convidadas observando que estavam sentadas no maior pênis do mundo. Onassis vivia num mundo de roupas de grife e joias fabulosas, alta gastronomia e residências palacianas, além de uma quantidade aparentemente inesgotável de tempo livre. Mas não era todo esse luxo que fascinava Maria. Era o próprio Aristóteles Onassis, o mago baixinho, troncudo e viril que desfrutava do convívio (senão da amizade) de estadistas, artistas e de gente da alta sociedade internacional. E Ari, como era conhecido pelos íntimos, retribuiu-lhe a onda de paixão com tanto fervor que os que estavam a bordo do *Christina*, inclusive sua esposa, Tina, perceberam que algo não muito adequado estava acontecendo.

Athina "Tina" Livanos Onassis era ainda mais jovem que Maria, e se casara com Aristóteles aos dezessete para atender ao desejo do pai de uma união entre as duas grandes famílias de armadores da Grécia. De tipo mignon, loura, muito bela e educada antes como uma europeia cosmopolita do que como uma grega, Tina cumprira muito bem seu dever de procriação, dando ao marido o muito ansiado herdeiro, Alexander, e uma filha, Christina. A essa altura, Tina já não estava apaixonada por Ari, se é que um dia esteve, e se voltava para outros homens em busca da satisfação emocional e sexual que ele não lhe proporcionava.

Mesmo com relutância, Ari aceitava os casos de sua "bonequinha", e não só por tê-la traído já desde o início do casamento. Havia também o terrível fato de que ele se tornara recentemente incapaz de desempenho sexual, o que ela relatava com certo detalhamento aos amantes, especialmente o mais recente, o playboy venezuelano Reinaldo Herrera, de 22 anos, com quem queria casar-se.

Era esta, portanto, a situação do casamento de Onassis quando Ari conheceu Maria: Tina estava apaixonada por Reinaldo Herrera, e Ari recusava categoricamente o divórcio, continuando — apesar das manifestações de impotência — a dormir com ela. O casamento de Maria não ia muito melhor: ela ainda não se recuperara do choque sofrido ao descobrir que Battista desperdiçara todo o dinheiro que ela havia ganhado. Nunca apreciara muito o sexo com ele, e o praticava, como disse a sua amiga americana Mary Carter, porque "de vez em quando temos de cumprir o dever de esposa".[76]

Mas naquele fatídico cruzeiro Ari despertou em Maria uma tal paixão erótica que o sexo deixou de ser uma obrigação para se tornar uma revelação. À parte Sir Winston Churchill, nenhum dos convidados de Ari tinha muita paciência com Maria, com seu jeito franco e destituído de humor, considerada por todos rude e convencida. "Gosto de viajar com Winston Churchill", dizia ela. "Assim posso esquecer um pouco o peso da minha popularidade." Outro convidado recordaria: "Todo mundo a detestava."[77] Onassis, já enfeitiçado, nada notou.

O caso teve início com uma conversa intensa, em grego, na qual Maria e Ari compartilharam lembranças do tempo da guerra. Ambos haviam sofrido, Maria muito mais que ele, vendo-se a certa altura forçada a catar restos de comida. Maria e Ari ficavam acordados até tarde, beliscando guloseimas gregas e derramando confissões. A partir dali, quase até o fim da vida, "a única pessoa que existia para ela, além da arte, era Onassis", diria sua amiga Amalia Karamanlis. "Ele a fez sentir-se mulher pela primeira vez."[78]

Mesmo naquele momento de paixão inicial, Ari disse a Maria que, embora Tina quisesse casar-se com o amante, ele jamais se divorciaria, por causa dos filhos. Maria ficou chocada. "Não entendo como uma grega pode fingir amar um homem e dormir com outro",[79] disse. Palavras virtuosas que eram pura Maria! Numa única frase cheia de presunção, ela negava qualquer envolvimento no fim do casamento dos Onassis; defendia Aristóteles das acusações de abandonar a mulher; chamava Tina de hipócrita e adúltera; e por fim anunciava o fim de seu próprio casamento.

AMANTES COMO TROFÉUS

Criança carente de amor e explorada, Maria supria o que não lhe dera a família nutrindo-se dos princípios religiosos da ortodoxia grega. Mostrava-se devota e rígida em sua fé (embora nitidamente flexível ao aplicá-la a sua situação pessoal). Invocava a bênção divina antes de cada récita e sempre terminava o dia orando de joelhos diante de uma imagem da Virgem Maria. Em grande medida, Onassis compartilhava suas convicções religiosas, fator de atração em sua personalidade grega, ausente na anglicizada Tina. Amigo de Maria, o príncipe Miguel da Grécia recordaria que "era esse sentimento do destino, esse caráter grego que ela e Onassis tinham em comum. Ela era profundamente grega".[80]

Outro elemento da personalidade de Maria era a fluência e naturalidade na língua grega, outro fator ausente em Tina. Entendendo-se com ela em grego, Ari fascinava e excitava Maria com histórias divertidas sobre seu passado sexual. Em seu bordel favorito em Esmirna, uma prostituta de mais idade dissera-lhe que, "de uma forma ou de outra, meu querido, todas as mulheres o fazem por dinheiro". Ari internalizou a observação, e sempre dizia a Maria que o dinheiro e o sexo estão indissoluvelmente ligados.

Essas confissões recíprocas — em grego — uniam os amantes, dando o tom da relação. Ari também apreciava a fama de Maria, sua personalidade forte, a dedicação (a ele) e a paixão erótica que despertava nela, à qual retribuía com tanto enlevo. Nos braços de Aristóteles, naquele fatídico (o adjetivo é de Maria) cruzeiro no *Christina*, ela teve seu primeiro orgasmo. Ari transformara o sexo numa gloriosa união de dois corpos cheios de amor, ao mesmo tempo recuperando sua autoestima sexual. (Ele provavelmente não ficou chateado por Maria ter contado a pelo menos uma amiga que ele era um amante magnificamente dotado e imaginoso.) Ao contrário do desajeitado Battista, Ari não tinha pressa e só se entregava ao próprio clímax depois de fazê-la contorcer-se de prazer.

O talento erótico de Ari e seu ar romântico provocavam emoções tão violentas em Maria que ela elevou a ambos — e a ele particularmente — a uma espécie de santificação, um amor verdadeiro que substituiria a arte no cerne de sua vida. Para ela, o futuro não podia parecer mais óbvio. Ela e Ari se divorciariam dos respectivos cônjuges para se casarem. E ela abriria mão de sua arte para se dedicar a ele. Mas a realidade não era assim tão límpida. Embora Tina também visse o novo amor do marido como uma forma de conseguir o divórcio que até então lhe era recusado, não gostou nada de ser deixada para trás. À sua maneira elegante, Tina tramou contra aquela insolente intrusa. Conseguiu induzir a influente irmã de Ari, Ártemis, a apoiá-la contra Maria. Referia-se a Maria como "aquela puta", e deu um jeito de aparecer como a esposa traída no inevitável festival de fofocas em que o caso Callas-Onassis se viu envolvido na imprensa, e também aos olhos dos dois filhos.

Bem cedo certa manhã durante o cruzeiro, depois de uma noite em que dançara até tarde com Ari, Maria voltou para sua cabine. E disse então ao ansioso Battista: "Acabou. Estou apaixonada por Ari." Battista comentaria mais tarde essa paixão que lhe custou a mulher: "Era como se um fogo os devorasse."[81]

O cruzeiro chegou ao fim. Maria retornou a Milão e anunciou publicamente que seu casamento fracassara. Aristóteles a perseguia pelo telefone e pessoalmente. Também procurou Battista, para negociar a liberação da amante dos laços do matrimônio. "Quantos milhões vai querer por Maria? Cinco? Dez?", perguntou.[82]

Maria reagiu com frieza aos rogos de Battista. "Fiquei com você por doze anos", disse. "Já basta." Ao partir, ela levou um dos dois poodles do casal, assim como a empregada, Bruna. Battista mobilizou uma campanha contra os amantes na imprensa, deliciando jornalistas da imprensa marrom com frases de efeito quase diárias: "Se tudo for dividido e tivermos de dividir nosso poodle, Maria ficará com a parte da frente e eu acabarei com o rabo."[83]

À parte a recusa de Battista de cooperar, Onassis não conseguiu arrumar sua vida do jeito que queria — o que significaria manter Tina como esposa e Maria como amante. Tina aproveitou a oportunidade para pedir o divórcio; Aristóteles insistiu para que desistisse, para em seguida uivar de frustração e chorar de dor ao vê-la persistir. Embora Maria estivesse na plena expectativa de casar com ele, Ari lutou o quanto pôde para preservar aquele casamento vazio. Para tornar a coisa aceitável para Tina, chegou a propor que vivesse na França com Reinaldo Herrera, dizendo que passaria as férias de verão com eles. Mas Tina estava decidida a se libertar para poder casar, e não apenas coabitar com Reinaldo. O processo de divórcio foi adiante.

O amante de Maria estava livre. Mas ela, não. Battista recusou-lhe o divórcio.[84] Maria sentia-se atormentada por sua condição "clandestina" de amante e envergonhada por estar violando suas próprias convicções sobre a santidade do casamento. Desejava ardentemente tornar-se a esposa de Ari e dedicar-se exclusivamente a ele. Ari, contudo, recusava-se a permitir que ela abandonasse a carreira, e assim Maria tentou servir ao mesmo tempo à música e ao seu homem. Mas estava cansada, e raramente se dedicava o suficiente aos ensaios. Nos registros mais altos, sua voz mostrava-se cada vez mais traiçoeira, e às vezes ela não conseguia alcançar as notas mais agudas. O público entendeu perfeitamente quando, em 1960, ela decidiu de uma hora para outra deixar de se apresentar para repousar e se recuperar.

Na verdade, informa seu biógrafo Nicolas Gage, Maria Callas estava grávida. Com Battista, ela nunca conseguira conceber o filho que esperava pudesse melhorar sua pele e sua voz. Com Aristóteles, o milagre aconteceu. Durante a gravidez, Maria não queria ser vista por ninguém, e no dia 30 de março de 1960 deu à luz um menino que viveu apenas algumas horas. Mas ela era uma amante, de modo que o nascimento e morte daquele pequeno ser, produto de seu pecado, tinham de ser mantidos ocultos.[85]

Em seguida, Maria entrou no período mais feliz de seus nove anos como amante de Aristóteles. A esplêndida soprano cuidava do amante, e ele ficava tão sensibilizado, depois de tantos anos com a indiferente Tina, que retribuía. Impedia que ela fosse acordada durante a noite e mandava extravagantes buquês de rosas. Mas quando achava que a presença de uma amante, mesmo a mais ilustre, poderia comprometê-lo socialmente, não hesitava em dispensá-la.

Ari, que costumava brincar dizendo que a ópera parecia um bando de chefs italianos vociferando receitas de risoto, tampouco era capaz de apreciar o gênio musical e dramático de Maria. Nem mesmo quando ela deixava o público incrédulo diante de sua comovente interpretação da *Norma* de Bellini, sobre uma sacerdotisa druida que tinha secretamente como amante um procônsul romano, ele conseguia assistir a uma récita inteira. E na festa que oferecia em seguida, ele dava todos os sinais de considerar os convidados mais importantes do que a mulher que estavam festejando.

Maria, contudo, ficava feliz por poder satisfazer seu exigente amante e bater cabeça para cada capricho seu. Cortou o cabelo e passou a usar lentes de contato por vontade dele. Deixou de ser tão rigorosa consigo mesma, rebelando-se contra a rigidez de sua antiga disciplina de cantora de ópera. Nadava na piscina do *Christina*, dançava e bebia, conversando até tarde da noite com seu amado Aristóteles. Aceitava menos compromissos profissionais (um deles consistiu em se apresentar na festa de aniversário de JFK, na qual Marilyn Monroe brilhou mais do que ela, trajando um vestido quase transparente) e raramente praticava, o que acelerou a deterioração da voz.

Apesar do amor abnegado e da independência financeira — ela desprezava a ideia de aceitar dinheiro de Ari, e insistia em comprar boa parte de suas joias e roupas, além de pagar por suas passagens quando viajava na empresa aérea dele, a Olympic Airways —, a família de Aristóteles, liderada por Ártemis e os dois filhos de Ari, a culpava pelo divórcio de Tina e a odiava. Alexander e Christina referiam-se a ela como "a feia" ou "bundão".

Outras coisas desagradáveis vieram à tona. Lee Radziwill, a bela irmã mais moça de Jacqueline Kennedy, juntou-se aos Churchill num cruzeiro do qual Maria, indignada e ressentida, fora excluída. Aristóteles estava fascinado com as ligações de Lee com o presidente dos Estados Unidos, e, segundo estava convencida Maria, começou a dormir com ela. Em 1963, Ari exilou Maria em Paris para receber ninguém menos que Jackie Kennedy no *Christina*.

Mas apesar da dor e de estar sendo posta de lado, Maria continuou a se dedicar à função de amante de Ari. Dava muito poucas récitas, entre elas as da trágica *Tosca*, na qual subjugou o público londrino com a fúria de sua paixão ao cantar "Vissi d'arte, vissi d'amore", uma história tão pessoal sua quanto de Floria Tosca.

O assassinato de JFK em 1963 deu início ao pesadelo da competição com Jackie Kennedy, a viúva mais cobiçada do planeta. A estudada corte de Ari a Lee e Jackie ao mesmo tempo rendeu-lhe um convite à Casa Branca para prantear JFK ao lado de Bob e Ted Kennedy e outros colaboradores íntimos do ex-presidente. Depois desse convite, ele haveria de se mostrar visivelmente mais duro com Maria. Referia-se desdenhosamente a sua voz como um apito que não funcionava mais. Às vezes a esbofeteava, embora

AMANTES COMO TROFÉUS

ela sempre revidasse. À medida que as brigas se intensificavam, Maria confidenciava a amigos que estava aterrorizada com a ideia de perder o primeiro homem que a fizera sentir-se mulher e realmente fizera amor com ela.

Em 1966, no momento em que o afeto do amante se dissipava, Maria libertou-se de Battista abrindo mão da cidadania americana e adotando a grega, pois a Grécia só reconhecia casamentos entre cidadãos gregos, oficiados em igrejas do país. Mas embora finalmente estivesse solteira e podendo casar-se, e querendo desesperadamente legitimar um relacionamento que a essa altura também já se mostrava abalado, além de pecaminoso, Ari recusou-se a casar com ela. Entretanto, como se quisesse aplacar alguma pontinha de culpa ou, pior ainda, tomar as últimas providências a respeito dela, comprou (e sempre haveria de manter) um elegante apartamento para ela em Paris. Enquanto isso, as colunas de fofocas não deixavam de notar a frequência com que ele era visto ao lado de Jacqueline Kennedy.

Maria não tinha como competir com "E Hira" — A Viúva. Em 1968, Ari deu um jeito de fazer com que Maria desembarcasse do *Christina*, conduziu Jackie a bordo e deu início às complexas negociações que culminaram no incongruente casamento sem amor dos dois. O noivo, de 64 anos, queria as conexões com as celebridades e os poderosos do círculo de relações da noiva, de 39 anos; ela, por sua vez, queria blindar os filhos de possíveis assassinos, e estava disposta a se oferecer em troca da fortuna que os tornaria invulneráveis.

E Maria? Mesmo ao descobrir a cruel verdade, ela sucumbiu aos pedidos de Ari para que fosse ao seu encontro entre uma visita e outra a Jackie. Ou bem ele esperava que Maria continuasse a servi-lo e adorá-lo, apesar do casamento com Jackie, ou então, como acreditavam muitos dos amigos mais íntimos dele, nunca teria realmente pretendido casar-se com Jackie, mas apenas ostentar sua intimidade.

Enquanto Ari e Jackie barganhavam e flertavam, Maria visitava amigos e esperava que ele telefonasse. Como isso não acontecia, mergulhava em depressão. Em entrevista a John Ardoin, crítico de música do *Dallas Morning News*, ela externou toda a sua infelicidade. Sentia-se sozinha e sem amor. Fora traída pela família e pelo amante. Durante nove anos, tinha suportado uma vida "oculta" e "humilhante" de amante.

496 AMANTES — UMA HISTÓRIA DA OUTRA

Enquanto isso, Ari tinha lá seus problemas. Quanto mais Jackie pressionava pelo casamento, mais ele hesitava. Em pânico, implorou a Maria que o salvasse aparecendo em Atenas, o que deixaria Jackie furiosa, fazendo-a voltar para os Estados Unidos. Maria recusou-se. "Você se meteu nisso, pois agora trate de sair dessa sozinho", disse.[86] Maria ficaria sabendo mais tarde pelos jornais que ele fora em frente com o casamento.

Uma semana depois de casar com Jackie Kennedy, Ari assobiou chamando Maria em frente à janela de seu apartamento. Inicialmente ela o ignorou, mas não demorou para acabar cedendo, embora se recusasse a dormir com ele. Estava empenhada, isso sim, em reanimar sua carreira. E recebeu críticas altamente elogiosas pelo seu desempenho no papel principal da versão cinematográfica de *Medeia*.

Ari perseguia Maria, insistindo para que retomassem o relacionamento. Numa festa, apertou sua perna, declarando que preferia "as enormes coxas gordas de Maria" ao "saco de ossos" de Jackie. Ele e Maria retomaram uma intensa relação não sexual, embora se abraçassem e beijassem com enlevo. Nos encontros e longos telefonemas, Ari queixava-se de Jackie a Maria. Em 1970, já a estava cortejando publicamente, fosse por bravata ou na esperança de que as notícias de uma retomada do caso na imprensa levassem Jackie a pedir o divórcio. Mas Jackie, sabendo perfeitamente que ele queria livrar-se dela, não cooperou.

A certa altura, atormentada, confusa diante do renovado pavor de que Ari voltasse a abandoná-la, Maria foi hospitalizada por breve período — num episódio para ela humilhante — depois de tomar uma quantidade excessiva do sonífero a que costumava recorrer.

Mas Ari não tinha a menor intenção de se privar da única mulher, à parte sua mãe e sua irmã, que realmente o havia amado. Seu casamento era uma farsa, mas Jackie não lhe dera qualquer motivo de divórcio, segundo as leis gregas, e por mais que tentasse ele não o conseguia. Se os boatos sobre suas tentativas de convencê-la com dinheiro tinham fundamento, o fato é que também fracassaram.

Em 1973, Ari ficou inconsolável com a morte de seu querido filho único, Alexander, num acidente aéreo. Dias depois, no apartamento de Maria, ele chorou em profunda dor, lembrando também do filho de ambos que havia morrido ao nascer. De volta a Skorpios, caminhou à noite com um vira-lata de rua, confiando-lhe sua terrível dor. No túmulo de Alexander, bebeu ouzo e conversou com o filho. Segundo amigos íntimos de Maria, também implorou que se casasse com ele, mas não foi capaz de se comprometer por escrito com esse projeto de casamento.

Maria estava sempre disponível para consolar o amante ferido, exceto sexualmente. Para sua própria satisfação erótica, e ainda mais para sua vacilante autoestima, embarcou então num romance perfeitamente declarado com o famoso tenor machão Giuseppe di Stefano. O relacionamento era ao mesmo tempo profissional e sexual. A colaboração entre os dois revelou-se desastrosa, oferecendo um espetáculo contristador e às vezes aflitivo: vozes em decadência, disputas tempestuosas, récitas canceladas porque Maria tinha ingerido soníferos demais. Ao longo dessas conturbadas turnês, empregados de Ari organizavam a vida de Maria, e diariamente ele passava horas no telefone com ela, fazendo intermináveis comentários sobre a gastança absurda de Jackie, seus amigos "aveadados", sua frieza e sua pobreza de sentimentos.

A vida de Ari ruía muito mais rapidamente que a de Maria. Incapaz de se recuperar da dor da perda de Alexander e sofrendo de uma doença terminal (com um terrível sintoma que o obrigava a manter as pálpebras abertas artificialmente), Ari passou o tempo que lhe restava pondo ordem em seu império financeiro e preparando a filha, a instável Christina, para assumir o lugar do falecido irmão. Redigiu um novo testamento destinado a proteger Christina e limitar as reivindicações futuras de Jackie. Omitiu Maria, tendo assegurado em caráter permanente a manutenção de sua casa e sabedor de que suas finanças eram sólidas. O senso de decoro desempenhou aí um papel: Maria nunca passara de uma amante. Mas o fato é que poderia, como W. R. Hearst fizera com Marion Davies, tê-la reconhecido como amiga querida, certamente merecedora de uma parte de sua imensa fortuna.

No início de 1975, Ari foi levado de avião a Paris para uma cirurgia, numa desesperada tentativa de prolongar sua vida. Aproximando-se sua morte, Maria tentava desesperadamente encontrar-se com ele. Telefonava diariamente ao hospital, insistindo junto aos amigos dele para que dessem um jeito. Mas Christina, ainda convencida de que Maria fora a causa do divórcio dos pais, proibiu qualquer visita sua.

Dias antes da morte de Ari, Maria deixou Paris rumo a Palm Beach, na Flórida. Lá, a 15 de março, soube que o amante morrera. Pranteou-o abertamente, recebendo muitos telegramas e cartões de pêsames. "De repente, sou uma viúva", comentou ela, amargurada.[87]

Maria não pôde ir ao velório nem assistir ao sepultamento de Ari junto ao filho no jazigo da família em Skorpios. Voltou para Paris e passou a viver quase como uma reclusa. Enquanto se adaptava à morte de Ari, explorava possibilidades de reabilitação de sua carreira. Por algum tempo, deu prosseguimento ao caso sem muito sentido com di Stefano, pois, segundo disse, na ausência de "homens de verdade", nada tinha de melhor. Ao dar-se conta de que não precisava mais provar a Ari que era uma grande cantora e uma mulher desejável, abandonou a ópera e di Stefano.

Após a morte de Ari, a vida de Maria ficou essencialmente confinada ao apartamento em Paris, onde via filmes de caubói na televisão, jogava cartas e tinha conversas intermináveis com os criados Bruna e Ferrucio, ingeria quantidades perigosas de soníferos e cuidava dos poodles. Passava boa parte do tempo recordando os anos com Ari. "Ele realmente me amava", disse ao amigo François Valéry. "Não dá para mentir na cama."[88]

No dia 16 de setembro de 1977, Maria Callas morreu. A causa da morte é desconhecida, mas Nicolas Gage, seu biógrafo, observa que ela informara pouco antes ter perdido muito peso, e dá a entender que pode ter recorrido a medidas drásticas que a debilitaram e acabaram por lhe tirar a vida.

"Morta aos 53 anos, Callas brilhou como um cometa no céu e se consumiu muito rapidamente. Mas que anos foram aqueles!", celebrava o crítico Harold C. Schonberg nas páginas do *New York Times*.[89] Schonberg festejava um gênio dramático e musical que alterara definitivamente os padrões e expectativas no mundo da ópera. Maria por sua vez avaliara de outra forma sua vida. Reconhecia o dom artístico que dominara e moldara sua vida. Mas conferiu peso ainda maior ao papel de amante de Aristóteles Onassis, acreditando ter ele chegado no fim da vida à convicção e ao sentimento de que ela fora o grande amor de sua vida.

Marilyn Monroe

Como a realeza na Europa, seu equivalente americano — os presidentes eleitos, os homens mais poderosos do mundo — também possuía amantes. Mas aos políticos eleitos são cobrados padrões morais mais exigentes que à realeza. O que os tem obrigado a manter uma certa discrição, mesmo no caso de mulheres glamourosas que de outro modo se orgulhariam em exibir. Até recentemente, se evitassem cometer deslizes de decoro muito grosseiros, os presidentes podiam contar com imunidade na imprensa e, portanto, também no julgamento do eleitorado americano. Naturalmente, essa imunidade não se estendia aos comentários e fofocas entre aliados e inimigos políticos, nem da parte de amigos, parentes dissidentes e empregados demitidos. Os presidentes adúlteros sabiam que, ao contrário dos jornalistas, a história não haveria de ignorar seus pecadilhos sexuais.

As mentiras de Bill Clinton sobre seu relacionamento com a estagiária Monica Lewinsky na Casa Branca assinalaram o fim de qualquer cumplicidade da mídia em relação à vida privada dos políticos eleitos. Ironicamente, Monica não era nenhum troféu a ser exibido, mas um embaraço ambulante, dada a falar demais e fazer gracinhas, muito bem se encaixando no comentário de um personagem de *The Human Stain* [*A marca humana*], de Philip Roth: "Não é um caso de Garganta Profunda. Mas de Boca Grande."[90]

Um dos antecessores de Clinton, o respeitado presidente John F. Kennedy, era um guerreiro sexual que levava perfeitamente a sério a recomendação do pai, Joe Kennedy, de que seus filhos deviam "trepar o máximo possível". JFK teve relações com estrelas de cinema, esposas de colegas, mulheres da sociedade, funcionárias do Partido Democrata, secretárias, aeromoças, modelos, coristas e prostitutas. Em Georgetown, o coração social e residencial de Washington, a insaciável sede de sexo de Kennedy era lendária. "Não posso dormir sem uma trepada", disse ele a Clare Booth Luce.[91]

Em JFK, a necessidade de sexo era um impulso sem qualquer conteúdo emocional, uma ejaculação urgente que aliviava o estresse e também, momentaneamente, a dor lombar crônica que o atormentava desde a infância e o forçava a ficar deitado sob a parceira sexual. Ele não tinha o menor interesse em proporcionar prazer a uma mulher e sabidamente era "péssimo de cama".[92] A atriz Angie Dickinson, relação que foi para ele motivo de orgulho, comentou sarcasticamente que fazer sexo com Jack foram os "quinze segundos mais memoráveis da minha vida".[93]

JFK chegou ao cargo presidencial no início da revolução sexual, momento propício para um homem com suas necessidades sexuais. A escritora Nina Burleigh afirma que a Washington de Kennedy era "um mundo falocêntrico". Os testículos serviam de metáfora e parâmetro: os problemas eram "de cortar o saco" ou "castradores", os homens levavam "chutes no saco" e os agressores eram "agarrados pelas bolas". Na Casa Branca de Kennedy e em suas conversas, palavras como *pau, foda, saco* e *filho da puta* eram parte do vocabulário corrente.

Nesse mundo tão sexuado, JFK queria mais que orgasmos. Como o pai, era obcecado com o glamour celestial que só Hollywood proporcionava. JFK queria nada mais nada menos que uma amante tão festejada quanto Gloria Swanson. Nos anos 1960, essa mulher só poderia ser a estrela esplendidamente sexy e talentosa que era Marilyn Monroe.[94]

A aproximação entre o presidente e a deusa foi um triunfo do desejo e da audácia sobre o senso comum. Ele e ela estavam decididos a ignorar as flagrantes diferenças que os separavam. Ele era o presidente bonitão e querido. Ela, a estrela de cinema estupenda e adorada. Se a mulher e os filhos não eram problema para ele, certamente não seriam para ela. Ele estava todo voltado para a mais espetacular conquista hollywoodiana. Ela, com o coração na boca, voltava-se para um homem atencioso e poderoso capaz de fazer o que não estava ao alcance de nenhum outro: justificar e validar sua própria existência.

Um abismo social e financeiro separava os mundos de onde vinham John Fitzgerald Kennedy e Norma Jean Baker, também conhecida como Marilyn Monroe. Norma Jean nasceu em 1926 perto de Hollywood, Califórnia, filha da divorciada Gladys Monroe. Gladys deu à luz Norma Jean num atoleiro de infelicidade. Stan Gifford, o pai, recusou-se a casar com ela. As mães solteiras eram alvo de forte discriminação, e assim Gladys entregou Norma Jean aos cuidados de antigos vizinhos, por 5 dólares semanais. Ia visitá-la aos domingos, mas, até onde Marilyn se lembrava, nunca a abraçava ou beijava, nem se identificava como sua mãe.

Marilyn era na verdade a terceira filha de Gladys. Ela tivera o primeiro filho aos quatorze anos, recusando-se a abortar, e, com a conivência da mãe, casou-se com o pai do menino, o relutante Jasper Baker, muito mais velho. O filho nasceu, e, menos de dois anos depois, uma filha.

O casamento foi breve e brutal. A noiva adolescente era uma péssima dona de casa. O noivo era alcoólatra e a espancava brutalmente. Após o divórcio, ele raptou os filhos e abusou do filho, tal como fazia com Gladys. Gladys o localizou e tentou em vão recuperar a custódia das duas crianças.

De volta à Califórnia, em Venice Beach, Gladys levava uma vida social intensa para fugir das próprias emoções e se apaixonou profundamente por Stan Gifford. Sonhava com casamento, mas Gifford, divorciado, mostrava-se tão pouco disposto a compromissos que Gladys o deixou, logo vindo a se casar com o operário norueguês Edward Mortensen. O preço da estabilidade que buscara com Mortensen foi um insuportável tédio. Passados quatro meses, ela o deixou e retomou o relacionamento com Gifford. Quando engravidou, Gifford rompeu com ela. Gladys deu a Norma Jean o sobrenome de Mortensen para esconder que era ilegítima.

Anos depois, e ainda tentando escapar nas festas, Gladys ficou arrasada com a notícia de que seu filho tivera aos quatorze anos uma morte terrível nas mãos do próprio pai. Um amigo íntimo recordaria que "o problema que no fundo levou à deterioração do estado mental de Gladys foi culpa, autorrecriminação".[95] Gladys entrou para a Igreja da Ciência Cristã e certo dia anunciou a Norma Jean — que aos oito anos ainda vivia aos cuidados de outros — que construiria uma bela casa para elas.

Durante dois meses, Norma Jean viveu com a linda mãezinha na bela casinha branca. Para ajudar a pagar a hipoteca, Gladys alugou o segundo andar. Certo dia, o inquilino fez uma investida sexual na direção de Norma Jean, algo tão terrível que ela tentou contar à mãe. Mas Gladys calou enfurecida suas queixas sobre "o excelente inquilino", e Norma Jean chorou até cair no sono, querendo morrer. Ela não morreu, mas começou a gaguejar.

Pouco depois, Gladys teve um violento colapso nervoso e foi internada. (Anos mais tarde, receberia um diagnóstico de esquizofrenia paranoide.)

A linda casinha branca foi vendida para pagar suas dívidas. Norma Jean foi levada, gritando e gaguejando, para o Orfanato de Los Angeles, onde foi a órfã número 3.463.

Grace, uma amiga da mãe, sonhava convencer o novo marido a permitir que Norma Jean fosse viver com eles. Até que isso acontecesse, o diretor do orfanato recomendou que Norma Jean fosse preparada vivendo com outra família. Mais uma vez ela era acolhida por estranhos. Viveu com nove diferentes famílias, com períodos intermediários no orfanato, até que pôde se livrar da condição civil de órfã.

Norma Jean cresceu em pobreza opressiva. As famílias adotivas eram pobres, lutando contra a Depressão através da adoção de órfãos. Norma Jean era a última a tomar o banho semanal na mesma água de banheira e a primeira a ser acusada quando algo dava errado. Tinha dois trajes idênticos, saia azul desbotada com camisa branca. Ganhou o apelido de "rato", mas em seus sonhos era tão bela e deslumbrante em suas roupas vermelhas, douradas, verdes e brancas que as pessoas ficavam olhando boquiabertas enquanto ela passava.

Finalmente Grace conseguiu levá-la para casa, e Norma Jean achou que finalmente teria um lar. Cinco meses depois, as bebedeiras do marido de Grace forçaram-na a mandar Norma Jean embora, para a casa de uma tia. A tia de Grace, Ana, era pobre mas amorosa, e Norma Jean a adorava. Fora da casa alegre e mergulhada em clima religioso, contudo, a vida era mais dura. Os colegas de escola zombavam das roupas idênticas por ela herdadas do orfanato, e os meninos passaram a chamá-la de "Norma Jean the Human Bean", debochando de sua pobreza.[96] Ela tinha poucos amigos e detestava a escola.

Na igreja, Norma Jean tinha de lutar com uma inesperada e apavorante fantasia: a de que tiraria as roupas para ficar nua diante de Deus e dos homens. Essa fantasia não provocava "qualquer vergonha ou sentimento de estar pecando (...). Sonhar que as pessoas olhavam para mim fazia com que me sentisse menos solitária. (...) Eu tinha vergonha das roupas que usava, aquela eterna saia azul desbotada da pobreza. Nua, eu era como as outras meninas".[97]

Até que, certo dia, Norma Jean tornou-se ainda *menos* parecida com as outras meninas. Por baixo das blusas brancas, seu corpo se arredondava e crescia. Tomou emprestado o suéter de uma amiga menor e foi com ele para a escola: ninguém mais voltou a debochar de sua aparência. Seu corpo tornara-se "uma espécie de amigo mágico", e ela o enfeitava com batom e rímel. Aonde quer que fosse, as pessoas ficavam olhando, e ela se deu conta de que se tornara alguém diferente da Norma Jean do orfanato.

Os problemas de Norma Jean não tinham acabado. Tia Ana não podia mais cuidar dela. Isso significava que passaria mais dois anos no orfanato, até completar dezoito — a menos que seu namorado, Jimmy Dougherty, 21 anos, empregado da Lockheed, se casasse com ela. Grace fez a proposta a Jimmy, que aceitou. Esposa de Jimmy, Norma Jean adorava sexo, tomando alegremente a iniciativa sempre que lhe dava vontade, o que era frequente. Até o ato de "tirar a roupa para dormir era quase infalivelmente erótico e (...) se eu estivesse tomando banho e ela abrisse a porta, era a mesma coisa de novo: sexo instantâneo", recordaria Jimmy.[98]

Norma Jean também adorava ter uma casa e a mantinha impecável. Fazia os sanduíches de Jimmy, deixava bilhetinhos amorosos em sua marmita e tentava cozinhar bem para o jantar, com uma acentuada preferência por ervilhas e cenoura, por causa do contraste de cores. Dispunha seus animais empalhados e bonecas no alto dos móveis, para que pudessem ver como andavam as coisas na felicidade do seu lar. "Era evidente que ela não tivera infância", diria Jimmy mais tarde. "Dava para perceber que se tratava de alguém que não recebera amor por muito tempo, que não fora querida por muitos anos."[99]

Eram tempos de guerra, e certo dia Jimmy decidiu alistar-se. Norma Jean ficou furiosa, mas ele foi em frente com seu plano. Ela se mudou para a casa da mãe dele e arranjou emprego numa fábrica de peças de avião. Metida em seu macacão para trabalhar na linha de montagem, Norma Jean foi "descoberta" pelo cabo David Conover, um fotógrafo que registrava cenas da vida americana em tempo de guerra. Seu sonho de ser contemplada com adoração começava a tornar-se realidade.

Jimmy voltou para casa, mas ao terminar sua licença Norma Jean caiu em melancolia. Decidiu então telefonar para o pai desconhecido, cujo telefone conseguira descobrir. Gifford limitou-se a dizer que nada tinha a dizer-lhe e pediu que não voltasse a telefonar, desligando. Inconsolável, Norma Jean passaria dias chorando.

Como "viúva" de guerra, Norma Jean deu início à bela carreira de modelo que a levaria aos estúdios de cinema de Hollywood, inicialmente para fazer pontas e afinal como estrela — na verdade, *a* estrela. Aprendeu a se vestir e a se maquiar, a pentear a farta cabeleira castanha encaracolada e a projetar seu sorriso solar e a explosiva sensualidade. Ganhou dinheiro pela primeira vez e se mudou da casa da sogra, sempre cheia de recriminações. Quando Jimmy deu-lhe um ultimato — trabalhar como modelo ou continuar casada —, ela escolheu o trabalho.

Norma Jean nunca deixara de sentir falta de sua mãe, sempre triste e adoentada. Levou então Gladys para morar com ela. Até que a doença mental a forçasse a retornar a uma instituição psiquiátrica, Gladys e Norma Jean tentaram construir o relacionamento que não haviam chegado a ter.

Norma Jean também cuidava da carreira. Cedeu às pressões para tornar-se loura e pôde constatar que as louras conseguiam mais trabalho. Foi contratada como extra pela Twentieth Century Fox, ganhando 125 dólares por semana. Concordou com a escolha de um nome mais atraente, e Norma Jean transformou-se em Marilyn Monroe. Estudou interpretação cênica, sentada em silêncio durante as aulas com o cãozinho de estimação, concentrando-se com afinco para se aperfeiçoar. Em casa, pelo mesmo motivo, lia livros, assim como percorrera as páginas de enciclopédias em seu breve período como dona de casa.

Decidida, Norma Jean foi crescendo e preenchendo Marilyn. Fez vários filmes, e em 1950 afinal atraiu seriamente a atenção com seu papel de amante de um advogado corrupto no *thriller* de John Huston, *The Asphalt Jungle* [*O segredo das joias*]. A condição de estrela chegaria em 1952, quando Marilyn — pois agora era Marilyn, até para si mesma — brilhou num filme com Barbara Stanwyck, *Clash by Night* [*Só a mulher peca*].

Surfando na onda da popularidade, Marilyn começou um imprudente romance com a estrela do beisebol Joe DiMaggio. Embora Joe se revelasse obsessivamente ciumento e possessivo, além de se opor violentamente ao estilo de vida de Marilyn, os dois se casaram a 14 de janeiro de 1954.

DiMaggio a atacava com palavras e punhos quando tomado de ciúme e frustração. Breve e terrivelmente infeliz, o casamento terminou em divórcio a 3 de outubro de 1954.

O dramaturgo Arthur Miller, o marido seguinte de Marilyn, era tão ilustre e pelo menos tão inadequado para ela quanto Joe DiMaggio — cabendo perguntar apenas como foi que ele resolveu ignorar as advertências premonitórias do próprio bom senso, casando-se com ela em junho de 1956. Mas o criador de Willy Loman, o personagem central de *Death of a Salesman* [*A morte de um caixeiro-viajante*], ficou hipnotizado pela beleza sensual de Marilyn. "Ela é uma espécie de ímã que extrai do animal macho suas qualidades essenciais", maravilhava-se.[100] A irmã dele achou que Marilyn irradiava alegria, o que devia ser verdade. No verso de uma foto do casamento, ela escreveu: "Esperança, Esperança, Esperança."

A esperança foi tão fugidia quanto a felicidade na união Miller-Monroe. Não demorou para que Marilyn descobrisse que seu novo marido, que chamava de "Pa" ou "Poppy" (Jimmy Dougherty era "Papai" e Joe DiMaggio, "Pa"), questionava a decisão de casar com ela. Ele a via como uma menina-mulher sufocada pelos próprios demônios, mas cujas insaciáveis exigências emocionais estavam sufocando sua criatividade. Chamou-a de "puta" e disse-lhe que não tinha uma resposta fácil para o comentário de Laurence Olivier de que ela não passava de uma vagabunda problemática.

Profissionalmente, Marilyn estava no auge — a julgar pelos filmes que concluía. Seus diretores e colegas achavam-na cada vez mais desequilibrada, sempre atrasada, às vezes simplesmente ausente, rude, arrogante, desorientada, incapaz de se lembrar dos diálogos mais simples. Tony Curtis, que ficava esperando horas, dia após dia, no set de filmagem de *Some Like It Hot* [*Quanto mais quente melhor*], reclamou que na quadragésima tomada de uma cena romântica beijar Marilyn era como beijar Hitler.

A aventura conjugal de Marilyn já estava a essa altura irreparavelmente comprometida. Ela tentara suicídio várias vezes. Teve um aborto espontâneo e o sentiu terrivelmente. Tinha casos nem tão secretos com outros homens, entre eles John F. Kennedy. Apesar da terapia psiquiátrica, estava mergulhando ainda mais fundo num lodaçal de desespero regado a bebida e barbitúricos. Depois de mais uma tentativa fracassada de suicídio, quando um amigo perguntou como estava, Marilyn respondeu, meio grogue: "Viva... por falta de sorte."[101] No dia da posse de John F. Kennedy, em 1961, Marilyn pegou um avião para se divorciar no México.

Marilyn começou a voltar sua atenção para JFK, já agora morando na Casa Branca. Ela o conhecera em meados dos anos 1950, por intermédio de um cunhado de JFK, o ator Peter Lawford, que atuava como cafetão amador entre ele e uma série de atrizes sexy e sexualmente disponíveis. JFK gostava sempre de "abater grandes nomes", pela adrenalina e para agradar indiretamente ao pai. "Abater" Gene Tierney, Angie Dickinson, Jayne Mansfield e Lee Remick já causava impressão, mas com Marilyn Monroe, talvez a mulher mais famosa do mundo, JFK conseguia ultrapassar a conquista de Gloria Swanson pelo pai.

Em certos aspectos, Marilyn e Jack combinavam bem. Ambos haviam chegado ao topo de sua profissão. Eram capazes de assumir riscos, glamourosos, queridinhos invejados da mídia. Descaradamente promíscuos, esperavam encontrar em casos amorosos que se parecessem com relacionamentos reais as emoções e recompensas de que esperavam validação e conforto. Buscavam e atraíam os holofotes. E, em sua mútua necessidade de autoafirmação pela conquista sexual, voltaram-se um para o outro, vangloriando-se dessa conquista.

Mas Marilyn era uma mulher doente numa busca desesperançosa do marido e amante que também fosse um pai. Sua instabilidade e precária sanidade mental, assim como a dependência de barbitúricos, não eram segredo para ninguém, muito menos para JFK.

Em 1960, JFK e seus assessores estavam perfeitamente conscientes do risco que sua campanha correria se Marilyn falasse publicamente do caso entre os dois. Não que sua vida sexual pudesse vazar apenas através dela: JFK trepava imprudente e abertamente, na Casa Branca, no hotel Carlyle em Nova York e na casa de sua irmã Pat e de Peter Lawford em Santa Monica. Seu chefe de gabinete, Fred Dutton, diria que JFK era "como Deus — fodendo com qualquer uma sempre que lhe desse vontade".[102]

O presidente contava com a discrição da imprensa e a assustada conivência de garçons, motoristas, mensageiros e outros atendentes que eram informados por seus assessores de que "vão ver certas coisas, mas na verdade não verão nada. Vão ouvir certas coisas mas não ouvirão nada".[103]

Esse encobrimento se estendia a Marilyn. Quando queria encontrar-se com JFK — e ela queria muito —, precisava viajar ao local do encontro, muitas vezes no Air Force One, o avião oficial da presidência, disfarçada de secretária, com uma peruca morena ou ruiva debaixo de um lenço, de óculos escuros e carregando — e usando! — um bloco de estenografia e lápis, para anotar observações imaginárias que Peter Lawford ia ditando. Para telefonar ao amante na Casa Branca, recebeu o codinome "Miss Green", e seus telefonemas eram imediatamente transferidos ao homem que idolatrava, "o Prez".

Parece difícil acreditar que Marilyn esperasse que JFK viesse a se divorciar de Jackie para casar com ela, como afirmam vários autores. Por mais ilusões que alimentasse a respeito dos homens, e por mais autodestrutiva que fosse, ela deve ter entendido perfeitamente os limites daquele relacionamento. JFK sempre orquestrava os encontros. Depois de conversar com os outros convidados, os dois se retiravam para o sexo rápido em que ele tinha se especializado — "como um galo no galinheiro. Bam, bam, bam. (...) Eu precisava sempre lembrá-lo de fechar a braguilha".[104]

Fosse na Casa Branca, onde vários visitantes viram Marilyn, no hotel Carlyle ou, mais frequentemente, na casa dos Lawford, Marilyn e JFK eram acompanhados dos amigos e colegas dele. Ela estava sempre com algum copo na mão, ou de preferência taças de champanhe, e pronta para mergulhar no esquecimento. Vestia-se sugestivamente, deixando evidente a ausência de roupas de baixo, os cabelos meio desgrenhados, mas sempre sexy e magnífica, a Deusa do Sexo com seu amante, o Presidente.

Surpreendentemente, JFK deu continuidade ao caso, apesar do receio perfeitamente justificado de que ela pudesse dar com a língua nos dentes ou já o tivesse feito. Ao longo dos anos do relacionamento, Marilyn nunca se mostrou reticente a respeito, como confirmariam muitas pessoas — amigos, jornalistas, colegas. Durante a campanha presidencial de JFK, a necessidade de controlar Marilyn estava sempre presente. Uma vez no cargo, os riscos aumentaram, mas ele não parecia preparado para enfrentá-los.

Em 1962, durante as filmagens do inacabado *Something's Got to Give*, o vínculo de Marilyn com a sanidade mental acabou cedendo. Ela sofreu alguns golpes, sendo o mais forte o casamento de Arthur Miller com a mulher que ela suspeitava que ele estivesse vendo nos últimos dias de seu casamento, e o fato de ela estar grávida. Nesse ano, Marilyn comprou uma casa modesta (35 mil dólares) perto do dr. Ralph Greenson, seu onipresente psiquiatra. Apesar da fama e de trabalhar tanto, ela teve de pedir dinheiro emprestado a Joe DiMaggio para dar a entrada.

As filmagens de *Something's Got to Give* começaram em abril, e toda a equipe, o elenco e o diretor George Cukor estavam numa tensa expectativa para ver se Marilyn seria capaz ou estaria disposta a cooperar, controlar-se, lembrar-se das falas, chegar na hora ou simplesmente aparecer. Seus receios tinham fundamento. Quando aparecia, ela chegava atrasada, muitas vezes chegando a vomitar, aterrorizada ante a perspectiva de ter de atuar. Enchia-se das pílulas do dr. Greenson para enfrentar a devastadora depressão, parecendo confusa e despreparada. Caiu doente, e os médicos confirmaram que ela estava com a garganta infeccionada. Às vezes tentava trabalhar, mas sofria um colapso ou se ia antes da hora.

Cukor tentava ao máximo contemporizar, filmando o que não dependesse dela, esperando com o elenco e os 104 membros da equipe que a estrela aparecesse. No dia 14 de maio, Marilyn, recuperada, conseguiu voltar a trabalhar. Mas o alívio geral foi de certa forma comprometido por um novo motivo de preocupação, assumindo a forma do boato de que Marilyn pretendia partir para Nova York, para a comemoração do aniversário do presidente Kennedy a 19 de maio.

Os advogados da Twentieth Century-Fox entraram em cena, advertindo Marilyn de que não poderia deixar o set de filmagem, caso contrário estaria rompido seu contrato. Marilyn consultou um advogado, Bobby Kennedy, o procurador-geral dos Estados Unidos. Bobby já estava preocupado com a eventualidade de que a cúpula do Partido Democrata olhasse com desconfiança sua presença na festa de aniversário, e a exortou a não comparecer. A essa altura, os jornalistas já começavam a falar, embora ainda não publicassem nada, do maldissimulado caso de seu irmão com ela. Bobby, o intelectual da família, o irmão honesto e confiável, viu perfeitamente que era necessário tratar de minimizar o prejuízo. Mas JFK insistiu para que ela comparecesse, e Marilyn não aceitava privar-se da oportunidade de cantar "Happy Birthday" para o presidente dos Estados Unidos, na presença de 15 mil democratas no Madison Square Garden.[105]

A mesma Marilyn que não conseguia sair da cama e errava suas falas quando chegava a comparecer ao set de filmagem planejou cuidadosamente sua participação na festa de aniversário do amante. Instruiu seu figurinista, Jean-Louis, a criar um vestido espetacular de gaze de seda cor da pele coberto de imitações de diamantes, modelando tão estreitamente seu corpo que teve de ser costurado diretamente sobre ele. (O vestido custou 12 mil dólares e cabia na palma da mão.) Ela vestiu sobre ele um casaco de arminho branco do guarda-roupa da Twentieth Century-Fox e penteou os abundantes cabelos louros de forma bufante, com um sapeca pega-rapaz.

Até para esse importante acontecimento Marilyn se atrasou. Ao finalmente chegar, apresentada jocosamente por Peter Lawford como "a *atrasada* Marilyn Monroe", parecia flutuar no palco, como a visão luminosa de uma mulher. Em fotografias tiradas por trás dela, JFK é visto sozinho, pois Jackie (que teria vestido seu corpo longilíneo e esbelto num figurino de elegante simplicidade) se recusara a se submeter ao espetáculo de Marilyn cantando para o marido. Hugh Sidey, da revista *Time*, lembraria que "dava para sentir o cheiro da luxúria. Kennedy ficou completamente sem graça. Estávamos todos estupefatos de ver aquela mulher".[106]

Marilyn conseguiu levar ao fim a canção de aniversário especialmente composta para a ocasião e a plateia aplaudiu em delírio. JFK foi postar-se ao seu lado. "Agora posso deixar a política, depois de ouvir 'Parabéns pra você' cantado para mim com tanta autenticidade e doçura",[107] disse. Nessa noite, Marilyn passou duas horas com JFK. E nunca mais voltaria a vê-lo.

Marilyn voltou às filmagens de *Something's Got to Give*. Filmou a famosa cena em que nada nua na piscina, e que mais uma vez criou sensação ao seu redor. Durante alguns dias, conseguiu trabalhar bem. Até que, numa manhã de segunda-feira, mostrou-se tão perturbada que todos especulavam que algo terrível devia ter acontecido no fim de semana.

E de fato acontecera. Jack Kennedy, o amante que impedira a tentativa de Bobby de cancelar a participação de Marilyn no aniversário — chegando a fazer com que Peter Lawford enviasse um helicóptero ao set de *Something's Got to Give* para levá-la ao aeroporto —, finalmente levara o susto necessário para pôr fim àquele relacionamento.

O que o assustou foi uma memorável visita do diretor do FBI, J. Edgar Hoover, cinco dias depois da festa de aniversário. Hoover advertiu o presidente de que seu envolvimento com Marilyn Monroe e especialmente com Judith Campbell Exner, uma garota da máfia, punham em risco a presidência no auge da Guerra Fria e da crise cubana.

Nesse mesmo dia, JFK telefonou a Judith, pondo fim ao relacionamento. Também mandou desligar o telefone particular que usava para falar com Marilyn, instruindo telefonistas da Casa Branca a não passar os telefonemas dela. Não fez qualquer movimento no sentido de tratar pessoalmente da questão com ela. Essa missão desagradável e possivelmente perigosa coube a Peter Lawford.

Marilyn, ainda revigorada pelo triunfo na festa de aniversário, confiante no poder de sua beleza e de sua incomparável figura, com as longas pernas bem-torneadas, os seios fartos e o traseiro curvilíneo tão admirado por JFK — "Mas que bunda!", dizia ele. "Que bunda!" —, não entendia por que estava sendo dispensada.

Patricia Seaton Lawford, a última mulher de Peter, relataria que ele decidiu agir com brutal franqueza. "Ela foi informada de que jamais poderia voltar a falar com o presidente, de que jamais seria primeira-dama." Como Marilyn caísse em prantos, Peter acrescentou: "Entenda, Marilyn, você não passa de mais uma das trepadas de Jack."[108]

Marilyn passou o fim de semana entregue aos soníferos. Na segunda-feira, compareceu às filmagens, embora mal se mantivesse de pé e parecesse "destruída", mas conseguiu trabalhar nove dias seguidos até 1º de junho, quando completou 36 anos. Cukor proibiu quaisquer comemorações, mas a equipe resolveu desafiá-lo e surpreendeu Marilyn com um bolo de 5 dólares e café. Dean Martin, a outra estrela do filme, sempre empenhado em apoiá-la, levou champanhe. Mais tarde, Marilyn, cumprindo sua agenda, participou de um evento beneficente em favor de vítimas de distrofia muscular no Dodger Stadium.

Ela não conseguia se comunicar com JFK, que também ignorou as cartas de Marilyn consideradas "patéticas" por Peter Lawford, que evidentemente as havia lido. Marilyn queixou-se a Lawford, e provavelmente também a JFK, de que os Kennedy "nos usam e depois descartam como se fôssemos lixo".[109] Nessa semana, ficou tão doente que não pôde trabalhar. O estúdio já estava farto, e a 8 de junho demitiu Marilyn, movendo ação indenizatória de 1 milhão de dólares. Marilyn, lutando pela carreira e pela própria sanidade mental, entrou em contato com influentes executivos da indústria do cinema, conseguindo apoio para reagir na justiça. Numa campanha de imprensa orquestrada durante um mês, deu entrevistas e posou para fotos para as revistas *Vogue, Life, Redbook* e *Cosmopolitan*, conversou com repórteres de outras publicações e com a equipe e o elenco de *Something's Got to Give*.

Ao longo dessa batalha de soerguimento, Marilyn encontrou-se muitas vezes com Bobby, emissário de JFK, incumbido da missão de convencê-la da importância de se manter calada e de parar de tentar entrar em contato com Jack. Marilyn e Bobby fecharam um acordo pelo qual ela provavelmente prometia nada dizer a respeito de seu relacionamento com JFK. Bobby por sua vez entrou em contato com um amigo da indústria cinematográfica e dezesseis dias depois de demiti-la a Twentieth Century-Fox chamou Marilyn de volta, com um salário muito maior. Algum tempo depois, contudo, Bobby deixou de atender a seus telefonemas. Magoada e indignada, ela tentou localizá-lo. Depois de oito telefonemas ao Departamento de Justiça, ela telefonou para sua casa. "Bobby ficou furioso com o fato de Marilyn tomar essa liberdade", recordaria Patricia, filha de Peter Lawford.[110]

Marilyn também estava furiosa, além de profundamente magoada. "Eu bem que poderia convocar uma entrevista coletiva, com certeza tenho muito a dizer!", disse ao amigo Robert Slatzer. "Vou botar a boca no mundo sobre essa porcaria toda! Agora estou vendo perfeitamente que os Kennedy conseguiram o que queriam de mim e foram em frente!"[111]

No dia 4 de agosto, sem ter conseguido botar a boca no mundo, Marilyn Monroe morreu em consequência de uma maciça overdose de barbitúricos, administrados por mãos desconhecidas — talvez as suas próprias, talvez as de outra pessoa. Curiosamente, grande parte das provas envolvidas na morte de Marilyn Monroe foi destruída ou desapareceu, mas nada foi capaz de impedir a busca da verdade. Não faltam jornalistas e escritores empenhados em tentar descobrir novas informações e propor novas hipóteses e interpretações. Até hoje, os dados reunidos parecem dar crédito à teoria de que alguém injetou uma dose letal de barbitúricos em Marilyn, acidental ou deliberadamente. Mas, à falta de dados mais concretos, é impossível qualquer certeza a respeito do que realmente aconteceu.

Joe DiMaggio providenciou o velório, impedindo que os Lawford, Frank Sinatra, Sammy Davis Jr. e outros vissem o seu corpo; acusava o mundo do entretenimento de ter contribuído para a morte de Marilyn. Arthur Miller, partindo do princípio de que ela era uma suicida, declarou que era inevitável. Só Jacqueline Kennedy foi capaz de dizer o óbvio que no fundo acertava na mosca: "Ela continuará para sempre."

Em JFK, Marilyn achava que finalmente havia encontrado um homem nobre e poderoso o suficiente para satisfazê-la. Para ela, não era fácil entender que JFK a usava, com seu profundo desprezo pelas mulheres, e que, se a esposa de tanta classe e mãe de seus filhos não era capaz de detê-lo, ela jamais teria mesmo a menor chance. Marilyn sequer era sua "outra" principal. Dias antes de morrer, Marilyn pela primeira vez viu JFK tal como era.

Judith Campbell

Judith Campbell foi a única das principais amantes de JFK que sobreviveu a ele. Entre seus vários encantos estavam os reluzentes cabelos negros, os traços delicados e as formas curvilíneas. A semelhança com Elizabeth Taylor era tão impressionante que talvez explique o fato de Eddie Fisher tê-la namorado por breve momento, logo depois de ser abandonado por Taylor.

Outro atrativo era seu círculo social, uma curiosa mistura de mafiosos e magnatas do cinema. Ela namorou Frank Sinatra, trabalhou para Jerry Lewis, era íntima de Sam Giancana e Johnny Roselli, conhecia Peter e Pat Lawford e uma vez saíra com Robert Wagner, que a apresentou a seu primeiro marido, o ator Billy Campbell, com dificuldades para se firmar na profissão. Judy era amiga de Natalie Wood, Charlton e Lydia Heston, Lloyd e Dottie Bridges e, naturalmente, de Gary Morton, o ex-marido de sua irmã Jackie, que viria a se casar com Lucille Ball. Pelo lado da mãe, Judy era uma irlandesa católica de família grande e rica.

Tendo casado aos dezoito anos em 1952, divorciando-se seis anos mais tarde, Judy se reinventou como solteira frequentadora de festas. Uma herança da avó permitiu-lhe viver luxuosamente sem trabalhar, e Judy mergulhou numa vida de festas e viagens entre Nova York, Beverly Hills e Las Vegas, seus principais pontos de apoio. Também fez cursos de extensão na Universidade da Califórnia em Los Angeles, desenhava e pintava e diariamente se entregava ao prazer das compras, atividade que parecia justificar sua existência.

Judith tinha períodos recorrentes de depressão e tentava combatê-la com doses de Jack Daniel's e horas inteiras na banheira de água quente. Em 1959, Frank Sinatra a viu num restaurante italiano. Os dois começaram a se encontrar e por algum tempo ela conviveu com o Rat Pack, mais tarde chamado de Clã, grupo de atores do qual faziam parte, além de Sinatra, Lewis, Dean Martin, Sammy Davis Jr. e, durante algum tempo, Elizabeth Taylor e Eddie Fisher.

Numa noite de domingo, 7 de fevereiro de 1960, Peter Lawford apresentou Judy a dois de seus cunhados, JFK e Teddy Kennedy. Os dois irmãos flertaram com ela, Teddy com mais insistência, mas Judy o descartou, considerando-o "o bebê à sombra do irmão mais velho".[112] Jack era diferente, "tão jovem e viril, tão arrojado" que Judy aceitou um convite para almoçar com ele. Outros encontros viriam.

No início do relacionamento, Judy mencionou a insistência com que Teddy tentava insinuar-se. "Que safadinho!", riu JFK. Quando o caso estava no auge, Jack comentava que Teddy haveria de se contorcer de raiva se soubesse que estavam na cama. Judy notou que JFK nunca falava mal de outro Kennedy, o que se estendia a Jackie. O máximo a que chegava era dizer que estava infeliz no casamento, que não dera certo como ele e a mulher tinham esperado.

Judy entendeu que ela e Jack Kennedy estavam dando início a um romance duradouro. Ela comprou e leu seus dois livros, *Why England Slept* e *Profiles in Courage*, assim como qualquer outro livro que encontrasse a respeito dos Kennedy. Devorava revistas e jornais, assistia aos noticiários da TV. "Não conseguia tirá-lo da cabeça e queria saber tudo que fosse possível a respeito dele."[113] Jack criou uma rotina de telefonemas quase diários para ela, onde quer que se encontrasse, por mais cansado estivesse, e muitas vezes mandava uma dúzia de rosas vermelhas.

Depois de um mês longe um do outro, eles se encontraram no hotel Plaza em Nova York, na véspera das eleições primárias em New Hampshire. Jack queria e esperava sexo. Judy resistia, não se deixando convencer pelo argumento de que sabia o que estava em questão ali e devia esperá-lo também. "Eu queria muito estar perto de você, fazer amor e depois simplesmente ficar deitado na cama e conversar, como as pessoas fazem depois de fazer amor", dizia ele. Não demoraria e os dois estavam na cama fazendo amor pela primeira de muitas e muitas vezes.

Como sabiam suas outras mulheres, o ato sexual com JFK era mecânico e unilateral. Mas o charme, a autoconfiança e o bom humor do novo amante de Judy compensavam plenamente sua habilidade sexual aquém do desejável. Ele nunca falava de suas preocupações ou motivos de insegurança, exceto no que dizia respeito à aparência das roupas. Judy, por sua vez, oscilava entre alegria e tristeza, constantemente ansiosa.

Estava firmado o estilo do relacionamento: telefonemas rotineiros, encontros apressados em hotéis pelo país afora, mensagens transmitidas por Evelyn Lincoln, a secretária particular de JFK. Judy percebeu que Jack tinha ciúme de sua ligação com Frank Sinatra, sobre o qual sempre perguntava, e que ficava fascinado com as fofocas a respeito de seus amigos de Hollywood. Quando não a encontrava em casa ao telefonar, ele queria saber depois onde estivera e com quem. Na verdade, na época ela estava aprofundando seu relacionamento com Sam Giancana, a ela apresentado por Sinatra com o nome de Sam Flood.

Giancana era um assassino mafioso que havia chegado ao topo do sindicato do crime. Quando Judy o conheceu, ele controlava um império criminoso de 50 mil ladrões, receptadores, assassinos e chantagistas, além de políticos, policiais e juízes corruptos. Embora tivesse sido rejeitado pelo exército americano como "psicopata" de "personalidade inadequada e forte tendência antissocial",[114] referindo-se a afro-americanos como "crioulos" e tratando empregados com inacreditável desprezo, Judy o achava sensível,

AMANTES COMO TROFÉUS

afetuoso e sábio. Em *My Story*, seu relato autobiográfico absolutamente parcial e seletivo, Judy também alegava que durante anos não teve conhecimento de suas atividades reais, tendo ficado perplexa quando agentes do FBI a interpelaram, dizendo-lhe quem era realmente Sam Flood. Entretanto, numa catártica entrevista com a colunista Liz Smith na revista *Vanity Fair* pouco antes de morrer em 1999, de câncer de mama e dos ossos, Judy reconheceu que havia sanitizado certos trechos de *My Story*.

Vinte e seis anos mais velho que Judy, Sam costumava mandar-lhe cinco dúzias de rosas amarelas, e durante todo o relacionamento com Jack Kennedy ela muitas vezes recebia no mesmo dia a dúzia de rosas vermelhas de um e as cinco dúzias amarelas do outro. Na entrevista à *Vanity Fair*, Judy admitiu que fora amante simultaneamente dos dois.

Certa noite, na ausência de Jackie, Jack Kennedy convidou Judy a sua casa em Georgetown. Ela vestiu um conjunto de tricô preto e um casaco de vison preto, sendo cumprimentada por Jack com sinceros elogios. Lá dentro, não ficou propriamente bem impressionada com o gosto de Jackie em matéria de decoração, achando a casa bonita mas confusa. Por breve momento, porém, teve um problema de consciência: fora à casa de Jackie dormir com seu marido, o que subitamente não lhe parecia certo.

Mais tarde, após fazerem amor numa das duas camas de solteiro do casal, Jack sussurrou-lhe: "Acha que pode me amar?" Ela respondeu: "Acho que sim." Mas ainda assim a presença de Jackie, ou antes seu quarto, a deixava nervosa. Ela se consolou com a ideia de que, sendo infeliz o casamento dos dois, seu caso com ele não seria tão pecaminoso.

O ato sexual em si mesmo podia perfeitamente ser esquecido, mas Judy gostava muito do aconchego e da conversa que se seguiam ao coito. Jack a abraçava enquanto ela repousava a cabeça no seu peito, com o coração dele batendo sob seu rosto enquanto conversavam durante horas.

Em várias ocasiões Jack fantasiou sobre o mês que passaria sozinho com ela num paraíso tropical se não conseguisse a indicação para a candidatura presidencial. Ele também insinuou que se perdesse seu casamento com Jackie teria fim.

Judy alternava entre Jack e Sam, mas a agenda frenética de Jack fazia com que ela tivesse muito mais tempo para passar com Sam em Chicago.

Anos mais tarde, Judy admitiria que sabia que Sam a havia cortejado por causa de sua relação com JFK. Apesar dessa motivação cínica, contudo, escreveu: "Mas sei também que ele viria a se apaixonar profundamente por mim."[115]

Em várias oportunidades, Judy visitou tanto Sam quanto Jack em Palm Beach. Ironicamente, as casas dos dois eram tão parecidas que ela tinha dificuldade para distingui-las. Às vezes, Judy dormia com Sam e Jack com poucas horas de intervalo. Quando se submeteu a uma cirurgia para remoção de um cisto no ovário, seu quarto no hospital acabou decorado com as cinco dúzias de rosas amarelas de Sam e a dúzia de rosas vermelhas de Jack, com o bilhete: "Fique boa logo. Amigos de Evelyn Lincoln."

Num encontro em seu quarto de hotel em Los Angeles durante a Convenção Democrata, Jack propôs um *ménage à trois* envolvendo uma mulher alta e magra que não chegou a apresentar. Judy ficou furiosa. "Perdão", desculpou-se Jack. "Foi um erro tolo." Judy não se acalmou. "Eu achava que você já tinha o suficiente na cabeça para não precisar inventar uma história assim." Jack sorriu amarelo. "Não foi nada fácil."[116]

Judy o perdoou, e eles retomaram o caso ambulante. A essa altura, contudo, ela já tinha consciência de que Jack compartimentalizava sua vida, com o amor num nicho específico e a esposa, os filhos, a carreira e a família em outros.

No fim de 1960, dois agentes do FBI interrogaram Judy a respeito de sua intimidade com Sam Giancana. Informaram-lhe que ele era um mafioso, perguntaram se pagava seu aluguel e fizeram perguntas sobre outros criminosos. (Não mencionaram que a CIA o havia contratado para matar Fidel Castro, que só sobreviveu porque os assassinos da máfia erravam uma atrás da outra.) Sam mostrou-se calmo quanto a essa inquietante visita. A maneira mais segura de lidar com eles era ignorá-los e não dizer nada, recomendou a Judy.

Dias depois, o outro amante de Judy chegava à presidência dos Estados Unidos por maioria infinitesimal. "Não fosse por mim", vangloriou-se Sam em conversa com Judy, "seu namorado nem mesmo estaria na Casa Branca",[117] referência ao fato de a máfia ter-se valido de sua influência política para apoiar a campanha de JFK em Chicago.

Judy não compareceu ao jantar da posse, para o qual foi convidada por Jack, em grande parte por não querer impingir sua presença a Jackie. Mas quando Jackie não estava em Washington, ela às vezes visitava o presidente na Casa Branca. Jack a convidava sempre a acompanhá-lo na piscina, já então famosa pelo número de jovens nuas que nadavam com ele. Mas Judy se recusou, preocupada com o penteado.

Naquele verão, Judy visitou Jack cinco vezes na Casa Branca. Numa dessas visitas, ele perguntou se ela havia espalhado a história de sua tentativa de envolvê-la num *ménage à trois*. Ela negou, furiosa, mas viria a se dar conta mais tarde de que o FBI devia ter grampeado os telefonemas em que ela se confidenciava com vários amigos íntimos.

Os amantes se reconciliaram, e Judy aceitou o "remédio para a crise de consciência" que ele lhe ofereceu, um vistoso broche de diamantes e rubis incrustados em ouro de dezoito quilates. Jack disse-lhe que raramente dava presentes, e que aquela joia deveria servir para lembrá-la de que, apesar das eventuais gafes, ele tinha um coração.

Os encontros na Casa Branca continuaram até a primavera de 1962. Certa vez, Jack foi ao apartamento dela, mas a essa altura o romance já provocava em Judy sérias dúvidas e depressão. A maneira como Jack fazia amor a deixava irritada. "Ele esperava que eu deitasse na cama e cumprisse meu dever. (...) A sensação de que estava ali para servir a ele realmente começou a me perturbar."[118]

Judy também começou a perceber sutis mudanças no comportamento de Jack, à medida que parecia "mais impressionado com o fato de ser presidente".[119] Nos telefonemas, ele se mostrava mais altivo. Se ela não aceitasse determinado encontro, ele desligava em sua cara. Ela começou a avaliar a relação e chegou à conclusão de que voar pelo país afora para passar duas horas com ele não valia a pena. Lenta e imperceptivelmente, ela deixara de amá-lo.

Judy negava categoricamente que a conversa de J. Edgar Hoover com JFK a respeito dela (e de Marilyn Monroe) tivesse posto fim ao relacionamento. Sua versão era de que foi acabando aos poucos, até que um belo dia ela e Jack não tinham mais contato.

Pouco depois do fim do caso, segundo revelou a própria Judy em sua entrevista à *Vanity Fair* em 1999, ela se deu conta de que esperava um filho de Jack. O presidente católico perguntou-lhe se ela queria ter o bebê, exortando-a em seguida a recorrer a Sam Giancana, que poderia providenciar um aborto. O aborto foi feito no Grand Hospital em janeiro de 1963. (Judy mostrou o recibo a Liz Smith.) "Eu estava... apaixonada. Será que deveria ter mais bom senso e mais critério que o presidente dos Estados Unidos?", perguntou ela, retoricamente. Por que não havia mencionado o episódio em *My Story*? "Eu temia pela minha vida", disse.[120] Decidira finalmente falar a respeito porque achava que a lenda em torno de Kennedy precisava ser desmistificada.

O aborto não foi o único legado do caso presidencial de Judy. A partir do momento em que deixou de ser uma íntima da Casa Branca, o FBI entrou em campanha contra ela. "Eu era seguida, acossada, assediada, interpelada, espionada, intimidada, assaltada, humilhada, constrangida, difamada e (...) levada à beira da morte pelo FBI", escreveria ela em suas memórias.[121] Mas "alguém operou um milagre" e ela foi isentada de julgamento por envolvimento em atividades mafiosas.

A vida de Judy continuou numa espiral descendente. Ela namorava outros homens, entre eles Eddie Fisher, atravessou o "vale das bonecas", a moda da época de recorrer a pílulas para alterações de humor, e bebia até cair no sono, exausta. Ficou grávida e entregou o filho para adoção. Em 1971, Sam Giancana, com quem já não estava envolvida, foi assassinado dias antes de prestar depoimento num tribunal onde eram investigadas atividades da máfia. Em 1975, Judy casou-se com Dan Exner, jogador profissional de golfe muito mais jovem que ela, e já agora como Judy Campbell Exner causou sensação na mídia ao prestar depoimento na Comissão de Operações de Inteligência do Senado. Pela primeira vez, os meios de comunicação divulgaram que mais de uma década antes ela fora amante simultaneamente do presidente John F. Kennedy e do chefão mafioso Sam Giancana, e (numa versão bem cautelosa dos fatos) podia ter tomado conhecimento ou discutido com os dois amantes sobre a fracassada tentativa de assassinar Fidel Castro.

AMANTES COMO TROFÉUS

Judy Campbell foi uma extravagante versão da amante troféu, uma mulher que pouco tinha a oferecer além da beleza e das conexões com o submundo. Ao contrário da internacionalmente famosa Marilyn Monroe, Judy tinha uma vida sem propósito, movida a compras, bebidas e festas em companhia de figuras de destaque no mundo do crime e do entretenimento. O fascínio de Jack por celebridades como Frank Sinatra, a par com sua total despreocupação com o envolvimento com gente ligada ao mundo do crime e sua necessidade de exibir mulheres belas, fazia de Judy a amante perfeita, especialmente considerando-se que não era ciumenta, exigente nem indiscreta.

Do ponto de vista de Judy, o presidente dos Estados Unidos era incrivelmente sedutor. Poderoso e respeitado, ele aparentemente se interessava por sua vida pessoal e íntima (tal como se apresentavam) e era também um homem interessante e charmoso. Era um parceiro sexual medíocre, mas suas confidências e conversas na cama valiam como compensação mais que suficiente. Seu casamento era infeliz e ele se envolvia com outras mulheres, mas isso permitia que Judy saltasse sem culpa de sua cama para a de Sam Giancana, alternando entre sua casa na Flórida e a de Sam. Se Judy era um troféu para ele, JFK era o Oscar dos troféus para Judy.

Vicki Morgan[122]

Desde o início, o caso entre Alfred Bloomingdale e Vicki Morgan foi uma paródia distorcida de *Pigmalião*. Em 1968, quando o herdeiro da loja de departamentos a conheceu, Vicki Morgan era a esposa troféu adolescente de Earle Lamm, 49 anos, que alugou um Mercedes 280-SL para ela, entregou-lhe cartões de crédito para alimentar seu hábito obsessivo de comprar, gostava de vê-la fazer sexo com uma negra e a introduziu em orgias onde exibia orgulhoso sua estonteante ninfeta.

Aos dezesseis anos, Vicki deixara a escola para dar à luz Todd, que era criado por sua mãe. Casou-se com Earle para escapar da aridez e monotonia de sua atrasada cidade natal na Califórnia, mas não demorou para que o tédio e a repugnância por ele começassem a prevalecer. Quando Alfred

Bloomingdale a viu pela primeira vez num restaurante em Sunset Strip, Vicki não precisou de muito para decidir abandonar o marido.

Alta e esguia, Vicki tinha cabelos louros ondulantes, as maçãs do rosto bem-delineadas e salientes, lábios sensuais. Mas, à parte a juventude e beleza para dar e vender, ela não tinha muitos predicados. Seu maior talento doméstico era fazer compras para decorar a casa, não sendo capaz de cozinhar ou mesmo juntar ingredientes para compor uma refeição. Earle, bissexual, queria uma esposa troféu disposta a experiências sexuais, especialmente sexo grupal. Para ele, Vicki era quase perfeita.

As necessidades de Alfred Bloomingdale não eram muito diferentes, embora ele quisesse sexo mais excêntrico e um padrão muito mais elevado de encantos e habilidades sociais do que o ostentado por uma Vicki que mal completara dezoito anos. Ao contrário de Earle, e apesar das queixas sobre a esposa, da qual prometia constantemente divorciar-se para poder casar com ela, Alfred nunca encarou realmente Vicki como uma esposa, apenas como uma amante incrivelmente bela que pudesse exibir como prova de sua virilidade e riqueza.

No primeiro encontro sexual, Vicki mergulhou de cabeça no erotismo pervertido de Bloomingdale. Não era apenas o fato de ela estar acompanhada de duas outras mulheres, mas de ser espancada por ele nas nádegas, amarrada na cama de barriga para baixo. As outras mulheres estavam fortemente amarradas com cintos e eram chicoteadas até aparecerem marcas nas costas. Toda essa violência eram as preliminares de Bloomingdale, que então penetrava Vicki e chegava a um frenesi de orgasmo enquanto as duas outras vítimas observavam.

As duas prostitutas eram remuneradas e dispensadas, mas Bloomingdale queria ter um acerto permanente com Vicki. Quando ela protestava, alegando ser casada, ele retrucava impaciente que ela não seria mais a esposa de Earle, mas sua amante. Ter uma amante era uma antiga tradição, explicava, oferecendo à mulher uma situação de segurança a longo prazo. "Você pode ter o que quiser, quando quiser. Sou muito rico", prometia-lhe.[123]

Bloomingdale não era apenas extraordinariamente rico, mas também poderoso, financeira e politicamente. Herdeiro da fortuna Bloomingdale, era um dos fundadores do Diner's Club, o primeiro grande cartão de crédito internacional, e estava fortemente envolvido em outros empreendimentos comerciais. Ex-tesoureiro da cidade de Nova York, tornara-se um assessor da confiança de Ronald Reagan e membro de seu "gabinete informal" quando ele chegou à presidência dos Estados Unidos em 1981. Betsy Bloomingdale era uma das amigas mais próximas de Nancy Reagan, relação que consolidou a aliança Bloomingdale-Reagan.

Quando os dois se conheceram, Vicki nunca estivera em Nova York nem ouvira falar da Bloomingdale's. Quando disse ao marido que se tornaria amante de Alfred, Earle advertiu que, para um homem como ele, ela não passava de mais uma menininha bonita, que logo seria trocada por outra. "Earle, eu não sou só bonita, sou linda", corrigiu Vicki. Bloomingdale tentou oferecer dinheiro a Earle, mas ele recusou. "Eu jamais aceitaria dinheiro pela mulher que amo", disse ele em tom de lamento.[124]

Vicki tornou-se amante de Bloomingdale. Ele alugou uma casa para ela, mobiliou-a e contratou uma cozinheira e uma governanta. Deu-lhe dinheiro para que comprasse roupas "adequadas". Ordenou que aprendesse melhor a se comportar em sociedade, para que não ficasse embaraçado ao apresentá-la aos amigos. Constantemente telefonava para controlá-la. E três vezes por semana a forçava a participar de orgias sexuais sádicas com amarras e açoite, nas quais ela tinha de chicotear mulheres que a chamavam de "amante". Com o tempo, Bloomingdale foi elevando seu nível de exigência. Vicki tinha de telefonar às prostitutas e agendar as sessões de sexo grupal, barganhando o preço. Ele também a prostituiu, levando-a a dormir com vários sócios, sempre que achava que mereciam ou apreciariam algo tão excitante. "Faz parte do negócio", dizia, e realmente o achava.

Vicki começou a entender que pagava um preço muito alto para ser amante de Alfred Bloomingdale. Tinha dificuldade de conciliar aquelas obsessões sexuais tão distorcidas com as expectativas dele a seu respeito na "sociedade". Para aplacar seu crescente mal-estar, voltou-se para o vinho, o Valium e os barbitúricos. Assim medicada, suportava os longos dias e dormia as longas noites.

Embora a criticasse com frequência, Bloomingdale estava satisfeito com a amante e viajava com ela, apresentando-a como uma jovem e rica republicana, embora provavelmente ninguém se deixasse enganar. Deixando encantados os amigos dele, capitães de indústria, ela convivia com suas esposas e começou a ambicionar tornar-se uma delas, uma mulher importante na sociedade de Los Angeles.

Acima de tudo, fazia compras. Diariamente, perambulava por Beverly Hills devorando mercadorias com voracidade: roupas, roupa de cama, pratos, cristais, vinhos, comida, objetos do lar. Toda noite esperava em casa o telefonema de Alfred, às nove em ponto.

Passado um ano, Vicki estava profundamente infeliz. Bebia, embotava-se com remédios, chorava descontroladamente e tinha alguns casos rápidos e secretos. Engravidou, e, embora Alfred dissesse que queria ter seu filho, abortou. "Veja bem, eu tinha dinheiro, coisas", explicaria Vicki a seu biógrafo uma década mais tarde. "Tinha mais do que muita gente jamais poderia sonhar. E supostamente devia ser feliz. Mas só que não era. Estava terrivelmente confusa, tão neurótica que nem sabia que estava assim tão confusa. (...) Eu era a amante. Fazia compras, encontrava Alfred, saía perambulando pelas ruas com seu dinheiro."[125]

Mas ela achava que o amava. Alfred era poderoso, paternal (e ela crescera sem o pai), inteligente, discreto, divertido, espirituoso — "nós representávamos tantas coisas um para o outro (...) amigo, amante, pai, filho e praticamente tudo mais além disso".[126] Se ele a amasse, amasse de verdade, compraria uma casa para ela. Começaram a procurar, mas essas buscas acabavam em terríveis brigas na presença de corretores constrangidos, e não se fechava negócio.

A segurança por ele prometida tampouco era muito firme. Certa vez, Betsy viu Vicki beijando Alfred em frente a um salão de beleza, e a concórdia doméstica entre os Bloomingdale ficou abalada. Ligando de um telefone público, Alfred comunicou à amante que havia caído em desgraça. Betsy mudara seus números de telefones, ele não poderia mais telefonar a Vicki e por ora o relacionamento estava suspenso. Depois de dias sem qualquer comunicação, Vicki entrou na marra no escritório de Alfred e o ameaçou com um peso de papel de vidro. Os dois discutiram, ela se enfureceu ainda mais, ele tratou de contemporizar. Finalmente, Vicki deixou o escritório com um cheque de 20 mil dólares.

Vicki fez as malas e foi para a Inglaterra, mas logo voltaria a Los Angeles. A essa altura, Alfred já estava menos amedrontado diante de Betsy do que ante a possibilidade de viver sem Vicki. Tratou de achá-la e, chorando convulsivamente, implorou por uma reconciliação. Vicki aceitou. Mais uma vez Alfred alugou uma casa para ela, mais uma vez ela foi às compras para mobiliar e decorar. Para aplacar sua frustração sexual enquanto Alfred se recuperava de uma cirurgia cardíaca para implante de três pontes de safena, ela arrumou um amante, um músico de rock a quem disse que Alfred era gay.

Enquanto isso, Vicki decidiu fazer carreira como atriz, e para se preparar fez implantes nos seios. Graças a Alfred, entrou então para o plantel de talentos de um agente profissional, que sugeriu consultas psiquiátricas para enfrentar sua incapacitante insegurança nos testes. Vicki também teve aulas de interpretação com um diretor em fim de carreira, mas por mais que estudasse e se esforçasse nos ensaios era irremediavelmente inexpressiva como atriz, e ninguém haveria de contratá-la.

Mas seu talento para atrair homens importantes mantinha-se inalterado. Vicki conheceu e ficou por algum tempo encantada com o ator Cary Grant, muito mais velho, na época envolvido numa disputa com a ex-mulher, Dyan Cannon, pela custódia da filha. Os dois começaram a se encontrar, e Vicki muitas vezes passava a noite na casa dele, porém — por vontade dele — num quarto separado. Para Grant, um encontro amoroso era algo diametralmente oposto à concepção de Alfred Bloomingdale. Ele e Vicki ficavam em casa, saboreando os pratos prontos congelados que ele apreciava e conversando. Grant a proibia de fumar em casa e a exortava a manter o rosto livre de maquiagem e a usar roupas mais simples. Esperou muito até fazer sexo com ela. E não tinha ideia de que fosse amante de Alfred Bloomingdale.

Mas Alfred soube de Cary Grant, e ele e Vicki tiveram uma briga terrível. Ela aproveitou para levantar outras questões, em particular as taras sexuais de Alfred. Alfred não conseguia ter orgasmo se Vicki pelo menos não estivesse presente nessas sessões, e se recusava a abrir mão delas. Pela segunda vez eles romperam. Os cheques pararam de entrar, e Alfred pegou de volta o Mercedes de Vicki.

Vicki moveu uma ação contra Alfred, alegando promessas supostamente feitas por ele. Algum tempo depois, movida a Valium e cocaína, ela lhe telefonou para pedir dinheiro. Alfred concordou, desde que ela suspendesse a ação judicial.

Os dois conseguiram acertar suas diferenças. Vicki suspendeu a ação e voltou a se proclamar amante de Alfred. Alfred prometeu que ela não precisava mais participar de atos de perversão sexual ou sequer presenciá-los como parte de seu "trabalho", e restabeleceu a situação financeira anterior.

A essa altura, Vicki estava doente de tanta infelicidade, passando dias inteiros na cama e raramente saindo. Começou a namorar um diretor de cinema e foi morar com ele. Para acalmar Alfred, explicou — mentindo — que o novo amigo era gay e poderia conseguir-lhe contatos no cinema. Quando esse relacionamento se esvaneceu, Vicki decidiu casar-se com John David, um ator que lutava por desenvolver uma carreira séria. Propôs-lhe casamento de uma hora para outra, sem lhe dar tempo para pensar; para não perder aquela criatura encantadora ele aceitou, e no dia seguinte estavam casados. Em poucos meses, Vicki estava infeliz e sentindo falta do luxo e conforto da vida com Alfred. O casamento chegou ao fim, e o pobre John David foi dispensado.

A vida de Vicki oscilava entre o grotesco (uma quase abdução para o Marrocos, onde o rei Hassan, perito em sexo, fez amor com ela; relacionamentos lésbicos regados a drogas; um retorno para Alfred Bloomingdale) ao perfeitamente caseiro (um empreendedor imobiliário que queria casar com ela). A facilidade com que Vicki mentia decepcionou os dois: Alfred, que alugou e mobiliou mais uma casa para ela, e Bob Schulman, que queria viver com ela como seu marido. Schulman forçou um confronto com Alfred, acompanhando Vicki no momento em que foi dizer ao amante, trêmula, que ia se casar. Bloomingdale ficou arrasado. "Vic, não faça isso comigo de novo. Vic, sério, sem você eu vou morrer."

Vicki e Bob começaram a planejar o casamento, mas pouco antes do grande dia ela estava mergulhada em dúvidas. A vida com Bob não seria tediosa demais? E se ela voltasse para Alfred? Ela decidiu que, se conseguisse negociar um acordo aceitável para retomar o "trabalho" como amante de Alfred, deixaria Bob. Alfred estava louco para conversar, mas achou excessiva sua exigência de 1 milhão de dólares. Os ex-amantes começaram a regatear, e Alfred acabou capitulando, mas insistiu em que fosse estabelecido um parcelamento. Vicki aceitou meio milhão imediatamente e o resto em seis meses.

Vicki voltava a ser a amante de Alfred, mas chorou quando Bob se foi. Dessa vez, Alfred tentou integrá-la a seu mundo, contratando acompanhantes e fazendo com que fosse convidada para os eventos sociais a que comparecia com Betsy. A depressão de Vicki se agravou. Muitas vezes fazia sexo com os acompanhantes pagos, e mergulhava ainda mais nas drogas para aliviar a dor.

A confusão mental de Vicki refletia a deterioração de sua condição psicológica. Ela chegou à conclusão de que no fim das contas o melhor que tinha a fazer era casar com Bob, e fez a proposta. "Eu errei ao não levar adiante nosso casamento", disse-lhe. "Espero que não seja tarde demais."[127] Os dois foram para Las Vegas, encontraram uma capela aberta 24 horas e se casaram.

Como se poderia esperar, Vicki logo estaria arrependida do casamento. Deixou o filho adolescente, Todd, com Bob e foi morar com Jawajar Bint Saud, conhecida como "J", uma princesa saudita lésbica viciada em drogas. Muitas vezes acompanhadas de amigos e parasitas de J, as duas se entregavam à heroína e outras drogas e bebidas, e começaram a dormir juntas. Dois meses depois, Vicki internou-se no Centro de Saúde Mental Thalians, no complexo do Centro Médico Cedars-Sinai.

"Eu sou uma amante", dizia nas sessões de terapia de grupo. "E o que vem a ser uma amante? Seria uma prostituta de alta classe? Uma segunda esposa? Uma amiga? Passei metade da vida tentando entender." A simples menção da palavra *amante*, disse, a fazia tremer nas bases.[128] Vicki já não parecia nem se comportava como uma amante. Seu comportamento era infantil, ela gaguejava e mal conseguia concentrar a atenção. Alfred foi visitá-la na clínica, apresentando-se como seu pai, e lhe garantiu que assim que fosse liberada compraria uma casa para ela. Disse também que vinha sofrendo terríveis dores no estômago e que podia estar morrendo.

Os terapeutas de Vicki a exortavam a aceitar sua condição de amante, com suas vantagens e desvantagens, em vez de se torturar e sentir-se uma pária. Cabe duvidar que ela o tenha conseguido, embora falasse a respeito a Gordon Basichis, seu biógrafo. Apesar dos meses de abstinência forçada das substâncias de que abusava, a primeira coisa que Vicki fez ao deixar a clínica foi hospedar-se num hotel de luxo e convidar um cabeleireiro que mal conhecia para comemorar com champanhe e caviar.

Instalando-se numa nova casa, levou três amigas para morar com ela, fazendo de uma delas, Mary Sangre, sua amante. Vicki fazia sexo com Mary, dava-lhe generosas somas da mesada mensal de Alfred e lhe emprestava roupas e um carro. Ao chegar ao fim o caso com Mary, Alfred lamentou o fato de Vicki ficar assim sozinha. Suas dores estomacais se haviam tornado tão terríveis que ele achava que devia ser câncer.

Depois de acompanhar Betsy a Londres para o casamento do príncipe Charles com lady Diana Spencer, Alfred resolveu finalmente confiar seu sofrido corpo aos médicos. O diagnóstico foi terrível: câncer do esôfago. Alfred viveu apenas mais nove meses, boa parte no hospital.

Vicki ficou apavorada. Visitava Alfred quase diariamente, disfarçada de enfermeira. Disse a Basichis que estava de fato cuidando do amante moribundo, ajudando as enfermeiras a mudar a roupa de cama e dar-lhe banho. As dores aumentaram de tal maneira que ele não suportava mais. Perdeu a audição e só se comunicava com papel e lápis.

Não muito depois, a situação de Alfred tornou-se tão grave que ele passou procuração de plenos poderes a Betsy, que suspendeu os cheques de Vicki. No dia 8 de julho de 1982, estando Alfred à beira da morte, Vicki moveu uma ação contra ele pedindo indenização de 5 milhões de dólares. Por orientação do advogado Marvin Mitchelson, especializado em divórcio, Vicki alegou que sacrificara sua vida pessoal para atuar como confidente, companheira de viagens e parceira de negócios de Alfred, em troca de apoio por toda a vida. Sem deixar-se intimidar, Betsy recusou-se a qualquer acordo. Seis semanas depois, Alfred morreu. Vicki passou a exigir 10 milhões de dólares, incluindo Betsy na ação judicial. Duas semanas depois, o juiz de primeira instância Christian E. Markey baixou sentença declarando que Vicki fora amante muito bem remunerada de Alfred num relacionamento "explicitamente baseado em serviços sexuais prostituídos (remunerados). Adúltero, imoral e no limiar do ilegal".[129] Aceitou apenas dois itens reivindicados por Vicki, contratos assinados por Alfred que seriam honrados após a morte dela, indo o dinheiro para seu filho.

Vicki estava praticamente falida e vivendo com o fruto da venda de seu Mercedes. Chegou à conclusão de que seu maior bem seriam suas memórias de amante de Alfred, mas apesar do entusiasmo inicial algo acabava afastando os agentes literários e editores que procurava. Finalmente, foi apresentada a Gordon Basichis, um jovem romancista e roteirista que concordou em escrever sua história.

Antes que chegassem ao fim as prolongadas e cansativas entrevistas a que deram início, Basichis e Vicki acabaram sucumbindo a uma crescente atração recíproca e embarcaram num intenso caso amoroso. Basichis advertiu que não tinha a menor intenção de deixar a mulher e o filho pequeno. Vicki disse que entendia, mas com o passar do tempo veio a reagir com enorme contrariedade quando ele voltava para casa, comparando-o a Alfred e todos os outros homens que a haviam amado e abandonado.

Durante o desenrolar das reminiscências, Vicki convidou Marvin Pancoast, que conhecera na clínica psiquiátrica, a morar com ela como colega de apartamento e faz-tudo. O médico da clínica a advertira de que em certas circunstâncias Marvin podia ser perigoso. Vicki ignorou a advertência, e Marvin foi morar com ela.

Basichis constatou uma relação sadomasoquista, na qual Vicki dominava rudemente e Marvin obedecia de forma abjeta. Ele cozinhava, limpava, lavava a roupa, passeava com o cachorro e executava tarefas para Vicki, para em seguida buscar alívio em sexo anônimo em becos escusos com outros homens e então voltar a obedecer às ordens de Vicki. Pelas costas, contudo, falava mal dela. Até que certa noite, não muito depois, lançou mão de um bastão de beisebol e espancou Vicki Morgan até matá-la. Por quê? "Estava farto daquela atitude de rainha de Sabá", confessou Marvin à polícia. "Só queria que ela fosse dormir."[130]

Vicki Morgan foi um caso extremo da amante troféu. Uma vida breve, triste e arriscada foi o preço pago pela incapacidade de se afastar de Alfred Bloomingdale, com seu dinheiro e suas promessas, e pelo medo, o vazio existencial e a autodepreciação.

CAPÍTULO 12

Decaídas: As amantes na literatura

A maioria dos gêneros literários cria mundos que em certa medida refletem a vida real, e muitos romances clássicos voltam-se para essas instituições sociais mais conhecidas e disseminadas que são o casamento e a condição de amante, parceiras frequentes. Nesses mundos inventados, os amantes fictícios não raro se parecem com amantes da vida real. Muitas heroínas (ou anti-heroínas) são solteironas em busca de um casamento por amor, ou esposas felizes ou não no casamento. Outras são amantes envolvidas em relacionamentos ilícitos forjados pelo amor e o desejo, e às vezes pela coação.

Examinaremos a seguir alguns dos mais influentes e conhecidos modelos de amantes da literatura ocidental. Jane Eyre e a condessa Ellen Olenska, impedidas por seus criadores de se tornar amantes apesar do amor mais apaixonado, também são incluídas.

As histórias dessas mulheres feriram uma nota tão sensível em tantos leitores que quase todas foram traduzidas para vários idiomas, adaptadas para o teatro e o cinema. Não pretendemos aqui enveredar pela crítica literária, apenas apontar de que maneira milhões de leitores entenderam e interpretaram esses romances, e em particular sua mensagem sobre as amantes e sua condição.

Jane Eyre[1]

Em 1847, Charlotte Brontë, tímida filha de um pastor, causou sensação no mundo literário com *Jane Eyre*, um romance sobre outra jovem tímida cujo caso de amor é até hoje um dos mais fortes já relatados. Jane é uma heroína diferente, uma órfã pequena e simples. Residindo num abrigo para crianças da aristocracia empobrecida, Jane é educada para trabalhar como tutora de filhos da nobreza. Adquire assim as habilidades de que essas meninas precisarão para impressionar eventuais bons partidos e suas mães: dançar, pintar, costurar, falar francês, caligrafar. É também uma jovem de princípios elevados, espírito independente e moralmente incorruptível.

Jane logo vem a ser atirada no mundo real do amor ilícito. Seu primeiro emprego é de tutora da pequena Adèle, a falastrona protegida do aristocrata rural Edward Rochester. Rochester tem 35 anos, sobrancelhas marcantes, expressão carregada e temperamento irascível. Mostra-se com Jane alternadamente severo e distante, ou provocador e confiante.

Num desses momentos de maior intimidade, Rochester revela que Adèle é filha natural de sua ex-amante Céline Varens, falecida "dançarina de ópera" francesa. Ele conta a Jane que, por achar que essa "sílfide gaulesa" o adorava apesar de sua aparência nada atraente, ele a "instalou num hotel, deu-lhe os criados necessários, uma carruagem, caxemiras, diamantes, rendas etc.". Certa noite, Rochester surpreendeu a amante com outro homem, "um jovem desmiolado e depravado". Torturado pelo ciúme, ficou de longe espionando a conversa vulgar e insensível entre os dois. Quando Céline passou a zombar dele, dizendo que era tão feio que parecia deformado, conseguiu curá-lo instantaneamente de sua "enorme paixão" por ela.

Ali mesmo chegava ao fim aquele caso de amor. Rochester entrou no quarto de hotel de Céline e ordenou-lhe que se retirasse. Desafiou então o outro para um duelo, deixando uma bala "em um de seus braços estiolados". Mas que fazer com a pequena Adèle, que Rochester equivocadamente supunha ser sua filha? "Tirei (...) a pobrezinha da lama e de Paris", explicou ele a Jane, "e a trouxe para cá, para que crescesse decentemente no solo saudável de um jardim do interior inglês".

DECAÍDAS: AS AMANTES NA LITERATURA

A história de Rochester resume sua visão das amantes, e Jane a compartilha. Uma amante é uma decaída de intelecto e moral limitados. É traiçoeira e mercenária, instável e muitas vezes estrangeira, e qualquer homem que se ligue a uma delas está correndo sérios riscos.

Embora uma "esquisita e inexperiente" governanta de dezoito anos talvez não pareça a confidente mais indicada para revelações tão pesadas, Jane aceita a história como um reconhecimento de sua discrição. Também se mostra discreta quanto à louca que ele mantém escondida no sótão. Não demora muito e Jane percebe que está profundamente apaixonada pelo sr. Rochester.

O sr. Rochester, no entanto, corteja abertamente uma beldade rica e esnobe com quem Jane supõe virá a casar-se. Mas ele manipula a situação de modo a que Jane não consiga conter-se, acabando por declarar seu amor. "Acha acaso que por ser pobre, obscura, simples e pequena eu não tenha alma nem coração?" Ouvindo isso, o sr. Rochester a pede em casamento. "Ofereço-lhe minha mão, meu coração e uma parte de meus bens", diz ele. "Peço-lhe que siga pela vida ao meu lado, minha outra metade e minha melhor companheira nesta terra."

O sr. Rochester assegura-lhe que jamais pensou em se casar com outra mulher. Jane está incrivelmente feliz, à parte uma insistente preocupação com a falta de recursos financeiros. "Não serei sua Céline Varens inglesa", avisa. "Continuarei a ser a governanta de Adèle."

Chega o dia do casamento. Mas, quando estão diante do altar e do padre para a celebração da boda, um estranho interrompe a cerimônia, declarando: "O sr. Rochester tem uma esposa ainda viva."

O mundo de Jane vem abaixo. A mulher escondida no sótão do sr. Rochester é sua esposa, a "louca, malvada e embrutecida" Bertha Mason, semente envenenada de três gerações de loucas, ainda por cima estrangeiras. Por pouco Jane não transformava o sr. Rochester num bígamo. Pior ainda: "Esse homem quase me tornou sua amante, devo mostrar-me gelada e pétrea para ele", promete ela.

Desesperado, o sr. Rochester implora a Jane que vá ao seu encontro no sul da França, onde poderão viver como um casal. "Nem de longe imagine que eu pretenda induzi-la em pecado e torná-la minha amante", promete ele. Para convencê-la, Rochester descreve as duas amantes que teve após Céline Varens, a "violenta e imoral" italiana Giacinta e a "pesada, estúpida e inflexível" alemã Clara. "Era uma vida de humilhações. Tomar uma amante só não é pior que comprar um escravo: por natureza, muitas vezes, e sempre pela posição, ambos são inferiores. (...) Abomino hoje as lembranças do tempo que passei com Céline, Giacinta e Clara."

Para evitar a tentação de se tornar a amante inglesa do sr. Rochester, Jane foge para o interior. Perambula sem um tostão de um lugar a outro, congelando de frio e quase passando fome, até que finalmente cai nas mãos de duas irmãs devotas e seu irmão, o fanático religioso St. John Rivers. Depois de restabelecer a saúde de Jane, as irmãs lhe proporcionam um modesto mas honroso meio de vida, como professora numa escola rural. Jane às vezes sente uma terrível falta do que rejeitou, "viver na França como amante do sr. Rochester; passando metade do tempo a delirar por seu amor (...) uma escrava num paraíso de loucos em Marselha".

A vida simples de Jane vem a ser complicada por um pedido de casamento de St. John, que quer sua companhia na Índia, para onde seguirá como missionário. Jane não o ama e sabe que ele só a considera uma companheira. Enquanto luta por tomar uma decisão, ela vem a saber que um tio desconhecido lhe deixou uma fortuna ao morrer. Independente de uma hora para outra, Jane sai precipitadamente em busca do sr. Rochester, podendo agora ligar-se a ele por laços de amizade, sem precisar tornar-se sua amante.

O sr. Rochester tornou-se um homem arruinado. A mulher louca incendiou a casa e perdeu a vida na conflagração. O sr. Rochester sobreviveu, muito queimado e já agora cego, e ainda tão apaixonado por Jane quanto ela por ele. "Jane, quer casar-se comigo?", pergunta ele com delicadeza. "Sim, senhor", responde ela, com o coração cheio de alegria.

Com seu temperamento de ferro e sua força de caráter, fortalecidos ainda mais por tantas experiências dramáticas, Jane livrou-se da ignomínia de ser amante. Só no casamento, diz-nos Charlotte Brontë, poderia Jane desfrutar da força magnética dessa atração correspondida pelo sr. Rochester.

Hester Prynne[2]

Desde que entrou para a literatura americana em 1850, a renegada puritana Hester Prynne tem sido um símbolo da revolta sexual e do adultério. O americano Nathaniel Hawthorne situou seu romance de culpa e redenção *The Scarlet Letter* [*A letra escarlate*] na teocracia puritana de Boston, Massachusetts, no século XVII, onde o adultério era crime, além de pecado sem remissão.

A letra escarlate apresenta-nos Hester no momento em que ela deixa a prisão colonial onde cumpria pena por adultério. Hester é uma imigrante inglesa cujo marido ainda não veio ao seu encontro na América. Sua gravidez e o nascimento de sua filha provam que ela teve um caso extraconjugal. Pior ainda, ela se recusa terminantemente a identificar o amante.

Hester é apresentada no livro como uma mulher de notável beleza, alta e curvilínea, com espessa cabeleira escura, "tão reluzente que com seu brilho afastava a luz do sol". Elegante e graciosa, é uma mulher cheia de dignidade que não parece deixar-se abater pelo problema que vive. Diante das compatriotas indignadas, Hester leva a filhinha, Pearl, ao cadafalso, onde — tendo escapado a uma sentença de morte — foi condenada a mostrar-se durante três horas em toda a sua vergonha.

Além dessa exposição pública no pelourinho, os juízes determinaram que pelo resto da vida Hester ostente uma letra "A" no peito, símbolo inalterável de seu crime. Mas Hester soube dar a volta por cima, passando a exibir um impressionante "A" escarlate bordado com tanto capricho e imaginação que parece deixá-la à parte do resto da humanidade, em vez de simbolizar sua vergonha.

As mulheres que a veem estão furiosas e querendo cuspir o fogo da vingança. "Esta mulher nos cobriu de vergonha e tem de morrer", brada a mais feia e implacável das matronas. Um sacerdote, o reverendo Arthur Dimmesdale, roga a Hester que "revele o nome do companheiro de pecado e de sofrimento!" "Jamais!", grita ela, "ainda que tivesse de suportar sua agonia, além da minha!" "Maravilhosa força e generosidade do coração de uma mulher!", exclama, pasmo, o reverendo Dimmesdale.

Após a execração pública, Hester retorna à prisão. Quando a pequena Pearl cai doente, as autoridades chamam um médico. É ele Roger Chillingworth, o corcunda que Hester reconhecera na multidão, o marido que não amava, e que finalmente viera a seu encontro no Novo Mundo.

Chillingworth recrimina Hester, mas também confessa sua culpa na tragédia, pois outro nome não poderia ter sua situação. "Desde o momento em que descemos juntos as escadas da igreja, como marido e mulher", diz ele, "eu devia ter divisado o fogo daquela letra escarlate chamejando no fim do nosso caminho!"

Hester o interpela: "Eu fui sincera! Não sentia amor nem fingia senti-lo."

Chillingworth o reconhece, mas explica o quanto tem desejado ativar nela a paixão que sente em si mesmo. É fato que ela o traiu com outro homem, mas "foi meu o primeiro erro, quando traí tua florescente juventude numa relação falsa e antinatural com o meu declínio. (...) Entre nós, o prato da balança está equilibrado".

Apesar da compreensão do marido, Hester não atende a seu pedido de revelar o nome do amante. Chillingworth promete desmascará-lo, presumivelmente para acusá-lo como adúltero e processá-lo. Enquanto isso, faz Hester jurar que não revelará sua identidade.

Passados sete anos, Hester é libertada, ainda sem qualquer sombra de arrependimento quanto a seu amor proibido. Chega inclusive a sonhar com o homem "ao qual se considerava ligada em união". Hester torna-se a costureira mais procurada da colônia. Além disso, doa alimentos e roupas aos pobres e conforta mulheres sofredoras e necessitadas.

Como acontece com a maioria das decaídas, a maior vulnerabilidade de Hester é o fato de ser mãe. Os outros cidadãos de seu meio puritano debatem se uma pecadora como ela deveria ser autorizada a criar Pearl. Hester faz um apelo dramático ao reverendo Dimmesdale, que intercede em seu favor junto às autoridades coloniais. Pearl é então autorizada a ficar com a mãe.

Enquanto isso, Chillingworth descobre que o amante de Hester é Dimmesdale, doente e já agora celibatário. "Esse homem, por espiritual que pareça, herdou uma forte natureza animal do pai ou da mãe", especula. "Exploremos um pouco mais nessa direção." Sem que Hester consiga

DECAÍDAS: AS AMANTES NA LITERATURA

detê-lo, Chillingworth finge preocupação com a saúde de Dimmesdale e se instala na casa dele como seu médico.

Certo dia, Hester encontra Dimmesdale na floresta. Ele fala do seu desespero pelo pecado cometido e afirma que a letra escarlate é para ela um alívio, ao contrário da vergonha que traz secretamente no peito. Hester responde que sua vergonha não é totalmente secreta, pois um homem sabedor de que foram amantes vive agora sob seu teto. Dimmesdale fica horrorizado. "A vingança desse velho foi mais tenebrosa que o meu pecado", diz, indignado. "Ele violou friamente a santidade de um coração humano. Tu e eu, Hester, jamais fizemos isso!"

"Nunca! Nunca!", concorda Hester. "O que fizemos tinha uma bênção própria. Assim o sentíamos! Era o que nos dizíamos!" Após essa afirmação da intensa ligação sexual entre os dois, Hester convence Dimmesdale a libertar-se da pérfida vigilância de Roger Chillingworth. "O futuro ainda nos reserva provas e sucessos. A felicidade nos espera! Ainda temos muito bem a fazer!" Preparando-se para a nova vida juntos, Hester arranca do peito a letra escarlate.

Mas Chillingworth descobre e frustra o plano desesperado da esposa, e seu cúmplice não consegue resistir a mais esse golpe. No dramático fim do romance, Dimmesdale sobe ao infame cadafalso e a ele se juntam Hester e a filha. Com essa tardia entrega à justiça puritana, Dimmesdale pôs fim aos planos de Chillingworth a seu respeito. "Ainda que tivesses buscado refúgio em todo o planeta", queixa-se o frustrado Chillingworth, "em lugar algum (...) poderias ter-me escapado — senão neste cadafalso!"

Observado pelos puritanos, Dimmesdale beija a filha e se despede de Hester. "Não voltaremos a nos encontrar?", sussurra ela. "Não haveremos de passar juntos nossa vida imortal? Certamente, pois com todo esse sofrimento salvamos um ao outro!"

Dimmesdale morre e Chillingworth logo vem a morrer também. Hester torna-se a mulher sábia da colônia, e promete às mulheres infelicitadas pela "paixão ferida, desperdiçada, ofendida, deslocada ou equivocada e pecaminosa" que num futuro paraíso terrestre os homens e as mulheres haverão de desfrutar de relações baseadas na "felicidade mútua".

Já muito velha, Hester junta-se ao morrer a Dimmesdale no mesmo túmulo, embora seus restos mortais fiquem um pouco afastados dos dele, "como se o pó dos dois não tivesse o direito de se misturar". Mesmo na morte são governados pelas rígidas regras da vida.

"Como grande lição de moral, este romance terá maior influência que todos os sermões já pregados contra o pecado", entusiasmava-se o *Boston Transcript* em março de 1850.[3] Mas que terão aprendido os contemporâneos de Hawthorne com esse romance de advertência que se tornou um best seller? Na época, sendo o amor romântico cada vez mais valorizado como prelúdio do casamento, Hawthorne conferiu uma beleza espetacular a Hester mas lhe deu um marido deformado e repulsivo que a entrega à própria sorte numa terra estrangeira e hostil. Ainda assim, quando ela e um jovem sacerdote sucumbem à paixão, sua punição seria necessariamente pelo resto da vida.

Mas os leitores certamente extraíram mais que apenas isso da história de Hester. Alguns deles devem ter admirado a maneira como ela enfrenta um sofrimento mortal pelo homem que ama e que a ama até a morte. O amor romântico e erótico dura para sempre, terão concluído esses leitores, sendo sua força e imutabilidade as medidas pelas quais uma mulher pode identificá-lo. Ter um amante, tornar-se uma amante é pecaminoso e errado. Ao mesmo tempo, o verdadeiro amor tem suas regras próprias, ainda que outras, mais rígidas, sejam impostas pela sociedade. Nas páginas de *A letra escarlate*, os leitores terão saboreado a força e a profundidade do ardor de Hester e Arthur, assim como sua ligação física e erótica.

Surpreendentemente, Hawthorne permite que Hester crie a filha desse amor extraconjugal, ainda que por motivos de desenvolvimento da trama e autenticidade a force a implorar às autoridades que a consideram uma mãe indigna que não levem Pearl. A oportuna intervenção de Dimmesdale salva a situação, e Hester nunca mais volta a correr o risco de perder a filha.

De modo que *A letra escarlate* ensina lições muito discrepantes: que o amor ilícito, por mais lamentáveis que sejam as circunstâncias que levam a ele, é errado e deve ser severamente punido; que o amor ilícito pode ser mais forte e glorioso que as leis e até mesmo que o casamento; e que a virtude e o pecado raramente são tão opostos quanto se costuma supor, podendo partilhar certos elementos. Não surpreende que as mulheres se esgueirem até a cabana de Hester para buscar conselhos sobre suas próprias questões do coração e da alma — quem seria capaz de entendê-las e orientá-las melhor que ela?

Hester Prynne é a personificação da sexualidade, mas de modo algum depravada. Entrega-se a um homem que não é seu marido porque dá mais importância ao amor que ao dever. Apesar da censura social e da punição severa, jamais se arrepende de sua decisão. Segundo o crítico novecentista Anthony Trollope, "não havia a menor sombra de maldade em seu amor, embora fosse profundo o pecado".[4] O adultério de Hester resulta de tão profundo amor, e sua nobreza e coragem contrastam de tal maneira com o caráter vingativo da tacanha sociedade puritana a que pertence que seu papel como amante torna-se moralmente ambíguo. No fim, ela perde o amante, mas não seu amor, granjeando um tal respeito na comunidade que se torna o anjo da guarda de outras mulheres infelizes.

Emma Bovary[5]

Alguns anos depois, Emma Bovary, a heroína de *Madame Bovary*, de Gustave Flaubert, romance que se passa na Normandia nas décadas de 1830 e 1840, tendo sido publicado em 1857, juntou-se a Hester Prynne como mais um modelo literário da esposa/amante em pecado. Como Hester, Emma é sensual, de tal maneira que o crítico Harold Bloom a considera possivelmente "o personagem de ficção mais convincentemente sensual".[6] Depois de uma de suas sessões de trabalho, Flaubert escreveu à sua amante, Louise Colet, que se sentia "tão arrebatado, lamentando tão alto e sentindo tão profundamente o que minha pequena Bovary tem passado (...) [que me sinto] como um homem que f... demais (perdoe-me a expressão) — uma espécie de enlevada lassidão".[7]

No romance, Emma Bovary, treze anos, filha de um próspero fazendeiro, entra para um convento, o que haverá de determinar drasticamente sua visão do mundo. Emma ama o mistério, a dramaticidade e os símbolos do convento. Deleita-se com o esplendor dos vitrais, as metáforas quase eróticas de Cristo como o noivo, o incenso, as flores no altar. Também é profundamente afetada por uma velha que trabalha como lavadeira no convento, uma antiga aristocrata arruinada pela Revolução Francesa. Essa senhora contempla as alunas com canções de amor do século XVIII, fofocas sobre sua época na corte, e lhes empresta romances proibidos sobre o amor e casos amorosos, amantes, "corações partidos, promessas, soluços, lágrimas e beijos, esquifes à luz da lua, rouxinóis na mata". Emma fica impressionada em especial com os nobres heroicos dessas histórias, "todos corajosos como leões, gentis como cordeiros, incrivelmente virtuosos, sempre belamente trajados e chorando intensamente a qualquer momento". Emma também tem em alta conta o rei Luís XIV e sua amante, Louise de la Vallière, assim como Heloísa, amante no século XII do filósofo Abelardo.

Emma deixa o convento vários anos depois e conhece seu futuro marido, Charles Bovary, um médico, nessa época infeliz em seu casamento com uma viúva mais velha. Charles fica encantado com a alegre jovem de profundos olhos castanhos que sustentam destemidos o seu olhar, lustrosos cabelos negros apanhados dos lados e uma estampa que mais tarde haverá de cativar outros homens igualmente. Num curto período, apaixona-se por ela, sua mulher, amarga e ciumenta, morre, e Emma e o pai aceitam encantados seu pedido de casamento.

Desde o início Emma fica decepcionada com o casamento. Esperava amor romântico como aquele sobre o qual tanto lia, mas, embora Charles a adore, está longe de ser o homem de seus sonhos. Inclusive no terreno sexual; enquanto ele se enche de alegria na noite de núpcias, ela não se comove sequer com a perda da virgindade.

A vida cotidiana que tanto encanta Charles no meio rural deixa Emma desanimada e entediada. Se pelo menos pudessem viajar a algum lugar exótico com limoeiros e cachoeiras, imagina ela, ou a montanhas nevadas ou brejos melancólicos, talvez acendessem o amor ardente que só é possível, segundo imagina, em lugares assim. Emma tenta recitar poemas de amor ao luar, mas não acontece grande coisa.

A insatisfação de Emma aumenta. Ela compra um mapa de Paris e começa a sonhar de olhos abertos. Quer viajar, voltar ao convento, morrer, viver em Paris. Emma sente tanta falta de companhia que até "as toras de madeira da lareira e o pêndulo do relógio" parecem possíveis confidentes. Ela abre seu coração com seu galgo italiano.

DECAÍDAS: AS AMANTES NA LITERATURA

Finalmente, diante de sua alternância entre o desânimo e a histeria, Charles muda com a família para outra cidade. Lá, Emma vem a ter uma filha, Berthe. Depois de entregar a menina aos cuidados de uma ama de leite, Emma começa um pudico flerte com Léon, um jovem escriturário.

Léon deixa a cidade para concluir os estudos. Logo Emma atrai o interesse e a admiração de Rodolphe Boulanger, um rico proprietário de terras e experiente libertino que a considera uma linda mulher "ansiando por amor como uma carpa anseia por água numa mesa de cozinha". Rodolphe não tem a menor dúvida de que pode atraí-la para sua cama e transformá-la em sua amante. Mas "como é que poderia livrar-me dela depois?", pergunta-se.

Seduzir Emma revela-se tão fácil quanto Rodolphe imaginara. Ele descarta suas objeções morais com declarações pomposas sobre a banalidade das convenções, comparando-a com o esplendor da moralidade eterna, por ele definida como a convicção de que a paixão é a coisa mais bela do mundo. Não demora e, "livre da resistência, chorando, cobrindo o rosto, ela se entregou a ele num longo estremecimento".

Feito isso, Emma repetia cheia de alegria: "Eu tenho um amante! Eu tenho um amante!" Finalmente tornara-se uma amante, uma daquelas intrigantes figuras sobre as quais não deixava de ler desde a época do convento. "O amor, há tanto reprimido, vinha à tona numa alegre efervescência. Ela o saboreava sem remorso, sem ansiedade, sem sofrimento."

Mas Emma não é capaz de sustentar aquele frenesi inicial de felicidade. Começa a fazer visitas inesperadas a Rodolphe, até que um dia ele a adverte de que está pondo em risco sua reputação. Emma não se deixa abalar. Intensifica o relacionamento e se mostra tão sentimental com Rodolphe que ele começa a se cansar dela.

Ela sofre com a perda de suas ilusões românticas. Em todas as etapas da vida, "virgem, esposa, amante", ela viu seus sonhos ruírem. Tenta reviver o casamento, procurando transformar Charles num médico famoso (e, portanto, rico e respeitado). Estimula-o a efetuar uma operação ambiciosa e complexa, de correção de um pé deformado. O espetacular fracasso da cirurgia deixa Emma indignada, e de novo ela se joga com renovado ardor nos braços de Rodolphe.

540 AMANTES — UMA HISTÓRIA DA OUTRA

Na verdade, quanto mais ama Rodolphe, mais ela detesta Charles. Na visão de Emma, Rodolphe tem um corpo forte sem brutalidade, é tranquilo em seus pontos de vista e ardoroso na paixão. Adorando-o, Emma mantém-se elegante e desejável, "uma cortesã à espera de um príncipe".

Cada vez mais Emma dedica-se às complicadas providências para administrar o romance dentro dos confins do seu arremedo de casamento. O custo não é apenas emocional e moral. Ela também lida com um pérfido comerciante que atende a todas as suas necessidades materiais — magníficas roupas e acessórios, presentes para o amante (que não os deseja), qualquer coisa que atenda à sua sedenta imaginação —, e começa a acumular dívidas. Sabendo perfeitamente o que está fazendo, e sem dores de consciência, também dilapida a herança de Charles para atender a suas necessidades de luxo e conforto, adquirindo os adornos de uma felicidade que imagina, mas não sente.

Passam-se quatro anos, durante os quais o mal-estar de Emma só faz aprofundar-se. Finalmente, ela implora a Rodolphe que fuja com ela para outro país. "Você é tudo para mim", exclama. "E eu serei sua. Serei sua família, seu país; vou cuidar de você, amá-lo." Horrorizado com toda essa carência e as grandiosas expectativas, Rodolphe finge concordar com o plano, mas se prepara secretamente para deixá-la. "Mas ela certamente foi uma bela amante!", pensa com seus botões. Mexendo numa caixa onde guarda lembranças de antigas amantes, ele mal consegue distinguir umas das outras. Senta-se então para escrever uma carta de despedida a Emma. "Jamais a esquecerei", diz ele, "mas algum dia, mais cedo ou mais tarde, nossa paixão haveria de esfriar — inevitavelmente —, é assim com todas as coisas humanas." Depois de muito refletir, ele assina então: "Seu amigo."

O sofrimento de Emma com o abandono de Rodolphe é terrível, e ela deve suportá-lo em silêncio. Encontra conforto na religião e em sonhos nos quais se torna uma santa. Dedica-se a atividades caritativas. Até que, numa récita de *Lucia di Lammermoor* na qual esperava Charles pudesse ela animar-se um pouco, os Bovary encontram Léon, que concluiu os estudos e trabalha num escritório.

Emma volta a ter um objetivo na vida. Léon a ama incondicionalmente. Emma mergulha nesse caso como fizera no anterior. Insiste com Charles

DECAÍDAS: AS AMANTES NA LITERATURA

para que lhe proporcione aulas semanais de piano que servem de pretexto para se encontrar com Léon num quarto de hotel a que se referem como sua casa eterna. Ele a adora — pois não é refinada e elegante, uma "'dama', e além do mais casada? Em suma, tudo que uma amante deve ser".

Emma preocupa-se às vezes com a eventualidade de que Léon a deixe para casar com outra mulher. Mesmo feliz, continua sonhando em fugir para Paris. Nunca exatamente satisfeita, compra mais artigos de seu fornecedor e passa a exigir mais tempo na companhia de Léon, fazendo-o ausentar-se mais do escritório, apesar das queixas do patrão. Mas Léon ainda está muito enfeitiçado para resistir. Na verdade, "ele é que se tornava seu amante, mais do que ela dele. Sua alma era arrebatada pelas palavras doces e os beijos dela. A depravação de Emma era tão profunda e tão dissimulada que quase parecia intangível: onde a poderia ter aprendido?"

Mas Emma, como Rodolphe, tem dificuldade de sustentar o amor. Temendo sua ausência, atira-se com violência ainda maior no relacionamento. Sexualmente voraz, ela se despe e abraça Léon, trêmula. Seu fervor, sua obstinação e sua possessividade o deixam alarmado. O patrão o adverte contra ela. De qualquer maneira, o amor começa a esmorecer. Até Emma já acha o adultério tão banal quanto o casamento.

Enquanto isso, o comerciante começa a cobrar pelos exorbitantes empréstimos. Exaltada e furiosa, Emma tenta de todo jeito conseguir dinheiro emprestado para livrar-se dele. Chega a exortar Léon a dar um desfalque para salvá-la, mas ele se recusa. Quando um rico tabelião tenta oferecer-lhe dinheiro em troca de favores sexuais, ela o rechaça indignada. "Posso ser digna de pena, mas não estou à venda!", clama.

Seu último recurso é Rodolphe, que não vê há anos. Também ele se recusa a ajudá-la. Perdida a última esperança, ela sabe que ela e Charles estão arruinados. Ingere arsênico, preferindo ter uma morte horrível a revelar o nome do veneno para que Charles conseguisse um antídoto. Ao morrer, vê nos olhos do marido "um amor que nunca conhecera". Emma pede um espelho, contempla a própria imagem e chora.

O que Emma vê é a imagem do desperdício: a beleza desperdiçada com amantes indignos; o matrimônio desperdiçado com um marido insensível; a maternidade desperdiçada em uma filha que nasceu para compartilhar suas limitadas possibilidades; um coração romântico incapaz de se realizar; emoções conturbadas sem ter como se expressar; paixões ferozes totalmente incompatíveis com o mundo provinciano onde estava fadada a viver.

Emma é apresentada como uma mulher inteligente, razoavelmente cultivada e consciente do seu papel na sociedade. Ela se ressente do fato de que seu gênero a destina a uma vida confinada à casa e ao marido, mas parte do princípio, equivocadamente, de que o casamento dará lugar ao amor romântico que, segundo parecem prometer seus livros, haverá de arrebatá-la para sempre. Quando se desilude dessa fantasia, Emma busca outras formas — e outros homens — de se satisfazer.

Mas e a moral? Não seriam as mentiras, as trapaças, os tortuosos esquemas de Emma e seu grito de satisfação — "Eu tenho um amante!" — expressões de imoralidade que a transformam numa libertina sem qualquer respeito pelos princípios da sociedade e os ideais de sua religião? Não seria seu terrível suicídio a punição de uma pecadora sexual? É certamente o que dá a entender Flaubert, apesar de ligar o fim de Emma a sua incúria financeira. Ela só dava importância ao amor, seus quatro anos como amante de Rodolphe e mais tarde de Léon. Nessa equação, seu marido cheio de adoração (apesar de tedioso) e a filha inocente, o casamento e a maternidade nada contam. Flaubert (que rompeu com Louise Colet, sua amante, durante o longo processo de redação desse romance) mata Emma para redimir-se da acusação de perdoar sua imoralidade, de dar a entender que uma amante adúltera tem direito de ser feliz, ou mesmo de sobreviver.

Não se trata de uma suposição. Quando *Madame Bovary* foi publicado em capítulos na *Revue de Paris* em 1856, Flaubert e a revista foram processados por ofensa à moral pública. Flaubert obteve ganho de causa no tribunal argumentando que a morte de Emma era uma prova de que o romance respeitava os padrões morais, submetendo-a às consequências de seu pecado.

Entretanto, como pretendia Flaubert, milhões de leitores comuns não extraíram da história de Emma apenas a lição de seu fim infeliz. Eles se lembram da intensidade de suas paixões — pelo êxtase religioso, pelos amantes e, na forma negativa do desprezo e do ódio, pelo marido. Simpatizam com suas tentativas de amar o desajeitado e bondoso Charles, e

DECAÍDAS: AS AMANTES NA LITERATURA

também com a frustração por sua condição de mulher aprisionada nas rígidas expectativas da sociedade.

O poeta francês Charles Baudelaire explicava a constante busca da experiência da paixão em Emma e sua impaciência com tudo que não tivesse a ver com as questões do coração: "Esta mulher tem verdadeira grandeza e é sobretudo digna de pena. Toda mulher *intelectual* será agradecida a [Flaubert] por ter elevado a fêmea a um patamar tão alto — tão longe do animal puro e tão perto do homem ideal — e por tê-la feito compartilhar dessa mistura de cálculo e fantasia que constitui o ser perfeito."[8] Na interpretação de Baudelaire, não surpreende que Emma sacrifique com tanta facilidade seus valores morais para se tornar a amante de Rodolphe, regozijando-se pelo que acha que poderá extrair desse relacionamento.

Em sua maioria, os leitores não desculpam Emma Bovary tão completamente quanto Baudelaire. Enxergam nela ao mesmo tempo a metáfora de uma sociedade burguesa desalmada e gananciosa e um autêntico retrato de mulher que subverte os valores de sua sociedade, injetando a força maior da paixão numa vida de frustrações, ao se tornar amante (ou concubina, como diz ela própria) dos dois homens que ama, mas com os quais não está casada.

Anna Karenina[9]

Anna Karenina, o personagem-título do romance publicado em 1877 pelo escritor russo Leon Tolstoi, destaca-se como uma das mais fascinantes e trágicas decaídas da literatura. *Anna Karenina* passa-se em São Petersburgo na década de 1870, e os personagens principais são aristocratas russos. Com sua frase inicial — "As famílias felizes são todas parecidas; cada família infeliz é infeliz à sua maneira" —, Tolstoi nos aproxima da vida familiar dolorosamente instável de Stiva, cuja mulher, Dolly, acaba de descobrir que ele teve um caso com a governanta francesa dos filhos. Anna, irmã de Stiva e dedicada esposa de Alexei Aleksandrovitch Karenin, um poderoso oficial, rapidamente trata de interferir e consegue impedir o fim do casamento do irmão.

Pouco depois, a adorável Anna conhece o conde Alexei Kirilitch Vronski, oficial solteiro do exército. De uma hora para outra, passa a ver o marido com um novo olhar crítico — suas orelhas são estranhamente projetadas, por exemplo — e a sonhar de olhos abertos com o alinhado e atirado Vronski.

O lema de Vronski é que "a posição de um homem que cobiça uma mulher casada e aposta tudo em levá-la ao adultério tem algo de belo e grandioso". Inevitavelmente, ele e Anna sucumbem a esse ardente desejo recíproco. Os casos extraconjugais de modo algum eram raros entre os aristocratas russos do século XIX, em sua maioria presos a casamentos de conveniência, mas Anna e Vronski não querem apenas um seguro e agradável interlúdio sexual. Ambicionam uma grande paixão, envolvimento, permanência e aceitação social.

Todavia, Anna recusa-se a pedir o divórcio que permitiria ao casal regularizar a relação, pois seu marido ficaria automaticamente com a custódia do filho. Ao mesmo tempo, ela não consegue controlar as emoções, e quando é interrogada pelo marido, desconfiado, responde com brutal e imprudente franqueza que tem um amante: "Eu o amo, sou amante dele; não o suporto mais; tenho medo de você e o detesto."

Karenin, presumindo que Anna acabará por se arrepender, comporta-se de maneira admirável. O casamento irá adiante, decide ele, senão em substância, pelo menos na forma, e o tempo curará as feridas. Mas Anna, desesperada ante a possibilidade de perder Vronski, recusa-se a cooperar. Considera que Karenin "estragou minha vida por oito anos, estragou tudo que era vida em mim. Nem por um momento se lembrou de que eu sou uma mulher viva que precisa de amor. (...) Não tenho tentado com todas as forças encontrar algo que dê significado a minha vida? Não tenho procurado amá-lo, amar meu filho quando não era capaz de amar meu marido? (...) Deus me fez para amar e viver". Igualmente apaixonado, Vronski concorda, especialmente porque Anna acaba de informá-lo de que está grávida de um filho seu.

Depois de uma série de complicações, Anna abandona o marido e o filho e Vronski deixa o regimento e a carreira. Viajam para a Europa, e depois do nascimento da filha o retorno à Rússia os faz cair na real. Os

DECAÍDAS: AS AMANTES NA LITERATURA   545

amigos e parentes recebem Vronski com todo calor, e com a mesma disposição desprezam Anna. Ela fica arrasada. Sua primeira reação é forçar um confronto, aparecendo nos eventos sociais como se sua posição não tivesse mudado.

Vronski fica triste e horrorizado. "Aparecer no teatro é o mesmo que não só reconhecer sua posição de decaída", pensa ele, sem ter coragem de dizer-lhe, "mas lançar um desafio à sociedade, ou seja, isolar-se para sempre." A iniciativa acaba sendo desastrosa. Pouco depois, ela, Vronski e a filha mudam-se em caráter permanente para a casa de campo dele.

Durante algum tempo, Anna é feliz: "Algo mágico me aconteceu", confidencia à cunhada, Dolly, uma das poucas pessoas que mantêm contato com ela. "Eu passei por sofrimento, medo, e agora há bastante tempo já, especialmente desde que estamos aqui, sinto-me tão feliz!"

Mas sua felicidade logo se esvai. Ela não pode ver o filho e não consegue amar realmente a filha, que pela lei russa leva o sobrenome Karenin e está sujeita a seu pátrio poder, na ausência de um divórcio. Vronski preocupa-se porque, enquanto não se casarem, os filhos que tiverem serão legalmente de Karenin. Ele exorta Anna a negociar o divórcio, e ela concorda, relutante.

Enquanto isso, lê muito, sendo para Vronski uma companheira intelectual, além de amante. Mas em seu isolamento e solidão exige que ele se dedique inteiramente a ela. Quanto mais exigente se torna, mais frio ele se mostra. Apavorada ante a ideia de perdê-lo, ela recorre a subterfúgios, cenas histéricas e acusações sem fundamento. Certa vez, num momento de extrema clareza, entende que está se destruindo. "Meu amor torna-se cada vez mais apaixonado e egoísta, enquanto o dele está morrendo, e é por isso que estamos nos distanciando", pondera consigo mesma.

> Ele é tudo para mim, e quero cada vez mais que ele se entregue inteiramente a mim. (...) Se eu não precisasse ser apenas sua amante, cuidando apenas e apaixonadamente de suas carícias; mas não posso e não quero ser nada mais. E com isso eu provoco aversão nele, e ele provoca raiva em mim, e não pode ser de outra forma. (...) Há muito tempo ele não me ama. E quando o amor acaba, começa o ódio.

Mais tarde nesse mesmo dia, de pé numa estação ferroviária, Anna decide jogar-se sob as rodas da próxima composição para "puni-lo e fugir de todo mundo e de mim mesma". No último momento, de joelhos no trilho, ela é tomada por uma esperança cheia de alegria e tenta levantar-se. Mas é tarde demais. Segundos depois, o "enorme e implacável" gigante de metal a esmaga, tirando-lhe a vida. Era, na amarga avaliação da mãe de Vronski, "o fim merecido de uma mulher como ela. Até a morte que escolheu foi grosseira e vulgar".

Ao dar mais valor ao amor e ao desejo que ao casamento e à maternidade, Anna Karenina não se limita a abandonar o marido e o filho. Ela ao mesmo tempo desafia seu círculo de relações e a sociedade russa, desprezando os padrões que dão esteio ao mundo aristocrático de sua época. Ao fazer tudo isso a bem de um amor que julga capaz de conferir significado a sua vida vazia, Anna simboliza um tipo de mulher europeia privilegiada do século XIX que tinha a inteligência subestimada e a criatividade sufocada, de tal maneira que só lhes restavam o tédio e a trivialidade de casamentos arranjados nos quais levavam uma vida subalterna e vulnerável. Tolstoi deu a seu romance inicialmente o título de *Dois casamentos*, e com efeito o casamento dos Karenin é um tema central da obra.

Talvez para deixar bem clara a situação desesperadora de Anna, Tolstoi sequer lhe dá o tipo de amante que ela poderia esperar. Anna tem em Vronski um homem solteiro, belo, rico, admirado e sob muitos aspectos admirável, leal, comprometido e, até bem perto do fim, tão profundamente apaixonado por ela quanto ela por ele.

Mas nem Vronski é capaz de proteger Anna do mundo. Aos olhos da sociedade e de quase todas as pessoas que conheceu, sua condição de amante a torna execrada e impotente, uma pária que só deve culpar a si mesma por sua situação. Mas antes de condenar essa mulher magnificamente decaída a cair mais uma vez, já agora diante de um trem em movimento, Tolstoi concede-lhe por um momento aquele mesmo tipo de arrebatadora felicidade por que ela ansiava ao se tornar amante de Vronski.

Mildred Rogers[10]

Of Human Bondage [*Servidão humana*], do romancista britânico Somerset Maugham, publicado em 1915 e passando-se na Londres do fim do século XIX, mostra-nos um tipo muito diferente de amante, uma mulher da classe operária que se envolve com um estudante de medicina que luta por um lugar ao sol. Philip Carey tem um pé defeituoso, como Lord Byron, é inteligente e órfão, e desfruta de uma herança modesta. Mildred Rogers, garçonete numa casa de chá frequentada por ele e outros estudantes de medicina, é alta, ruiva e de extrema palidez, mas suas feições delicadas e seus olhos azuis conferem-lhe uma espécie de beleza atemporal.

Durante algum tempo, Philip mostra-se tão indiferente a Mildred quanto ela a ele, descartando-a como uma "vagabunda sem educação". Mas fica intrigado com sua insolência e hostilidade, e contrariando o próprio bom senso começa a assediá-la. "Você é estudante, não?", pergunta Mildred distraidamente a certa altura, voltando-se de novo para o romance barato que está lendo.

Apesar da insistência de Philip, Mildred o ignora enquanto flerta com outros clientes. Aceita de má vontade seu convite para jantar, e só consegue se animar na conversa com o champanhe. Philip dá-se conta de que são absolutamente incompatíveis. Mas apesar disso se apaixona por ela.

Essa obsessão por ela não vem a ser a experiência de êxtase que esperava. É antes "uma fome da alma, um anseio doloroso, uma angústia amarga (...) Quando ela o deixou, era infelicidade, e quando voltou para ele, era desespero".

Não surpreende: Mildred faz referências diretas a seu pé defeituoso e deixa bem claro que prefere de longe outros homens. Mente sobre suas origens, alegando que seu pai é bem-relacionado e que é difícil para ela "ter de se misturar com as garotas da casa de chá".

Certa vez, como ela cancelasse um encontro por ter sido convidada para sair com um homem mais atraente, Philip reconhece que a ama de todo coração e ameaça que nunca mais voltará a vê-lo se não sair com ele nessa noite. "Parece que você acha que seria algo terrível para mim", retruca Mildred. "Digo apenas que é um bom destino para o que não presta."

AMANTES — UMA HISTÓRIA DA OUTRA

Philip negligencia os estudos e é reprovado na prova final. Enquanto isso, Mildred lamenta tê-lo rejeitado por um homem que queria apenas seduzi-la. Eles voltam a se ver, e Philip a corteja a sério. Leva-a para jantar e beber, dá-lhe presentes caros demais para seu bolso, declara o quanto a deseja e ignora os instintos que o advertem de que está cortejando o desastre. Quando ela o autoriza a beijá-la, Philip sabe que ela não está ligando realmente nem gostando. Pior de tudo, ela continua saindo com outros homens.

Na verdade, Mildred nem sequer gosta de Philip. Ele a provoca com perguntas a respeito de seus sentimentos por ele, atormenta-a com seu ciúme obsessivo e só sabe irritá-la. Chega até a espioná-la. E ela deixa claro que ele não passa de uma conveniência passageira.

Ainda assim, Philip pede-a em casamento. Mildred acha divertido e fica lisonjeada, mas o rejeita ao calcular (com razão) que seu salário de médico não lhe facultaria um padrão de vida muito melhor que o que já tem. Philip aceita, mas continua a vê-la. Certo dia, ela o convida para sair e ele concorda, animado. Mildred anuncia que tem notícias: vai se casar. Philip sofre, compra-lhe um presente caro e fica contando os dias até o casamento.

A dor de Philip cede, e ele começa a lembrar-se de Mildred com ódio pelas humilhações que lhe impôs. Conhece e passa dias adoráveis com Norah, mãe solteira que se sustenta escrevendo romances baratos. Até que, certo dia, Mildred vai procurá-lo em seu quarto. "Que diabos quer aqui?", resmunga Philip.

Mal acabou ele de fazer a pergunta, e Mildred cai em prantos. Seu "marido" não chegou a se casar com ela pelo simples motivo de que já tem mulher e filhos, e, como ela também ficasse grávida, ele reagiu indignado, deixando-a, sem um tostão. "Se ainda me quiser, farei tudo que mandar", diz ela a Philip humildemente.

Philip percebe que ainda ama Mildred e rompe o relacionamento com Norah. Malbaratando o pequeno capital que constitui a única fonte de financiamento de seus estudos, ele instala Mildred num quarto agradável. Praticamente desde o início, Philip cai de novo sob o domínio dela, e a protege apresentando-se à senhoria como seu irmão.

DECAÍDAS: AS AMANTES NA LITERATURA

A expectativa de dar à luz uma criança natimorta vai por água abaixo quando Mildred traz ao mundo uma saudável menininha. Encontra um lar adotivo para ela no interior e se apaixona por Griffiths, um amigo em visita a Philip. Philip força um confronto e Mildred lhe diz: "Nunca gostei de você, desde o início, mas você se impôs, eu sempre detestava quando você me beijava. Pois agora jamais permitiria que me toque, nem que estivesse passando fome."

Griffiths revela-se volúvel e duro, mas o namoro levou Mildred a se dar conta da aversão que Philip lhe inspira. Griffiths, porém, achando-a vulgar e aborrecida, a deixa. Mildred o bombardeia com cartas e telegramas, passando a persegui-lo. Certa vez, passa a noite soluçando em sua porta.

Quando Philip volta a se encontrar com Mildred, ela está pegando homens no centro de Londres. Ela não parece mais feliz por vê-lo do que no dia em que o deixara, mas ele a convence a conversar num lúgubre quarto alugado. De perto, Philip percebe que apesar da maquiagem berrante, ela tem o aspecto cansado e doentio. Ela não voltou a procurá-lo, informa com ar indiferente, por ter presumido que ele achava que ela estava tendo o que merecia. "Se pelo menos pudesse sair dessa!", queixa-se ela. "Detesto isso! Não nasci para esta vida, não sou esse tipo de mulher. (...) Oh, queria morrer."

Philip responde à altura. Convida-a a ir morar em seu modesto quarto, cuidando das tarefas domésticas pelas quais está pagando atualmente. A vida dos três — ele, ela e a criança — não sairá muito mais cara que a que ele leva no momento. Além disso, ele não esperará retribuição sexual. O que não lhe diz é que isso decorre do fato de que pela primeira vez sente repulsa física por ela, estando exultante por supor que isso deve indicar o fim de sua paixão por ela.

Mildred chora de gratidão e se muda no dia seguinte. Começa a tentar uma aproximação sexual que é rejeitada por Philip. De outra feita, informa-lhe desanimada que aprendeu a amá-lo. Mas Philip percebe cada vez mais que a mulher que amou tão freneticamente por tanto tempo não é inteligente, tem maneiras grosseiras e é tão tediosa quanto entediada.

Mildred, por sua vez, está decidida a seduzi-lo, para restabelecer sua antiga dominação sobre ele através do relacionamento sexual. Decide que fará com que ele a ame. Declarando seu amor, salta no seu colo. "Sinto muito, mas já é tarde", corta Philip.

A indignação de Mildred o deixa pasmo. "Eu nunca dei a mínima para você, nunca, estava sempre enganando você, você me dava tédio, um tédio mortal, e eu o odiava (...) e ficava enojada quando tinha de deixá-lo me beijar. (...) Aleijado!"

No dia seguinte, na ausência de Philip, Mildred acaba com o quarto, quebrando, rasgando, estraçalhando, e se vai com o bebê. Philip muda-se para um quarto muito mais barato, mergulha nos estudos e tenta se recuperar das perdas financeiras no mercado de ações. Mas perde tudo, não encontra um parente que possa emprestar-lhe dinheiro e é obrigado a deixar a faculdade de medicina.

Depois de meses à procura de um emprego, Philip está sem ter onde morar e passando fome. Abrigado por amigos da família, consegue por intermédio deles um emprego mal-remunerado. E começa a gostar cada vez mais de Sally, a filha do casal de amigos.

Mildred reaparece, implorando para vê-lo. O bebê morreu; ela voltou a se prostituir e contraiu uma doença venérea. Philip compra-lhe remédios e a faz prometer que vai parar de se prostituir e de espalhar a infecção. Assustada, Mildred promete, mas ele não demora a descobrir que ela está de volta às ruas, com a saúde temporariamente sanada. "Que me importa?", pergunta ela. "Os homens não foram tão bons assim comigo para que eu fique preocupada com eles." Philip não mais voltaria a vê-la.

O tio de Philip morre, deixando-lhe dinheiro suficiente para retomar e concluir a faculdade de medicina. Ele se forma, encontra trabalho e a felicidade. Sabe também que pelo resto da vida nunca vai perder realmente a "estranha e desesperada sede daquela mulher desprezível", Mildred.

Nenhuma contemplação com Mildred, a maquiada e doente prostituta de rua incapaz de amar o único homem que a ama. *Servidão humana* é escrito do ponto de vista de Philip, sendo Mildred apenas um apêndice à história de suas tribulações e triunfos. Nem parece Mildred (tal como mostrada, percebida ou lida nas entrelinhas) um personagem simpático, uma prostituta com coração de ouro. Maugham a mostra como uma desmazelada invariavelmente fria e calculista.

Como principal protagonista feminina do romance, Mildred enfrenta os habituais dilemas sobre a condução de sua vida. Até o desmoronamento de seu mundo, os principais objetivos são o casamento e a respeitabilidade e segurança financeira que presume virão com ele. Ao se ver grávida e solteira, ela tenta esconder sua situação apresentando-se como sra. Miller, o nome do pai de seu bebê.

Mildred também anseia pelo romantismo sobre o qual lê nos romances. Quando julga tê-lo encontrado — com Miller e ainda mais com Griffiths —, esquece o casamento para tornar-se uma amante. Na verdade, rejeita Philip, que quer desesperadamente casar-se com ela, pois o acha fisicamente repelente. Ao longo do fragmentário e tortuoso relacionamento, eles nunca dormem juntos. Mildred só tenta seduzi-lo quando está à míngua e sofrendo, pois ele pode dar-lhe mais dinheiro do que ela ganha na prostituição.

Como amante de Miller — Griffiths, que só a considera uma aventura de fim de semana, não conta propriamente —, Mildred é a mulher traída, a quem um casamento é prometido, para afinal resumir-se a uma condição de amante. É um caso clássico, com direito ao abandono quando engravida. Como quase amante de Philip, embora o sexo não entre na equação, ela também se vê presa a um homem, porque ele a ama e por causa de sua própria pobreza, e não por causa de seu amor por ele, como no caso de Miller.

Servidão humana é um dos raros romances clássicos sobre uma amante da classe trabalhadora. O retrato aqui traçado por Maugham de uma mulher que só ama os homens errados e cai em armadilha após armadilha no malfadado caminho de sua jornada de vida é implacável. Mildred parece totalmente destituída de qualidades capazes de redimi-la, e Philip, no contraste com ela, é um anti-herói autocentrado. Mas os leitores acham sua história cativante, embora muitos devam perguntar-se se o preço que paga por seus erros de nascimento e circunstância de vida não é excessivo, e se a indiferença de Maugham, e de Philip, ante seu destino não seria perturbadora e vingativa.

Ellen Olenska[11]

O bem-entretecido romance *The Age of Innocence* [*A era da inocência*], de Edith Wharton, passa-se na Nova York das duas últimas décadas anteriores à Primeira Guerra Mundial, centrado na história de amor entre uma mulher separada do marido e o noivo de uma prima sua, mais tarde seu marido. O relacionamento é moldado pela sociedade aristocrática de Nova York a que pertencem, na qual os casamentos convenientes unem duas famílias, duram pela vida inteira e incorporam os valores do estrato social de seus membros. O romance também reflete as convicções pessoais de Wharton, expressando o protagonista Newland Archer muitas de suas reflexões e conclusões.

May Welland é a noiva perfeita para Newland Archer, e as duas famílias comemoram quando Newland a pede em casamento e May aceita. Só uma coisa no noivado não chega a ser perfeita: o anúncio coincide com a volta da prima de May, Ellen, a condessa Olenska, ao seio da família em Nova York, depois de deixar o marido europeu infiel. Mas na Nova York aristocrática o casamento é para sempre, e Ellen não se limitou a deixar o marido para pedir divórcio, pois também teria "escapulido com seu secretário". O boato pôs em risco as chances de Ellen de se reincorporar ao mundo social muito crítico de Nova York.

Newland inicialmente preocupa-se apenas com as conveniências sociais — o que acharão da proximidade de sua futura esposa com uma prima errante. No contato pessoal, Ellen, lembrando a Newland que foram amigos de infância, o toca profundamente. Ellen é "magra, parecendo cansada, um pouco mais velha do que sua idade [trinta] (...) mas tinha o ar da misteriosa autoridade da beleza, da segurança no porte da cabeça, no movimento dos olhos". Ela também tem modos mais simples, mostra-se menos preocupada com a moda e mais independente em suas perspectivas do que qualquer outra mulher conhecida de Newland. Não demora e ele reconhece para si mesmo que se apaixonou profundamente por ela.

Ellen Olenska não é sua primeira paixão — ele acaba de se recuperar de um arrebatado caso com uma mulher casada que parecia amar menos a ele propriamente do que ao drama do relacionamento clandestino. E tampouco está perdidamente apaixonado por May, de quem gosta e a

DECAÍDAS: AS AMANTES NA LITERATURA   553

quem respeita, mas com a qual parece prever um casamento como outro qualquer, "uma tediosa combinação de interesses materiais e sociais sustentados pela ignorância de um lado e a hipocrisia de outro".

Mas seus relacionamentos com as antigas amantes e com a noiva nem de longe chegaram a perturbar sua "convicção da profunda diferença entre as mulheres amadas e respeitadas e as desfrutadas — e compadecidas". E como todo mundo mais, diante de um caso extraconjugal, Newland considera o homem insensato, e a mulher, criminosa.

A chegada de Ellen questiona todas essas noções em Newland. Ele é exortado pela família de May a convencer Ellen a não pedir o divórcio, contrário aos costumes de Nova York, apesar de perfeitamente legal. Quando Ellen cede a seus argumentos, Newland apercebe-se de que na verdade a pôs em risco, eliminando suas chances de legalizar um caso amoroso através de um novo casamento e com isso deixando-a vulnerável a homens atraídos por seus encantos e sua situação desprotegida. Quando alguém pergunta sobre a situação dela, Newland gostaria de poder responder que todos tinham contribuído para que Ellen venha a se tornar "uma amante, e não a esposa de algum sujeito decente".

Enquanto isso, Newland fica tão assustado com a força de seus sentimentos por Ellen que dá início a uma campanha para convencer May a abreviar o noivado, para que ele possa, casando-se com ela, esquecer Ellen. Inicialmente, May opõe resistência. Afirma ter adivinhado exatamente o que está Newland está tentando esconder, que está amando alguém mais e quer esquecê-la. Mas se equivoca sobre o objeto de seu afeto, considerando que se trata de sua ex-amante, e ele fica tão aliviado pelo fato de ela não desconfiar de Ellen que consegue convencê-la de que está equivocada.

Quando Newland declara seu amor a Ellen — "você é a mulher com quem eu teria me casado se isso fosse possível" —, ela responde, furiosa, que, ao pressioná-la a abrir mão do processo de divórcio, ele tornou impossível o casamento entre os dois. "E como minha família passaria a ser também a sua família, eu fiz o que me disse que fizesse, aquilo que me demonstrou que devia fazer", lembra-lhe ela, amargurada. Profundamente chocado, Newland decide confessar seus sentimentos a May e romper o noivado, para ficar com Ellen.

Tarde demais! Ele é informado por um telegrama de que a família de May concordou em antecipar o casamento, já agora marcado para dali a semanas. O respeito de Newland pelos valores e imposições de sua condição social o força a honrar o compromisso e casar-se com May. Ele enfrenta o casamento perdendo-se em devaneios. Chega então à conclusão de que não pode "emancipar uma esposa que não tinha a mais leve noção de que não era livre" e que diante de seus próprios olhos está se transformando na mãe dela — e dele. Em consequência, conduz seu casamento exatamente como todo mundo mais.

Newland anseia cada vez mais por Ellen, cuja situação mudou. O marido implorou que voltasse para casa como hóspede eventual, e não como uma esposa realmente, em troca do que ele lhe devolveria o dote. Orgulhosa e determinada, Ellen rejeita a oferta. Ao voltar a encontrá-la, Newland diz-lhe que, assim como ele moldou sua vida, moldou também a dele mesmo, ao decidir casar-se com May para não provocar uma ruptura na família. "Você me proporcionou o primeiro vislumbre da verdadeira vida, e ao mesmo tempo me pediu que fosse em frente com uma vida de mentira", acusa-a. "É mais do que um ser humano pode suportar."

A essa altura, Newland está tão profundamente apaixonado por Ellen que chega a contemplar separar-se da mulher. Deseja Ellen de qualquer maneira, inclusive tornando-a sua amante. As famílias sabem dos seus sentimentos, e, para afastá-lo de Ellen, pressionam-na a aceitar as propostas do conde Olenska. Chegam inclusive a cortar sua mesada, para forçá-la a se submeter.

Apesar de suas condições de vida já agora muito limitadas, Ellen recusa. Além disso, uma das matriarcas das famílias a adora, restabelecendo sua mesada. Newland vai à sua procura e novamente declara seu amor. *"A cada momento você está comigo de novo."*

"Está pensando então que eu devo viver com você como amante, já que não posso ser sua esposa?", pergunta ela.

A resposta de Newland é profundamente sentida. "Quero de alguma forma evadir-me com você para um mundo no qual palavras como estas, categorias assim, não existam. Onde simplesmente seremos dois seres humanos que se amam, que são tudo na vida um para o outro, e nada mais

DECAÍDAS: AS AMANTES NA LITERATURA

no mundo importará." Mas Ellen sabe que não existe um mundo assim, e que as pessoas que acham que o encontraram acabam descobrindo que "não era diferente do velho mundo que deixaram para trás, mas ainda menor, mais sujo e promíscuo".

Pouco depois, Newland tem uma revelação. O casamento o anestesiou, e ele resolve desfazê-lo e ir com Ellen para a Europa, onde sempre estarão juntos. Mas, embora ele não se confidencie com ninguém, toda a "tribo" adivinha seu segredo. Pior ainda, há meses todos acham que Ellen já é sua amante. Para preservar seu mundo, essas pessoas que "temiam o escândalo mais que a doença, que prezavam mais o decoro que a coragem e consideravam que não poderia haver nada pior do que "cenas", mais uma vez entram em ação.

Seu plano é simples. May diz a Ellen que está grávida, para se certificar de que ela voluntariamente volte para o continente europeu. Quando a possível gravidez de May efetivamente é confirmada pouco depois, Newland perde toda esperança, pois Ellen jamais voltaria a permitir qualquer intimidade.

A era da inocência não trata exatamente de uma mulher que quase se torna amante; é antes um livro sobre o que vem a ser uma amante, que tipo de mulher pode ser uma amante, de que maneira a sociedade — especificamente, a aristocrática sociedade de Nova York no fim do século XIX — encarava e tratava as amantes, e de que maneira essa mesma sociedade, inclusive os homens que tinham amantes, apoiavam as esposas ofendidas, pois ter amantes, algo aceito para um solteiro, era considerado errado para um homem casado.

A técnica de Wharton é sutil e convincente. Newland é um protagonista simpático e agradável sempre preocupado com o sistema de valores de sua sociedade, com seus modos de aplicação e os responsáveis por fazê-lo. Sua análise não leva a nada parecido com uma rebelião, mas a profundidade de seu amor por Ellen e o terrível sentimento de que sua vida com May é na verdade uma morte em vida dão-lhe forças para desafiar os seus pares e seus valores. Inicialmente, Newland quer Ellen de qualquer maneira, e a maneira óbvia é torná-la sua amante. Logo isso fica parecendo por demais vulgar para uma ligação tão apaixonada, e cada vez mais ele se conscientiza de que não pode se acomodar com um caso discreto. O que realmente quer é um relacionamento de dedicação mútua, o que só poderá acontecer se nenhum dos dois continuar casado. A única solução possível é o divórcio, para ele e para ela, ou então a fuga para o continente europeu, mais complacente e menos inocente.

No fim do livro, quando Newland já não se sente vinculado ao seu mundo social e luta contra os arreios que mantêm presos seus membros, ele e Ellen são neutralizados em sua ação pelos parentes, liderados por sua própria esposa. Em troca da aceitação da derrota, ele e Ellen são perdoados e aceitos novamente. Apesar de ter os valores questionados e as fortificações assediadas, a era da inocência — inclusive as regras a respeito das amantes — permanece intacta.

Lara[12]

O cintilante e angustiado caso de amor entre o dr. Jivago, um homem casado, no romance homônimo de Boris Pasternak, e sua amante, Larissa, transcorre durante o caos da Primeira Guerra Mundial e da Revolução Russa. Iuri Jivago é um médico de cujo diagnóstico sobre a ordem social na Rússia decorre grande simpatia pela cruzada revolucionária. Ainda estudante, seus caminhos cruzam com os de Lara, que vem de um meio social muito diferente, tendo sido criada na pobreza e na privação. Quando se encontram já adultos, Iuri é feliz no casamento com a namoradinha da infância, Tonia, e tem um filho. Lara é uma enfermeira em busca do marido, Pasha Antipov, líder revolucionário militar que desapareceu.

Lara tem um passado que a atormenta, lançando uma sombra sobre seu casamento. Quando tinha dezesseis anos, beldade de cabelos louros e profundos olhos cinzentos, foi seduzida pelo amante de sua mãe, Komarovski. Lisonjeada por se ver objeto do intenso interesse de um belo e rico homem mais velho, e acreditando-se de qualquer jeito "uma decaída (...) um personagem de romance francês", Lara tornou-se amante de Komarovski.

Esse interesse amoroso não durou muito, mas Lara continuou perseguida pela depressão e o horror da própria imoralidade (como passou a vê-la) e a traição à mãe (como qualquer um teria visto), e só pensa em dormir.

DECAÍDAS: AS AMANTES NA LITERATURA

Considera que Komarovski é "a maldição de sua vida" e que se tornou "sua escrava pelo resto da vida. Como foi que a subjugou?", pergunta a si mesma. "Como é que a força a se submeter, por que é que ela se rende, por que atende aos seus desejos e o delicia com sua fremente vergonha exposta?"

Iuri Jivago encontra Lara pela primeira vez como estudante de medicina, atendendo a sua mãe, que acaba de escapar de uma tentativa de suicídio. Não muito depois, Lara toma a corajosa decisão de escapar de sua desgraçada vida, passando a morar na casa da jovem irmã de uma amiga como governanta.

Sua nova vida é agradável. Os patrões são bons e generosos, e ela continua frequentando a universidade. Também descobre o propósito de sua vida, "entender o significado das belezas selvagens [da terra] e chamar cada coisa pelo seu verdadeiro nome". Decide procurar Komarovski e, em nome dos anos que passaram juntos, reivindicar dinheiro suficiente para deixar o emprego e tornar-se independente. Leva consigo o revólver do irmão, decidida a matá-lo se Komarovski não atender a seu pedido.

Lara localiza Komarovski numa grande festa e simplesmente entra. Quando Iuri Jivago, um dos convidados, a vê, ela acaba de errar o tiro contra Komarovski, acertando o anfitrião, perplexo mas apenas ligeiramente ferido. "Esta moça de novo!", exclama Iuri. "E mais uma vez em circunstâncias tão extraordinárias!"

Komarovski, furioso com a possibilidade do escândalo que decorreria de um julgamento de Lara, vale-se de sua influência como promotor para salvá-la de um processo judicial pela tentativa de matá-lo. Ela continua se recusando a admitir para Pasha, o noivo que a adora, qual seu vínculo com Komarovski, dizendo-lhe apenas que é uma mulher má e indigna dele.

De qualquer maneira, os dois se casam e mudam para uma cidade do interior, onde ensinam na escola local e têm uma filha, Katenka. Até que, movido pelo patriotismo e a confusão quanto ao relacionamento, Pasha se alista no exército. Passados vários meses sem notícias dele, Lara forma-se como enfermeira, é designada para trabalhar num trem-hospital e sai em busca do marido. Mais ou menos na mesma época, Iuri Jivago é destacado como oficial médico no exército.

Iuri e Lara voltam a se encontrar no hospital militar onde ela acaba de ser informada — erroneamente, como haveria de se revelar — de que Pasha foi morto em combate. Ela e Iuri sentem-se profundamente atraídos um pelo outro, embora evitem contato sexual. Na verdade, Iuri esforça-se por não a amar. Mas Lara e o médico são almas gêmeas, unidas por um amor forte demais para ser evitado.

Ainda assim, separam-se, e Iuri volta para a mulher e o filho em Moscou. Na capital, a vida é tão miserável que a fome se apresenta como uma possibilidade concreta. Iuri acaba cedendo aos pedidos da mulher para que se refugiem numa casa no interior, onde podem cultivar legumes e ficar ao abrigo da guerra.

Por coincidência, a nova residência dos Jivago fica perto da cidade onde Lara e Pasha viviam, e para a qual Lara retornou. Ela e Iuri voltam a se ver de relance na biblioteca, mas se passam semanas até que ele resolva procurá-la em sua casa. Quando o faz, dá início ao caso de amor que comoveu milhões de pessoas em suas versões literária e cinematográfica.

A essa altura, Lara já descobriu que Pasha não morreu realmente, tendo adotado um pseudônimo para se tornar um líder revolucionário. Amando o dr. Jivago e dormindo com ele, ela está traindo o marido, assim como Iuri trai Tonia. Iuri começa a passar noites com Lara, mentindo para Tonia. Sua culpa aumenta na medida exata de sua obsessão. Ele decide confessar tudo a Tonia e romper definitivamente com Lara. Mas antes que possa fazê-lo é capturado por soldados do Exército Vermelho e forçado a trabalhar como médico no campo de batalha.

Anos mais tarde, Jivago escapa e volta ao encontro de Tonia e da família, descobrindo que fugiram para Moscou. Lara, contudo, continua lá, e ele passa a morar com ela e Katenka. Eles retomam o envolvimento amoroso, embora ele seja atormentado pela lembrança de Tonia. Mas nem por isso deixa de se dar conta, de repente, do que Lara significa para ele. "Eu não podia me comunicar com a vida e a existência, mas ela era sua representante, sua expressão, e nela o princípio não articulado da existência tornava-se sensível e capaz de falar."

"É um grande amor o que une Lara e Iuri", escreve Pasternak. "Para eles (...) os momentos em que sua malfadada existência humana era visitada pela paixão, como um sopro de eternidade, eram momentos de revelação, de contínuas descobertas sobre si mesmos e a vida." Mas Lara ainda sofre por seu passado com Komarovski, embora na maturidade já tenha mais clareza sobre o papel desempenhado por ele na sedução. "Alguma coisa se quebrou em mim", tenta ela explicar a Iuri, "algo se quebrou na minha vida. Eu descobri a vida muito cedo, fui levada a descobri-la, fui levada a vê-la pelo pior lado possível — uma versão barata e distorcida —, através dos olhos de um parasita mais velho e seguro de si, que se aproveitava de tudo e se autorizava tudo que queria."

Iuri responde com uma angustiada declaração de amor. "Tenho ciúme dos seus apetrechos de banheiro, das gotas de suor na sua pele, dos germes do ar que respira, que podem entrar no seu sangue e envenená-la. E tenho ciúme de Komarovski, como se ele fosse uma doença infecciosa. (...) Não saberia ser mais claro. Eu a amo perdidamente, irracionalmente, infinitamente."

Certo dia, Iuri recebe uma carta de despedida de Tonia, que está sendo deportada da Rússia para Paris. Ela o ama de todo o coração, escreve, com tristeza, mas sabe que ele não a ama. Admira muito e estima Lara, que veio a conhecer quando ele estava na guerra. "Devo admitir com toda franqueza que ela é uma boa pessoa", prossegue Tonia, "mas não quero ser hipócrita — ela é o exato oposto de mim. Eu nasci para tornar a vida simples e buscar soluções sensatas; ela, para complicá-la e criar confusão."

A guerra e a revolução geram ainda mais confusão. Lara e Iuri ficam sabendo que ambos correm o risco de ser presos, e resolvem fugir para a propriedade do interior abandonada por Tonia após a captura de Iuri. "Estamos realmente com os dias contados", afirma ele. "Vamos aproveitar para dizer adeus à vida, ficar juntos pela última vez antes de sermos separados. Diremos adeus a tudo que nos é caro, à maneira como vemos as coisas, à maneira como sonhávamos viver e ao que a nossa consciência nos ensinou, assim como a nossas esperanças e um ao outro. (...) Não é por acaso que você está aqui no fim da minha vida, meu anjo esquecido e proibido, sob o céu da guerra e do tumulto."

Em forte contraste com a idílica versão cinematográfica, na qual Lara e Iuri entram num mundo maravilhoso de esplendor invernal e geleiras reluzentes na velha mansão onde ele escreve poesia e ela cuida da casa e compartilha de suas alegrias criativas, os amantes do romance original de Pasternak mergulham numa espiral de apreensão e medo. Lara sofre por sentir no amor de ambos "algo de infantil, de irrefreável, irresponsável. É um elemento voluntarioso, destrutivo, hostil à felicidade doméstica, um amor assim. (...) Você não entende?", acrescenta ela, passando o braço ao redor do pescoço de Iuri. "Você foi dotado de asas para voar acima das nuvens, mas eu sou uma mulher, as minhas me foram dadas para ficar bem perto da terra e proteger minhas crianças."

No décimo terceiro dia, Komarovski vence o obstáculo da neve e os convence de que pode salvar Lara, tomando-a sob sua proteção. Iuri concorda, acrescentando que vai se juntar a eles em breve. No momento da partida de Lara, ele engole sua dor, "como se fosse um pedaço de maçã preso na garganta", volta para casa e mergulha em sua poesia. ("Adeus aos anos atemporais. / Vamos nos separar, ó tu que lançaste / Teu desafio de mulher num abismo de degradações: / Eu sou a arena da tua provação.")

Mais de uma década depois, Iuri sofre um ataque cardíaco e morre. Lara comparece ao seu velório, pensando com tristeza e amargura que ele e Pasha estão mortos, ao passo que Komarovski, "que deveria ter sido morto, que eu tentei matar em vão (...) aquela perfeita nulidade que transformou minha vida numa sucessão de crimes inimagináveis [está vivo] (...) e não restou nenhum daqueles que me eram próximos e de quem eu precisava".

Sua vida depois da separação de Iuri foi infernal, murmura ela junto ao caixão, mas sem dar detalhes, pois, "toda vez que me lembro dessa época da minha vida, meus cabelos se eriçam de horror". Dias depois, Lara é detida na rua e desaparece num campo de prisioneiros para nunca mais ser vista.

O malfadado caso de amor através do qual Pasternak aborda a confusão ideológica e o caos social dos primeiros anos revolucionários na Rússia poderia — deveria — ter sido intitulado *Iuri e Lara*, pois *Dr. Jivago* é tanto a história de Lara quanto a de Iuri. Desde os primeiros anos de vida, na companhia de uma mãe incompetente e dependente de um amante para chegar ao fim do mês, a condição de amante é um fato crucial para Lara. Sua sedução por esse mesmo amante e sua atração inicial por ele a levam a enganar a mãe, amante de Komarovski há muito tempo. E também conspurca a visão que tem de si mesma. Como amante de Iuri, ela não sofre tanta culpa, em parte porque o amor por ele clareia sua percepção do significado da vida.

Num certo nível, *Dr. Jivago* é uma parábola política. Ao mesmo tempo, a força e a tristeza do caso de amor entre Iuri e Lara e a dolorida poesia que a eles sobrevive transcendem esse cenário desolador; o intenso médico e sua sensível amante surgem como um dos grandes pares amorosos da história da literatura. Seu relacionamento é ao mesmo tempo tempestuoso e terno, perigoso e reconfortante. Mas o vínculo entre os dois nunca se desgasta, ainda que sejam afinal separados, e os poemas de Iuri, doloroso testamento de sua alegria e angústia, servem-lhe de monumento.

Sarah Miles[13]

The End of the Affair [*Fim de caso*], publicado em 1951, passa-se em Londres em meados dos anos 1940, em plena guerra, quando os bombardeios aéreos e os abrigos eram uma realidade da vida cotidiana. Nas mãos de Graham Greene, o caso de amor adúltero entre Sarah Miles e Maurice Bendrix, os personagens principais do romance, não tem como transcender o tormento e a culpa de seu pecado original. Surpreendentemente, contudo, o católico Greene também estabelece, junto à arrebatadora união erótica entre Sarah e Maurice, uma busca paralela do amor divino — algo que é revelado a Sarah em suas tentativas de entender o amor que sente pelo amargo e agnóstico Maurice.

Esposa dedicada de Henry, graduado funcionário público, Sarah conhece o escritor Maurice quando ele realiza uma pesquisa sobre a vida cotidiana dos servidores públicos. Os dois rapidamente se apaixonam e vão para a cama, mas logo percebem que a paixão recíproca é muito diferente de qualquer coisa que tenham antes sentido por outras amantes, ou, no caso de Sarah, por Henry. Ao contrário de sua generosa amante, contudo, Maurice desenvolve e mesmo alimenta um ciúme tão obsessivo por Sarah que acaba corroendo o relacionamento.

Na verdade, o ciúme, por Maurice confundido e mesmo equiparado com o ódio, desempenha um papel tão crucial quanto o amor nesse caso.

"Eu sempre saúdo [o ciúme] como a marca do verdadeiro amor", observa o detetive particular que Maurice contrata para seguir Sarah depois que ela rompe com ele. "Minha profissão é imaginar, pensar por imagens", recorda Maurice mais tarde, "cinquenta vezes ao longo do dia, e imediatamente ao despertar à noite, uma cortina se ergue e a peça tem início: sempre a mesma peça, Sarah fazendo amor, Sarah com X (...) Sarah beijando do seu jeito único, arqueando-se no ato do sexo e soltando aquele grito que parece de dor, Sarah totalmente entregue." Sarah tem consciência dessa vigilância e das suspeitas dele. E registra em seu diário: "Às vezes fico tão cansada de tentar convencê-lo de que o amo e o amarei para sempre. Ele se apropria de minhas palavras com um advogado e as distorce."

O caso tem prosseguimento por cinco anos, apesar das dúvidas de Sarah e dos eternos sarcasmos e brigas de Maurice. Certo dia, em 1944, eles estão juntos na casa de Maurice quando tem início um ataque aéreo. Maurice acorre ao abrigo no porão para ver se pode ser usado por Sarah. Ao chegar ao patamar da escada, uma bomba explode e ele cai inconsciente diante da porta da frente. Sarah, ainda nua, vai encontrá-lo ali, aparentemente morto.

Aterrorizada e cheia de remorso, ela ajoelha no chão para fazer uma oração, algo a que não está habituada. Primeiro pede a Deus que a leve a acreditar nele, enterrando as longas unhas nas palmas das mãos (reproduzindo assim as feridas de Cristo no jardim de Guetsêmani) para sentir dor. Entra então em barganha com Deus. "Poupe a vida de Maurice", implora, "e abrirei mão dele para sempre, eis o tanto que o amo". Pouco depois, Maurice recobra a consciência e tenta chegar de volta ao quarto, onde encontra Sarah ainda ajoelhada. Ele ainda não sabe nesse momento, mas é o fim do relacionamento.

Durante dois anos, Sarah sofre, mantendo secreta sua promessa a Deus, uma promessa que vem a lastimar amargamente. Até que Maurice encontra inesperadamente Henry, que acredita que Sarah tem um amante. Maurice reage com malicioso ciúme, como se ela o estivesse traindo, e não ao marido. E contrata um detetive particular para segui-la. Ainda furioso com Sarah por tê-lo deixado, Maurice obriga Henry a ouvir sua confissão de que foi amante dela. "Você tem uma renda boa e certa", acrescenta, pérfido, quando Henry pergunta com tristeza por que Sarah teria ficado com ele.

"Você representa segurança. (...) Era o cafetão dela. (...) Era um cafetão por sua ignorância. Um cafetão por não ter aprendido a fazer amor com ela, levando-a a procurar mais. (...) Um cafetão por ser um chato e um tolo."

Um belo dia, Maurice segue Sarah até uma igreja católica, onde ela se limita a sentar-se, sem orar. Também convence o detetive a se apoderar do diário dela, que para sua surpresa fala de seu profundo amor por ele, do sacrifício que fez quando o julgou morto e da árdua luta que enfrenta para encontrar a fé e acreditar em Deus.

Mas ela não fala é da sua própria decadência física. Sarah contraiu uma violenta gripe que se recusa a tratar. A gripe evoluiu para uma doença grave e debilitante, e ela está à beira da morte. Sem se dar conta disso, Maurice a exorta a retomar o relacionamento com ele, e logo está convencido de que a persuadiu a deixar Henry e casar-se com ele. Antes que isso possa acontecer, porém, Henry telefona a Maurice para comunicar-lhe que "algo terrível" aconteceu, e que Sarah está morta.

Numa curiosa reviravolta, Maurice aceita o convite de Henry para morar com ele. Juntos, o marido traído de Sarah e seu ex-amante preparam seu enterro. Ainda aí Maurice quer puni-la por tê-lo deixado, pressionando Henry a cremar em vez de enterrar o corpo. Na cerimônia, Maurice observa na expressão de satisfação de várias mulheres que "a eliminação de Sarah tinha deixado maior sentimento de segurança em todas as esposas".

Lendo seus diários e uma carta chegada postumamente, Maurice fica sabendo que perto do fim Sarah tinha vacilado em sua barganha com Deus. Uma semana antes de morrer ela escreveu: "Eu quero Maurice. Quero o amor humano comum e corrompido." Maurice, amargurado, afronta e zomba de Deus, negando que algum dia tenha conquistado a alma de Sarah. Mas Sarah morreu em estado de graça. "Eu o odeio, Deus, eu o odeio como se existisse realmente", pensa Maurice. E na última frase do romance, ele ora: "Oh meu Deus, já fizeste o suficiente, já me privaste o suficiente, estou cansado demais e velho para aprender a amar, deixe-me só para sempre."

Fim de caso não chega a permitir que o romance tenha uma chance de durar ou de se transformar em casamento. O senso católico da responsabilidade em Greene não poderia tolerar uma resolução tão imoral. Na

Igreja Católica, o casamento é um sacramento, e portanto indissolúvel. Entretanto, o grande amor que Sarah encontra como amante de Maurice desafia os próprios fundamentos de seu casamento. Também adquire tanta força que rivaliza com o amor que ela quer sentir por Deus. Por isso é que Sarah tem afinal de morrer: não porque seja uma mulher decaída, mas porque ama demais Maurice.

Merrion Palmer[14]

As amantes também são tema da literatura popular. Um romance mais recente que fez sucesso é *Marrying the Mistress* [*Casando com a amante*], de Joanna Trollope, exatamente o que pretende fazer o personagem central, Guy Stockdale. Bem-apessoado juiz de 61 anos, Guy acaba de comunicar à mulher, Laura, que pretende divorciar-se para casar com a advogada Merrion Palmer, de 31, sua amante há sete anos. A palavra choca e causa ligeira repulsa em Guy, mas Merrion insiste em que é exatamente do que se trata. "Amante, mesmo", diz-lhe. "Nós dormimos juntos, você paga certas coisas para mim, eu me guardo exclusivamente para você. É o que elas fazem, as amantes."

Passados sete anos, Merrion e Guy estão cansados de ter de se esconder, passando as férias separados e mantendo segredo junto aos entes queridos. O casamento, após o divórcio dele, é a solução óbvia. Mas Laura, esposa caseira e jardineira obsessiva, mostra-se amargurada e nada disposta a cooperar, mobilizando o filho Simon, advogado, para enfrentar o marido. Entretanto, a mulher de Simon, Carrie, e o irmão dele, Alan, já não se sentem tão inclinados a culpar Guy. "Sinto muito por mamãe, mas também sinto por papai", diz Alan. "Laura é uma das mulheres mais autocentradas e autocomiserativas que eu conheço", opina Carrie. Até sua amiga Wendy, muito franca, arrisca-se a dizer a Laura: "Parece que vocês se afastaram mesmo quilômetros. Simples assim."

À parte de Laura, a família de Guy mostra-se curiosa a respeito de Merrion, e Carrie a convida para jantar. Carrie gosta da inteligência e da lealdade de Merrion, suas filhas Rachel e Emma aprovam seus gostos em matéria de moda, e Alan aprecia sua estabilidade e racionalidade. Só

DECAÍDAS: AS AMANTES NA LITERATURA

Simon tenta manter-se neutro, por causa da mãe e por se sentir chocado ante a ideia do pai fazendo sexo com Merrion.

Entretanto, a única parente de Merrion, sua mãe, duas vezes divorciada, julga Guy com muito maior severidade quando vem a conhecê-lo. "Você está arruinando a vida da minha filha", diz-lhe. Entre outras coisas, "se ela tiver um filho, você estará morto antes de ele crescer". Guy ouve em silêncio, entristecido, e tenta explicar. Ele e Merrion são companheiros ideais um para o outro e têm o sentimento de estar destinados a viver juntos. "Nós o sabemos. Nós o reconhecemos."

Merrion sente o mesmo a respeito de Guy, mas depois de sete anos dessa "vida parcial", como diz ele, ela já acha quase insuportável a dinâmica de sua complexa família. Ao mesmo tempo, dá-se conta, com uma pontada no coração, de que seus antigos valores e prioridades mudaram de uma hora para outra. "O que por sete anos parecera emocionante, forte e realmente essencial se havia tornado (...) forçado, sub-reptício e desagradável. (...) Seu puro e simples orgulho de ser a *amante* de Guy transformou-se de repente em algo de cujo encanto mal conseguia lembrar-se." Ainda por cima, os parentes de Guy investem contra ele, exigindo sua presença, lembrando de suas obrigações para com eles, mudando os parâmetros do seu mundo e do mundo de Merrion. A única maneira que parece lhe restar para retomar o controle é estabelecer uma data definitiva para o casamento.

À medida que se aproxima a data marcada, Merrion começa a ter dúvidas sobre a conveniência de entrar para o clã dos Stockdale. Será que não vai perder a posição de número um na vida de Guy? Não perderá sua identidade, aquela mesma que vem sustentando ao longo de sete anos como sua amante? De repente, Merrion já não está tão certa assim quanto a seu futuro ao lado de Guy.

E, o que parece ainda mais assustador para ela, tampouco ele já está assim tão certo. Numa tarde ensolarada, ele a leva para um passeio e lhe diz com toda gentileza que não poderá casar-se com ela, por causa de sua idade, e não da idade dela. "Não vou aguentar, não vou suportar, não posso!", chora Merrion. "Pode sim. Você pode", responde Guy.

Mais tarde, Merrion faz uma visita surpresa a Simon e lhe informa que ela e Guy se separaram. "Nós sabíamos", explica, "que o que tínhamos, o que sentíamos, talvez não sobrevivesse ao casamento. Sabíamos... que a mudança poderia ser o fim. Que talvez não suportássemos o que isso significaria para nós." E assim *Casando com a amante* chega ao fim, com a amante descasada e chorando no ombro do filho do ex-amante.

Em sua história sobre os relacionamentos e a dinâmica da vida em família, Trollope não está em campanha contra as amantes, punindo Merrion ao privá-la de Guy. Em momento algum ela dá a entender que o amor de Merrion por Guy não é algo honrado e digno, apesar dos subterfúgios em que precisa se escorar. Nem tampouco manda Guy de volta para Laura — ela deixou bem claro que jamais poderão se reconciliar. Em sua condição de amante, Merrion mostra-se tão elegante e realizada quanto qualquer mulher, e Guy é um amante refinado e sincero.

Mas, por mais realizada que seja, Merrion enfrenta muitas das dificuldades da amante. Fica confinada à periferia da vida do amante, enquanto ele passa as férias com a mulher e a família. Está em constante estado de vigilância, pois ninguém deve saber do seu relacionamento. Sente-se compreensivelmente insegura sobre o futuro com ele. Deve contemplar o sacrifício da maternidade, pois seu amante casado já tem uma família e provavelmente não quer outra. No fim das contas, até mesmo o título *Casando com a amante* parece conter uma espécie de advertência.

Essa advertência está implícita em todos os romances aqui tratados. Só Jane Eyre, que resiste à tentação de se tornar uma amante, é recompensada com um casamento feliz, enquanto Ellen Olenska vem a ser reintegrada à vida de família. Anna Karenina, Mildred Rogers e Merrion Palmer não conseguem casar com os amantes, como gostariam; Hester Prynne não consegue fugir para a Europa com o parceiro; e Emma Bovary não consegue manter seu relacionamento amoroso. Sarah Miles, que se sente tão culpada por trair a Deus quanto ao marido, não consegue sobreviver à doença para fugir com o amante.

Os motivos desse impasse universal na situação das amantes ficam bem claros. O principal é que a sociedade resiste à elevação da amante à condição de esposa, o que se aplica tanto às amantes solteiras quanto às infelizes no casamento. As amantes da literatura devem atender a padrões ainda mais elevados que as da vida real, que às vezes conseguem casar-se com os amantes. Isso porque os autores, preocupados com as críticas por imoralidade e com a censura, tradicionalmente se mostram cautelosos no momento de reservar um final feliz a suas amantes. Só o doloroso suicídio de Emma livrou Flaubert dessa acusação, e não é por mera coincidência que Anna também se suicida. Até a época moderna, casar-se na literatura com a amante é simplesmente algo que não poderia acontecer.

Hoje os valores e as expectativas sociais são diferentes, assim como a experiência de Merrion Palmer como amante. Merrion não é responsável pela destruição do casamento de Guy, que mesmo sem ela não poderia ser salvo, e portanto tem toda liberdade de avaliar seu relacionamento no contexto das próprias necessidades e desejos. Mas, na expectativa de fazer a passagem da condição de amante para a de mulher casada, Merrion se dá conta de que a emoção do seu caso de amor decorre em grande medida de sua condição ilícita. Chega também à conclusão de que a fúria desse amor provavelmente não resistiria à legitimação e à domesticação. Um século e meio depois de ter Jane Eyre expressado todo o seu desprezo pelas amantes, a condição de amante continua sendo apresentada como algo extremamente dúbio.

Muitos autores, contudo, deixam deliberadamente uma mensagem oposta. Apresentam as amantes como mulheres fortes e inteligentes, além de belas e desejáveis, associando-as a maridos desinteressantes e casamentos infelizes e autorizando-lhes a excitação da paixão erótica ilícita. Ao negarem posteriormente a essas mulheres a continuidade do prazer em sua condição pecaminosa, esses criadores estão se protegendo. Mas ao mesmo tempo traçam um retrato terrível do casamento, frisando sua interdependência com a existência de amantes, e dão a entender que a sociedade que molda a vida de suas heroínas é tão falha quanto elas. Ao mesmo tempo em que reforçam a visão nada lisonjeira das amantes, também justificam sua condição.

CAPÍTULO 13

A década de 1960 transforma o casamento e a condição de amante

A revolução social e ideológica dos anos 1960 foi desencadeada por ideias de libertação e igualdade que ao longo dos anos seriam abraçadas por milhões de pessoas. A revolução sexual inspirou desafios a toda sorte de duplicidade de padrões: os que censuravam as mulheres sexualmente liberadas, considerando-as vagabundas, ao mesmo tempo em que aplaudiam seus irmãos como garanhões; os que marginalizavam os negros e outras pessoas de cor; os que condenavam os homossexuais como pervertidos. Os militantes desfraldaram as bandeiras dos direitos da mulher, dos direitos civis, dos direitos dos gays. Mas foi necessário promulgar novas leis para acabar com os preconceitos e desigualdades que até então governavam a sociedade e tentar suscitar novas formas de pensar e agir.

No entanto, a década de 1960 não revolucionou a forma de pensar ou o estilo de vida de todo mundo. Uma bem-instalada direita conservadora continuava invocando a autoridade da Bíblia para se opor ferozmente à igualdade das mulheres, devolvendo-as a seu devido lugar sob a "proteção" dos homens. As mulheres satisfeitas com o casamento tradicional, em muitos casos donas de casa que optaram por se concentrar na família, resistiam a adotar a persona da nova mulher. E o mesmo aconteceu com algumas mulheres mais jovens que se identificavam com suas mães conservadoras ou se rebelavam contra as mães liberadas. Mulheres que em outras circunstâncias poderiam ser heterossexuais sentiram-se subitamente galvanizadas pela negatividade que prevalecia em relação aos homens e optaram pelo lesbianismo, como uma alternativa para o relacionamento íntimo com homens. Ao mesmo tempo, era muito maior o número de lésbicas que ousavam identificar-se como tais.

As mulheres imbuídas do espírito de igualdade que se casavam também se defrontavam com toda uma diversidade de alternativas. Podiam tornar-se esposas ou parceiras. Podiam adotar o sobrenome do marido ou manter o do pai. Podiam negociar acordos matrimoniais para satisfazer suas necessidades de estrita igualdade. Com o advento de métodos confiáveis e acessíveis de controle da natalidade, especialmente a pílula anticoncepcional, podiam praticar o controle da natalidade e o planejamento familiar. À medida que as leis lentamente acompanhavam o passo da ideologia, podiam partilhar propriedades, dívidas e, caso se divorciassem, a custódia dos filhos. A forma e a natureza do casamento tornaram-se elásticas; ele podia ser religioso, civil ou consuetudinário. E, à medida que as leis de divórcio também se tornavam mais flexíveis, tornou-se muito mais comum voltar a casar.

As definições, outrora muito rígidas, tornaram-se tão flexíveis quanto as relações a que se aplicavam. Em particular, mulheres que anteriormente teriam sido consideradas amantes por estarem em relações de longo prazo com homens que não eram seus maridos podiam agora ser consideradas namoradas, parceiras ou companheiras. Como se já não fosse suficientemente confuso, muitos homens e mulheres casados rejeitavam as implicações possivelmente depreciativas das palavras *esposa, marido* e *cônjuge*, preferindo considerar-se parceiros. Muito dependia da autopercepção: as mulheres tinham conquistado o direito de decidir por si mesmas o que eram e como deveriam ser chamadas.

Inevitavelmente, algumas mulheres romantizavam o passado, especialmente a instituição da amante, e saíam em busca de homens com o mesmo tipo de horizonte, dispostos a "mantê-las". Outras tornavam-se amantes por

A DÉCADA DE 1960 TRANSFORMA O CASAMENTO...

acaso, por se apaixonarem por um homem casado que não se dispusesse a se separar para casar com elas nem a viver sem elas.[1]

Duas mulheres famosas que exemplificam esses tipos muito diferentes de relacionamentos são Pamela Harriman e Lillian Ross. Harriman, amante de uma série de homens super-ricos, atravessou os anos 1960 absolutamente imune às correntes do feminismo e da interpretação revisionista das relações entre homens e mulheres. Ross, escritora conhecida, foi a amante-esposa de um homem casado que não se dispunha a deixar o casamento. As duas são mulheres notáveis, mas suas histórias refletem as de incontáveis mulheres comuns, enraizadas nos costumes de épocas anteriores e cujos relacionamentos extraconjugais ficaram relativamente imunes às correntes da década de 1960.

A escritora francesa Simone de Beauvoir, por outro lado, celebrava a autonomia pessoal e a liberação, em contraste com a hipocrisia e a sujeição que enxergava no casamento. Os romances e ensaios em que explorou e analisou suas uniões intensas e às vezes amargas com seu parceiro de vida intelectual Jean-Paul Sartre e mais tarde com o romancista americano Nelson Algren influenciaram gerações de mulheres em suas decisões sobre a natureza do relacionamento íntimo com os homens.

Três mulheres modernas, desconhecidas, mas representativas de legiões de contemporâneas, completam minha análise da amante moderna. As três foram amantes, mas suas visões e experiências são absolutamente individuais. O feminismo e os novos padrões igualitários, contudo, afetam cada uma delas, embora de diferentes maneiras.

Pamela Digby Churchill Hayward Harriman[2]

Quando Pamela Digby Churchill Harriman morreu em 1997, um obituário no *Times* de Londres a considerou "uma das maiores cortesãs de sua época", e o *Daily Mail* chamou-a de "a maior especialista mundial em tetos de homens ricos". E o *Mail* acrescentava: "Quando os historiadores examinarem o século XX, vão encontrar marcas de batom de Pamela Harriman por toda parte."[3]

O batom de Pamela marcou os lábios de alguns dos homens mais poderosos do mundo. Foram eles seus três maridos: Randolph Churchill, filho de Sir Winston; Leland Hayward, produtor da Broadway (*The Sound of Music, South Pacific* e *Gypsy*, que depois viraram filmes: *A noviça rebelde, Ao sul do Pacífico* e *Em busca de um sonho*) e de Hollywood; e Averel Harriman, ex-governador de Nova York e diplomata. Houve também um impressionante plantel de amantes que não quiseram casar-se com ela: o industrial italiano Gianni Agnelli, o banqueiro francês Elie de Rothschild e Edward R. Murrow, jornalista radiofônico americano que foi quem mais se aproximou de quebrar o resistente coração de Pamela.

O pai de Pamela Digby, décimo primeiro barão de Digby, criou a família em Minterne Magna, propriedade ancestral de 600 hectares e cinquenta quartos, com a ajuda de 22 criados residentes. Mas Pamela queria mesmo muita riqueza, mais que um mero conforto aristocrático, e saiu atrás de um marido que pudesse proporcioná-la.

Apesar da beleza rotunda e dos flamejantes cabelos ruivos, Pamela não atraía candidatos adequados. "Os ingleses não gostavam dela", recordaria uma colega debutante.[4] Pelo resto da vida, Pam preferiria americanos e europeus continentais, especialmente homens mais velhos que se sentissem motivados, por sua exuberância juvenil e sua abertura sexual, a lhe dar dinheiro suficiente para que pudesse viver consideravelmente acima dos meios proporcionados por seus confiantes pais.

Até que Pam conheceu Randolph Churchill, filho único, dissoluto e alcoólatra de Winston Churchill, que lhe propôs casamento no primeiro encontro. Randolph, estando para se engajar na Segunda Guerra Mundial e achando que poderia morrer em combate, sentia necessidade urgente de uma mulher que lhe pudesse dar um filho. Saudável e atraente, Pam parecia indicada. Embora pelo menos oito outras mulheres o tivessem rejeitado, Pam aceitou essa proposta absolutamente alheia ao amor. Dias depois de anunciado o noivado, ela e Randolph se casaram.

Pam não demoraria a engravidar, e o nascimento do filho, Winston, a vinculou para sempre ao mundo dos Churchill. Randolph, que estava na cama com outra mulher enquanto a esposa dava à luz, podia agora ser dispensado por ela.

A DÉCADA DE 1960 TRANSFORMA O CASAMENTO...   573

O mesmo quanto ao pequeno Winston, por ela confiado a uma ama na casa de uma amiga. E então, sem se preocupar com o filho ou o marido — este já então na guerra —, Pamela passou a viver duas vidas diferentes, a vida oficial, influente e prestigiosa, sob as asas do grande estadista Churchill, e uma vida excitante e privada da qual faziam parte vários amantes.

Um deles era William Averell Harriman, casado e imensamente rico, oficialmente a negócios em Londres. Pam ficou tão impressionada com o magro e solene americano quanto ele pela nora de Winston Churchill. Averell começou por lhe dar um adorável apartamento e uma renda, e, se sabia que a nova amante mantinha relações sexuais com outros homens, aparentemente não se importava.

Até que Averell foi transferido de Londres para Moscou. Edward R. Murrow, o radialista instalado em Londres para informar os compatriotas americanos sobre os avanços da guerra, sucedeu-o como principal amante de Pam. Pam nutria sentimentos tão fortes por Ed Murrow que ignorou o fato de não ser rico, preferindo concentrar-se no poder que lhe era conferido pela condição de jornalista famoso.

Apesar de ele já ser casado com Janet, Pam considerava que poderia vir a se casar com Ed Murrow, e um segundo casamento era uma de suas maiores prioridades. No outono de 1942, ela conseguira separar-se de Randolph Churchill, ao mesmo tempo preservando a relação de proximidade com o ex-sogro. Por que haveria de ser mais difícil afastar Ed de Janet e tornar-se sua esposa?

As chances de Pam pareciam excelentes. A certa altura, Janet caiu de cama, de desespero. Mais adiante, Ed pediu-lhe o divórcio. Mas seu patrão, William Paley, foi enfático ao tentar dissuadi-lo de deixar Janet pela mulher a que se referia como "a maior cortesã do século".[5] Pouco depois, Ed e Janet se reconciliaram e, depois de uma década sem filhos, conceberam um bebê.

Pam continuava achando que tinha uma chance de conquistar Ed. Um mês depois do nascimento de Casey Murrow, Pam entrou com pedido de divórcio de Randolph e foi para Nova York argumentar com Ed, ou talvez subjugá-lo com seus encantos. Mas agora o destino se voltava contra ela.

"Casey leva a melhor", teria Murrow telegrafado a ela, para finalmente pôr fim ao caso.[6] Ele confidenciaria a um amigo: "Nunca me apaixonei tanto por alguém na vida, mas não era para ser."[7]

Talvez para aplacar a dor, Pam retomou seu caso com Averell Harriman. Ele pusera fim à relação ao ser nomeado secretário de Comércio em 1946, embora só deixasse de lhe pagar o aluguel em 1950 e continuasse a lhe proporcionar um generoso "salário" anual por quase três décadas, até se casar com ela. Pam tinha as vantagens da condição de amante, sem qualquer obrigação em contrapartida.

Dispensada mas não desanimada, Pam pegou um avião para a sempre bem-vinda Paris. Lá, o nome Churchill tinha ressonâncias mágicas, e o francês imperfeito mas fluente de Pam era considerado adorável. Amantes ricos e famosos logo apareceram, ansiosos e mesmo orgulhosos por poder tirar a limpo os encantos de Pam.

Como amante, Pam era uma planejadora de primeira linha. Lembrava-se das preferências de um homem em matéria de bebida e fumo. Recolhia as fofocas mais recentes e as oferecia como um pequeno tesouro. Conhecia todo mundo que realmente importava e providenciava apresentações e encontros.

Não obstante a carreira de amante profissional, Pam não fazia muita questão do ato sexual em si mesmo. Mas entendia o papel das relações sexuais quando se tratava de atrair e prender um homem, por isso encarava o sexo como uma estratégia importante, ainda que de modo algum a mais importante.

E também tratava de surgir como uma nova mulher para cada um dos amantes. "Ela inconscientemente assumia a identidade dele, como se estivesse calçando uma luva", explicaria sua amiga Leonora Hornblow. Em seu período como amante principal do multimilionário Gianni Agnelli, herdeiro da Fiat, Pam adquiriu um sotaque italiano, fazia esforço para se lembrar de palavras inglesas e se converteu ao catolicismo. Com o magnata e barão francês Elie de Rothschild, que a considerava uma gueixa europeia, ela atendia ao telefone dizendo: "Ici Pam." Entretanto, como observa a biógrafa Sally Bedell Smith, "Ao se transformar numa perfeita extensão

A DÉCADA DE 1960 TRANSFORMA O CASAMENTO... 575

dos homens que a mantinham, Pam passava das medidas: nenhum homem rico e de posição haveria de se casar com ela, sabendo que funcionava tão bem como amante".[8]

Leland Hayward, produtor na Broadway e em Hollywood, foi o primeiro dos amantes que capitulou, casando-se com ela. Em 1960, Pam Digby Churchill finalmente alcançou seu objetivo máximo: casar-se com um homem rico e importante que pudesse sustentá-la numa vida de luxo e sofisticação. (Quando Hayward pediu divórcio à mulher para se casar com Pam, ela retrucou: "O que quer que venha a fazer, para sua proteção, a bem da sua dignidade, não se case com ela. Não é preciso. Ninguém *se casa* com Pam Churchill."[9])

Pouco depois da morte de Leland em 1970, Pam voltou a encontrar Averell Harriman, já agora um viúvo de 79 anos, arrasado pela morte da esposa. Ela o reconfortou, incluindo no pacote o sexo pelo qual ele ainda ansiava. Seis meses depois, os dois se casaram. A conservadora Pam transformou-se numa democrata dos democratas, levantando fundos, organizando e tornando-se indispensável para o novo marido, diplomata de sangue azul.

Apesar do passado curioso e, para alguns, dúbio, ela conseguiu impor-se aos que torciam o nariz graças ao poder do seu dinheiro, das amizades e relacionamentos, da habilidade política e da disposição de se dedicar ao levantamento de fundos para o Partido Democrata. Pam tornou-se uma grande anfitriã, cujos convites eram disputados, e um personagem político na tradição das grandes mulheres por trás dos grandes homens.

Averell morreu em 1986, e Pam providenciou para o sepultamento uma cerimônia que custou 171.082 dólares. Ele lhe deixou uma enorme fortuna em ações, móveis, obras de arte e joias. Ela investiu parte do dinheiro em cirurgias plásticas para firmar o contorno do rosto e sutilmente realçar sua beleza, transformando a distinta e algo recurvada mulher de 66 anos numa alegre beldade.

Em março de 1993, o recém-eleito presidente Bill Clinton homenageou a incansável democrata com o título de embaixadora americana na França. A embaixadora Pam se desincumbiu de seus deveres com disposição.

Em fevereiro de 1997, Pamela Harriman morreu de hemorragia cerebral, pouco depois de ser acometida de um ataque de epilepsia na piscina do hotel Ritz, em Paris, onde estava nadando. Como registrariam os obituários, Pam fora uma amante extraordinariamente bem-sucedida: ao se casar com dois de seus amantes, tivera êxito exatamente naquilo em que haviam fracassado tantas outras amantes. Em sua busca de segurança financeira, Pam inventava suas próprias estratégias, italianizando-se com Gianni Agnelli, afrancesando-se com Elie de Rothschild, americanizando-se com Lelan Hayward, democratizando-se com Averell Harriman.

Outras estratégias podiam ter sido recolhidas entre as instruções de Ovídio às amantes em seu *A arte de amar*: concentrar-se exclusivamente no homem em questão, arrumando-se com todo o requinte, usando roupas maravilhosas, enfeitando-se com joias que também valiam como investimento financeiro e lhe proporcionavam segurança e, sobretudo — a especialidade de Pam —, encarando as esposas como meros inconvenientes descartáveis.

A revolução sexual não mudou Pamela Harriman: na era da liberdade sexual, ela já era mais liberada que ninguém. Mas a nova visão das mulheres como seres iguais aos homens e os ataques à submissão feminina diante da autoridade masculina eram por ela ignorados: estava por demais empenhada em sua adaptação camaleônica ao amante do momento. Sua condição de embaixadora, ironicamente, foi um subproduto da nova atitude oficial em relação às mulheres, e Pam acabou sendo beneficiária da longa luta no sentido de traduzir a teoria em realidade, na forma de status e empregos de alto nível.

Lillian Ross[10]

Em 1945, quando o editor-administrativo William Shawn contratou Lillian Ross, então com vinte e poucos anos, para a revista *The New Yorker*, no lugar de jornalistas do sexo masculino que haviam partido para a Segunda Guerra Mundial, preocupava-o a eventualidade de uma mulher vir a encontrar dificuldades no trabalho de reportagem. Felizmente, Lillian mostrou-se

A DÉCADA DE 1960 TRANSFORMA O CASAMENTO...   577

desembaraçada na tarefa, e suas reportagens para a seção "The Talk of the Town" logo estabeleceram sua reputação como excelente jornalista.

Apesar da ambição profissional, contudo, Lillian não era mais uma combativa feminista da linha de frente. Concordava com a visão do pai de que as mulheres precisavam de um benevolente protetor masculino, e estava convencida de que haveria de encontrar um para si e casar com ele. Durante anos, Lillian não se deu conta do quanto ela e o sr. Shawn, a quem chamava de Bill, estavam ficando cada vez mais próximos. Até que Bill começou a deixar poemas de amor em sua mesa. Certa noite, trabalhando os dois até tarde, ele a deixou chocada ao declarar que estava apaixonado por ela.

Corria o ano de 1950, e Bill Shawn era um homem casado, com filhos. Ele não pretendia abandonar Cecille, sua esposa há 22 anos. Ao mesmo tempo, assediou Lillian até ela transferir-se para a Califórnia. Durante o ano e meio que lá passou, Bill telefonava com frequência, mas felizmente sem falar de amor.

Lillian voltou para Nova York em 1951, pouco antes de Bill Shawn ser nomeado editor-chefe da *New Yorker* no lugar de Harold Ross, que falecera. Bill voltou a cortejá-la. Certa manhã, os dois deixaram o escritório e alugaram um quarto no hotel Plaza, onde permaneceram até a noite, fazendo amor com a fluência e a familiaridade de amantes juntos há anos.

Inicialmente, a conhecida discrição de Bill tornou fácil manter o caso em segredo. Mas ele se consumia de culpa por estar enganando Cecille, e logo se decidiu a contar-lhe a verdade. Cecille ficou profundamente magoada. Mas optou por preservar o casamento, não importando o quanto já estivesse esvaziado e pesado para Bill.

Apesar de constantemente dilacerado e culpado pelo sofrimento de Cecille, Bill não suportava a ideia de perder Lillian. Ela também estava conflituada — "Eu não me acostumava à ideia de ser uma 'amante'", escreveu Lillian. "Eu não me *sentia* uma amante. Bill dizia que eu era sua 'esposa'. E era como eu me sentia."[11] Mas ela sabia que não era, e que, toda vez que deixava seu apartamento, ele voltava para os braços de Cecille e dos filhos, Wallace e Allen, a poucas quadras de distância.

Em 1953, Lillian fugiu mais uma vez, agora para Paris. Pelo telefone, Bill dizia ter de enfrentar sua ausência como "uma terrível tortura", manifestando a confiança de que o amor recíproco haveria de superar todas as dificuldades.[12] Lillian retornou a Nova York, dando início a quatro décadas de uma vida como amante, num relacionamento que era na verdade um casamento paralelo numa sociedade monógama.

"Nossa vida" era como ela e Bill se referiam ao relacionamento, e não como "ter um caso", nem muito menos como "amantes". Para Lillian, a palavra amante conotava "uma mulher de maquiagem pesada num filme vulgar, usando um négligé e pintando as unhas com cara de tédio".[13] A vida com Bill era feita de experiências domésticas num apartamento a poucas quadras de sua outra casa. Bill decorava, fazia compras, vivia com Lillian e a amava, afastava-se para ficar com a família, voltava, ia embora de novo. Em casa, num quarto separado do quarto da mulher, Bill telefonava para Lillian toda noite antes de dormir. Pela manhã, ia apanhá-la para levá-la ao trabalho e tomava café com ela. Voltavam a se encontrar no almoço e no jantar. Na redação da *New Yorker*, eram apenas colegas.

Os verões, quando Bill buscava a temperatura mais amena do subúrbio por causa de Cecille, eram difíceis. Lillian era acometida de acessos de raiva e dúvida sobre a relação. Bill respondia dizendo-lhe que sem ela seria literalmente incapaz de continuar vivendo. Antes de conhecê-la, dizia, era como se vivesse a vida de alguém mais. "Eu estou lá mas não estou presente", costumava dizer, referindo-se ao casamento. A certa altura, Lillian consultou um psiquiatra, que depois de algumas sessões não lhe recomendou fazer psicanálise. "Lembre-se, todas as pessoas decentes sentem culpa", explicou.

Bill, às voltas com uma vida inteira de culpa e depressão, era a prova viva disso. Ele estava constantemente questionando a própria existência — "Quem sou eu?", perguntava. "Será que estou realmente aqui?"[14] O casamento o sufocava e o trabalho o arrasava; ele lutava com ideias de suicídio. Com Lillian, contudo, era romântico e sério no seu envolvimento. O amor entre os dois era "inalterável", dizia. "Precisamos parar nosso amor em pleno voo. E fixá-lo para sempre tal como é hoje, um ponto de luz pura

A DÉCADA DE 1960 TRANSFORMA O CASAMENTO... 579

que alcançará a eternidade."[15] Inventava juramentos sagrados de fidelidade de corpo e alma. "Nosso amor tem vida própria", repetia.[16]

A convicção na força de seu amor e sua dedicação sustinham Lillian. Ela aceitava a vida dupla de seu amor, o controle de Cecille sobre suas atividades e a decisão de se eximir de mencioná-la na presença de Wallace e Allen. Lillian também alterou voluntariamente seu estilo de vida para adaptar-se ao dele: como ele não gostava de cigarros, bebidas e velocidade, ela abriu mão de fumar e dos seus martínis, e só pisava no acelerador quando estava dirigindo sozinha.

Após uma reação negativa inicial da família e dos amigos, que lhes falavam do erro que estavam cometendo com aquele romance, Lillian e Bill passaram a desfrutar de uma certa aceitação social, sem se preocupar em esconder seu amor. Saíam para comer, faziam compras e iam a concertos e ao teatro juntos, caminhavam de mãos dadas pelas ruas de Nova York e passeavam juntos em seu carro esportivo verde Triumph.

A *New Yorker*, outro amor que tinham em comum, também contribuía para uni-los. Embora ele se sentisse assoberbado com o implacável ritmo e intensidade do trabalho na revista, sua dedicação à publicação e a seu "clima amistoso, agradável, livre, informal e democrático" era absoluta.[17] Lillian, sua alma gêmea no empreendimento, considerava que o amor entre eles "intensificava o prazer que tínhamos no trabalho".[18]

Na década de 1960, Lillian quis muito ter um filho, e, apesar das sérias consequências de embarcar numa aventura como mãe solteira, ela e Bill contemplaram seriamente a possibilidade. Como a necessidade de uma histerectomia pusesse fim a esse sonho, eles decidiram adotar uma criança. Erik nasceu na Noruega em 1966, e Lillian foi sozinha buscá-lo para levá-lo para os Estados Unidos. Acenando e chorando, Bill esperava no aeroporto. "Nós três entramos num táxi e fomos para casa e vivemos felizes para todo o sempre", rejubilava-se Lillian.[19]

Lillian não era uma mãe solteira: Bill cuidava de Erik com toda dedicação, sendo um de seus padrinhos, ao lado do escritor J. D. Salinger. Embora tanto ele quanto Lillian fossem judeus, Erik foi batizado numa igreja cristã, como teria sido na Noruega. Eles levavam o filho para toda parte, inclusive à redação da *New Yorker*. Lillian também contava a Erik tudo sobre sua vida com Bill.

Apesar da aparência de normalidade, Bill tinha obrigações familiares que o mantinham afastado de Lillian e Erik. Às vezes, quando chegava ao apartamento de Lillian, ela percebia seu desespero com "as acusações, as críticas e a culpa que ele trazia de casa".[20]

O dia de Ação de Graças e o Natal eram de Cecille, mas a véspera do Natal era de Lillian, e sempre que estavam longe um do outro na noite de ano-novo Bill telefonava para ela à meia-noite. O filho de Bill, Allen, já agora adulto, e sua esposa, a escritora Jamaica Kincaid, convidavam Lillian a visitá-los, incluindo-a em sua vida de família.

Em 1987, aos oitenta anos, Bill foi obrigado a se aposentar na *New Yorker*, vendida a novos proprietários. Lillian ficou revoltada com a forma como ele foi tratado, e, quando ele pediu que ela também saísse, concordou com prazer. (Ela voltaria em 1993, após a morte dele.)

Juntos na inatividade, Lillian e Bill escreviam, e ela tentava ajudá-lo a encontrar sua voz criativa. Mas ele descartava tudo que produzia, afirmando que não era o que desejava escrever. Durante algum tempo, Bill também trabalhou para a editora Farrar, Straus & Giroux.

No domingo de Páscoa de 1992, Bill contraiu uma infecção viral e ficou de cama em seu quarto na casa de Cecille. Embora telefonasse toda manhã para Lillian, ela começou a descobrir o preço a pagar por não ser a esposa oficial. Em dado momento, ele se machucou numa queda e passou vários dias sem telefonar, e Lillian ficou muito nervosa. Finalmente, ela conseguiu entrar em contato com Wallace, que passou a mantê-la informada da situação do pai. Lillian não pôde comemorar o aniversário de 85 anos com Bill; ele o passou em casa com Cecille e os filhos. No dia 9 de dezembro, Lillian telefonou para seu número particular, e pela primeira vez foi Cecille quem atendeu. "Ele se foi", disse então a Lillian. "Morreu nos meus braços."[21] O obituário de Bill no *New York Times* terminava com uma lista dos entes queridos que deixava, entre os quais Cecille e seus filhos. Lillian Ross, sua amante-esposa por mais de quarenta anos, não era mencionada.

A revolução sexual não teve muito efeito na vida de Lillian Ross. Não obstante suas aspirações profissionais, ela estava enraizada em valores tradicionais, nos quais se baseava para avaliar os relacionamentos. Nos anos 1960, já estava estabelecida em seu relacionamento extraconjugal com Bill Shawn, considerando-o perfeitamente moral porque ele era infeliz no casamento e dizia que haveria de morrer sem ela e que Cecille só era sua esposa no nome. Lillian considerava-se outra esposa, e não precisava do liberalismo dos novos tempos para mudar ou justificar sua vida.

Simone de Beauvoir[22]

Na juventude, tanto Pamela Harriman quanto Lillian Ross esperavam casar-se, e na verdade o queriam muito. Muito cedo, contudo, a francesa Simone de Beauvoir, que tanto contribuiu para o feminismo moderno, rejeitou a instituição do casamento como algo hipócrita e degradante. E o mesmo pensava Jean-Paul Sartre, o filósofo, romancista e ensaísta com quem ela teve um relacionamento tão conturbado que, mais de duas décadas depois da morte de ambos, seus biógrafos continuam a analisá-lo e interpretá-lo.

Em 1929, nas provas finais, os estudantes de filosofia Sartre e Beauvoir formaram-se em primeiro e segundo lugares respectivamente, e pelo resto da vida passada juntos ela voluntariamente se colocou em segundo lugar em relação a ele. "Sartre correspondia exatamente ao companheiro dos sonhos pelo qual eu ansiava desde os quinze anos", escreveu ela. "Ele era o duplo no qual eu encontrava minha ardente aspiração levada ao ponto de incandescência."[23]

A formatura significou para Simone um cargo como professora, um salário e a independência que ambicionava. Ela e Sartre, como se referia sempre a ele, também firmaram um "pacto de liberdade" renovável de dois anos, que definia sua aliança: eles passariam dois anos na "maior intimidade possível", mantendo-se fiéis um ao outro. Depois disso, haveriam de se separar por dois ou três anos, mas com a segurança de saber que cada um era o amor "essencial" do outro, embora tivessem liberdade para experimentar amores "contingenciais". Eles amainavam a possível dor pela infidelidade do outro com a promessa de um perene compromisso recíproco, e também com a expectativa de que, ao contrário do casamento, esse relacionamento jamais haveria de degenerar em obrigação ou hábito.

No modelo Beauvoir-Sartre, o casamento era uma instituição superada, ligada à respeitabilidade burguesa e mantida pela hipocrisia. Eles associaram seu "pacto de liberdade" a um "pacto de transparência" — nenhum dos dois mentiria para o outro nem lhe esconderia nada. Simone apreciou nesse pacto uma garantia de que Sartre jamais permitiria que ela caísse no autoengano. Mas Sartre cumpria o pacto de má-fé. Ele reconheceu certa vez que mentia para todas as suas mulheres, *especialmente* para o Castor", como chamava Simone.[24]

Entretanto, apesar de seus notórios casos amorosos, Sartre não encontrava realmente uma paixão sexual. Como era baixo e feio, com seus olhos esbugalhados, ele não acreditava que as mulheres pudessem gostar realmente do seu corpo. Simone, por sua vez, era muito sensual e movida pelo desejo físico. Na lembrança de um amigo, era "extremamente bela (...) [com] olhos encantadores e um lindo narizinho".[25] Os homens mostravam grande interesse pela combinação de beleza e inteligência que ela ostentava com naturalidade, e Simone teve casos amorosos que a deixaram com "espasmos ardentes" de desejos "tirânicos" e "violentos" que a acometiam "com a força de um raio". Simone fez sexo com muitos homens e algumas mulheres, e se sentia atormentada pela incapacidade de controlar seu desejo físico. Pior ainda, não tinha coragem de se confidenciar com Sartre, assim agravando seus problemas com a violação do compromisso de transparência. "Meu corpo tornou-se um obstáculo, em vez de um elo entre nós dois", escreveu ela, "e eu sentia um violento ressentimento contra ele."[26]

Muito cedo Simone começou a ser acometida de episódios depressivos, geralmente precipitadas pelo álcool. Sentava-se calada e bebia, e então se entregava a espasmos de choro. Diante dessa conturbação emocional, por ele equiparada a uma forma de esquizofrenia, e também para que pudessem trabalhar juntos como professores, Sartre propôs casamento. Simone recusou. Estava decidida a superar sua dependência de Sartre, e foi para Marselha sozinha trabalhar como professora. Mas os dois concordaram em alterar o pacto original, adiando a separação até completarem trinta anos.

A DÉCADA DE 1960 TRANSFORMA O CASAMENTO...   583

De Le Havre, a mais de oitocentos quilômetros de distância, Sartre continuou exortando Simone a não abandonar suas ambições e sua busca da verdade filosófica. Escrevia cartas ternas — "Minha querida, nem pode imaginar como penso em você a cada minuto do dia. (...) Sua lembrança nunca me deixa e eu fico conversando com você em minha cabeça."[27] Simone venceu a depressão com maratonas quinzenais de caminhada que a revigoravam intelectualmente. Um ano mais tarde, tendo se transferido para Rouen e podendo passar três dias por semana com Sartre, ela começou a escrever um romance. Também fazia a crítica dos projetos literários e ensaísticos de Sartre, e ele sempre aceitava seus conselhos.

Em meados dos anos 1930, Sartre entrou em depressão, enveredando por uma forma de loucura provocada por uma dose de mescalina. Ficaria mais adiante obcecado com alucinações de uma lagosta gigantesca que o perseguia. Sua infelicidade decorria da incapacidade de alcançar o grande sucesso com que sonhara. A essa altura, Simone chegara à conclusão de que ele carecia de talento como filósofo. Convenceu-o então a se centrar na literatura, que acabaria por lhe trazer o sucesso tão ansiado.

Em 1935, Olga Kosakievicz, de dezessete anos, foi "convidada" para ficar com Simone e Sartre. Olga foi a primeira de uma série de alunas protegidas de Simone a entrar para a "família" Sartre-Beauvoir como se fossem filhas. Foi também uma das poucas que não se tornaram amantes de Sartre. Sartre, então "no nadir (...) da minha loucura", entrou em furiosa paixão pela adolescente confusa, depressiva e rebelde.

Filosoficamente, Simone acreditava em intensos *ménages à trois* como forma de fazer com que ela e Sartre vissem um ao outro pelo olhar de alguém íntimo. Mas, embora admirasse Sartre, Olga não o achava fisicamente atraente e se recusou a fazer sexo com ele. Ao mesmo tempo, valia-se da obsessão dele para pressioná-lo a atender a todos os seus desejos. Sartre estava tão fascinado com Olga que às vezes Simone se perguntava "se toda a minha felicidade não repousa numa enorme mentira".[28] Em pouco tempo ela passou a sentir-se "francamente horrorizada" com a ideia de um futuro do qual Olga continuaria fazendo parte.

No ano seguinte, Sartre complicou ainda mais a situação ao seduzir a irmã menor de Olga, Wanda, logo tratando de compartilhar a vitória com

Simone. As outras mulheres de Sartre muitas vezes contemplavam Simone com detalhes de seus casos com ele. Segundo sua biógrafa Deirdre Bair, Simone ficava "envergonhada, entristecida e perplexa com sua involuntária cumplicidade com o que acabara sendo a vida sexual dele com outras mulheres, e quase nunca com ela mesma".[29]

Simone buscava satisfação sexual com uma série de homens e jovens mulheres. Um de seus amantes foi Jacques-Laurent Bost, namorado de Olga, caso de que Simone tomou a iniciativa e que descrevia detalhadamente a Sartre, e que deve ter sido propiciado tanto pelo desejo de vingança quanto de afeto. Simone também elaborou seus sentimentos em relação ao caso Olga-Sartre em seu romance de 1943, *L'Invitée* [*A convidada*], no qual Xavière é Olga, Pierre é Sartre e Françoise é a própria Simone. Françoise acusa Pierre de permitir que seu amor por ela perca o viço. Como ele o negue, ela diz que os sentimentos dele são "ocos por dentro (...) como os sepulcros caiados da Bíblia". Françoise tenta envolver-se numa intensa amizade com Xavière, vendo nisso a única maneira de salvar-se. Como Xavière rechace suas investidas, Françoise a mata, simulando um suicídio.

Na vida real, as irmãs Kosakievicz foram sucedidas por outras protegidas de Simone. Sartre sempre as seduzia com a cumplicidade de Simone, de tal maneira que ela chegou a ser acusada de alcovitar para ele. Mas ela negava tais acusações. Segundo disse a Deirdre Bair, Sartre invocava seu nome com as alunas "para se certificar de que conseguiria exatamente o que queria. (...) Além disso, e acho que isto é muito importante, quando os casais já estão juntos há muito tempo passam a desempenhar papéis e a assumir responsabilidade um pelo outro dentro da relação. (...) Não nos importamos de desempenhar esses papéis para tornar as coisas mais fáceis para a pessoa que amamos".[30] Em anos posteriores, sempre que uma mulher recusava as investidas de Sartre, ele e Simone analisavam os episódios anteriores de rejeição que haviam vivenciado para encontrar formas de enfrentar a nova situação.

No verão de 1939, Sartre propôs uma mudança no pacto: a partir dali, estariam sempre juntos, pois ninguém seria capaz de entendê-los como se entendiam um ao outro. Simone ficou inicialmente perplexa com a proposta. Mas acabou concordando, tomada de felicidade.

A DÉCADA DE 1960 TRANSFORMA O CASAMENTO... 585

Seis anos depois, Sartre destruiu essa felicidade ao se apaixonar profundamente por uma atriz francesa que vivia nos Estados Unidos. Dolores Vanetti Ehrenreich, que fora amante do escritor surrealista André Breton e estava separada de seu marido americano, era alegre e baixinha, mais baixa ainda que Sartre, e, ao contrário de suas outras mulheres, não tinha a menor intenção de dividi-lo com Simone. Dolores não queria saber de amores contingenciais: também se sentia essencial. Sartre comunicou a Simone que amava Dolores e que todo ano passaria alguns meses com ela. Simone ficou tentando imaginar as consequências de tal arranjo, até que resolveu perguntar-lhe à queima-roupa quem era mais importante para ele, ela ou Dolores. Sartre deu uma resposta ambígua. Dolores significava muito para ele, disse, mas ele estava com ela, Simone.

Simone sentiu-se mais abalada do que nunca em relação à durabilidade da união com Sartre. Ele foi para Nova York viver com Dolores e veio a dedicar-lhe uma edição inteira do periódico *Les Temps Modernes*, que ele, Simone e os outros existencialistas haviam fundado. Estaria Simone a ponto de perder o homem ao qual havia jurado fidelidade por toda a vida?

Em 1947, Simone também foi a Nova York, e, para agradar Sartre, encontrou-se com Dolores. As rivais mostraram-se polidas, mas Simone disse a Sartre que o hábito de beber em Dolores era preocupante. Pouco depois, em Chicago, Simone conheceu Nelson Algren, que acabara de publicar o primeiro de seus romances sobre o lado mais áspero da vida americana. Algren vivia na pobreza, bebia muito, e foi o primeiro homem com quem a experiente Simone teve um orgasmo. Os dois foram para a cama no dia em que se conheceram e se apaixonaram profundamente.

O caso de Nelson Algren com Simone de Beauvoir confirmou a convicção dele de que o amor nunca é feliz. Embora vivessem juntos quando ela ia aos Estados Unidos e também viajassem juntos, Simone não podia casar-se com ele nem se estabelecer com ele em Chicago e ter um filho seu, como ele queria. Tampouco podia abrir mão de Sartre, como ele exigia. Ela é que o exortava, pelo contrário, a ter amantes ou até se casar com alguém, embora lhe dissesse que (tal como Sartre) ele era um amor essencial que significava tudo para ela. Para Nelson, contudo, como para Dolores, essas teorias sobre amor essencial e contingencial nada significavam — Simone teria de optar.

Ela escolheu Sartre, e Sartre a escolheu. Durante cinco anos, Simone e Nelson trocaram centenas de cartas, sendo as dela cheias de um amor ardente. Ela costumava referir-se a ele como "meu amado marido" e a si mesma como "sua esposa para sempre". Mas, apesar da paixão por Algren, Simone não conseguia contemplar a hipótese de deixar Sartre. "Se fosse capaz de abrir mão de minha vida com Sartre, eu seria uma criatura imunda, uma mulher traiçoeira e egoísta. (...) Sartre precisa de mim. (...) Não é possível amar mais do que eu o amo, na carne, no coração e na alma (...) mas Sartre precisa de mim."[31] No fim, a relação entre Simone e Nelson Algren acabou se desintegrando, e ele voltou a se casar com a ex-esposa.

A confusão de Simone quanto à natureza de suas relações com Sartre e Algren levou-a a tomar a decisão de explorar a essência da condição feminina, para entender a sua própria. O resultado disso foi *O segundo sexo* (1949), o clássico exame da condição das mulheres através de sua biologia, de sua história, dos mitos a seu respeito e da realidade de suas vidas. O capítulo final, "Rumo à liberação, a mulher independente", conclui: "Para conquistar a suprema vitória, é necessário (...) que através de sua natural diferenciação os homens e as mulheres afirmem inequivocamente sua fraternidade."[32]

O segundo sexo informou, influenciou e inspirou milhões de mulheres. Também causou fúria. O estudioso britânico C. B. Radford critica a maneira como Beauvoir deriva o filosófico do pessoal, considerando *O segundo sexo* "basicamente um documento de classe média, de tal modo distorcido por influências autobiográficas que os problemas individuais da autora podem assumir uma importância exagerada em sua análise da feminilidade".[33] Deirdre Bair, contudo, enxerga as coisas de uma ótica diferente: Beauvoir expandiu "o estudo de si mesma na direção do estudo de todas as mulheres em muitas diferentes culturas e situações através dos tempos".[34]

Simone também reviveria o caso de amor com Nelson Algren em seu romance de 1954, *Os mandarins*, e mais uma vez em suas memórias

A DÉCADA DE 1960 TRANSFORMA O CASAMENTO... 587

publicadas em 1963, *A força das coisas*. Nestas, Simone descartava a fidelidade sexual como algo "muito pregado e pouco praticado (...) em geral por aqueles que a impõem a si mesmos como uma mutilação: consolam-se dela com sublimações ou bebendo". Muitos casais tinham acertos como o que prevalecia entre ela e Sartre, acrescentava, embora sempre exista o risco de um novo amor que venha suplantar o outro, e então, "em vez de duas pessoas livres, defrontam-se uma vítima e um torturador".[35]

Algren reagiu com uma resenha furiosa de seu livro, ridicularizando o conceito de amores essenciais e contingenciais: "Aquele que consegue vivenciar o amor de maneira contingencial tem algum problema mental. Como pode o amor ser *contingencial*? Contingencial em relação *a quê*? As mulheres falam como se a capacidade de manter o relacionamento básico do Homem — o amor físico entre um homem e uma mulher — fosse uma mutilação, ao passo que a liberdade consiste em 'manter uma certa fidelidade em meio a todos os desvios!' (...) o que significa que ela só é capaz de viver contingencialmente."[36]

O diálogo indireto entre os ex-amantes levantava, mas de modo algum respondia a importantes questões quanto à natureza dos relacionamentos. Algren expressava uma crença no casamento baseado no amor e fomentado pelo compromisso e a criação de filhos. Também partia do princípio de que os cônjuges deviam viver juntos, ridicularizando o tipo de união muito diferente adotado por Simone e Sartre. Simone, acrescentava Algren, superdimensionava "um afeto casual morto há vinte anos como se fosse uma paixão de dimensões clássicas".[37]

Mas Simone se aferrava ao pacto firmado décadas antes. Seria difícil concluir que tenha conquistado através dele a independência e a autonomia pessoal que inspirou em tantas mulheres. A insistência em se confinar permanentemente a um segundo lugar intelectual e filosófico em relação a Sartre, sua cumplicidade na busca de mulheres para ele e a facilidade com que mentia para os amantes (entre eles o próprio Sartre) e a imprensa parecem sinais evidentes de uma vida paralela muito diferente da união harmoniosa de iguais sobre a qual ela escrevia.

Na década de 1960, enfrentando a perplexidade e os problemas físicos dos cinquenta anos, Sartre conheceu Arlette Elkaïm, uma estudante judia argelina de dezoito anos, tomando-a como amante. Os atrativos de Arlette, recordaria Simone, estavam no fato de "ser muito jovem, muito bela, muito inteligente. E também (...) ela era mais baixa que ele".[38] Com o passar dos anos, e apesar da concorrência de outras amantes, Arlette acabou conquistando Sartre. Ele a adotou, em parte por motivos de imigração, e fez dela sua testamenteira literária, papel que Beauvoir havia conquistado com serviços prestados por uma vida inteira, inclusive nos cuidados com sua higiene pessoal quando a doença e os tratamentos significaram para Sartre a perda do controle da bexiga e dos intestinos.

Para despertar o interesse de Sartre, pois em 1974, já quase cego, ele não podia mais ler nem escrever, Simone começou uma longa entrevista que acabou transformando numa espécie de autobiografia narrada, publicada em 1981 com o título de *A cerimônia do adeus*. Em mais uma violação do pacto de transparência, ela ocultou dele a gravidade terminal do seu câncer, justificando-o com a alegação de que lhe dizer a verdade "serviria apenas para tornar mais sombrios seus últimos anos, sem qualquer valia". Quando Sartre morreu em 1980, aos 74 anos, 50 mil pessoas acompanharam o carro fúnebre até o cemitério. Simone estava tão perturbada e embotada pela ingestão de Valium que não foi capaz de manter-se de pé junto ao túmulo, precisando sentar-se. Em seguida, desmaiou e foi hospitalizada com pneumonia.

"Minha morte não nos unirá", escreveu ela, em conclusão. "É assim que as coisas são. Já é esplêndido que tenhamos sido capazes de viver nossas vidas harmoniosamente por tanto tempo."[39] Era mais uma decepção para o público, enquanto na esfera privada ela disputava amargamente com Arlette — uma contingência que se tornara essencial — os despojos literários de Sartre.

Simone de Beauvoir não voltaria a escrever outro livro, e morreu em 1986, quase exatamente seis anos depois de Sartre. Sua vida com ele, seus sacrifícios e ainda mais os compromissos que aceitou ainda hoje são de interesse para as mulheres que buscam em sua vida, como em suas obras, respostas para questões sobre a própria natureza e a maneira como poderiam viver em harmonia com os homens.

A DÉCADA DE 1960 TRANSFORMA O CASAMENTO...

Hoje, mulheres de todos os horizontes continuam a enfrentar essas questões. Três delas revelaram em entrevistas pessoais de que forma encaminharam suas lutas para abrir caminho para a realização, em meio às circunstâncias pessoais e às alternativas que lhes eram apresentadas. Seus nomes e detalhes que poderiam identificá-las foram alterados, mas à parte isso suas experiências são apresentadas fidedignamente.

Paula

A primeira dessas mulheres é a americana Paula Birmingham. Ela foi fortemente influenciada pela revolução sexual, que afirmou as convicções feministas pelas quais se pautava. Duas vezes divorciada, ela preservou sua independência, mostrando-se capaz de sustentar a si mesma e às três filhas. Seu trabalho como editora autônoma e professora de inglês em tempo parcial numa faculdade comunitária era satisfatório e desafiador. Mas em 1976, ao completar 38 anos, Paula fez um balanço de sua vida e ficou assustada com o que viu: dois casamentos fracassados, três filhas e muito pouco dinheiro no banco. Deixando de lado o intelecto inquisitivo, a erudição e a inteligência, o que via em si mesma era uma mulher gorda e envelhecendo num mundo cheio de mulheres mais magras e mais jovens.

Nos quatro anos transcorridos desde o divórcio, Paula não tivera um único encontro amoroso. Os amigos recomendavam que participasse dos passeios do Sierra Club, chegando cedo para as caminhadas pela montanha para poder escolher um homem junto ao qual se sentar no percurso de ônibus, depois caminhar com ele e, mais tarde, trocar telefones. "Mas como escolher? E a capacidade intelectual? E as preferências políticas? E como saber se são casados?", objetava Paula.

Os amigos achavam graça. "Quem se importa? O que interessa é sexo. É só o que interessa."

Paula refletia. Sentia falta da intimidade e do estímulo de uma relação sexual intensa. "O tipo de acerto que mais me interessaria era me tornar a companheira intelectual e sexual de um homem inteligente. Em outras palavras, eu queria ser uma amante", lembrava. "Mas, para isso, achava que precisava ir para a cama com alguém, e meus amigos tentavam me mostrar como eu poderia identificar os sinais que devia estar perdendo, sempre que um homem se interessava por mim."

Richard Alexander foi o beneficiário dessa nova conscientização de Paula. Ele era professor na Universidade da Califórnia em Berkeley, e o principal orador num comício contra a guerra no Vietnã. Pouco depois de serem apresentados, Richard elogiou o lenço de Paula. "Lembra-me do lenço favorito da minha mãe", disse ele. Paula ficou tensa: os amigos diziam que um sinal revelador do interesse de um homem é quando ele estabelece um vínculo com a mãe. Teria sido essa a motivação do comentário de Richard?

De fato era, e antes do fim daquela semana Richard estava sentado na modesta sala de estar de Paula atracado com uma garrafa de uísque e conversando animadamente. Mais tarde, ele a convidou para jantar num restaurante elegante, e não fez objeção quando ela insistiu em pagar metade da conta. "Vou passar uma cantada em você", anunciou então Richard, dirigindo para o apartamento convenientemente vazio de um amigo. Paula estava nervosa, mas decidida a conseguir aquela transa que haveria de libertá-la. Ela se despiu mas não tirou a anágua, cobrindo com ela os seios. Mas, enquanto se abraçavam no frenesi do sexo, Paula esqueceu o nervosismo e a nudez. Mais tarde, de volta à casa, deitada em sua cama, comemorava satisfeita o resultado. Acabara de fazer amor apaixonadamente com um quase estranho, um homem casado que talvez nunca voltasse a ver. Finalmente conseguira libertar-se de inibições que a haviam prendido a um vago sentimento de solidão e de que a vida estava passando.

Mas Richard voltou a telefonar. Em pouco tempo Paula estava apaixonada, e ele também parecia bem envolvido. Eles começaram a se encontrar regularmente, mas só durante a semana, pois Richard não podia afastar-se da família nos fins de semana. A dimensão sexual do relacionamento parecia perfeita, "e é claro que nessa época", recordaria Paula, "antes da AIDS e de todos os riscos de hoje, ninguém se preocupava com doenças sexualmente transmissíveis, e como eu havia ligado as trompas nem mesmo o risco da gravidez havia. O sexo era totalmente despreocupado, e nós éramos tão cuidadosos que sequer tínhamos receio de ser apanhados".

A dimensão emocional já não era tão fácil. Tanto Paula quanto Richard tinham sentimento de culpa por estar enganando Cindy, a mulher dele. Paula sabia que o casal brigava muito, e que anos antes Richard a havia deixado por outra mulher, acabando por voltar quando Cindy simulou uma gravidez. Paula achava que ele jamais haveria de se separar ou divorciar, mas, à parte aquele sentimento algo feminista de que estava traindo outra mulher, o arranjo lhe convinha muito bem. A ansiedade de Paula melhorou, e ela irradiava confiança sexual. De repente, outros homens começavam a olhar para ela, ou talvez ela é que estivesse aprendendo a interpretar os sinais. Paula começou a sair com dois outros homens, ambos professores na Universidade Estadual de San Francisco, ambos casados e igualmente dormindo com pelo menos outra mulher.

Certo dia, Richard viu dois vasos de flores no apartamento dela. Nada disse, porém mais tarde ofereceu a Paula um de seus raros presentes, um magnífico vaso. "Ao contrário dessas flores, este vaso vai durar para sempre", disse. Pouco depois, disse-lhe que a amava. Não era uma declaração fácil. "Meus filhos vêm primeiro, e sempre virão", acrescentou ele. "Mas você é e sempre será o grande amor da minha vida."

Paula deixou de sair com outros homens e passou a desfrutar de sua nova vida como amante de Richard, compartilhando intimidade e sexo com um homem inteligente e que tinha afinidades com ela. Mas insistia em que o relacionamento devia ser estritamente igualitário. "Detesto a ideia da mulher 'manteúda'", explica Paula, contraindo o narizinho. "Odeio a instituição da mulher 'manteúda' exatamente como odeio o casamento tradicional, no qual a mulher é 'mantida' em subserviência, forçada a pedir dinheiro, a adular os homens, a usar o sexo como arma e assim por diante." Richard ganhava quase o triplo do salário dela e havia recebido uma considerável herança, mas eles rachavam as despesas sistematicamente, embora isso representasse um esforço financeiro para Paula.

"Mas nós éramos iguais. Eu era amante de Richard na exata medida em que ele era meu amante. É claro que isso me custava dinheiro, mas não o meu respeito próprio. Ele não tinha culpa de ter mais dinheiro que eu. A história, a sociedade, o 'sistema' é que eram responsáveis, e não Richard."

Passado um ano, Richard estava tão profundamente envolvido com Paula que acrescentou o domingo à rotina dos encontros com ela. Todo domingo depois do serviço religioso, Richard deixava Cindy e os filhos em casa e ia "para o escritório trabalhar". Seguia então direto para a casa de Paula, onde almoçavam e passavam a tarde juntos, até pouco antes da hora do jantar — Richard fazia questão de jantar com os filhos.

Depois de vários anos, Richard e Cindy tiveram uma briga particularmente feroz que acabou por levá-lo a pedir o divórcio. Cindy concordou. Richard mudou-se com o filho para outro apartamento.

Para Paula, a nova situação era perfeita. Ela não era a causa do fracasso do casamento de Richard e Cindy, embora fosse o elemento catalisador. Podia encontrar-se com mais frequência com Richard, mas sem exageros. Enquanto as filhas continuassem morando com ela, era para elas que reservava a maior parte do seu tempo livre.

Anos depois, com os filhos já crescidos e tendo deixado sua casa, Richard reavaliou sua vida. Achava que viver sozinho parecia muito incerto e solitário. Paula era o amor da sua vida, e, para profundo choque e surpresa dela, ele chegou à conclusão de que queria casar.

Mas Paula era uma amante que não queria casar. O fato de viver sozinha lhe dera um gostinho de independência de que não queria abrir mão, e ela recusou a proposta de Richard. Ele insistiu, e os dois começaram a brigar. Duas vezes romperam por causa disso. Finalmente, para não perder o homem que amava, Paula concordou com um casamento em termos tão igualitários quanto a relação que então viviam.

"Eu preferia ser amante", resmunga Paula. "Adorava viver por minha conta. Mas, no geral, o casamento está funcionando. Não sou uma esposa 'manteúda', exatamente como não era uma mulher 'manteúda', de modo que meu respeito próprio e, portanto, meu respeito por Richard também continuam intactos. Continuamos nos dando incrivelmente bem, em todos os níveis. Ainda temos tanta afinidade cultural e politicamente quanto sempre tivemos na cama. Até hoje, décadas depois, a química está presente." Mas apesar disso, Paula acrescenta, algo melancólica: "Eu adorava ser amante. Dava e recebia todo o afeto e todo o sexo que queria,

A DÉCADA DE 1960 TRANSFORMA O CASAMENTO...   593

mas não havia obrigação nenhuma, não havia o sentimento de estar presa na rotina da coabitação. Se Richard não fosse um homem tão tradicional, eu ainda seria sua amante."

Rachel

Rachel Goldman chegou à maioridade durante a revolução sexual, impregnando-se de seus ideais de igualdade entre os sexos. Frequentou a universidade e se apaixonou pelas questões ambientais; é hoje considerada uma especialista em ambientalismo, tendo escrito um livro sobre ecologia. Na vida pessoal, contudo, foi a Shoá, e não a revolução sexual, que moldou suas expectativas e seus sonhos.

Rachel nasceu em Montreal, filha de uma mãe judia polonesa que conseguira fugir da Polônia ocupada pelos nazistas graças a um casamento arranjado com um imigrante russo. Em 1941, grávida, sua mãe recebeu notícias terríveis da Polônia. Houvera um massacre de judeus, e sua mãe, seu pai, seus irmãos, suas irmãs, suas tias, seus tios, seus primos, seus amigos e seus vizinhos — toda a comunidade — tinham sido trucidados. Sua primeira filha, Rachel, chegava a um mundo de tristeza e luto, um mundo em que primava a busca de sobreviventes entre os parentes.

Rachel impregnou-se da infinita dor da mãe. Também ela sentia falta dos parentes, e cresceu num estado de crônica solidão, ansiando por vínculos, sonhando em encontrar os da sua linhagem. "O Holocausto me afetou desde o primeiro dia em que tive consciência dele. Empurrou-me para a Diáspora, para Nova York e especialmente para Israel, que eu visitaria em busca de rostos e nomes. Eu teria ficado feliz de achar até um primo em sexto grau, ou simplesmente alguém da aldeia de minha mãe."

Rachel encarava o casamento e os filhos — seus e dos irmãos — como uma forma de recriar a família que havia sido dizimada num só dia. Mas seu casamento com um pediatra fracassou. As cunhadas a desprezavam, vendo-a como uma feminista sofisticada demais que as fazia se sentirem ameaçadas em seu estilo de vida tradicional e caseiro.

Após o divórcio, Rachel começou a trabalhar, criou os filhos e sofreu com um caso muito complicado com um homem que não tolerava seus filhos. Até que, quando já era uma gorducha e exausta mulher de 47 anos, conheceu Ben, especialista em questões ambientais israelense um pouco mais velho que atuava como consultor internacional e estava em Montreal a negócios. Os dois jantaram num restaurante. Rachel mal conseguia controlar o tremor nas pernas enquanto conversava com aquele estranho, beliscando a comida e se apaixonando profundamente por ele. Ben retribuiu, e no dia seguinte eles estavam na cama. A experiência foi transcendental. Ben era um homem de personalidade forte num corpo musculoso, e expressava sua sensualidade e sua alegria de viver através de uma sexualidade terna mas desinibida.

"Ben não tem uma beleza convencional, exceto pelos incríveis olhos azuis. Mas tem uma extraordinária vitalidade, grande energia e muita alegria", recordaria Rachel. "É como se o mundo tivesse sido criado para ele. Ele gosta de boa comida, de belos lugares, de sexo bem-feito."

Os novos amantes começaram a se revelar um ao outro. Rachel buscava uma relação de compromisso. Ben estava num casamento sem amor e sem sexo e já havia pedido o divórcio. Eles conseguiam encontrar-se de três em três semanas, em Montreal e Nova York, e com muito menor frequência em Israel. Cada encontro era tão emocionante quanto o anterior, começando pelo sexo, no exato momento em que Ben chegava e fechava a porta do quarto do hotel. Vinha então o jantar, com vinho e aquele sentimento de estarem vivendo um momento especial. De volta ao hotel, faziam amor de novo e depois dormiam. Ben despertava antes do amanhecer, voltava-se de novo para Rachel e fazia amor com ela.

Certa noite, no jantar, Ben disse a Rachel que tinha más notícias. Rachel apenas ouviu, chocada. A mulher dele recusava-se a terminar o casamento. Ficaria humilhada com um divórcio, não suportaria viver sozinha, e se ele insistisse ela lhe tomaria metade do que tinham e tudo que ele viesse a ganhar, inclusive sua pensão. "É assim que estão as coisas, meu amor. Não posso casar com você e talvez nunca o consiga. Isto" — e fez um gesto na direção da mesa iluminada a vela, com os pratos todos e uma garrafa de vinho aberta — "é o que podemos ter, hoje, esta noite, e espero que ainda por muitos dias e noites. Você é quem sabe, Rachel. Podemos parar agora mesmo, podemos ser amigos, podemos não ser nada,

A DÉCADA DE 1960 TRANSFORMA O CASAMENTO... 595

ou podemos continuar. A decisão é sua. É o que posso dizer-lhe com toda a honestidade. Você e minha esposa são as únicas mulheres da minha vida, e nunca haverá outras."

Rachel ficou arrasada. Ela amava Ben profundamente. Esperava que um dia viesse a casar-se com ela ou pelo menos reconhecê-la como sua parceira. Sabia que ele jamais deixaria Israel, mas sempre sonhara em viver lá, e o compromisso dele com a pátria judaica era parte do seu encanto.

"A decisão é sua", dissera Ben. Rachel tomou a decisão ali mesmo, no restaurante. Não suportaria perdê-lo, e estava disposta a continuar a amá-lo da única maneira que lhe restava, como sua amante. "Eu jamais suportaria se você me abandonasse", disse ela. "Se algum dia quiser deixar-me, peço que me avise, para que eu possa me preparar para a dor."

Os anos passaram-se. Rachel aplicou suas convicções feministas à própria condição de amante e suas consequências financeiras. Insistia em comprar suas passagens de avião, embora, por uma questão de pura e simples necessidade, permitisse que Ben pagasse por outras despesas durante as viagens. Ao longo de doze anos, ele lhe deu apenas quatro presentes. Também escolheu um perfume para ela — Opium — e sempre lhe trazia vidros desse perfume quando viajava.

Vários anos depois de iniciado o relacionamento, Rachel recebeu o diagnóstico de uma doença autoimune que a deixava cronicamente cansada e com dores. Foi dispensada de seu cargo numa ONG ambiental e logo gastaria o dinheiro das verbas rescisórias. Não conseguia pagar a hipoteca, e sua casa foi confiscada pelo banco. Durante cerca de quatro anos, Rachel não teve onde morar. "Eu era uma sem-teto criativa. Espalhava meus pertences aqui e ali, encontrei um lugar para o meu gato e estava sempre 'visitando' amigos e as filhas." Às vezes, precisava pedir dinheiro aos irmãos para comer.

Durante esses anos, Rachel aceitava as passagens aéreas proporcionadas por Ben, mas não mencionava que estava sem ter onde morar. "A verdade é que eu não sabia o que Ben faria, nem queria saber." Para não correr o risco de mais uma rejeição, mais uma perda, ela se calava. "Achei que se perdesse Ben eu passaria a ter impulsos suicidas."

Mais tarde, tendo conseguido livrar-se da montanha de dívidas e já tentando comprar uma casinha, Ben enviou-lhe os últimos 5 mil dólares necessários, que ela não conseguia levantar sozinha. O que não foi fácil, pois a esposa estava sempre de olho na conta conjunta.

E então, quando Rachel conseguiu restabelecer-se, Ben contraiu um câncer e quase simultaneamente sofreu um ataque cardíaco. Conseguiu sobreviver e voltou a trabalhar, mas teve uma recaída e veio a ser hospitalizado. Nesse período de incapacitação, a mulher começou a mexer em seus papéis. Pelas contas bancárias, o cartão de crédito e as contas telefônicas, ela ficou sabendo o que Ben não lhe dizia: que ele tinha uma amante. Pouco antes de ele ser levado a uma cirurgia de emergência, a esposa, enfurecida, pressionou-o a contar-lhe sobre Rachel.

Quando Rachel foi a Israel, Ben conseguiu reservar muito pouco tempo para ela, uma hora aqui, outra ali, nada mais. Era o único jeito de contornar a vigilância da esposa, explicava — ele tinha muitas obrigações de família.

Rachel ficou muito magoada. De repente — ou era assim que via as coisas —, ela ficava por último na lista de prioridades de seu amante. Num dos raros encontros, ela falou de sua infelicidade. "Antes eu estava em pé de igualdade com sua família, e você me dava o tempo de que eu precisava", disse-lhe. "Agora, tenho cada vez menos tempo com você, cada vez menos consideração. Sou como a arrumadeira ou o contador, simplesmente alguém que lhe proporciona um serviço, no meu caso, sexo." A magia do relacionamento se havia desintegrado em lembranças.

O fim do caso foi doloroso. "Estou triste, mas preciso proteger minha dignidade", disse Rachel. "Sinto-me solitária, e não quero envelhecer sozinha. Estou viciada em televisão. A TV se transformou na minha velha amiga." Ela ainda pretende chegar ao fim da vida em Israel, embora observe que são muitas lá as mulheres mais velhas sem vínculos de família, muitas viúvas por causa da interminável guerra. Tendo perdido Ben, ela provavelmente também perdeu sua última oportunidade de encontrar um parceiro.

Rachel está sentada, pensando em sua vida com Ben. O cansaço deixou círculos escuros em torno de seus olhos cinzentos, e seus belos cabelos castanhos estão grisalhos. Seu olhar é triste e doce. Por um momento, sua expressão se transforma, com um sorriso cheio de segundas intenções.

A DÉCADA DE 1960 TRANSFORMA O CASAMENTO...

Rachel tira conclusões contraditórias de sua década como amante de Ben. O comentário cáustico de que "as promessas de um homem casado não valem nada" convive com as lembranças, expressas num tom particular da voz, da intensidade daquele amor, do esplendor de seus encontros eróticos. Ela jamais esquecerá o quanto aprendeu "com Ben, o quanto de infinito pode haver num único momento".

Michaela

Michaela Kovaleski nasceu em 1972 em Toronto, num mundo que havia passado pela revolução sexual e no qual as mulheres tinham direitos e obrigações iguais. Mas ela achava a igualdade opressiva, desejando ardentemente tornar-se uma mulher manteúda, como Pamela Harriman ou até Virginia Hill, trocando glamour e sexo por luxo e segurança financeira. "Há muito tempo eu procurava um homem que me protegesse. Eu sempre quis mais dinheiro, e mais dinheiro fácil. E sinto pelo comércio sexual uma atração que ainda não entendi muito bem."

A atitude de Michaela em relação ao sexo é surpreendente até para sua geração. Ela considera que o amor deve ser mantido separado do sexo. Aos dezoito anos, sendo uma das poucas virgens em seu círculo de amizades, Michaela orquestrou a própria defloração com um nerd pelo qual não sentia qualquer atração. O parceiro sexual seguinte foi um psiquiatra muito mais velho que a abordou numa fila do caixa automático. Com a autorização dos pais, ela começou a se encontrar com ele. Quase imediatamente, ele a levou para a cama. Retrospectivamente, Michaela considera que o médico foi "um pouco explorador", mas não tinha ressentimentos, pois gostava dos presentes que recebia dele, inclusive pequenas somas em dinheiro.

Depois de se formar com louvor em francês na universidade e seguir a especialização como professora, Michaela foi por breve período em busca do exotismo das boates de Montreal, onde trabalhou como garçonete e, por uma comissão à parte, atraía os homens para que comprassem mais bebidas. "Eu tinha talento para a coisa, e gostava. Mas queria muito trabalhar como modelo, e Toronto oferecia muito mais oportunidades."

De volta a sua cidade natal, Michaela trabalhou como professora à noite enquanto batalhava para se impor como modelo profissional. Nesse exaustivo período, começou a namorar Justin, um homem mais velho cuja empresa de informática, outrora bem-sucedida, acabara de entrar em falência. Justin estimulou Michaela a persistir na carreira como professora, e com muita relutância ela aceitou emprego em tempo integral num colégio. Detestava tanto lecionar que até hoje não consegue falar a respeito sem chorar. No primeiro semestre do segundo ano, Michaela largou o emprego e começou a se dedicar exclusivamente a aulas particulares. Pela primeira vez em mais de um ano sentia-se feliz, embora ganhasse muito menos e não tivesse benefícios trabalhistas. Para complementar a renda, consultava os classificados de homens que buscavam mulheres. Depois de escolher "Sammy", atendeu a seu pedido e mandou-lhe fotos suas de um antigo portfólio como modelo.

Sammy gostou do que viu e convidou Michaela a ir à sua cidade, Darien, em Connecticut. Recebeu-a no aeroporto com flores. Embora fosse baixo, com excesso de peso e sem atrativos particulares, ele se mostrava generoso e atencioso. Levou Michaela para fazer compras, o que era seu passatempo favorito, e comprou-lhe roupas caras. Sua favorita era um terninho de látex e couro negros que "grudava no meu corpo como a própria pele". Michaela estava exultante. "Sammy era um homem que adorava comprar para uma mulher, e eu sou uma mulher que adora que comprem coisas para mim." Mais tarde, Michaela provocou Sammy com um jogo sexual que rapidamente os levou à cama e ao sexo para valer. Depois de todo o dinheiro gasto com ela, pensou Michaela, ele bem que merecia.

De volta a Toronto, Michaela tinha notícias de Sammy a cada dois ou três dias. Ele se queixava da esposa, Ida, por ele descrita como uma italiana sem muita cultura mas esperta, com vínculos com a máfia. Michaela deu a entender que seus problemas todos eram de fundo financeiro. Sammy não se fez de rogado. "Seria mais fácil para mim depositar dinheiro em sua conta bancária todo mês", disse ele. "Que tal 5 mil?" Michaela contrapropôs 3 mil. "Eu não queria assustá-lo e estava com medo de explorá-lo. Afinal, o que é que ele estava levando naquele acordo?"

A DÉCADA DE 1960 TRANSFORMA O CASAMENTO...

Michaela era agora uma amante com todas as letras, uma mulher "manteúda" com dinheiro suficiente para sustentar a si mesma e a Justin, cuja existência não revelara a Sammy. Parou até de dar aulas particulares. Mas logo seria levada por seus gostos e preferências caros a propor um aumento da mesada. Justin, beneficiando-se do dinheiro de Sammy, deu a Michaela aprovação indireta para dar continuidade ao caso. O relacionamento simultâneo com dois homens aumentava a emoção da situação.

O encontro seguinte de Michaela com Sammy foi nas Bahamas, onde ele passava as férias com a esposa e o filho adolescente. Ele reservou para Michaela acomodações num resort de luxo cinco-estrelas, na mesma praia onde se encontrava, e sempre que conseguia escapar das obrigações de família ia visitá-la, levava-a para fazer compras, e chegou até a passar com ela três das seis noites. "Eu era para ele a fuga do trabalho e da esposa, e estava desempenhando muito bem esse papel." Michaela passou a maior parte dos seis dias no spa. "Sammy pagava tudo. Podia-se dizer que ele pagou até para eu respirar."

De volta a Toronto, os casos paralelos de Michaela acabaram ficando complicados. Justin estava enciumado e deprimido, e começou a beber muito. Sammy, por sua vez, parecia estar se apaixonando por ela. No gelado mês de fevereiro em Toronto, Sammy enviou a Michaela uma passagem para a Flórida, primeira etapa de uma movimentada viagem "de negócios" de Palm Beach a Las Vegas. Justin chorou, mas esses encontros eram para eles o que os mantinha vivos.

Na Flórida, Sammy e Michaela ficaram no mesmo quarto. Ela não gostou dessa intimidade, sentindo-se inquieta com sua presença constante. Ficava mais difícil telefonar para Justin. Apesar das incursões de compras e dos jantares em bons restaurantes, Michaela percebeu que preferia Sammy como um amante quase sempre ausente.

De volta a Toronto com suas novas roupas, Michaela decidiu com Justin que resolveriam seus problemas de relacionamento anunciando o noivado, mas não, é claro, para Sammy. Em março, no aniversário de Michaela, Sammy não conseguiu viajar a Toronto, como pretendia. Intrigada, Michaela telefonou para sua casa, como costumava fazer. A esposa, Ida, atendeu e disse que Sammy estava tomando banho. Michaela agradeceu, mas não deixou recado. Durante seis dias, tentou entrar em contato com ele, mas ele não atendia nem telefonava de volta. Também suspendeu a mesada mensal que depositava para ela.

Ida, contudo, começou a deixar mensagens "sinistras" na secretária eletrônica de Michaela, um terrível lembrete de que tinha conexões com a máfia. Michaela ficou tão preocupada que entrou em contato com Ron, um dos sócios de Sammy, para descobrir se estava correndo algum perigo. Ron explicou que Ida descobrira que ela era amante de Sammy e o havia interpelado a respeito. O casal tivera então uma de suas famosas brigas "sujas", e chegara a uma solução decidindo retomar as relações conjugais. Por coincidência, acrescentou Ron, Sammy sofrera um revés nos negócios e estava enfrentando sérias dificuldades financeiras.

Chegara ao fim o período de Michaela como amante de Sammy. Ela voltou a trabalhar como professora particular, tentando ainda retomar uma carreira de modelo. Incapaz de associar amor com sexo, ela acha a monogamia opressiva. Embora ame Justin, ele a deixa sexualmente entediada.

"As pessoas expressam amor dando dinheiro. E eu quero muito, muito dinheiro", diz Michaela. Além disso, trocar sexo por dinheiro é irresistível para ela, que sempre se sente tentada a buscar um amante pelos classificados. Seria maravilhoso conseguir encaixar-se no papel de amante para outro homem como Sammy.

Michaela defende-se como filha rebelde da revolução sexual, disposta a sacrificar alguns de seus direitos de igualdade e sua autonomia pessoal e sexual em troca de quantias generosas e regulares em dinheiro. "Minha ética do trabalho é esta", explica. "Acredito que o homem deve receber em troca o mesmo que dá."

Na hora de escolher e avaliar seu estilo de vida, as amantes modernas se pautam por padrões modernos, para os quais contribuem ao mesmo tempo o feminismo e a tradição. São influenciadas por vários fatores, entre os quais realização sexual e emocional, igualdade, considerações de ordem financeira e sua visão do casamento. Em sua maioria, as amantes de hoje são mulheres pragmáticas que provavelmente não teriam entrado nesses relacionamentos se não se tivessem apaixonado por um homem casado, e muitas prefeririam a condição de esposa.

A DÉCADA DE 1960 TRANSFORMA O CASAMENTO...

Por outro lado, certas mulheres modernas que romantizam e fantasiam sobre a condição histórica das amantes não hesitam em aceitar dinheiro. Consideram o apoio financeiro parte integrante da condição de amante, e mesmo um dos seus principais atrativos, não raro exatamente o que as leva a entrar nesse tipo de relacionamento. Em sua visão, o igualitarismo feminista fica em segundo lugar em relação aos desejos dos amantes, sendo o desequilíbrio entre elas e os amantes fundamental para a estrutura do relacionamento.

Conclusão:
Conhecidas as amantes

Dei início a esta exploração de milênios na história das amantes tentando responder a uma série de perguntas: ao longo das épocas e nas mais diferentes culturas, que haviam representado as amantes? De que forma a natureza do seu relacionamento com os amantes refletia a situação e o papel das mulheres na sociedade? Como ele afetou a instituição do casamento, da qual é parte integrante? E de que maneira as amantes — mulheres tão diferentes, do ponto de vista pessoal, quanto a intelectual grega Aspásia, minha velha amiga alemã Kati, minha conhecida haitiana Ghislaine, a garota da máfia Virginia Hill ou a querida Camilla Parker-Bowles do príncipe Charles — definiam suas experiências e se sentiam a respeito delas?

Desde o início de minha investigação, constatei que uma quantidade impressionante de mulheres conhecidas minhas era ou havia sido amante — Iris Nowell, integrante do meu clube de leitura, chegou inclusive a escrever um livro, *Hot Breakfast for Sparrows*, relatando sua vida como amante do famoso artista plástico Harold Towne. Outras mulheres também se identificavam como amantes, embora quase sempre em caráter confidencial. "Pode usar a minha história", diziam-me, uma atrás da outra, "mas terá de mudar os nomes e os detalhes capazes de identificar as pessoas." Logo me dei conta de que as amantes estão em toda parte na sociedade liberada e tendente ao divórcio de hoje em dia, mas, ao contrário de Iris, muitas delas, talvez a maioria, preferem esconder esses relacionamentos, sejam passados ou presentes.

A princípio foi difícil ver que tipos de ligação essas amantes modernas podiam ter com suas antecessoras históricas, mas não demorou para que viessem a se manifestar os paralelismos e semelhanças. Seja antiga ou contemporânea, a história de cada uma dessas mulheres é única, mas a soma das narrativas faz parte de uma história muito mais ampla.

Essa história começa com o concubinato. Em muitos aspectos um precursor da condição de amante, o concubinato surgiu como decorrência do casamento e da tolerância quase universal com a infidelidade masculina. O fato de ter concubinas permitia aos maridos entregar-se a relacionamentos sexuais que, apesar de extraconjugais, eram legalmente tolerados e socialmente aceitos. Os homens podiam exibir essas "outras" mulheres como símbolos de prestígio e riqueza. Também podiam valer-se delas no desempenho de tarefas domésticas; na verdade, as concubinas muitas vezes trabalhavam junto à esposa do amante-senhor e sujeitas à sua vontade.

Como Agar a egípcia, as concubinas muitas vezes eram escravas de propriedade do amante ou da esposa dele. Desfrutavam de direitos e de segurança limitados. Com a evolução de suas sociedades, muitas acabaram tendo o privilégio de gerar filhos dos senhores e dotá-los de herdeiros que podiam vir a ser legitimados; a expressão japonesa "útero de aluguel" expressa de maneira elegante essa importante função.

O concubinato também permitia aos homens solteiros desfrutar de relações íntimas com mulheres de condição inferior que não eram consideradas adequadas para eles. Como a Aspásia de Péricles e a Dolorosa de santo Agostinho, tais mulheres podiam ser esposas em tudo menos no nome, compartilhando da vida do amante, vivendo sob o mesmo teto e gerando seus filhos. Outras concubinas serviam como meros escapes sexuais para homens que não demonstravam em relação a elas qualquer estima ou afeto.

O concubinato se desintegra como instituição capaz de sustentar-se na medida em que as sociedades se modernizam e abandonam estilos de vida já agora desprezados pelos cidadãos como coisas embaraçosamente

CONCLUSÃO: CONHECIDAS AS AMANTES

superadas. Dotadas de novos poderes, as mulheres rejeitam o papel de concubina e também o papel de esposa num casamento que inclua uma concubina. Mas a infidelidade conjugal continua existindo, e portanto a amante é uma realidade conveniente. Foi o que aconteceu quando a Roma imperial estava no auge da riqueza e sua elite desprezava os antigos valores que obrigavam as mulheres a observar rigorosos padrões de castidade e obediência. Mulheres mais ousadas da aristocracia imitavam os maridos e tinham amantes, estabelecendo relacionamentos íntimos com homens solteiros ou maridos infiéis. E quando a China tentou transformar-se numa sociedade comunista igualitária, proibindo o concubinato que até então florescia, os homens ricos que não podiam mais sustentar concubinas começaram a ter amantes. Ao contrário das concubinas, essas amantes raramente viviam com eles. Na verdade, a coabitação é uma característica importante que distingue as concubinas das amantes; não só as amantes raramente coabitavam como a coabitação muitas vezes gerava para os amantes problemas que não se manifestavam num simples caso extraconjugal. A sociedade perseguiu Marian Evans por coabitar com o amante casado, George Lewes, e a Igreja puniu a condessa Teresa Guiccioli por sua breve estada debaixo do teto de Byron. Até amantes de corte eram apenas alojadas de maneira conveniente por perto, mas não de fato com seus amantes reais ou nobres, quase todos casados e obrigados a manter as aparências das relações de família com as esposas.

Essa espécie de proibição da coabitação é sintomática do caráter menos formal da situação envolvendo a amante. Mas as amantes têm em comum muitas características e experiências. O sexo é um denominador comum óbvio. Ele ocupa um lugar muito importante na vida de uma amante, e, ao contrário das esposas obrigadas a se submeter às relações sexuais, mas não necessariamente com gosto ou qualidade, as amantes entendem a importância de prender seu homem através do vínculo sexual. As carentes de virtuosismo sexual muitas vezes são torturadas pelo medo de vir a perdê-lo.

Ao mesmo tempo, o sexo fértil tem o mesmo efeito indesejável, pois uma amante grávida muitas vezes é dispensada e se vê na contingência de enfrentar sozinha a situação gerada pelo bastardo. Até muito recentemente, com a introdução de reformas jurídicas que levaram a padrões mais igualitários e voltados para o bem-estar das crianças, e também com as possibilidades de investigação do DNA, a gravidez muitas vezes era uma consequência aterrorizante ou trágica no contexto da vida de uma amante.

O amor só perde para o sexo no léxico das amantes. Historicamente, os homens sempre escolheram mulheres jovens e atraentes para suas uniões sexuais, e não raro se apaixonavam por elas. Ao mesmo tempo, por boa parte da história muito pouco valor foi atribuído ao amor romântico; na verdade, ele era desprezado ou temido como uma emoção primária, indigna de ser levada a sério e talvez até destrutiva para um relacionamento sério. Ele só veio a ser legitimado como fator desejável num casamento nos dois últimos séculos. Em consequência, até os homens apaixonados podiam facilmente cansar-se de uma amante que se mostrasse exigente ou ciumenta, ou que saísse perdendo na comparação com uma nova rival.

Ao contrário dos amantes que as escolhiam, muitas amantes jamais amaram seus parceiros, o que por sinal eles sequer esperavam. Ainda hoje, numa cultura que reverencia e estimula o amor romântico, as garotas da máfia e as amantes descartáveis de playboys ricos muitas vezes desprezam seus parceiros; para essas mulheres, a condição de amante tem outras recompensas. Por outro lado, certas mulheres tornam-se tão afeiçoadas aos amantes, amorosa e eroticamente, que o amor passa a dominar sua vida. Historicamente, contudo, elas têm sido a exceção.

Tal como o sexo e o amor, a beleza exuberante e de preferência juvenil tem sido tradicionalmente associada às amantes, embora certo grau de maturidade numa amante casada também fosse aceitável. Especialmente quando reforçada por ousadia sexual, a beleza de uma amante pode eventualmente encantar um homem de tal maneira que ele se disponha a abrir mão de alguns de seus privilégios masculinos em benefício dessa parceira: o sultão turco Solimão sucumbiu à força da beleza de Roxelane, e o rei bávaro Luís, à de Lola Montez. Com muito maior frequência, todavia, simplesmente se espera que a amante seja bela, e ela entende a importância de manter essa beleza.

CONCLUSÃO: CONHECIDAS AS AMANTES

Nesse contexto, a idade é o inimigo implacável de uma amante, corroendo a beleza que muitas vezes é seu principal capital. Em séculos menos equilibrados, isso era uma realidade ainda mais flagrante. Tradicionalmente, as amantes aceitavam a suprema importância de realçar e sobretudo preservar a beleza, donde seu apego quase ritualístico aos cuidados, aos cosméticos, às joias e roupas.

Como a condição de amante, ao contrário do concubinato, é ilícita até nas sociedades mais hedonistas, não deixa de provocar culpa, racionalizações, sacrifício e segredo. A eterna duplicidade de padrões não só condena a mulher muito mais do que seu parceiro masculino de pecado como ainda aumenta sua insegurança. E o mesmo fazem as convenções sociais que governam a condição das amantes; sempre foram muito detalhadas, e não vieram a ser drasticamente alteradas com o passar dos séculos. Via de regra, as amantes só são convidadas a eventos sociais de caráter mais íntimo, cujos participantes sejam discretos: certos clubes, curtas viagens de negócios e as casas de amigos compreensivos. Às vezes a única casa segura é a da própria amante.

A insegurança, a autodepreciação e a ansiedade que caracterizam suas vidas levaram muitas amantes a comprar ou jogar compulsivamente, sempre que possível com o dinheiro dos amantes. Muitas também se entorpecem com álcool e drogas ou outras atividades autodestrutivas. Amantes tão diferentes quanto Émilie du Châtelet, Eva Braun, Marilyn Monroe, Virginia Hill e Vicki Morgan tentaram suicidar-se, e Jeanne Hébuterne, amante do instável, impulsivo e pobre pintor Modigliani, teve êxito na tentativa. Não surpreende, assim, que, com exceções notáveis como Heloísa e Simone de Beauvoir, as amantes sempre quisessem casar-se com os parceiros e desfrutar da segurança e do respeito que a sociedade proporciona às esposas.

A morte deixa bem clara a condição inferior da amante. Quando o amante morre, elas perdem na maioria dos casos o status que eventualmente tenham conquistado em virtude da ligação. Geralmente não são bem vistas nos ritos fúnebres e com frequência são excluídas do testamento dos amantes. Nell Gwynne, por muito tempo a amante de Carlos II, teve esse destino, e Carlos aparentemente só o lamentou no leito de morte, murmurando, impotente: "Não deixem que a pobre Nell passe fome."

Hoje, o costume das amantes ainda prevalece em toda parte. Como sempre, baseia-se na infidelidade conjugal masculina, complementando e servindo de esteio ao casamento. À medida que o casamento muda, contudo, o mesmo se dá com a condição de amante. O feminismo e o igualitarismo, a revolução sexual e a pílula, assim como a mudança dos hábitos e padrões, especialmente a elevação do amor romântico à condição de ideal, têm marcado o casamento de maneira tão irrevogável quanto aos homens e mulheres que se tornam maridos e esposas, com um efeito de ricochete sobre a condição das amantes.

O casamento também foi transformado pela mudança da posição das mulheres na sociedade, pelo reconhecimento de suas necessidades de realização pessoal e profissional, de ter orgasmo, de viver em condições de igualdade com os homens. Os avanços tecnológicos permitem o controle da natalidade e o planejamento familiar, oferecendo também a probabilidade de melhor saúde por mais tempo.

Os cônjuges de hoje também acreditam que o amor romântico deve estar no cerne da união, e lamentam quando vem a ser empanado pela vida cotidiana ou o hábito. Olham para si mesmos para tentar descobrir se de fato amam um possível cônjuge ou decidir se devem ou não continuar casados. O amor fora do casamento pode parecer uma traição não só do casamento em si mas da própria santidade do amor; muitas vezes os cônjuges se divorciam para casar com o ser amado por causa da intensidade desse amor.

Todas essas mudanças levaram ao aumento dos casos de divórcio, já bem documentado, mas também de novos casamentos; as pessoas continuam buscando em outros casamentos aquilo que as uniões anteriores não lhes proporcionaram. O processo de divórcio foi muito facilitado, e o fato de ser divorciado já não representa um estigma. As leis do matrimônio estão constantemente sendo revistas, em especial no que diz respeito aos bens e à custódia dos filhos.

Fora dos tribunais, homens e mulheres mais conscientes debatem se o casamento seria apenas um acordo financeiro burguês no qual os

CONCLUSÃO: CONHECIDAS AS AMANTES

homens oferecem proteção em troca de sexo, diferindo da relação com amantes apenas na medida em que é legalmente sancionado. Eles questionam o conceito tradicional de casamento por seu substrato sexual e sexista, rejeitando a palavra *esposa* por suas conotações coisificantes para as mulheres. As mulheres recusam-se a trocar o sobrenome do pai pelo do marido; na província de Quebec, esse tipo de alteração sequer é legalmente reconhecido. Muitos homens e mulheres preferem encarar a união em que se envolvam como uma parceria que atende a sua necessidade de relacionamento comprometido entre adultos que sabem o que querem, um relacionamento no qual o sexo desempenha papel importante mas não propriamente central.

Ao mesmo tempo, o casamento tradicional coexiste lado a lado com novas versões da principal forma de união de uma sociedade. A confusão e a ambiguidade a respeito da natureza da instituição já passaram a esta altura do debate pessoal e público para os tribunais e legislaturas, que atualmente tentam redefinir seus limites. Os empregadores têm reagido às preocupações dos funcionários, e muitos benefícios outrora restritos a cônjuges oficialmente casados são hoje estendidos a "parceiros" não casados ou casados, de sexos opostos ou do mesmo sexo.

Tudo isso é importante, pois as mulheres desfrutam de muito mais direitos, que se traduzem em reivindicações financeiras e de outras naturezas que elas podem legitimamente apresentar aos amantes. Ao mesmo tempo, muitos casamentos, talvez mesmo a maioria, são nitidamente tradicionais em sua estrutura, unindo homens e mulheres que a eles aderem voluntariamente. A mudança essencial está naquilo que cada cônjuge espera do outro, agora que as mulheres não só podem como muitas vezes são obrigadas a trabalhar, e quando tanto o marido quanto a mulher esperam amar profundamente e ser profundamente amados.

Essas mudanças radicais no casamento afetam diretamente a situação das amantes, a instituição paralela. Para começo de conversa, até a definição das amantes já não é mais clara, e as circunstâncias que outrora definiam com clareza uma amante podem hoje referir-se a uma namorada ou companheira. A intenção transforma-se num novo referencial desse tipo de acerto: que foi que cada pessoa entendeu do que foi acertado? Do que foi dito, que é que poderia constituir uma obrigação contratual entre os dois? Acima de tudo, ficou bem longe para trás o tempo em que um homem podia recusar-se a reconhecer os filhos que viesse a ter com uma amante — o conceito jurídico de ilegitimidade está rapidamente desaparecendo.

A consequência de tudo isso não é que a realidade das amantes esteja desaparecendo, mas que veio a absorver e já agora reflete as mudanças no casamento, nos conceitos jurídicos de obrigação contratual e na propensão da sociedade a gerar um espaço de liberdade para que cada um leve sua vida como quiser. Uma amante que possa provar que foi uma "parceira de vida" num relacionamento sexual pode obter ganhos num tribunal, embora sua vitória de modo algum esteja garantida.

Mas os processos legais são consequência de relacionamentos que azedaram depois de promessas (ou pelo menos expectativas) de amor e sexo, ou sexo e amor. Na verdade, legiões de mulheres no mundo moderno tornam-se amantes por motivos muito diferentes dos de suas antepassadas, notadamente no terreno das escolhas pessoais. As mulheres podem optar pela condição de amante e não de esposa, em caráter permanente ou a curto prazo, por estarem apaixonadamente envolvidas numa carreira ou numa vocação ou então movidas pela necessidade de autossuficiência econômica e autonomia pessoal. Outras, tendo extraído as devidas lições do casamento dos pais, podem simplesmente não dar importância ao casamento, optando pelas dimensões sexuais e de afeto da condição de amante, ao mesmo tempo em que rejeitam as exigências da vida doméstica. Quando isso acontece, essas amantes muitas vezes alcançam um alto grau de satisfação em seus relacionamentos.

Ao mesmo tempo, parece desalentador o quanto as experiências de tantas amantes modernas se assemelham às de amantes do passado. A existência das amantes continua sendo uma extensão do casamento, um escoadouro autorizado da sexualidade masculina. Ao mesmo tempo, até as mulheres mais liberadas que se apaixonam por homens casados e a eles se vinculam muitas vezes são estimuladas pelo caráter proibido desse tipo de relacionamento, por seus riscos, a cumplicidade no adultério, o desafio aos padrões sociais. Seu amor, legítimo na medida em que é um

CONCLUSÃO: CONHECIDAS AS AMANTES

sentimento real, vem a ser intensificado pelo caráter ilegítimo. Hoje em dia, além do mais, as coisas não têm o peso de outras épocas. Hoje, uma mulher pode, como fazem os homens, entregar-se a uma atração apaixonada pelo simples prazer, como uma aventura erótica e uma entrega aos sentidos, um delicioso intervalo com um amante que a rigor não está disponível e que ela pode em geral compartilhar com outra mulher. Mas, apesar dessas possibilidades liberadas e liberadoras, são muitas as amantes que ainda continuam se encaixando no molde antigo, com seus sacrifícios e seus motivos de tristeza, comparando-se ao modelo conjugal e se sentindo destituídas.

Notas

CAPÍTULO 1

1. A fonte mais importante desta seção é o Livro do Gênesis, capítulos 16-21:21 e 25:1-18. Usei a *New Oxford Annotated Bible* (Nova York: Oxford University Press, 1989), complementada pelos seguintes artigos, que esclarecem e levantam hipóteses a respeito da seção relevante no Livro do Gênesis: John Otwell, *And Sarah Laughed: The Status of Women in the Old Testament* (Filadélfia: Westminster Press, 1977); Savina J. Teubal, *Hagar the Egyptian: The Lost Tradition of the Matriarchs* (São Francisco/Nova York/Grand Rapids: Harper & Row, 1990); Phyllis Trible, *Texts of Terror* (Filadélfia, EUA: Fortress Press, 1984); John W. Waters, "Who Was Hagar?", em *Stony the Road We Trod: African American Biblical Interpretation*. O Livro do Gênesis, 16:1-16, 21:8-21, narra a dramática história de Agar em poucos versículos ainda hoje muito polêmicos, pois os eruditos continuam debatendo seu verdadeiro significado. Esse esforço inclui a releitura dos textos bíblicos e de documentos e códigos jurídicos então em vigor, além de rigorosa análise, comparação e desconstrução dos textos. Eu li, refleti e — com certa apreensão — cheguei à minha própria compreensão dessa figura obscura que projetou sua sombra sobre tantos séculos. (O artigo de Phyllis Ocean Berman, "Creative Hidrash: Why Hagar Left", *Tikkun* 12, [março-abril, 1997], 21-25, observa que ela e seus colegas da escola hebraica ouviam "a história da competição entre Sara e Agar não apenas uma, mas duas vezes por ano no ciclo de leitura da Torá". Não surpreende que Agar continue a fascinar e a atrair uma atenção tão intensa e às vezes amarga.)

2. As principais fontes da seção que se segue são http://langmuir.physics.uoguelph.ca/~aelius/hetairai.html; Shannon Bell, *Reading, Writing & Rewriting the Prostitute Body* (Bloomington e Indianápolis: Indiana University Press, 1994); Eva Cantarella, trad. Maureen B. Fant, *Pandora's Daughters: The Role and Status of Women in Greek and Roman Antiquity* (Baltimore: Johns Hopkins University Press, 1987); James N. Davidson, *Courtesans and Fishcakes: The Consuming Passions of Classical Athens* (Londres: HarperCollins, 1997); Nancy Demand, *Birth, Death and Motherhood in Classical Greece* (Baltimore: Johns Hopkins University Press, 1994); Robert Flacelieve, *Love in Ancient Greece* (Londres: Frederick Muller Ltd., 1960); Roger Just, *Women in Athenian Law*

and Life (Londres, Nova York: Routledge, 1989); Eva C. Keuls, *The Reign of the Phallus: Sexual Politics in Ancient Greece* (Nova York: Harper & Row, 1985); Jill Kleinman, "The Representation of Prostitutes Versus Respectable Women on Ancient Greek Vases". Disponível online em http://www.perseus.tufts.edu/classes/JKp.html (1998, 6 ago.); Hans Licht, *Sexual Life in Ancient Greece* (Londres: George Routledge & Sons, Ltd., 1932); Sarah B. Pomeroy, *Goddesses, Whores, Wives, and Slaves: Women in Classical Antiquity* (Nova York: Schocken Books, 1975).

3. Bell, 32-38, analisa o significado das muitas referências de *Menexenus* a Aspásia como mestra responsável por muitos discursos políticos atribuídos aos seus discípulos, entre eles Péricles.

4. Madeleine Mary Henry, *Prisoner of History: Aspasia of Miletus and Her Bibliographical Tradition* (Nova York: Oxford University Press, 1995), 44, citando Cícero e Quintiliano, que ambos preservaram esse fragmento.

   As principais fontes da seção que se segue são Richard A. Bauman, *Women and Politics in Ancient Rome* (Nova York: Routledge, 1992); Eva Cantarella, trad. Maureen B. Fant, *Pandora's Daughters: The Role and Status of Women in Greek and Roman Antiquity* (Baltimore: Johns Hopkins University Press, 1987); Jane F. Gardner, *Women in Roman Law and Society* (Bloomington: Indiana University Press, 1986); Ellen Greene, *The Erotics of Domination: Male Desire and the Mistress in Latin Love Poetry* (Baltimore: Johns Hopkins University Press, 1998); Mary R. Lefkowitz e Maureen B. Fant, *Women's Life in Greece and Rome: A Source Book in Translation* (2ª ed.) (Baltimore: Johns Hopkins University Press, 1992); Sara Mack, *Ovid* (New Haven: Yale University Press, 1988); Ovídio, trad. e org. Peter Green, *The Erotic Poems* (Nova York: Penguin Books, 1982); Sarah B. Pomeroy, *Goddesses, Whores, Wives, and Slaves: Women in Classical Antiquity* (Nova York: Schocken Books, 1976); Ronald Syme, *History in Ovid* (Oxford: Clarendon Press, 1978); John C. Thibault, *The Mystery of Ovid's Exile* (Berkeley: University of California Press, 1964); L. P. Wilkinson, *Ovid Recalled* (Cambridge: Cambridge University Press, 1955).

6. Ovídio, trad. e org. Peter Green, "The Amores: Book 1", em *The Erotic Poems*, 89.

7. Ibid., 89.

8. Ibid., 97.

9. Ovídio, "The Amores", III, 7, em Diane J. Rayor e William W. Batshaw (orgs.), *Latin Lyric and Elegiac Poetry: An Anthology of New Translations* (Nova York: Garland Publishing, 1995).

NOTAS 615

10. As principais fontes dessa seção são Antti Arjava, *Women and Law in Late Antiquity* (Oxford: Clarendon Press, 1996); santo Agostinho, *Confessions* (Londres: Penguin Books, 1961); Gerald Bonner, *St. Augustine of Hippo: Life and Controversies* (Londres: SCM Press Ltd., 1963); William Mallard, *Language and Love: Introducing Augustine's Religious Thought Through the Confessions Story* (University Park: Pensilvânia: Pennsylvania University State Press, 1994); Margaret R. Miles, *Desire and Delight: A New Reading of Augustine's Confessions* (Nova York: Crossroad Publishing Co., 1992); Kim Power, *Veiled Desire: Augustine on Women* (Nova York: Continuum Publishing Co., 1996).

11. Como Péricles e Ovídio nos casos de Aspásia e Corina, Agostinho é nossa principal fonte no que diz respeito a Dolorosa. Donde a importância de suas *Confissões*.

12. Bonner, 54.

13. Power, 98.

CAPÍTULO 2

1. As principais fontes da seção que se segue são Jung Chang, *Wild Swans: Three Daughters of China* (Nova York: Simon & Schuster, 1991); Kang-i Sun Chang, *The Late Ming Poet: Ch'en Tzu-lung* (New Haven: Yale University Press, 1991); Gail Hershatter, "Courtesans and Streetwalkers: The Changing Discourses on Shanghai Prostitution, 1890-1949", *Journal of the History of Sexuality* (out. 1992), 3, nº 2, 245-269; *Inside Stories of the Forbidden City*, trad. Zhao Shuhan (Beijing: New World Press, 1986); Maria Jaschok e Suzanne Miers (orgs.), *Women in the Chinese Patriarchal System: Submission, Servitude, Escape and Collusion* (Londres: Zed Books Ltd., 1994); Maria Jaschok, *Concubines and Bondservants* (Nova Jersey: Zed Books, 1989); Keith McMahon, *Misers, Shrews, and Polygamists: Sexuality and Male-Female Relations in 18th Century Chinese Fiction* (Durham: Duke University Press, 1995); Marinus Johan Meijer, *Murder and Adultery in Late Imperial China* (Holanda: E. J. Brill, 1991); James A. Millward, "A Uyghur Muslim in Qianlong's Court: The Meanings of the Fragrant Concubine", *Journal of Asian Studies*, 53, nº 2 (maio de 1994), 427-458; Albert Richard O'Hara, *The Position of Women in Early China* (Taipé: Mei Ya Publications, 1971); Sterling Seagrave, *Dragon Lady: The Life and Legend of the Last Empress of China* (Nova York: Knopf, 1992); Marina Warner, *The Dragon Empress: Life and Times of Tz'u-hsi: 1835-1908, Empress Dowager of China* (Londres: Weidenfeld & Nicolson, 1972).

2. Fu Xuan, século terceiro, citado por Seagrave, 29.

3. Denise Chong, *The Concubine's Children* (Toronto: Viking, 1994), 8.
4. O Estatuto da Mulher de 1923 aboliu a instituição do *mooi-jai*, mas resquícios sobreviveriam por muito tempo.
5. A fonte sobre May-ying é Chong, *The Concubine's Children*.
6. As principais fontes das seções que se seguem sobre as concubinas e gueixas são Liza Crihfield Dalby, "Courtesans and Geisha: The Real Women of the Pleasure Quarter", em Elizabeth de Sabato Swinton (org.), *Women of the Pleasure Quarter: Japanese Paintings and Prints of the Floating World* (Nova York: Hudson Hills Press, 1995); Liza Crihfield Dalby, *Geisha* (Berkeley: University of California Press, 1998); Liza Dalby, "Tempest in a Teahouse", *Far Eastern Economic Review*, 27 de julho de 1989, 36-37; Sheldon Garon, *Molding Japanese Minds: The State in Everyday Life* (Princeton: Princeton University Press, 1992); Joy Henry, *Understanding Japanese Society* (Nova York: Routledge, 1987); Laura Jackson, "Bar Hostess", em Joyce Lebra, Loy Paulson e Elizabeth Powers (orgs.), *Women in Changing Japan* (Boulder: Westview Press, 1976); Sumiko Iwano, *The Japanese Woman: Traditional Image and Changing Reality* (Cambridge: Harvard University Press, 1993); Yamakawa Kikue, *Women of the Mito Domain: Recollections of Samurai Family Life* (Tóquio: University of Tokyo Press, 1992); Takie Sugiyama Lebra, *Above the Clouds: Status Culture of the Modern Japanese Nobility* (Berkeley: University of California Press, 1993); Lisa Louis, *Butterflies of the Night: Mama-Sans, Geisha, Strippers, and the Japanese Men They Serve* (Nova York: Tengu Books, 1992); Lady Nijo, trad. Wilfrid Whitehouse e Eizo Yanagisawa, *Lady Nijo's Own Story* (Rutland: Charles E. Tuttle Company, 1974); Bill Powell, "The End of the Affair?", *Newsweek*, 10 de julho de 1989, 22-23; Albrecht Rothacher, *The Japanese Power Elite* (Nova York: St. Martin's Press, 1993); Sharon L. Sievers, *Flowers in Salt: The Beginnings of Feminist Consciousness in Modern Japan* (Palo Alto: Stanford University Press, 1983); e Elizabeth de Sabato Swinton (org.), *Women of the Pleasure Quarter: Japanese Paintings and Prints of the Floating World* (Nova York: Hudson Hills Press, 1995). *Memoirs of a Geisha*, de Arthur Golden (Toronto: Vintage Canada, 1999), é um relato ficcionalizado da vida de uma gueixa, tanto mais intrigante na medida em que Mineko Iwaskai, gueixa famosa nas décadas de 1960 e 1970, moveu ação judicial contra o autor. Golden manifestou sua dívida de gratidão para com Mineko, por ele entrevistada longamente. Mineko acusa o livro de basear-se na verdade numa versão distorcida da história de sua vida, acusação rebatida por Golden.
7. Durante séculos o xintoísmo foi uma religião popular promulgada pela tradição oral. No século XIV, seus Cinco Livros foram escritos, conferindo-lhe igualmente uma base filosófica.

NOTAS

8. Benedict, 504.
9. Todas as referências a essa seção derivam de Karen Brazell (org.), *The Confessions of Lady Nijo* (Londres: Arrow Books Ltd., 1975).
10. Em *Geisha*, a americana Liza Crihfield Dalby, treinada como gueixa, descreve o procedimento.
11. As principais fontes da seção que se segue são Andre Clot, *Suleiman the Magnificent: The Man, His Life, His Epoch* (Londres: Al Saqi Books, 1989); Carla Coco, *The Secrets of the Harem* (Nova York: The Vendome Press, 1997); Zeynep M. Durukan, *The Harem of The Topkapi Palace* (Istambul: Hilal Matbaacilik Koll, 1973); Jason Goodwin, *Lords of the Horizons: A History of the Ottoman Empire* (Londres: Chatto & Windus, 1998); Roger Bigelow Merriman, *Suleiman the Magnificent* (Nova York: Cooper Square Publishers, 1966); Barnette Miller, *Beyond the Sublime Portal: The Grand Seraglio of Stambul* (Nova York: AMS Press, 1931); N. M. Penzer, *The Harem: An Account of the Institution as It Existed in the Palace of the Turkish Sultans with a History of the Grand Seraglio from Its Foundation to Modern Times* (Londres: Spring Books, 1936); Yasar Yucel e M. Mehdi Ilhan, *Sultain Suleyman: The Grand Turk* (Ankara: Turk Tarih Kurumu Basimevi, 1991).
12. Miller, 87.
13. Graças ao casamento de Ibrahim com Hatice, irmã real de Solimão.
14. As principais fontes dessa seção são Princesa Der Ling, *Two Years in the Forbidden City* (Nova York: Dodd, Mead and Company, 1929); Charlotte Haldane, *The Last Great Empress of China* (Londres: Constable, 1965); Sterling Seagrave com a colaboração de Peggy Seagrave, *Dragon Lady: The Life and Legend of the Last Empress of China* (Nova York: Alfred A. Knopf, 1992); e Marina Warner, *The Dragon Empress: Life & Times of Tz'u-hsi 1835-1908 Empress Dowager of China* (Londres: Hamish Hamilton, 1984 [1ª ed., 1972]). A biografia de Seagrave corrige muitos erros factuais em que se baseavam biografias anteriores.
15. Warner, 7.
16. Der Ling, 251.
17. Ibid., 252.
18. Seagrave, 92.
19. Ibid., 126.
20. Ibid., 134.
21. Ibid., 140.
22. Ibid., 146.
23. Ibid., 159.
24. Ibid., 175.

CAPÍTULO 3

1. Rei Jaime I, *Works*, Capítulo 20. Citado em http://www.norton.com/college/history/Ralph/workbook/ralprs20.htm
2. As principais fontes sobre Nell Gwynne são Clifford Bax, *Pretty, Witty Nell: An Account of Nell Gwyn and her Environment* (Nova York: Benjamin Blom, Inc., 1969); Nigel Cawthorne, *The Sex Lives of the Kings and Queens of England* (Londres: Prion, 1994); Arthur I. Dasent, *The Private Life of Charles the Second* (Londres: Cassell & Company, Ltd., 1927); Christopher Falkus, *The Life and Times of Charles II* (Londres: Weidenfeld & Nicolson, 1972); Antonia Fraser, *King Charles II* (Londres: Weidenfeld & Nicolson, 1979); Alan Hardy, *The King's Mistresses* (Londres: Evans Brothers, 1980); Jane Hoare, "The Death of Nell Gwynne", *History Today*, 1977, 27 nº 6, 396-399; Ronald Hutton, *Charles the Second: King of England, Scotland, and Ireland* (Oxford: Clarendon Press, 1989); H. M. Imbert-Terry, *A Misjudged Monarch* (Londres: William Heinemann, 1917); Roy MacGregor-Hastie, *Nell Gwyn* (Londres: Robert Hale, 1987); Tony Palmer, *Charles II: Portrait of an Age* (Londres: Cassell Ltd., 1979).
3. Palmer, 75.
4. Citado por Michael Kesterton, "Life Studies: The Strumpet Who Stole a King's Heart", *Globe and Mail*, 18 nov. 2000.
5. Ibid.
6. Perto do fim da vida, Carlos deu início ao processo para tornar Nell condessa, mas morreu antes que o novo status lhe fosse concedido.
7. Bax, 161-162.
8. Palmer, 2.
9. As principais fontes da seção sobre Madame de Pompadour são Jeremy Black, "Fit for a King", *History Today*, 37 (abril de 1987), 3; Susan Conner, "Sexual Politics and Citizenship: Women in Eighteenth-Century France", *Western Society for French History*, 10 (1982), 264-273; Lucienne Ercole, trad. Gleb Struve e Hamish Miles, *Gay Court Life: France in the Eighteenth Century* (Londres: Hutchinson & Co., 1932); Mme du Hausset, *Memoirs of Marguerite de Valois Queen of France, Wife of Henri IV of Madame de Pompadour of the Court of Louis XV and of Catherine de Medici Queen of France, Wife of Henri II* (Nova York: P.F. Collier & Son, 1914); Thomas E. Kaiser, "Madame de Pompadour and the Theaters of Power", *French Historical Studies*, 19, nº 4 (1996), 1025-1044; Jacques Levron, trad. Claire Eliane Engel, *Pompadour* (Londres: George Allen and Unwin Ltd., 1963); J. J. Mangan, *The King's Favour* (Nova York: St. Martin's Press, 1991).

As principais fontes na discussão das origens da posição de *maîtresse en titre*, ou amante oficial, são Olivier Bernier, *Louis XIV: A Royal Life* (Nova York:

NOTAS

Doubleday, 1987); Vincent Cronin, *Louis XIV* (Londres: Collins, 1964); Robert B. Douglas, *The Life and Times of Madame Du Barry* (Londres: Leonard Smithers, 1881); James L. Ford, *The Story of Du Barry* (Nova York: Frederick A. Stokes Co., 1902); Ragnhild Hatton, *Louis XIV and his World* (Londres: Thams and Hudson, 1972); W. H. Lewis, *The Splendid Century: Some Aspects of French Life in the Reign of Louis XIV* (Londres: Eyre and Spottiswoode, 1953); Louis XIV, trad. Paul Sonnino, *Mémoires for the Instruction of the Dauphin* (Nova York e Londres: The Free Press and Collier-Macmillan Ltd., 1970).

10. Cronin, 176-177.

11. Levron, 121.

12. Ibid., 90.

13. Mangan, 178.

14. As principais fontes dessa seção são Olivier Bernier, *Louis the Beloved: The Life of Louis XV* (Londres: Weidenfeld & Nicolson, 1984); G. P. Gooch, *Louis XV: The Monarchy in Decline* (Londres: Longman's, Green and Co., 1956); Joan Haslip, *Madame Du Barry: The Wages of Beauty* (Londres: Weidenfeld & Nicolson, 1991); Philip M. Laskin, *The Trial and Execution of Madame Du Barry* (Londres: Constable & Co. Ltd., 1969);). J. Mangan, *The King's Favour* (Nova York; St. Martin's Press, 1991).

15. Bernier, *Louis the Beloved*, 248.

16. Laskin, 125.

17. Ibid., 203.

18. As fontes da seção que se segue são Lola Montez, *Lectures of Lola Montez* (Nova York: Rudd & Carleton, 1858), e Bruce Seymour, *Lola Montez: A Life* (New Haven e Londres, Yale University Press, 1996).

19. Seymour, 105.

20. Ibid., 50.

21. Ibid., 108.

22. Ibid., 115.

23. Ibid., 157.

24. Montez, 176-177, 190-191.

25. As principais fontes sobre Katharina Schratt são Jean de Bourgoign (org.), *The Incredible Friendship: The Letters of Emperor Franz Josef to Frau Katharina Schratt* (Nova York: State University of New York, 1966); Francis Gribble, *The Life and Times of Francis Joseph* (Londres: Eveleigh Nasz, 1914); Joan Haslip, *The Emperor and the Actress: The Love Story of Emperor Joseph and Katharina Schratt* (Londres: Weidenfeld & Nicolson, 1982); Joan Haslip, *The Lonely Empress: A Biography of Elizabeth of Austria* (Nova York: The World Publishing Co., 1965); George K. Marek, *The Eagles Die: Franz Josef, Elizabeth, and Their*

620 AMANTES — UMA HISTÓRIA DA OUTRA

Austria (Nova York: Harper & Row, 1974); Alan Palmer, *Twilight of the Hapsburgs: The Life and Times of Emperor Francis Joseph* (Londres: Weidenfeld & Nicolson, 1994); Joseph Redlich, *Emperor Francis Joseph of Austria* (Hamden: Archon Books, 1965); Henri Weindel e Philip W. Sargeant, *Behind the Scenes at the Court of Vienna* (Toronto: The Musson Book Co. Ltd., 1979).

26. As principais fontes da seção sobre Alice Keppel são Theo Aronson, *The King in Love: Edward VII's Mistresses* (Londres: John Murray Publishers Ltd., 1988); C. Carlton, *Royal Mistresses* (Londres: Routledge, 1990); Graham Fisher e Heather Fisher, *Bertie and Alix: Anatomy of a Royal Marriage* (Londres: Robert Hale & Company, 1974); Christopher Hibbert, *Edward VII: A Portrait* (Thetford: Lowe and Brydome, 1976); Richard Hough, *Edward and Alexandra: Their Private and Public Lives* (Londres: Hodder and Stoughton, 1992); Philippe Jullian, *Edward and the Edwardians* (Nova York: Viking Press, 1967); John Phillips, Peter Quennell, Lorna Sage, *The Last of the Edwardians: An Illustrated History of Violet Trefusis and Alice Keppel* (Boston: Boston Athenaeum, 1985); George Plumptre, *Edward VII* (Londres: Pavilion Books Ltd., 1995); Diana Souhami, *Mrs. Keppel and Her Daughter* (Londres: HarperCollins, 1996).

27. Plumptre, 165.

28. Souhami, 91.

29. Ibid., 12, citando o diário de Virginia Woolf, março de 1932.

30. Caroline Graham, *Camilla: The King's Mistress* (Chicago: Contemporary Books, 1994), 152.

31. As fontes dessa seção são Alice-Leone Moats, *Lupescu* (Nova York: Henry Holt and Company, 1955); Príncipe Paul Hohenzollern da Romênia, *King Carol II: A Life of My Grandfather* (Londres: Methuen, 1988); Paul D. Quinlan, *The Playboy King: Carol II of Roumania* (Westport e Londres: Greenwood Press, 1995); D. Quinlan, "Lupescu: Romania's Gray Eminence", *East European Quarterly*, 28, nº 1 (1994), 95-104; M. J. Rooke, "Elena Lupescu and the Court of Carol II", *Contemporary Review*, 232, nº 1345 (1978), 84-89. Também foi usado o seguinte site da internet: http://www.heritagefilms.com/ROMANIA. html#Increasing%20Anti-Semitism

32. Príncipe Paul Hohenzollern da Romênia, 94.

33. Quinlan, *The Playboy King*, 68.

34. Ibid., 116.

35. Ibid., 119.

36. Ibid., 98.

37. Ibid., 114.

38. Ibid., 123, citando a condessa Waldeck.

NOTAS

39. Ibid., 124.

40. Príncipe Paul Hohenzollern da Romênia, 160.

41. Quinlan, "Lupescu," 95.

42. Moats, 21.

43. Príncipe Paul Hohenzollern da Romênia, 161.

44. Ibid., 192.

45. Ibid., 223.

46. "Jewish History of Romania", http://jewishstudents.net/iewish146/romania.html

47. As principais fontes dessa seção são: Jonathan Dimbleby, *The Prince of Wales: A Biography* (Londres: Warner Books, 1995); Caroline Graham, *Camilla The King's Mistress* (Chicago: Contemporary Books, 1994); Andrew Morton, *Diana: Her True Story — In Her Own Words* (Nova York: Simon and Schuster, 1997); Sally Bedell Smith, *Diana in Search of Herself: Portrait of a Troubled Princess* (Nova York: Signet, 2000); e Christopher Wilson, *A Greater Love: Prince Charles's twenty-year affair with Camilla Parker-Bowles* (Nova York: Morrow, 1994); e dezenas de arquivos de jornais e revistas. É possível encontrar enorme quantidade de livros (quase sempre medíocres) sobre Charles, Camilla e Diana, mas de maneira geral os de Morton, Bedell Smith, Dimbleby e Wilson destacam-se como os mais bem-informados e dignos de crédito.

48. Em sua biografia oficial do príncipe Charles, Jonathan Dimbleby escreve que sua amiga Lucia Santa Cruz promoveu o encontro, dizendo que Camilla era "a garota certa" para ele (p. 182). Smith, p. 82, escreve que Andrew Parker-Bowles confirmou esta história como "absolutamente exata". Smith, p. 82.

49. Graham, pp. 9, 8.

50. Ibid., p. 12.

51. Ibid., p. 21.

52. Em nota à p. 288, Jonathan Dimbleby dá a entender que isso não é verdade, pois a fonte da informação tinha morrido.

53. Dimbleby, p. 286.

54. Dimbleby, p. 383.

55. Ibid., p. 330.

56. Graham, p. 93.

57. Smith, p. 243.

58. "The Diana Tapes", citado na *People Magazine*, 20/10/1997, p. 107.

59. Graham, p. 106.

60. Graham, p. 159.

61. Ibid., p. 155.

62. Ibid.,p.131.

622 AMANTES — UMA HISTÓRIA DA OUTRA

63. Ibid., p. 165.
64. Ibid., pp.170-1.
65. Ibid., p. 203.
66. Citado na *People*, 20/03/1998, http://bigmouth/pathfinder/com/people/970804/features/camilla.html
67. Smith, p. 19.
68. Ibid., p. 350.
69. A.P., 5 set. 1997, citado no *Los Angeles Times*.
70. Anne-Marie O'Neil, "Charles & Camilla: Finally, Husband & Wife", *People Magazine*, 25 de abril de 2005, vol. 63, nº 16.

CAPÍTULO 4

1. As principais fontes dessa seção são Arthur Calder-Marshall, *The Two Duchesses* (Londres: Hutchinson & Co. Ltd., 1978); Phyllis Deutsch, "The Vortex of Dissipation", em Valerie Frith (org.), *Women & History: Voices of Early Modern England* (Toronto: Coach House Press, 1995); Amanda Foreman, *Georgiana: Duchess of Devonshire* (Londres: HarperCollins, 1999); Vere Foster (org.), *The Two Duchesses: Georgiana, Duchess of Devonshire, Elizabeth Duchess of Devonshire (Correspondence)* (Bath: Cedric Chivers, Ltd., 1978); Iris L. Gower, *The Face Without a Frown: Georgiana, Duchess of Devonshire* (Londres: Frederick Moller Ltd., 1944); James Lees-Milne, *The Bachelor Duke: A Life of William Spencer Cavendish, 6th Duke of Devonshire, 1790-1858* (Londres: John Murray Publishers Ltd., 1991); Brian Masters, *Georgiana, Duchess of Devonshire* (Londres: Hamish Hamilton, 1981); e E. A. Smith, *Lord Grey, 1764-1845* (Nova York: Oxford University Press, 1990).
2. Foreman, 102.
3. Masters, 135.
4. Ibid., 107.
5. Foreman, 267.
6. As principais fontes dessa seção são Phyllis Grosskurth, *Byron: The Flawed Angel* (Toronto: Macfarlane Walter & Ross, 1997); Elizabeth Jenkins, *Lady Caroline Lamb* (Londres: Sphere Books, 1972); Sean Manchester, *Mad, Bad and Dangerous to Know: The Life of Caroline Lamb* (Highgate, Londres: Gothic Press, 1992); Peter Quennell, *Byron: The Years of Fame* (Londres: The Reprint Society, 1943); Margot Strickland, *The Byron Women* (Londres: Peter Owen, 1974).
7. Manchester, 32.
8. Ibid., 42.
9. Ibid., 80.
10. Ibid., 89.

NOTAS

11. Ibid., 92.
12. Grosskurth, 474.
13. As principais fontes dessa seção são Robert Gittings e Jo Manton, *Claire Clairmont and the Shelleys 1798-1879* (Nova York: Oxford, 1992); Phyllis Grosskurth, *Byron: The Flawed Angel* (Toronto: Macfarlane Walter & Ross, 1997); R. Glynn Grylls, *Claire Clairmont: Mother of Byron's Allegra* (Londres: John Murray, 1939); N. John Hall, *Salmagundi: Byron and the Trollope Family* (Beta Phi Mu Honor Society, 1975); Marion K. Stocking (org.), *The Journals of Claire Clairmont* (Cambridge: Harvard University Press, 1968); Marion K. Stocking (org.), *The Clairmont Correspondence: Letters of Claire Clairmont, Charles Clairmont and Fanny Imlay Godwin*, vol. 1, 1808-1834 (Baltimore: Johns Hopkins University Press, 1995).
14. Gittings e Manton, 27.
15. Ibid., 28-29.
16. Ibid., 29.
17. Hall, 7.
18. Ibid., 12.
19. Grylls, 218-219.
20. Ibid., 17.
21. Stocking (org..), *Journals*, 228.
22. Ibid., 241.
23. Gittings e Manton, 242.
24. Ibid., 244.
25. Ibid., 245.
26. As principais fontes desta seção são Austin K. Gray, *Teresa: The Story of Byron's Last Mistress* (Londres: George G. Harrap and Company Ltd., 1948); Phyllis Grosskurth, *Byron: The Flawed Angel* (Toronto: Macfarlane Walter & Ross, 1997); Iris Ongo, *The Last Attachment: The Story of Byron and Teresa Guiccioli as Told in Their Unpublished Letters and Other Family Papers* (Londres: Jonathan Cape & John Murray, 1949).
27. Origo, 45.
28. Ibid., 49.
29. Ibid., 81.
30. Grosskurth, 353.
31. Ibid., 355.
32. Os autores superaram esses mesmos obstáculos mediante o inverossímil recurso de casar suas heroínas fictícias com os patrões — Pamela, a criada de Samuel Richardson, e a Jane Eyre de Charlotte Brontë. Mas Claire Clairmont foi muito mais fiel à vida real.

AMANTES — UMA HISTÓRIA DA OUTRA

CAPÍTULO 5

1. As principais fontes dessa seção são Anne Llewellyn Barston, *Married Priests and the Reforming Papacy: The Eleventh Century Debates* (Nova York: Edwin Mellen Press, 1982); James Brundage, "Concubinage and Marriage in Medieval Canon Law", *Journal of Medieval History* 1, nº 1 (abril de 1975), 1-17; Eamon Duffy, *Saints & Sinners: A History of the Popes* (New Haven: Yale University Press, 1997); Otto Feldbauer e David Lederer, *The Concubine: Women, Priests and the Council of Trent* (manuscrito inédito, agosto de 2002); Robin Lane Fox, *Pagans and Christians* (Londres: Viking, Penguin Inc., 1986); Heney C. Lea, *The History of Sacerdotal Celibacy in the Christian Church* (Nova York: Russell and Russell, 1957); e Edward Peters, *Torture* (Oxford: Basil Blackwell Ltd., 1985).
2. Lederer e Otto, esboço de Introdução, 11-12.
3. Ibid, 64.
4. Feldbauer e Lederer, esboço de introdução.
5. Peters, 55.
6. Lea, 115.
7. As principais fontes dessa seção são E. R. Chamberlin, *The Bad Popes* (Nova York: The Dial Press, 1969); F. L. Glaser (org.), *Pope Alexander and His Court* (Nova York: Nicholas L. Brown, 1921); Horace K. Mann, *The Lives of the Popes in the Early Middle Ages* (Londres: Kegan Paul, Trench, Trubner, & Co., 1910); Arnold H. Mathew, *The Life and Times of Rodrigo Borgia* (Londres: Stanley Paul & Co., 1912); Peter Stanford, *The She-Pope: A Quest for the Truth Behind the Mystery of Pope Joan* (Londres: Heineman, 1998).
8. Chamberlin, 29.
9. Ibid., 37.
10. As principais fontes dessa seção são Nicolas L. Brown (org.), *Pope Alexander and His Court* (Nova York: Nicholas L. Brown, 1921); E. R. Chamberlin, *The Bad Popes* (Nova York: The Dial Press, 1969); E. R. Chamberlin, *The Fall of the House of Borgia* (Nova York: Dial Press, 1974); Orestes Ferrara, *The Borgia Pope: Alexander the VI* (Londres: Sheed and Ward, 1942); Clemente Fusero, *The Borgias* (Londres: Pall Mall Press, 1979); Michael Mallett, *The Borgias: The Rise and Fall of a Renaissance Dynasty* (Londres: The Bodley Head, 1969); e Arnold H. Mathew, *The Life and Times of Rodrigo Borgia* (Londres: Stanley Paul & Co., 1912).
11. Chamberlin, *The Fall of the House of Borgia*, 42.
12. As principais fontes dessa seção são James F. Colaianni, *Married Priests & Married Nuns* (Nova York: McGraw-Hill, 1968); "Good Tidings: Ministry for Women and Priests in Relationships", disponível em http://www.

NOTAS

recovering-catholic.com/goodtide.html; Annie Murphy em colaboração com Peter de Rosa, *Forbidden Fruit: The True Story of My Secret Love Affair with Ireland's Most Powerful Bishop* (Boston: Little, Brown and Company, 1993); David Rice, *Shattered Vows: Priests Who Leave* (Nova York: Wm. Morrow and Co., Inc., 1990); A. W. Richard Sipe, *A Secret World* (Nova York: Brunner/Mazel, 1990); A. W. Richard Sipe, *Sex, Priests, and Power: Anatomy of a Crisis* (Nova York: Brunner/Mazel, 1995); Terrance A. Sweeney e Pamela Shoop Sweeney, *What God Hath Joined* (Nova York: Ballantine Books, 1993); assim como artigos de jornal sobre o romance de Annie Murphy com o bispo irlandês Eamonn Casey.

13. Sipe, *A Secret World*, 75.
14. Sipe, *Sex, Priests, and Power*, 124.
15. Rice, 129.
16. Ibid., 118.
17. Ibid., 119.
18. Sipe, *A Secret World*, 233.
19. Murphy, 46.
20. Ibid., 60.
21. Ibid., 135.
22. John Burns, "Casey Calls for Peaceful Retirement", *Sunday Times* (Londres), 31 jan. 1999.
23. Bill Wigmore, "The Sins of the Fathers", *New Statesman* (Londres), 4 out. 1996.
24. Todas as informações sobre a relação de Louise Iusewicz com Michael derivam de correspondência por e-mail e entrevistas por telefone a 1º jan. 2001 e no fim de jan. 2001.
25. Sweeney e Shoop, 63.
26. Ibid., 223.
27. Ibid., 284.
28. Ibid., 307.
29. Todas as citações nessa seção são extraídas do site Good Tidings, http://www. recovering-catholic.com/goodtide.html
30. Grifos nossos.

CAPÍTULO 6

1. As principais fontes dessa seção são Jerome R. Adams, *Liberators and Patriots of Latin America: Biographies of 23 Leaders from Dona Marina (1505-1530) to Bishop Romero (1917-1980)* (Jefferson: McFarland & Company, Inc., 1991); Abel A. Alves, *Brutality and Benevolence: Human Ethnology, Culture, and*

the Birth of Mexico (Wesport: Greenwood Press, 1996); Joanne D. Chaison, "Mysterious Malinche: A Case of Mistaken Identity", *Americas*, 32, nº 4 (1976), 514-523; Sandra Cypress Messenger, *La Malinche in Mexican Literature: From History to Myth* (Austin: University of Texas Press, 1991); James D. Henderson e Linda Henderson, *Ten Notable Women of Latin America* (Chicago: Nelson-Hall, 1978); Clara S. Kidwell, "Indian Women as Cultural Mediators", *Ethno History*, 39, nº 2 (1992), 97-104; Salvador de Madariaga, *Hernan Cortes, Conqueror of Mexico* (Nova York: The Macmillan Company, 1941); James Olson (org.), *Historical Dictionary of the Spanish Empire, 1402-1975* (Nova York: Greenwood Press, 1992); Rachel Philips, "Marina/Malinche: Masks and Shadows", em Beth Miller (org.), *Women in Hispanic Literature: Icons and Fallen Idols* (Berkeley: University of California Press, 1983); e Carl Waldman e Alan Wexler, *Who's Who in World Exploration* (Nova York: Facts on File Inc., 1992).

2. Adams, 8, citando Bernal Diaz.

3. As principais fontes dessa seção são Somer Brodribb, "The Traditional Roles of Native Women in Canada and the Impact of Colonization", *The Canadian Journal of Native Studies*, 41, 85-103; Jennifer S. H. Brown, "Changing Views of Fur Trade Marriage and Domesticity: James Hargreave, His Colleagues, and 'the Sex'", *The Western Canadian Journal of Anthropology*, 6, nº 3 (1976), 92-105; James Thomas Flexner, *Lord of the Mohawks: A Biography of Sir William Johnson* (Toronto: Little, Brown and Co., 1979); Barbara Graymont, "Konwatsi'tsiaienni (Mary Brant)", em Myra Rutherdale, "Revisiting Colonization Through Gender: Anglican Missionary Women in the Pacific Northwest and the Arctic, 1860-1945", *BC Studies*, nº 104 (inverno de 1994), 416-419; Valerie Shirer, "A New Look at the Role of Women in Indian Society", *American Indian Quarterly*, 2, nº 2 (1978), 131-139; Coil-Peter Thrush e Robert J. Keller, Jr., "'I See What I Have Done': The Life and Murder Trial of Xwelas, A S'K-lallam Woman", *Western Historical Quarterly*, 16 (1995), 169-188; Sylvia Van Kirk, *"Many Tender Ties": Women in Fur-Trade Society in Western Canada, 1670-1870* (Winnipeg: Watson & Dwyer Publishing Ltd., 1980); Sylvia Van Kirk, "Women and the Fur Trade", *The Beaver* (inverno de 1972), 4-22; Christine Welch, "Voices of the Grandmothers: Reclaiming a Metis Heritage", *Canadian Literature*, nº 131 (1991), 15-24.

4. Naturalmente, a posição das mulheres variava muito nas diferentes tribos.

5. Van Kirk, 40.

6. Ibid., 161-163.

7. Ibid., 163.

8. Welch, 22.

9. Van Kirk, 205.

NOTAS

10. As principais fontes dessa seção são Thomas A. Bass, *Vietnamerica: The War Comes Home* (Nova York: Soho Press Inc., 1996); Le Ly Hayslip em colaboração com Jay Wurts, *When Heaven and Earth Changed Places: A Vietnamese Woman's Journey from War to Peace* (Nova York: Doubleday, 1989); Steven DeBonis, *Children of the Enemy: Oral Histories of Vietnamese Amerasians and Their Mothers* (Jefferson, North Carolina: McFarland, 1995); Gwen Kirk, "Speaking Out About Militarized Prostitution in South Korea", *Peace and Freedom*, n⁰ 55 (set. 1995), 12-14.

11. Hayslip, 199.

12. Ibid., 135.

13. Ibid., 284.

CAPÍTULO 7

1. As principais fontes dessa seção são T. Baker & Julie P. Baker, *The WPA Oklahoma Slave Narratives* (Norman, Oklahoma: University of Oklahoma Press, 1996); John W. Blassingame, *The Slave Community: Plantation Life in the Antebellum South* (Nova York: Oxford University Press, 1979); Josephine Boyd Bradley e Kent Anderson Leslie, "White Pain Pollen: An Elite Biracial Daughter's Quandary", em Martha Hodes (org.), *Sex Love Race: Crossing Boundaries in North American History* (Nova York, Londres: New York University Press, 1999); Victoria E. Bynum, *The Politics of Social and Sexual Control in the Old South* (Chapel Hill, Carolina do Norte: The University of North Carolina Press, 1992); Catherine Clinton, *The Plantation Mistress: Woman's World in the Old South* (Nova York: Pantheon Books, 1982); E. Cunningham, *In Pursuit of Reason: The Life of Thomas Jefferson* (Baton Rouge: Louisiana State University Press, 1987); Paul D. Escott, *Slavery Remembered: A Record of Twentieth-Century Slave Narratives* (Chapel Hill: University of North Caroline Press, 1979); Laura T. Fishman, "Slave Women, Resistance and Criminality: A Prelude to Future Accommodation", *Women & Criminal Justice*, 7, n⁰ 1 (1995) 35-65; David P. Geggus, "Slave and Free Colored Women in Saint Domingue", em D. B. Gaspar e D. C. Hine, *More than Chattel: Black Women and Slavery in the Americas* (Bloomington, Indiana: Indiana University Press, 1996); Elizabeth Fox Genovese, *Within the Plantation Household: Black and White Women of the Old South* (Chapel Hill, NC: University of North Carolina Press, 1988); Eugene Genovese, *Roll Jordan Roll: The World the Slaves Made* (Nova York: Pantheon Books, 1974); Herbert G. Gutman, *The Black Family in Slavery and Freedom, 1750-1925* (Nova York: Pantheon Books, 1976); Minrose C. Gwin, "Green-eyed Monsters of the Slavocracy: Jealous Mis-

tresses in Two Slave Narratives", em D. Clark Hine (org.), *Black Women in United States History* (Nova York: Carlson Publishing Inc., 1990); Douglas Hall, *In Miserable Slavery: Thomas Thistlewood in Jamaica, 1750-86* (Hong Kong: The Macmillan Press Ltd., 1989); Darlene Clark Hine, "Female Slave Resistance: The Economics of Sex", em D. Clark Hine (org.), *Black Women in United States History* (Nova York: Carlson Publishing Inc., 1990); Martha Hodes, "Illicit Sex Across the Color Line: White Women and Black Men in the Civil War South", *Critical Matrix* 15 (outono/inverno 1989) 29-64; Thomas N. Ingersoll, *Mammon and Manon in early New Orleans* (Knoxville, Tennessee: University of Tennessee Press, 1999); Harriet A. Jacobs, *Incidents in the Life of a Slave Girl* (Cambridge, Massachusetts: Harvard University Press, 1987); Thelma Jennings, "'Us Colored Women Had To Go Through A Plenty': Sexual Exploitation of African-American Slave Women", *Journal of Women's History* 1, nº 3 (inverno de 1990): 45-68; James Hugo Johnston, *Miscegenation in the Ante-Bellum South* (Nova York: AMS Press Inc., 1972), escrito originalmente em 1937 para uma tese na Universidade de Chicago; James Hugo Johnston, *Race Relations in Virginia and Miscigenation in the South, 1776-1860* (Amherst, Massachusetts: University of Massachusetts Press, 1970); Winthrope D. Jordan, *White Over Black: American Attitudes Towards the Negro, 1550-1812* (Nova York: Norton & Com., 1977); James Joy, "Searching for a Tradition: African-American Women Writers, Activists, and Interracial Rape Cases", em K.M. Vaz (org.), *Black Women in America* (Thousand Oaks, Califórnia: Sage Publications Inc., 1995); Wilma King, "Suffer with them till Death": Slave Women and Their Children in Nineteenth Century America, em D. B. Gaspar e D. C. Hine, *More than Chattel: Black Women and Slavery in the Americas* (Bloomington, Indiana: Indiana University Press, 1996); Herbert S. Klein, *Slavery in the Americas: A Comparative Study of Virginia and Cuba* (Chicago: University of Chicago Press, 1967); Peter Kolchin, *American Slavery, 1619-1877* (Nova York: Hill and Wang, 1993); Helene Lecaudey, "Behind the Mask: Ex-Slave Women and Interracial Relations", em P. Morton (org.), *Discovering the Women in Slavery* (Athens, Geórgia: University of Georgia Press, 1996); John G. Mencke, *Mulattoes and Race Mixture: American Attitudes and Images 1865-1918* (Ann Arbor: UMI Research Press, 1979); Marietta Morrissey, *Slave Women in the New World: Gender Stratification in the Caribbean* (Lawrence, Kansas: University Press of Kansas, 1989); Michael Mullin (org.), *American Negro Slavery: A Documentary History* (Columbia, SC: University of South Carolina Press, 1976); Orlando Patterson, *Slavery and Social Death: A Comparative Study* (Cambridge, Massachusetts: Harvard University Press, 1982); C. L. Perdue, T. E. Barden e R. K.

Phillips (org.), *Weevils in the Wheat: Interviews with Virginia Ex-Slaves* (Charlottesville, Virgínia: University Press of Virginia, 1976); Edward Byron Reuter, *The Mulatto in the United States* (Boston: The Gorham Press, 1918); C. C. Robertson e Martin A. Klein (org.), *Women and Slavery in Africa* (Madison, Wisconsin: University of Wisconsin Press, 1983); Willie L. Rose, *A Documentary History of Slavery in North America* (Nova York: Oxford University Press, 1976); Judith Schafter, "'Open and Notorious Concubinage': The Emancipation of Slave Mistresses by Will and the Supreme Court in Antebellum Louisiana", em D. Clark Hine, *Black Women in United States History* (Nova York: Carlson Publishing Inc., 1990); Ann A. Shockley, *Afro-American Women Writers 1746-1933: An Anthology and Critical Guide* (Nova York: Meridian Book Printing, 1989); *Six Women's Slave Narratives* (Nova York, Oxford: Oxford University Press, 1988); Julia F. Smith, *Slavery and Plantation Growth in Antebellum Florida, 1821-1860* (Gainesville, Flórida: University of Florida Press, 1973); Kim M. Vaz, "Organization of the Anthology", em K. M. Vaz (org.), *Black Women in America* (Thousand Oaks, CA: Sage Publications Inc., 1995); Richard C. Wade, *Slavery in the Cities: the South 1820-1860* (Nova York: Oxford University Press, 1964); Deborah G. White, *Ain't I A Woman? Female Slaves in the Plantation South* (Nova York: W. W. Norton & Co., 1985); e Norman R. Yetman (org.), *Voices from Slavery* (Nova York: Holt, Rinehart and Winston, 1970). Além disso, para aprofundar meu entendimento das narrativas de escravos, li as seguintes fontes críticas: David Thomas Bailey, "A Divided Prism: Two Sources of Black Testimony on Slavery", *The Journal of Southern History*, 46, nº 3 (agosto 1980) 381-404; John W. Blassingame (org.), *Slave Testimonies: Two Centuries of Letters, Speeches, Interviews, and Autobiographies* (Baton Rouge, Louisiana: Louisiana State University Press, 1977); Catherine Clinton, *The Other Civil War: American Women in the Nineteenth Century* (Nova York: Hill and Wang, 1984); Jill K. Conway, *The Female Experience in 18th and 19th Century America: A Guide to the History of American Women* (Princeton, Nova Jersey: Princeton University Press, 1985); Hazel V. Corby, *Reconstructing Womanhod: The Emergence of the Afro-American Woman Novelist* (Nova York: Oxford University Press, 1987); Alice A. Deck, "Whose Book Is This? Authorial Versus Editorial Control of Harriet Brent Jacobs' Incidents in the Life of a Slave Girl: Written By Herself", *Women's Studies International Forum*, 10, nº 1 (1987) 33-40; Thomas Doherty, "Harriet Jacobs; Narrative Strategies: Incidents in the Life of a Slave Girl", *Southern Literary Journal*, 19, nº 1 (1986) 79-91; Francis Smith Foster, *Witnessing Slavery: The Development of Ante-Bellum Slave Narratives,* 2ª ed. (Madison, Wisconsin: The University of Wisconsin Press, 1994); Deborah M. Garfield e Rafia Zafar (orgs.), *Harriet Jacobs and Incidents in the Life of a Slave Girl: New Critical Essays* (Nova York: Cambridge University Press, 1996); Raymond Hedin, "The American Slave Narrative: The Justification of the Picaro", *American Literature* 53, n° 1 (janeiro 1982) 630-645; Raymond Hedin, "Muffled Voices: The American Slave Narrative", *Clio*, 10, n° 2 (1981): 129-142; Carolyn L. Karcher, "Lydia Maria Child's *A Romance of the Republic*: An Abolitionist Vision of America's Racial Destiny", em Deborah E. McDowell e Arnold Rampersad (orgs.), *Slavery and the Literary Imagination* (Baltimore: The Johns Hopkins University Press, 1989); Carolyn L. Karcher, *The First Woman in the Republic: A Cultural Biography of Lydia Maria Child* (Durham: Duke University Press, 1994); Joycelyn K. Moody, "Ripping Away the Veil of Slavery: Literacy, Communal Love, and Self-Esteem in Three Slave Women's Narratives", *Black American Literature Forum*, 24, n° 4 (inverno de 1990) 633-648; Winifred Morgan, "Gender-Related Difference in the Slave Narratives of Harriet Jacobs and Frederick Douglass", *American Studies*, 35, n° 2 (1994) 73-94; Charles H. Nichols, "Who Read the Slave Narratives?", *Phylon*, 20, n° 2 (1959) 149-162; Robert F. Sayre, "The Proper Study-Autobiographies in American Studies", *American Quarterly*, 29, n° 3 (1977): 241-262; Laura E. Tanner, "Self-Conscious Representation in the Slave Narrative", *Black America Literature Forum*, 21, n° 4 (inverno de 1987): 415-424; Deborah Gray White, *Ain't I a Woman? Female Slaves in the Plantation South* (Nova York, Londres: W. W. Norton & Co., 1987); Cynthia Griffin Wolff, "Passing Beyond the Middle Passage: Henry 'Box' Brown's Translations of Slavery", *Massachusetts Review*, 37, n° 1 (1996) 23-44; Jean Fagan Yellin, *Women & Sisters: The Antislavery Feminists in American Culture* (New Haven: Yale University Press, 1989); e Jean Fagan Yellin, "Text and Contexts of Harriet Jacobs' Incidents in the Life of a Slave Girl: Written by Herself", em C. T. Davis e H. L. Gates (orgs.), *The Slave's Narrative* (Nova York: Oxford University Press, 1985).

2. Richard C. Wade, *Slavery in the Cities: The South 1820-1860* (Nova York: Oxford University Press, 1964), 124.

3. Genovese, *Roll, Jordan, Roll*, 426.

4. Todas as referências a Phibbah são extraídas de Hall, *In Miserable Slavery: Thomas Thistlewood in Jamaica, 1750-1786*.

5. Ibid., 80.

6. Clinton, *The Plantation Mistress*, 216.

7. Ibid., 217.

8. Quero aqui registrar meu agradecimento a Fawn Brodie, *Thomas Jefferson: An Intimate History* (Nova York: W. W. Norton & Co. Inc., 1974); e Annette Gordon-Reed, *Thomas Jefferson and Sally Hemings: An American Controversy*

NOTAS 631

(Charlottesville: University Press of Virginia, 1997). Ambas sustentam enfaticamente que Sally Hemings foi amante de Jefferson, embora até hoje se disponha apenas de comprovação por testes de DNA de um vínculo sanguíneo de Jefferson com o filho de Sally, Eston. Também li boa parte da crescente literatura sobre a questão. Boa parte resulta da rejeição coletiva dos autores à ideia de que Jefferson pudesse ter gerado filhos mestiços. Infelizmente, é tão escassa a documentação sobre a vida de Sally Hemings que se torna impossível uma certeza sobre a identidade dos pais de seus filhos, entre eles Eston, aparentado a Jefferson.

9. Brodie, 167.
10. Ibid., 349.
11. Ibid., 350.
12. David N. Mayer, em "The Thomas Jefferson-Sally Hemings Myth and the Politicization of American History", disponível em http://www.ashbrook.org/articles/mayer-hemings.html#V
13. Brodie, 352.
14. Ibid., 354.
15. Em 1853, o primeiro romancista negro, o escravo foragido William Wells Brown, publicou *Clotel, or the President's Daughter*, romance melodramático sobre uma das supostas amantes negras de Jefferson e suas filhas mulatas ilegítimas e "trágicas".
16. Jefferson morreu a 4 de julho de 1826.
17. Kent Anderson Leslie, *Woman of Color, Daughter of Privilege* (Athens, Geórgia: University of Georgia Press, 1999) é a fonte dessa seção.
18. Ibid., 57.
19. Ibid., 50.
20. Ibid.
21. Ibid., 138.
22. Ibid., 96.
23. Ibid., 59.
24. Ibid., 64.
25. Ibid., 142.
26. Ibid., 72.
27. Ibid., 144-145.
28. A principal fonte dessa seção é Harriet A. (Harriet Ann) Jacobs, *Incidents in the Life of a Slave Girl: Written by Herself*, org. de L. Maria Child, introdução de Jean Fagan Yellin (Cambridge: Harvard University Press, 1987). Todas as citações nessa seção são desse livro. Sempre que possível, as referências remetem aos nomes reais dos personagens, e não aos pseudônimos usados por Jacobs em seu livro.

AMANTES — UMA HISTÓRIA DA OUTRA

CAPÍTULO 8

1. As principais fontes dessa seção são Yitzhak Arad, *Belzec, Sobibor, Treblinka* (Bloomington e Indianápolis: Indiana University Press, 1987); Eugene Aroneanu, trad. Thomas Whissen, *Inside Concentration Camps* (Westport: Praeger Pub., 1996); Elie A. Cohen, trad. M. H. Braaksma, *Human Behaviour in the Concentration Camp* (Londres: Free Association Books, 1988); Erica Fischer, *Aimee & Jaguar: A Love Story* (Nova York: HarperCollins, 1995); Fania Fenelon, trad. Judith Landry, *Playing For Time* (Nova York: Atheneum, 1977); Ida Fink, *A Scrap of Time and Other Stories* (Nova York: Random House, 1987); Ida Fink, *Traces* (Nova York: Metropolitan Books, Henry Holt, 1997); Erich Goldhagen, "Nazi Sexual Demonology", *Midstream* (maio de 1981), 7-15; Kitty Hart, *Return to Auschwitz* (Londres: Sidgwick & Jackson, 1981); Felicja Karay, trad. Sara Kitai, *Death Comes in Yellow* (Netherlands: Harwood Academic Publishers, 1996); Höss Broad Kremer, *KL Auschwitz Seen by the SS* (Nova York: Howard Fertig, 1984); Robert Jay Lifton, *The Nazi Doctors: Medical Killing and the Psychology of Genocide* (Nova York: Basic Books, 1986); Dalia Ofer e Lenore J. Weitzman (orgs.), *Women in the Shoah* (New Haven, Londres: Yale University Press, 1998); Anna Pawelczynska, trad. Catherine S. Lech, *Values and Violence in Auschwitz* (Berkeley e Los Angeles: University of California Press, 1979); Gisella Perl, *I Was a Doctor in Auschwitz* (Nova York: Arno Press, 1979); Carol Rittner e John K. Roth, *Different Voices: Women and the Shoah* (Nova York: Paragon House, 1993); Roger A. Ritvo e Diane M. Plotkin, *Sisters in Sorrow* (College Station: Texas A&M University Press, 1998); Lore Shelley, trad. e org., *Auschwitz: The Nazi Civilization* (Maryland: University Press of America, 1992); Sherri Szeman, *The Kommandant's Mistress* (Nova York: HarperCollins, 1993); Nechama Tee, "Women in the Forest", *Contemporary Jewry*, 17 (1996), http://www.interlog.com/~mighty/forest.htm; Nechama Tee, "Women Among the Forest Partisans", em Dalia Ofer e Lenore J. Weitzman (orgs.), *Women in the Shoah* (New Haven, Londres: Yale University Press, 1998); Germaine Tillion, trad. Gerald Satterwhite, *Ravensbruck* (Garden City: Anchor Press/Doubleday, 1975); Ka Tzetnik, trad. Moshe M. Kohn, *House of Dolls* (Londres: Frederick Muller Ltd., 1956); encontrados em sites da internet: Johanna Micaela Jacobsen, "Women's Sexuality in WWII Concentration Camps", http://www.itp.berkley.edu/~hzaid/jojanna/papen.simpletext.htr; "The Nizkor Project, Operation Reinhard: Command Staff-Sobibor," http://www1.us.nizkor.org/faqs/reinhard/reinhard-faq-18.html; e "Return to Survivor/Witnesses," disponível em http://remember.org/wit.sur.luctr.html

NOTAS

2. "Vera Laska", em Rittner e Roth, 263.

3. Mesmo as mulheres alemãs que sucumbiam aos encantos de prisioneiros de guerra franceses e poloneses não judeus que trabalhavam na lavoura eram tosquiadas, cobertas de alcatrão e penas, exibidas em paradas pelas aldeias e publicamente ridicularizadas, para em seguida serem enviadas para Ravensbruck.

4. Höss, citado em Ofer e Weitzman, 306-307.

5. À exceção de casos relativamente raros em que homens secretamente homossexuais ou bissexuais das SS sofriam abusos.

6. Às vezes os SS torturavam-nos primeiro, com chutes e espancamentos, e atiçavam cães Doberman contra eles, para em seguida atirá-los ainda vivos nos crematórios.

7. Jacobsen, "Women's Sexuality", 2.

8. Ibid., 5.

9. Reminiscências de Ruth Bondy, em Ofer e Weitzman, 320.

10. Reminiscências de Felicja Karay, em Ofer e Weitzman, 296.

11. Perl, 58.

12. Ada Lichtman, citado por Arad, 195.

13. Lucille E., "Return to Survivors/Witnesses" [online].

14. Tillion, 174.

15. Perl, 89.

16. Ibid., 90.

17. Rittner e Roth, 157.

18. Tee, "Women Among the Forest Partisans", 228-229; também as memórias de Fruma Gulkowitz-Berger em "Women of Valor", www.interlog.com/~mighty/valor/partisan.htm © Judy Cohen, 2001.

19. As principais fontes dessa seção são Hans Peter Bleuel, *Sex and Society in Nazi Germany* (Nova York: Dorset Press, 1973, 1996); Linda Grant, "My Cousin, Eva Braun", *The Guardian*, 27 de abril de 2002, encontrado em http://books.guardian.co.uk/departments/history/story/0,6000,690595,00.html; Nerin E. Gun, *Eva Braun: Hitler's Mistress* (Nova York: Meredith Press, 1968); Glen Infield, *Eva and Adolph* (Nova York: Grosset and Dunlap, 1974); e Wulf Schwarzwaller, *The Unknown Hitler: His Private Life and Fortune* (Maryland: National Press Books, 1989).

20. Infield, 211.

21. Timothy W. Ryback, "Hitler's Lost Family", *The New Yorker*, 17 de julho de 2000, 48, cita um oficial da inteligência do Exército americano, George Allen, que entrevistou Paula no fim de maio de 1945. Allen a considerava "uma mulher

634 AMANTES — UMA HISTÓRIA DA OUTRA

de classe média baixa, de muita religiosidade mas nenhuma inteligência, que teve o azar de se relacionar com uma pessoa famosa com a qual nada tinha em comum".

22. Gun, 69.
23. Ibid., 53.
24. Ibid., 66.
25. Infield, 90.
26. Bleuel, 47.
27. Grant.
28. Gun, 179.
29. Ibid.,7.
30. Infield, 221.
31. Ibid., 234.
32. Ibid., 237.
33. Ibid., 245.
34. Michael R. Marrus em sua resenha sobre Ian Kershaw, *Hitler 1936-45: Nemesis* (Londres: Allen Lane, 2000), em *The Globe and Mail*, 9 dez. 2000.
35. São as seguintes as principais fontes dessa seção: Elzbieta Ettinger, *Hannah Arendt-Martin Heidegger* (New Haven: Yale University Press, 1995); Bonnie Honig, *Feminist Interpretations of Hannah Arendt* (Pensilvânia: The Pennsylvania State University Press, 1995); Derwent May, *Hannah Arendt* (Harmondsworth, Reino Unido: Penguin, 1986); John McGowan, *Hannah Arendt: An Introduction* (Mineápolis: University of Minnesota Press, 1998); Elisabeth Young-Bruehl, *Hannah Arendt: For Love of the World* (New Haven: Yale University Press, 1982); David Watson, *Arendt* (Londres: Fontana Press, 1992).
36. Rudiger Safranski (trad. Ewald Osers), *Martin Heidegger: Between Good and Evil* (Cambridge, Massachusetts: Harvard University Press, 1998), 137.
37. Ibid.
38. Honig, 67.
39. Ibid.
40. Ettinger, 30.
41. Ibid., 35.
42. Ibid., 48. Grifos nossos.
43. Honig, 70.
44. Safranski, 255.
45. Ibid., 373.
46. Ettinger, 98.
47. Safranski, 377.
48. Ettinger, 72.

NOTAS

49. Ibid., 116.
50. Ibid., 101.
51. Ibid., 114.
52. Num ensaio de 1971 sobre Heidegger aos oitenta anos ("Heidegger at Eighty"), ela pintou o quadro de um filósofo impotente que, numa rara incursão fora da torre de marfim, tomou decisões equivocadas e precipitadas e rapidamente retornou à torre quando as "questões humanas" o deixaram chocado e decepcionado.
53. Safranski, 140.
54. Hannah Arendt, "Understanding and Politics", em Jerome Kohn (org.), *Essays in Understanding 1930-1954* (Nova York: Harcourt Brace & Company, 1994), 252. Citado por Bethania Assy, "Eichmann, the Banality of Evil, and Thinking in Arendt's Thought", http://www.bu.edu/wcp/Papers/Cont/ContAssy.htm

CAPÍTULO 9

1. Rosemary Sullivan, *Labyrinth of Desire: Women, Passion and Romantic Obsession* (Toronto: HarperCollins, 2001).
2. As principais fontes dessa seção são Joseph Barry, *French Lovers* (Nova York: Arbor House, 1987); M. T. Clanchy, *Abelard: A Medieval Life* (Oxford: Blackwell, 1997); Leif Grane, *Peter Abelard: Philosophy and Christianity in the Middle Ages* (Londres: George Allen and Unwin Ltd., 1970); e Alexander Pope, *Eloïsa to Abelard: With the Letters of Heloïse to Abelard in the Version by John Hughes (1713)* (Miami: University of Miami Press, 1965). Não chegou até nós o nome de família de Heloísa.
3. Grane, 48.
4. Pope, 7.
5. Ibid., 6.
6. Grane, 49.
7. Barry, 9. Grifos nossos.
8. Ibid., 10.
9. Grane, 56.
10. Barry, 11.
11. Pope, 9.
12. Barry, 13.
13. Ibid.
14. Pope, 67.
15. Ibid., 73.
16. Barry, 21.

17. Clanchy, 151.
18. Pope, 97.
19. As principais fontes dessa seção são Joseph Barry, *French Lovers* (Nova York: Arbor House: 1987); Esther Ehrman, *Mme Du Chatelet: Scientist, Philosopher and Feminist of the Enlightenment* (Leamington Spa: Berg, 1986); e Nancy Mitford, *Voltaire in Love* (Londres: Hamish Hamilton, 1957).
20. Ehrman, 22.
21. Barry, 110.
22. Ibid., 128.
23. Ibid., 133.
24. Ibid., 141.
25. Ehrman, 43.
26. As principais fontes dessa seção são Patrice Chaplin, *Into the Darkness Laughing: The Story of Modigliani's Last Mistress, Jeanne Hébuterne* (Londres: Virago, J990); Anette Kruszynski, *Amedeo Modigliani: Portraits and Nudes* (Munique: Prestel, 1996); e June Rose, *Modigliani: The Pure Bohemian* (Londres: Constable, 1990).
27. Kruszynski, 70.
28. Rose, 185.
29. Ibid., 204-205.
30. Ibid., 211.
31. As principais fontes da seção que se segue são Rosemary Ashton, *G. H. Lewes: A Life* (Oxford: Clarendon Press, 1991); Rosemary Ashton, *George Eliot: A Life* (Londres: Hamish Hamilton, 1996); Rosemary Bodenheimer, *The Real Life of Mary Ann Evans* (Ithaca: Cornell University Press, 1994); Roland A. Goodman, *Plot Outlines of 100 Famous Novels* (Nova York: Doubleday, 1962); Kathryn Hughes, *George Eliot: The Last Victorian* (Londres: Fourth Estate, 1998); Cynthia Ozick, *The Puttermesser Papers* (Nova York: Alfred A. Knopf, 1997); Thomas Pinney (org.), *Essays of George Eliot* (Londres: Routledge and Kegan Paul, 1963); e Ina Taylor, *George Eliot: Woman of Contradictions* (Londres: Weidenfeld & Nicolson, 1989).
32. Ashton, *George Eliot*, 100.
33. Ibid., 92.
34. Ibid., 143.
35. Ibid., 153-154.
36. Bodenheimer, 91.
37. Ashton, *G. H. Lewes*, 122.
38. Ibid., 158.
39. Bodenheimer, 92.
40. Ibid., 97.

NOTAS

41. Ashton, *George Eliot*, 132.
42. Hughes, 176.
43. Ashton, *G. H. Lewes*, 198.
44. Hughes, 252.
45. Ibid., 248.
46. Ashton, *G. H. Lewes*, 282.]
47. Ashton, *George Eliot*, 342.
48. As principais fontes dessa seção são Dashiell Hammett, *The Big Knockover: Selected Stories and Short Novels of Dashiell Hammett*, org. Lillian Hellman (Nova York: Random House, 1966); Dashiell Hammett, *The Dain Curse* (Nova York: Alfred A. Knopf, Inc., 1929); Dashiell Hammett, *The Adventures of Sam Spade* (Cleveland e Nova York: The World Publishing Company, 1945); Lillian Hellman, *Four Plays* (Nova York: The Modern Library, 1942); Lillian Hellman, *Maybe* (Boston, Toronto: Little, Brown and Company, 1980); Lillian Hellman, *Pentimento: A Book of Portraits* (Boston, Toronto: Little, Brown and Company, 1973); Lillian Hellman, *Scoundrel Time* (Boston, Toronto: Little, Brown and Company, 1976); Lillian Hellman, *An Unfinished Woman* (Boston, Toronto: Little, Brown & Company (Canadá) Ltd., 1969); Diane Johnson, *Dashiell Hammett* (Nova York: Random House, 1983); Richard Layman (org.) com Julie M. Rivett, *Selected Letters of Dashiell Hammett 1921-1960* (Washington: Counterpoint, 2001); Joan Mellen, *Hellman and Hammet: The Legendary Passion of Lillian Hellman and Dashiell Hammett* (Nova York: HarperCollins, 1996); William F. Nolan, *Hammett: A Life at the Edge* (Nova York: Congdon & Weed., Inc., 1983); e William Wright, *Lillian Hellman* (Nova York: Simon and Schuster, 1986). Para me familiarizar com Hellman e Hammett, li as peças de Hellman, assim como seus três livros de memórias, e boa parte da ficção de Hammett. Em questões factuais como de interpretação, recorri intensivamente à excelente e fundamentada biografia de Hellman por Joan Mellen — Hellman era notoriamente inventiva quando se tratava da própria vida, e suas memórias muitas vezes são suspeitas, não devendo ser levadas ao pé da letra, inclusive quanto ao registro de fatos acontecidos.
49. Mellen, 7.
50. Ibid., 34.
51. Josephine Hammett Marshall, na introdução a Layman (org.), x.
52. Hellman, *An Unfinished Woman*, 260.
53. Hammett, "The Gutting of Couffignal", em *The Big Knockover*, 29.
54. Mellen, 259.
55. Todas as citações desse parágrafos foram extraídas de Layman (org.), 65, 80, 103, 119, 151, 533.

56. Mellen, 67.
57. Ibid., 133.
58. Johnson, 256.
59. Layman (ed.), 63.
60. Ibid., 288.
61. Da introdução de Lillian Hellman a *The Big Knockover*, de Dashiell Hammett, xi.
62. Layman 452.
63. Em *Scoundrel Time*, Hellman escreveu que ele foi para a prisão "adoentado" e "retornou ainda mais doente"; 49. Em sua introdução a *The Big Knockover*, de Hammett, ela escreveu: "A cadeia tornara ainda mais magro um homem magro, mais doente um homem já doente"; xi.
64. Ao mesmo tempo, ela fazia comentários políticos corajosos em suas peças. *Watch on the Rhine*, por exemplo, de 1942, era uma história profundamente comovente sobre o risco do racismo e até onde se deve ir para combatê-lo.
65. Mellen, 301.
66. O relato de Hellman encontra-se em *Scoundrel Time*, 108-112.
67. Ibid.,134.
68. Mellen, 319.
69. Ibid., 340.
70. Ibid., 401.
71. Ibid., 411.
72. As principais fontes dessa seção são William Cash, *The Third Woman: The Secret Passion That Inspired* The End of the Affair (Londres: Little, Brown & Co., 2000); Bob Cullen, "Matter of the Heart", *Smithsonian Magazine*, junho 2002, disponível em http://www.smithsonianmag.si.edu/smithsonian/isues02/jun/02/presence.html; Graham Greene, *Ways of Escape* (Toronto: Lester & Orpen Dennys, 1980); Shirley Hazzard, *Greene on Capri: A Memoir* (Nova York: Farrar, Straus & Giroux, 2000); Robert McCrum, "Scrabble and Strife", *The Observer*, 16 de janeiro de 2000, disponível em http://books.guardian.co.uk/Print/0,3858,3951133,00.html. Norman Sherry, *The Life of Graham Greene. Volume Two: 1939-1955* (Londres: Jonathan Cape, 1994); e Paul Theroux, "An Edwardian on the Concorde: Graham Greene as I Knew Him", *New York Times*, 21 de abril de 1991, disponível em http://www.nytimes.com/books/00/02/20specials/greene-theroux.html.
73. Sherry, 285.
74. Ibid., 226-227.
75. Cash, 4.
76. Ibid., 82.
77. Sherry, 228.

NOTAS

78. Cash, 103.
79. Cash, 287. O comentário de Michael Meyer consta de um documentário *Arena*, da BBC, sobre Graham Greene.
80. Ibid., 140. Greene a Catherine Walston.
81. Ibid., 303.
82. Ibid., 156.
83. Sherry, 325.
84. Ibid., 317.
85. Ibid., 279.
86. Ibid., 327.
87. Ibid., 329.
88. Ibid., 324.
89. Cash,185.
90. Alguns dos diários e cartas de Catherine chegaram até nós, mas a maior parte das informações a seu respeito provém de cartas a ela enviadas por Graham Greene, reminiscências de amigos, na maioria dos casos ele mesmo, e as de alguns poucos parentes.
91. Cash, 250.
92. Ibid., 361.
93. Ibid., 256.
94. Ibid., 268.
95. Harry foi feito cavaleiro em 1961.
96. McCrum, citando Catherine Walston a Graham Greene, 18 de maio de 1978.
97. Ibid., citando Sir Harry Walston a Graham Greene, 18 set. 1978, escrita dez dias depois da morte de Catherine. Greene não foi ao seu funeral.
98. As principais fontes dessa seção são Joyce Maynard, *At Home in the World: A Memoir* (Nova York: Picador, 1998); "Joyce Maynard Interviews Joyce Maynard", disponível em http://www.joycemaynard.com/works/ahitw.html; Margaret A. Salinger, *Dream Catcher: A Memoir* (Nova York: Washington Square Press, 2000), assim como vários sites da internet tratando de Maynard e sua relação com J. D. Salinger, entre eles o artigo publicado na revista *Slate* por Alex Beam, seu ex-colega de Yale, "The Woman Who Mistook Herself for Something Interesting", disponível em http://slate.msn.com/Features/Maynard/Maynard.asp
99. Maynard, 360-361.
100. Ibid., 54.
101. Ibid., 81.
102. Salinger, 360.
103. Maynard, 112.
104. Ibid., 116.

105. Maynard, 121.
106. Ibid., 122-123.
107. Ibid., 134.
108. Ibid., 139.
109. Ibid., 146.
110. Ibid., 155.
111. Ibid.,167.
112. Ibid., 190.
113. Ibid., 346.
114. Ibid., 206.
115. Salinger, 362.
116. Maynard, 211.
117. Ibid., 223, onde Maynard menciona um artigo da revista *Esquire* no qual é citada.
118. Ibid., 258.
119. "Joyce Maynard Interviews Joyce Maynard".
120. Entrevista de Alex Beam in *Slate*.
121. Ibid., 343-344.

CAPÍTULO 10

1. As referências a Virginia Hill são extraídas de Andy Edmonds, *Bugsy's Baby: The Secret Life of Mob Queen Virginia Hill* (Secaucus, Nova Jersey: Birch Lane Press, 1993); Mark Gribben, "Bugsy Siegel", em *The Crime Library*, disponível em wysiwyg://l8/http://www.crimelibrary.com/gangsters/bugsymain.htm.; Dean Jennings, *We Only Kill Each Other: The Life and Bad Times of Bugsy Siegel* (Englewood Cliffs: Prentice-Hall, 1967); Georgia Durante, *The Company She Keeps* (Nashville: Celebrity Books, 1998), contém informações gerais e análise sobre a vida de uma amante de mafioso.
2. Edmonds, 35.
3. Ibid., 42.
4. Ibid., 138.
5. Ibid., 145.
6. Ibid., 148.
7. Ibid., 242.
8. Jennings, 138.
9. A fonte dessa seção sobre Arlene Brickman é Teresa Carpenter, *Mob Girl: A Woman's Life in the Underworld* (Nova York: Simon & Schuster, 1992).
10. Carpenter, 13.
11. Ibid., 60.

NOTAS

12. Ibid., 85.

13. Ibid., 86.

14. A fonte sobre Sandy Sadowsky é Sandy Sadowsky em colaboração com H. B. Gilmour, *My Life in the Jewish Mafia* (Nova York: G. P. Putnam's Sons, 1992). A fonte sobre Georgia Durante é Georgia Durante, *The Company She Keeps* (Nashville: Celebrity Books, 1998). A fonte sobre Shirley Ryce é James Dubro, *Mob Mistress* (Toronto: Macmillan, 1988).

15. Sandowsky, 33.

16. Ibid., 67.

17. Durante, 124.

18. Sandowsky, 79.

19. Dubro, 63.

20. Ibid., 58.

21. As fontes dessa seção são Larissa Vasilieva, *Kremlin Wives* (Nova York: Arcade Publishing, 1992); e Thaddeus Wittlin, *Commissar: The Life and Death of Lavrenti Pavlovich Beria* (Nova York: Macmillan, 1972).

22. Wittlin, 239-240.

23. As fontes dessa seção sobre as amantes de Fidel Castro são Sebastian Balfour, *Castro* (Londres: Longman, 1995); Alina Fernandez, *Castro's Daughter: An Exile's Memoir of Cuba* (Nova York: St. Martin's Press, 1998); Georgie Anne Geyer, *Guerrilla Prince: The Untold Story of Fidel Castro* (Boston: Little Brown, 1991); Wendy Gimbel, *Havana Dreams: A Story of Cuba* (Nova York: Knopf, 1998); Robert E. Quirk, *Fidel Castro* (Nova York: Norton, 1993); e Tad Szulc, *Fidel: A Critical Portrait* (Nova York: Avon Books, 1986).

24. Num golpe militar em 1933, Fulgencio Batista foi feito chefe do estado-maior, governando Cuba oficialmente ou dos bastidores até 1944, quando os cubanos derrotaram seu candidato nas eleições. Em 1952, Batista voltou a tomar o poder, nele se mantendo até ser derrubado pelos revolucionários de Fidel em 1959. O regime de Batista era conhecido pela corrupção generalizada e a ligação com gângsters americanos.

25. Segundo Congresso Nacional da Federação de Mulheres Cubanas.

26. Em termos educacionais e profissionais, as mulheres cubanas têm hoje uma condição infinitamente melhor do que em 1959.

27. Gimbel, 107.

28. Fernandez, 9-10.

29. Gimbel, 111.

30. Ibid., 47.

31. bid., 120.

32. Ibid., 124.
33. Ibid., 124-125.
34. Segundo palavras de Naty e Alina, filha de Fidel.
35. Gimbel,140.
36. Szulc, 340.
37. Ibid., 340.
38. Gimbel, 148.
39. Fernandez, 15.
40. Geyer, 196.
41. Fernandez, 26.
42. Ibid., 33.
43. Ibid., 30.
44. Ibid., 47.
45. Ibid., 47.
46. Ibid., 73.
47. Ibid., 77.
48. Gimbel, 167.
49. Ibid., 136.
50. Szulc, 233.
51. Gimbel, 165.
52. Geyer lhe atribui a idade de 29 anos.
53. Adelaide Béquer, *Célia: La Flor Más Autóctone de la Revolución* (Havana: Editorial de Ciencias Sociales, 1999), contendo muitas fotos de Célia, da infância aos últimos dias de vida.
54. Szulc, 462-463, 467.
55. Geyer, 167.
56. Szulc, 58.
57. Geyer, 216.

CAPÍTULO 11

1. As fontes dessa seção são Marion Davies, *The Times We Had: Life with William Randolph Hearst* (Indianápolis/Nova York: The Bobbs-Merrill Co., 1975); Fred Lawrence Guiles, *Marion Davies* (Nova York: McGraw-Hill, 1972); William Randolph Hearst Jr., com Jack Casserly, *The Hearsts: Father and Son* (Niwot, Colorado: Roberts Rinehart, 1991); e David Nasaw, *The Chief: The Life of William Randolph Hearst* (Boston e Nova York: Houghton Mifflin, 2000).
2. Marion, Rose, Ethel e Irene (Reine) tinham um irmão, Charles, que morreu afogado na adolescência. "Vi meu irmão Charles apenas uma vez — no caixão", escreveu Marion em *The Times We Had*, 1.

NOTAS

3. Ela alegava, no entanto, que ficou de coração partido com o primeiro contrato de Marion, quando tinha apenas treze anos.
4. Guiles, 43.
5. As *pony girls* apresentavam seu "balé" apenas nas mudanças de cena ou como pano de fundo.
6. Bill, filho de W. R., recordaria: "Ele sempre foi um namorador de porta de teatro, sempre. Sempre nos levava aos bastidores do Ziegfeld Follies", Nasaw, 253.
7. Davies, 10.
8. Ibid., 253.
9. Ibid., 112.
10. Ibid., 20.
11. Ibid., 21.
12. Hearst, 238.
13. Davies, 21.
14. Hearst, 238.
15. Guiles, 69.
16. Ibid., 89.
17. Davies, 253.
18. Ibid., 21.
19. Nasaw, 341.
20. Hearst, 176, 179.
21. Ibid., 180.
22. Ibid., 175-176, 180.
23. Ibid., 178.
24. Davies, 227.
25. Guiles, 325.
26. Davies, 227.
27. Ibid., 43, 133.
28. Guiles, 297.
29. Hearst, 179.
30. Guiles, 288.
31. Davies, 195.
32. Nasaw, 546.
33. Guiles, 304.
34. Davies, 251.
35. Hearst, 562.
36. Davies, 147, 149.
37. Davies, prefácio de Orson Welles.
38. Nasaw, 249.

AMANTES — UMA HISTÓRIA DA OUTRA

39. Guiles, 9.
40. Nasaw, 600.
41. Guiles, 17.
42. Ibid., 336.
43. Hearst, 601.
44. As fontes das seções sobre Joe e John F. Kennedy são Christopher Anderson, *Jack and Jackie: Portrait of an American Marriage* (Nova York: William Morrow and Co., Inc., 1996); Nina Burleigh, *A Very Private Woman: The Life and Unsolved Murder of Presidential Mistress Mary Meyer* (Nova York: Bantam Books, 1998); Seymour M. Hersch, *The Dark Side of Camelot* (Boston e Nova York: Little, Brown & Co., 1997); Ronald Kessler, *The Sins of the Father: Joseph P. Kennedy and the Dynasty He Founded* (Nova York: Warner Books, 1996); Axel Madsen, *Gloria and Joe* (Toronto: Fitzhenry & Whiteside, 1988); Richard D. Mahoney, *Sons and Brothers* (Nova York: Arcade Publishing, Inc., 1999); Ralph G. Martin, *Seeds of Destruction: Joe Kennedy and his Sons* (Nova York: G. P. Putnam's Sons, 1995); Thomas C. Reeves, *A Question of Character* (Nova York: The Free Press, 1991); Carl E. Rollyson Jr., *Marilyn Monroe: A Life of the Actress* (Ann Arbor: UMI Research Press, 1986); Amanda Smith (org.), *Hostage to Fortune: The Letters of Joseph P. Kennedy* (Nova York: Viking, 2001); Daniel Spoto, *Marilyn Monroe: The Biography* (Nova York: Harper-Collins, 1993); e Gloria Swanson, *Swanson on Swanson* (Nova York: Random House, 1980).
45. O primeiro foi o ator Wallace Beery, o segundo, Herbert Stronborn, que usou o recebido pelo acordo de divórcio para abrir o restaurante Brown Derby, muito frequentado por gente do cinema, inclusive Beery.
46. Kessler, 69.
47. Smith, 61. Kane envolveu-se quando Gloria lhe disse que venderia alguns imóveis para financiar *Sadie Thompson*.
48. A sequência de acontecimentos até Joe passar a cuidar dos negócios de Gloria provém de Smith, que teve acesso às cartas de Joe, tendo-as analisado meticulosamente. Essa citação é de Swanson, 354.
49. Swanson, 341.
50. Madsen, 153.
51. Swanson, 355.
52. Ibid., 357.
53. Ibid., 355.
54. Ibid., 357.
55. Axel Madsen dá a entender que foi de Rose a iniciativa desse hiato sexual.
56. Swanson, 366.
57. Ibid., 383.

NOTAS

58. Ibid., 373.
59. Smith, 82. Joseph P. Kennedy ao marquês de la Falaise, 13 de março de 1929.
60. Swanson, 385.
61. Madsen escreve que Gloria e Joe viajaram em navios diferentes, com intervalo de uma semana, mas Gloria Swanson afirma claramente que viajou com Joe, Rose, a irmã de Rose e sua própria amiga Virginia Bowker.
62. Swanson, 387.
63. Ibid., 389.
64. Ibid., 399-400.
65. Ibid., 403.
66. Ibid., 404.
67. Smith,62.
68. Nicholas Gage, *Greek Fire: The Story of Maria Callas and Aristotle Onassis* (Nova York: Alfred A. Knopf, 2000), 83.
69. Ibid., 9.
70. Ibid., 10, citando a revista *Time*.
71. Ibid., 39.
72. Ibid., 64.
73. Ibid., 145.
74. Ibid., 157.
75. Ibid., 14.
76. Ibid., 33.
77. Ibid., 70, 77.
78. Ibid., 98.
79. Ibid., 101.
80. Ibid., 145.
81. Ibid., 144-145.
82. Ibid., 166.
83. Ibid., 182.
84. A situação era complicada pelo fato de a Itália, onde se casaram, não permitir o divórcio. Ela e Battista teriam de se divorciar em outro país, por exemplo a Grécia.
85. As circunstâncias e indícios do parto secreto de Maria são o tema do capítulo 14 do livro de Gage, "The Secret Son", 197-214.
86. Gage, 289.
87. Ibid., 360.
88. Ibid., 369.
89. Ibid., 376.
90. Philip Roth, *The Human Stain* (Nova York: Vintage Books, 2001), 148.
91. Burleigh, 190.

92. Martin, 54.

93. Ibid., 101.

94. As fontes dessa seção são Christopher Andersen: *Portrait of an American Marriage* (Nova York: William Morrow, 1996); Nina Burleigh, *A Very Private Woman: The Life and Unsolved Murder of Presidential Mistress Mary Meyer* (Nova York: Bantam, 1998); Seymour M. Hersh, *The Dark Side of Camelot* (Boston, Nova York: Little, Brown and Company, 1997); Axel Madsen, *Gloria and Joe: The Star-Crossed Love Affair of Gloria Swanson and Joe Kennedy* (Nova York: William Morrow, 1988); Ralph G. Martin, *Seeds of Destruction: Joe Kennedy and his Sons* (Nova York: G. P. Putnam's Sons, 1995); Gil Troy, *Affairs of State: The Rise and Rejection of the Presidential Couple Since World War II* (Nova York: The Free Press, 1997); Jane Ellen Wayne, *Marilyn's Men: The Private Life of Marilyn Monroe* (Nova York: St. Martin's Press, 1992); e Donald H. Wolfe, *The Last Days of Marilyn Monroe* (Nova York: William Morrow, 1998).

95. Wolfe, 117.

96. Ibid, 136.

97. Ibid.

98. Ibid., 147.

99. Ibid., 146.

100. Wayne, 112.

101. Wolfe, 323.

102. Troy, 126.

103. Andersen, 305.

104. Wayne, 165.

105. O aniversário de JFK era na verdade em 29 de maio.

106. Martin, 378.

107. Andersen, 308.

108. Wolfe, 415-416.

109. Martin, 382.

110. Ibid., 416.

111. Wolfe, 448.

112. Judith Exner, *My Story: As Told to Ovid Demaris* (Nova York: Grove Press, 1977), 87.

113. Ibid., 97.

114. Ibid., 118. Essa informação é fornecida por Ovid Demaris.

115. Ibid., 143.

116. Ibid., 166.

NOTAS

117. Ibid., 194.
118. Ibid., 245.
119. Ibid., 249.
120. Associated Press, 11 dez. 1996.
121. Exner, p. 272.
122. A principal fonte dessa seção é Gordon Basichis, *Beautiful Bad Girl: The Vicki Morgan Story* (Lincoln: Backinprint.com, 2000). Publicado originalmente em 1985.
123. Basichis, 52.
124. Ibid., 72.
125. Ibid., 84.
126. Ibid., 86.
127. Ibid., 217.
128. Ibid., 236.
129. Ibid., 262.
130. Ibid., 289.

CAPÍTULO 12

1. Todas as citações provenientes de Charlotte Brontë, *Jane Eyre*, encontradas em *Great Novels of the Brontë Sisters* (Londres: Parragon Books, 2000).
2. Todas as citações provenientes de Nathaniel Hawthorne, *The Scarlet Letter*, org. de John Stephen Martin (Peterborough: Broadview Press, 1998). Outras fontes são Harold Bloom (org.), *Hester Prynne* (Nova York e Filadélfia: Chelsea House, 1990); D. B. Kesteron (org.), *Critical Essays on Hawthorne's* The Scarlet Letter (Boston: G. K. Hall Co., 1988).
3. Martin, org., 381, citando *Boston Transcript*.
4. Bloom, 5, citando Trollope mencionado na *North American Review* nº 274 (setembro de 1879), 209-211.
5. Todas as citações provenientes de Gustave Flaubert, *Madame Bovary*, trad. Francis Steegmuller (Nova York: Random House, 1957). Outras fontes encontram-se em Harold Bloom, *Emma Bovary* (Nova York: Chelsea House Publishers, 1994).
6. Bloom, *Emma Bovary*, 1.
7. Ibid., 3, citando Flaubert a Colet, 23 dez. 1853.
8. Ibid., 7, citando Baudelaire.
9. Todas as citações extraídas de Leon Tolstoi, *Anna Karenina*, trad. Constance Garnett, com revisão dos orgs. Leonard J. Kent e Nina Berberova (Nova York: The Modern Library, 2000).

648   AMANTES — UMA HISTÓRIA DA OUTRA

10. Todas as citações provenientes de Somerset Maugham, *Of Human Bondage* (Londres: Vintage Books, 1956).

11. Todas as referências a *The Age of Innocence* são extraídas de Edith Wharton, *The Age of Innocence* (Nova York: Scribner, 1970).

12. Todas as citações provenientes de Boris Pasternak, *Dr. Zhivago*, trad. Max Hayward e Manya Harari, poemas traduzidos por Bernard Guilbert Guerney (Nova York: Pantheon Books, 1958).

13. Todas as citações provenientes de Graham Greene, *The End of the Affair* (Nova York: Penguin, 1999, publicado originalmente em 1951).

14. Todas as citações provenientes de Joanna Trollope, *Marrying the Mistress* (Toronto: McArthur &Co., 2002).

CAPÍTULO 13

1. Dois livros sobre amantes modernas são Victoria Griffin, *The Mistress: Histories, Myths and Interpretations of the "Other Woman"* (Londres, Nova York: Bloomsbury, 1999); e Wendy James e Susan Jane Kedgley, *The Mistress* (Londres: Abelard-Schuman, 1973).

2. As principais fontes dessa seção são Rudy Abramson, *Spanning the Century: The Life of W. Averell Harriman, 1891-1986* (Nova York: William Morrow Co., 1992); Alan Friedman, *Fiat and the Network of Italian Power* (Markham: Nal Bodis, 1988); Anita Leslie, *Cousin Randolph* (Londres: Hutchinson & Co., 1985); Christopher Ogden, *Life of the Party: The Biography of Pamela Digby Churchill Hayward Harriman* (Boston: Little Brown & Co., 1994); Sally Bedell Smith, *Reflected Glory: The Life of Pam Churchill Harriman* (Nova York: Simon & Schuster, 1996); e dezenas de artigos na internet sobre Pam Harriman.

3. Smith, pp. 445, 45l.

4. Ibid., p. 45.

5. Ibid., p. 124.

6. Ibid., p. 126.

7. Ibid., p. 125.

8. Ibid., pp. 156, 157.

9. Ibid., p. 210.

10. As principais fontes dessa seção são Brendan Gill, *Here at* The New Yorker (Nova York: Random House, 1975); E. J. Kahn Jr., *Year of Change: More About* The New Yorker *and Me* (Nova York: Viking Penguin Inc., 1988); Thomas Kunkel, *Genius in Disguise: Harold Ross of* The New Yorker (Nova York: Random House, 1995); Lillian Ross, *Here but Not Here: My Life with William Shawn and* The New Yorker (Nova York: Random House, 1998); e "Remembering Mr. Shawn", *The New Yorker*, 28 dez. 1992, 134-145.

NOTAS

11. Ross, p. 110.
12. Ibid., p. 115.
13. Ibid., p. 121.
14. Ibid., p. 129.
15. Ibid., p. 126.
16. Ibid., p. 128.
17. Ibid., p. 146.
18. Ibid., p. 160.
19. Ibid., p. 181.
20. Ibid., p. 197.
21. Ibid., p. 238.
22. As principais fontes dessa seção são Lisa Appignanesi, *Simone de Beauvoir* (Londres: Penguin, 1988); Deirdre Bair, *Simone de Beauvoir: A Biography* (Nova York: Summit Books, 1990); Hazel E. Barnes, "Beauvoir and Sartre: The Forms of Farewell", em *Philosophy and Literature*, org. A. Phillips Griffiths (Cambridge: Cambridge University Press, 1984); Simone de Beauvoir, *Adieux: A Farewell to Sartre*, trad. Patrick O'Brian (Londres: Deutsch, 1984); Simone de Beauvoir, *She Came to Stay* (1943), trad. Yvonne Moyse e Roger Senhouse (Londres: Fontana, 1984); Simone de Beauvoir, *The Second Sex* (1952) trad. e org. H. M. Parshley (Nova York: Vintage Books, 1974); Kate Fullbrook e Edward Fullbrook, *Simone de Beauvoir and Sartre: The Remaking of a Twentieth-Century Legend* (Nova York: Harvester Wheatsheaf, 1993); John Gerassi, *Jean-Paul Sartre: Hated Conscience of His Century*, vol. 1, *Protestant or Protester?* (Chicago e Londres: University of Chicago Press, 1987); Vivian Gornick, "The Second Sex at Fifty", em *Dissent*, outono de 1999, 69-72; Ronald Hayman, *Sartre: A Life* (Nova York: Simon and Schuster, 1987); Barbara Klaw, "Desire, Ambiguity, and Contingent Love: Simone de Beauvoir, Sexuality, and Self-Creation, or What Good Is a Man Anyway?", em *Symposium*, set. 1997, 110-122; Toril Moi, *Simone de Beauvoir: The Making of an Intellectual Woman* (Oxford: Blackwell, 1994); e Jean-Pierre Saccani, *Nelson et Simone* (Monaco: Editions du Rocher, 1994).
23. Moi, p. 29.
24. Ibid., p. 223. Itálicos de Sartre.
25. Fullbrook e Fullbrook, 57, citando Henriette Nizan, a esposa do melhor amigo de Sartre na universidade.
26. Ibid., 76.
27. Ibid., 78.
28. Appignanesi, 55.
29. Bair, 211.
30. Ibid., 214-5.

31. De Beauvoir a Algren, 19 de julho de 1948, "Letters from Simone De Beauvoir", em http://www.BBC.co.uk/works/s4/beauvoirllett.shtml.
32. Beauvoir, *The Second Sex*, 796, 814.
33. Bair, 386.
34. Ibid., 386.
35. Appignanesi,109.
36. Ibid., 111.
37. Bair, 477.
38. Ibid., p. 461.
39. Beauvoir, *Adieux: A Farewell to Sartre*, 127.

Agradecimentos

A conclusão de um livro me dá a oportunidade de agradecer publicamente aos que participaram de sua criação.

Como sempre, Yves Pierre-Louis foi o mais sábio e dedicado amigo.

É uma bênção ter Louise, Stephen e Bill Abbott como irmãos.

Gabriela Pawlus e Michal Kasprzak têm sido amigos constantes, tendo contribuído muito para este livro.

Sou grata a Cecile Farnum, por seu arguto trabalho sobre as amantes de Byron, e a Richard Pope, por sua perspectiva original sobre o "carisma".

Um agradecimento especial a Marta Karenova, por sua persistência e também sua coragem na exploração da literatura da Shoá.

Através de Aspásia, Claire Hicks e eu rapidamente nos tornamos amigas.

Os conselhos de Leah McLaren foram práticos e frutíferos — obrigada, Leah.

O inesperado e-mail de David Lederer sobre *A History of Celibacy* foi um maná dos céus. Levou-o a me mandar o esboço da introdução da obra que estava para publicar com Otto Feldbauer, *The Concubine: Women, Priests and the Council of Trent*, autorizando-me a extensas citações deste trabalho e também criticando meu capítulo sobre as amantes clericais. Muito obrigada por tudo, David e também Otto. Meu livro ficou melhor por causa do seu.

Minha mais profunda gratidão a todas as mulheres que me contaram suas histórias. Suas experiências ajudaram-me a entender. Um agradecimento especial a Louise Iushewitz, pelo detalhado relato de sua vida como mulher de um jesuíta.

Minha editora, Nicole Langlois, encorajou-me o tempo todo — *Amantes* é filho seu também.

Minha agente, Heide Lange, é sempre uma lufada de ar fresco. Ela e Esther Sung, sua alegre assistente, mostraram-se atenciosas e de grande apoio. A foto que me deram do "Sweetiepie" de Esther ainda enfeita a parede do meu escritório.

Fico imensamente feliz por ver que meu filho, Ivan Gibbs, está me seguindo na trilha literária. Obrigada também, Ivan, por ter sido de tão grande ajuda nas etapas finais.

Sou grata ao prof. Tirzah Meacham por seus conselhos sobre a terminologia da Shoá.

Finalmente, gostaria de agradecer a meus assistentes de pesquisa: Suzanne Hebert, Brent Jewell, Angie Lo, Jaclyn Ray, Kim Reaume e Marc Saurette.

Índice

Abelardo, Pedro, 350-356, 380, 538; amor por Heloísa, 350-352; cartas a Heloísa, 356; casamento com Heloísa, 351-353; castração, 353; eremita e abade, 354

aborto, 14, 23, 44, 48, 215, 387, 518; de fetos gerados por padres, 228, 243

Abraão, 30-33

Adam Bede (Eliot), 370, 377

Adeodato (filho de Agostinho), 53, 55-56, 58, 232

Adonis, Joey, 422, 424-427

adultério, *ver* infidelidade

Agapito I, papa, 206

era da inocência, A (Wharton), 552-556

Agar, 30-33, 604

Agnelli, Gianni, 572, 574, 576

Agostinho, santo, 21, 30, 232; atormentado pela luxúria, 53, 54, 59; e "Dolorosa", 53-59

Aguilar, padre Jerónimo de, 248

Alberico, 218-220

"Alexander, Richard", 590-593

Alexandra, rainha da Inglaterra, 143

Alexandre VI, papa, 220-226, 236, 457

alforria (libertação de um escravo), 276-278

Algren, Nelson, e Simone de Beauvoir, 571, 585-587

Allegra (filha de Bryon), 188-190, 192, 196, 199-200

amante, condição de, atrativos para mulheres sem esperança, 170; e o casamento, 17-19, 564, 576-580, 608, 609-611; conselhos de Ovídio, 49-52, 576; definições, 17-19, 609; desaprovação social, *ver* desaprovação social; diferente do concubinato, 19, 61, 604; filhos, *ver* filhos ilegítimos; na literatura, *ver* amantes na literatura; muitas facetas, 26; resultado dos casamentos arranjados, 19-21, 193-195; segredo, 25-26, 83-84, 603-604; sentimento de culpa, 25-26, 607

amantes, e maridos, 45-48, 382-384, 398-401, 403

amantes clericais, *ver* amantes de padres

amantes da plantação, *ver* amantes escravas

amantes de padres, aborto, 228; amantes solteiras e não coabitando, 235; controle da natalidade hoje, 231, 239-240; estimativa numérica hoje, 226, 229, 234; filhos de padres, 206, 210, 211, 214; posição da hierarquia da Igreja, 230; preocupação da Igreja com os bens, 205-207, 215; Good Tidings, 242-243; como governantas, 25, 216-217, 227-228, 234, 235-237; interrogatórios na Igreja medieval, 209-216; paroquianos casados, 233-236; perseguição pela Igreja, 206-216, 227-228, 234, 242-244; sedução de padres, 229, 395-396, 402, *ver também* celibato clerical; amantes papais

amantes em tempo de guerra, 262-267

amantes escravas, 23-24, 29, 269-305; amor, 270-276, 285-294; filhos mestiços, 269-271, 279, 280, 281-286; Harriet Jacobs, 293-305; Julia Chinn e Richard Johnson, 277-281; Julia Frances Lewis Dickson, 284-294; Phibbah, Thomas Thistlewood, 271-278; Thomas Jefferson e Sally Hemings, 280-286; tratamento brutal dos escravos, 269-271

amantes famosos, Callas e Onassis, 488-499; Camilla e Charles, 153-165; Castro e Sánchez, 451-456; de Beauvoir e Sartre, 581-588; George Eliot e George Lewes, 370-382; Heloísa e Abelardo, 350-357; Ovídio e Corina, 40-53

amantes, mulheres "manteúdas", 14-15, 570-575, 592, 596-601

amantes na literatura, Anna Karenina e Vronsky, 543-547; Ellen Olenska e Newland Archer, 550-557; Hester Prynne e Arthur Dimmesdale, 532-538; Jane Eyre e Mr. Rochester, 529-533; Lara e Dr. Jivago, 555-561; Sarah Miles e Maurice Bendrix, 560-564

amantes papais, 206-207, 216-227

amico, 195, 198, 200-201

amor, essencial e contingencial, 555, 584-588; face ao sexo, 136-139, 596-598, 600, 605-606; iludido, 417; irrelavante nos casamentos arranjados, 19-22, 74-75, 109, 167; romântico e ideal hoje, 25, 607, 608; em uniões inter-raciais, 270-278;

amor *agape*, 195

Amores (Ovídio), 41, 45-49

amor essencial e contingencial, 581, 584-588

antissemitismo, na Alemanha nazista, 307-347, 471; Eva Braun e o, 328-330, 332-334, 337; na Romênia, 144-145, 148, 149, 151

Arcocha, Juan, 445

Ardoin, John, 495

Arendt, Hannah, 338-347; conhece a mulher de Heidegger, 346; defende Heidegger, 256, 344-346,

Aristófanes, 40

arte de amar, A (Ovídio), 49-53, 576

artistas, *ver* Modigliani, Amedeo

artistas à sombra, 349

Ashton, Rosemary, 380

Aspásia, 21, 33-40, 604

Abandonada no campo de centeio (Joyce Maynard), 409, 413, 415

Atenas, 33-39

atrizes como amantes, Gloria Swanson, 476-485; Katharina Schratt, 135-140; Marilyn Monroe, 499-512;

Marion Davies, 457-475, 480; Nell Gwynne, 110-117

Augusto, imperador de Roma, 40-41, 44-45

Auschwitz, campo de concentração, 313-314, 342-343

Baby Love (Joyce Maynard), 415

Bair, Deirdre, 584, 586

Bando dos Oito, 100

Barton, Bernie, 432

bases econômicas do casamento, 20, 109

Basichis, Gordon, 526, 527

bastardos *ver* filhos ilegítimos

Batista, Fulgencio, 437, 439, 443-444, 453

Baudelaire, Charles, 543

Beam, Alex, 416

Beauvais, Madame de, 117

Beauvoir, Simone de, 571, 581-588, 607

benefícios sociais de empregados, 608-609

Bennett, Constance, 482

Benson, Carolyn, 154

Berger, padre Willem, 228

Beria, Lavrenti, 435-437

Bett-Politik, 312, 324

Bíblia, concubinas na, 29; Agar, 30-33, 604; oposição à igualdade feminina, 569

"Birmingham, Paula", 588-593

Federal Bureau of Investigation (FBI), 515, 517-518

Bjork, Anita, 404, 405-406

Bloch, Eduard, 329

Blochmann, Elisabeth, 341

Blondie (cadela de Hitler), 334, 335, 337

Bloom, Harold, 537

Bloomingdale, Alfred, e Vicki Morgan, 16, 519-527

Bloomingdale, Betsy, 519, 522, 527

Blücher, Heinrich, 342, 345-346

Boissy, marquês de, 201

Bolland, Mark, 164

Bonté (irmã de Catherine Walston), 404

Bora, Katerina von, 208

Bórgia, Rodrigo (papa Alexandre VI), 221-226

Bost, Jacques-Laurent, 584

Bourbon, Marie-Anne de, 118

Bowles, Camilla *ver* Parker-Bowles, Camilla

boxer, movimento (na China), 105

Bragança, Catarina de, 112, 113, 116

Braun, Eva, 324-338; amante de Hitler, 332; casamento antes do suicídio, 336-338; conhece Hitler, 324-327; longe da política, 329, 332; tentativas de suicídio, 327, 332

Braun, Fritz, 326-329

Braun, Gretl (irmã de Eva), 327, 328, 331, 332, 336

Braun, Ilse (irmã de Eva), 327-331, 333, 336

Bray, Charles, 375

Brickman, Arlyne, 428-431

Brickman, Norman, 430

Brock, Werner, 342

Brontë, Charlotte, *Jane Eyre*, 529-532

Brown III, Horace Gates, 474

Buckley, padre Pat, 234

budismo, 62, 74

Burleigh, Nina, 500

Byron, George Gordon, lorde, e Caroline Lamb, 180-184; e Claire Clairmont, 187-188, 190, 191; e Teresa Guiccioli, 192-203; visão das relações sexuais, 197

Callas, Maria, 484-499; carreira na ópera, 487-489, 492, 493, 498; casamento, 487-492, 495; marido recusa o divórcio, 492; romance com Onassis, 16, 485, 488-498

Callender, James Thomson, 283

camisinhas, 239

Campbell, Judith, e JFK, 510, 512-519

campos de concentração, 308, 310-321

campos na floresta, 321-323

Capone, Al, 420

Capone, Mimi, 421

carbonários, 199

Carol II, rei da Romênia, 144-154; abdica da sucessão por Elena, 146; casa com Elena, 152; foge do país, 151-152; e a Guarda de Ferro, 149-150; volta à Romênia, 147

Carpenter, Teresa, 428

Casa de bonecas, 311

casamento, e as amantes, 18, 20, 564-565, 608-609, 611; com amantes, 20, 56, 336, 563-567, 574, 592; amantes preferidas por alguns poucos, 581, 593, 607, 610; arranjado, *ver* casamentos arranjados; base econômica, 19-20, 109; casamentos reais, 109, 116, 156; classe social, 21, 54, 138; convicção de Algren, 587; na década de 1960, 569-570; esperança de muitas amantes, 25, 460, 468, 600-601, 607; geração de herdeiros, 19-21, 109, 168, 174, 195; na Grécia antiga, 34; na Roma imperial, 43; visão de Beauvoir-Sartre, 581, *ver também* divórcio; voltar a casar

"casamento paralelo", 577-581

casamentos arranjados, o amor ignorado, 19-22, 74, 109, 167; casamentos reais, 109, 116-117, 156; causa da existência de amantes, 19-22, 193-195, 358; as esposas nos, 52, 195, 202; motivos econômicos, 19-22, 56-58

casamentos informais, 20, 25

casamentos com nativas, 253-262

casamentos reais, 109, 116, 156

Casey, bispo Eamonn, 230-234, 236

casta, 21, 58

Castro, Fidel, 16, 437-456; admiradoras femininas, 456; e Celia Sánchez, *ver* Sánchez, Celia; esposa (Mirta), 438, 441-443; e Naty Revuelta, *ver* Revuelta, Naty; respeito pelas mulheres, 438, 452; tentativas de assassinato da CIA, 516, 517

Castro, Lidia (irmã de Fidel), 442-444

causa mancipii, 43

cavalier servente, 194-196, 199-200

celibato clerical, 25, 205-206; criticado no século XX, 217; padrão no clero da Igreja reformada no século XVI, 215; preocupações econômicas, 205-206, 215, *ver também* amantes papais; amantes de padres

celibato clerical, contestado pela Reforma, 209

cerimônia do adeus, A (Beauvoir), 588

Chan Sam, 68-73

Chanel, Coco, 26

Chaplin, Charles, 462, 464, 465

Chapman, John, 371

Carlos II, rei da Inglaterra, 23, 457, 607; e Nell Gwynne, 110-116

Charles, príncipe de Gales, 17, 154-164; "Camillagate", 160-161; casamento com Diana, 156-160; objetivo de casar com Camilla, 164; proposta recusada por Camilla, 156; revelação do relacionamento, 163

ÍNDICE

Châteauroux, Madame de, 121

Châtelet, Emilie, marquesa de, 356-364; casamento arranjado, 356-360, 362-364; escritos, 356, 361, 360, 363, 371; influência em Voltaire, 360-361, 364-365, 373; inteligência e disciplina, 358, 360, 361; jogo,358, 361-363; outros amantes, 362, 364; torna-se amante de Voltaire, 358-359

Châtelet, Florent Claude, 356-360, 362-364

Chestnut, Mary Boykin, 271

Children's Hour, The (Hellmann), 386, 387

China, 22, 605; concubinato na, 61-73; Tzu-hsi, 92-106

Chinn, Julia, 278-280

Chong, Denise, 68

Chow Guen, 71-73

Churchill, Randolph, 571-574

Churchill, Sir Winston, 458, 489, 490

Cidadão Kane (filme), 471

Cidade Proibida, China, 92

cinq à sept, 20

ciúme, entre amantes homens rivais, 138, 402, 461-463, 560-562; entre amantes mulheres rivais, 110, 114-115, 331, 387, 584, 585; da amante pela esposa, 31, 143, 156-161, 394-396; da esposa pela amante, 82-84, 397, 596; do amante pelo marido, 71; do marido pelo amante, 45-48

Clairmont, Claire, 203; anos finais, 190-192; dependência dos Shelley, 186, 188; filha, 187-190; relações com Byron, 190-192; vítima de duplicidade de padrões, 193

Clash by Night (*Só a mulher peca*) (filme), 504

classe social, 21-22, 54, 138

Cleary, padre Michael, 234

Clinton, Bill, 17, 499, 438

Cloetta, Yvonne, 393, 397, 406-407

coabitação, 20, 605

Código Taiho, 74

"Códigos Negros", 269-270, 278, 286

Codreanu, Corneliu Zelea, 148-151

Colet, Louise, 537, 542

Colombo, Joe, 430

Combe, George, 374-375

comerciantes de peles e "esposas nativas" 253-255

Comissão de Investigação de Atividades Antiamericanas, 389-391

"concubina perfumada", 64-66

concubinas de harém, 20-21, 85-106; na China pré-revolucionária, 92-106; eunucos, 86-89, 95-97, 102; no Império Otomano turco, 85-92

concubinas na Bíblia, 29-33; casamento, 29; na China, 61-74, 92-106; cuidado com os herdeiros, 30-32; desaprovação social, 36-41; divórcio, 63-64; "Dolorosa" e Agostinho, 52-58; e as esposas, 30-33, 67-69, 74-75, 77; gueixas, 78-84; no Império Otomano, 85-93; no Japão, 73-79; orientais,17-21; como propriedade, 29; proteção legal, 29; proteção na Roma antiga, 43; na Roma imperial, 42-43

concubinato, na China, 61-74; e o casamento, 19-22, 30; diferente da condição de amante, 61, 604; leis que o governam, 61, 64

Condição humana, A (Arendt), 346

Conferências de Lola Montez, 134

Confissões (Agostinho), 53

Confissões de Lady Nijo, As, 76-79

confucionismo, 62

Conover, cabo David, 503

conquistadores espanhóis e mulheres nativas, 245-254

Constantino (imperador de Roma), 30

contracepção, *ver* controle da natalidade

controle da natalidade, 23, 25, 43, 55-57, 256, 379; advento da pílula anticoncepcional nos anos 1960, 570; para amantes de padres, 231, 239

Coolidge, Louise Mathilda, 284

Cope, John e Mary, 272-273, 275-277

Corina, 41-52

Cortés, Hernán, 245-254

cosméticos, China, 93-94; mulheres romanas, 44, 51

Concílio de Niceia, 206

Concílio de Trento, 215

cortesãs, 42

cristianismo, Agostinho torturado pela luxúria, 54, 55, 58-59; sobre o concubinato, 54, *ver também* Igreja Católica

Crosby, Bing, 475

Cross, John, 379-381

cuidado com crianças, 18, 23, 170, 187; com filhos de padres, 233, 243

culpa, 25, 303-304, 533, 561, 577, 579-580, 590-591

Curtis, Tony, 505

Custodio, Isabel, 444, 452

Czechowska, Lunia, 368

danna-sans, 80-84

D'Arignano, Vanozza, 221-223

David, John, 524

Davies, Ethel (irmã de Marion), 472

Davies, Marion, 457-477, 479-481; ajuda financeira a Hearst, 470; carreira de atriz, 462, 467-469; casamento com outro homem, 473-475; casos, 461, 462, 463-465; lembranças de W. R. Hearst, 459, 468, 471; medo da morte de Hearst, 473; problemas com a bebida, 462, 466, 468, 475; sujeição voluntária a Hearst, 470-473; vida de amante, 474-477

Davies, Reine (irmã de Marion), 472

Davies, Rose (mãe de Marion), 458, 460

Davies, Rose (irmã de Marion), 474

Davis, Moll, 110-111, 113-114

definição de *amante*, 19-20, 570

Denby, Charles, 103

Denis, Louise, 362

dependência, de gueixas, 81, 83-84; da mulher ao homem, 25

"After four years" (Greene), 403

"After two years" (Greene), 400

Dering, Dr. Wladislaw, 311

desaprovação social, 25, 467, 609-611; convenções envolvendo amantes, 607; de George Eliot, 374-375, 378, 380; na literatura, 532-538, 543-546, 552-553, 566-567; das uniões inter-raciais, 269-271, 277-280, 285, 288, 304-305

desequilíbrio entre amante mulher e amante homem, 600-601

desigualdade entre os gêneros, *ver* duplicidade de padrões; dominação masculina

deusas xintoístas, 73

Devonshire, Georgiana, duquesa de, 167-177

Devonshire, William, duque de, 168-177

di Stefano, Giuseppe, 497, 498

Diana: Her True Story (Morton), 161

Diana, princesa de Gales, "Camillagate", 160-161; casamento sem futuro,

156; confronta Camilla, 160; fita "Squidgy", 161; morte num acidente de carro, 163-164; problemas de saúde, 157-159; ressentimento em relação a Camilla, 157-160

Diana de Poitiers, 25, 117

Díaz-Balart, Mirta (mulher de Fidel Castro), 438, 441-443

Dickinson, Angie, 500

Dickson, Amanda America, 285-293

Dickson, David, 285-294

Dickson, Julia Frances Lewis, 285-294

diferenças culturais, 18

DiMaggio, Joe, 504-505, 508, 512

diferença de idade em relacionamentos, Joyce Maynard e J. D. Salinger, 408-417; *Casar com a amante*, 563-566; W. R. Hearst e Marion Davies, 457-476

Dimbleby, Jonathan, 157

dinheiro e amantes, *ver* exigências; dependência

Dinter, Arthur, 307

direito divino dos reis, 109

direitos da mulher, 25, 74

Discours sur le bonheur (Châtelet), 362

divórcio, 171, 398, 460, 608; da concubina, 63, 71; flexibilização das leis na década de 1960, 571; na literatura, 553, 554, 564; recusado pelas esposas, 400-402, 577, 594; recusado pelos maridos, 16, 25, 492

Dolan, Josephine, 382

"Dolorosa" (concubina de Agostinho), 52-58, 604

dominação masculina, na China antiga, 61-63; na Grécia antiga, 34, 37; no Japão, 81, 82, 85; na Roma antiga, 42, 43, *ver também* duplicidade de padrões; patriarcado

Don Juan (Byron), 197

Dorchester, condessa de, 110

Dougherty, Jimmy, 503, 504

Doyle, Jimmy, 429, 430

Dr. Jivago (Pasternak), 556-561

Drusilla, Livia, 42

Du Barry, conde, 126-128

Du Barry, Jeanne, 125-131

Duca, Ion, 148

Dumas, Alexandre, 20

duplicidade de padrões, 168, 177, 607; no Japão, 74, 75; posta em questão na década de 1960, 569, *ver também* dominação masculina

Durante, Georgia, 431-433

Dutton, Fred, 506

Duvalier, "papa Doc", 15

Edmonds, Andy, 427

Eduardo III, rei da Inglaterra, 143, 154, 161

Eduardo VII, rei da Inglaterra, 141-144; fascínio por Alice Keppel, 142; muitas amantes, 140

Ehrenreich, Dolores Vanetti, 585

Eisenhower, Dwight D., 17

Eliot, George, 370-382, 604; casamento com John Cross, 379-380; dedicação a Lewes, 372-379, 381; duplicidade de padrões criticada nos romances, 378; ostracismo social, 374, 375, 378, 380; sucesso literário, 377-378

Elisabeth, imperatriz da Áustria, 136, 138, 139

Elizabeth II, rainha da Inglaterra, 164

Elkaïm, Arlette, 587, 588

envenenamento por chumbo e impotência, 44, 50

Epstein, Joey, 421, 422, 425-427

mizu-age, 80

escolhas, na década de 1960, 569,570; Corina, 52; Malinche, 250,251

esposas, e amantes, 13, 18, 20, 115, 395, 461, 574, 590; e concubinas, 67, 68, 74, 76, 77; inférteis, 29, 30, 67, 75-76; recusa de deixar o marido, 399-400, 402, 577, 594

estrutura de classe, 21, 54, 138

estupro, 311

eunucos, nos haréns chineses, 95-97, 102; nos haréns turcos, 86, 88

Evans, Isaac (irmão de George Eliot), 377, 380

Evans, Mary Anne (ou Marian), *ver* Eliot, George

exigências de amante, 16, 18, 49, 113,114, 130-132, 134, 600; de esposa, 374, 376

Exner, Dan, 518

Farnese, Júlia, 223-227, 236

Fegelein, Hermann, 332, 333, 336

Feldbauer, Otto, 208, 216

feminismo, 25, 476, 607

Ferdinando I, rei da Romênia, 145-148

Fernandez, Melba, 450

Ferrer, Alina (irmã de Castro), 444-450

Ferrer, Nina, 439, 445, 446

Ferrer, Orlando Fernandez, 438, 440, 444-446

fertilidade, *ver* infertilidade; mães substitutas

fidelidade sexual, desprezada por Beauvoir, 586, *ver também* infidelidade

Fidler, Sally, 258

filhas, na China antiga, 62; na Roma imperial, 42-43

filhos, atitudes em relação às amantes, 464, 474, 565, 580; ilegítimos, *ver*

filhos ilegítimos, legitimação de filhos

filhos ilegítimos, 23, 114, 118, 192, 605, 606; Atenas, 34, 35, 38; desaparecimento do conceito de ilegitimidade, 609, 610; Roma, 43

filhos legítimos, *ver* herdeiros

filhos mestiços, 269-271

Fim de caso (Greene), 393, 399, 403, 407, 561-563

Fisher, Eddie, 512, 518

Fitzgerald, John Francis "Honey Fitz", 477

Flaubert, Gustave, *Madame Bovary*, 537-544

focaria, 209

força das coisas, A (Simone de Beauvoir), 587

Foster, John, 170, 176

Foster, Lady "Bess," 167-178

Francisco José, imperador da Áustria, 134-140, 141-143

Frankfurter, Felix, 342

freiras, amantes de padres, 235; atitude de superioridade em relação ao pecado da carne, 236; ex-freiras casadas com ex-padres, 235

Fu Xuan, 61

Fulbert, Canon, 350-353

Gabrielle d'Estrées, 117

Gage, Nicolas, 493, 498

gângsters políticos, 436

garotas de mafiosos, 419-436

garotas do Kremlin, 436

gueixas, 78-84

Geyer, Georgie Anne, 445, 455

Giancana, Sam, 514, 516, 518

Gifford, Stan, 500, 501

ÍNDICE

Gilbey, James, 161
Gilby, padre Thomas, 393, 404
Gimbel, Wendy, 443, 444, 447
Gloria Swanson Productions, 476, 472
Glover, Dorothy, 395, 397
Goebbels, Joseph, 337
Goebbels, Magda, 337
Go-Fukakusa, 76-78
Gok-leng (Leonard), 71-72
"Goldman, Rachel", 593-597
Goldsmith, Sir Jimmy, 20
Good Tidings, 242-244
Gordiano, 206
"governantas" de padres, 25, 208, 216, 227, 234-236
Grabner, Maximilian, 320
Grant, Cary, 523
gravidez, 15, 31, 363, 493, 517, 604; de uma concubina na China, 66,67, 97; aborto *ver* aborto
Graziano, Rocky, 429
Grécia Antiga, Péricles e Aspásia, 22, 32-40
Greeley, padre Andrew, 229
Greene, Graham, amor por Catherine, 395-401, 403; e Catherine Walston, 393-407; *Fim de caso*, 561-563; mistura de sexo e religião, 399-401
Greene, Raymond (irmão de Graham), 403
Greene, Vivien, 393-397
Greenson, Dr. Ralph, 508
Gregório VII, papa, 207
Grey, Charles, 175, 176
Griese, Irma, 311
Griffin, Osgood, 423
Griggs, Stephen Adelbert, 13
Groth, Paul, 314,315

Guarda de Ferro na Romênia, 148, 150-152
Guerra do Ópio, 99
Guerra do Vietnã, 262-267
Guerra dos Sete Anos, 124
Guerra Sino-Japonesa, 103, 104
Guevara, Che, 453
Guiccioli, conde Alessandro, 192, 194-196, 197-199, 201
Guiccioli, condessa Teresa, 190, 605; caso de amor com Byron, 192-203; memórias de Byron, 201-203
Guiles, Fred Lawrence, 458
Guilherme, o Piedoso, 210-211
Gwynne, Nell, 110-117, 128, 607

Hafsa Hatun, 86, 91
Hamilton, Alexander, 282
Hamilton, Lady Emma, 26
Hamilton, Phyllis, 234
Hammett, Dashiell, 381-392; Comissão de Investigação de Atividades Antiamericanas, 389; críticas de peças de Hellman, 383, 385-389, 390, 392; problemas pessoais, 382, 385, 386; relacionamento com Hellmann, 382-389, 391, 392
Harriman, Pamela, 571-576
Harriman, William Averell, 572-576
Harris, Clara, 290
Hart, Kitty, 318
Hart, Sir Robert, 94, 100-102
Hastings, Beatrice, 365
Hauser, Hans, 425, 426
Hawthorne, Nathaniel, *A letra escarlate*, 533-537
Hayslip, Le Ly, 263
Hayward, Leland, 575,576
Hearst, Bill (filho de W.R.), 459, 460, 464, 468, 473

662 AMANTES — UMA HISTÓRIA DA OUTRA

Hearst, George (filho de W.R.), 464, 473, 474

Hearst, Millicent (Milly) (mulher de W.R.), 457-460, 462, 470, 473

Hearst, William Randolph, 463, 465, 466, 472; apaixona-se por Marion Davies, 459, 460; castelo de St. Simeon, 463, 465, 466, 472; notoriedade de *Cidadão Kane*, 471; protege Marion no testamento, 473; relacionamento conjugal, 457, 459, 460; velhice e morte, 473

Hébuterne, Jeanne, 365-370, 380, 607; amante de Modigliani, 365,366; gravidez e filha, 367; suicídio após a morte de Modigliani, 369,370

Heidegger, Martin, 337-347; simpatias nazistas, 337, 343, 344; julgamento, 337, 344, 345

Helena, princesa da Grécia, 145, 151

Hellmann, Lillian, 381-392; ajuda de Hammett nos escritos, 384-388, 390, 392; Comissão de Investigação de Atividades Antiamericanas, 390; relacionamento com Hammett, 362-388, 391-392; temperamento, 382, 384, 387,388

Heloísa, 350-357, 380, 537, 607; amor por Abelardo, 352, 355; freira e madre superiora 354-356; lendas, 356

Hemings, Sally, 280-285

Henrique II, rei da França, 117

Henrique IV, rei da França, 117

herança, 43, *ver também* testamentos

Hermipos,37

herdeiros, um dever das concubinas, 21, 23, 67, 74, 97; um dever das esposas, 168, 174, 195; um dever dos casais reais, 109

Herrera, Reinaldo, 489-490

Hetaerae, 34, 35, 37

Higgins, Henry G., 265, 266

Highgrove, 157-159

Hill, Virginia, 419-428

Himmler, Heinrich, 334

Hing (Winnie), 69, 70, 72, 73

Hitler, Adolf, 307, 342, 470-471; casamento, 336; medo da "poluição racial", 307-308; relacionamento com Eva Braun, 324,325; visão das mulheres, 334

Hodys, Eleonore, 319-321

Hoffmann, Heinrich, 326, 328, 330-331, 333

Hollywood, atrizes-amantes, *ver* Davies, Marion; Monroe, Marilyn; Swanson, Gloria; amantes de astros do cinema, 462, 464, 475, 523

Holocausto, *ver* Shoá (Holocausto)

Hoover, J. Edgar, 510, 517

Hornblow, Leonora, 574

Höss, Rudolf, 308, 319-321

Hot Breakfast for Sparrows (Nowell), 603

Howard, Sidney, 482

Hsienfeng, imperador da China, 95, 99

Huangbo, 69, 70

marca humana, A (Roth), 499

Hunt, Thornton, 372

Husserl, Edmund, 341

Hutton, Barbara, 152

"I do not believe" (Greene), 393

Ibrahim Paxá, 85, 90, 91

Igreja Católica, e as amantes clericais, *ver* amantes de padres; celibato, 23-25, 205,206, 215, 216; na Inglaterra da Restauração, 111, 115

igualdade das mulheres, *ver* igualitarismo

igualdade sexual, 36, 600

ÍNDICE

igualitarismo, 36, 570, 600
ilusão no amor, 417
impotência, 43, 49, 51
impotência das amantes de mafiosos, 435
Incidents in the Life of a Slave Girl (Jacobs), 294-305
infertilidade, 29, 30, 67, 75; motivo de divórcio, 74; razão de concubinato, 75, 80
infidelidade, e concubinato, 30, 604; concubinato, casamento e amantes, 18-21; definição do adultério nas *Leges Juliae*, 44
infidelidade feminina, 21; das amantes, 362, 363, 384, 464; condenação social, 169
infidelidade masculina, 21, 604, 607; dos amantes, 384; tolerância social, 30, 169, 604
infidelidade masculina, base da existência de amantes, 607; propiciada por casamentos arranjados, 21, 194; tolerância na sociedade, 30, 169, 604
Inocêncio III, papa, 207
Inocêncio VIII, papa, 206, 224
interrogatórios de amantes de padres, 208-216
Isaac e Ismael, 32
Iushewitz, Louise, 237-240

Jackson, reverendo Jesse, 16
Jacobs, Harriet, 294-305
Jaime I, rei da Inglaterra, 109
Jane Eyre (Charlotte Brontë), 529-532, 566
Japão, Bairros do Prazer, 78; concubinas, 73-78; concubinas e esposas, 74; degradação dos direitos das mulheres, 73-74; dominação masculina, 81, 82, 85; mulheres poderosas nos primórdios culturais, 73
Jarrell, Randall, 346
Jaspers, Gertrud, 253
Jaspers, Karl, 340, 342, 344-346; opiniões sobre Heidegger, 344-346
Jefferson, Thomas, 280-285
Jennings, Dean, 426
Jerônimo, são, 205
Jeudi, Ghislaine, 15,16
Jito, 74
João Paulo II, papa, 234, 239
João XIII, papa, 206
jogo, 175, 176
Johnson, Diane, 388, 392
Johnson, Richard M., 279, 280
Jordain, Paulette, 368
Judenrat, 313
Jorge II, rei da Inglaterra, 116
Jorge V, rei da Inglaterra, 143
Julia, 44, 45, 52
Júlio II, papa, 226

Kane, Robert, 477
Katerina (Kati), 13,14
"Kati" (prisioneira de Auschwitz), 317
Kay, Richard, 162
Keneally, Thomas, 321
Kennedy, Bobby, 508, 509, 511
Kennedy, Jacqueline ("Jackie"), 485, 494, 495, 509, 511,512, 515, 516
Kennedy, John F., 17, 474; intriga com Marilyn Monroe, 499, 506-510; relacionamento com Judith Campbell, 512-519; sexualmente insaciável, 499, 512
Kennedy, Joseph P., 464, 467, 472, 475, 499; assume as finanças de Gloria

Swanson, 476-479; romance com Gloria, 479-484

Kennedy, Rose Fitzgerald, 477, 478, 481

Kennedy, Teddy, 513, 589

Keppel, Alice, 140-143, 154, 155, 164; casamento com George Keppel, 140, 142, 142; desagrado da família real, 148; personalidade, 142

Kéroualle, Louise de, 114, 115

Kingsley, Charles, 375

Koken, imperatriz do Japão, 74

Komyo, imperatriz do Japão, 74

Kober, Arthur, 381, 384, 386, 392

Kosakievicz, Olga, 583

"Kovaleski, Michaela", 597-600

Krakower, Esta, 422, 424

Kuang Hsu, imperador da China, 101-106

Kuernheim, Gerta, 316-317

Kuralt, Charles, 16

La Coudraye, marquês de, 476, 478, 481, 482

La Vallière, Louise, 118, 538

Lamartine, Alphonse de, 201

Lamb, Lady Caroline, 177-186, 202; ataca Byron num romance, 184; casamento, 179; caso com Byron, 179-182, 184; instabilidade, 177, 178, 182, 184-186

Lamb, William, 178-182, 184

Lamendola, Joe, 433

Lamm, Earle, 519, 521

Lang Yu, 102

Langley, Minnie, 13

Langtry, Lillie, 141

Lansky, Meyer, 432

Laqueur, Renata, 312

Lastman, Mel, 16

Lawford, Patricia (irmã de Peter), 511

Lawford, Patricia Seaton, 510

Lawford, Peter, 506, 509, 510, 512

Layman, Richard, 388

Lea, Henry, 216

Lederer, David, 208, 216

Leges Juliae, 41, 44

legitimação de filhos, 23, 29, 38-40, 61, 169, 604

Lei Smith, 389

Leigh, Augusta, 184

leis, revisões recentes, 23, 608, 610; Império Romano, 29, 42, 44

Leis de Nuremberg, 308, 329

"Leis Julianas" (*Leges Juliae*), 41, 44

lesbianismo, 386

letra escarlate, A (Hawthorne), 533-537

Lewes, Agnes, 372, 374, 376

Lewes, George, 371-379, 381, 604; envolvimento com George Eliot, 372-379, 380, 381; impossibilidade de divórcio, 372, 374, 377

Lewinsky, Monica, 16, 377

Li Fei, 96-98

Liszt, Franz, 131, 373

literatura romana, *ver* Ovídio

Little Foxes, The (Hellmann), 384, 387-388

Looking Back (Joyce Maynard), 413-414

Lorenz, Marita, 455

Louie, Grace, 16

Louise, princesa (Inglaterra), 379

Luís XIV, rei da França, 116-120, 537

Luís XV, rei da França, 119-129

Luís XVI, rei da França, 127-129

Luca, Tommy, 431

"Lucille E" (prisioneira de Auschwitz), 315-316

Luís I, rei da Baviera, 131-135, 326, 608

ÍNDICE

Lupescu, Elena, 144-146; casamento com Carol, 152; inicia relacionamento com Carol, 144; influência na Romênia, 147-148; inimigos, 149-150; vida na França com Carol, 145-146

Lutero, Martinho, 208

Lísicles, 39-40

Macallum, John, 262

Madame Bovary (Flaubert), 537-542

mães substitutas, 29, 66, 76, 604

máfia americana, 419-428, 437

maîtresses en titre, 117, 120

maquiagem, *ver* cosméticos

malbushim, 323

Malinche, 245-253

Manae Kubota, 84

Mancini, Hortense, duquesa de Mazarin, 115

mandarins, Os (Beauvoir), 586

maniqueísmo, 55-57

Maria, rainha da Romênia, 145, 148

Maria, Virgem, 244

Maria Antonieta, rainha da França, 128, 129

Maria Teresa, rainha da França, 117

maridos, e amantes, 46, 383-384, 398-401, 403

Casando com a amante (Joanna Trollope), 564-567

Marshall, Josephine Hammett, 383

Martin, Dean, 510

Marx, Dr. (amante de Ilse Braun), 326, 328, 331

maternidade, 579

Maugham, Somerset, *Servidão humana*, 547-551

Maupertuis, Pierre-Louis Moreau de, 358

Maximiliano I, 211, 212

Maxwell, Elsa, 488

May-ying (concubina chinesa), 68-73

Maya (prisioneira de Auschwitz), 315-317

Mayer, Louis B., 470

Maynard, Fredelle, 410-412

Maynard, Joyce, 407-417; caso com Salinger, 408-417; dieta e problemas sexuais, 410-413; escreve sobre Salinger, 415-416; normalidade no casamento e carreira, 414; primeiros escritos, 407, 408

Maynard, Max, 409

Mein Kampf (Hitler), 307, 346

mekake, 75

Mellen, Joan, 386

Meneghini, Battista, 486-488, 492-494

Mengele, Dr. Josef, 311

menstruação, ausente nos campos de concentração, 311; ciclo coletivo no harém, 87

Miguel, rei da Romênia, 144, 146-147, 151, 152

Miguel, príncipe da Grécia, 491

Milbanke, Annabella, 182, 184

Mill on the Floss, The (Eliot), 370

Miller, Arthur, 505, 508, 512

Mirra, Tony, 428, 430

misoginia, 74

"Miss Saigon", 263-267

missionários, inimigos das esposas nativas, 257, 261

Mitchelson, Marvin, 526

Mitford, Unity Valkyrie, 331

Mitterrand, François, 17

modelos como amantes, 365-371

Montezuma, 246, 248-252

Modigliani, Amedeo, 365-370, 607

Monica (mãe de Agostinho), 52-58

Monroe, Gladys (mãe de Marilyn), 500-501, 504

Monroe, Marilyn, 18, 493, 498-512, 518; carreira progride, 504; casamentos com DiMaggio e Miller, 504; infância infeliz, 499-503; instabilidade, 505-508; e JFK, 505-508, 512; morte, 511

Montespan, marquesa de, 118-119

Montespan, Monsieur de, 118-119

Montez, Lola, 130-135, 326, 606

mooi-jais, 64

moral, Império Romano, 40, 41, 44

moralidade, 25, 30, 119, 304-305

Morgan, Vicki, 16, 519,527

Mosley, Diana, 331

Mountbatten, lorde Louis, 155, 156

Mui, Dao Thi, 263-267

mulheres, na Grécia antiga, 34; no Império Romano, 41-44; posição diferente hoje, 608; em Roma antiga, 41-53; visão católica, 24

mulheres espancadas, 382, 431, 432, 435, 501, 505

mulheres judias, em campos de concentração, 308-321; em campos na floresta, 321-324; Hannah Arendt, *ver* Arendt, Hannah; temor de "poluição racial" em Hitler, 308

mulheres "manteúdas", 14, 570, 574, 591, 596-600

mulheres nativas, e comerciantes de peles na América do Norte, 253-263; e invasores espanhóis de terras astecas, 245-253; e soldados estrangeiros no Vietnã, 262-267

Murphy, Annie, 230-235, 236; gravidez e parto, 232

Murrow, Edward R., 572

Mussolini, Benito, 337

Mustafá, 85, 90, 92

My Story (Campbell), 515

Nakanishi, Mitsuko, 84

namoradas e amantes, 25, 570

nomes, trocados o da esposa pelo do marido, 608

Nape, 46, 48, 51

Nelson, Nathaniel "Natie", 429-430

Nijo, Lady (concubina japonesa), 76-79

Norcom, Dr. James, 295-303

Nowell, Iris, 603

O crepúsculo dos deuses (filme), 484

O'Connell, cardeal, 482

O'Malley, Ernie, 395,396

Onassis, Aristóteles, casamento com Jacqueline Kennedy, 495-496; romance com Maria Callas, 16, 485, 486, 488-499

Onassis, Ártemis (irmã de Ari), 492

Onassis, Christina (filha de Ari), 497

Onassis, Tina, 488-490, 491, 492

orgasmo, 51

Orsini, Orsino, 223, 225

otriad Bielski, 323

otriads, 322, 323

Ovídio, amante de Corina, 40, 44-53; conselhos aos amantes, 51, 575

Oxford, Lady Jane, 182-183

Paley, William, 573

Palmer, Barbara (depois Lady Castlemaine), 114

Pancoast, Marvin, 527

Papalia, família de criminosos, 434

papas, *ver* amantes papais

Paracleto, oratória, 354-356

Parc aux Cerfs, prostíbulo, 124

ÍNDICE

Parker-Bowles, Andrew, 156, 163

Parker-Bowles, Camilla, 18,153-165; casamento com Andrew, 156; Charles restabelece o relacionamento, 162; Charles revela o relacionamento, 163; divórcio de Andrew, 163; melhora a imagem pública, 164; primeiro encontro com Charles, 154, 155; recusa proposta de Charles, 156

Pasternak, Boris, *Dr. Jivago*, 556-560

paterfamilias, 42

patria potesta, 42

patriarcado, Império Romano, 42-43; sistema escravagista americano, 271, *ver também* duplicidade de padrões; dominação masculina

Paulo III, papa, 224

Pennino, Al, 429

Péricles e Aspásia, 21, 33-40

período Han na China, 62

Perl, Dra. Gisella, 314, 317-318

Petacci, Clara, 337

Petri, Elfride, 339, 345-347

Phibbah, 272-278

philosophes, 357, 358

Platão, 35

Pocahontas, 253, 254

poder das amantes, 106, 107, 398, 600

poder e a glória, O (Greene), 394

"poluição racial", 307

Pompadour, Madame de, 120-126

Powell, Dick, 464, 475

Preleshnik, Daniella, 311

presidentes dos EUA, *ver* Clinton, Bill; Eisenhower, Dwight D.; Jefferson, Thomas; Kennedy, John F.

procriação, dever das concubinas orientais, 21, 22, 67, 74, 97; objetivo do casamento, 21

prostitutas, 34, 41; Bairros do Prazer no Japão, 78

Quanto mais quente melhor (filme), 505

Quarto Concílio de Latrão, 207

racismo, contra amantes escravas, 269-271, 276, 277-280, 285; contra "esposas nativas" 257-261

Radford, C. B., 586

Radziwill, Lee, 494

Raft, George, 423, 424

Raisins and Almonds (Fredelle Maynard), 412, 414

"Rassenschande" 308, 312, 317, 320

Raubal, Angela (Geli), 325, 332

Reforma protestante, 208

Reichleitner, Franz, 315

relações violentas, Alfred Bloomingdale e Vicki, 520, 521; Ovídio e Corina, 48; Virginia Hill e Bugsy Siegel, 425, *ver também* mulheres espancadas

religião e amor, para Greene, 400, 401

reprodução, *ver* filhos; gravidez

reputação, 169, 172

Return to Auschwitz (Hart), 318

revolução sexual dos anos 1960, 499, 569-601

Revuelta, Manolo, 437

Revuelta, Natica (mãe de Naty), 437, 446, 449, 450

Revuelta, Naty, 437-452, 454; ajuda Fidel na prisão, 440-443; amor compartilhado com Fidel, 440-442; apoio político a Fidel, 439, 440; criação e casamento, 438; e a filha de Fidel, Alina, 444-450; perde Fidel, 446; recebe missões de Fidel, 447, 450

Reynolds, Maria, 282
Rice, David, 228, 229
Richmond, duque de, 174
Rickards, Jocelyn, 405
Rockefeller, Abby, 469
Roma imperial, 40-52; decadência moral, 40, 41; *Leges Juliae* (Leis Julianas), 41, 44; Ovídio e Corina, 44-52
romance, *ver* amor
romances, as amantes nos, 529-567; o casamento nos, 529-567
Roosevelt, Franklin D., 484
Rosenthal, Dr., 316-317
Ross, Lillian, 571, 576-581
Rothschild, Elie de, barão, 574, 576
rotinas de beleza na Roma antiga, 44
Rottgering, Henriette, 228
Roxelane, 85-92, 104, 606
Rubin, Sulia, 323
Rodolfo, príncipe herdeiro da Áustria, 136, 138
"Ruth" (prisioneira do campo de Sobibor), 314-315
Rutra, Arthur Ernst, 333
Ryce, Shirley, 432-435

Sachreuter, padre Adam, 213
Sadie Thompson (filme), 476, 479, 481
Sadowsky, Sandy, 432
Safranski, Rudiger, 347
Saint Lambert, Jean-François, marquês de, 363, 364
Salinger, J. D., 579; e Joyce Maynard, 409-415, 417
Salinger, Peggy, 410, 414
salões na Grécia antiga, 35
Salomão, rei, 29
"Sam Spade", 381

Sánchez, Celia, 16, 444, 447, 449, 451-456; importância para a revolução de Fidel, 451, 452, 454, 456; relacionamento com Fidel, 451-456
Sand, George, 26
Sarah, 30-33
santo Ambrósio, 57
Sarno, Ronald A., 243
Sartre, Jean-Paul, 571, 581-588
Sauckel, Fritz, 334
Saud, Jawajar Bint, 525
Sawyer, Samuel Tredwell, 299-305
Scherer, padre Georg, 214, 215
Schindler's Ark (no cinema, *A lista de Schindler*), 321
Schonberg, Harold C., 498
Schratt, Katharina, 135-140, 143; como atriz, 135, 138; vida de amante, 137-139
Schulman, Bob, 524, 525
Seagrave, Sterling, 100
segredo, 25, 83, 603
Asphalt Jungle, The (filme), 504
Segundo sexo, O (de Beauvoir), 586
Selim, 92
separação, 169, 397, 398
Ser e tempo (Heidegger), 340
Sérgio III, papa, 218, 219
Servidão humana (Maugham), 547-551
sexo, em comparação com o amor, 137, 138, 596, 597, 601, 605; importância para manter um amante, 574, 606
Shand, major Bruce, 161
Shannon, Patricia, 16
Shattered Vows: Priests Who Leave (Rice), 228, 229
Shawn, Cecille, 577-581
Shawn, William, e Lillian Ross, 577-581
Shelley, Mary, 186-190
Shelley, Percy, 186-188, 191

ÍNDICE

Sherman, William T., 289
Sherry, Norman, 394
Shoá (Holocausto), 308-324, 343, 593-594; Adolf Hitler e Eva Braun, 323-338; campos de concentração, 308-322; campos de "partisans" nas florestas, 321-338
Shoop, Pamela, 240, 241
Sidey, Hugh, 509
Siegel, Bugsy, 419, 422-426
Silvestrini, Fanny, 193
Simpson, Frances, 260
Simpson, George, 258-261
Simpson, Wallis, 144, 154, 161
Sinatra, Frank, 512-514, 519
Sinclair, Betsey, 258
Sínodo de Amalfi, 207
Sínodo de Elvira, 206
Sínodo de Pávia, 207
Sipe, Richard, 228, 229
Slatzer, Robert, 511
Smith, Al, 462
Smith, Amanda, 483
Smith, Barbara Leigh, 378
Smith, Sally Bedell, 574
Soames, Nicholas, 162
Sobibor, campo de concentração, 314, 315
Sócrates, 35
Something's Got to Give (filme), 508-511
Sommersby, Kay, 17
Sosuke Uno, 84
Spencer, Charlotte, 168-170
Spencer, Herbert, 371, 372
stalinismo, 437
Stancioff, Nadia, 488
Stanford, Karin, 16
Stern, Guenther, 340-342
Stirbey, príncipe Barbu, 148
Stowe, Harriet Beecher, 270

Strauss, Clara, 214
Strauss, Dr. Eric, 398
successão, 97, 115
Suffolk, Lady Henrietta, 116
Suiko, imperatriz do Japão, 74
Suleiman, 85-86, 90-92, 606
Sullivan, Rosemary, 349
Swanson, Gloria, 467, 476-485; assessoria financeira de Joe Kennedy, 476-479; fim do caso com Kennedy, 483; recordação das mágoas, 485; romance com Joe Kennedy, 478-483
Sweeney, Terrance, 232, 240,241
Sylph, The (romance), 167
Szulc, Tad, 450

Targélia, 37
Taylor, Elizabeth, 512
Taylor, Margaret, 258-262
tédio, o casamento como libertação do, 396; nos haréns do Oriente, 22, 64
Temps Modernes, Les (revista), 585
Teofilato, Marósia, 206, 218-221
Teofilato, Teodora, 206, 216-220
testamentos, 139, 277, 278, 285, 291, 292, 392, 473, 607
testes de DNA, 280, 606
Theresienstadt, 313
homem magro, O (Hammett), 385
terceiro homem, O (Greene), 399
Thiroux, Simone, 369
Thistlewood, Thomas, 272-278
Times We Had, The (Davies), 471, 475
Tolstoi, Leon, *Anna Karenina*, 543-546
Tontons Macoutes, 15
tortura em interrogatórios da Igreja, 213
Toys in the Attic (Hellmann), 390
Trespasser, The (filme), 481

Trollope, Anthony, 537
Trollope, Joanna, 564-567
Trombotto, padre Franco, 242
Tung Chih, 97, 99-101
Turquia, 22
Tzetnik, Ka, 311
Tzu-an, 100-102
Tzu-hsi, 92-107

Ulpiano, 212
cabana do pai Tomás, A, 270
uniões inter-raciais, *ver* amantes escravas; casamentos com nativas; conquistadores espanhóis e nativas; mulheres judias

Valdez, Miguelito Carlos Gonzales, 423
Valle Jorge, Delia Soto del, 455
Varnhagen, Rahel, 341
"Vera" (amante de Lavrenti Beria), 436
Vitória, rainha da Inglaterra, 140-141
Virgem Maria, 244
"visitações" de funcionários da Igreja, 208-212, 217
viúvas na Roma antiga, 43
Voltaire, 121-124, 357-366; admiração por Émilie, 358, 361; afastamento de Émilie, 362; escritos, 360; influência de Émilie, 361, 364-365, 373

Wagner, Richard, 379

Wagner, Winifred, 327
Walston, Catherine, e Graham Greene, 393-407; Greene toma outra amante, 406; influência em Greene, 394, 403, 405, 407; outros amantes, 393, 396, 399, 400, 402, 404; recusa do divórcio, 397, 398, 400, 402
Walston, Harry, 395, 396, 398, 400, 402, 407
Warwick, Daisy, 141-143
Waugh, Evelyn, 395
Weicker, Lowell, 396, 402
Weisker, Gertrude, 332
Welles, Orson, 471
Wharton, Edith, *A era da inocência,* 552-555
What a Widow (filme), 482
Williams, William, 258
Willis, Cornelia, 302
Woolf, Virginia, 143, 144
Wormald, Brian, 395, 405
Wu, imperatriz da China, 93
Wünsch (SS austríaco), 318

Xenofonte, 36
Xiang Fei, 64, 65
Xue, general, 66, 67

Yang Kuei-fei, 93
Yehenara, Lady, *ver* Tzu-hsi
Yu-Fang (concubina chinesa), 66, 67

Este livro foi composto na tipologia Adobe
Garamond Pro, em corpo 11,5/15,5, e impresso
em papel off-white no Sistema Cameron da Divisão
Gráfica da Distribuidora Record.